第五卷

文史散论

龚书铎文集

中华书局

龚书铎（1929—2011 年）

与白寿彝（左一）、赵光贤（左二）、何兹全（左三）、刘家和（左四）合影

与北京师范大学史学所同事合影（左四）

中国社会科学院近代史研究所中国近代思想研究中心成立大会合影（前排左三）

中国社会科学院近代史研究所领导张海鹏（左二）、步平（左一）、王建朗（左三）来家中探望时留影

《在纪念刘大年同志座谈会上的发言》手稿

出版的部分学术著作

目　录

曹振镛其人

"多磕头，少说话"，是封建社会一些浮滑的老官僚用来保住高官厚禄的诀窍。提起此话的来历，乃出之于清朝道光皇帝身边的大学士曹振镛之口。

曹振镛是个三朝元老。他在乾隆朝已经官居侍读学士，到了嘉庆朝就被重用，拜体仁阁大学士，管理工部。道光皇帝继位后，曹振镛以"小心谨慎，一守文法"而博得皇上的信任，官运就更加亨通了。他被任命为军机大臣，晋升武英殿大学士，充上书房总师傅，入直南书房，赐衔太傅，还绘形图影于紫光阁，列为功臣，可说是显赫一时。曹振镛"恩遇益隆，身名俱泰"，自然要引起人们的羡慕和注目。他的一个门生向他请教此中的诀窍，他回答说："无他，但多磕头少说话耳。"原来曹振镛所以能够"身名俱泰"，其中的奥妙就在于此。

话说回来，少说话者不是不说话，不过是认为该说的说，不该说的不说，离不了是拣皇帝喜欢听的说。曹振镛身居高位，被道光皇帝倚为腹心，少不了是要向皇上进言的。道光皇帝登基不久，每天都要看大量官员们上的奏折，据说"高可数尺"，而且都是蝇头小楷。这么多的奏折，就是不吃饭不睡觉也看不完。道光皇帝心里很烦：看吧，实在受不了；不看吧，让臣子们知道了，往后再上奏折说不定什么欺骗蒙混的事儿都来了。一天，他就把这件事向正在值班的曹振镛说了，问怎么办好？这位军机大臣想了想，回奏说："皇上几暇，但抽阅数本，见有点画谬误者，用朱笔抹出。发出后，臣下传观，知乙览所及，细微不遗，自不敢迫忽从事矣。"既可不用多看，又可防止臣下的敷衍塞责，实在是好主意。道光皇帝听了，极为高兴，就照此办理。曹振镛这番建议，自然又博得了皇上的欢心，但这却给本来已经腐朽的吏风士习又加进了一副霉剂。上有所好，下必甚焉。一时间官僚们纷纷承望风旨，以为奏折都要求楷法，士子的试卷就更应当如此了。于是，考官们对考卷上的字，一画之长短，一点之肥瘦，都细加品评，想从中挑出点毛病来，连代圣人立言的八股时文也不怎么讲求了。而那些十年寒窗的士子，不消说就要把工夫用在楷法上，以便中举人、进士，进入做官的行列。本来八股文就够糟蹋人才的了，现在又要讲究楷法，更造出一些无用的废物，有的甚至连司马迁、班固是什么人都不知道，更不必说懂得什么国计民生了。不过不懂也不妨事，他们所奔走的是利禄，只要能攫得官和禄，其他并非吾事。

大学士、军机大臣曹振镛的为官之道就是如此。难怪有人说："道光以来，世风柔靡，实本于此。"把当时吏风士习的腐朽，都算在曹振镛的账上，虽未免不够实事求是，但他对风气的影响之恶劣，却是事实。有人写了四支《一剪梅》来讽刺吏治的腐败，非常生动形象，又十分尖锐辛辣：

> 仕途钻刺要精工，京信常通，炭敬常丰。莫谈时事逞英雄，一味圆融，一味谦恭。
>
> 大臣经济在从容，莫显奇功，莫说精忠。万般人事要朦胧，驳也无庸，议也无庸。
>
> 八方无事岁年丰，国运方隆，官运方通。大家襄赞要和衷，好也弥缝，歹也弥缝。
>
> 无灾无难到三公，妻受荣封，子荫郎中。流芳身后更无穷，不谥文忠，便谥文恭。

道光十五年（1835），曹振镛活到八十一岁高龄，病死了。皇上对他的死深感震悼，为了表彰他的"品节"，特赐谥"文正"。这对死后的曹振镛来说，真是莫大的殊荣。清朝二百六十多年，够得上赐谥"文正"的才只有八个人哩。尽管道光皇帝给了曹振镛这么高的荣誉，却也有不以为然的。当时有人写了一副对联，存心跟皇上唱反调，嘲笑奚落这位"文正公"。联语曰："焉用文，阅试卷偏旁必黜，是以谓之文；奚其正，收炭敬细大不捐，则不得其正。"这样一个不文不正的老官僚，却博得个"文正"的美谥，岂不是天大的笑话！

（原载《文史知识》1981年第3期）

近代社会习俗变化漫话

　　夏令炎热，冰激凌、汽水、啤酒畅销市场。其实如今人们很喜好的这些饮料，都不是中国的土特产，而是在鸦片战争以后随着西方殖民势力的入侵传进来的。有的连名称也还一直沿用外文的译音，如啤酒是英文beer的译音。距今130年，1853年，在上海的英国商人开设的老德记药房，就生产冰激凌、汽水了。大约过了十多年，英人埃凡在上海开设埃凡洋行，生产了啤酒。这些西方饮料、食品，最初是为供应在华外国人的，后来中国人也逐渐由感兴趣而适应，啤酒、汽水发展成为两大食品制造业，销路也由上海扩展到外地。1915年北京创办了一家叫"双合盛"的啤酒厂，这是中国人自己创办的第一家啤酒厂，是现在北京啤酒厂的前身。其他的西方食品如饼干、糖果、罐头等，也逐渐成为中国人喜欢的食品，1906年上海创立的泰丰罐头食品公司，便是中国人自办的第一家罐头食品厂。

　　传统习惯有顽强的惰性，一些顽固守旧的人还死抱着"闻用夏变夷而未闻变于夷"的信条，但毕竟抵拒不了外来习俗的冲击而发生变化。不光是吃的，衣、住、行也都起了变化，洋楼电灯，剪辫易服，火车、轮船、人力车、脚踏车、照相机、扑克牌……日渐风行。1898年，江西九江城内放映"美国电光影戏"，配以留声机，"观者咸谓闻所未闻，见所未见，莫不鼓掌称奇"。

　　随着新文化思潮的传播，风气渐开，维新志士、革命党人都曾致力于移风易俗，包括戒鸦片、戒迷信、改良婚丧祭葬等。戊戌维新运动期间，熊希龄、谭嗣同等在湖南倡立的延年会，有其独特之处。所谓延年，不是要人们"以有尽之年，而欲延之使无尽"，而是要人们"延于所得之年之中"、"延年于所办之事"。就是改革无谓耗费时间的不良习俗，注重时效，崇尚质简，使"一日可程数日之功，一年可办数年之事"。他们规定了一张时间表：每日六点半钟起，学习体操一次，七点钟早餐，八点钟至十一点钟办各事，十二点钟午餐，一点钟至二点钟见客拜客，三点钟至六点钟读书，七点钟晚餐，八点钟至九点钟办杂事，十点钟睡。还规定有要事来商谈的，事先致函约钟点，过时、迟到的不候也不见；会见时只可言某事之本末，言毕即行，不得牵引他事及无聊闲谈。对于虚文酬应等陋习，也在免绝之列。在一个浸透封建陈规腐习的社会里，这些倡导自是属于文明新风。

清末于社会产生相当影响的移风易俗，是关于女权问题。当时的明达志士反对"男女相去五百级"、"女子无才便是德"的封建说教，大力鼓吹男女平等，主张女子要摆脱封建束缚而自立，跟男子一样都对国家、社会负有责任。

妇女要跟男子平等，头一件事是革除摧残妇女的缠足陋习，提倡天足、放足，认为"放的是文明，缠的是野蛮"。19世纪末20世纪初，上海、广东、湖南、福建、湖北、浙江、天津等地都创办了不缠足会（或称戒缠足会、天足会、放足会、卫足会），以为推行。湖南不缠足会是由黄遵宪、梁启超、谭嗣同等发起的，陆续入会的人很多。总会订有简明章程，规定入会人所生女子不得缠足，已经缠足的，如在八岁以下须一律解放，所生男子不得娶缠足之女；还印有《戒缠足歌》送人，广为宣传。妇女放足，就不能再穿弓鞋，需要有合足的鞋。于是鞋铺应时增加了新的业务项目。长沙一家叫李复泰的鞋铺，大登其广告："定做不缠足云头方式鞋"。湖南不缠足会是由男子发起的，杭州的放足会则是妇女自己组织的。这个会的发起人是高白叔的夫人和孙淑仪、顾啸梅、胡畹畦，1903年在西湖开会提倡放足，演说达三小时，会后合影留念。到会的八十余人，其中已放足的十余人，当场表示愿放足的三十余人，将来不愿女儿缠足的二三十人。当然，任何一种风俗习惯的改变，都不是轻而易举的，都要经历反复曲折的过程。尽管缠足是摧残妇女的陋习恶俗，但它已长期成为社会的一种习俗，被变态地认为是"美"的，就不会有社会阻力，甚至被摧残的妇女当中也有怕大脚被人耻笑者，因而在民国年间还残存缠足的恶俗。

妇女婚嫁的一些不良习俗，也在改变。湖南不缠足会订了一个嫁娶章程，提出"破除不肯远嫁的俗见"，规定婚事以简省为宜，"女家不得丝毫需索聘礼"，"男家尤不得以嫁奁不厚，遽存菲薄之意"。"父母之命，媒妁之言"的封建包办婚姻制度，也被冲出了缺口，出现了自由结婚。有人还用西洋音乐简谱谱写了一首《自由结婚纪念歌》，反对封建婚姻，鼓吹"世界新，男女平等，文明国自由结婚乐"。辛亥革命时期，"文明"两字很是流行，自由结婚被称之为"文明结婚"；妇女放足、天足，叫做"文明脚"；当时兴起的话剧，叫"文明戏"。

那时的有志之士把放足作为妇女开化的起点，而归结于兴办女学。上海是开风气之先的地方，办的女子学校也最多，其他地方也先后创办女学。学生的年龄参差不齐，一个班里小的十几岁，大的三十几岁，还有师母与学生同班学习的。学校每年举行游艺会，演出话剧。学校剧在清末流行起来，后来还继续保持、发展。

近代社会习俗的变化远不止这些，一篇漫话性短文不可能都谈到，只是举些事例而已。有一点值得提出，近代的改革社会习俗，往往是为了文明进步、为了振兴中华，具有强烈的爱国主义精神。

（原载《文史知识》1984年第9期）

近代史总论*

近年来发表了不少有关中国近代史总论的文章，涉及的范围很广。本文准备先综合介绍几个论述得比较多的问题，然后重点介绍中国近代历史发展基本线索和中国近代历史分期问题的研究、讨论状况。

一

中国近代史的学习近年来在社会上受到广泛的重视。有几篇文章阐述了学习中国近代史的意义，实际上也就提出了当前研究、宣传中国近代史应该加强的重点方面。戴逸指出：学习中国近代史可以了解国情，坚定走社会主义道路的信念，进一步认识中国共产党的伟大、光荣、正确，认识马列主义、毛泽东思想的指导作用，继承和发扬爱国主义和革命英雄主义精神[①]。靳辐指出：中国近代史同我们当前的生活、斗争直接相联系，懂得近代中国社会演变过程和人民进行的斗争及其发展规律，可以使我们今天在进行新的斗争和变革中，获得许多有益的必要的启示[②]。胡绳在《从中国近代史学习什么》一文中指出：学习中国近代史，可以使我们懂得我国的

---

* 与房德邻合撰。

① 戴逸：《要重视学习中国近代史》，《学习与研究》1981年第3期。

② 靳辐：《学习中国近代史，坚信社会主义》，《学习与研究》1982年第4期。

社会主义是从怎样的社会转变过来的，这会有助于理解我们在社会主义道路上为什么会经历许多艰难和曲折，我国的社会主义建设为什么不能照抄别国的模式，而必须努力走出一条自己的道路来。①

学习中国近代史的重要意义之一是继承和发扬爱国主义精神。这就引起研究者去探讨中国近代爱国主义的内容和特点。陈旭麓认为：近代中国的爱国主义在抵抗外国侵略的这一基本要求下，必须有了解世界、学习西方的眼光和心思。中国近百年来每一次重大政治改革运动都是爱国和革新相结合的，尽管随着时代的推移，革新的口号和程度不一样，性质上也有所不同，却都和学习外国有关；爱国如果仅仅限于保卫固有的东西而不是朝前看、引向革新发展的道路，就有可能成为故步自封、夜郎自大的可怜虫②。潘君祥、丁凤麟认为：不能把近代爱国主义者仅仅局限于在保卫祖国的斗争中做出较大贡献的人们，还应该包括立志改革、革命的人们和向西方学习，在经济、文化、科技发展中做出较大贡献的人们③。

1983年为纪念马克思诞生一百周年，发表了一系列关于"马克思与近代中国"的文章，这些文章按其内容大体可分为两类：一类是介绍马克思主义在中国的早期传播历史，一类是研讨马克思、恩格斯关于中国近代史的著述。范若愚等撰文指出：以马克思主义的观点论述中国近代史，正是由马克思主义的创始人开始的，马克思、恩格斯的论述给中国近代革命以许多启示，并且告诉人们如何用科学的世界观和方法论来分析中国社会历史，这是马克思、恩格斯留给全人类的无比丰富的历史遗产中特别留给中国人民的一份宝贵历史遗产④。

---

① 胡绳：《从中国近代史学习什么》，《电化教育》1983年第2期。
② 陈旭麓：《中国近代史上的爱国与卖国问题》，《光明日报》1980年1月8日。
③ 潘君祥：《试论我国近代历史上的爱国主义》，《江淮论坛》1983年第2期；丁凤麟：《论近代爱国主义的几个特点》，《社会科学研究》1983年第4期。
④ 范若愚：《马克思恩格斯关于中国近代史的著述》，《历史教学》1983年第5期；周宏府：《马克思关注中国》，《湘潭大学学报》1983年第2期；夏承光：《马克思主义对中国近代革命的启示》，《南充师院学报》1983年第1期。

二

中国近代历史发展基本线索问题是近年来讨论得比较热烈的一个问题。这个问题具有重要意义，它不仅关系到编写中国近代史的体系问题，而且关系到如何理解近代史的基本内容和如何评价近代中国社会各阶级的作用等一系列重大问题。

最早提出基本线索问题的是胡绳，他在1954年提出：中国近代史可以在基本上用阶级斗争的表现来做划分时期的标志，那就要注意到中国近代史中三个革命运动高涨的时期，这三个时期就是太平天国革命、义和团运动（包括戊戌维新）和辛亥革命[①]。这种观点在引起一番争论之后，基本上被史学界接受下来。1980年李时岳提出了不同的看法，他主张用"农民战争——洋务运动——维新运动——资产阶级革命"来表述中国近代史发展的基本脉络[②]。由于他在文中主要论述了从洋务、维新到资产阶级革命三段"重要历程"，所以这种观点被称为"三个阶梯"说。同年，刘耀撰文明确表示不同意用三次革命高潮来划分中国近代史发展阶段，因为它突出了农民运动，贬低了资产阶级运动。他认为在五四运动以前中国唯一的出路就是走资本主义道路，而走这条道路的推动力量就是洋务派、资产阶级改良派和革命派，所以应该用"太平天国、洋务运动、戊戌维新、辛亥革命"这样一条线索来划分中国近代史分期[③]。1981年，胡绳在《从鸦片战争到五四运动》的序言中（该书出版于1981年，序言写于1980年）重申并进一步阐释了三次革命高潮说，指出"不认为有理由按照'洋务运动——戊戌维新——辛亥革命'的线索来论述这个时期的历史进步潮流"。他在另一篇文章中批评"三个阶梯"说"抹杀了农民革命在近代中国历史的作用"[④]。刘大年也不同意"三个阶梯"说，他认为三个阶梯之间没有继承关

---

① 胡绳：《中国近代史的分期问题》，《历史研究》1954年第1期。
② 李时岳：《从洋务、维新到资产阶级革命》，《历史研究》1980年第1期。
③ 刘耀：《中国近代史研究中的几个问题》，《社会科学战线》1980年第2期。
④ 胡绳：《辛亥革命的历史意义》，《红旗》1981年第19期。

系，"不可以把辛亥革命同洋务运动放在一条历史轨道上去评价"①。祁龙威、陈铭康、郑则民、吴妙玲等都同意胡绳的意见，祁龙威还提出"以农民战争、资产阶级运动（包括维新和革命）、无产阶级革命"作为近代历史发展的基本脉络②。

1983年，关于中国近代历史发展基本线索问题的讨论更为热烈了。一些同志坚持"三次高潮"说，认为它反映了近代中国的进步潮流。他们认为洋务运动奉行对外投降、对内镇压的反动路线，不是救亡图存运动，其阶级属性与太平天国、戊戌变法、辛亥革命完全不同，不能列为进步运动③。有的同志还指出：维新运动与洋务运动之间不存在继承关系，维新派继承的不是洋务派，而是早期改良派，洋务运动虽然在客观上为维新运动准备了一定的社会基础，但是这只是近代中国社会相互连续和衔接的发展阶段，而不是政治上的继承关系，两者不应混同④。

一些同志坚持"三个阶梯"说。徐泰来撰文说：鸦片战争以后中国出现了新的社会经济形态——资本主义，出现了新的阶级力量——资产阶级，洋务派、维新派、资产阶级革命派就是代表资产阶级发生、发展不同阶段的新人物，应该从这样的线索来理解中国近代史的发展线索。他认为戊戌变法是洋务运动的继续和发展，因为政治上的变法是经济运动（洋务运动）"进行到一定程度的反映"；维新思想源于洋务思想，所谓的早期改良派实际就是洋务派⑤。胡滨认为：中国近代史上不存在所谓三次革命高潮，因为义和团运动是一次对外民族战争，不是一次反封建的革命运动。他强调要把"向西方学习的问题"作为近代史基本线索的一项重要内容，理由是近代中国人民要完成反对帝国主义和发展资本主义两项根本任务，

---

① 刘大年：《孙中山——伟大的爱国主义者与民主主义者》，《近代史研究》1981年第3期。
② 祁龙威：《坚持马列主义、毛泽东思想指导下研究中国近代史》，《红旗》1982年第2期，吴妙玲：《近代中国的三次革命高潮》，《文汇报》1982年5月7日，陈铭康、郑则民：《谈谈对〈从鸦片战争到五四运动〉一书的认识》，《近代史研究》1982年第4期。
③ 《近代中国资产阶级研究学术讨论会综述》，《社会科学》〔上海〕1983年第9期，《洋务运动史学术讨论会若干问题综述》，《历史教学问题》1983年第1期。
④ 黄逸峰、姜铎：《洋务运动总论》，《学术月刊》1983年第1期。
⑤ 《马克思主义的阶级分析方法与中国近代史研究》，《北方论丛》1983年第2期，《戊戌变法与洋务运动》，《史学集刊》1983年第1期。

就必须向西方学习，实现中国的近代化①。周谷城从世界史的角度认为：从19世纪60年代开始，在世界现代化运动的影响下，中国出现了洋务运动，以后又出现了戊戌变法、辛亥革命、五四运动，这些都是中国的现代化运动，这一历史进程与世界现代化运动是完全一致的②。

一些同志不同意上面两种观点，提出了自己的看法。陈月清指出："三次高潮"说和"三个阶梯"说都不能概括整个近代史的基本内容，前者忽略了近代中国社会的经济变化，也很难全面反映出意识形态领域的发展，后者对农民阶级和农民运动在中国近代史上的地位和作用估计不足。他主张用"农民运动、资产阶级改良和革命运动"来表述近代中国的进步潮流。孔令仁认为：中国近代的农民运动和资产阶级的革新（洋务运动）、改良、革命运动都是近代历史的主流，只是在1900年以前对历史进程起左右作用的是农民运动，以后才是资产阶级的革命运动。戚其章建议用"鸦片战争——太平天国、洋务运动——中日甲午战争、戊戌变法——义和团运动——辛亥革命"来表述近代史的基本线索（以上均见《笔谈》）。苏双碧提出用"鸦片战争、太平天国、洋务运动中民族资产阶级的出现、中法战争、中日战争、戊戌维新、义和团运动、辛亥革命和五四运动"作为近代史基本线索的主要标志③。这些表述存在着明显的分歧，但却具有一个重要的共同点，即都认为基本线索应该包括中国人民反帝反封建斗争和发展资本主义两项内容，可以称作"双线"说。

以上各种意见的分歧根源于对中国近代史基本内容的不同理解和对近代中国社会各阶级作用的不同评价。构成中国近代史主要内容的究竟是中国人民反帝反封建的斗争，还是发展资本主义？抑或两者都包括？两者的关系如何？农民、资产阶级、洋务派各在中国近代史上起了怎样的作用？只有在这一系列问题取得了一致或大体一致的认识以后，近代史基本线索才有可能取得基本一致的表述。

---

① 胡滨：《关于中国近代史基本线索问题笔谈》，《文史哲》1983年第3期。
② 《周谷城、丁日初、苑书义谈洋务运动研究》，《社会科学》〔上海〕1983年第1期。
③ 苏双碧：《关于中国近代历史的发展线索问题》，《光明日报》1983年11月9日。

三

中国近代史分期问题近年来也颇引人注意。这个问题包括两个方面的内容，其一是关于中国近代史的下限问题，其二是关于旧民主主义革命历史发展阶段的划分问题。

中国近代史下限，教科书按照习惯通常都截止到1919年五四运动前。但是早在1956年林敦奎、李新等同志就对此提出异议，主张把下限延至1949年新中国成立前。[①] 近年来，越来越多的同志表示赞成这种意见了。1979年李永顺在《中国近现代史分期应该再议》一文中重新提出近代史应下延至1949年。[②] 以后王庆祥、钱念文、杨策、李侃等同志也撰文发表了相同意见[③]。1983年李新在《关于中国近现代历史分期问题》（《历史研究》1983年第4期）一文中详细阐述了这样划分近代史的理由。他指出：应该按照生产方式的改变来划分历史时期，五四运动并没有改变中国的社会性质，从经济上说，五四前后都是半殖民地半封建的社会经济；从政治上说，五四前后都是军阀统治。从1840到1919年中国是半殖民地半封建社会，它实际上属于资本主义范畴，构成了中国近代史。此后中国进入了社会主义，开始了现代史时期。陆文培在《中国近现代史分期问题浅见》（《江淮论坛》1983年第3期）一文中，建议把1840—1949年的中国近代史称为"中国半殖民地半封建社会史"。曾景忠在《中国近现代史划期问题述评》（《百科知识》1983年第10期）中指出：过去把新民主主义革命史称为现代史，除了不正确地以革命性质的某种变化而不以社会性质的根本转变为标准来划分历史时期这一原因之外，还因为建国初期的社会状况"还属于流动中的现实，没有沉淀凝固为历史"，现在中华人民共和国建立已经三十多年了，合乎科学意义的中国现代史——

<hr>

① 《中国人民大学第六次科学讨论会上关于"中国近代史分期问题"的讨论》，《历史研究》1956年第7期；李新《关于近代史分期的建议》，《教学与研究》1956年第8—9期合刊。
② 李永顺：《中国近现代史分期应该再议》，《昆明师院学报》1979年第4期。
③ 王庆祥：《中国近代史分期问题应当继续讨论》，《史学月刊》1980年第2期；钱念文：《关于中国近代史分期问题的若干意见》，《宁波师专学报》1982年第1期；杨策：《中国近代史的时限问题刍议》，《宁夏大学学报》1982年第1期；李侃：《中国近代史"终"于何时》，《光明日报》1982年11月17日。

中华人民共和国史的研究条件正逐步趋于成熟，因此史学体系也应不断更新。

也有的同志不同意把近代史下限延至1949年。王廷科在《正确估价我国新民主主义革命的历史地位》一文中指出：划分历史时代的标准，区别不同时代的基本特征，是哪一个阶级成为时代的中心，决定着时代的主要内容、时代发展的主要方向。所谓近代史，就是指以资产阶级为中心的时代的历史；所谓现代史，就是指以无产阶级为中心的时代的历史。1919年五四运动以后，中国的无产阶级及其先锋队中国共产党站在时代的中心，因此它属于现代史。他还进一步论述说：我国新民主主义革命与旧民主主义革命有相同点（反帝反封建的革命性质），也有不同点（革命领导权、指导思想、革命目标、前途、革命阵线），而不同点则是更为重要的；我国新民主主义革命与社会主义革命有联系又有区别，而联系是主要的，两者都属于世界无产阶级社会主义革命的历史范畴，在中国理所当然地同属于中国现代历史的范畴。①

关于中国近代史（指旧民主主义革命史）发展阶段的划分问题，50年代曾有过讨论，胡绳、范文澜、戴逸、孙守任、金冲及等都发表过不同的意见。当时胡绳根据中国近代阶级斗争的表现将近代史划分为七个时期。1981年他又将七个时期合并为四个时期：1840—1864年，1864—1901年，1901—1912年，1912—1919年（《从鸦片战争到五四运动》）。刘耀主要根据中国近代资本主义发展进程，把近代史划分为1840—1864年，1864—1895年，1895—1905年，1905—1919年四个时期（《中国近代史研究中的几个问题》）。李新在前引一文中建议划分为六个时期：1840—1851年，1851—1864年，1864—1894年，1894—1901年，1901—1912年，1912—1922年。这种分期主要是根据中国近代社会的阶级斗争和经济结构的变化。马玉卿根据中国近代社会的主要矛盾的变化，把近代史划分为三个时期：从鸦片战争到太平天国运动、从太平天国失败到义和团运动、从义和

---

① 王廷科：《正确估价我国新民主主义革命的历史地位》，《四川大学学报》1981年第1期。

团失败到五四运动[①]。中国近代历史发展阶段划分的分歧，主要是由分期标准不一致引起的，它与近代史基本线索问题密切相关。

（原载《中国历史学年鉴1984》，人民出版社1984年）

[①] 马玉卿：《浅谈学习中国近代史的基本线索》，《人文杂志》1983年第5期。

谈八十年代的文化研究

建国后，文化专门领域的研究很有成绩，但整体综合的研究停顿了。1982、1983年间，一些专家学者倡议开展文化、文化史的独立研究，几年里出现了一股人们称谓之的"文化热"。开初是开拓学术研究的领域，后来就直面现实了。

80年代出现的这场"文化热"，无疑有其积极作用。例如它推动了文化、文化史研究的开展，拓宽了学术领域，发表了一批论文和专著。在这个过程中，成立了一些研究机构，若干高校开设了课程，招收了研究生，培养了队伍。值得指出的是，文化、文化史的研究没有局限于学术的圈子里，而是注意联系实际，探讨现实的文化建设，诸如关于传统文化、西方文化和社会主义现代化的关系的讨论，企业文化问题的讨论等。所有这些，都为更好地进一步开展文化、文化史的研究打下了基础。

但是，这场"文化热"也存在着缺点，甚至是错误，有的问题还相当严重，需要认真反思。这里就想到的问题，提出一点看法。

由于改革开放，社会主义现代化建设，如何对待中国传统文化和西方文化的问题，又重新引起了讨论，并成为"热点"。但是，就讨论所涉及的论点和深度来看，较之建国以前进展不大。在中西文化的比较中，所概括的如"封闭性"等几个"性"，中国文化是伦理型、西方文化是知识型，中国文化是精神的、西方文化是物质的，中国文化是静的、西方文化是动的，等等，几乎在五四运动前后都说过了，人们缺少分析种种论点的准确性究竟如何，也缺少深入的探讨，提出更多的新论点、新问题。

"一窝风"现象。"热点"，意味着它受到人们的关注和重视，吸引着更多的人来参与研究，对推动学术研究的进展有利。但是，往往因为热了起来，就掀起了热浪，刮起了热风，变成"一窝风"。文化，成为一时的"显学"。忽喇喇都往这里拥，难免不出现赶热闹，追时髦，几乎相干不相干都要挂上"文化"二字。这里边也有学风问题，有的文章上下几千年，地跨东西方，大宏观地议论，洋洋洒洒，却流于虚泛。甚或为了追求"轰动效应"，随心所欲，奇谈怪论，玄之又玄，更属误人。

至于观点方面，更有值得注意的：

一是不加分析地搬用西方文化学、文化人类学、社会学、政治学等的观点，来取代马克思列宁主义、毛泽东思想的指导，把文化抽象化，变成超阶级、超时代、超社会的东西。其中有一个较为流行的观点，即反对批判继承传统文化、批判吸收西方文化这一马克思主义的基本原理，认为文化是不可分割的"有机整体"，不能分精华和糟粕，要么全部接收，要么全部抛弃。其实这并不是什么新鲜的观点，早在30年代关于中西文化问题论争时有人就提出过这种主张。

二是彻底否定传统文化，把传统文化说成全是坏的，把传统文化和现代化绝对对立起来，认为传统文化阻碍了现代化的进展，甚至断言"中国传统文化早就该后继无人了"，散布民族文化虚无主义思想。这种"彻底否定"的主张，不仅是错误的，实际也做不到，只能制造思想混乱，结果往往是丢掉了好的传统，而使坏的传统泛起。

三是鼓吹"全盘西化"，主张从经济、政治、文化到生活方式，一切都照搬西方的。有所谓"西体中用"，认为应把"西方资本主义商品经济和整个上层建筑都搬到中国来"，不过是"全盘西化"变换的一种提法。有的甚至美化殖民侵略，把殖民化说成是对落后民族的一种"进步"，要中国当"三百年殖民地"，这就走到卖国主义了。

四是宣扬"复兴儒学"。这个口号显然是不科学的，它抹煞了文化的阶级实质和时代性。作为封建阶级的统治思想的儒学，随着中国民主革命的发展，已经失去它的统治地位而走向衰落。儒学作为整体来复兴，既不适于时代，也不可能实现，只能是批判继承其中优良的成分。

五是鼓吹西方的价值观、人生观。在文化讨论中，关于人的价值观、人生观议论颇多，"自我中心"、"自我设计"的思想很流行，导致极端个人主义，非道德，非理性，把个人和集体、社会对立起来。

上述这些，只是举几个主要观点为例。在文化讨论中，坚持资产阶级自由化的人不失时机地加以利用，借学术讨论之名，行反对四项基本原则之实。在社会主义建设了四十年，他们竟然提出"中国向何处去"这样尖锐的问题，这就不是什么学术讨论了。就是说，在这场文化的学术讨论中存在着政治斗争。这也不是现在才出现，在近代中西文化问题的长期论争中，经常是和政治分不开的。

对80年代文化、文化史的研究和讨论加以正本清源，在马克思列宁主义、毛泽东思想的指导下，这项研究工作尚能沿着正确的轨道健康地向前发展。

（原载中国史学会《中国历史学年鉴》编辑部编：《中国历史学年鉴1990》，生活·读书·新知三联书店1990年）

在中日甲午海战中方伯谦问题研讨会上的发言

　　有机会参加此会，感到很高兴。对我来说也是个学习机会。首先让我祝贺研讨会圆满成功。我对方伯谦问题没有很好的研究，真正接触这一课题是在前几年新编教材时。一为高校《中国近代史》教材，一为我主编的中国电大《中国近代史》教材，均牵涉到方伯谦问题。方俪祥女士曾写信与我交换意见。作为一个历史问题，方伯谦问题历来均有两种意见，这是值得很好研究的。因而，在问题没有弄清之前，随意加以结论是不妥的，是不负责的。为此，我在编教材中，对出现关于方伯谦逃跑的话，采取审慎态度，正视存在两种完全不同意见，就把这句话删掉。历史是科学，要尊重历史，要实事求是地对待，不能妄加臆断。由目前学术界来看，过去对丁汝昌、刘步蟾评价都不高，经过研究发掘史料，有的已给予较高评价，但仍然有不同意见。因而，对于方伯谦问题也应该重新研究，这不光是方家的问题，而且是历史的问题。我非常钦佩方女士的精神，认真地对待历史，努力收集资料。现在材料越来越多。今天能召开这样的会，说明历史界已开始注意这一历史问题。相信通过大家努力，是可以弄清方伯谦的问题的。

（1991年9月在"甲午战争中之方伯谦问题研讨会"发言，
后收入林伟功、黄国盛主编：《中日甲午海战中方
伯谦问题研讨集》，知识出版社1993年）

太平天国革命、辛亥革命、社会主义革命纵横谈

一

今年是太平天国革命140周年，辛亥革命80周年，也是中国共产党诞生70周年。从1840年鸦片战争到1949年中华人民共和国成立一个多世纪的历程里，帝国主义和封建主义相勾结把中国变成一个半殖民地半封建社会；同时，中国人民为了挽救民族危亡、振兴中华，前仆后继，进行了顽强不屈的英勇斗争。太平天国革命、辛亥革命和中国共产党的成立，就是这个反抗斗争过程的组成部分，可以说是其中最重要的三件大事。

太平天国革命从1851年1月广西金田起义开始，到1864年天京失陷为止，前后坚持了14年，势力发展到18个省，并建立农民革命政权，与清王朝长期对峙，颁布了《天朝田亩制度》，从而形成了中国近代史上第一次声势浩大的革命高潮。太平天国革命动摇了清王朝封建统治的基础，有力地打击了西方侵略者，充分显示出农民阶级的革命性。

然而，农民阶级不是新式生产力的代表，他们无法克服自身固有的阶级局限性，因而他们从事的反帝反封建斗争具有难以避免的弱点。太平天国政权建立后，迅速走上封建化的道路，规定严格的等级世袭制度，自天王洪秀全以下都醉心于享受，生活日趋腐化，高层领导人之间争权夺利，以至于发生导致太平天国由盛而转向逐渐衰落的"天京事变"。太平天国虽然在《天朝田亩制度》中提出"天下田天下人同耕"的主张，对地主阶

级也有所打击，但是并没有能够实行平分土地，而是采取"照旧交粮纳税"的原有政策，农村的封建经济基础和封建势力没有真正消除。太平天国的领袖们对于西方资本主义侵略者也缺乏理性的认识，仅仅停留在感性的体验上。尽管他们坚持不承认不平等条约，反对贩卖鸦片，但却把信奉天父上帝的西方侵略者都视为"洋兄弟"。正是由于阶级的和历史的局限性，太平天国革命最后在西方资本主义侵略者和清朝封建统治者的联合镇压下失败了。太平天国革命的失败，清楚地表明，在半殖民地半封建的中国，农民不能担负起领导中国民主革命取得胜利的重任，单纯的农民革命救不了中国。

紧接着农民阶级之后领导中国民主革命的是民族资产阶级。19世纪末，中国民族资本主义得到微弱的发展，民族资产阶级逐渐成长，并登上政治舞台。民族资产阶级的政治代表为了救亡图存，使中国独立富强，一开始就出现两种主张和两条道路，即以康有为为代表的资产阶级维新派和以孙中山为代表的资产阶级革命派。以康有为为首的资产阶级维新派进行了改良道路的尝试，企图通过光绪皇帝的清政府变法自强，在中国实现君主立宪制度。但是变法新政只推行103天，慈禧太后为首的保守势力就发动政变，以"六君子"的流血牺牲而告终。戊戌变法的失败，表明了改良主义在中国的幻灭。以孙中山为首的资产阶级革命派继承了太平天国的革命传统，吸取了改良道路失败的教训，努力推进资产阶级革命向前发展。他们组织了革命政党同盟会，宣传资产阶级民主共和思想，不断发动武装暴动，终于在1911年成功地领导了武昌起义。辛亥革命推翻了清王朝，结束了2000多年的君主制度，建立了资产阶级共和国，在中国历史上留下了永不磨灭的历史功勋。

但是，孙中山领导下的南京临时政府为时很短。在帝国主义和封建主义的压力下，资产阶级革命派不得不被迫将政权交给代表大地主买办阶级的袁世凯手中。袁世凯建立的北洋军阀政府，对外投靠帝国主义，出卖国家主权，对内残酷压迫人民，复辟帝制。袁世凯死后，各派军阀在帝国主义支持下，连年混战。中国仍旧沉沦在半殖民地半封建社会的深渊里。帝国主义依然操纵着中国的政治和经济命脉，旧的封建剥削制度和经济基础也没有遭到有力的触动。以孙中山为首的资产阶级革命派虽然没有放弃革命的立场，并先后领导了"二次革命"、护国战争和护法运动，但这些斗争最终都归于失败。辛亥革命及其后屡次斗争的失败，是由于帝国主义和封建主义相勾结，使用各种手段扼杀革命；同时也是由于民族资产阶级具有明显的软弱性和妥协性，决定他们不可能具有彻底的反帝反封建的精神，无力领导中国革命取得成功。

既然农民阶级和民族资产阶级都没有能力根本解决中国社会的主要矛盾，都没有能力彻底完成反帝反封建的革命任务，那么，历史的发展就势必要求有新的阶级来充当时代的主角。1919年五四时期，中国工人阶级开始以独立的姿态登上政治舞台。而李大钊等先进知识分子接受俄国十月革命的影响，信仰和宣传了马克思主义，并将马克思主义同中国工人运动相结合。1921年，中国共产党正式成立。中国共产党的成立，成为中国革命史上重要的里程碑。从此以后，中国革命由资产阶级领导的旧民主主义革命转变为由无产阶级及其政党中国共产党领导的新民主主义革命。中国共产党领导中国人民经过28年艰苦曲折的斗争，终于推翻了帝国主义、封建主义和官僚资本主义三座大山，于1949年10月1日建立了中华人民共和国。这才彻底完成反帝反封建的民主革命的任务，改变了半殖民地半封建社会的地位，并实现了由民主革命向社会主义革命和建设的伟大转变。历史证明，只有共产党才能救中国，没有共产党就没有新中国。

二

在中国共产党诞生以前，先进的中国人就经历了千辛万苦向西方国家寻找救国救民的真理。太平天国革命领袖洪秀全和辛亥革命领袖孙中山，便是其中的代表人物。

1840年鸦片战争以后，西方传教士伴随商品、鸦片进入中国，在中国传播基督教。当时西方文化传入中国还很少，只有基督教较为活跃。洪秀全是一个屡试不第的乡村塾师，平素对西方文化无所接触和了解。在这种状况下，他寻找到的是基督教。洪秀全撷取了基督教的"上帝面前人人平等"的思想，结合中国农民的"均贫富"革命要求，创立了"拜上帝教"，以此来发动和组织群众参加革命。在太平天国革命兴起和发展之初，它曾经起到一定积极作用。但是，拜上帝教毕竟是一种宗教迷信，不是科学的思想理论，它不仅不能正确指导革命运动，长期维系革命队伍的人心，而且给自身带来了危害。在太平天国后期，革命面临危机，洪秀全却陶醉于宗教迷信，一切信天不信人，"拿天话责人"，甚至说"天生真命主，不用兵而定太平一统"，"认实天情，自然升平"。宗教迷信，加上封建的尊卑等级观念和农民小生产者的绝对平均主义、宗派主义等，表明太平天国缺少正确的思想理论来指导这场革命运动，它的失败悲剧并不偶然。

孙中山继承了太平天国的革命传统，他曾以"洪秀全第二"自居，矢志推翻腐朽的清政府。然而孙中山终究不是洪秀全，他总结了太平天国失败的教训，批判他们的"帝皇思想"。孙中山认为，太平天国失败的最大原因，"是他们那一班人到了南京之后，就互争皇帝，闭起城来自相残杀。……因为当时洪秀全、杨秀清争皇帝做，所以太平天国的洪秀全、杨秀清、韦昌辉、石达开那四部分基本军队都完全消灭，太平天国的势力由此大衰。"（《孙中山选集》第708页）这表明孙中山所追求的比洪秀全前进了，他代表的不是农民阶级而是民族资产阶级。孙中山和他的同志们从西方资产阶级革命时代的武器库中学来了进化论、天赋人权论和资产阶级共和国等项思想武器和政治方案，提出了"驱除鞑虏，恢复中华，建立民国，平均地权"的革命纲领。随后，孙中山将其解释为民族主义、民权主义、民生主义，即"三民主义"。三民主义，成为孙中山领导的资产阶级革命的指导思想。

但是，民族资产阶级的软弱性是从娘胎里带出来的，是半殖民地社会的政治和经济的重要特点之一。他们对帝国主义和封建主义软弱妥协，导致了革命的失败。同样，在思想理论上，资产阶级也表现得软弱无力。中国资产阶级由于历史的局限性，既没有经过充分的资本原始积累，又缺乏充分的思想理论准备，因而未能形成类似西方早期启蒙思想家那样自成系统的思想体系，缺乏自己独立的理论形态。当中国资产阶级刚刚登上政治舞台的时候，就必须要和强大的内外敌人进行战斗。他们没有别的思想武器，不得不到西方前辈门下讨教，学来了进化论、天赋人权论、资产阶级共和国方案等。诚然，这些理论在当时中国的历史条件下具有反封建的进步意义，但在世界资本主义进入帝国主义反动阶段，早期资产阶级进步文化已成过去，已经没有力量。而当时中国的资产阶级革命派也没有条件和能力对西方思想理论进行准确的分析、研究和消化，只是囫囵吞枣般地把它们接受过来，这就导致了理论上的不成熟性和软弱性，因而抵御不住帝国主义和封建主义，归于失败。

辛亥革命的失败，同时也宣告了资产阶级思想理论的无能为力。沉舟病树，柳暗花明。中国人民的探索是不屈不挠的。在随后的新的历史转折的年代里，中国的思想理论终于出现了新的转机。

1914年至1918年的第一次世界大战震动了全世界，曾经被奉为效法榜样的西方资本主义，在人们心中产生了怀疑，以至破灭。1917年俄国爆发了十月革命，创立了世界上第一个社会主义国家。中国人民终于在绝望和徬徨中从俄国十月革命学到一样新的东西，这就是马克思列宁主义。"中国人找到了马克思列宁主义这个放之四海而皆准的普遍真理，中国的面目就起了变化了。"（毛泽东：《论人民民主专政》）

马克思列宁主义在中国，主要是通过李大钊等这样一批在初期新文化运动中起骨干作用的前驱者传播开来的。1918年，李大钊就撰文欢呼和论述俄国十月革命的胜利。第二年，他发表了一批文章，系统地阐述马克思主义，并主编《新青年》出版的马克思主义研究专号。此后，许多报刊相继发表了大量介绍马克思主义的文章，马克思、恩格斯、列宁的著作也被翻译出版，马克思列宁主义广泛传播开来。这样，在中国共产党诞生后，在思想理论上居于指导地位的已不再是资产阶级的思想理论，而是无产阶级的思想理论，即马克思列宁主义。

马克思列宁主义在中国传播，并不是一帆风顺，而是经历了严重的斗争和艰辛的历程。马克思列宁主义传入中国后，同时存在的还有其他种种主义，诸如资产阶级民主主义、实用主义、改良主义、无政府主义、新村主义、泛劳动主义、基尔特社会主义、国家社会主义，等等。马克思列宁主义开初只是其中的一家。马克思主义与这些思潮在社会改造的浪潮中竞相传播，斗争是不可避免的。从1919年到1923年，马克思列宁主义和反马克思列宁主义思潮进行了三次大论战，先后战胜了以胡适为代表的实验主义和社会改良主义，以张东荪、梁启超为代表的资产阶级改良主义，以黄凌霜、区声白为代表的无政府主义。在中国革命的实践中，在思想理论的斗争中，其他种种主义很快便销声匿迹，只有马克思列宁主义为中国人民所接受，并且成为中国革命的指导思想。正是中国人民经过研究、比较和鉴别，最终选择了马克思主义的科学社会主义作为救国救民的理论武器。1920年8月，蔡和森在法国给毛泽东的信中说："我近对各种主义综合审谛，觉社会主义真为改造现世界对症之方，中国也不能外此。"毛泽东表示赞同并指出："我看俄国式的革命，是无可如何的山穷水尽诸路皆走不通了的一个变计，并不是有更好的方法弃而不采，单要采这个恐怖的方法。"（《新民学会资料》第148页）周恩来在对当时种种思潮进行认真比较后下定决心："我们当信共产主义的原理和阶级革命与无产阶级专政两大原则"，"我认的主义一定是不变了，并且很坚决地要为他宣传奔走。"（《周恩来书信选集》第40、46页）在中国革命过程中，马克思列宁主义的普遍真理和中国革命的具体实践相结合，产生了毛泽东思想。毛泽东思想是马克思列宁主义在中国的运用和发展，它本身也有一个发展过程。在中国共产党历史上，曾经发生过右倾机会主义和"左"倾机会主义的错误。这些错误，都是脱离了马克思列宁主义普遍真理和中国具体革命实践相结合的正确轨道，使革命遭受挫折和失败。而毛泽东思想则是在同右倾机会主义和"左"倾机会主义的斗争中产生和发展的，它体现了这条正确的轨道。在马克思列宁主义、毛泽东思想的正确指导下，中国才发生了从旧民主主义革命到新民主主义的转变，才取得了新民主主义革命的胜利，并继续前进，进入了社会主义革命和建设的新时期。中国革命的胜利，也是马克思列宁主义、毛泽东思想的胜利。历史证明，只有马克思列宁主义能够救中国，只有社会主义能够救中国。

<h1 style="text-align:center">三</h1>

革命的根本问题是政权问题，即推翻旧政权建立新政权。太平天国农民革命、孙中山领导的资产阶级革命和中国共产党领导的新民主主义革命，都离不开政权问题，都要建立各自的政治制度。

金田起义后不久，洪秀全即被拥戴为太平天国天王。随后，洪秀全在永安封王建制，以杨秀清、肖朝贵、冯云山、韦昌辉、石达开为东、西、南、北、翼五王，"所封各王，俱受东王节制"。1853年3月，太平天国攻克南京后，改名天京，定为都城，建立与清政府对峙的农民革命政权，并在"永安建制"的基础上进一步将政治制度加以完善。但是，作为小生产者的农民，他们的代表不可能摆脱封建意识形态给他们的深刻影响，诸如帝王思想和等级尊卑的观念，因此，也就不能不承袭清朝那一套封建政治制度。而且随着形势的发展，太平天国政权的封建化程度愈来愈加深。农民革命不可能超越阶级和时代，建立起一套新的政治制度。

中国民族资产阶级在登上政治舞台后，力图参政，以至取得政权。资产阶级和农民阶级不同，他们提倡民权、平等，主张君主立宪制或民主共和制，反对君主专制制度。在这方面，不论戊戌维新运动或辛亥革命，都比太平天国革命前进了。不可否认，这是中国历史的进步。

戊戌维新时期，康有为等维新派主张开国会，立宪法，实行君主立宪制度。但是，在变法的103天里，不仅未见付诸行动，而且连提也不提了。以孙中山为首的资产阶级革命派，效法欧美民主共和制，则不单是停留在言论主张上，而且是加以实践。1911年10月，武昌起义成功。1912年1月，孙中山在南京就任临时大总统，中华民国临时政府正式成立，宣告了中国封建君主专制制度的终结，资产阶级民主共和制度的诞生。清朝的覆灭，民国的成立，使中国社会曾经呈现出一派新气象，民主观念开始深入人心。政党、社团如"雨后春笋，蓬勃兴起"，据有的著作说，数目曾高达300多个，并称之为"政党林立时代"。从临时参议院到参议院、众议院的选举和国会的成立，表明议会制是当时人们努力争取的目标。在体制上，基本上是三权分立制。这就是说，西方国家那套资本主义政治制度都被搬来了。当时很多人对此抱很大期望，以为这就可以建设一个民主共和的国家了。国民党的领导人之一宋教仁，就是主张资产阶级议会政治、推行民主宪政的主要代表。1912年冬，全国进行的第一届国会选举中，国民党在参众两院都获得了多数议席，占绝对优势。大选胜利，使国民党沉醉了。宋教仁更是兴高采烈，他在选举还未结束时，就满怀希望地到长江流域各省作政治鼓动，发表演说。在国民党湖北支部欢迎会上，宋教仁强调说："在国会里头，占得大多数议席的党，才是有政治权威的党，所以我们此时要致力于选举运动。我们要停止一切运动，来专注于选举运动。……我们要在国会里头，获得过半数以上的议席，进而在朝，就可以组成一党的责任内阁。退而在野，也可以严密的监督政府，使它有所惮而不敢妄为，应该为的，也使它有所惮而不敢不为。那么，我们的主义和政纲，就可以求其贯彻了。"（《宋教仁集》下册第456页）但是，宋教仁的这些想法只不过是天真的幻想。已经窃夺了临时大总统职位的袁世凯，一心搞专制独裁，复辟帝制，绝不会容许宋教仁等国民党人实现议会政治、政党政治，派人在国会开会前在上海车站刺杀了宋教仁。宋教仁的被刺，表明国民党政党政治、议会政治的破产。袁世凯登上正式大总统的宝座后，随即下令解散国民党和国会，连那点形式上的东西也被抛弃了。其实把西方的政治制度硬搬到中国来，也全都变了样。民国初年，各地出现了许多各式各样的政党。这些政党时分时合，变化不定。究其目的是为了"聚党徒，广声气，恃党援，行倾轧排挤之惯伎，以国家为孤注"（谢彬：《民国政党史》第2页）。国会议员选举后，各政党在议员中大肆活动，袁世凯也采取各种方式收买议员；而议员也以此猎取权利。议员的收买情况，据记载：

"除脱党入党外，有不必脱党入党，投一票赞成一事即有若干金者，且有不必投一票赞成一事，只不出席便有若干金者。……甚有买卖议员从中说合者，未能如约得折扣工资，竟提出诉讼，以买卖猪犬鸡鸭亦无中资不付为比者"（邹鲁：《中国国民党史稿》第1册第157页）。"此辈（议员）有以一身兼卖与四五党者，卖完之后，一律脱党，自名厌弃党争，其实将等到有大宗买卖时，做一回大买卖，免得受党议拘束"（《黄远生遗著》卷2）。政党、议员拉帮结派，争权夺利，甚至是搞交易、做买卖，于国于民不仅无实际益处，而且是带来危害。由这样议员、政党组成的国会，也无非是一批政客搞政治交易、谋取私利的场所。袁世凯死后，北洋军阀统治，更是闹得乌烟瘴气。例如，曹锟为了把自己"选"为总统，以40万元收买了国会议长，以每张选票5000到10000元贿买了500多个议员。这就是臭名昭著的曹锟贿选，而这批受贿的议员被人们斥为"猪仔"议员。对于如此的多党制、议会制、选举制，难怪当时有人慨叹："无量头颅无量血，可怜购得假共和。"

辛亥革命后的实践证明，政党政治、议会道路在半殖民地半封建的中国是行不通的。当然此路不通，不等于再也没有人追求资产阶级共和国的道路了。直至解放战争时期，仍然有人鼓吹以建立资产阶级共和国为目标的中间路线。但是，蒋介石国民党反动政府实行法西斯统治，逮捕、杀害民主人士，诬蔑民主党派为"暴乱工具"，宣布为"非法团体"。在袁世凯北洋军阀统治时代，资产阶级共和国的道路行不通，在蒋介石国民党统治时代也依然是行不通的。正如毛泽东所说的："资产阶级的共和国，外国有过的，中国不能有，因为中国是受帝国主义压迫的国家。唯一的路是经过工人阶级领导的人民共和国。"（《论人民民主专政》）

1949年在中国共产党领导下召开了中国人民政治协商会议第一届全体会议，通过"共同纲领"。它规定了中华人民共和国国家政权属于人民，实行工人阶级领导的、以工农联盟为基础的、团结各民主阶级和国内各民族的人民民主专政。中国共产党领导的多党合作和政治协商制度，是我国一项基本政治制度，是我国政治制度的特点和优点，是符合我国国情的社会主义政党制度，具有坚实的社会基础和强大的生命力。在40多年的实践中，它得到不断的丰富和完善，从而有力地促进了社会主义现代化建设和社会主义民主政治建设。

四

中国革命的历史和中国的国情告诉我们，资本主义道路在中国行不通，没有共产党就没有新中国，只有社会主义能够救中国，也只有社会主义才能发展中国。新中国建立后的40多年来，在中国共产党领导下，社会主义建设事业取得了光辉的成就。

建国之初，蒋介石国民党留下来的是一个百孔千疮的烂摊子。帝国主义预言家们幸灾乐祸地断言，中国的解放战争虽然胜利了，但是财政困难无法克服，用不了多久共产党就会垮台。然而历史并不按照帝国主义的意愿发展，他们的希望破灭了。在中国共产党领导下，短短三年的时间，国家的财政经济状况就得到了根本的好转，使人民过上了和平安宁的生活。1952年与1949年相比，工业总产值增长145%，农业总产值增长53.4%，粮、棉、煤、钢、电力等主要项目的指标都有大幅度的增长。中国共产党领导经济建设的能力为世界所叹服。

在以后近40年的时间里，中国共产党带领各族人民坚持走社会主义道路。尤其是党的十一届三中全会以来的10多年改革，使我们国家发生了令人瞩目的变化。以1989年与1949年相比，钢产量由15.8万吨增长到6124万吨，增长了387倍；原煤产量由0.32亿吨增长到10.4亿吨，增长了31.5倍；原油产量由12万吨增长到13700万吨，增长了1141倍。其他诸如水泥和电力等主要工业指标，也是数百倍地增长。中国已经建立起独立的和比较完整的工业体系。事实说明，中国共产党有能力领导中国人民进行社会主义现代化建设。

这里不妨与世界其他国家作一横向的比较。第三世界国家不必说了，就是同美国相比，也很能说明问题。美国号称世界头等强国，早就完成了工业化，经济比我国发达得多。但我国经过40年的社会主义建设，与它的差距也在发生变化。例如粮食产量，1950年美国比我国高15%，到1986年我国反而比美国高4%；钢产量，1950年美国比我国高143倍，到1987年只比我国高0.58倍；煤的产量，1950年美国比我国高10.8倍，到1987年我国反而比美国高0.12倍。就国民生产总值增长速度来看，从1979年到1987年的年平均增长速度，美国是2.3%，我国则是9.2%。这些都表明，我国经济发展的速度超过了美国。当然我们并不否认，在经济技术发展水平上，在人均生产总值上，还远不如美国。但我们应该客观地、不带偏见地认识造成这种差距的原因，主要是由于两国发展基础相差太大。美国靠对内剥削对外掠夺建立的资本主义国家，经过200多年的发展才达到今天这个水平。而我国在近代遭受包括美国在内的外国列强的侵略长达100多年，在这个基础上进行社会主义建设也只有40年的历史。况且，美国的人口只有中国的1/5，而耕地面积比中国多，资源比中国丰富。这些因素对经济发展起着重大的影响。

中国共产党领导中国人民进行了28年的反帝反封建的新民主主义革命，终于取得胜利，建立了新中国。建国后，又领导各族人民进行社会主义建设，并取得了举世公认的成就。历史充分说明，中国共产党不仅有能力领导革命成功，而且也有能力领导社会主义现代化建设。在这过程中，虽然也曾经出现过一些错误，甚至犯过比较重大的错误，但中国共产党完全依靠自己的力量，勇敢坚决地纠正了自己的错误。社会主义事业是前所未有的事业，领导这样一个伟大事业，出现一些失误是难以避免的。更何况我国是一个经济和文化都比较落后的大国，又处在极其复杂的国际环境中，必然会对我们社会主义建设事业带来许多矛盾与问题。只要我们党能够坚持以经济建设为中心，坚持四项基本原则和改革开放两个基本点，保持同人民群众的密切联系，就一定会把我国建设成社会主义现代化强国。

（原载《求是》1991年第19期）

郑成功与辛亥革命

　　首先作一点声明，我是泉州人，在座的有我家乡的领导，有我的老师、我的同学、我的朋友，让我在这儿发言，我是有点不好意思。我离开家乡40年，对家乡没有尽过什么力，这一次承蒙泉州市领导和南安县领导给了我这样一个机会，陪同三位全国著名的历史学家，来参加纪念郑成功逝世330周年的活动，算是一点小小的弥补。所以我表示非常地感谢。

　　刚才三位教授已经对郑成功的业绩，和今天我们纪念郑成功的意义作了很好的报告。下面我想就郑成功对后来的影响，特别是对辛亥革命的影响作一点发言。这个题目或者就叫"郑成功与辛亥革命"。

　　孙中山先生领导的辛亥革命爆发在1911年，但是这次革命的准备时间，前后有十几年。1894年孙中山先生在檀香山建立了兴中会，1905年他又在日本建立了同盟会，提出了"驱逐鞑虏，恢复中华，建立民国，平均地权"的"十六字纲领"。在孙中山先生的领导下，当时进行了许多次武装起义，同时也进行了大量的宣传工作。在这些宣传工作里面，很重要的一个内容，就是对明末清初一些抗清人物，或者是批判君主专制的思想家，都加以介绍或弘扬。例如对于当时夏完淳、黄宗羲、张煌言等人物的介绍和宣传，就是明末清初抗清或者批判君主专制这样一些思想家。而其中相当多的是宣传、介绍了郑成功。这些宣传和介绍都是为了适应当时反对清政府，进行民主革命，振兴中华的需要。在1903年的时候，当时的一个青年革命家叫邹容，他写的一本书叫《革命军》，宣传革命，是当时影响很大的一本作品。邹容就在他这本著作里面，表达了对郑成功的崇拜。在当时出版的报刊里面，有不少报刊，都对郑成功写了传。其中如柳亚子先生写的一篇《郑成功传》，在当时的一本杂志上发表。据当时这本杂志的编者所作的说明，柳亚子先生当时写这篇传记时只有16岁，也是相当的年轻。另外像同是1903年出版的《浙江潮》，发表了另一个作者写的《中国爱国者郑成功传》；1904年《中国白话报》上面，也发表了有关郑成功的传记文章。所以说在当时革命派的报刊上面，对郑成功是作了大量的介绍和宣传的。他们这些文章里面，都表达了对郑成功崇敬的心情，都对郑成功作了很高的评价。如柳亚子的《郑成功传》里面，就认为郑成功是一个大政治家、大战争家。这里所谓的"大战争家"，按我们今天的话说就是大军事家。柳亚子先生的《郑成功传》在1904年收入当时也是宣传革命的一本文集里面，叫做《黄帝魂》。在《黄帝魂》这个文集里，编者加了个按语，他们认为郑成功是我们民族的第一伟人，也是作了很高的评价，对他是崇敬的。对于郑成功的功绩，他的贡献，在柳亚子先生的《郑成功传》里面用了九个字加以概括，这九个字叫做"拒满州、排荷兰、辟台湾"。所谓"拒满州"，也就是当时的抗清活动；"排荷兰"，就是进军台湾，收复台湾，驱逐荷兰；接着就是开辟了台湾。这在戴逸教授、李侃教授和王思治教授的报告里面都已作了详细的介绍。从九个字来看，柳亚子先生的概括应该说是很准确的。

在这些有关郑成功的传记里面，主要是反映了这么三个方面的内容，或者说是反映了这么三个主要思想。第一个就是宣传郑成功的抗清活动。因为当时的辛亥革命，一般都叫做"排满革命"，就是反对满洲贵族掌握的清朝政府的这么一个活动。当时清朝已经到了一个非常腐败的程度，当时另外一个革命家，就把清朝政府归结叫做"洋人朝廷"，叫做"卖国腐败"。所以，像这样一个"卖国腐败"的政府就非推翻不可。介绍郑成功的抗清活动，就是为了宣传、弘扬、唤醒人民起来反对这个腐败的清政府，是为了排满革命的需要。这是当时这些传记里面之所以大量介绍郑成功、宣传郑成功的一个主要思想。第二个主要思想，是宣传郑成功的反抗西方殖民侵略的精神。在他们写的传记里面，都特别强调荷兰侵略霸占了台湾。如柳亚子先生的《郑成功传》里面就认为，欧洲的殖民侵略的鼻祖荷兰，被郑成功打败，因此是值得崇拜的英雄。在《浙江潮》的《中国爱国者郑成功》这篇传记里面，认为西方殖民主义自19世纪以来就很流行，成为西方殖民国家的一个政策。中国当时从东到西，从南到北都是流行这种主义，也就是帝国主义在中国进行侵略，横行霸道。所以用郑成功反抗荷兰殖民侵略，收复台湾的这种精神，来鼓舞人们反对当时的帝国主义对中国的侵略。这是这些传记里面宣传的第二个主要思想。第三个主要思想，就是宣传郑成功介绍郑成功是为了唤醒当时的中国人，为了弘扬爱国主义精神。在他们的文章里面，都提出来希望有像郑成功这样的人，发扬我们祖国的荣光。或者说当时帝国主义对中国的侵略，中国有很多人还没有真正觉悟到。所以说替郑成功作传，不仅仅是为了郑成功个人，也是为了无数的国民。也就是希望通过郑成功爱国主义精神，来激励国民奋起反抗清朝政府的统治，反抗帝国主义的侵略。大体上这些有关郑成功的传记里面，归纳起来，有这么三个意思，或者说三个思想。从这里可以看出，在辛亥革命时期，为了推翻清政府的反动统治，为了民族独立，为了振兴中华，通过对郑成功的介绍和宣传，来激励、唤起当时的中国人起来进行革命斗争。所以说郑成功不仅在他生前的那个时代做了非常了不起的、非常伟大的事业，立下了彪炳史册的功绩，而且对后世，像对辛亥革命时期，也是产生了很大的很积极的影响。

民国以后，郑成功的爱国主义精神继续在流传、在弘扬。到了现在，郑成功仍然受到人们的崇敬，仍然是作为民族英雄、作为伟大的爱国主义者来教育我们的青少年。根据国家教委颁布的九年义务教育制初中历史教学大纲编写的几套初中历史教材，郑成功作为驱逐荷兰殖民主义侵略者、收复台湾、维护民族独立领土完整的伟大的民族英雄，在书中得到很好的宣扬，目的就是为了不断地教育下一代，来认识和了解郑成功是一个什么样的人物，来继承和发扬他这种爱国主义精神。在这些教科书里面，我还要提到，除去继承和弘扬郑成功的爱国主义精神以外，还以专门的题目，写了宋元时代的泉州，也就是说在我们全国许许多多的中学生里面，通过历史课的学习，不仅了解郑成功，而且了解郑成功的家乡泉州在历史上处于一个什么样的历史地位，是当时世界上的大港之一，是在进行海外交通、海外贸易中起过很大的作用的。

所以联系到这一点，联系到我们家乡泉州现在已经建立起了一个"中国泉州学研究所"，对泉州学进行了研究。我想，泉州学的研究不仅仅是限于泉州城，而应该是包括整个泉州地区，包括泉州地区的历史、现状和未来的研究，包括泉州地区的经济、政治、文化各个方面。在泉州有许多历史流传下来的，有些是被称为"活化石"的，比如说南音、梨园戏，还有一些宗教遗迹，包括一些现在恐怕是世界罕见的摩尼教的遗迹，等等。这些我们都需要很好地研究。研究泉州学也包括泉州历史上的一些对历史起过推动作用，对历史作过贡献的人物，比如说像郑成功这样一些历史人物。所以今天我们纪念郑成功逝世330周年，是在继承和发扬郑成功的爱国主义精神。

在改革开放的今天，泉州整个地区发展非常迅速，我对家乡的发展是非常高兴，非常感激的。因为新中国成立前在家乡生活过，都知道当时的状况。新中国成立后由于种种原因，泉州地区也是比较落后的，但是这些年发展非常迅速。我相信，再经过努力，泉州一定能够得到更快、更好的发展，泉州地区，在不久的将来一定会恢复，并且超过历史上曾经有过的繁荣昌盛的境况。

（原载《泉州学刊》1992年第3期）

孙中山的对外开放与维护主权 *

　　常见报刊上载文谈论孙中山关于引进外资、对外开放的思想主张，读来总觉得缺点什么。为了弄清楚问题，不免要把孙先生的书找来查一查。原来这些文章都只讲了孙中山主张对外开放一面，而省略了他同时一再强调的维护主权一面。这些文章的作者为什么要将这一面略去，不好妄加揣测。但是，在向读者介绍这位伟大历史人物思想的时候，还是应当实事求是，尊重客观历史实际，全面地予以阐述。

　　确实，孙中山从登上近代中国的政治舞台开始，就批评闭关自守，主张顺应世界潮流，实行对外开放。终其一生，都为此而努力。

　　孙中山在他的著述中一再批评"守旧不变"，"排外自大"，以致不能进步，"不及欧美各国之盛强"。

　　对于所以造成中国闭关自守的原因，孙中山进行了严肃的分析。他不同意西方一些人把闭关自守说成是"中国人的本性"，在1904年发表的《中国问题的真解决》一文中指出："西方人中有一种普遍的误会，误以为中国人本性上是闭关自守的民族，不愿意与外界的人有所往来，只是在武力压迫之下，才在沿海开放了几个对外贸易的口岸。这种误会的主要原因，是由于对中国历史缺乏了解。历史可以提供充分的证据，证明从远古直到清朝的建立，中国人一直与邻国保有密切的关系。"[1]孙中山认为，造

* 本文选自《近代中国与文化抉择》，北京师范大学出版社1993年版。
[1]《孙中山选集》，第63页。

成中国的闭关自守，是清政府"设为种种政令，固闭自封，不令中土文明与世界各邦相接触，遂使神明之裔，日趋 野，天赋知能，艰于发展"，"坐令吾国吾民遭世界之轻视"①。因此，他认为要改变这种落后于人的局面，"欲急求发达，则不得不持开放主义"。

孙中山对外开放的思想主张，主要表现在以下三个方面：

在政治上，主要是吸取欧美的民权思想和民主共和的国家制度。这是他一生不懈追求的所在，也是不断发展的认识过程。例如，1916年孙中山表示要把美国"最好之民权制度介绍给国民"，但当他看到"全世界中行使直接民权是以瑞士为第一，瑞士民权的发达"已驾乎英、美、法之上时，又把瑞士作为"一个极好的榜样"。俄国十月革命后，他又表示："法、美共和国皆旧式的，今日惟俄国为新式的。吾人今日当造成一最新式的共和国。"②可见，孙中山的确是顺应世界潮流，不断探索、借鉴外国先进的政治制度。

在经济方面，主要是引进外资、外国人才和先进的工业设备及科学技术，发展实业。民国建立后，孙中山对此尤为究心。他认为发展实业乃时代潮流，"吾人正宜迎此潮流，行开放门户政策，以振兴工商业"③。他痛感"欲兴大实业，而苦无资本"；欲举行西法，培养人才，"又时等不及"；至于科学技术，基础更薄。因此孙中山呼吁："要想实业发达，非用门户开放主义不可。"他说："凡是我们中国应兴事业，我们无资本，即借外国资本；我们无人才，即用外国人才；我们方法不好，即用外国方法。"④显然，孙中山是具有博采众长的宏大气魄和自信精神的。

在思想文化方面，主要是吸收欧美先进的自然科学理论知识和各种先进的社会学说。他对于诸如进化论、民权思想，以及社会主义等各种学说和思潮，都认真加以考察研究，鉴别吸收，借以创造自己的思想政治理论。

孙中山既是资产阶级民主革命的先行者，同时又是伟大的爱国主义者。他倡导对外开放，吸收西方近代先进的文明成果，完全是为了国家民

①《孙中山全集》第2卷，第9—10页。
②《孙中山选集》，第507页。
③《孙中山全集》第2卷，第409页。
④《孙中山全集》第2卷，第533页。

族的独立富强，反对完全舍己从人，盲目照搬照抄。

首先，孙中山坚持民族独立、维护主权的严正立场。还在1912年中华民国成立后不久，孙中山在与新闻记者谈话时就提出"取消各口岸（之租界）"和外人在中国的特权。他表示："洋人欲拓上海租界，惟吾人不允，此乃当然之理也。譬如别国今居中国之地位，岂不亦如中国之所为乎？……若为英人，则必不欲有德人租界于伦敦也明甚。"①当时，中国是遭受帝国主义列强压迫剥削的半殖民地国家，外国侵略者在中国横行霸道，为所欲为。1924年孙中山北上北京"谋和平统一"，路经上海，英国想抵制他在上海登岸。孙中山很愤慨，他在接见外国记者时义正辞严地说："上海是我们中国的领土，我是这个领土的主人，他们都是客人。主人行使职权，在这个领土之内，想要怎么样便可以怎么样。"由此，他指出：不平等条约"就是我们的卖身契！我这次到北京去，讲到对外问题，一定要主张废除中外一切不平等条约，收回海关、租界和领事裁判权"②。直到去世之前，孙中山一再反复强调一定要废除一切不平等条约，收回主权。他说："我们中国人的地位，堕落到了这个地步，如果还不想振作国民的精神，同心协力，争回租界、海关和领事裁判权，废除一切不平等的条约，我们中国便不是世界上的国家，我们中国人便不是世界上的国民。"③并且把这个主张，写进了他的《遗嘱》。

对于对外开放，孙中山坚定不移的原则是"保持主权"，"关系主权之事，不能丧失"。民国建立前夕，他曾以埃及借债"失主权"而亡国，美国借债"不失主权"而兴盛为例，为未来的新政府借款提出三条原则："一不失主权，二不用抵押，三利息甚轻。"④同时，他还提出新政府与各国通商，应当坚持平等互利的原则，"将海关税则重行编订，务使中国有益，不能徒使西商独受其利"⑤。1921年，孙中山在《实业计划》中谈到国际共同发展中国实业时，把能否维护主权提到与中国存亡有关的高度，指出：

①《孙中山全集》第2卷，第389页。
②《孙中山全集》第11卷，第336—337页。
③《孙中山全集》第11卷，第387页。
④《孙中山全集》第1卷，第568页。
⑤《孙中山全集》第1卷，第561页。

"发展之权，操之在我则存，操之在人则亡。"① 这种坚持独立自主、反对丧失主权的开放原则，在根本上是振兴中华的目的所决定的，它表现了孙中山强烈的爱国主义精神。

其次，孙中山强调学习西方要从中国国情出发，结合中国实际，取长避短，不能盲目照搬。他指出："中国几千年以来社会上的民情风土习惯，和欧美的大不相同。中国的社会既然是和欧美的不同，所以管理社会的政治自然也是和欧美不同，不能完全仿效欧美，照样去做，像仿效欧美的机器一样。……我们能够照自己的社会情形，迎合世界潮流做去，社会才可以改良，国家才可以进步。"② 在孙中山看来，西方有长处，也有短处，其文明有善果，也有恶果，因此，实行开放，引进西方文明，"须要取那善果，避那恶果"③。如果不避其弊端，"一味的盲从附和，对于国计民生是很有大害的"④。在孙中山一生的革命思想和革命实践中，曾反复谈到西方贫富悬殊、资本垄断等社会弊病，主张中国一定要避免重蹈覆辙，这也正是他提出"平均地权"和"节制资本"的由来。与此相一致，孙中山反对"轻视自己"，"妄自菲薄"，在他的论著和演说中，经常称颂中国是一个数千年的文明古国，有很好的文化，是很有创造能力的民族，为世界人类文化的发展做过重大贡献；批评有些人"极端的崇拜外国"，对民族和历史文化采取虚无主义的态度。

第三，迎头去学，后来居上。孙中山认为，学习欧美，不能亦步亦趋，否则将永远步人后尘。他说："我们要学外国，是要迎头赶上去，不要向后跟着他。……现在我们知道了跟上世界潮流，去学外国之所长，必可以学得比较外国还要好，所谓'后来者居上'。"⑤ 因此，他主张创造性地学欧美，"要驾乎欧美之上"。这显示了孙中山的远见卓识。

（原载《真理的追求》1992年第11期）

---

①《孙中山选集》，第212页。
②《孙中山全集》第9卷，第320页。
③《孙中山选集》，第84页。
④《孙中山选集》，第764页。
⑤《孙中山全集》第9卷，第252页。

孙中山与传统文化

——孙中山从未离异过中国传统文化，何来回归传统？

孙中山晚年曾回顾说："我们近来实行革命，改良政治，都是仿效欧美。"的确，他之谋中国革命，主要是仿效美国和法国，尤其是美国的共和制。孙中山接受了欧美的民权思想，认为"民权发达，则纯粹之民国指日可待"。民权思想成为孙中山政治思想的基础，而其具体化就是"自由、平等、博爱"。所以，他把自由、平等、博爱看做是"经纬万端"中的"一贯之精神"。就思想渊源来考察，孙中山主要是从欧美吸收民主思想来建构共和国方案，而不是传统的儒家思想。

当然，这并不意味着孙中山的思想体系中没有从中国传统文化中吸收养料。孙中山明确提出自己的主张："发扬吾固有之文化，且吸收世界之文化而光大之。"而且也是这样实践的，他说："余之谋中国革命，其所持主义，有因袭吾国固有之思想者，有规抚欧洲之学说事迹者，有吾所独见而创获者。"正如孙中山所申明的，他的三民主义"是集合古今中外的学说，顺应世界的潮流，在政治上所得的一个结晶"。或认为，孙中山在领导辛亥革命时效法欧美，对西方文化顶礼膜拜，对中国传统文化是"离异"的；辛亥革命以后，由于中国没有走上独立、民主、富强的道路，第一次世界大战又暴露了西方文明的种种弊端，于是孙中山越来越多地批评西方文化，并表现出对中国传统文化的"回归"。这种说法不符合孙中山的实际，至少是不够准确。

一　从未离异中国传统文化

实事求是地考察，孙中山从未曾与中国传统文化离异过，从而也就不存在后来又回归于传统文化的问题。孙中山自称"所学多博杂不纯"，他的思想确实是庞杂的。不过就其渊源来说，不外乎继承中国传统文化和吸收西方文化。孙中山从十三岁起就在外国学校读书，受西方文化的濡染，但也肄习中国的典籍，探究中国的历史和风俗民情。他在覆翟理斯的信中说："幼读儒书，十二岁毕经业。……（十九、二十岁时）复治中国经史之学。……于中学则独好三代两汉之文，……于人则仰中华之汤武暨美国华盛顿。"孙中山的儒学根底虽然不如康有为等科举出身者深厚，但他也受儒学和其他固有文化的濡染陶冶，受中国思维方式、道德准则和价值观的广影响。作为一个中国人，特别是作为一个领导中国革命的领袖，孙中山没有也不可能全盘照搬欧美的东西，而与中国传统文化完全离异。事实上孙中山在领导辛亥革命的过程中，就反对那种"醉心于欧美"的思想。他很不赞成留日本、欧美习政治法律学生把他倡建的五权原则说成是"矜奇立异"，而把孟德斯鸠的三权分立"奉为金科玉律；任何人不敢持异议"，反驳说："诸君先当知为中国人，中国人不能为欧美人，犹欧美人不能为中国人，宪法亦犹是也。……吾不过增益中国数千年来所能，欧美所不能者，为吾国独有之宪法。"孙中山认为："欧美、日本留学生如此，其故在不研究中国历史风俗民情，奉欧美为至上，他日引欧美以乱中国，其此辈贱中国书之人也。"他对这些人所持的这种思想很感气愤："吾读《通鉴》各史类，中国数千年来自然产生独立之权，欧美所不知，即知而不能者，此中国民族进化历史之特权也。祖宗养成之特权，子孙不能用，反醉心于欧美，吾甚耻之！"

孙中山一再说他领导的辛亥革命是效法欧美，这是事实。但是，他也把他的革命事业看成和"汤武革命"一样的神圣，是对他们的继承和发扬。他说："首事革命者，如汤武之伐罪吊民，故今人称之为圣人。""革命者乃圣人之事业也。孔子曰：'汤武革命，顺乎天而应乎人。'"孙中山这样说，不应是单纯出于宣传的需要，他的确非常仰慕汤武革命，如前所引："于人则仰中华之汤武暨美国华盛顿。"

二　共和制度是"复三代之规"

对于共和制度，孙中山主要是吸收欧美的，但又强调是"复三代之规"。他说："共和者，我国治世之神髓，先哲之遗业也。我国民之论古者，莫不倾慕三代之治，不知三代之治实能得共和之神髓而行之者也。"

又说："复三代之规，而步泰西之法，使万姓超苏，庶物昌运，此则应天顺人之作也。"孙中山的这种认识是否准确，另作别论，但可以看出他没有与传统离异。而他为之终生奋斗的"大同"理想社会，如不少研究者指出的，是因袭儒家经典《礼记·礼运篇》中所描绘的"大同"模式。孙中山的民权思想继承了传统的"民贵君轻"、"国以民为本"等"民本"思想。他认为："联结四方之士，切实讲求当今富国强兵之学、化民成俗之经，……务使举国之人皆能通晓，联智愚为一心，合迩遐为一德，群策群力，投大遗艰。则中国虽危，无难挽救。所谓'民为邦本，本固邦宁'也。"他对黄宗羲的《明夷待访录》也很赞赏，从中选录了《原君》、《原臣》两篇翻印，以宣传民主革命思想，并把它带到伦敦散发。

三　民族主义思想明显受"春秋大义"影响

至于孙中山"驱除鞑虏，恢复中华"的民族主义思想，更明显是受"春秋大义"、"华夷之辨"的影响的。他在《复翟理斯函》中说："乃自清虏入寇，明社丘墟，中国文明沦于蛮野，从来生民祸烈未有若斯之亟也。中华有志之士，无不扼腕椎心，此仆所以出万死一生之计，以拯斯民于水火之中，而扶中华于分崩之际也。"从这段话中，就可以清楚地说明。孙中山自称"洪秀全第二"，认为是继承太平天国的未竟事业，主要也是从"民族革命"出发的。

辛亥革命以后，孙中山的确越来越多地批评西方文化存在的弊端，更多地称赞中国固有文化，如他对《大学》中所说的"格物、致知、诚意、正心、修身、齐家、治国、平天下"很推崇，认为"像这样精微开展的理论，无论外国什么政治哲学家都没有见到，都没有说出，这就是我们政治哲学的知识中独有的宝贝"。但是，不能因此就认为孙中山回归于传统文化。既然辛亥革命前孙中山没有离异传统文化，全盘接受西方文化，那么辛亥革命后也就谈不上他对传统文化的回归。那就辛亥革命后的情况而言，断定孙中山回归于传统文化，也与实际不符。

四　称颂传统是为了增强民族自尊心

孙中山称颂中国传统文化，是为了纠正盲目否定民族文化传统的偏向，增强民族自尊心和自信心，而不是陶醉于过去的成就。他很反对那种"崇拜古人的心思"，批评"泥古而不通今"的人。他指出"中国数千年，以文为尚"，然而其流弊乃至以能文为万能，"多数才俊之士，废弃百艺，惟文是务"。孙中山不是复古主义者，不是要恢复一切旧传统，盲目尊崇，而是保存好的，放弃不好的。他认为："就人群进化的道理说，旧思想总是妨碍进步的，总是束缚人群的。我们要求人群自由，打破进步障碍，所以不能不打破旧思想。"而对于新文化，孙中山则加以赞颂。他不仅高度评价五四新文化运动"实为最有价值之事"，而且从新文化运动中得到鼓舞和启发，认为"吾党欲收革命之成功，必有赖于思想之变化"，从而提出了"激扬新文化之波浪，灌输新思想之萌蘖"。

五 为中国能"跟上世界潮流"而奋斗一生

孙中山肯定传统文化,并不菲薄西方文化,不故步自封。他有着广阔的胸怀和敏锐的眼光,认真比较了中西文化,看到了"欧洲近一百年来的文化雄飞突进,一日千里,种种文明都是比中国进步得多";"在物质方面不逮固甚远,其在心性方面,虽不如彼者亦多"。孙中山始终是面向世界,为使中国能"跟上世界潮流"而奋斗一生。基于这样的出发点,他反对闭关自己,明确指出:"必须使我们的国家对欧洲文明采取开放态度。"具体一点说:就是要在发扬传统文化好的东西之后,"还要去学欧美之所长,然后才可以和欧美并驾齐驱。如果不学外国的长处,我们仍要退后"。孙中山直到晚年都在留心和探索西方的民主主义思想及其制度,并从中吸取新鲜的养料,他并没有回归传统。

（原载台北《中央日报》1993年12月24日）

传统文化与现代化漫思

关于传统文化与现代化的问题，人们对此很关心，谈论得也很多，似乎没什么可说的了。其实并不尽然，不仅理论上没有很好解决，实践上的问题就更多。单是什么是现代化、要实现什么样的现代化的问题，就众说纷纭，莫衷一是。比如说，现代化不等于西方化，人们并不都是这样认识的。西方有些人就顽固地认为中国搞现代化必须与西方化亦步亦趋，硬把西方的制度和价值观念强加给中国。这种观点，在国人中也不是没有人附和，时不时要发出诸如采取西方议会模式和三权分立的声调。显然，这是和建设中国特色的社会主义，一个中心两个基本点的基本路线背道而驰的。我们搞现代化，绝不是西方化，而是社会主义的现代化。如果将现代化等同于西方化，或叫"全盘西化"，必然是否定传统文化，走向民族文化虚无主义，也就谈不上传统文化与现代化的问题。

在传统文化与现代化二者之间的关系上，立足点、出发点是现代化。从社会主义现代化建设的现实需要出发，去吸收传统文化中有益的、优秀的部分，而不是反过来，让社会主义现代化建设去迁就、适应传统文化。关于这个问题，毛泽东有过很精辟的论述。他说："我讲了一个'古今中外法'，就是：屁股坐在中国的现在，一手伸向古代，一手伸向外国。"[1]后来在《同音乐工作者的谈话》中又说："向古人学习是为了现在的活人，向

---

① 引自刘汉民：《毛泽东谈文说艺实录》，第250页。

外国人学习是为了今天的中国人","中国的面貌,无论是政治、经济、文化,都不应该是旧的,都应该改变,但中国的特点要保存。"①

"屁股坐在中国的现在,一手伸向古人","向古人学习是为了现在的活人"等,意思是很明确的。我们不能割断历史,必须继承发扬优秀的传统文化,这是毫无异议的。但是继承一切优秀传统文化,不是引导人们向后看,更不是赞扬任何封建毒素。不把握住这一点,忘记了这一点,就要出偏差,传统文化中的精华没有继承下来,糟粕却大肆泛滥。现实的情况很值得注意。且不说马路边拉住过往行人算命、看手相骗钱,小书摊上充斥着风水、算命、推背图之类宣扬封建迷信的书刊,也无须多说民间烧香求神、超度亡灵一类的迷信活动,以及发展封建性的家族、宗族势力等,就政府有关部门而言,不少地方建造阴曹地府、十八层地狱和阎罗、判官、小鬼以招徕游客,一些地区宁可挤占学校校舍去滥修庙宇,有的出版社以整理古籍、弘扬传统文化为名出版大量带有封建迷信、色情的旧小说,如此等等。更有甚者,某县委党校竟然立起一座神龛,神龛正面墙上挂的黄布上竖写四行大字:城隍庙;城隍奶奶位;城隍爷爷座;某省某市某县。看似滑稽、荒唐,却令人深思。如果都这样去"弘扬"传统文化,社会主义现代化建设还能搞得好吗?!清末至民国年间进行民主革命时,许多有识之士不顾种种阻力,致力于破除封建迷信,而今有些干部却倒退回去,有的甚至自己也去参加迷信活动,求神问卜,这只能说是堕落。

封建迷信活动还是属于浅层次的,至于深层的如何对待儒家文化的问题,也还有待探讨。比如,能否说先秦儒家的"孝"是对的,只是后来经过董仲舒和一部分宋明理学家们的歪曲,才作了"愚忠愚孝"的解释?恐怕不好这样说,与事实也不尽符合,"愚忠愚孝"与先秦儒家不是毫无关系,不能把它都归之于董仲舒和一部分宋明理学家的扭曲。不可否认,秦汉以后的一些儒家和封建统治者对先秦儒家的忠孝思想确有扭曲,如君为臣纲、父为子纲、夫为妇纲的"三纲",即是汉朝儒士的解释。但是,不

---

① 《毛泽东著作选读》下册,第752页。

能因此就把"愚忠愚孝"全归之于后儒的扭曲，割断了他们之间的渊源关系。不妨举几个例子："三年无改于父之道，可谓孝矣"；"父母在，不远游，游必有方"；"父为子隐，子为父隐，直在其中矣"（即父慈、子孝）；"父母之命，媒妁之言"；"墨氏兼爱，是无父也"；等等。这些话都见之于《论语》、《孟子》，是所谓"原典"，非后儒的扭曲，大概可算是"愚孝"吧！先儒也好，后儒也罢，他们都强调父子、君臣的上下尊卑关系，以维护统治秩序。他们的"孝"，都是基于父家长制，而不是什么平等关系。发展到后来，对人的束缚越来越严重，无怪乎明清的思想家、文学家要对之进行批评、揭露，而近代从谭嗣同等人到五四新文化运动的倡导者，都要以自由、平等来批判封建的忠孝思想。道德、文化是有时代性、阶级性的，我们倡导尊敬老人，尊敬、赡养父母，从根本上说，不同于古代的"孝"。因此，对于包括孝在内的传统文化，都应是批判继承，取其精华，弃其糟粕，古为今用。将"二十四孝"都搬出来作为今天青少年学习的榜样，与时代精神未免大相径庭！

在强调弘扬传统文化时，不能也不应忽视对近代以来的民族新文化的继承和发扬，特别是对中国共产党人长期艰苦奋斗所创造的革命传统的继承和弘扬。民族新文化、革命传统，既是中华民族优秀文化传统的继承和发展，更是时代和人民的创造。近代中国一代又一代仁人志士为了救国，为了中国的独立、富强，经过不懈的摸索、追求，最后明确地提出了民主和科学。五四运动以后，中国共产党将马克思主义与中国的革命实践相结合，领导中国人民进行了反帝反封建斗争，在艰苦卓绝的斗争中培植了为人民服务的精神。在批判继承传统文化的同时，应当大力弘扬民族新文化、新传统。新中国建立后，在进行社会主义现代化建设的历程中，出现的雷锋精神、焦裕禄精神、徐洪刚精神，正是为人民服务精神的发扬，体现了社会主义时代的伟大时代精神。在改革开放、发展社会主义市场经济的新的历史条件下，在坚决克服和抵制拜金主义、利己主义和极端个人主义的情况下，既需要弘扬优秀传统美德，更需要弘扬为人民服务的精神。

要处理好对待传统文化及其与社会主义现代化建设的关系，首要的是摆好传统文化与马克思主义的关系问题。马克思列宁主义、毛泽东思想、邓小平理论是进行社会主义现代化建设的指导思想，而优秀传统文化则是为社会主义现代化建设的需要所用，二者的地位和作用不同。不能以传统文化排挤马克思主义，更不能以之代替马克思主义。讲马克思主义，有些人不爱听，听不进去，甚至反对，并不奇怪，这种情况什么时候都存在，不仅现在有，将来也会有。但不能因此就不讲或少讲马克思主义，而去多讲传统文化，那就不对头了。邓小平同志明确指出："我坚信，世界上赞成马克思主义的人会多起来的，因为马克思主义是科学。"①弘扬优秀传统文化，离不开马克思列宁主义、毛泽东思想、邓小平理论的指导。没有马克思主义的指导，就不能正确地批判继承传统文化，不能分清什么是精华，什么是糟粕，甚至会丢掉精华，而使糟粕沉渣泛起。

（原载《炎黄春秋增刊·炎黄文化研究》1994年第1期）

---

① 《邓小平文选》第3卷，第382页。

近代开风气之先驱魏源*

　　魏源是近代中国著名的思想家、学者，与其好友龚自珍齐名，时人并称"龚魏"。他们对近代中国思想的发展，产生深远的影响。戊戌维新运动主要人物梁启超曾给予很高评价："自珍、源皆好经济谈，而最注意边事"，"故后之治今文学者，喜以经术作政论，则龚、魏之遗风"[①]，"数新思想之萌蘖，其因缘固不得不远溯龚、魏"[②]。

一

　　魏源，原名远达，字默深，又字墨生、汉士，晚年因信佛，自称"菩萨戒弟子魏承贯"。"默深"是他成年后依自己性格取的字，原意为"默好深湛之思"。清乾隆五十九年三月二十四日（1794年4月23日）魏源生于湖南邵阳金潭乡（今属隆回县金潭乡）。魏源幼年时，家道中落，家庭生活困难。父亲魏邦鲁长期在江苏任地方佐杂小吏，曾做过海州惠泽司巡检、宝山县主簿等职，管理刑名、钱粮、水利诸事务。魏邦鲁勤政清廉，受到历任布政使林则徐、贺长龄、梁章钜和巡抚陶澍的好评和器重。这对魏源

＊本文选自《从林则徐到孙中山——近代中国十八先贤传》，中山大学出版社1994年9月。
① 梁启超：《清代学术概论》，中华书局1954年，第55—56页。
② 梁启超：《论中国学术思想变迁之大势》，《饮冰室合集》文集之七，第97页。

后来经世致用思想的形成有一定影响，也使他能较早结识一批当时注重国计民生的地方大吏。

魏源七八岁时入私塾学习，读书认真刻苦，常通宵达旦手不释卷。从小沉默寡言，喜欢独坐深思。15岁开始研习明代理学家王阳明的心学，也爱好阅读史书。嘉庆十八年（1813），魏源20岁，被选拔为贡生。就在这年秋天，发生了一件震撼清政府的大事，天理教首领林清率领教徒在宦官的内应下攻袭紫禁城。这次天理教农民起义虽然遭镇压失败，但对清政府的统治是一个沉重的打击。它表明清皇朝已经衰落，社会矛盾尖锐激化。

嘉庆十九年（1814）春，魏源随侍父亲魏邦鲁入京。在北京的3年，他一方面以教书为生，一方面勤奋治学。为研究《大学》古本，魏源埋头50多日，弄得蓬头垢脸，当年在湖南选拔他为贡生的座师汤金钊以为他生病，亲自登门探望，见到后大为叹服："吾子勤学罕觏，乃深造至此。"[①]在这期间，他结识了许多师友，或面请教益，或互相切磋，如向汉学家胡承珙请教汉儒家法，跟理学家姚学　研习宋学，又师从今文经学家刘逢禄学《公羊春秋》，还同董桂敷、龚自珍切磋古文辞。对魏源的政治生活和经世之学深有影响的贺长龄、陶澍、林则徐等人，也是在这时结识的。所有这些，为魏源一生的学问奠定了基础。而在众多的师友中，刘逢禄对魏源的影响尤为重要。刘逢禄发扬外祖父庄存与复兴的今文经学，培养了龚自珍、魏源这样的大思想家。龚自珍发挥今文经学的"微言大义"讥刺时政，笔锋凌厉泼辣；魏源不仅以经术作政论，而且在后来著有《诗古微》、《书古微》、《西汉经师今古文家法考》、《董子春秋发微》、《公羊春秋论》等，在学术上为复兴今文经学作了建树。广泛的求学，刻苦的钻研，使魏源的学问才华很快名满京城。

魏源在北京经过3年苦学后，于嘉庆二十一年（1816）冬天离京探亲。先到江苏探望父亲，随后回到湖南。嘉庆二十四年（1819），他二次进京参加顺天乡试，举人没考中，只中了副贡生。这年，陶澍授四川川东兵备

---

① 魏耆：《邵阳魏府君事略》，《魏源集》下册，第948页。

道，出京赴任，魏源为其赋诗送行。他还参加胡承珙等名士宿儒组织的祭祀东汉经学大师郑玄的活动，被誉为"名贤雅集，一时盛事"①。明年，魏源自邵阳护送母亲及全家去江苏父亲任所，自此全家留居江苏。道光元年（1821），他再进京参加顺天乡试，却仍然被抑置副贡生。尽管魏源才高名广，但功名却很不顺利，到次年，29岁，才以第二名的成绩考中顺天乡试举人。不久，应直隶提督杨芳的聘请，到古北口教其子弟读书。在教课之余，魏源于长城内外访求古代遗迹，考察山川形势、关隘险要，对研究时务、边务有所帮助。他在北京还结识了讲求经世实学的姚莹。姚莹对他很赞许，在后来写的一篇文章中追忆说："道光初，余至京师，交邵阳魏默深、建宁张亨甫（际亮）、仁和龚定庵（自珍）及君（指汤鹏）。定庵言多奇僻，世颇訾之。亨甫诗歌几追作者。默深始治经，已更悉心时务，其所论著，史才也。君乃自成一子（按：汤鹏著有《浮邱子》一书）。是四人者，皆慷慨激厉，其志业才气，欲凌轹一时矣。"②姚莹对魏源的评论，是很有见地的。

二

道光五年（1825），是魏源文章经世的重要年代。这一年，他应江苏布政使贺长龄的聘请，为其编纂《皇朝经世文编》。在搜集大量清初以来的经世文献的基础上，经过近两年严肃认真的编选，终于完成这样一部大书。全书120卷，分为学术、治体、吏政、户政、礼政、兵政、刑政、工政八纲编次，"凡文字足备经济，有关治世者，无不　采，洵称大观"，共收录文章2236篇，贺长龄和他本人也有文章收入。编辑经世文编一类书籍，魏源、贺长龄不是创始者，明末陈子龙等编辑了《皇明经世文编》，清乾隆年间陆　辑有《切问斋文钞》。魏源编纂《皇朝经世文编》，承前人

①陈奂：《师友渊源记》，《遂雅斋丛书》，1934年刊印。
②姚莹：《汤海秋传》，《中复堂全集·东溟文后集》卷11，道光辛巳刻本。

的遗规，而又有创新。这部书问世后，影响很大。晚清著名学者俞樾说："数十年来，风行海内。凡讲求经济者，无不奉此书为榘 ，几于家有其书。"①对于编纂这类书籍来说，《皇朝经世文编》又是启后的。它成为编纂同类书籍的典范，开启了晚清至民国初年讲求经世致用的学风，后来接续编辑的有20种左右。《皇朝经世文编》的编纂，也使魏源进一步"留意经济之学"。

在此期间，他还结识了包世臣。包世臣对漕运、盐务、水利、币制等都很有研究，在当时卓有声望，魏源同他交往，在经世实学方面获益不少。江苏巡抚陶澍是一个注重国计民生的名臣，也常和魏源商讨海运、水利等政事。清代道光五年以前，没有进行过海运，南方漕粮运到北方，都是经运河，清政府设有漕运总督等一系列官员进行管理。到晚清，各级官吏把持盘剥，敲诈勒索，浮费名目繁多，都转嫁到人民身上。这时由于"高堰决，运道梗"，陶澍、贺长龄在魏源协助筹划下，改革漕政，经道光皇帝批准，漕粮改由海运。运粮船从江苏崇明入洋，运至天津，两次运输都顺利完成，共计运来150万石。海运前后，魏源写下了《筹漕篇》、《复魏制府询海运书》、《海运全案序》、《海运全案跋》、《道光丙戌海运记》、《复蒋中堂论南漕书》等文章。在这些文章中，魏源极力主张革除漕运的弊端，改由雇商船自海上运送漕粮。他认为海运由商人承办，不再以官府垄断，不经过河闸，免受层层中饱勒索，而于国计、民生、海商都有利。他称赞此次海运成功是前所未有，"汉、唐有漕运，无海运；元、明海运矣，而有官运，无商运。其以海代河，以商代官，必待我道光五年乘天时人事至顺而行之。"②

道光六年（1826），魏源暂时离开江苏，进京参加会试，同考的有好友龚自珍。他们的老师刘逢禄是这次会试的同考官，对他们两人极力推荐，但还是都落第了。刘逢禄感慨万端，于是作《题浙江湖南遗卷》（也称《两生行》）诗以表示痛惜，"龚魏"并称由此开始。道光九年（1829），

---

① 俞樾：《〈皇朝经世文新增续编〉序》。
② 《海运全案序》，《魏源集》上册，第411页。

魏源和龚自珍再次一起参加会试。这次龚自珍考中进士，魏源却还是名落孙山。先一年，他以举人捐资为内阁中书舍人①。这使他有机会得以"借观史馆秘阁官书，及士大夫私家著述、故老传说"②，大为开阔眼界，为以后著史理政奠定了良好的基础。内阁中书舍人中多"异才隽彦"，龚自珍以才名，宗稷辰以文名，吴嵩梁以诗名，端木国瑚以经术名，而魏源则以学名，时人誉为"薇垣五名士"。在京师任职期间，魏源著书立说之外，还和一些志切经世之学的文人学士交往，借诗酒之余互相切磋砥砺，其中有黄爵滋、龚自珍、张维屏、汤鹏、潘德舆等人。

道光十一年（1831），魏邦鲁在宝山县主簿任上患重病。魏源得知后，即请假南归侍奉父病。几个月后，魏邦鲁病故，他居丧守孝。当时，陶澍任两江总督兼办理两淮盐政。清代食盐尚袭历朝办法，实行专卖。盐税是政府一大宗收入，与田赋并重。道光年间，清政府每年财政总收入约4000万两白银，而盐税即达750多万两。厚利所在，积久弊生，官僚管理的亏损，贪官污吏的中饱盘剥，造成盐价昂贵，产销停滞，以至国库亏损，百姓又买不起盐，致使贩卖私盐猖獗。两淮盐区的利益，在各盐区中居于首位，而积弊也最深，陶澍很想做一番改革，便延聘魏源入幕协助。魏源提出改行"票盐"制度的办法，其根本点在于降低官盐价格，使贩盐、食盐的商、民得到更多的实惠。具体办法是：官府在盐场设局收税，商人只要照章纳税，就可以领票采盐，自由贩卖。这样减少了中间环节各级官吏的层层盘剥，"特尽革中饱蠹弊之利，以归于纳课请运之商"③，盐价降低一半，商人仍有利可图，私贩自然不禁自绝。因此，在淮北推行后，收到了很好的效果，"每岁畅行，倍额溢课数十万，尽偿淮北之积逋，且剂淮南之悬引"④。盐政的改革，魏源做了很大贡献。他自己也兼做票盐生意，并写下了《淮北票盐记》、《淮南盐法轻本敌私议》、《筹鹾篇》等关于盐政

---

① 魏源捐资为内阁中书舍人的年代所记不一，此处从齐思和《魏源与晚清学风》所引《内阁汉票签中书舍人题名》，魏耆的《邵阳魏府君事略》则为道光九年。
② 《圣武记叙》，《魏源集》上册，第166页。
③ 《淮北票盐志叙》，《魏源集》下册，第439页。
④ 《太子太保两江总督陶文毅公神道碑铭》，《魏源集》上册，第329页。

改革的重要作品。陶澍于道光十九年（1839）病逝，此后历任两江总督陈銮、林则徐、璧昌、李星沅、陆建瀛等，遇有盐政要务，都常与他商议。

魏源也很重视水利问题，对治理黄河尤为关心。治理黄河，是清政府深感头痛的问题，设有河道总督专管黄河的疏浚堤防，辖文武数百员，河兵万数千人，"黄河无事，岁修数百万，有事塞决千百万。无一岁不虞河患，无一岁不筹河费"①，而河患依然如故。魏源专门研究黄河的治理，写了《筹河篇》。他认为黄河为患，有自然的原因，更有人为的因素。所谓人为因素，就是治河官员治理失误，侵吞贪污河工经费，以及地方豪强垄断水利。这些人，魏源称之为"食河之饕"。所以"欲兴水利，先除水弊。除弊如何？曰：除其夺水夺利之人而已"②。魏源指出，黄河下游，"今则无岁不溃，无药可治，人力纵不改，河亦必自改之"③。头痛医头、脚痛医脚的治标办法无济于事，白白耗费大量财物和人力，只有治本才能根治黄河的水患。他认为，根治黄河水患的办法，不能让黄河南向夺淮入江，而应改修北道，使之流入大海。魏源治本清源的治河方案，在清政府已日趋腐败的状况下，无法实行。显然，对于那些趁黄河溃决的机会而贪污中饱的庸官冗员，即"食河之饕"，无法消除，他们必然要阻挠反对。况且黄河人工改道，工程浩大，清政府财政困难，也无力承担。魏源研究治河、水利、堤防，写了多篇很有见地的文章，无奈生逢末世、衰世，致使他的才能得不到发挥。咸丰五年（1855），魏源去世前二年，黄河果然像他预料的那样，在开封附近的铜瓦厢大决口，改道从山东入海，给下游人民造成大灾难，损失惨重。

道光十五年（1835），魏源为了奉养母亲，以经营盐业所赚的钱，在扬州买了一所房子，构筑亭台楼阁，　石栽花，养鱼饲鹤，取名"　园"。内有"古微堂"书屋，他在此读书治学，著书立说。龚自珍、邓显鹤、何绍基等至交好友，都曾来这里拜访魏源，留宿　园。道光十九年（1839），

① 《明代食兵二政录叙》，《魏源集》上册，第163页。
② 《湖广水利论》，《魏源集》上册，第391页。
③ 《筹河篇·中》，《魏源集》上册，第371页。

两江总督陶澍去世。魏源和他关系至为密切，自称"受公知数十年"，为其撰写行状，上报史馆，并作墓志铭、神道碑铭。在碑铭中，记叙了陶澍在改革漕政、盐政时所遭到的种种非议和阻挠，但他"力犯群忌"，坚持不移，终于推行了海运、票盐，为"可垂久大者"，并企盼"后有来者，欲大苏东南之困，为国家筹百世利，非赓其绪而恢之不可也"①。

从道光五年到十九年，魏源崇尚的经世致用之学，在实践中充分发挥其作用，使他成为名闻一时的漕政、盐法、水法等大政的改革专家。这是和他主张为学以通经致用为主旨，学问必施于政事分不开的。魏源对乾隆中叶以来盛行的汉学流于繁琐破碎，脱离实际，提出尖锐批评，认为是"锢天下聪明知慧使尽出于无用之一途"②。对于吟风弄月的文士、空谈心性的理学家，魏源也深为讥贬。他指出："工骚墨之士，以农桑为俗务，而不知俗学之病人更甚于俗吏；托玄虚之理，以政事为粗才，而不知腐儒之无用亦同于异端。彼钱谷簿书不可言学问矣，浮藻饾饤可为圣学乎？释老不可治天下国家矣，心性迂谈可治天下乎？"③魏源反对汉学、宋学的繁琐、空疏、无用无实，主张通经以致用。从而他批评一味拘泥于古法的庸儒，指出"善治民者不泥法"，"读黄、农之书，用以杀人，谓之庸医；读周、孔之书，用以谈天下，得不谓之庸儒乎？"④他认为上古三代与后世的天、地、人、物都不同，都在变化、进化，法令、制度也都随之发生变化，不能"执古以绳今"，对于不能富国利用的弊政必须改革。他提出"变古愈尽，便民愈甚"的主张⑤，是很有胆识的。不过在鸦片战争以前，魏源的思想认识没有超出从古代经书中阐发其"微言大义"，以经术为治术，还是儒家思想体系。他虽然主张变革，但又认为"其不变者道"，也就是说封建制度及其相应的意识形态是不能变的。

①《太子太保两江总督陶文毅公神道碑铭》，《魏源集》上册，第330页。
②《武进李申耆先生传》，《魏源集》上册，第359页。
③《默觚·治篇一》，《魏源集》上册，第36—37页。
④《默觚·治篇五》，《魏源集》上册，第49页。
⑤《默觚·治篇五》，《魏源集》上册，第48页。

三

道光二十年（1840），英国发动了侵略中国的鸦片战争。这一年，是中国历史转折的重要年代。中国从独立的封建社会开始沦为半殖民地半封建社会。这一年，也是魏源思想变化发展的重要年代。

鸦片战争爆发后，正在江苏治理徒阳河的魏源，赶赴浙江宁波前线，在钦差大臣伊里布军中参加审讯俘虏的英国军官安突德。从他的口供中，魏源对英国的情况有了一些了解。后来，他又旁采其他资料，撰成《英吉利小记》一文。由于清政府的腐败，军备废弛，六月，浙江定海被英军攻占。接着，英国舰队继续北上，来到天津大沽口外。清政府的一些官员惊慌失措，并对前年以钦差大臣前往广州查禁鸦片的林则徐散布流言蜚语，中伤攻击。道光皇帝态度也发生动摇，把战争的责任加到林则徐头上，将他革职，改派琦善为钦差大臣，到广州议抚。魏源听到消息后，作《寰海》诗11首，以表达他气愤的心情。道光二十一年（1841），魏源又应代伊里布为钦差大臣的裕谦的邀请，到浙江镇海入其幕府，帮助筹办浙江防务。在那里只呆了几个月，便辞归扬州。他在归途舟中写了几首诗，其中一首说："到此便筹归，应知与愿违。狼烟横岛峤，鬼火接旌旗。猾虏云翻覆，骄兵气指挥。战和谁定算，回首钓鱼矶。"[1]魏源到定海不久便匆匆辞归，原因虽不详，但从这首诗中也可透露出一点消息。他亲身经历了抵抗英国侵略战争的前线，对敌我形势，清政府政治、军事的腐败，有更深的感受。

魏源回归扬州后，正在镇海军中协办防务的林则徐，又一次受到道光皇帝的处分，从重遣戍新疆伊犁。道光二十一年六月，魏源在江苏镇江和他相会。两位意气相投的挚友在长江岸边见面后，"万感苍茫日，相逢一语无！"当天晚上，两人对榻畅叙情怀，"聚散凭今夕，欢愁并一身"[2]。林则徐将在广州抗英时请人翻译的《四洲志》、《澳门月报》、粤东奏稿，及

---

[1]《自定海归扬州舟中》，《魏源集》下册，第781页。
[2]《江口晤林少穆制府》，《魏源集》下册，第781页。

有关西方枪炮、地理图样等交给魏源，嘱他编撰《海国图志》。

不幸的消息接二连三向魏源传来，在送别林则徐不久，他崇敬的前辈李兆洛逝世。他在撰写的《武进李申耆先生传》中，对李兆洛的治学很称赞："疏通知远，不囿小近，不趋声气"，"近代通儒，一人而已"①。9月，魏源结识了27年、志同道合的知交龚自珍又辞世而去，给他带来了无限的悲伤和惆怅。过了两年，他按照和龚自珍的约定，为龚自珍编定遗著，成《定盦文录》12卷和《定盦外录》12卷两种，并撰写《定盦文录叙》。

次年，鸦片战争以中国失败而结束，清政府被迫签订了丧权辱国的《南京条约》。魏源对此表示极大的义愤、忧虑和不安。他感到清政府在鸦片战争中的失败，是因为吏治腐败，官吏昏庸，既虚骄自大，又畏敌如虎。他指出："承平恬嬉，不知修攘为何事，破一岛一省震，骚一省各省震，抱头鼠窜者胆裂之不暇，冯河暴虎者虚骄而无实。"②他希望清政府能够改弦更张，励精图治，整军经武，以求长治久安。因此，他想通过研究清朝开国以来的武功及其兴衰历史，以期振奋人心，激励人们抵御外侮的斗志，以雪国耻，重振清朝声威。就在鸦片战争的炮火声中，魏源根据自己任内阁中书舍人以来积累的大量资料，发愤撰写了《圣武记》40余万言，于《南京条约》签订的当月完成。道光二十四年（1844）、二十六年（1846），他又两次修改重刊。《圣武记》全书14卷，前10卷是历述清从入关前统一东北至道光年间的对内对外的主要战争，后4卷是对有关军事问题的论述。书中所歌颂的"武功"，大都是清政府镇压农民起义和少数民族群众的反抗活动，对历史疆域等的叙述也有一些史实谬误。但是，这部书是完成于《南京条约》签订之时，魏源为反对西方资本主义国家的侵略，捍卫祖国的独立和领土的完整，宣扬清初的"盛世武功"，希望清政府能转弱为强，有其现实意义，是经世致用思想在新的时代条件下的发扬。

鸦片战争以前，对于清皇朝的历史无人敢进行研究。魏源《圣武记》

①《魏源集》上册，第359、361页。
②《道光洋艘征抚记·上》，《魏源集》上册，第187页。

的出版，打破了清史研究的禁区，开了研究本朝历史、当代历史的风气。他撰写的、影响深远的《道光洋艘征抚记》，就是在鸦片战争刚过后就撰成的关于这一现实重大历史事件的文章。《道光洋艘征抚记》全文近两万字，分上下篇，系统、全面地记述了鸦片战争的全过程，总结了清政府在战争中失败的经验教训。在文章中，魏源对英国鸦片贩子毒害中国人民的鸦片走私以及英国侵略军对中国人民奸淫掳掠、杀人放火的种种罪行；对清朝统治集团，从道光皇帝到琦善、耆英、伊里布等大臣的虚骄昏聩、妥协投降等，都给予揭露和批判。而对林则徐的禁烟和防守广东则一再赞扬，对广大爱国官兵和三元里人民的抗英斗争，不惜牺牲，给予热情的歌颂。这充分表现了魏源爱憎分明的爱国主义立场。也许是由于他秉笔直书触犯时忌的缘故，这篇文章长时间以匿名传抄方式流传，魏源自己在1846年第三次修订《圣武记》时只列上目录，未收此文，直到光绪四年（1878）上海申报报馆排印此书时，才将该文收入。

道光二十二年十二月（1843年1月），魏源实现了林则徐的嘱托，在扬州　园完成了他的传世之作《海国图志》50卷。所用文献资料，除以林则徐在镇江交给他的《四洲志》为基础外，"再据历代史志及明以来岛志及近日夷图、夷语"等，加以"钩稽贯串"而成。①道光二十七年（1847）增补至60卷，咸丰二年（1852）又从葡萄牙人马吉士《地理备考》等著述中辑录了大量资料，扩展为100卷。《海国图志》是中国第一部较系统地介绍世界各国地理、历史、政治、经济、文化等内容的新书，有世界地图和各国分地图，有关于枪、炮、船、水雷、望远镜等的资料和图样，还有介绍地球、天文等自然科学的知识，而卷首《筹海篇》4篇，则是纵论对付侵略者的策略的。

在《海国图志》中，魏源明确表述了写作此书的目的："是书何以作？曰：为以夷攻夷而作，为以夷款夷而作，为师夷长技以制夷而作。"②所谓"师夷长技以制夷"，也就是学习西方的科学技术以抵御西方资本主义国家

①《海国图志叙》，《魏源集》上册，第207页。
②《海国图志叙》，《魏源集》上册，第207页。

的侵略。他批评了"夷兵不可敌"的畏葸妥协观点，也驳斥了把西方科技视为"奇技淫巧"的陈腐思想，指出"有用之物，即奇技而非淫巧"。他认为不向西方学习长技，必然要受西方国家的控制、侵略，只有善于学习西方的长技，才能抵御西方各国的侵略。魏源具体指出，要学习西方的长技"有三：一战舰，二火器，三养兵练兵之法"[①]。具体的措施包括：买进西方的坚船利炮，在国内设厂制造，学习西方技艺，翻译西方有关书籍，以及培养掌握西方长技的人才。魏源从鸦片战争中认识到中国失败的原因之一是缺乏"夷之长技"，加以当时他对西方所能达到的认识，把学习西方主要归结到军事工业技术上，是很自然的。

值得注意的是，魏源在《海国图志》中所表达的思想并不完全局限于军事技术，他认为军事工业除制造战舰、枪炮外，量天尺、千里镜、龙尾车、风锯、水锯、火轮机、火轮车、自来火、自转碓、千斤秤，等等，"凡有益民用者，皆可于此造之"[②]。这就是说，军事工业的兴起，必然引发对其他工业品的需求，从而刺激、带动民用工业的创办。他还主张"沿海商民，有自愿仿效厂局以造船械，或自用、或出售者听之"[③]，不仅官办工业，而且允许民间办工业，开始发出在中国兴办近代资本主义工业的呼声。魏源还通过介绍欧美资产阶级政治制度，隐约地表达了对西方民主政治的仰慕。他说，美国总统是公举的，四年任满便更换，"总无世袭终身之事"，"可不谓公乎"？他称赞西方选举、议会制度，认为"议事听讼，选官举贤，皆自下始，众可可之，众否否之，众好好之，众恶恶之，三占从二，舍独循同，即在下预议之人，亦先由公举，可不谓周乎？"[④]

魏源"师夷长技以制夷"思想主张的提出，不仅把地主阶级改革思想推向学习西方以抵御外侮的近代爱国主义新高度，而且开始打破了长期思想封闭的状态，成为近代中国最早睁眼看世界和维新变革思想的先驱

---

① 《筹海篇·三》，《魏源集》下册，第869页。
② 《筹海篇·三》，《魏源集》下册，第873、876页。
③ 《筹海篇·三》，《魏源集》下册，第873、876页。
④ 《外大西洋墨利加洲总叙》，《海国图志》百卷本，1876年平庆泾固道署重刊本。

者。近代中国早期维新思想家王韬说："师长一说，实倡先声。"①他的"师长"思想，对洋务运动、戊戌维新运动都产生了深刻的影响。《海国图志》的编撰和出版，正如魏源自己说的，是"创榛辟莽，前路先驱"。它对国内有识之士开拓眼界、了解世界起了重要的促进作用。随后出现的同类书籍，有梁廷　于道光二十四年（1844）刊行的《海国四说》，徐继　撰成于道光二十八年（1848）的《瀛环志略》等。《海国图志》出版几年后，就传入日本，对日本的维新运动也有一定影响。

　　魏源在编撰《海国图志》时，从英国人的著述中搜集了一些有关蒙古、元代的资料，经过十几年的辛勤编撰，于咸丰三年（1853）成《元史新编》一书。他认为正史的史书中，以《元史》最为疏陋繁冗，缺失讹误很多，有必要重新加以编纂。于是吸收了前人的不少成果，就《元史》删其繁芜，补其缺漏，订其讹误，成为改编《元史》第一部较为成功的著作。魏源编纂此书的目的，在《拟进呈元史新编序》中说得很清楚："前事者，后事之师。元起塞外有中原，远非辽金之比。其始终得失，固百代之殷鉴也哉！"②魏源生活于清朝走向衰落时期，清朝与元朝同是少数民族统治政权，更值得吸取其兴衰的经验教训。他编纂此书时，清朝已处于"鄂罗斯兼并西北，英吉利蚕食东南"的局面，一些有识之士为之忧虑，在史学方面就出现了究心于西北史地和元史的研究，而魏源的《元史新编》在近代则有开风气之功。

四

　　道光二十四年（1844），魏源已经51岁，好不容易考中礼部会试第19名贡士。但还是仕途坎坷，因试卷书写草率，被罚停殿试一科，次年才补行殿试，中三甲进士。魏源从15岁补县学生员，到52岁中进士，在科场的

①王韬：《漫游随录·扶桑游记》，湖南人民出版社1982年，第202页。
②魏源：《元史新编》卷首，光绪三十一年慎微堂刻本。

道路上跋涉了近40年，才得到个科甲正途出身，这反映了科举制度对人才的压抑。

这一年秋天，魏源奉命代理扬州府东台县知县。他第一次任地方官，为政勤勉，"士民悦服"。但不到一年，因为母亲去世，按照清朝制度，只好去官为母守孝。在他离任时，偏又遇到上司清查漕赋，结果把前任没有按额完交的漕赋都落到他的头上，赔补了4000两白银，使"全家数十口指日悬磬"，"其窘为生平所未尝"[①]。

大约在道光二十七年（1847），魏源离开扬州到岭南游历。他在广东番禺访问诗人张维屏，两人谈论诗文，很是投机，一连住了好几天才离去。他还拜访岭南名儒陈澧，主要是谈论《海国图志》。陈澧对书中不妥或讹误之处提出了意见，魏源听了很高兴，并据以修改《海国图志》。对早已享有盛名的魏源能如此虚心听取意见，陈澧很感动，称赞"其虚心受言，殊不可及也"[②]。并且和他交为朋友。

魏源这次南行广东的一个目的，是要游览香港、澳门，亲身目睹外国人的生活状况。他参观了澳葡理事官（委理多）的花园，听演奏洋琴，并应主人的要求，作《澳门花园听夷女洋琴歌》一首留赠。随后，魏源乘船渡海前往香港，早晨船刚出港，看到了海市蜃楼的幻景。他很兴奋，认为是"扩我奇怀，醒我尘梦，生平未有也"[③]，于是赋《香港岛观海市歌》一首。北归途中，魏源历游了广东、广西、湖南、湖北、江西、安徽、江苏七省。他此次南行，收获很大，搜集的资料对修订《海国图志》很有帮助，在所做的诗中说："半年往返八千里，岂徒云山入卷中。"[④]

道光二十九年（1849），魏源被任命为代理扬州府兴化县知县。兴化地势低洼，靠近洪泽、高邮二湖，秋天湖水必涨，威胁堤防，而堤防又不坚实，管河官员怕担堤溃的责任，往往湖水刚涨就提早启坝放水，致使农民即将收获的稻谷全被大水毁坏，淮、扬七州县大饥荒。魏源到兴化上

---

① 《致胡蕴之信》，《魏源集》下册，第931页。
② 陈澧：《书〈海国图志〉后呈张南山先生》，《东塾集》卷2，光绪壬辰刊本。
③ 《魏源集》下册，第740页。
④ 《楚粤归舟纪游》，《魏源集》下册，第814页。

任，正赶上这一地区连旬大雨，湖水猛涨，河督急催启坝放水，农民担心将熟的禾稻被大水淹没，人心惶惶。魏源得知后，立即奔赴各坝，组织人力昼夜保护堤坝。但是，河督坚持要启坝放水，魏源官小力争无效，只好请求两江总督陆建瀛亲驻坝次，河督才不再坚执己见。这时正值西风大作，倾盆暴雨连下两昼夜，湖浪更加凶猛，情况很紧急，河督又要开坝，魏源冒着暴风雨，伏在堤上为民请命。老百姓很受感动，十几万人奋力抢险抗洪。傍晚风浪减弱，才渡过了险情。魏源的一双眼睛肿得像桃子一样，见到的人都被感动得流下眼泪。立秋后禾稻收割，获得大丰收，农民称之为"魏公稻"。魏源在兴化县任上，还兴修水利，培筑运河西堤，扩建书院，改建育婴堂。道光三十年（1850），他调任淮北海州分司运判，协助陆建瀛办理淮北盐务，收到很好的效果。

咸丰元年（1851），魏源补任高邮州知州。也就是这一年，洪秀全领导的太平天国农民战争在广西桂平县金田村起义后，挥师北上。咸丰三年（1853）二月，太平军攻克南京，改名天京，于此建都。同月，太平军又攻克扬州，离高邮州城仅40里。魏源组织了团练武装，巡防溃逃官军沿途骚扰掳掠，镇压了湖西太平庄响应太平天国的地方起义军。三月，他被督办江北防剿的杨以增以迟误文报奏劾而革职。不久，魏源奉调赴安徽，入安徽巡抚周天爵幕府参谋军务。因镇压宿州捻军有功，十一月奉旨复官。但这时的魏源，却"以年逾六十，遭遇坎坷，世乱多故，无心仕官"[①]，辞归。

魏源在扬州的旧居　园，城破时已被毁于炮火。他和家人侨居兴化，"不与人事，惟手订生平著述"[②]。他的今文经学的代表作之一《书古微》完成于此时，还对《诗古微》作了增订。这时，魏源的思想已趋于消沉，皈依于佛教的净土宗，自称"菩萨戒弟子魏承贯"，潜心研究佛学，会译了《无量寿经》，并辑《观无量寿佛经》、《阿弥陀经》和《普贤行愿品》，合为《净土四经》。

①魏耆：《邵阳魏府君事略》，《魏源集》下册，第958页。
②魏耆：《邵阳魏府君事略》，《魏源集》下册，第958页。

咸丰六年（1856），魏源出游至杭州，寄住佛寺，闭门谢客。咸丰七年三月初一（1857年3月26日）病逝于杭州，终年64岁。魏源原配夫人严氏，生有二子一女，继配谭氏，无出。女名秀均，嫁湖南郴州陈家。次子昌耆，早殇。长子耆，候补同知，所撰《邵阳魏府君事略》，为研究魏源生平的重要文献。魏源的《古微堂集》、《古微堂诗集》及其他短篇著作，后人编为《魏源集》出版。

（原载中山大学近代中国研究中心编：《从林则徐到孙中山——
近代中国十八先贤传》，中山大学出版社1994年）

百年之后祭甲午

　　1894年日本发动侵略中国的甲午战争，到现在整整一百年了。在这一百年的前五十年中，日本发动过两次侵华战争。第一次是甲午战争，战争的结果是日本胜利，中国惨败；第二次是从1931年的"九一八"事变和1937年"七七"事变开始的更大规模的武装侵华战争，和中国进行的抗日战争，这次战争的结果是中国胜利，日本战败投降。五十年间，胜败换位，情况迥异，可见时势变化之快之大。在甲午战争百年之后的今天，回顾从甲午战争到抗日战争的这段历史，确实有许多问题发人深省，令人深思。

　　甲午战争对中国人民和中华民族来说，是一次大灾难和大屈辱；同时又是一次历史的大转折和民族的新觉醒。

　　说它是大灾难和大屈辱，是因为战争失败的结果，日本迫使清政府签订了空前丧权辱国、割地赔款的《马关条约》。根据条约，中国向日本赔偿白银二亿两。再加上由于俄、法、德三国干涉而赎回辽东半岛的费用三千万两和威海卫日军守备费一百五十万两，合计共二亿三千一百五十万两，而清政府当时一年的财政收入仅为八千万两。如此巨大的赔款，给本来已经极度困苦的中国人民，造成了难以承受的沉重负担。中国的领土台湾和澎湖列岛被日本割占，使台湾人民长期蒙受殖民压迫、奴役和苦难，造成严重的恶劣后果一直影响到现在。战败引起的另一个严重后果是帝国主义列强在中国掀起割地狂潮，使中国面临被瓜分的深重民族危机。

　　说它是中国近代历史的转折和民族的觉醒，是因为战争的失败、割地赔款和民族危机，在全国上下引起了极大的震动和愤慨。为了救亡图存，免被瓜分，因而发生了以1895年"公车上书"为序幕的戊戌变法，然后又有反帝爱国的义和团运动，紧接着再有孙中山领导的辛亥革命。这一系列的变革、反抗和革命运动，无一不是由甲午战争引发而起的。历史的灾难，总是要以历史的进步来补偿的。而改革和革命的目的，就是为了从根本上改变落后挨打的可悲处境。

　　甲午战争的结局，给日本带来了巨大的利益，由于它从中国索取了巨额赔款和大块土地及种种特权，战争结束后的日本简直是举国若狂，欢呼胜利。然而它却料想不到，正是这次侵略战争的胜利，埋下了五十年后侵略战争失败的种子。"种瓜得瓜，种豆得豆"，种下历史罪恶，必然遭到历史的恶报。不妨回顾一下甲午以后日本军国主义的膨胀和侵略中国的历史时间表。

　　日本从中国索取的战争赔款，按当时日元计算，约合三亿四千七百多万日元。此外，还从中国掠走了军舰、轮船、军港设备、枪炮、弹药、金银、粮食等大量战利品，其价值约合一亿多日元。两者合计约为当时日本政府每年财政收入的五倍以上。日本用赔款总数约百分之八十五扩充军备。有的日本学者指出，"由于巨额赔款的流入，一方面进行以扩充军备为核心的产业革命，另一方面获得了采用金本位制的资金，也就拿到了参加以伦敦为中心的国际金融市场的通行证"，从而使日本资本主义迅速发展起来，而且成为最带有疯狂侵略性的军事帝国主义。

　　侵略中国的甲午战争的胜利，更加刺激了日本对外扩张尤其是侵略中国的野心。1904年，日本竟然以我国的辽东为战场，同俄国进行了争夺我国东北的日俄战争，结果又从俄国手里攫取了辽东半岛和旅顺、大连以及许多特权。1915年，日本政府向袁世凯提出灭亡中国的"二十一条"。进入20世纪30年代，日本帝国主义更为频繁地对中国发动武装侵略。1931年，发动了"九一八"事变，侵占了东北三省。1932年策划成立伪"满洲国"，又制造"一·二八"事变，武装进攻上海。1935年，制造了华北事变，策划华北五省"自治"。1937年7月，发动了卢沟桥事变，开始了全面的侵华战争。

卢沟桥事变发生后，中华民族奋起抵抗，进行了全民抗战的抗日战争。特别是解放区的人民，在中国共产党领导下，在极端艰难困苦的条件下展开了可歌可泣、英勇卓绝的斗争。经过十四年抗战，在苏、美、英三国以破竹之势摧毁德、日、意三国同盟的大局下，中国终于在1945年打败了日本帝国主义，取得了完全的胜利。这是自从1894年甲午战争后中国人民反抗日本侵华战争取得的第一次完全的胜利，也是自鸦片战争以来中国人民历次反抗外国侵略战争的第一次完全的胜利。它洗雪了一百多年来中华民族所蒙受的耻辱。人们不禁会问：为什么中国在甲午战争中败给日本败得那么惨，而五十年后中国却在抗日战争中取得如此伟大的胜利？这是值得人们认真思考的。

甲午战争中国为什么失败？原因非止一端，但是最主要的原因就是清朝统治的腐败。特别是指挥战争全局的李鸿章在战争开始以前，从未积极备战，准备抵抗侵略；战争开始以后，又畏敌退缩，一味求和。而清朝统治集团内部，"主战"、"主和"意见不一，既没有进行全国战争动员，也没有统一的战略指挥部署，完全丧失了战争的主动权，处于被动挨打的地位。反观日本，在明治维新以后就制定了侵华的"大陆政策"。甲午战争是它蓄谋已久、精心策划、有充分准备的既定国策。对于这次侵华战争，日本是全国动员，倾尽全力，不达目的决不罢休，大有破釜沉舟、孤注一掷之势。两相对比，战争的胜负已分明可见。

那么，甲午战争就当时中日双方的实力和客观条件而论，中国是不是一定要失败呢？这就与当时的"主战"与"主和"两种主张的谁是谁非大有关系了。"主战"与"主和"不但是当时清朝统治集团内部两种意见的分歧，而且所谓"主战误国论"和"主和误国论"也是战后多年以来屡有争论的问题。当时以李鸿章、孙毓汶稍后加上慈禧为代表的"主和派"的主要理由是，认为中国的"海军弱、器械单"，"缓不济急，寡不敌众"，实力不如日本，战则必败，只有请外国调停妥协求和。以光绪皇帝、翁同龢、李鸿藻等为代表的"主战派"认为，日本如此猖狂，蔑视中国，若不予以痛击，今后祸无底止。而且李鸿章"治军数十年，屡平大憝，今北洋海陆两军如火如荼，岂不堪一战?""中国讲究武备近三十年，以中视西，或未可轻敌，以剿倭奴，足操胜算。"而战争的结局，是日本胜利，中国惨败。那么究竟应该怎样看待和判断"主和"与"主战"两种主张的是非呢?

对具体的历史问题要进行具体的历史分析，而不能离开当时的实际情况和历史条件，抽象地、绝对地来评论"战"与"和"的是非。如果可以用和平的办法，解决两国的争端，而不诉诸武力，那当然是好主意好办法。不过和平解决的条件，是要战争的双方各自作出必要的让步。问题在于当时中日双方并不存在和解的条件。因为日本已经决心要用武力打败中国，不可能作出任何让步。对中国来说，只有能战才能言和，李鸿章们平时"不修战备，专主和议"，而且当时日本已经发动武装挑衅，在被迫应战和战事失利的情况下单方面求和，实际上只能是战败求降。因为"和"的条件是必须满足日本要用战争所达到的全部要求和既定目的。还在战争当时就有人发表评论说：中国"平时之政事，一贪字坏之；今日之军务，一和字败之。夫两国相争，必终于和……顾未有和战并行者，且未有主和之人可任战事者。"退让求和的结果必然是"我愈退，则彼愈进；我益让，则彼益骄"。当时的《申报》也发表评论说："必能战而后能守，能守而后能和，三策相为表里，缺一不可者也。倘不能战而退守则怯敌；不能守而议和则为请降。"李鸿章在战争中的表现，恰恰是既不能战，又不能守，只有"请降"。而当战败求降，日本迫使李鸿章接受"请降"条件的时候，只准他说"允，不允"两句话、三个字，而没有任何商量的余地。

再就甲午战争当时中日双方的实力而言，两国相差并不很大。北洋海军与日本海军的船舰数量大致相当，只是有些军舰的航速和火炮的射程不及日本，但在总体上并非处于绝对劣势。而北洋海军的镇远、定远两艘重型铁甲舰的威力，使日军深感畏惧。黄海之战规模空前，战斗激烈，中日双方互有损失。而李鸿章不敢再战，命令北洋舰队退回威海港内，强调

"避敌保船"，结果在日本海陆夹攻之下全军覆没于威海港内，其余舰船全部成了日本的战利品。日本是远离本土作战，军事补给运输困难很多，国内财政也将耗尽，急于速决。中国陆军人数较日本为多，也有一些新式武器装备，而且国土广阔，回旋余地很大。同时，在海陆军中，都有不少爱国的将领和官兵，他们奋起杀敌，以身殉国，表现了中华民族坚贞不屈的爱国精神和民族气节。然而，统治者的腐败和战争主要指挥者的昏庸无能，导致战败求降，为国牺牲的英雄们只能抱终天之恨。

主战派出于维护国家的尊严和树立皇权，坚主抵抗侵略，保卫国家，心存爱国，无可非议。但是他们对清朝的政治和军事指挥者们的腐败程度认识不足，对日本的军事实力也缺乏足够的估计，而且一无兵权，二缺财力，根本无法扭转战争的败局。但是无论如何，也不能把甲午惨败的责任加在他们身上。历史的教训之一是落后就要挨打，问题是敌人已经打进来了该怎么办？历史的教训又告诉人们，"求和"、投降是没有出路的，唯一的办法是依靠人民的力量进行反侵略斗争。甲午之败不是败在主战，而是败在腐败。

甲午战争失败更深层的原因，正在于清朝统治者根本无视人民的力量。对人民反抗侵略的斗争，不但不予支持，反而加以阻挠和压制。中国近代反对帝国主义侵略战争的一条根本历史经验是，在半殖民地半封建的贫弱的中国，只有依靠人民的力量，坚持持久的抵抗，才能打败敌人，取得胜利，而这一点又是反动统治阶级根本做不到的。

抗日战争开始的时候，论综合国力和军事实力日本远远超过中国。由于作为抗日战争中流砥柱的中国共产党在民族危亡的紧急关头，号召中国各阶级、各政治派别都应以民族利益为重，"只有全民族实行抗战，才是我们的出路"。这个符合民族最根本利益和要求的伟大号召，得到了全国人民和一切爱国人士的响应，结成广泛的抗日民族统一战线和钢铁长城。任何凶狂残暴的外国侵略者，都会淹没在人民战争的汪洋大海里。中国共产党领导中国人民进行的抗日战争，就是最好的例证。

甲午战争和抗日战争的历史证明，在近代中国，当外敌已经武装入侵之时，中国除坚决抵抗之外，根本无"和"可言。甲午战争时期李鸿章等人"主和"，结果是丧权辱国，中国陷入被瓜分的民族危机；抗日战争时期，汪精卫一伙"主和"结果是投入日本帝国怀抱，成了汉奸卖国贼。

在甲午战争百年之后，重温以往的历史，中国人民和日本人民，都应该从过去历史中吸取有益的教训，使那些令人痛心的历史不再重演，在平等互利、和平友好的中日关系基础上，开辟和创造新的历史。

（原载《真理的追求》1994年第10期）

盛会感言

刚参加中山大学近代中国研究中心和孙中山研究所为庆祝70周年校庆召开的"孙中山与近代中国"学术研讨会不久，又有机会出席中山大学香港校友联合会举办的"孙中山思想研讨会"暨"中山大学校友首届国际校会"，甚感荣幸。借此，向盛情邀请的中山大学香港校友联合会深致谢意！

中山大学香港校友联合会庆贺母校70周年校庆而举办的这次会议，堪称盛会，也是一次盛举。有如众多的海内外校友在一起聚会，"群贤毕至，少长咸集"，济济一堂，互相恳谈联谊，实属难得。它对今后校友会工作的进一步开展，必将起到很好的推动作用。通过这次集会，表现了校友们对母校的关怀和爱护之情，它也将有助于促进中山大学的发展。

中山先生手创的中山大学，已经走过了70年的历程。"人生七十古来稀"，现在人的寿命长了，70岁不算稀罕。但是，就中国的大学而言，有70校龄的为数并不多。70年来，中山大学培养了一批又一批学生，人才济济，成绩显著。中山大学培养出来的人才，不论在国内或海外，都兢兢业业，有所建树。有的成就斐然，成为海内外知名人士。他们都为祖国的繁荣昌盛，为振兴中华，贡献出自己的力量。在这喜庆的日子里，是可以告慰于母校，可以无愧于中山先生当年创校的期望。

我和中山大学是有缘分的。在国内的大学中，我到过次数最多的是中山大学，自80年代以来，不少于十次。在这期间，参加了历史系、孙中山研究所、近代中国研究中心举办的学术讲座、学术研讨会，以及硕士、博士研究生毕业论文答辩等业务活动。同时，与这些单位的许多教师有着交往，其中与陈胜遴教授、林家有教授已经结下了深厚的友谊。尤其应提到陈锡祺教授，感谢他对晚辈的奖掖。今后，仍将尽绵薄之力，与这些单位并同仁们更好地合作。

祝"孙中山思想研讨会"暨"中山大学校友首届国际校会"圆满成功。祝中山大学香港校友联合会在曾宪梓会长等先生的领导下取得更大的成就。

（原载《中山大学校友首届国际叙会纪念特刊暨孙中山
思想研讨会文集》，中山大学校友会1994年）

文化：维系海峡两岸同胞的精神纽带

江泽民总书记关于台湾问题重要讲话发表后，在海峡两岸及海外华侨、华人中引起了强烈的反响。1947年至1949年，我曾经在台湾上大学，现在还有许多亲人、同学在台湾，很盼望能够早日完成祖国统一大业，对于讲话，衷心拥护。

江总书记的讲话合情合理，既符合中国历史发展的进程，也体现了现实的实际情况。例如，伟大的民主革命先行者孙中山先生是海峡两岸同胞所共同敬仰的，仅去年就先后在杭州和广州举行了两次关于孙中山思想的学术研讨会，都有不少台湾学者参加。今年1月间，台湾东吴大学和逸仙文教基金会在台北举办的海峡两岸中山先生学术思想研讨会，大陆有17位学者参加。这次会议反响热烈，台湾各大报都连续作了报道。会上虽存在不同看法，但气氛和谐，互相尊重。一家大报以"认知有差异，所以要交流"的黑体大字标题作了报道，指出"因为缺乏交流，所以有认知的差异，因为有差异，所以更要交流"。希望加强两岸的学术文化交流，可以说是人们的共识。各方面人士一个共同的心愿，就是希望通过学术文化交流，继承和发扬祖国文化的优秀传统，增进彼此间的沟通和理解。

海峡两岸的文化本是同根同源，都是中华文化。文化的认同和交流，是促进祖国和平统一大业完成的一个重要因素。台湾文化，就主流而言，与闽南文化为同一区域文化，因此，人们称之为"闽台文化"。台湾当地方言，现在叫台湾话，与闽南话为同一方言。自宋朝后，特别是近300多年以来，从福建、广东沿海陆续移民到台湾。连横在《台湾通史·风俗志》中曾指出："台湾之人，中国之人也，而又闽、粤之族也。"所谓"闽、粤之族"，也就是福建的泉州、漳州地区人，广东、福建的客家人。而如今称为"台湾话"的，也就是历代从泉、漳地区迁移至台湾的人带过去的。因此，在台湾话中，有些地区偏于漳州腔调，有些地区偏于泉州腔调，也就不奇怪了。这如同北方官话中，天津腔调与唐山腔调也有差别一样。明乎此，那么被岛内有些人称为"母语"的台湾话，与闽南话是一回事，只不过在台湾叫台湾话，在福建称闽南话而已。

台湾文化各方面，包括风俗习惯，大都是从闽南传播过去的。戏剧艺术，如歌仔戏、布袋戏（木偶戏的一种），是源于漳州、泉州。歌仔戏也是漳州的地方戏，现在叫芗剧，起源于《锦歌》、《车鼓弄》等民间歌舞。台湾的寺庙很多，人们形容为"三步一小庙，五步一大庙"。供奉的神祇，除玉皇大帝、关帝、观音等大陆各地普遍供奉者外，有一些是地区性的守护神。这些守护神，都传自福建、广东，如遍布台湾、澎湖的妈祖庙，是从福建莆田湄洲分灵请去的，保生大帝、清水祖师、青山王、开漳圣王等则是分别从泉州、安溪、惠安、漳州带去的。

至于风俗习惯，台湾和我家乡泉州（或闽南地区）也是一样的。我在台停留期间，看到报纸上登载机关、公司等的人员聚餐过"尾牙"。对这个词汇感到"陌生"，便向我姐姐询问。她说，你怎么不知道，旧历十二月十六日是一年里最后一次供"土地公"，叫"尾牙"。台湾和泉州一带的风俗一样，都还保留这一传统。"尾牙"，按闽南方言的音意为"最后一个"，难以用汉字对应表示，台湾以字表音为"牙"，似转为"打牙祭"之意。人们借此节日以为单位聚餐、联欢，准备过年。

过旧历新年（春节），从正月初一到十五元宵节，泉州一带民间流行着一首记叙它的民谣，大人小孩都会念，我小时候也背得很熟，到现在还记得。这首民谣，也在台湾流传：

初一场，初二场，初三没思量（也有作"初三老鼠娶新娘"），初四神落王，初五隔开，初六舀肥，初七七元，初八完全，初九天公生，初十那就是，十一请子婿，十二查某子返来拜，十三吃涪糜配芥菜，十四结灯棚，十五上元暝。

短短几行，把新年半个月的节日气氛和生活情景都描绘出来了。因有不少方言土话，下面稍作解释。"场"是热闹的意思，初一、初二拜年的人来来往往很热闹，初三就有些冷清了，所以说"没思量"。旧历十二月二十五日送神上天，到正月初四接神回人间。初五隔开，是指撤掉除夕开始祭祖先摆的供品。初六农民就可以进城来挑走粪便，叫"舀肥"。初七俗为人日，又称七元。初八是值年众星君聚会的日子。初九天公生，是指供奉玉皇大帝生日。"那就是"，闽南方言，汉字难对应写出，这是标音，大意为"就那样"，也就是说初十这一天没什么特别的，就跟平日那样。十一日请女婿来做客，十二又是女儿回娘家来看望父母。查某子为闽南方言，即女儿，或泛称女孩子。到了十三日，没什么好东西吃了，和平常过一样生活，吃稀粥配炒咸芥菜。涪糜为闽南方言，即稀糜。十四日又一个高潮，街头巷尾张灯结彩，准备过元宵佳节。暝，闽南方言意为夜间。十五元宵节晚上，满城鼓乐喧天，化装游行，踩高跷，弄龙舞狮，热闹非凡。过此，商店开张营业，农民下地种田，结束了新年的节日生活和休息，又投入了新一年的忙碌。

以上事例可以说明，台湾文化主要源于闽南文化。而闽台文化，归根结蒂又是根源于中原。作为区域文化的闽台文化，无疑是中华文化的一部分。它一直是维系海峡两岸同胞的精神纽带，这是谁也割不断的。为了促进两岸早日完成和平统一大业，中华炎黄文化研究会能够为加强两岸的文化交流发挥更大的作用。

（原载《炎黄春秋增刊·炎黄文化研究》1995年第2期）

十年辛苦不寻常

《高校理论战线》从创刊到现在，已走过了十个年头。十年来，它不趋时，不媚俗，得到众多读者的喜爱和认同，这并非易事。就个人感受来说，我觉得它已逐渐形成并保持了以下几个特点：

首先，在办刊宗旨上，坚定不移地坚持以马克思列宁主义、毛泽东思想和邓小平理论为指导，强调理论联系实际，注意研究、回答改革开放中出现的新情况、新问题。马克思主义是不断丰富发展的科学，它正确揭示了人类社会的发展规律。没有马克思主义理论科学的武装，没有以马克思主义为指导的中国共产党的正确领导，我们就不可能取得中国民主革命的伟大胜利和社会主义建设及改革开放的巨大成就。虽然百余年来，世界形势已发生了很大的变化，但作为科学的理论，马克思主义并没有过时，它随着时代的前进而发展，显示出其活力。历史正反两方面的经验都告诉我们，必须以科学的态度对待马克思主义，坚持马克思主义的立场、观点和方法，理论联系实际，在坚持中发展，在发展中坚持，这是我们事业成功的一个根本保证。党的十五大再次强调指出："马克思列宁主义、毛泽东思想一定不能丢，丢了就丧失根本。同时一定要以我国改革开放和现代化建设的实际问题、以我们正在做的事情为中心，着眼于马克思主义理论的运用，着眼于对实际问题的理论思考，着眼于新的实践和新的发展。"十年来，不论国际形势发生多大的变化，国内在理论上有这样那样的议论，《高校理论战线》始终旗帜鲜明，表里如一，所发表的文章都力求运用马克思主义的立场、观点和方法去研究和解决改革开放和现代化建设中的新问题，是对社会现实的理性探究和独立思考。不唯书，不唯上的求实作风，在这个刊物中有着充分的体现。

其次，在刊物的内容上，既有大量的对马克思列宁主义、毛泽东思想和邓小平理论的阐述和宣传，又注意对社会上出现的一些有关理论是非的观点进行评析。邓小平同志一再指示，不能容忍错误思想的流行，要进行有力的斗争。党的十四届六中全会关于加强社会主义精神文明建设的决议中指出："对事关政治方向、事关重大原则的问题，要旗帜鲜明，分清是非，保证哲学社会科学研究沿着正确的方向发展。"党的十五大又重申，必须"刻苦学习马克思主义理论，增强辨别是非的能力"，"坚决抵制各种腐朽思想文化的侵蚀"，并在新党章中明确规定："在社会主义现代化建设的整个过程中，必须坚持四项基本原则，反对资产阶级自由化。"《高校理论战线》自创刊以来，注意追踪热点，展开健康的学术争鸣和理论讨论，以求达到分清是非的目的。如近年来出现了一股否定近现代中国人民的反帝反封建斗争，美化帝国主义侵略和封建统治的思潮，学术界一部分专家为此曾举行"中国近现代史研究的历史观和方法论"、"五四运动与20世纪中国的历史道路"等研讨会，对上述的观点进行了深入的评析，分清中国近现代史一些重大是非问题。《高校理论战线》以大量的篇幅发表与会学者的发言，报道会议的情况，获得了读者的好评，在社会上引起了较大的反响。

第三，既注意对专家学者的联系，又重视对青年的扶植和培养。《高校理论战线》联系了一批造诣深厚的专家学者为刊物撰稿，从而保证了刊物的学术品位。同时，还特别注意对青年的教育和扶植。这一方面表现在它平时对青年作者的发现与扶植上，另一方面表现在它对培育一代社会主义新人这一历史性课题的关注上。这一点在其"高校德育建设"、"爱国主义大家谈"、"改革开放与人生价值观"、"马克思主义在青年中"等栏目的设置和所发表的文章的内容中都有很突出的表现。它对高校的青年学生来说，堪称良师益友。

（原载《高校理论战线》1998年第2期）

文史知识要普及于民

时下，面临着来自方方面面的压力与诱惑，作为办刊者依然能够本诸使命与良心，去尽力维护刊物的文化品位，这已非易事。而要使一个格调高雅的刊物又能够同时得到寻常读者的认同，就更为困难了。要做到这一点虽有相当难度，但也不是不可能，已经出版了二百期的《文史知识》即是明证。

《文史知识》从创刊到现在，不趋时，不媚俗，堪称精品。一段时间以来，对于我们民族五千年历史文化，有些人不是本着去其糟粕、取其精华的精神来加以鉴别、继承和发扬，而是反其道而行之，宣扬封建时代的权术、骗术、风水、算命，乃至宫闱的秘闻，等等。在中国历史文化有关的研究领域，受浮躁学风的影响，也出现了哗众取宠、标新立异等不良现象。然而，《文史知识》的编辑们不为潮流所动，始终追求并努力保持刊物的精品形象。首先，《文史知识》已拥有一支稳定的高水准的作者队伍，其中有许多是有关研究领域的知名学者。大学者写小文章，这可以说是《文史知识》的一个特色。虽然所发表的文章篇幅不长，但总不乏新意和创见。因为一篇三两千字的短文，往往是一个学者对其数十万字著作的凝练，是其数十年学术造诣和严谨学风的体现。其次，从《文史知识》的选题上看，也充分反映了编者的精品意识和独具匠心。《文史知识》所涉及的内容很广泛，它包罗了中国古代、近代的政治、经济、文学、艺术等各方面的内容。这些丰富的内容被相应地安排到各类固定的栏目中，从而避免使读者产生分散零乱之感，经过一段时间后，自然就会对自己感兴趣的专题形成一个整体的印象，掌握较为系统的知识。它的一些栏目的文章汇集成书后，得到了众多读者的欢迎，就说明了这一点。在广大读者心目中，《文史知识》就如同它的出版者中华书局一样，仍是一个值得信赖的精品、名牌，这是非常难能可贵的。

就文史研究而言，它包含着提高和普及两个方面。文史之学要保持旺盛的生命力，要不断发展，就不能仅仅是专家之学，它也要为广大群众所掌握，在群众中普及，为群众所喜闻乐见。同样，广大群众也有着学习中国历史文化的要求，因为这对于培养人的世界观、人生观、价值观，陶冶人的品德情操，提高人的文化素质，都有着重要的作用。文史教育可以激发人们的爱国主义思想，增强民族自尊心、自信心，增强民族的凝聚力。《文史知识》正是在这些方面起了很好的作用。它通过"历史百题"、"文学史百题"、"文化史知识"、"诗文欣赏"等栏目，把博大精深的中华历史文化条分缕析地介绍给读者，使之得以领略我们民族文化的深厚意蕴。它的文章虽多出自专家手笔，却大都是深入浅出，使不同层次、不同年龄的人都能通过阅读《文史知识》而有所收益。

（原载《人民日报》1998年2月27日）

堪称文化精品

时下，面临着来自方方面面的压力与诱惑，作为办刊者依然能够本着使命与良心，去尽力维护刊物的文化品位，已非易事；而要使一个格调高雅的刊物又能够同时得到寻常读者的认同，就更为困难了。要做到这一点是有相当难度，但也不是不可能，已经出版了200期的《文史知识》即是明证。

《文史知识》从创刊到现在，不趋时，不媚俗，堪称精品。一段时间以来，对于我们民族五千年历史文化，有些人不是本着去其糟粕、取其精华的精神来加以鉴别、继承和发扬，而是反其道而行之，宣扬封建时代的权术、骗术、风水、算命，乃至帝王的秽史、宫闱的秘闻，等等。在中国历史文化有关的研究领域，受浮躁学风的影响，也出现了哗众取宠、标新立异等不良现象。然而，《文史知识》的编辑们不为潮流所动，始终追求并努力保持刊物的精品形象。首先，《文史知识》已拥有一支稳定的高水准的作者队伍，其中有许多是有关研究领域的知名学者。大学者写小文章，这可以说是《文史知识》的一个特色。虽然所发表的文章篇幅不长，但总不乏新意和创见。因为一篇三几千字的短文，往往是一个学者对其数十万字著作的凝练，是其数十年学术造诣和严谨学风的体现。正因为如此，"圈内"人士读《文史知识》常能得到某种启迪，而一般读者则把它视为良师益友加以信赖，并称其为集学术性、知识性、资料性于一身的"中国古代文史知识辞典"。其次，从《文史知识》的选题上看，也充分反映了编者的精品意识和独具匠心。《文史知识》所涉及的内容很广泛，它包罗了中国古代、近代的政治、经济、文学、艺术等各方面的内容，这些丰富的内容被相应地安排到各类固定的栏目中，从而避免使读者产生分散零乱之感，经过一段时间后，自然就会对自己感兴趣的专题形成一个整体的印象，掌握了较为系统的知识。它的一些栏目的文章汇集成书后，得到了众多读者的欢迎，就说明了这一点。在广大读者心目中，《文史知识》就如同它的出版者中华书局一样，仍是一个值得信赖的精品、名牌，这是非常难能可贵的。

《文史知识》是文化精品，深受广大读者的喜爱。就文史研究者而言，它包含着提高和普及两个方面。在提高指导下普及，在普及基础上提高。文史之学要保持旺盛的生命力，要不断发展，就不能仅仅是专家之学，它也要为广大群众所掌握，在群众中普及，在群众中扎根，为群众所喜闻乐见。同样，广大群众也有着学习中国历史文化的要求，因为这对于培养人的世界观、人生观、价值观，陶冶人的品德情操，提高人的文化素质，都有着重要的作用。文史教育可以激发人们的爱国主义思想，增强民族自尊心、自信心，增强民族的凝聚力。文史知识能够开阔人们的视野，扩展人们的思维，增益人们的智慧，陶冶人们的品德情操。历史上的民族英雄、志士仁人临危不惧、见义勇为、好学不倦、以天下为己任等动人事迹，都对今人有着相当的影响，能够在潜移默化中起作用。我们常以有五千年的文明历史而自豪，但文明的延续与物种的演进不同，它不是一个自然繁衍的过程，而是需要后人有意识地学习吸收、继承发扬。如何把潜在的历史文明优势转变为现实的可利用的文化资源，这里就有一个教育和普及的任务。《文史知识》正是在这方面起了很好的作用。它通过"历史百题"、"文学史百题"、"文化史知识"、"诗文欣赏"等栏目，把博大精深的中华历史文化条分缕析地介绍给读者，使之得以领略我们民族文化的深厚意蕴。它的文章虽多出自专家手笔，却大都是深入浅出，使不同层次、不同年龄的人都能通过阅读《文史知识》而有所收益，这也正是它的一个特点。

（原载《文史知识》1998年第3期）

关于传统文化的几点思考

"文化"这个词儿，时下不单是很时髦，而且使用的频率可能位列各种词汇之冠。它随处可见，什么都跟它挂钩，诸如水文化、鬼文化、性文化、厕所文化等，不一而足。它像万能的上帝一样，无所不在，主宰一切。似乎只要挂上"文化"二字，便有了文化品位，档次便高。殊不知这是把文化泛化、庸俗化，是在损害文化，糟蹋文化。到处是文化，到头来等于无文化。

在"文化热"的浪潮里，中国传统文化也受到人们的关注和议论。80年代中后期出现的"文化热"，虽有海外学人鼓吹"复兴儒学"，但就总体趋向上看，中国传统文化是遭贬损，甚至是被否定的。回想当年，中西文化比较研究是个热点问题，发表了不少文章。比来比去，分歧自然是有的，而明显的倾向则是认为中国传统文化糟得很，西方文化好得很，正是背上传统文化这个大包袱，中国才没能走向现代化。中国要想不被开除出"地球村"，于是乎必须扔掉这个大包袱，用"蔚蓝色文明"来浇灌、滋润"黄土文明"，即使"爱国主义"也是要不得的，而要当"世界公民"，"当三百年殖民地"。这是80年代"文化热"的一个所谓"亮点"：鼓吹全盘西化和民族历史文化虚无主义。进入90年代，为了反拨对中国传统文化肆意否定的偏向，传媒着力宣传弘扬传统文化。随之而来的是被人们称之为"国学热"、"传统文化热"、"复兴儒学"。

无论对中国传统文化贬斥也罢，弘扬也罢，有一个问题一直令人困惑：中国传统文化所指是什么，它的内涵是什么？就个人记忆所及，似乎没有人特地对它作专门的界定，既模糊，又明晰。人们几乎都心中有数，不言而喻，即指1840年鸦片战争以前中国古代社会的文化。不过，这样一来就产生了一个问题，鸦片战争以后至中华人民共和国成立前的近代社会文化算不算传统？按照现在通行的观念，自然是不算的。不算并没有什么难处，可无形中就将这110年的历史文化一笔勾销了。人们不是在指责五四运动造成中国传统文化的断层吗，这岂不真的出现了文化的长期"断层"？

为何传统文化只截止到鸦片战争前，究竟是什么原因，好像也没有谁公开作过说明。私下揣度，说起中国传统文化，我们的脑海里很快就会闪现出"源远流长，博大精深"八个大字，而近代110年里的文化，源既不远流也不长，够不上博大，更不能说精深。它没有儒家的十三经，没有《老子》、《庄子》，没有《孙子兵法》，没有李白、杜甫、苏东坡，没有《史记》、《资治通鉴》，没有《水浒传》、《红楼梦》，没有……。简而言之，近代落后了，挨打了，没有什么能上"国粹"这个档次的。况且近代中国文化先是融汇了西方文化，后来又接受了马克思主义。是否由于这些缘故，以致近代文化不属于传统文化，笔者不敢妄下断语，只不过是猜测而已。当然也不是一点影子都没有的胡猜乱想，比如有些文章很强调"本土文化"，其意也就是指古代中国文化，更具体一点就是指儒家文化，西方文化尤其是马克思主义是外来的，无疑不是本土的，也算不上是中国古代文化、儒家文化的传统。不过对于这"本土"的强调，也还有可质疑之处，所谓的"本土文化"，稍加思考就会发现它并不那么"本土"，并不十分地道。中国古代文化在它长期发展的历程中，不仅融合了境内各族文化，而且也吸收了许多外来的文化。这一点大概无人怀疑，所以承认是"本土文化"。然而为什么西方文化、马克思主义在中国传播，且已经与中国固有的文化融会，在中国社会里扎根，却又要排之于"本土"之外呢？

我们今天讨论传统文化，只局限于鸦片战争以前更为古老的传统，中间空了一百多年不算，割断了历史，显然不妥。这一百多年的文化是在先前的传统中发展变化来的，既包含着以前的传统，又形成了自己的传统，同样既有精华又有糟粕。例如，既有革命的、进步的传统，又有落后的、陈腐的传统；既有民主和科学的传统，又有专制和愚昧的传统；既有实事求是的传统，又有教条主义、经验主义的传统；有五四精神、长征精神、延安精神，等等。这些都在我们的社会现实生活中存在，需要加以认真对待，继承发扬优秀的传统，消除腐朽的传统。

传统文化不应只限于古代文化，至少还要包括鸦片战争以来110年的近代文化，尤其是革命文化传统。这只是从纵向而言。从横向上看，传统文化不等于儒学文化。这样说难免让人觉得多余，因为学者们是有共识的。不过在实际论议中，儒学文化与传统文化几乎是相等的。

传统文化就是指古代的儒、道、释，这是一种说法。照我想来，儒、释、道固然在中国古代影响很大，但也不等于就是传统文化。先秦百家争鸣，墨、儒同为显学。此外，尚有道、法、兵……诸家。不独儒、道，墨、法、兵等对后世都有不同程度的影响。汉武帝以后，虽儒术独尊，但历代封建统治者实际上都是儒、法并用。晚清的曾国藩，号称"一宗宋儒"，其实也不那么单纯。据《水窗春呓》记载，他曾经说过："吾学以禹墨为体，庄老为用。"在《求阙斋日记》的《问学》中，曾国藩说："立身之道，以禹墨之勤俭、兼老庄之虚静。"又说："若游心能如老庄之虚静，治身能如墨翟之勤俭，齐民能如管商之严整，而又持之以不自是之心，偏者截之，缺者补之，则诸子皆可师也，不可缺之。"康有为、谭嗣同在孔孟儒学之外，对先秦诸子尤重墨子、庄子。如康有为吸取了墨子的"兼爱"、"尚同"，认为符合孔子的"仁道"思想，符合"合群"的精神，能舍身救民。举这些例子，无非是想说明，在传统文化中，除儒、道外的"精英文化"，至少还有诸子，等等，它们不应当被排斥。

若论中国传统文化，不仅要包括非儒、道的"精英文化"，而且还应包括民间文化、少数民族文化。我国是统一的多民族国家，中华民族是中国各民族的总称，包括历史上的和现在的各民族在内。每一个民族都对祖国历史的创造出过力，都为创造中华民族的古代文化作出过贡献，讲传统文化怎么可以无视少数民族文化呢？再说民间文化，不论思想、文学、传说、谣谚、音乐、习俗等，都很丰富。即以中国封建社会不断发生的农民起义来说，秦末陈胜提出的王侯将相无种的思想，北宋钟相主张的"等贵贱、均贫富"，明末李自成提出了"均田免粮"的口号，到晚清洪秀全颁布的《天朝田亩制度》，反映了广大农民从要求废除尊卑等级的差别到废除封建土地所有制的愿望，争取政治上、经济上的平等平均。孔夫子很伟大，他鼓吹的"仁"也是人们最为称道的，是传统文化的"精粹"。但是，讲传统文化如果不涉及农民起义所反映的农民的这些思想，没有民间文化的地位，却未必是公允的、符合历史实际的。

中国古代传统文化是建设有中国特色社会主义文化的"源"还是"流"，也是学界议论纷纷的问题。一些学者认为传统文化是建设有中国特色社会主义文化的"源泉"，提出了"复兴儒学"的口号，鼓吹儒学与马克思主义并立，或取而代之，甚至说"21世纪是中国文化的世纪"。这些言论，既是主张者对儒学的情之所系，也是理之所据，自是一家之言。但我却于此不无疑惑。

就我的理解，中国古代传统文化不是建设有中国特色社会主义文化的"源"，而是"流"。有中国特色社会主义的文化反映了我国社会主义经济和政治的基本特征，又影响和作用于这特定的经济和政治，它们之间有机统一，不可分割。也就是说，有中国特色社会主义文化是植根于有中国特色社会主义的实践，是从社会主义现代化进程的现实出发，为现代化建设服务，具有鲜明的时代特点。立足中国社会主义现代化的现实，这是文化建设的源，而继承历史文化优秀传统，吸收外国文化有益成果，则都是流。"向古人学习是为了现在的活人，向外国人学习是为了今天的中国人"，这是毛泽东曾经说过的话。

至于企图"复兴儒学"，大概是很难的。"复兴"儒学的说法，本身并不科学。对儒学既不应笼统否定，也不能全面肯定。它蕴含着值得继承的有价值的精华，同时又具有需要摒弃的陈腐的糟粕。所谓"复兴儒学"，意味着对儒学的全面复兴，连那些早已被历史所淘汰的封建的纲常名教之类的糟粕一股脑儿都复兴起来，这是万万使不得的。何况随着中国近代社会和文化的发展变化，儒学也发生变化。在清末儒学的正统地位已经动摇，及至民国创建，清朝皇冠落地，它的正统地位也就失落了。经过五四新文化运动的冲击，至今历时80年有余，时代变化了，社会政治、经济和思想文化都变化了，要想再把儒学全面复兴起来，恢复它的正统的、指导的地位，无非是一种梦幻而已。

时至今日，复兴儒学也不合时宜。还在1840年鸦片战争以前，儒学中不论作为清政府统治思想的宋学，还是成为有清一代显学的汉学，都已流于无实无用，不能解决当时所面临的经济、政治危机，不能解决社会存在的尖锐矛盾。鉴及于此，一些有识之士力倡经世之学，深究古今治乱得失，通家国天下治安之计，以为"济世利民"。鸦片战争后，他们又把视野从时务扩展到"夷务"。经世之学已不仅限于传统的经、史，而且包蕴了西学和洋务。儒学在西方列强的坚船利炮面前，失去了昔日的灵光。薛福成说："取西人器数之学，以卫吾尧舜禹汤文武周孔之道。"他算是坦率，不像那位大学士倭仁死要面子，说出了"礼义为甲胄，忠信为干橹"那样的昏话，承认孔孟的儒学圣道不灵了，要借助西学来加以卫护。辛亥革命时期，有一篇署名君衍的文章，题目叫《法古》，发表在《童子世界》杂志上，说得很明确："孔子虽好，必不能合现在的时候了。我但望吾同胞做现在革命的圣贤，不要做那忠君法古的圣贤。"到五四新文化运动时，陈独秀、李大钊等人以进化论的观点来阐明孔子之道不适应于现代社会的生活，如《孔子之道与现代生活》、《自然的伦理观与孔子》等文章，都论述了这个问题。当时的先进人士都认为儒学不适合现实社会，怎么能够在即将进入21世纪的时候，却要把它复兴起来进而指导社会主义现代化建设呢？儒学产生于中国古代社会，产生于自给自足自然经济的基础上，是封建统治阶级的统治思想，其思想实质与社会主义现代化相去甚远。

21世纪不可能是中国文化的世纪。正如西方文化可以影响世界但不能主宰世界一样，中国文化将对世界产生越来越大的影响，但也不能成为世界的主宰。这种思想，也不是当今的学界中人才有的。清末，梁启超就说过："孔子之教，非徒治一国，乃以治天下。"①第一次世界大战后，梁漱溟认为，全世界都是走"中国的路，孔子的路"，未来文化就是"中国文化之复兴"。此时，梁启超也鼓吹用中国文明去拯救西方文明的堕落。不过，他们的愿望在他们生前和身后都没有能实现。现在又有人声称儒学文化是医治西方工业化以来日趋严重的文明危机、道德沦丧的良药，也是难以奏效的。"药方只贩古时丹"。儒学产生于中国古代农业社会，它连自己农业社会的问题、近代社会的问题都解决不了，又怎么能去解决西方工业社会的问题？西方社会的文明危机、道德沦丧，根源于西方的资本主义制度、个人主义的价值观，社会制度不解决，单靠外来的文化，即使是非常优秀的，也不可能挽救其文明危机、道德沦丧。

鸦片战争后，西方文化在中国传播。用现在流行的一句话说，叫做中西文化发生撞击。在中国大地上，本来只有中国自己的文化，而如今又有了异族的西方文化，在许多士大夫的心目中免不了存在着"用夷变夏"的担忧。他们不无自信和自豪地认为，虽然中国的物质文化不如西方高明，但礼义教化、纲常名教的精神文化却远远高于西方，是西方文化无法比拟的。于是乎总惦着反过来"用夏变夷"，用"圣道"去拯救西方，以免西方人沦落。这也不独是中国（含香港、台湾）学界中人解不开的"情结"，国外的一些学者也在那里推波助澜，如说："如果人类要在21世纪生存下去，必须回头2500年，去吸取孔子的智慧。"是否吸取孔子的智慧，事关下个世纪人类能否生存下去，这是多么严重的问题啊？！

佛教中有一句话叫"佛法无边"，孔夫子儒学的威力也是"无边"的。君不见有一阵子书籍、报刊上大肆宣扬日本、韩国、新加坡等国家和台湾、香港地区经济的发展和现代化，是由于儒学的精神动力，有人还称之为"儒家资本主义"。其时这些国家和地区的经济在"腾飞"，振振有词地说了这一番道理似乎是无可争辩的。没料想去年7月以来亚洲发生了金融风波，经济出现衰退，这些"儒家资本主义"的国家和地区都不同程度地

---

① 《饮冰室合集》文集之二，中华书局1988年，第28页。

遇到了麻烦。如果依照上面说的儒学是亚洲一些国家和地区经济发展的精神动力的话，那么现在出现的经济状况，岂不是表明儒学这一精神动力失灵了？什么事情都要有分寸，有个度，说过头话，说的时候痛快，却未必能始终心安理得。

对于传统文化，包括儒学文化，不应该全面否定，也不应该全面肯定，更不应该把它捧到不恰当的地位上，如说什么《论语》中的几句话就能够治天下，"己所不欲，勿施于人"这句话办到了，"不仅中国大治，世界也大治"。语虽惊人，但却是信口而云。不用说《论语》的几句话不能代替邓小平理论指导中国社会主义现代化建设，即使全部儒学、传统文化也不能代替邓小平理论指导中国社会主义现代化建设。应当实事求是地对待传统文化、儒学的历史地位和作用。

建设有中国特色社会主义的文化，应是坚持以马克思列宁主义、毛泽东思想、邓小平理论为指导，立足中国现实，从社会主义现代化进程的实践出发，继承历史文化优秀传统，吸收外国文化有益成果。毛泽东同志说："中国历史遗留给我们的东西中有很多好东西，这是千真万确的。我们必须把这些遗产变成自己的东西。然而我们中国有些人却崇拜旧的过时的思想，这些思想对于我们今天的中国人不仅不适用而且有害。这样的东西必须抛弃……。我们的态度是批判地接受我们自己的历史遗产和外国的思想。我们既反对盲目接受任何思想，也反对盲目抵制任何思想。我们中国人必须用自己的头脑进行思考，并决定什么东西能在我们自己的土壤里生长起来。"这应该是我们对待历史遗产、对待传统文化的态度。

（原载《福建论坛》1999年第3期）

正确认识五四运动的历史意义

　　五四运动促进了马克思主义在中国的传播，促进了马克思主义和工人运动的结合，为中国共产党的成立在思想上、干部上准备了条件，为20世纪中国历史的发展开辟了新的道路。早在19世纪末，中国人就在学习西方的过程中，开始接触到马克思学说，但那只是一些零星的介绍。直到五四运动之前，先进的中国人使用的思想武器还主要是西方资产阶级的进化论、天赋人权说等。他们所向往和追求的大都还是西方文明。五四运动使人们受到了一次生动的教育，西方列强的弱肉强食，俄国十月革命的影响，迫使人们不得不对自己的追求作出新的反省。此时，《新青年》公开发表宣言，宣称"我们相信世界上的军国主义和金力主义（按：指帝国主义和资本主义），已经造了无穷罪恶，现在是应该抛弃的了"。此后，有不少报刊对社会主义思潮和马克思学说给予前所未有的关注，马克思主义的经典著作也被陆续翻译出版。经过反复的研究、比较和鉴别，先进的中国人才在五四运动以后最终选择了马克思主义作为救国救民的理论武器，并在这一思想指导下创立了中国共产党。"自从有了中国共产党，中国革命的面目就焕然一新了。"

　　五四运动使中国先进知识分子找到了一条与工农群众相结合的成长道路。鸦片战争以来，中国的知识分子在救亡图存、振兴中华的斗争中扮演了一个非常重要的角色。但是，他们也有一个致命弱点，即脱离广大的工农群众，未能真正认识到蕴藏在群众之中的创造历史、扭转乾坤的伟大力量。这也是造成旧民主主义革命失败的一个重要原因。五四运动使先进的知识分子领略到了劳动群众的威力，开始放弃了"英雄创造历史"的唯心史观，逐渐转变了立场。于是，他们提出了"到民间去"的口号，脱下长衫，走出书斋，深入到工农中去。在中国共产党的领导下，知识青年走上了与实践相结合、与工农大众相结合的道路，使自己在中国革命中所具有的"先锋的和桥梁的作用"得以充分发挥。正因为如此，1939年5月4日，毛泽东同志特别号召全国的知识青年，必须牢牢把握与工农大众相结合的方向。这对于今天的青年来说，仍是有现实意义的。

就在几天前，以美国为首的北约悍然袭击我驻南使馆，严重侵犯中国主权，践踏国际公法。历史有惊人的相似之处。80年前发生的五四运动就是由于美英等帝国主义践踏中国主权而引发的，80年后帝国主义这种霸权主义的本质没有改变。我坚决拥护我国政府的严正声明和采取的正义行动，愿和青年一道，努力做好本职工作，为加快我国的社会主义建设、提高综合国力作出应有的贡献。

（原载《人民日报》1999年5月18日）

怎样评价胡适？ *

在近年的某些研究胡适的文章中，出现了前所未有的一边倒的倾向。论学，胡适成为了新文化运动的旗手、国学大师；言政，他被视为新文化运动民主精神的真正传人。

这是真实的胡适吗？本文试图围绕胡适的立身行事，择其要者，作一大致的勾画。这对于帮助今人，特别是不甚了解历史的青年人更全面地认识胡适，或不无益处。

一、胡适一生热衷政治，而反对马克思主义和社会革命，则是其从事政治活动的一个极为重要的出发点和原动力。胡适1917年归国后，曾发誓将致力于思想文化建设，"二十年不谈政治"。然而，很快他就自食其言，主动地投入到政治斗争的旋涡之中。

胡适鼓吹自由、民主，却根本不承认在半殖民地半封建的中国，实现自由、民主的最大障碍就是帝国主义和封建势力的顽固存在。相反，他在很多场合，对自由主义的宣传最后都归结到对革命的攻击和咒骂。现在有些研究者对胡适宣传资产阶级民主的一面往往是大书特书，而对其反对马克思主义和革命的一面或略而不提，或给予充分"理解"，甚至为其开脱。如认为胡适挑起"问题与主义"的论战，并非是从根本上自觉地反对马克思主义，相反倒是提出了诸多的至今仍很有价值的"真知灼见"。殊不知

---

* 与宋小庆合撰。

自觉地反对马克思主义和社会革命，就是胡适从事政治活动的一个重要的出发点和原动力。对此，胡适本人从不讳言，并早有详尽的阐述。1919年7月，胡适发表《多研究些问题，少谈些主义》一文，挑起"问题与主义之争"，宣传改良主义思想，反对马克思主义的传播和社会革命。他把该文视为其提出政论的"导言"，并承认正是因为马克思主义的传播，使其"看不过了，忍不住了"，"有了不能不谈政治的感觉"。又说："我现在出来谈政治，虽是国内的腐败政治激出来的，其实大部分是这几年的'高谈主义而不研究问题'的'新舆论界'把我激出来的。"①所以，在与李大钊的论战之中，胡适把矛头鲜明地指向了马克思主义。指责马克思主义的阶级斗争学说养成了"阶级的仇恨心"，"使历史上演出许多不须有的惨剧"②。在遭到了李大钊、陈独秀等人的反击和批驳后，胡适退出了《新青年》，造成了新文化运动阵线的公开分裂。

然而，分道扬镳后的胡适并没有就此放松对革命力量的防范和警惕。1922年，中共召开二大，通过了反帝反封建的民主革命纲领。这是先进的中国人认识上的一大飞跃、它为中国人民的解放事业指明了正确的方向。会后，中共本此纲领发表了宣言。胡适在读了中共的宣言之后，立即撰写了《国际的中国》一文，攻击中共的革命纲领。他完全否认帝国主义侵略中国的事实，宣称："只须向民主主义的一个简单目标上做去，不必在这个时候牵涉到什么国际帝国主义的问题。"胡适不仅攻击中共领导的革命，对于正为资产阶级民主革命事业而苦斗的孙中山先生，他也曾横加指责。1922年，广东军阀陈炯明叛变革命，炮轰总统府，并下令捉拿孙中山。对此，胡适竟然公开撰文予以偏袒和赞扬。他的这一立场，在当时已经遭到了人们的批评。

二、由反对马克思主义，攻击中国共产党及其所领导的革命，到拥护蒋介石国民党政府的独裁统治，这就是胡适政治理念和政治实践的一个基本的发展走向。蒋介石国民党统治确立之后，在国共两党之间，胡适曾一

---

①《我的歧路》，《努力周报》1922年第7号。
②《四论问题与主义》，《每周评论》1919年第37号。

度试图保持其既反共又反蒋的所谓中间立场。然而，随着中国社会阶级斗争、民族矛盾的日趋激化，加之国民党当局的打压和拉拢，胡适的政治立场也随之悄然发生了改变。1932年，胡适等人出资创办了《独立评论》周刊，褒贬时政，标榜"独立精神"。此后，国民党当局曾多次邀其入阁，胡适也再三婉拒。但暗地里，胡适已经成为蒋介石的座上客。他不仅积极地为国民党政府进言献策，而且利用其在文教界的影响，尽心尽力地粉饰、维护国民党的独裁统治。故此，胡适仍然刻意保持和显示的"独立"，与其说是他内在独立人格的体现，倒不如说是为掩盖其真正立场而在手中挥舞的一块招牌！

1933年，汪精卫组阁时，曾欲聘请胡适出任教育部长。胡适对此一方面"十分感动"，一方面又婉言谢绝。在给汪精卫的信中，他曾道出其中缘由："我所以想保存这一点独立的地位，决不是图一点虚名，也决不是爱惜羽毛，实在是想要养成一个无偏无党之身，有时当紧要的关头上，或可为国家说几句有力的公道话。"他表示愿"留在政府之外，为国家作一诤臣，为政府作一诤友"①。保持独立的形象以便更好地对政府施以援手，这当是肺腑之言。至于说到不图虚名，则恐非实情。因为当时政府是如此的专制腐败，在国人的心中，加入其中便是同流合污。就连胡适的朋友都把他与政府发生关系视为"失身"，戏称其已非"处女"。他既要拥护独裁政府，又要保持"自由主义者"的开明形象，特别是还要提防来自进步力量的批评和揭露，所以在处理与当局的关系时，胡适势必有所顾忌。后来，在拒绝了蒋介石邀请其加入政府之后，胡适曾向朋友对此有一更为坦白的吐露：我已经因为参加"国大"和平息沈崇事件所引发的学潮而遭到中共和民盟的痛恨与攻击，政府和我本人都不可再为对方提供"子弹"了！

名为独立，实际却是拥蒋反共。这时胡适口口声声提倡自由，但却没有给马克思主义以存在、发展的空间；他主张容忍，但对中共领导的革命斗争却从未给予过丝毫的宽容。在这方面，他不仅配合了反动政府在思想

①《胡适来往书信选》中册，中华书局1979年，第208页。

文化上所进行的围剿，而且还曾支持对革命者肉体的消灭。

1933年的中国，已被一片血雨腥风所笼罩。正是在这种急需有人挺身而出为自由、民主而战的关键时刻，身为民权保障同盟北京分会主席的胡适，却发表谈话，为国民党政府的暴政辩护，并公开批评"同盟"的宗旨。对此，宋庆龄、蔡元培等十分愤慨，特致电胡适，要求对其言行公开更正，"否则惟有自由出会，以全会章"。但是，胡适固执己见，于是"同盟"开除了胡适的会籍。"文化班头博士衔，人权抛却说王权，朝廷自古多屠戮，此理今凭实验传。"——瞿秋白的这首短诗，就是对胡适及其所标榜的自由主义一个辛辣的讽刺。

全面内战爆发后，蒋介石为了给其独裁统治披上一件合法的"民主"外衣，1946年下令召开了由国民党一党包办的国民大会，并通过了所谓《中华民国宪法》。伪国大遭到了中共和各民主党派的抵制，各进步团体还纷纷通电谴责。伪国大的参加者被人视为"落水"或"堕入妓院的火坑"。伪宪法的实质也被概括为"人民无权，独夫集权"[①]。胡适则不仅参加了伪国大，为主席团成员，而且公开吹捧伪国大的"成功"，赞美伪宪法"乃世界上最合乎民主之宪法"[②]。

这时，胡适与国民党当局的关系已是这般密切，以致他根本无法辨清历史的潮流和人心的向背。当美国都意识到蒋介石已是人心丧尽，准备重新物色代理人时，胡适却是"热泪盈眶"地请求司徒雷登说服美国政府不要抛弃蒋介石，因为只有蒋政权能够抵御"凶恶"、"残忍"的共产主义，并且他坚定地表示将继续效忠蒋介石政权。1949年，国民党在大陆的反动统治全面崩溃。当绝大多数的知识分子（其中不乏胡适的朋友，学生）拒绝了国民党的拉拢而留下来迎接解放之际，胡适却当上了蒋介石的"总统府咨政"，并受其委托到美国活动"美援"，声称"不管局势如何艰难，我始终是坚定地用道义支持蒋总统的"。

在独裁政权即将覆灭之际，胡适毫不犹豫地作出了自己的政治选择。

① 延安《解放日报》评论，1947年1月3日。
②《胡适年谱》，中华书局1986年，第341页。

热泪盈眶的他是那样不加掩饰地流露出内心的真情实感，然而，在有的时候，甚至是在举国哗然、群情沸腾之时，胡适又能保持异常的冷静与安详，并为当局辩护。

1931年，九一八事变爆发后，在国民党政府不抵抗的命令下，中国军队不战而溃。日本侵略者步步进逼，东北沦丧，华北危急，中华民族面临着生死存亡的考验，全国抗日民主浪潮此伏彼起。这时，胡适表现出他不同寻常的"冷静"和"理性"：当青年学生冲上街头，沉痛地喊出"华北之大，已安不下一张平静的书桌"时，身为师长的胡适却指责学生"今日生一枝节，明日造一惨案"，将学生们的爱国之举视为故意制造事端、"破坏国家"的行为；当张学良将军毅然兵谏逼蒋抗日之际，胡适又立即撰文，指责张学良"背叛国家"，并咒骂共产党和红军是"残破不全的土匪"。此文得到当局的激赏，被大量印刷后用飞机运往西安散发。此外，胡适还与后来沦为汉奸的周佛海等人结成所谓"低调"俱乐部，反对对日宣战，主张妥协求和。一直到1937年抗战全面爆发后，胡适才停止了这方面的活动。

抗战胜利后，在美国的支持下，国民党坚持独裁，挑起内战。美国则趁机大肆增兵中国，美军暴行在各地时有发生。1946年12月，美军士兵皮尔逊强奸了北大女生沈崇。此举立即引发了一场声势浩大的反美抗暴运动。全国各大城市数十万激愤的学生参加罢课游行，要求严惩罪犯、美军滚出中国。身为北大校长的胡适却声称：此事为"法律问题，而美军退出中国则为一政治问题，不可并为一谈"①。以往大都是当局声明在前，胡适附和于后，此次，二者则是不谋而合。就在胡适发表上述谈话的第二天，教育部就电告胡适，此事乃"刑事案件，自应听由法律解决"。当美国军事法庭最终裁决皮尔逊无罪释放时，胡适认为，美国的司法精神一向是重证据，故这一结果"并不新奇"。他的表现依然是这般的冷静和"理性"！

三、对于胡适的文化贡献的评价也应该实事求是，做到恰如其分。现

---

① 《胡适年谱》，第339页。

在有人将提倡白话文运动完全归功于胡适，就值得商榷。因为早在戊戌维新运动期间，维新派就已经开始提倡白话文，办白话报。影响所及，辛亥革命时期，各省甚至一些边远省份也都陆续出现了白话报。虽然这场写白话文和办白话报的运动，没有取得代替文言文的地位，但它为后来的白话文运动开辟了道路。在新文化运动期间，胡适《文学改良刍议》一文的发表固然产生了很大的影响。但其后陈独秀的《文学革命论》，鲁迅的《狂人日记》等，也都对白话文运动的发展起到了很重要的作用。所以，要对胡适这方面的文化成就作一公允的评价，就必须考虑到历史的渊源和群体的贡献。又比如20年代初，胡适提倡"整理国故"，一方面对于清理中国古代的历史文化遗产起到了某些作用；另一方面也产生了诱使青年脱离社会、钻故纸堆的负面影响，并在客观上对当时的封建复古思潮起到了推波助澜的作用。所以，不仅鲁迅、郭沫若等进步的知识分子对胡适提出了批评，就连胡适的好友也对其不无微词。如陈西滢就认为胡适此举是"'化臭腐为神奇，化平常为玄妙，化凡庸为神圣'，弄得乌烟瘴气，迷蒙大地"。

这里提供的虽然只是一些普通的材料，但它却是近来某些研究文章中很少或不愿涉及的。窃以为，只有对此也有所了解和掌握，才有可能对胡适有一个更为本质、全面的认识。

（原载《中流》1999年第5期）

世纪之交谈中西文化

在20世纪即将结束，21世纪将要来临的世纪之交，文化问题仍是人们普遍关注的热点问题之一。其实，中华人民共和国成立50年来，五四运动80年来，以及由此上推到鸦片战争的80年间，文化问题始终是人们关注的问题。

近代以来，中国文化有了根本性的变化，比古代文化大大发展了。五四以前80年，以民权、自由、平等为核心的资产阶级文化，打破了以纲常伦理为核心的封建文化长期统治的地位，文化结构发生了根本性的变化。现有的自然科学和社会科学的主要学科，都是那个时候在中国建立的。五四以后，马克思主义在中国广泛传播。在中国共产党的领导下，以马克思主义科学理论为指导的革命新文化，不论社会科学领域和文学艺术领域的各个方面，都有了极大的发展。

但是，中国近代文化的发展，并不是一帆风顺的。影响它发展的，既有政治、经济等各方面的因素，也有认识上、观念上的原因。中国近代文化很突出的一点就是中西文化关系问题。中国近代文化与欧洲近代文化发展道路有着很大的不同，它是在逐步沦为半殖民地半封建社会的情况下，在西方文化影响下形成的。这不仅有一个保守与进步的问题，还有民族感情问题、传统观念问题。从已经凝固的文化心理、感情、观念出发，人们对西方文化一时是难以接受的。在不得不想的情况下，又容易走上另一极端。

在中西文化的交流过程中，先后出现过几种不同的态度。一、完全排斥西方文化，顽固固守传统文化。这种观点因为过于保守，在后来逐渐销声匿迹。二、以传统文化为体，吸收某些西方文化，即所谓"中学为体，西学为用"。这种主张认为，西方文化是物质的，中国文化是精神的，中国的精神文化优于西方的物质文化。它在近代中国以至今天都颇有影响。有些研究者称之为文化保守主义。三、醉心于西方文化，鄙视、否定传统文化，后来发展为"全盘西化论"。这种思潮现在仍然存在。这三种观点都是不正确的，但都有其存在的社会基础。第四类观点是，主张不论对于传统文化还是西方文化，都不要一概接受或一概排斥，要做具体分析，取其精华，弃其糟粕，融会中西。显然，这种观点是实事求是，是正确的。100多年近代文化发展的历史表明，进步的、有益的东西迟早会被继承、吸收，落后的有害的东西终将会被摒弃。

在我们建设有中国特色社会主义文化的现实中，一个重要问题仍然是对待外国文化和传统文化的态度问题。前面说的中国文化优越的观点和全盘西化的观点，依旧是存在的，还需要进一步研讨。另外，对于传统文化的内涵认识也很不一样，很多人把它等同于古代儒家文化，或儒、释、道文化，其时限也仅止于1840年鸦片战争以前。其实不应该这么狭窄，儒、释、道之外的墨家、兵家、法家等是不是传统文化？史学、科技、文学、艺术等是不是传统文化？民间文化、少数民族的文化是不是传统文化？近代以来，如五四精神、长征精神、延安精神难道不是传统？况且对于儒家文化，也不能仅停留在对典籍的阐述，还应该考察其在中国古代社会中的实践。而对待外国文化，也不能只看到西欧和北美，一切外国有益的文化都应该吸收。

关于如何建设有中国特色社会主义文化，如何对待外国文化和传统文化，江泽民同志在党的十五大政治报告中做出了科学的概括。他明确指出："建设有中国特色社会主义的文化，就是以马克思主义为指导，以培育有理想、有道德、有文化、有纪律的公民为目标，发展面向现代化、面向世界、面向未来的，民族的科学的大众的社会主义文化，这就要坚持用邓小平理论武装全党，教育人民；努力提高全民族的思想道德素质和教育科学文化水平；坚持为人民服务、为社会主义服务的方向和百花齐放、百家争鸣的方针，重在建设，繁荣学术和文艺。建设立足中国现实、继承历史文化优秀传统、吸收外国文化有益成果的社会主义精神文明。"这里，如何对待包括西方的外国文化和传统文化是很明确的。那就是要立足于中国现实，从建设中国社会主义现代化这个现实出发，去继承优秀的文化传统，去吸收包括西方的外国文化有益的成果。无论是中的、西的，只要是好的东西，就继承，就吸收，在继承、吸收中不断创新。进入下世纪，这也是我们对待西方文化和传统文化所应该遵循的原则。

这里使我们想起了美国学者亨廷顿在《文明的冲突与世界秩序的重建》一书中断言，下个世纪国际冲突不是经济的、意识形态的冲突，而是儒教文明、伊斯兰文明与西方基督教文明的冲突。事实上这是不可能的。首先世界上不只是这三种文明，多元不仅仅是指这"三元"。即使三种文明的说法能成立，每种文明内部又可分为若干独立的国家，其差别如此之大，绝不可能以文化为核心凝结起来。世界各国的冲突包括文化的冲突，但根本上还是经济、政治利益的冲突。美国向他国推销其价值观、文化，也是为了实现其经济、政治利益，实现其称霸世界的目标。前些年发生的海湾战争，其根本原因并不是所谓伊斯兰文明和西方文明的冲突。亨廷顿在他的书中也不能不承认，这场战争的关键是争夺对"世界上最大的石油储备"的控制权，"战争之后，波斯湾变成了美国的内湖"。以美国为首的北约悍然对一个主权国家南联盟的狂轰滥炸，又哪里是什么文明的冲突。北约对南联盟的动武，是以美国为主导的北约为确立其"战略新概念"的一次试验。

进入21世纪，中国文化在世界的影响无疑会越来越大。文化发展的程度，一般而言与经济和政治发展的程度是相一致的。而文化对外的影响力，也是与其国家的实力、地位相一致的。下个世纪，随着中国改革开放和社会主义现代化建设的不断发展，随着中国综合国力的不断增强，中国文化对世界的贡献和影响越来越大。但是，这不是说下个世纪是中国文化的世纪。下个世纪既不是美国、西方文化的世纪，也不是中国文化、东方文化的世纪。一国的文化都不可能独自支配或主宰世界，而是互相对话，互相交流、吸收。世界是朝着多极化发展，世界文化也是多元的。

（原载《炎黄春秋增刊·炎黄文化研究》1999年第6期）

"假设"的历史 *

人富有想象力，海阔天空，上下驰骋，如诗人的浪漫，哲学家的思辨。然而研究历史的人则有所不同，他不能脱离历史的客观实际去随意地作主观的臆想和假设，而必须从客观存在的历史实际出发，对客观历史尽可能予以准确的认识和真实的再现。恩格斯说得好："在自然界和历史的每一科学领域中，都必须从既有的事实出发。"[1]

研究历史"必须从既有的事实出发"的原则，无疑是史学工作者所应遵循的。究其实并不尽然。近些年来，在中国近代史的研究中，不从既有的事实出发，而是热衷于臆想、假设，似乎是一种时髦。且看下面的一些例子：

例子之一：辛亥革命搞糟了，清朝的确是已经腐朽的王朝，但是这个形式存在仍有很大意义，宁可慢慢来，通过当时立宪派所主张的改良来逼着它迈上现代化的道路，而一下子痛快地把它搞掉，反而糟了，必然引起军阀混战。

笔者认为，这一说法可议之处颇多，这里只谈两点。（1）辛亥革命时，清朝的确已经腐朽，正如孙中山在当时所形容的那样，像"一座即将倒塌的房屋，整个结构已从根本上彻底地腐朽了"。所以武昌起义一爆发，清政府很快就分崩离析了。且不说别的，连它自己的总督、巡抚们几乎没

---

*本文选自《求是室漫笔》，广西人民出版社1999年。
[1]《马克思恩格斯选集》第4卷，第288页。

有人为它效力卖命，不是在那里观望，就是干脆弃城逃跑，甚至倒向革命，谁也不再去维护这个被认为"形式存在仍有很大意义"的清朝了。清政府早已不存在了，而今却在说它如存在中国就好了，这有什么意义呢？

（2）所谓通过当时立宪派所主张的改良来逼着清政府走上现代化道路的论断，是连起码的历史事实都不尊重的主观臆想。其实立宪派是这样做了的，不过清政府却不买账。1906年清政府宣布"预备立宪"，立宪派人士大为振奋。他们纷纷成立立宪团体，发动请愿，其中如张謇等人的预备立宪公会、梁启超等人的政闻社等。1908年，立宪派发动了一次颇具规模的国会请愿运动，不仅得不到什么结果，反而带来了清政府以政闻社"内多悖逆要犯"，"托名研究时务，阴谋煽惑，扰害治安"的罪名，通令全国，严行查禁。1910年，立宪派又发动三次请愿运动，要求清政府速开国会和成立责任内阁，尽快转入君主立宪的轨道，然而都遭到清政府的拒绝。清政府不可能接受立宪派的要求，接受了就意味着自身权力的丧失。到立宪派准备进行第四次请愿时，清政府即命令禁止请愿活动，明白宣布，各省如果再有"聚众滋闹情事"，该省督抚应即"查拿严办"。尽管立宪派确实没有冒犯皇室尊严的用心，清朝统治者却不理会他们的"忠心耿耿"，而是变本加厉地加强了皇族的集权统治。1911年，清政府组成的所谓"责任内阁"，被称为"皇族内阁"或"亲贵内阁"。这使立宪派痛心疾首，梁启超在报刊上撰文痛斥清政府是"误国殃民之政府"、"妖孽之政府"。清政府的倒行逆施，将越来越多的立宪派人士推向革命阵营，成为自己的反对势力。这就是既有的事实。立宪派一而再再而三地向清政府请愿要求立宪，不是没有做，而是失败了，行不通了。时至今日，却不顾事实地硬说只要立宪派要求清政府走他们所主张的改良道路，中国就走上现代化了，这不啻是在说梦话。

例子之二：现在看来，中国当时如果选择康梁的改良主义道路会好得多，这就是说，辛亥革命其实是不必要。

笔者认为，这不是严肃的历史研究，而是为了褒改良贬革命而随意摆弄历史。这种假设，实在毫无意义。康有为、梁启超领导的戊戌维新变法运动，在慈禧太后等人的镇压下很快就失败了，谭嗣同等六君子血溅菜市口，其中有康有为的弟弟康广仁。此后，康、梁坚持走改良的道路，但还是没走通，在清末的立宪运动中又碰了壁。这是已经发生了的历史事实，现在给它来个"假设"，说照改良主义的路走中国就会好得多，子虚乌有的事，谁又能说清楚是好得多还是坏得多。后人不能也不可能给历史上已经发生过的事下命令：应该这样走，不应该那样走；这件事应该发生，那件事不应该发生。人们可以不喜欢辛亥革命，但是说它不必要、不该发生，等于白说，因为它已然在中国发生。有朋友开玩笑说，你可以评论我这个人有什么优点、缺点，是胖是瘦，是高是矮，可以喜欢，也可以讨厌，但要说我就不该出生，等于说废话，因为我已经出生了。虽是玩笑话，却自有其道理在。

例子之三：慈禧太后渴望着中国的繁荣与昌盛，她的认识和主张并无大错，清政府如果能以此为共识，中国的未来与发展可能将是另外一个样子。

笔者认为，慈禧太后是否真的如这位作者所说的"渴望着中国的繁荣与昌盛……"且放一边另作别论。这里想稍微说几句的，是后面的那个假设："清政府如果能以此为共识……"清政府里边，头一位当是光绪皇帝，往下该是帝师翁同龢和"帝党"了，也许还有别的所指。光绪、帝党与慈禧确有分歧，所以才有帝党的人不断受慈禧的打击，连光绪自己也终被禁于瀛台。他们之间本来就缺少或没有共识，却要假设如果有共识中国就会是另一个样子，岂不等于白说。有意思的是有作者从另一面来假设，说要是慈禧太后能和光绪皇帝合作，推行维新变法，中国将会是另一个样子了。在文学创作中，有些作者声称是"玩"文学，而这里的如此假设，未免也有点是在"玩"历史。照此"如果"下去，人们也可以随意假设：如果宋朝是个强盛的皇朝，能打败辽、西夏、金诸分据政权，一统天下，中国可能要比欧洲早进入资本主义社会，今天将是另一个样子了，等等。

例子之四：假如袁世凯在接替孙中山任总统后，能够励精图治，遵守约法，发展资本主义，中国将是另一个样子。如果孙中山不是在1925年去世，再活二三十年，中国又将是另一个样子了。

笔者认为，这也许是一种善良的愿望，让坏人变好人，让好人长命百岁！可是巨奸大恶终究是巨奸大恶，江山易改，本性难移；圣贤、伟人也都会死的，自己要想长生不老做不到，别人也帮不上忙。奸贼已是奸贼，死者已是死了，这是无法再改变的历史事实。再说，大人物对历史所起的作用固然不能忽视，但更重要的还是当时的社会政治经济状况、阶级状况等国内外因素。离开这些而孤立地去寄托于坏人变好人、好人能长寿，那恐怕不是唯物史观了。

此外，如说假设鸦片战争提早三百年，中国就会进步更快，早就实现现代化了；如果按照洋务运动的路子发展下去，中国就现代化了；如果没有五四新文化运动，中国传统文化就不会中断了……无须再费笔墨去一一评说。

这种种假设，不仅无益于历史研究，而且会产生误导，使一些对中国近现代史不甚了解的人产生困惑，以致思想混乱。历史是昨天的现实，无论是从时间上，还是从空间上看，它都是一个无法更改和逆转的客观存在。历史学正是以这一客观存在为研究对象的。史学工作者的任务是认识、解释历史，而不能编造、臆想历史。对于任何一个在人类历史上有重大影响的事件，无论是好是坏，其所要着力研究的是它发生、存在的原因和所产生的作用，总结历史的经验教训，而不能由研究者主观地去为已经发生了的历史进程另行设计一套方案。历史没有也不可能按照后人为它设计的道路回过头去再走一遍。

（原载《中华读书报》1999年8月18日）

袁世凯之案翻不得

袁世凯是个什么样的人，稍有中国近代史常识的人都知道：戊戌变法时他出卖了维新派；义和团反帝运动时，他在山东镇压了义和团；辛亥革命时，他夺得了民国大总统的宝座，进行专制独裁统治，搞帝制复辟。然而，时下有人对此却大不以为然，认为这是"简单化的政治评语"，"僵化陈旧"，于是写文章、出书，提出"新观点"。

《另说袁世凯》是怎样替袁世凯翻案的

有一篇叫《另说袁世凯》的文章，就是以"新观点"的面貌出现。这篇文章说，从清末到民初，尤其是北洋政府时期，袁世凯推行的经济、政治、外交、文化等政策，反映了当时社会历史发展的总趋势。他兴学重教，开通民智，对教育的重视和投入，前无古人。文章的结尾有一段总括性的话："正是由于袁氏北洋政府政治上的宽松政策，陈独秀、李大钊、胡适、鲁迅等一代新文化大师脱颖而出；蔡元培成功地改造了北京大学；邵飘萍、黄远庸两大新闻巨擘一则则独家新闻、一篇篇时论文章众口交传；革命的报刊如雨后春笋般涌现—言论、出版、结社自由。"这里不厌其详地抄录了这段文字，一是避免断章取义之嫌，二也是为了与读者共赏奇文。

袁世凯政府实行的是宽松政策吗

任何一个正面人物或反面人物，都有其复杂性、多面性。即使是圣贤、伟人，要想指出他们的缺点、错误，也并不太难；而那些巨奸大恶，也不一定桩桩件件干的都是坏事。但是，这丝毫也不能改变他们各自的基本面貌，不足以推翻已有的定论。《另说袁世凯》既然是以所谓"史实"来美化袁世凯，那就让我们来看看究竟什么是历史的真实，袁世凯到底是个什么样的人。

说袁世凯政府在政治上实行的是"宽松政策"，它的各种政策"反映了当时社会历史发展的总趋势"。显然，这是历史的颠倒。袁世凯政府实行的是专制独裁政策，是违反当时社会历史发展总趋势的。袁世凯于1912年3月就任临时大总统后，虽然打着"拥护共和"的旗号，但同时他就在向专制统治迈进。他把"统一"当做推行集权专制的代名词。这年8月，便在"统一民国"的幌子下，杀害了武昌起义的功臣张振武和方维。为了排除集权专制的障碍，他策划了震惊全国的大血案，暗杀主张组织"国民党内阁"的宋教仁。随之以武力"统一民国"，镇压了"二次革命"。此后，袁世凯便将革命派指为"乱党"、"暴民"，毫无顾忌地公开迫害革命党人，仅在北京被军政执法处杀害的即数以千计，监狱大有人满之患。袁世凯当上正式大总统后，便先后下令取缔国民党、取消国会和废除《临时约法》。至此，辛亥革命建立的资产阶级民主制度，被袁世凯全部破坏掉，只剩下了一块"民国"的空招牌。从1914年初至1915年底，袁世凯政府为了加强专制统治，公布了一连串的条例，如《报纸条例》、《出版法》、《惩办国贼条例》等，主旨在于钳制人民的言论、思想，严禁政治结社、集会，镇压革命党和人民。最后就是复辟帝制，做起了"洪宪皇帝"。从这简略的袁世凯政府统治的史实，可以清楚地看出，袁世凯实行的是专制统治。所谓袁氏北洋政府政治上实行"宽松政策"，实属无稽之谈。

1912年至1913年间的自由之风，能归功于
袁氏北洋政府文化政策吗

　　辛亥革命后，大致是1912年3月袁世凯夺得临时大总统至1913年3月宋教仁被刺的一年时间里，社会上呈现出一派欣欣向荣的景象，政治上民主空气浓厚，政党、社团如雨后春笋，蓬勃兴起，报纸风起云涌，蔚为大观。但是，这种局面的出现，是辛亥革命的结果，是清朝的覆灭、帝制的废除、民国的建立所形成的，而不能归功于袁世凯。如前所述，此时的袁世凯虽夺得了临时大总统之位，但还不是正式大总统，况且面对着的是革命带来的"自由之风，共和之气"，革命党人在南方拥有数省实力，还有十几万军队。为了欺骗和麻痹国民，他很会演戏，一再信誓旦旦地公开声称"忠于共和"、"忠于约法"，而实际上却在向集权专制的路上推进。镇压"二次革命"、武力"统一民国"后，就更明显了。1913年的后半年，仅北京被查封的报纸就有《日日新闻》、《民国报》、《民主报》、《亚东新闻》、《中央新闻》、《京话报》、《华报》等。在地方上同样通令报纸停刊，单是浙江一口气就查封了《平民报》、《天钟报》、《浙报》、《浙江民报》、《浙声》等五家报馆。被作者作为典型例子来赞美袁世凯"宽松政策"的新闻巨擘邵飘萍，其真实情况究竟如何？邵飘萍确实是在袁世凯统治时期办了报纸，发表时论，但他的遭遇并不能用来证明袁世凯的"宽松"。1912年邵飘萍在杭州办《汉民日报》，经常揭露贪官污吏与地方豪绅的丑恶，并对袁世凯盗民国之名，行专制之实，也时常讥讽，因此办报还不足三年，就先后被捕三次，最后《汉民日报》遂承袁世凯之电令而封闭。这也就是袁世凯政府的"宽松政策"、"言论自由"。要说袁世凯完全没有"宽松"，也不尽然，问题是对谁。对封建复古逆流，袁世凯是很宽松的，1912年9月，也就是他当上临时大总统半年后，就下令"尊崇伦常"，维护封建纲常名教。鲁迅曾深刻指出："从二十世纪的开始以来，孔夫子的运气是很坏的，但到袁世凯时代，都又被从新记得，不但恢复了祭典，还新做了古怪的制服，使奉祀的人们穿起来。跟着这事而出现的便是帝制。"

（原载《中华读书报》1999年9月22日）

认真地读一点中国历史

江泽民总书记很重视对历史的研究和学习，他在给白寿彝教授的贺信中指出："中华民族历来重视治史"；"中华民族的历史，是全民族的共同财富。全党全社会都应该重视对中国历史的学习，特别是要在青少年中普及中国历史的基本知识"。

中华民族历来重视治史、学史，这是我们民族的优秀传统。中国共产党就很重视继承和发扬这一优秀的传统，强调学习历史、进行历史教育的必要性和重要性。还在1924年，李大钊在《历史要论》一书中即认为历史教育对人们的人生观有很大的影响。在此之后，中国共产党的三代领导人都很重视历史的学习。毛泽东在领导中国新民主主义革命的过程中，很注意借鉴历史，吸取历史上的经验教训。他指出："今天的中国是历史的中国的一个发展；我们是马克思主义的历史主义者，我们不应当割断历史。从孔夫子到孙中山，我们应当给以总结，承继这一份珍贵遗产。这对于指导当前的伟大的运动，是有重要的帮助的。"他又说："指导一个伟大的革命运动的政党，如果没有革命理论，没有历史知识，没有对于实际运动的深刻了解，要取得胜利是不可能的。"[1]这都说明了解历史、掌握历史知识的必要性和重要性，说明历史知识所起的重要作用。

在中华人民共和国建立以后，在社会主义建设时期，尤其是改革开放

---

[1]《中国共产党在民族战争中的地位》，《毛泽东选集》第2卷，人民出版社1991年，第534、533页。

以来，党和国家领导人都很重视历史教育。邓小平强调"要用历史教育青年，教育人民"。他指出，中国近代的历史告诉我们："中国走资本主义道路不行，中国除了走社会主义道路没有别的道路可走。一旦中国抛弃社会主义，就要回到半殖民地半封建社会，不要说实现'小康'，就连温饱也没有保证，所以了解自己的历史很重要。"①他还说："要懂得些中国历史，这是中国发展的一个精神动力。"②

江泽民同志主持中央领导工作以来，为贯彻邓小平这一重要思想，多次提出要"认真读一点历史"，要在干部和群众中进行历史教育。1996年他在纪念中国共产党成立75周年座谈会上发表的《努力建设高素质的干部队伍》这篇讲话中，着重讲了学习历史的问题。他说："我们中华民族以历史悠久而著称于世。我们党在领导革命、建设和改革的过程中，一贯重视历史经验的借鉴和运用。……一个民族如果忘记了自己的历史，就不可能深刻地了解现在和正确地走向未来。……希望我们的各级领导干部，认真地读一点历史，首先要了解中国的历史。中国的发展离不开世界，为了适应扩大国际交流的需要，更好地学习借鉴世界各国的长处，还要了解世界的历史。以史为鉴，可以知兴替。"其后，江泽民同志在省部级主要领导干部金融研究班结业式的讲话中又强调："一名领导干部不善于从历史中吸取营养，不可能成为高明的领导者；一个政党不善于从总结历史中认识和把握社会发展的规律，不可能成为顺应历史潮流的自觉的政党；一个民族不善于从历史中继承和发展本民族和世界其他民族创造的优秀文明成果，就不可能屹立于世界民族之林。"他在给白寿彝教授的这封贺信中再一次指出："全党全社会都应该重视对中国历史的学习，特别是要在青少年中普及中国历史的基本常识，以使他们学习掌握中华民族的优秀传统，牢固树立爱国主义精神和正确的人生观、价值观，激励他们为中华民族的伟大复兴而奉献力量。……领导干部应该读一读中国通史。这对于大家弄清楚我国历史的基本脉络和中华民族的发展历程，增强唯物史观，丰富治国经

---

① 《用中国的历史教育青年》，《邓小平文选》第3卷，人民出版社1993年，第206页。
② 《振兴中华民族》，《邓小平文选》第3卷，第358页。

验，都是很有好处的。"

为什么要学习历史，史学究竟有用无用，从以上几位领导人的言论中可以得到很好的答案。历史可以作为施政的借鉴，它对国家前途的观察，对国策的制定，对把握社会发展的规律和方向，有着重要的作用。它是关系全局的、整体的、长远的问题，可以说是关乎国家的治乱兴亡。历史知识可以开阔人们的视野，扩展人们的思维，增益人们的智慧，陶冶人们的品德情操，它对培养人的正确的世界观、人生观、价值观，提高人们的文化素质等方面，都有着重要的作用。简要地说，可以用四个字来概括，即"资政育人"。

在中国社会传统中，有识之士对史学的作用向来很关注和重视。清代著名思想家龚自珍说过如下的话："欲知大道，必先为史"[1]；"灭人之国，必先去其史；隳人之枋，败人之纲纪，必先去其史；绝人之材，湮塞人之教，必先去其史；夷人之祖宗，必先去其史。"[2]资产阶级史学家梁启超认为，史学是"国民之明镜也，爱国心之源泉也"，它使人们"鉴既得之大例，示将来之风潮"，史学的重要性及其作用，从地主阶级到资产阶级的史学家、思想家，可以说都是明确的。

龚自珍说"灭人之国，必先去其史"，把历史的重要性及其作用已经说到头了。事实就是这样。日本侵占中国台湾进行殖民统治的50年间，实行同化政策，实行所谓"皇氏化运动"，教学使用日语，禁读汉文，学日本历史，不学中国历史，对学生灌输日本国体，效忠天皇观念。日本帝国主义统治下的伪"满洲国"所出的历史试题，明显地也是利用历史来进行奴化教育和反共教育。例如："满洲建国何以为历史上必然之事情"；"试由历史上之例证论述日本国体为世界无比之国体"；"试列举今世防共国及非防共国之名称"；"防共协定"，等等。时至今日，日本的右翼势力还妄图用掩盖、歪曲、美化历史的种种手法，制造出日本虚幻的历史形象，来欺骗世人和子孙后代。他们把日本进行的侵略战争说成是"为了打破西方封

---

[1]《尊史》，《龚自珍全集》上册，中华书局1961年，第81页。
[2]《古史钩沉论二》，《龚自珍全集》上册，第22页。

锁"的"自卫战争";把日本对中国和亚洲其他国家的侵略说成是"帮助亚洲国家摆脱殖民统治",实现"大东亚共荣圈"的"圣战";把东条英机等战争罪犯说成是"靖国英雄",等等。日本国内有些人竟然制作了一部名叫《自尊——命运的瞬间》的影片公开上演,美化侵略,为甲级战犯东条英机歌功颂德,宣扬他"是日本民族的自豪"。英国在香港进行殖民统治,也是掩盖、歪曲中国历史,尤其是英国侵占香港的历史。苏联的解体原因多样,但其中不可忽视的一个原因,是对苏联70多年历史肆意歪曲和抹黑,把出现的缺点和错误夸大为对社会主义的否定,对马克思列宁主义的否定。对于中国革命的历史,对于中华人民共和国建立后的历史,对于毛泽东和毛泽东思想,也有人力图加以歪曲、否定,鼓吹"告别革命",扬言要改写中国近现代史。邓小平指出:"对于毛泽东同志晚年错误的批评不能过分,不能出格,因为否定这样一个伟大的历史人物,意味着否定我们国家的一段重要历史。这就会造成思想混乱,导致政治的不稳定。"[1]"每个党、每个国家都有自己的历史,只有采取客观的实事求是态度来分析和总结,才有好处。"[2]

"史者,民族之精神,而人群之龟鉴也。"[3]正是因为"史可以为人群之龟鉴",1944年,郭沫若为纪念明末李自成领导的农民起义军进入北京推翻明皇朝又从北京败退的史实,撰写了《甲申三百年祭》。毛泽东把它作为整风文献看待,以此告诫全党同志引为鉴戒。他在致郭沫若的信中说:"你的《甲申三百年祭》,我们把它作为整风文献看待。小胜即骄傲,大胜更骄傲,一次又一次吃亏,如何避免此种毛病,实在值得注意。倘能经过大手笔写一篇太平军经验,会是很有益的。"[4]明朝的腐败引起了大规模的农民起义,农民军攻进北京,崇祯皇帝落得个吊死在万寿山(景山)的下场。但是,李自成的农民起义军进入北京以后,它的一些首领便因为胜利而骄傲起来,生活腐化,进行宗派斗争,以致只在北京呆了42天便在清军

---

[1]《压倒一切的是稳定》,《邓小平文选》第3卷,人民出版社1993年,第284页。
[2]《总结历史是为了开辟未来》,《邓小平文选》第3卷,人民出版社1993年,第272页。
[3]连横:《台湾通史》上册,商务印书馆1983年,第7页。
[4]《毛泽东书信选集》,人民出版社1983年,第241页。

的进攻下匆忙撤走，起义陷于失败。过了差不多210年，洪秀全领导的太平天国大规模农民起义定都南京，建立了与清皇朝对峙的政权。然而巨大的胜利和"六朝金粉繁华地"的南京，把太平天国英雄们搞得昏头昏脑。起义初期那种朴质的思想作风多被抛弃，代之而来的是对权力名位和奢侈生活的追求。"为繁华迷惑，养尊处优，专务声色货利"，终于互相残杀，演出了内讧的悲剧，并成为太平天国由兴盛走向衰败的转折点。所以，毛泽东还希望郭沫若能写一篇太平军经验。历史昭然，足资鉴戒。党中央坚持反腐败斗争，李自成农民军进北京、洪秀全太平军进南京后走向腐败并归于失败的教训，仍然值得汲取。

我们进行社会主义现代化建设，不仅是物质文明建设，还有精神文明建设。不重视物质文明建设搞不好社会主义，不重视精神文明建设也搞不好社会主义，物质文明建设和精神文明建设两手都要硬。"不加强精神文明的建设，物质文明的建设也要受破坏，走弯路。光靠物质条件，我们的革命和建设都不可能胜利。"①要加强精神文明建设，就离不开历史教育。精神文明建设根本的一条就是让人们认清，为什么不能走资本主义道路，只能走社会主义道路。这离不开对人民特别是干部和青少年进行历史教育。

（原载《史学史研究》1999年第4期）

---

① 邓小平：《在中国共产党全国代表会议上的讲话》，《邓小平文选》第3卷，第144页。

杂谈中国近代文化史

　　中国近代文化史的研究，是1983年以后开展起来的。研究中国近代文化史，或者说研究文化史，首先遇到的问题是什么是文化？文化研究的对象、范围是什么？对于这个问题，100多年来众说纷纭，莫衷一是。学者们对文化所下的定义，据说有200多种。不过归结起来，大致是广义文化和狭义文化两种，也称之为小文化和大文化。我是倾向于小文化的，即与经济、政治相对应的文化。一个学科有其特定的研究范围、对象，如果是无所不包，就无从研究了。至于无论什么都贴上"文化"的标签，无所不在，把文化泛化，解决不了什么实际问题，只能使文化庸俗化。

　　中国近代社会和古代社会不同，近代文化也和古代文化不同。1840年鸦片战争以后，西方文化随着资本主义列强的大炮、商品和传教士传播进来，与中国传统文化发生了接触，这就出现了一个中西文化关系问题。中西文化关系问题不能说是近代文化的主题，近代文化的主题离不开近代社会的总主题。中国近代社会是半殖民地半封建社会，主题是救亡图强、振兴中华，换句话说，就是争取独立、民主、富强。但是，中西文化问题无疑是中国近代文化史的一个突出的、重要的问题。围绕这个问题，产生了种种主张和争论。

　　在对中西文化的认识和态度上，晚清一些守旧士大夫总是认为"中国礼义纲常之盛，甲于地球诸国"，"欲强我国，行我古代圣王之法而有余，不必外求"。他们强调"夷夏之辨"，虚骄傲慢地"视四裔如魑魅"，反对学习西方先进的东西，以为只要依靠礼义忠信一类的儒家文化就足够了。这些士大夫一方面从已经凝固的文化心理、感情、观念出发，盲目排拒西方文化；另一方面又存在着恐惧心理，害怕西方文化的输入会导致"用夷变夏"。

颇能体现士大夫对待西方文化的心态的，是在晚清很流行的"西学中源"说。他们认为，"外夷奇器，其始皆出中华，久之中华失其传，而外夷袭之"。"西学中源"说显然不是建立在科学分析的基础上，而是一种牵强附会的主观臆断和比附。它否认人类文化是多元的，而从"天朝上国"的观念出发，表现出以我为中心的虚骄自大和自欺心态。不过持"西学中源"说的士大夫中，也还有区别。有一些人是用它来作为反对吸收西学的理由，既然西学是从中国窃取的，那么也就没有学习的必要了；另一些人则是用它来作为可以吸收西学的依据，所谓"礼失而求诸野"。

跟"西学中源"说有密切联系的，是"中体西用"论（即"中学为体，西学为用"）。鸦片战争刚结束，魏源在他的《海国图志》一书中就提出"师夷长技以制夷"，也就是主张学习西方先进的技术，"西学为用"。19世纪60年代初，冯桂芬在《校邠庐抗议》中提出："以中国之伦常名教为原本，辅以诸国富强之术。"这是"中体西用"论最初的表述，戊戌维新运动时张之洞撰写了《劝学篇》，为"中体西用"论的系统化、理论化。"中体西用"论后来的另一种表述是：中国文化是精神的，西方文化是物质的。20世纪30年代，有人又提出"中国本位文化"论，其实质也是"中体西用"论。

随着西方文化在中国的日益传播和对中国文化的冲击，在一些中国人的头脑里产生了崇洋思想。19世纪末就有人主张要"唯泰西是效"。20世纪初年，出现了"醉心欧化"的倾向，例如有人主张："欲造新中国，必将中国一切旧学扫而空之，尽取泰西之学，一一施于吾国。"这些人把中国传统文化完全否定，鼓吹全盘照搬西方文化。这在后来就叫"全盘西化"论。

西方文化在与中国文化的接触过程中，既存在冲突、排斥，又存在着吸纳、会通。如有人主张"对于我国固有之学，不可一概菲薄，当思有以发明而光辉之。对于外国输入之学，不可一概拒绝，当思开户以欢迎"。应是"吸食与保存两主义并存"，"拾其精华，弃其糟粕"。

以上是关于中国近代文化史上对待中西文化问题的几种主要主张和倾向。时至今日，正确对待中西文化的问题并没有完全解决，如"全盘西化"、"复兴儒学"又被重新宣扬。

在历史上，中国文化曾对人类文明的发展做出重大贡献，在世界文明史上占有重要地位。在17世纪，欧洲曾出现"中国热"。18世纪欧洲启蒙运动的思想家伏尔泰、莱布尼茨等都受过中国文化的影响。文化对外的影响，除文化自身的因素，还有个国力的问题。汉、唐时期为什么那么多外国人到中国来，如日本不断派"遣唐使"，这是因为当时中国的国力强盛，文化也繁荣，所以人家才不远万里来学习。19世纪以后，中国衰落了，而西方资本主义发展，"欧洲中心"也就跟着发展起来。西方列强对东方进行殖民侵略和统治，要用自己的面貌去改造东方，使东方从属于西方，中国文化自然也就受贬抑了。

在中国近代文化史的研究中，有随意拔高文化地位和作用的现象，其集中表现是文化史观——文化决定论，或文化中心论。一个明显的例子，是关于太平天国和湘军的评论。有一种意见认为，曾国藩的湘军镇压洪秀全的太平天国起义，是儒学文化和基督教文化的斗争，前者能够战胜后者，表明儒学文化的胜利，因为"有本者昌，无本者竭"，有了儒学文化这个"本"，就可无往而不胜。而洪秀全和太平天国之所以失败，就在于是外来的基督教文化，失去了儒学这个"本"，所以"竭"了。照此说来，一场农民反对地主统治的深刻的阶级斗争就变成了"文化斗争"，而湘军的胜利和太平军的失败也是儒学文化和西方基督教文化斗争的结果，孔夫子打败了耶稣基督。这看来不大符合历史实际。太平军的失败是由于清政府和外国侵略者勾结起来进行镇压，以及农民阶级固有的局限性，而不是什么儒学文化和基督教文化斗争的结果。如果儒学真的有那么大的威力，"有本者昌"，曾国藩的湘军依靠它就能战胜所谓基督教文化的太平军，那么同样是儒学文化的清政府，在同一时期，为什么却打不赢地道的基督教文化的英法联军？儒学是清政府的官方统治思想，可谓"有本"，然而在基督教文化的英法联军面前却"昌"不起来，而是"竭"了下去。西方侵略者兵临城下，清廷被迫签订了丧权辱国的《北京条约》。这说明用文化史观研究历史文化，不仅不能揭示其本质，而且会歪曲历史。

（原载《文史知识》1999年第12期）

世纪之交历史研究感言

20世纪走完它百年的历程。这个世纪，国际、国内都发生了巨大的变化。在中国，这一百年中经历了三次历史性的巨变。这三次巨变，一次是辛亥革命推翻了清皇朝、结束2000多年君主专制，一次是中华人民共和国成立和社会主义制度的建立，一次是改革开放、为实现社会主义现代化而奋斗。相应的，中国的史学在这一百年里也发生了很大的变化。中华民族历来重视治史，成果丰硕，在理论、方法上也有深厚的传统。本世纪开头，又提出创建"新史学"。近代新史学有别于传统史学，实际上是以西方理论和方法为指导的资产阶级史学。五四运动以后，马克思主义在中国广泛传播，不仅成为指导中国革命的理论武器，同时也成为中国史学研究的指导思想。马克思主义史学日益发展，并且逐渐成为中国史学的主流。回首百年中国史学的发展历程，其进步无疑是巨大的。历史在不断向前发展，历史研究也是不断地发展。在迎接新世纪到来的时候，对历史研究有以下几点感想。

坚持马克思列宁主义、毛泽东思想、邓小平理论指导历史研究。任何一个史学工作者，不管他是否意识到或是否承认，其研究工作都是在一定的历史观和方法论的指导下进行的。马克思主义是科学的理论，在它的指导下，历史学才真正成为一门科学。但是，我们也应该看到，在近些年的历史研究中，马克思主义却受到一些人有意或无意的冷遇或排斥，有的公开声称马克思主义过时了。这种倾向已对历史研究产生了不良的影响。正是因为离开了马克思主义的立场、观点、方法，出现了否定社会形态、阶级和阶级斗争等基本原理，否定中国农民战争、颂扬帝国主义殖民侵略、否定中国人民的反侵略斗争、鼓吹告别革命等就不足为奇了。

有人认为在历史研究中，对于同一问题站在不同的角度去考察，自然会得出不同的看法，从这边看是错的，从那边看却是对的，本无是非可言（或言淡化是非），应该采取中立的态度。这种说法貌似客观公正，实际上不能无所偏向。历史研究者不管其是否承认或意识到，都只能是在一定的理论指导下、基于一定的立场开展研究，这里的问题在于研究者主观上是否自觉，理论的运用是否正确。正如列宁早就揭示的那样："客观主义者证明现有一系列事实的必然性时，总是有站到为这些事实辩护的立场上去的危险；唯物主义者则是揭露阶级矛盾，从而确定自己的立场。"①历史也是有是非的，站在帝国主义的立场去观察，就自然会以对近代中国的侵略为是，以中国人民的反抗为非；而从中国人民的角度出发，它的价值判断则恰好相反。

所以，问题的关键并不在于史学研究是否需要理论的指导，历史是否有是非可言，而在于理论的指导是否正确，是非的分辨能否科学。历史研究任何时候都必须采取科学的、严肃的态度，实事求是的态度。这就必须坚持以马克思主义为指导。马克思主义是科学的理论，只有运用它的基本观点和方法去分析历史，才能够把握本质，明辨是非，使历史得到最清楚、最全面的解释。马克思主义自其诞生之后，已对世界产生了巨大的影响。据前不久国外的一项调查显示，在全世界一千年来十个伟大思想家的评比中，马克思不仅榜上有名，而且名列前茅。另据一项统计，《共产党宣言》发表150年以来，它已先后被翻译成200多种文字，印刷1000多次。这充分显示了马克思主义强大的生命力。至于说到"以共产党画线"，由于共产党是以马克思主义为指导思想，所以以共产党画线，就其实质而

---

① 列宁：《民粹主义的经济内容及其在司徒卢威先生的书中受到的批评》，《列宁全集》第1卷，人民出版社1984年，第363页。

言，就是以马克思主义画线（指导），对此我们不仅无须讳言，而且应该理直气壮地予以坚持。

培育具有广博学识的专业人才。每个人的能力和精力是有限的，专业研究自当有所侧重，但是应该以较为广博的学识为基础。博而不专不免失之于"浅"，专而不博则终流于"隘"。长期以来，由于专业学科的划分，形成了中国古代、近代和现代的研究格局，古代又细分为各个断代，研究者研究的则往往只是这其中某一阶段某一方面的内容。知识面的狭窄、视野的局限，使历史研究的深度受到了很大的限制。即以中国近代史研究而言，按过去的划分，它始于1840年，终于1919年。如果不了解清中前期的历史，以及1919年以后历史的演变，那么处于"上不着天，下不着地"状态的研究者，对于近代这段历史许多问题的认识，就很难更为准确、深刻。而且，中国近代与外国关系密切，如果对外国历史、世界大势缺乏深入的了解，也势必会直接影响到本专业的研究质量。世界史研究也同样存在着类似的问题。所以，突破狭隘的专业限制，上、下、左、右融会贯通，以形成"通识"，是十分必要的。

除了历史学科本身内部要有所突破以扩大知识面，研究者还应具有文学、哲学等多方面的素养。中国素来就有文史不分家的说法，古代许多的史学著作往往同时就是杰出的文学作品。被赞为"千古之绝唱，无韵之离骚"的《史记》就是这方面的典范。

发扬严谨扎实的学术风气。进行科学研究，无论是哪一门类，要想有所成就，都必须以严谨扎实的研究为基础，历史学尤其如此。没有一点一滴的、艰苦的学术积累，靠标新立异来走捷径，即使一时暴得大名，也终难成气候，无法经受历史的考验。"十年磨一剑"，"板凳坐得十年冷"——这看似老生常谈，实际却有着很深刻的道理。然而，遗憾的是，近年来，在多种因素的影响下，历史研究中也出现了一股势头不小的"浮躁"之气。比如，现在提倡跨学科研究，这本来是非常有益的。但是，有的人并没有对其他学科做一个较为深入的学习和研究，而只是套用其中的一两个观点或概念，就美其名曰为跨学科研究。更有甚者，有的竟然一个课题跨了文理十余个学科，这就难免有浮夸之嫌了。跨学科研究并不容易，需要也应该探索。不过要避免把经念歪了，把它变成一种时髦，变成装点门面。又比如，借鉴外国的理论、方法是必要的，但是不能生搬硬套，用外国的模式裁剪中国的历史；不能跟着外国人的后面跑，看见人家做什么，就跟着人家亦步亦趋；更不能以此来排斥马克思主义史学和中国传统史学。中华民族历来重视治史，有宏富的史学遗产，需要认真加以继承发扬，这是建设有中国特色的社会主义史学必不可缺少的。我们的史学传统重视政治史，这是无可非议的。其实国外也很重视对政治的研究，不论历史或现实。因为政治是历史的脊梁，而不是极狭小的领域，不是无生命的政治机器。

良好学风的养成，需要做多方面的工作。就目前而言，处理好史学研究中的创新与求真的关系，就是一个非常重要的问题。科学的进步有赖于不断地创新，而创新则是为了进一步求真。史学研究的创新就是要更准确、更深刻地揭示历史的真实。正如同在自然科学研究中离开了求真的创新不免流于伪科学一样，在史学研究中，将创新与求真相割裂甚至对立，也会严重损害创新的价值与意义，其轻者会使创新沦为"戏说"或"演义"，重者则往往会变成对历史的编造和歪曲。况且，新与旧并非对与错的标准。创新并不是简单地否定过去，而是在前人研究基础上推陈出新。要想有所创新，就必须重视学术史的研究。这里想引用曾业英同志最近在一篇文章中所指出的情况："因种种不言而喻的原因，尽管时下也不乏有识之士大声疾呼要重视学术史研究，却总有那么一些研究者自觉不自觉地忽视前辈学者这一宝贵传统。他们研究问题，发表论文，出版专著，从不考察前辈学者对其研究对象有无研究，或研究到什么程度，只是一味'跟着感觉走'，自我陶醉在众所周知的陈词滥调和'老子天下第一'的狂妄无知之中，从而大大影响了他们的研究成果的学术水平。"[1]话虽有点尖锐，但所说却是事实。例如早已有人做过的研究，却非要说成是填补空白不

---

[1]《前言》，《近代史研究》1999年第 5 期。

可。无论是无知，还是明知故说，都是学风问题。

新世纪的历史研究，可能有一些更重要的问题需要探讨，但是上述三点也不是无关紧要。有感而发，以为世纪感言。

（原载《史学史研究》2000年第1期）

形成"通识"十分必要

　　长期以来，由于专业学科的划分，形成了中国古代、近代和现代的研究格局，古代又细分为各个断代，研究者研究的则往往只是这其中某一阶段某一方面的内容。知识面的狭窄、视野的局限，使历史研究的深度受到了很大的限制。即以中国近代史研究而言，按过去的划分，它始于1840年，终于1919年。如果不了解清中前期的历史，以及1919年以后历史的演变，那么处于"上不着天，下不着地"的状态的研究者，对于近代这段历史许多问题的认识，就很难更为准确、深刻。而且，中国近代与外国关系密切，如果对外国历史、世界大势缺乏深入的了解，也势必会直接影响到本专业的研究质量。世界史研究也同样存在着类似的问题。所以，突破狭隘的专业限制，上、下、左、右融会贯通，以形成"通识"，是十分必要的。

（原载《文史知识》2000年第4期）

关于经济全球化的思考

经济全球化已成为世界发展的一个潮流。特别是在90年代随着冷战的结束，经济全球化席卷各地，无论发达国家还是发展中国家都自觉不自觉地融入这一潮流之中。但是什么是经济全球化，人们按照各自的理解，对它下过许多不同的定义，众说纷纭，尚无定论。

正是由于人们对什么是经济全球化的定义不同，因而对它所产生的作用、影响的认识和估计也很不一样。罗伯特·塞缪尔森在《全球化的利弊——为不断发展的市场提供巨大的潜力，但也有危险》一文中指出："全球化是一把双刃剑：它是加快经济增长速度、传播新技术和提高富国和穷国的生活水平的有效途径，但也是一个侵犯国家主权、侵蚀当地文化和传统、威胁经济和社会稳定的一个有很大争议的过程。"①这一论断是比较符合客观实际的。对于中国或其他发展中国家，更为常见的说法是，经济全球化是挑战，也是机遇，机遇和挑战并存。有的学者更进一步提出，经济全球化为发展中国家的经济提供了空前绝好的机遇，其影响是利远大于弊，机遇大于挑战。因为经济全球化不再是资产阶级和无产阶级、剥削者和被剥削者、富国和穷国的对立。也有人在欢呼"全球化意味着一个经济大同世界的到来"！

但是，这里忽视、回避和掩盖了一个实质性的问题，即"目前的全

---

① [美]《国际先驱论坛报》2000年1月14日。

球化是受制于美国霸权主义深刻影响下的全球化，全球政治和经济游戏规则的制定和修改，首先反映着美国等发达国家的利益"①。美国经济学家戴维·科顿指称全球化是"全球化资本主义"，或"新全球化资本主义"②。法国学者雅克·阿达在其所著的《经济全球化》一书中也认为，经济全球化就是资本主义经济体系对世界的主宰和控制。③这就说出了经济全球化的实质所在。

正是由于经济全球化是全球化资本主义，是由美国等发达资本主义国家对世界的主宰和支配，因此它决定了发达国家和发展中国家之间存在着不平等现象。西方发达国家在资本、技术、贸易、投资、金融等各方面都占有优势，而且国际经济的"游戏规则"总体上是在美国等西方发达国家主导下制定的，国际货币基金组织、世界银行、世界贸易组织这类重要的经济组织也是被西方发达国家所控制。而跨国公司则成为西方发达国家推行经济全球化的主要推动力量。根据联合国《1997年度投资报告》的统计，全世界已有44000个跨国公司和28万个在国外的子公司和附属企业，形成庞大的全球生产和销售体系。这些跨国公司控制了全世界1/3的生产，掌握了全世界70%的对外直接投资、2/3的世界贸易以及70%以上的专利和其他技术转让。④马来西亚的M.科尔在《全球化对发展政策的影响》的文章中，对这种不平等作了阐明，他认为："'全球化'与发展的关系十分复杂，涉及政治、经济以及社会发展各个领域。构成这种关系的主体就是不平等：建立世界经济和国际贸易体系的方式是不平等的；贸易条件、金融、投资和技术转移是不平等的；'全球化'带来的利益和损失的分配也是不平等的。一句话，强国受益最多，其他国家则受益不多或根本得不到什么好处。"⑤

1996年联合国开发计划署公布的《人类发展报告》显示，全球化导致

① 陶大镛：《对当前世界政治经济格局的一些思考》，《北京师范大学学报》（社会科学版）1999年第5期。
② [美] 戴维·科顿：《全球化资本主义导致人类日益贫困》，日本，《世界》1998年第8期。
③ [法] 雅克·阿达：《经济全球化》，何竟、周晓幸译，中央编译出版社2000年，第3—4页。
④ 李大伦：《经济全球化的两重性》，《光明日报》1998年12月27日。
⑤ [马来西亚]《第三世界的复兴》杂志1996年10月。

南北之间的差距进一步拉大。1999年7月12日，联合国开发计划署发表了1999年度《人类发展报告》。这份报告以经济全球化为主题。联合国开发计划署副署长迪亚卜拉当天在纽约举行的新闻发布会上介绍这份报告时指出："由于市场主宰了全球化的进程，因而全球化的利益和机会都不是均等的，一部分国家和人口得益，而更多的则被边际化，从而形成了危险的两极分化。"①也就是说，穷人更穷，富人更富。联合国开发计划署的这份报告中的统计数字揭示了这种鸿沟是何等之深！报告指出，占世界人口1/5的收入最高的国家的人民，创造着86%的世界国内生产总值、82%的全球出口和68%的国外直接投资，控制着全世界74%的电话线。收入最低的1/5，也就是最穷国家的人民只占每一项的1%。全世界最富有的1/5人口与最贫穷的1/5人口之间的收入差距从1960年的30：1扩大到1997年的74：1。全世界200名最富裕的人，在1994年至1998年间，财产净值增加了1倍多，达到一万亿美元。3名巨富的财产居然超过了48个不发达国家的国内生产总值之和。最近世界银行的报告，也承认经济全球化使穷国受到损害。经济全球化加大了世界贫富的差距。

世界贫富差距的加大，是由于发展中国家与发达国家在全球化经济竞争中不平等、不平衡造成的，发展中国家与发达国家的竞争处于不利的、劣势的地位。墨西哥《每日报》曾经指出，全球化的特征完全取决于世界上大跨国公司的需要和利益，全球75%的贸易额控制在500家最大的跨国公司手中。据拉丁美洲委员会近日公布的统计数字，这个地区4.5亿人口中有2亿继续承受着贫困的煎熬，其中9000万在绝对贫困线上挣扎。饥饿仍然像幽灵一样在拉美大地上徘徊，不满4岁的儿童中，有一半以上患有营养不良症。在亚洲，据亚洲开发银行统计，目前的贫困人口为9亿，占世界贫困人口总数的70%。

非洲的状况比拉美和亚洲更为悲惨。津巴布韦的雅希·汤顿在他的《全球化与南方：剥削的逻辑》一文中指出："特别是对于非洲，全球化的

---

① 《人民日报》1999年7月14日。

结果是降低了它养活自己人口的能力，即使人口增长率为零也是如此。非洲的许多资源，土地、森林、矿藏、渔业、遗传资源等，正为跨国公司以及它们在当地的代理人所控制。非洲人手中的主要财产是土地。但是土地也面临着全球化的威胁。""非洲现在而且还将是西方国家的原料供应地，因而采掘业、运输业在那里仍然占有主导地位。"①

　　德国学者格拉德·博克斯贝格等所著的《全球化的十大谎言》一书指出："联合国把世界上最不发达国家定义为每年的人均收入低于320美元的国家。全球48个最不发达国家中有42个在非洲，共有5.7亿人生活在这些国家中，超过全球人口的12%。1960年，最穷的46个国家在全球贸易中所占的比例为1.4%。如果全球化对最穷的国家有利，那么它们在全球贸易中所占的比例就应该上升。但恰恰相反，90年代初，它们在全球贸易中所占的比例只有0.6%，到1995年更下降到可以忽略不计的0.4%。"②因此，作者认为鼓吹"发展中国家从全球化中受益"是一种谎言，指出"全球化加剧了发展中国家的贫困"。经济全球化活动的理论基础是新自由主义，即市场自由化、社会全面私有化和政府不干涉经济。但是，"自由贸易仅仅意味着实现强者的权利"，对于发展中国家来说，"指望通过完全的市场来实现富强奇迹是天真的幻想。一个欠发达的国家如果不目标明确地促进工业发展并通过关税壁垒来保护自己，无论什么时候它试图与来自西方发达工业国的占压倒优势的竞争者较量，失败都是可以预见的"③。西方发达国家一方面把贸易自由化强加给发展中国家，另一方面却是用各种关税和非关税壁垒来保护其贸易，实行贸易保护主义，以阻碍发展中国家出口潜力的发挥，使发展中国家的贸易逆差普遍拉大。泰国未来发展研究所所长吉恩沙·差廖翁沙指出："如果全球自由贸易继续这样下去，而没有建立起帮助社会弱者的机制，那么上述趋势（指发达国家和发展中国家收入差距扩

---

① 《国外理论动态》1998年第7期。
② [德] 格拉德·博克斯贝格、哈拉德·克里门塔：《全球化的十大谎言》，胡善君、许建东译，新华出版社2000年，第143—144页。
③ [德] 汉斯—波得·马丁、哈拉斯特·舒曼：《全球化的陷阱：对民主和福利的进攻》，张世鹏等译，中央编译出版社1998年，第195—196页。

大——引者）在下个世纪将有增无减。经济、社会、生活质量和教育机会的不平等无疑将变得更加严重。"①

由市场主宰的、实行利润最大化的经济全球化所带来的负面影响，诸如大多数发展中国家贫困化加剧、贫富悬殊、贸易战、金融投机、生态环境的破坏、社会福利的削弱、工人工资的降低、失业率的上升等，不能不引起人们的关注和忧虑。1999年联合国开发计划署发表的《人类发展报告》即呼吁"有必要改写全球化的规则，使它们为人而不是为利润服务"，以减少全球化的负面影响。1999年就不止一次发生反全球化浪潮。一次是6月七国首脑会议期间，伦敦、纽约、东京等大城市都爆发了大示威。另一次是发生于12月西雅图世界贸易组织部长会议期间，来自世界各地的男女老少举行示威游行，反对漫无边际的全球化。英国《金融时报》认为："抗议者对全球资本主义的抵制正获得动力与力量。抗议活动只是一种警示性信号，它表明民众对资本主义全球化力量的担忧已经达到非常令人不安的程度。"而在会议内部，发展中国家的贸易代表反对美国坚持把劳工标准和贸易制裁挂钩，反对美国坚持其他国家完全开放贸易和资本市场，拒绝签背着他们达成的任何协议，使西雅图会议归于失败。在西雅图世界贸易组织部长会议惨败后，法国对外贸易国务秘书弗朗索瓦·于瓦尔指出："全球化应当是有节制的。除了平衡贸易开放和调节以外，我们别无选择。很明显的一点是，仅美国和欧洲的对话已不足以启动新的谈判回合。南北关系问题当成为首要问题。"

前不久，当世界上最富的七国集团财长在华盛顿开会时，上万名示威群众包围了国际货币基金组织大楼，抗议经济全球化。在美国等地区，由于全球化所产生的负面影响，引起了中下层民众和知识分子的不满。90年代以来，批判"全球化"或者说"后全球化"运动开始成为北美大专院校、新闻媒体的热门话题。"后全球化"理论正在越来越多地研究新的发展构想——"全球化替代战略"。今年1月，在哈瓦那举行的、由拉美经济

---

① 《新世纪的趋势和挑战》，泰国，《曼谷邮报》2000年3月12日。

学家协会和古巴经济学家协会联合举办的第二次经济学家全球化国际讨论会上，许多发言者认为，面对全球化的挑战，发展中国家应当加强团结，齐心协力，打破少数发达国家对世界经济事务的垄断；要加强国家在全球化过程中的作用，如果没有一个强有力的国家在全球化的挑战下去捍卫民族利益，去进行宏观调控，要谈发展是不可能的。这是值得人们关注的。

（原载《中流》2000年第11期）

历史的耻辱与民族的光荣*

——纪念义和团反帝爱国运动100周年

新的一年总是能够给人们以新的希望，新的世纪尤其如此。但是，当20世纪来临的时候，对于呻吟于侵略者铁蹄之下的国人而言，希望却是显得那般渺茫："四顾彷徨，江山惨淡"，"不能不为祖国前途痛哭耳！"——这就是那时人们的普遍心态。

那是一段耻辱的历史，是我们民族心灵深处一份永久的伤痛。19世纪末，中华民族的生存已受到了严重的威胁。在中国的领海内，一艘艘列强的战舰在肆无忌惮地航行；在神州的土地上，横冲直撞的是一队队异国的骑兵。每一次都是为了满足贪婪的欲望而抢劫，每一次抢劫又使欲望变得更加贪婪！1895年中日甲午战争的失败，充分暴露了清廷的腐败与虚弱，并立即引发了列强分割中国的新一轮竞争。不到三年，从广州湾到旅顺口，中国沿海的所有良港海湾几乎全被强行"租借"，自东北至云南，列强的"势力范围"已将中国的沃土良田划遍。当世界几乎被瓜分完毕后，列强正策划对衰败的清帝国发出致命的一击。这时，所谓"和平瓜分会议"已由帝国主义分子发起成立。"只需一万近代化的军队就可横行于中国"——列强的报纸已这般公开狂叫。是割新疆，还是舍旅大——张之洞这样的晚清重臣已在暗自盘算。

"俄罗斯，自北方，包我三面；英吉利，假通商，毒计中藏；法兰西，

---

* 与宋小庆合撰。

占广州，窥伺黔桂；德意志，胶州领，虎势东方；新日本，取台湾，再图福建；美利坚，也想要，割土分疆。"①近代民主革命者陈天华这悲愤的呼喊，道出的正是那亡国灭种的危险。

这是一个伟大的民族，它从来不惜以生命捍卫尊严，用鲜血涤雪耻辱！面对强权的压迫，只有以暴力来抗争。以救亡图存为宗旨的戊戌变法失败后，中国的农民阶级接过救亡的大旗，并将其高高举起。为了"保护中原，驱逐洋寇"，为了祖宗社稷和父老乡亲，中国的农民们勇敢地投入到这场捍卫民族生存的战争。"灭洋"！"灭洋"！数十万义和团民发出的怒吼在神州的上空回荡，无数团民喷洒的热血将中原的大地染红。

中国人民的悲壮反击，令世界震惊。在受到廊坊阻击战的重创之后，英国海军中将西摩尔不得不承认："如果义和团所用的武器是近代的枪炮的话，那么我所率领的联军必定会全军覆没。"英国随军记者也心有余悸地回忆：拳民们"面对着来复枪和机关枪秋风扫落叶似地射击，还是勇猛冲锋，真是不能想象世界上还有比他们更勇敢的人了。"义和团民在极端劣势的条件下所表现出的大无畏的牺牲精神，使得那些如市侩般斤斤计较的"智者"，以及诸如以"落后"来论证只能"挨打"的观点，无不暴露出其本质的怯懦与荒谬。

诚然，在中外反动势力的联合绞杀下，义和团运动最终还是失败了。可是，"在一切斗争中，应战的人都有被击败的危险，但这难道能作为不抽刀应战就承认战败、甘受奴役的理由吗？"②更何况他们虽败犹荣，因为义和团运动不仅遏制了瓜分中国的趋势，更振奋了国民的精神，启迪、鼓舞了来者。"无论欧美、日本各国，皆无此脑力与兵力，统治此天下生灵之四分之一"，故瓜分中国，不啻"梦呓"——联军司令瓦德西这样无奈地承认。长期占据海关总税务司职务的赫德对义和团运动及其显示的未来远景也作过很清醒的估计，他说："今天的这段插曲不是没有意义的，那是一个要发生变革的世纪的序曲，是远东未来的历史的主调，公元2000年的

① 陈天华：《猛回头》，《陈天华集》，刘晴波、彭国兴编校，湖南人民出版社1982年，第35—36页。
② 恩格斯：《德国的革命和反革命》，《马克思恩格斯选集》第1卷，人民出版社1995年，第550页。

中国将大大不同于1900年的中国！无论如何，外国人决不可期望永远保持他们的治外法权地位以及中国被迫让与那种种通商条件。……外国的发号施令有一天必须停止，外国人有一天必须离开中国，而目前引起注意的这段插曲就是今天对于将来的暗示。"①赫德虽然是站在帝国主义立场上说的这番话，但很有见地，并且也被言中了，只是时间被大大地提前——提至1949年新中国的成立。正是义和团运动促进了人民的觉醒。无怪乎为革命苦斗的孙中山先生会在庚子之后，感到国内风气为之一变，"知国人之迷梦已有渐醒之兆"②。正是从义和团的勇猛反抗中，孙中山先生看到了国家的希望。他据此断言：列强瓜分中国的梦想绝无实现的可能，因为"分割之日，非将支那人屠戮过半，则恐列强无安枕之时矣"③。此后，共产党人更是明确地将义和团的英勇斗争视为"五十年后中国人民伟大胜利的奠基石之一"（周恩来语）④。

历史，特别是中国近现代的历史，绝不是一段与现实了无关系的陈年往事；回顾历史也不是为了发思古之幽情，而是要从中汲取教益。义和团运动自其爆发至今，对于它的评价始终就存在着两种尖锐对立的意见：一种看法认为它是伟大的反帝爱国运动，另一种观点则断言它是排斥外来文明的野蛮之举。近来一篇名为《五四以来的两个精神"病灶"》的文章，还把敌视群众反帝爱国运动的丁文江吹捧为"理性的民族主义"的典范，称赞他能够在谈判桌上据理力争、挽回权益；而义和团运动则同"文化大革命"以及主张"中国可以说不"的人归为一类，是"'左倾'排外"、"狂热的民族主义"。将自己所不喜欢的人和观点一概加以"左"的恶谥，冠冕堂皇地以反"左"的名义予以封杀，这在某些人那里已成为一种时髦。对于这种浅薄的做法，我们暂且不论。单就那种以"排外说"来彻底否定义和团的观点而言，其本质实际上早已被共产党人所揭露。瞿秋白就曾指出，自从《辛丑条约》签订后，帝国主义者"便在思想上征服

① 转引自卢汉超《赫德传》，上海人民出版社1986年，第265—266页。
② 孙中山：《建国方略》，《孙中山全集》第6卷，中华书局1985年，第235页。
③ 孙中山：《支那保全分割合论》，《孙中山全集》第1卷，中华书局1981年，第223页。
④ 《人民日报》1955年12月12日。

了中国。一般'士大夫'和'文明人'从此绝口断定'拳匪'是野蛮的暴徒；帝国主义者教训中国人应当怎样服从外国人，怎样遵守所谓'国际公法'，怎样尊重外人的生命财产……中国人都伏伏贴贴的遵从；从此以后，稍有反抗侵略思想，便是'排外'、'拳匪'、'下流社会的无知愚民'；政治上、舆论上、社会上无不以外人的一言为重；直到辛亥革命，各派政党都争以保护外人生命财产为荣，未求民众的赞助之前，先求外人承认他是'适当的'、'驯伏的'代理外人管理中国的统治者。这种心理和'舆论'，便做了好几十年来帝国主义侵略中国的工具"①。与那些否定义和团的"文明人"相反，共产党人则是首先高度评价了义和团大无畏的反抗精神，肯定它是"中国民族革命史上悲壮的序幕"②。同时，他们也分析了义和团迷信、排外和对清廷本质缺乏认识和没有先进的阶级领导等弱点，但是认为不应该以此"非难义和团"③。

美国学者柯文指出：西方在近代中国人心中有着两种形象，一种是现代化，代表着文明、进步；另一种是帝国主义，意味着野蛮的征服。他认为正是中国人对西方形象的不同认识，造成了对义和团两种截然对立的评价。这一分析很有道理，但并不全面。因为他还忽视了一个很重要的因素，这就是如何认识和估价人民群众在反帝斗争中的地位和作用。在长期、艰巨的反帝斗争中，究竟谁是主体？是广大的人民群众，还是少数的知识精英？如果认为应该以后者为主体，那么即使看到了西方野蛮的一面，也会在"精英"心态的影响下，带着对下层民众的鄙夷，对人民反侵略斗争中的弱点进行挑剔、夸大，进而否定斗争本身。反之，则会在充分肯定人民斗争的前提下，对这些弱点进行实事求是的分析，并且在未来的斗争中逐步加以纠正。近代中国的民众文化水准不高，思想观念也不乏落后之处，但他们绝非天生劣种，而是帝国主义和封建主义的统治使然，是由落后的生产、生活方式所决定。他们就是在这种环境里和这样的一个起

①《六大以前》上册，人民出版社1980年，第325—330页。
②《陈独秀著作选》第2卷，上海人民出版社1993年，第771页。
③《陈独秀著作选》第2卷，第814页。

点上开始了反帝反封建斗争，并且在斗争中学习、提高自己的认识和水平。没有这最初的在"精英"看来是无法接受的"野蛮"的斗争，中国就将被迫永远沦于野蛮的境地。

中国是野蛮、落后的，所以被中国视为不平等的条约，实际上是代表着文明和进步，中国欲废除条约、改变受压迫的状况，就必须先按照西方的模式来改变自己，否则就是用野蛮抗拒文明——这是西方列强为侵略辩护的一个基本逻辑。当年列强正是以此为据，对义和团大加谩骂。对此，列宁在《对华战争》等名篇中已做了深刻的揭露和痛快淋漓的批驳，自无须赘言。我们要指出的是，近代以来，出于对中西国力的考量和对西方价值的幻想，确实有不少人曾经以为仅仅依靠自我的改革和"理性"的谈判，就可以废除不平等条约，改变中国半殖民地的地位。然而，帝国主义强迫落后的国家按照它的要求进行改造，完全是为了满足殖民统治和掠夺的需要，它不愿意更不允许其侵略、压迫的对象真的摆脱落后，成为一个能够与之抗衡的先进国家。中国近代的历史已反复地证明，以为单纯依靠自我的调整和谈判，就能够与国际"接轨"，使列强"平等待我"，实在是与虎谋皮、一厢情愿。

在反帝斗争中，同列强进行谈判上的据理力争当然是必要的，但仅此还远远不够，因为从根本上说，双方所持之"理"是截然对立的。即使谈判桌上能够小有收获，也往往主要不是几位像丁文江那样的"精英"使然。所以，我们的眼光就不能仅仅限制在小小的谈判桌上，仅仅关注几位"精英"人物的"理性"，而必须用一种更为广阔的视野，把广大人民群众的反帝斗争——在当时被列强指责为极端排外，在今日一些人看来也不那么"理性"的民族主义——尽可能全面地纳入进来，比如令列强惊魂丧胆的义和团斗争，那声势浩大的五四爱国运动，席卷全国的五卅反帝浪潮，以及第一次国共合作形成后出现的全国性废除不平等条约运动，那无数次的罢工、罢市、罢课，那动辄几万、十几万人参加的反帝示威游行，比如在人民的支持下，广东革命政府强扣粤海关"关余"、平定商团叛乱，武汉国民政府强行收回汉口、九江的英租界，艰苦卓绝的全民族的抗日战争，等等。正是因为有了这一次次各阶层群众参加的狂飙突进的反帝斗争，才迫使在谈判桌前的帝国主义者开始比较认真地倾听来自中国的声音。那些已习惯于对中国指手画脚的公使们，只有面对这种压力，才会被迫承认："还想拿二十年前对华的外交来对今日的华人，完全不对的，是办不到的。……现在中国民众与从前完全不同了。"①正如陈独秀所言：

"事实告诉我们，英国每次口中说：准备要送中国的一些好东西，都是因为中国有了'片面的革命行动'，都不是因为有了正当的手续和友谊的精神；采用正当手续和友谊精神的和平谈判而停止革命行动，反而只有使帝国主义者收回他们口中所说准备要送我们的东西……我们并不拒绝谈判，可是停止革命行动或减少革命行动，而希望友谊的和平谈判得到点什么，便是上了帝国主义者的圈套，其结果必一无所得！""必须懂得抑制民众革命行动而以和平面孔取悦于外人，本是北京军阀官僚政府的外交秘诀。"②

这才是基本的历史事实！这才是得自事实的基本经验！

（原载《中流》2000年第6期）

---

① 《李大钊文集》第5卷，人民出版社1999年，第233页。
② 《陈独秀著作选》第2卷，第1194—1196页。

必须强化马克思主义的阵地意识

　　逝去的二十世纪，是中国从屈辱到崛起的世纪。前半个世纪，中国遭受资本主义的侵略、压迫和掠夺，中国人民蒙受了奇耻大辱。但是，"我们中华民族有同自己的敌人血战到底的气概，有在自力更生的基础上光复旧物的决心，有自立于世界民族之林的能力。"（毛泽东语）在马列主义、毛泽东思想的指引下，在中国共产党的领导下，中国人民终于推翻了三座大山，取得了新民主主义革命的胜利，并进一步把新中国引向社会主义的康庄大道。党的十一届三中全会以来，以邓小平为代表的中国共产党人，继承和发展了马列主义、毛泽东思想，带领中国人民成功地走出了建设有中国特色社会主义的正确发展道路，取得了举世惊叹的巨大成就，形成了邓小平理论。历史的实践告诉我们，马克思主义是颠扑不破的真理，是指导中华民族实现伟大复兴的思想理论基础。正如江泽民同志在党的十五大报告指出的："马列主义、毛泽东思想一定不能丢，丢了就丧失根本。"必须坚持和巩固马克思主义在我国的指导地位，绝不能动摇。

　　但是，毋庸讳言，不论在国内和国外，马克思主义的指导地位都受到多方面的严峻挑战。树欲静而风不止，居安思危。国际上，美国以其强大的军事力量和高科技，推行霸权主义，追求在世界新秩序中的领导地位，主宰世界，以实现世界"美国化"的企图。值得注意的是，它尤其重视进行意识形态和文化侵略，"以美国价值观和理想为基础"，加紧对我实施"西化"、"分化"。在国内，各种反马克思主义言论流行，他们否定马克思主义的指导地位，鼓吹指导思想多元化，宣扬自由主义等错误思想。要坚持和巩固马克思主义的指导地位，就必须高举马克思主义的旗帜，强化阵地意识，有力地同国内外形形色色反动、错误的东西对意识形态和文化侵袭、渗透进行积极的斗争。

（原载《当代思潮》2001年第1期）

牢记史学工作者的责任

我小的时候泉州还很落后，只有一所私立高中，学费很高。我虽因成绩优秀被免了学费，但不久还是因家庭贫困而中途辍学。因听说台湾的师范学院是免交学费的，且入学也容易些，就不顾一切地过海去投考。我入学的时间是1947年，当时台湾大学已有共产党的地下组织在活动，大陆的学潮也波及到台湾，我们经常以组织晚会等形式抨击时政。泉州解放后，我搭船经过四天四夜的漂泊回到泉州，重回小学教书，还加入了共产党的地下外围组织。7月中旬泉州解放，我又动了上学的念头，但因在台湾呆过一段时间，很怀疑是否能被接纳，就天真地想到北京找教育部问问。经过长途跋涉，我于1950年初到了北京，教育部负责接待的同志非常热情，他们看了我在台湾的成绩单和镇政府的介绍信后，就分配我来到北京师范大学。当时正好是白寿彝先生进行面试，我顺利通过，终于圆了大学梦。所以，在以后的时间里，尽管个人经历中也曾有过许多波折，但我从未对党产生过怀疑。

我们党的确是一个伟大的党，她能够纠正自身的错误，从胜利走向胜利。我是研究中国近现代史的，这份体会在我的研究过程中逐步上升到理论高度。我曾于1999年5月在《人民日报》发表《正确评价五四新文化运动》一文，分析中国近现代历史的发展历程。鸦片战争以来，列强欺侮，政府腐败，中国真是灾难深重。多少仁人志士抛头颅洒热血，救亡图存，但是都失败了。这里面有洪秀全领导的太平天国革命，有康有为、梁启超领导的百日维新，也有孙中山领导的辛亥革命。辛亥革命的伟大意义在于它结束了中国长达两千年的封建王朝时代，但是它未能解决中国革命的根本问题。辛亥革命以后，中国仍然是半封建半殖民地性质，长期遭受帝国主义的欺凌压迫，人民贫困落后的状况没有得到根本改变。这个任务落在中国共产党身上。中国共产党人经过28年的浴血奋斗，使得中国人民站立起来，又用50年时间使中国人民富裕起来，这都是不可磨灭的丰功伟绩。这说明中国革命的道路不是哪个人规定好的，而是经过反复探索才走出来的，中国共产党取得领导地位是历史的必然。新中国成立以来，中国发生了翻天覆地的变化，这些变化不仅对于中国，而且对于世界都产生了巨大的影响。我们今后的努力方向是要进入中等发达国家行列，这需要几代人的努力。我个人虽然不能亲眼目睹，但我坚信这一目标是一定会实现的。虽然还会有不尽如人意的地方，但是我们党一定会克服种种困难，自我完善、自我发展，带领中国人民取得更大的胜利。

中国共产党能够取得胜利，得益于她有正确的理论指导，这就是马克思主义。马克思主义是科学的，但是简单照搬还不行，它在中国的成功实践还在于与中国具体实际相结合，诞生了毛泽东思想和邓小平理论。这两次理论飞跃使我们取得了中国革命的胜利和社会主义建设的成就。历史学研究也是如此，从我们近一个世纪所取得的成绩看，李大钊、郭沫若等人开始运用马克思主义理论指导史学研究，使史学研究领域出现了新局面，进入了科学解释历史的阶段。当然，在相当长的一段时间内，我们也还存在着对马克思主义理解不够和不好的地方，改革开放以来这些错误倾向逐渐得到了纠正，我们在史学研究中大量采用新的思想和新的方法，但纠正过去的错误不等于说不要马克思主义的指导。例如，历史唯物主义讲人类社会的发展规律，其主要内容是社会形态理论。马克思的社会形态理论是否和中国历史的发展道路一致，这是可以探讨的学术问题。但是如果彻底否认这一理论，其结果是不仅否认了唯物史观的基本内容，否认了人类社会的发展规律，而且使得我们的社会主义事业在理论上失去了落脚点。又如近年来有人提出"告别革命论"，对革命的必要性发出质疑。当然，革命就会有流血有破坏，但革命从来就不是目的，而是手段，革命终究是为了建设。否定革命，归根结底还是要否定共产党的领导地位和她的八十年历史。再如有人对历史采取虚无主义态度，歪曲历史人物和事件。苏东剧变的重要原因之一就是全面否定苏联的七十年历史，这是我们应该汲取的教训。1996年8月，我为《人民日报》撰文《坚持马克思主义指导史学研究》，鲜明地表达了我对这些问题的看法。我认为，史学工作者进行研究的方法观点必然会不同，但一定要分清是非，我们要把对历史的正确理解留给后代，是史学工作者的责任，更是党的史学工作者的任务。

（原载《光明日报》2001年8月2日）

量化管理不利于优秀人才脱颖而出*

龚书铎：贯彻落实江泽民同志8月7日在北戴河座谈会上的重要讲话，有两方面的工作需要做好：一是作为哲学社会科学工作者要认清自己肩负的历史使命，努力做好工作；二是有关负责部门应深刻领会江总书记讲话的主要精神，尤其是对哲学社会科学重要性和作用的阐述，真正地贯彻落实。坦率地说，现在各级领导人中理工科出身的占大多数，对哲学社会科学接触不多，对其重要意义缺乏了解和认识。他们工作的中心任务就是把经济建设搞上去，因此，往往重视在经济上见效快的应用技术和科技发明创造。而文、史、哲等基础学科既不能使农作物增产，也不能使国有企业扭亏为盈，长期以来一直得不到重视。现在整个社会风气又比较急功近利，而哲学社会科学急功急不起来，近利又没办法实现，所以要使各级领导真正转变思想还要经过相当长的过程。

江总书记强调使用好哲学社会科学人才并充分发挥他们的作用，这涉及到管理问题。现在哲学社会科学在管理上很多是按照理工科制定的评估标准，即量化管理。从现实情况看，量化管理不适合历史学及其相关学科，这样做会导致重量不重质，大家都去追求数量，评比时数量多得惊人。

龚书铎：老一辈都知道史学界的翁独健先生，他是国际知名的蒙元史

*本文摘自2001年9月5日在《重视社会科学　提倡创新思维》专题座谈会上的谈话。

专家，解放前只有三篇论文，还有人说是两篇半。新中国成立后，他又发表了几篇论文。在他去世后，民族大学编辑了一本他的论文集，只有18万字。如果在今天是评不上教授的。量化评估不能真正促进人才更好地发展，不利于优秀人才脱颖而出，而是鼓励浮夸。

龚书铎：现在学校领导也有其苦衷，评估学校的排名也是量化的，要看有多少博士点、重点学科，有多少博导、院士，而不是考核学校到底有哪些学科是真正有水平的，国内一流、国际领先，培养出多少高水平人才。评职称也是全部量化，要看出版多少本书，多少篇文章在核心刊物上发表。由此带来一系列不正之风，甚至连评院士也要走门路，送礼。现在有的学校创出经验，规定博士生在校期间要发表多少篇论文，其他学校仿效推行，弄得博士生们很紧张，他们既要完成专业课程，又要做博士论文，还要发表文章，且要求数目越来越多，这样怎能保证水平和质量？我曾问过搞自然科学研究的同志，他们也认为量化评估并不科学。一些标准是国外已过时的我们又搬过来，这样怎么能培养人才？另外，有关部门的管理还需要改进。现在职能部门管得太死，教育部搞了103个科研基地，管理得很细致、繁琐，规定每季度写一份简报，每年开一次全国性的学术研讨会，等等。为什么管得如此具体？我看还是对哲学社会科学工作者不够信任，这样怎能更好地发挥他们的作用？作为管理部门应该认真研究，真正贯彻落实江总书记讲话精神，改善工作。

我还想谈谈一个民族掌握好语言文字和熟悉历史的重要性。北京申奥成功是鼓舞人心的喜事，但申办中提出"全民学外语"我至今想不通，不知是否有这个必要和可能。世界上有一些国家，如法国，为了维护它的民族文化，一直强调使用本民族语言。而我们一方面强调爱国主义、民族自信心、自尊心、凝聚力，一方面又对本民族的语言不够尊重和爱护。这次在北戴河休假期间，我在早间新闻听到一则消息，上海市一些公共厕所标牌没有中文字，只有W.C，有些人不认识，不敢进去。路标牌上东南西北也是用英文字头，有人提出意见，因为毕竟不是所有人都认识英文字母的。上海市有关部门解释：这是将要主办国际会议的需要，我认为这涉及到民族尊严和民族自尊心。语言文字是对一个民族的认同，中华民族经过几千年形成的汉语言文字，至今得到海外华人的认同。现在提倡双语教学，从小学开始学外语，但学生的汉文字水平越来越差。我曾看到一位大学生写的请假条，大概几十个字，就有五六个错别字。据《北京日报》报道，一些北京大学生英语说得非常流利，汉语却结结巴巴，这怎么可以？应首先把母语学好，在此基础上，很好地学习所需要的外文，不局限于英语，许多语种都需要人才。另一方面，要学习历史，关于史学的功能，清朝的龚自珍早就说过："灭人之国，必先去其史。"历史对一个民族来说是十分重要的，假如历史被抹掉或歪曲了，这个民族将不知道如何发展，最后可能是数典忘祖，什么都不清楚了。日本统治台湾和东北时期，一是强迫中国人学习日文，一是讲日本史，歪曲中国历史，至今日本右翼势力还在歪曲历史，修改教科书，不承认南京大屠杀，不承认对中国及亚洲的一些国家的侵略。我们应重视和加强对青少年进行历史教育。

（原载《群言》2001年第11期）

在《清史》编纂座谈会上的讲话*

修大型清史的重要意义，必要性、可行性，前面讲得很好，现在来修条件比较成熟，需要抓紧做。这里面一个很重要的问题，钱的问题。没有钱，官修私修都办不成。立一个项，官修国家给钱，如刚才任老先生提到的"863计划"、"夏商周断代工程"。关于机构问题，考虑搞领导小组，搞不成，可以搞编纂委员会。再说一个很具体问题。从历史上看，"文革"前开始考虑设立清史编纂委员会，七个人，目前健在的两位，一位刘导生，岁数很大，身体不大好。再就是戴逸同志。清史所已经做了很多工作，包括材料的收集等很有基础。还是请戴逸同志具体负责这个事情，以清史所为依托，因为清史所是教育部百所人文社会科学研究基地之一。应将工作具体化，应组织全国的力量，光清史所是不行的。不只是清史、近代史，而是包括各界学者。光开会，不行，那变成清谈会了。要先搞起来。

（原载《清史研究》2001年第3期）

---

*2001年4月5日，中国人民大学逸夫会议中心。

全球化与中国文化

有机会来参加山西大学百年校庆学术论坛，深感荣幸，借此向山西大学百年校庆致以热烈的祝贺。这里主要讲三个问题。

一　当前全球化的实质

全球化是当前谈论较多的一个话题，对它的认识和说法也很不同。因此，有必要先就当前全球化的实质谈点看法。

"全球化"这个词大致出现于上世纪80年代，但出现全球化的趋势却是很早的事。拉丁美洲的学术界认为，全球化的第一个浪潮始于1492年西班牙殖民者踏上美洲大陆的时刻。有的学者把西班牙、葡萄牙、荷兰、英国的对外殖民征服，称为"第一次全球化运动"。这就是说，西方殖民主义对世界进行殖民征服、资本的原始积累，就是全球化的开始或萌芽。全球化是一个历史演进的过程。马克思、恩格斯在《共产党宣言》中就指出了当时的全球化趋势，说："不断扩大产品销路的需要，驱使资产阶级奔走于全球各地。它必须到处落户，到处开发，到处建立联系。""资产阶级，由于开拓了世界市场，使一切国家的生产和消费都成为世界性的了。""一句话，它按照自己的面貌为自己创造出一个世界。""它使未开化和半开化的国家从属于文明的国家，使农民的民族从属于资产阶级的民族，使东方从属于西方。"这里所说的全球化现象，显然是资本主义的全球化。

当前的全球化，是历史上全球化的发展。虽然当前国际上的情况较之过去有很大变化，如殖民地半殖民地国家的独立，成为发展中国家；高科技的发展，全球网络化；由商品到处落户发展为金融资本到处落户，等等。但是，本质上没有变化，仍然是资本主义全球化，是以美国和其他发达国家为主导的全球化。陶大镛教授认为："目前的全球化是受制于美国霸权主义深刻影响下的全球化，全球政治和经济游戏规则的制定和修改，首先反映着美国等发达国家的利益。"①美国经济学家戴维·科顿指称全球化是"全球化资本主义"，或"新全球化的资本主义"②。这说出了当前全球化的实质所在。正是由于全球化是全球资本主义化，是由美国等发达资本主义国家对世界的主宰和控制，因此它决定了发达国家和发展中国家之间存在着不平等的现象。全世界只有20%的人从全球化产生的经济效益中受益，而80%的人则受损。全世界最富有的五分之一人口与最贫穷的五分之一人口之间的收入差距，从1960年的30：1扩大到1997年的74：1。3名巨富个人的财产居然超过48个国家的国内生产总值之和。全球化加大了世界贫富的差距。

二　全球化趋势下对民族文化的冲击

全球化，现在谈得最多的是经济全球化。其实，全球化不仅是经济全球化，也包括政治的、文化的全球化问题。

全球化是一柄锋利的双刃剑，有利有弊，就是通常说的机遇和挑战并存。罗伯特·塞缪尔森在《全球化的利弊——为不断发展的市场提供巨大的潜力，但也有危险》一书中指出："全球化是一把双刃剑：它是加快经济增长速度、传播新技术和提高富国和穷国的生活水平的有效途径，但也是

---

① 陶大镛：《对当前世界政治经济格局的一些思考》，《北京师范大学学报》（社会科学版）1999年第5期。
② 〔美〕戴维·科顿：《全球化资本主义导致人类日益贫困》，日本，《世界》1998年第8期。

一个侵犯国家主权、侵蚀当地文化和传统、威胁经济和社会稳定的一个有很大争议的过程。"①

就文化而言，全球化可以更快推动文化交流，有利于我们吸收世界各国人民创造的一切有益的成果，也有利于我们的优秀文化更快地走向世界。但是，也需要看到，文化全球化和经济全球化在当前的趋势是一致的，尤其是美国以其很强的经济实力、军事力量、高新技术推进文化霸权主义。据前两年联合国一份《人文发展报告》显示，全球化长期朝着一个方向传播：从富国到穷国，而不是从穷国向富国。这份报告对这种全球化文化传播从富国向穷国一边倒的趋势感到担忧。美国等西方发达国家综合国力居于强势。一个国家的文化对外传播，与其国力强弱分不开。例如，我国的唐代国力强盛，文化繁荣，中国文化对外传播影响很大。19世纪，西欧资本主义发展了，随着其殖民主义征服，将西方文化流播于殖民地半殖民地国家；而中国衰弱了，中国文化也被西方所贬抑，没有它的地位。据联合国《人文发展报告》说，美国大众文化——电影、音乐和电视——主导了世界。1997年，好莱坞影片在全世界的票房收入超过300亿美元，《泰坦尼克号》一片独赚18亿美元以上。在好莱坞的大举进攻下，不少国家的电影事业遭到很大的冲击。如墨西哥，过去每年摄制100多部影片，而在20世纪末，年产量不到10部。这仅是电影的例子，西方文化的入侵是多种多样的。例如在网络上，86%以上的网络内容都是英语的，占有绝对优势。这份报告指出，外国文化的入侵对文化多样性构成威胁。

全球化推动下的文化入侵，对民族文化和本土文化起了很大的冲击和破坏作用。一些发展中国家的有识之士，不能不为之担忧。马来西亚副总理巴达维认为："全球化通过全球媒体、娱乐业、旅游和贸易使人们接触到各种不同的文化，但它也导致西方文化中最肮脏、最无价值、最颓废的东西在非西方社会泛滥成灾，使本土文化岌岌可危。一些国家的本土文化很

---

① 〔美〕《国际先驱论坛报》2000年1月14日。

有可能消亡，或被西方文化取而代之。"①

不仅是处于弱势的发展中国家对西方文化的入侵感到忧虑，即使是西方发达国家中，也有人忧虑全球化浪潮下本国文化受到的冲击，如法国即是。《英国时报》今年1月19日发表布鲁金斯学会高级研究员菲利普·H.戈登题为《全球化与法国的独特文化地位》的文章，就谈了法国人的忧虑。法国是很重视它的法语文化的独特地位的，但担心自己的文化被"可口可乐殖民化"（意指以风靡全球的美国可口可乐为象征的美国文化所带来的威胁）。尽管很多法国人喜欢可口可乐、麦当劳、美国大片，但他们也深深地意识到，决不能允许外来品取代本国文化，采取了措施保护法语、法国菜肴和法国艺术等不被外国文化所征服。虽然作为文化核心的价值观，法国与美国本无本质不同，但法国有着悠久、灿烂的文化传统，有其独特性和应有的地位，它不能也不应该与美国文化一体化。

在我们国家里，在全球化浪潮下，中华文化（黄土文明）也越来越受着以美国为主导的西方文化的冲击和破坏。在加入世贸组织之后，这种冲击还会加剧。因为，全球化削弱了国家的权力和作用，在一个由市场而不是由国家主宰的世界里，占主导地位的肯定是美国模式、美国文化和英语。

这种冲击，我们也许还没有反应过来，但外国人却很敏感。如今年2月过春节时，埃菲社有一篇报道，就认为中国传统深受西方风尚冲击。这篇报道说："从战国时代到'文化大革命'的数千年中，中国的古老传统一直得以保存，但现在它们仿佛屈服于不可抗拒的西方生活方式。""从美国那里他们模仿的，却是最糟糕的东西：洋快餐。仅仅在北京就有50多家麦当劳餐厅。另一家快餐连锁店——肯德基，餐厅的数量也差不多，中国是它在全球的第二大市场"；"老人们担忧地看着这些变化，这些变化就像是他们头顶上的乌云，令他们担心古老的价值观念和文化传统将会丧失"。

美国《纽约时报》今年2月25日刊登的一篇文章，标题是"别克、星

---

① 〔马来西亚〕阿卜杜拉·艾哈迈德·巴达维：《全球化：风险与前景——在吉隆坡第14届亚太圆桌会议上的演说》，马来西亚，《新海峡时报》2000年6月7日。

巴克、肯德基，这还是中国吗?"。文章说:"在过去几年里，中国的大城市以惊人的速度冒出了美国商店和餐厅，包括星巴克、普尔斯马特、必胜客、麦当劳等。""欧洲人也许习惯于把麦当劳的每一个'巨无霸'汉堡包都看成是可怕的美国文化帝国主义的标志，然而中国人大多欢迎这种入侵——事实上他们已经使它成了自己的一部分。""10年前，没有人会预料到中国城市新兴中产阶级的闲暇生活中含有如此多的美国特色。晚上进酒吧，白天逛购物街、玩迷你高尔夫，冬天去滑雪场，夏天玩水上乐园。""美国人在这儿销售的不仅是产品，还有文化。"应当说，这里潜隐着深层次的是世界观、人生观、价值观。这篇文章对于本土商店"克隆"外国商店，中国人"克隆"美国生活的状况感到困惑，提出了"这还是中国吗?"的问题。

美国世界网每日新闻今年3月22日发表了塞缪尔·布卢门菲德的题为《中国的第二次文化革命》的文章，记述了他在中国所见到的快餐店、进口小汽车、时装、化妆品、英语热等，感到"一切都是这样变得美国化的"。他认为:"那是一个今天的年轻人即使知道的话也知之甚少的时代（按指"文化大革命"），这主要是因为他们正在朝气蓬勃地参加一场更合他们胃口的第二次文化革命:中国现代生活的西方化，或者说实际的美国化。"

以上列举的外国作者对中国社会变化的述评，不无夸大和不准确之处，但他们所指出的以美国为主导的西方文化对中国文化的很大冲击，尤其是对世界观、人生观、价值观和生活方式的冲击，却是值得我们关注的。

三 正确对待全球的文化冲击

近代中国文化发展变化的历程，是不断吸纳西方有益文化来丰富、发展中华文化的历程。我们的文化要发展，不能拒绝吸收外来有益的文化，不能故步自封，不能唯我独尊。但是，也不能搞"全盘西化"，不能美国化，而要重视保持中华文化的独特地位。在文化全球化的冲击下，要保持中华文化的独特地位是很艰难的。重要的是在于我们对此要有清醒的认识和妥善的对策，就是必须扶持民族文化，弘扬优秀传统文化。

但就现实的一些情况来看，却不能不令人担忧。美国的文化霸权主义着力在全球推行美国的价值观、文化意识、生活方式，制造对美国的依恋、崇拜。人家要"化"我们，这不奇怪，奇怪的是我们自己在帮助人家冲击中华文化，甚至是把中国人"克隆"成美国人。今年2月24日，美国《波士顿环球报》刊登的记者英迪拉·拉克什曼安发自杭州的一篇报道说：有个中国的"千万富翁"在杭州建造一个"美国特色的主题公园"，"修建了一个与美国白宫一样大小的白宫复制品，并在旁边创办了一所贵族寄宿制学校"。"这所学校没有中国学生通常使用的课本。在这里，1000名幸运的中国少年儿童被鼓励学习美国文化，他们所用的设备与许多美国预备学校的设备不相上下。"学校是全美式教育，美式生活，连课间铃声都要是肯尼·G吹奏的萨克斯管音乐。有学生说："我们就像是生活在神话世界……在白宫（指这所学校）学习是奢侈而美好的。我们就像在国外一样。"这是中国人自己在制造"中国的美国人"。

新加坡《海峡时报》2001年10月31日刊登了记者关信华的文章，题目是"中国人从老到小都在学英语"。文章说："在很多大城市里，从小学一年级就开设英语课，老师甚至给每个学生都起个英文名字。""去年北京为申办2008年奥运会作准备，由政府发起的学英语的运动从此真正开始，而且声势和范围越来越大。"小学一年级评选活动都要说英语，而中国的小学生都要起个"英文名字"，不知是为了什么？当年孙中山曾批评有些留美的中国学生，"自称什么'佐治'、'维廉'、'查理'，连中国的姓名也不要"，"只要学成美国人一样便够了"[①]。至于从少到老的全民学英语运动，既不可能，也无必要。

美国儿童读物《哈利·波特》及其改编的电影，今年春节前后媒体曾

---

① 《孙中山全集》第8卷，中华书局1986年，第538页。

大肆炒作,变成一种潮流文化,以看过这部电影或其读物为时尚。没有看到有正确的评论加以引导,而是一味吹捧。但今年3月10日香港《明报》发表美国俄勒冈大学特殊教育博士谭孙德棻的文章,认为《哈利·波特》不适合儿童阅读。她指出,《哈利·波特》虽有正面的优点,"但其中负面的影响,却远远超过正面的优点","身为父母,你该不该让孩子阅读充满仇恨、暴力、死亡、鬼怪的'儿童读物'呢?《哈利·波特》对孩童的影响,绝不只是坐刺激的过山车这么简单,好看的小说不见得是合时宜的'儿童读物',父母、老师们万望三思"。谭孙德棻在此要父母、老师们三思是有道理的。

英语无疑是要学的。不仅英语,其他外语也应该学。但不是全民,不是男女老少不分青红皂白都来学。我们推行学习英语,但也应当重视母语的学习。中国人说中国话,似乎是生来就会,本能的,无须推行、提倡。其实不然。不是有不少人只会方言,不会说普通话吗?不是还有不少人是不识汉字的文盲吗?是应当让他们学会说普通话、认得汉字,还是要他们会讲英语、认得英文!报纸上曾经报道过,有的研究生英语说得很流利,汉语却说得结结巴巴,像外国人初学汉语那样。大学生、研究生用自己的母语写作,出现的错别字不少,或文句不通,这都不是正常的,它表明需要下功夫加强汉语的教育。然而有的中学的语文课却有英语教学,报纸上夹杂英文缩写随处可见,这是畸形。

语言文字不仅仅是交流工具,它本身是文化,也是文化的载体。中华民族的凝聚力,几千年文明史所以连续不断,其中起重要作用的因素之一是汉字,是历史文化传统。尽管中国方言很多,但因有汉字的维系,即使背井离乡,远渡重洋,过了几代人,也认同于炎黄子孙。法国作家都德的名篇《最后一课》,写的就是法语的问题,下一课将由德国教师教德语,法语退出课堂。日本帝国主义侵占我国台湾、东北时,推行日语,不学或少学汉语。这些都说明语言文字的重要性。

历史文化也同样是凝聚中华民族不可缺少的。但是,值得关注的是青年中不少人历史知识非常薄弱。据2001年2月有关单位在对北京、上海、武汉、深圳四个城市14岁至28岁的1065名青少年的调查中发现，历史的试题25道，每道4分，以100分计算，平均分为27.69分，及格率只有1.5%。其中有一道题是"谁在1860年烧毁中国的圆明园"，只有31.8%的人答是英法联军，大部分人的回答是八国联军。历史教育薄弱，其后果堪忧啊！一个影视明星居然穿着以日本帝国主义海军军旗为装饰的服装拍照，为刊物作封面。而日本右翼势力却妄图用掩盖、否定、美化其侵略历史的手法，制造日本虚幻的历史形象，欺骗世人和子孙后代。李登辉等人为了分裂祖国，鼓吹"台独"，不择手段地歪曲、篡改台湾历史，在有关台湾历史的教科书中，蓄意割裂台湾和祖国大陆的联系，宣扬分裂祖国的思想。清代著名思想家龚自珍说："灭人之国，必先去其史。"这是至理名言。我们党的三代领导人都很重视历史和历史教育，但贯彻落实并不容易，历史教育包括中学历史课实际上并不被重视。这种情况应当改变。在全球化的文化冲击下，要想扶持中华文化的独特地位，无疑必须加强历史教育。

（原载山西大学百年校庆学术组编：《山西大学百年
校庆学术讲演集》，中国大百科出版社2002年）

怪杰辜鸿铭

　　黄兴涛同志经过近十年的努力，并在同学、朋友的帮助下，终于完成了《辜鸿铭文集》的编译，交付出版。这部文集的出版，对于了解、研究辜鸿铭，从中得到一些启示，是有意义的。

　　辜鸿铭是清末民初的名人，"精通西学而极端保守"，以"古怪"著称于世。他的轶闻趣事、奇谈怪论，在他活着时就广为流传，死后则更加扑朔迷离，平添几分神秘色彩。凡是认识他的人，听说过他的人，不论知深知浅，或臧或否，无不以"古怪"目之。林语堂誉之为"怪杰"，胡适称他是"怪物"，周作人则说"北大顶古怪的人，恐怕众口一词地要推辜鸿铭了"。

　　辜鸿铭的确是"怪"。他1857年出生于马来亚槟榔屿的一个华侨世家，祖籍福建同安。名汤生，以字行世，自号汉滨读易者。一个穿长袍的中国人，东西南北人。13岁到英国留学，20岁获爱丁堡大学文学硕士学位。继而又到德、法、意等国游学，取得莱比锡大学土木工程学文凭。青少年时代都是在国外度过，受过系统的西方教育，邃于西学西政，通晓英、德、法、意、希腊、拉丁等多种语言。然而，辜鸿铭归国后入张之洞幕府，即倾心于儒学文化，并且日趋保守，以至清朝覆亡后仍拖着一条辫子，对人们公认的"国渣"，如小脚、辫子、纳妾、八股文等都不同程度加以赞赏或辩护，令人不可思议！因为留给世人这样一种印象，似乎要举出近代中国最顽固落后的文化人，也就非辜鸿铭莫属。其实这是片面的，不是辜鸿铭这个历史人物的全貌。辜鸿铭的著作用中文写作的只有《张文襄幕府纪闻》和《读易草堂文集》两种，大多是以外文撰写、发表，这也难免限制了人们对他的了解。

辜鸿铭虽然思想保守，但从他的著述的内容看，并没有顽固到对中国的一切都加以维护的程度，也不是对西方的一切都予以拒绝，盲目排斥。他对被认为"讨厌西方文明"，是"排外思想家"，感到懊恼。晚年在日本讲演时，他曾一再申明说："有人问我为什么这样讨厌西方文明，我在这里公开申明一下，我讨厌的东西不是现代西方文明，而是今日的西方人士滥用他们的文明利器这点。"又说："因为我常常批评西洋文明，所以有人说我是个攘夷论者。其实，我既不是攘夷论者，也不是那种排外思想家，我是希望东西方的长处结合在一起，从而清除东西界限，并以此作为今后最大的奋斗目标的人。"的确，辜鸿铭并不简单笼统地排斥西方文明，他不仅赞赏古希腊文明、欧洲文艺复兴时期至18世纪理性时代的自由主义、浪漫主义思潮等，也不反对对现代西方物质文明的成果加以一定限度的吸收。他赞赏中国传统文化，但主要是孔孟的儒学，对宋明理学则大加批评。他认为，"中国自宋朝以来，那些可以称作孔教禁欲主义者的宋代理学家们把孔教弄窄了，使其变得狭隘和僵化。而在这一思维途径下，孔教精神，中国文明的精神，被庸俗化了。"他一方面讥嘲那些前倨后恭的崇洋媚外者，另一方面又讽刺那些盲目自大、不了解外国文明的冬烘先生。如果我们不对辜氏的著述进行广泛的阅读和全面的了解，就难以认识他的思想全貌。辜鸿铭英译儒家的《论语》、《中庸》等经典，向西方传扬中国文化，是值得称道的。他对西方列强对中国的侵略，对中国历史文化的偏见和民族歧视，进行了不懈的抨击，以维护民族利益和尊严。即使他那保守的文化思想，也不是没有蕴含着一些合理的因素或有价值的见解。

探讨中西文化的特点和关系，是辜鸿铭著作中关注的一个主题。他认为中国文明是精神的，心灵的，比西方近代的物质实利主义文明优越、成熟。这一认识未必正确。但他关于中西文化的具体比较，对西方资本主义文明弊端的尖锐批评，对传统文化和民族性格某些特点的揭示，却时有创见或闪烁思想火花。比如，他认为儒教不是宗教，但却具有宗教的功能的观点，关于中国文化早熟的观点，关于汉语优长的观点，对西方社会拜金主义、人与人之间利害关系谴责等，都有自身的思想史价值。

关于中西民族性格的有关看法，辜鸿铭在《中国人的精神》一书中就作了很有意思的比较。他认为，中国人的性格和中国文明的三大特征是深沉、博大和纯朴，美国人博大、纯朴但不深沉，英国人深沉、纯朴却不博大，德国人深沉、博大却不纯朴。这样的概括、比较，不一定都准确，但却提出了自己的见解，对人们进一步思考有启发意义。对于自己的民族文化，既要冷静、客观地认识其缺点，又要以同样的态度认识其优长，避免盲目否定，或盲目自我陶醉。

辜鸿铭在阐发民族文化的优长时，有一种明显的自大和虚骄心态，甚至为一些封建糟粕和陋习辩护。他在《中国人的精神》这部书中，所阐述的最基本的精神，是孔子的"春秋名分大义，或简称春秋大义。孔子的这部传授忠诚之道的著作，就是中华民族的大宪章，它使全中国人民和整个国家绝对地效忠于皇帝"。也就是宣扬封建的三纲思想，甚至说如果"抛弃了忠君之道，即孔子国教中的名分大义，……就不再是一个真正的中国人了。"

清末民初，辜鸿铭是一位驰名海外的人物。俄国托尔斯泰曾与他通信，讨论抵御近代西方物质实利主义文明破坏力量的办法，交流东西方文化保守主义的经验。英国作家毛姆到中国后，费尽周折去拜访他，承认他是一个"声高望重的哲学家"。法国的罗曼·罗兰、瑞典的勃兰兑斯、印度的泰戈尔和甘地等，也都对辜氏有过好评。特别是在第一次世界大战最后的德国，辜鸿铭的声誉甚隆。以哥廷根大学奈尔逊教授为代表的一批哲学界"新康德学派"人士，对他十分推崇。德国的一些大学还成立了"辜鸿铭研究会"和"辜鸿铭俱乐部"。在日本，辜鸿铭也有相当影响。1924年至1927年，他应邀在日本讲学，并有日文讲演集问世。40年代初，日本还曾掀起过一场不大不小的"辜鸿铭热"。一个中国文化人在国外能有如此影响，原因虽然复杂，但他的著作和思想确有值得研究之处，当无疑问。

黄兴涛同志是我多年的学生。还在大学本科学习期间，他就对辜鸿铭"精通西学而又极端保守"的现象发生兴趣，并开始搜集辜氏的外文著作。后来，他又跟我攻读硕士和博士研究生，对辜鸿铭及其文化思想作了深入研讨。在这过程中，我一直希望他能一边研究，一边将辜氏的外文著作翻译出来，不懂的外文请人帮助。这样，从1987年开始，他就着手进行这一工作。到他以辜鸿铭为题撰写博士论文时（1991年），便已完成了绝大部分译稿。我读了译稿后，觉得还较粗疏，嘱咐他务必加以认真校改，保证质量。而今转眼又过了几年，这一工作终于有了比较满意的结果。

这部文集所收，包括辜鸿铭的中外文著作、论文和译著，如辜氏早年所写、为现在中国人研究西方中国学开篇之作的《中国学》，长江教案期间抨击西方在华传教而引起西方舆论关注的《为吾国吾民争辩》等。

编译《辜鸿铭文集》并不容易。首先遇到的，是资料难找，特别是发表在各种英文报刊上的文章，查找起来有如大海捞针。此外，还受到这些报刊在国内收藏残缺不全等条件的限制。其次，是涉及外语文种多，仅以辜氏的英文著作而言，其中就夹杂着拉丁、德、法等文字，希腊文、意大利文、日文也偶而有之，增加了翻译的难度；加之又是零星分散，请人帮助也颇为不便。黄兴涛同志仅为此就花费了不少精力。尽管如此，在文献的收录和译文等方面难免会存在一些不足之处，有待将来弥补。愿兴涛同志能继续发扬勤奋严谨的治学学风。

（原载《北京日报》2002年9月23日）

"相伴两不厌"

——我与北京师范大学图书馆

　　北京师范大学图书馆的前身是1902年成立的京师大学堂图书室，至今已经整整100年了。在校庆百年之际同贺图书馆百年华诞真可谓喜上加喜。自己有幸亲眼目睹了图书馆几十年来的改革、发展和变化，不禁感慨万端。我于1948年进入北京师范大学历史系读书，从那时起开始利用师大图书馆借阅史籍、深入学习历史，从此图书馆成了我的良师益友，因之与图书馆的关系已经长达半个世纪。光阴荏苒，每每从文史楼经图书馆回家，便不由地感叹起图书馆50年的巨大变迁，我与图书馆相依相偎的风雨历程历历在目。

　　北师大图书馆藏书宏富，不光有原藏的图书，还有院系调整后原辅仁大学的一批图书，更有大量建国以后陆续购置的图书，其规模和藏书量早已今非昔比，至今已达280万册之巨。其中教育和文史类的图书最成系统，与历史研究关系比较密切的中外文老版书、各种解放前的期刊杂志数量相当可观，仅线装古籍就有2万余种、40万册。中国文化博大精深，古代先贤的思想精髓，中国昨天的历史，昨天的昨天发生的一切差不多都记载在这些文献典籍中。要想了解历史上发生过什么，要想知道前人的路是如何走过来的，必须借助于历史文献材料。历史研究不能"戏说"，离开图书馆，离开文献资料，历史研究就无法进行了。所以，图书文献是历史研究以及其他文科专业的根基所在。师大的这些图书资料，是师大学术研究最可宝贵的财富。师大一代代、一批批文史专业的专家教授、青年学生都是在这里汲取养分、启迪智慧、增长才干的。我在师大的50年里，与这些图书打交道的机会相当多，与这些图书的感情、与不少新老馆员的感情也相当深厚。

1951年我还在历史系读书时，白寿彝老师要我写一篇关于李自成的文章。这篇习作的写成并在《光明日报》发表，除去老师的指导和鼓励外，也与图书馆提供图书资料分不开。50年代，我和历史系中国近代教研室的同志一道编辑、出版《中国近代史参考资料》，得到了图书馆的大力协助，临时调拨了一批线装书给历史系，为教研室诸同志查阅史籍、编辑史料提供了相当的方便。在大家共同努力下，该书顺利编成并出版。60年代，翦伯赞、郑天挺先生主编《中国通史参考资料》，由我分管主编近代部分上、下两册，所辑资料大部分是依靠师大图书馆的馆藏文献。至今，这些书仍是学习中国近代历史重要的参考书籍。多年来，北师大图书馆的丰富藏书，培养了一批又一批历史研究、历史教育方面的专门人才，为国家做出了不少的贡献。

80年代初，我个人的学术研究集中在晚清嘉道年间，特别对当时的士风士习感兴趣，比较集中地参阅了大量的馆藏清人文集。当时在职的老馆员对馆藏图书非常熟悉，不仅对图书分类、摆放了如指掌，而且对图书的著者、版本相当清楚，甚至洞悉图书的内容。记得周骢良先生曾经帮助我借阅了其中一部分文集，有些甚至是周先生自己查阅、并帮助办理出借手续的。当时图书馆的老馆员不仅管理图书，而且特别注意做古籍的整理和研究工作。例如，图书馆藏有一批清代名人书札，不仅是珍贵的史料，也有书法观赏价值，有必要整理出版，我参与编选和定稿的工作，陈宪章、周骢良先生负责抄录、点校、注释，做得很严谨认真，参加者还有师大出版社胡云富同志，由师大出版社分3册出版。为学术界研究工作提供了很有价值的服务。

人事有代谢，往来成古今。100年过去了，北师大图书馆获得了长足的发展。不仅馆藏书数量大大增加，而且硬件建设也获得了明显的改善。50年代初，师大图书馆只是坐落在和平门一幢小楼里，二院有一个更小的分馆，规模不大。1952年院系调整以后定阜大街辅仁大学图书馆与之合并，有了一次较大的变化。现在的"旧馆"是1959年落成的，藏书条件和规模都有了历史性的变化。80年代末，现在的新馆建立起来，使师大图书馆成为全国教育中心馆之一。图书的检索、借阅、管理也实现了现代化，馆藏图书的各种信息也可以在电脑网络上发布，这些变化使图书的利用更为方便、快捷。

中国古代人们常常用"旧邦新命"来形容民族的新生，我在这里仅借这句古话祝愿北师大图书馆在新的百年里展现新的风貌，获得更快的发展。

（原载北京师范大学图书馆编：《百年情结——〈我与北师大图书馆〉征文文集》，北京师范大学出版社2002年）

不是教科书的"教科书"

　　这些年来，历史题材的电视连续剧竞相摄制，大量播映，其中以"清宫戏"尤多。清朝皇帝，从顺治到宣统共10位，每位都在电视屏幕上露过脸。至如康熙、雍正、乾隆者，更有专集播映。皇帝之外后妃有孝庄皇后、慈禧太后，大臣如于成龙、刘统勋父子、和珅、纪晓岚，等等，也陆续上了镜头。有"戏说"，有"正说"，交互登场。难怪有观众慨叹，打开电视机，转来转去都是"大辫子"。让人感到，"清宫戏"虽有好的，但未免既多且滥。

　　历史剧创作，回避不了历史真实和艺术真实统一的问题，"清宫戏"也不例外，当然文艺作品与历史教科书不一样，教科书要完全根据史实，不能编造，文艺作品可以虚构，可以进行艺术再创作。但虚构也应有个度，有基本的要求，前提是尊重历史的真实。在这个问题上，戏说和正剧并没有根本不同，因为被戏说的人物是真实的。比如有部戏说康熙的电视剧，故事是虚构的，可是康熙这个人物是实有的，他是实实在在的清朝皇帝。戏中写他到处私访，甚至到矿区与工人同吃同住同劳动，不怕脏，不怕苦，不怕累，所谓"平民化"的帝王。康熙虽是位有作为的英明皇帝，但毕竟是封建专制皇帝，不是"焦裕禄式"的干部，更不可能化成"平民"。皇帝既然这么好，那辛亥革命结束君主专制还有什么必要，中国共产党领导人民进行的反封建斗争还有什么必要？这会导致观众对历史认识的错误，价值导向的错误，形成不健康的世界观、价值观。

作为历史题材的影视片，其虚构和夸张都不能背离当时特定的历史环境和人物的历史实际，不能任意编造历史。《康熙王朝》是一部历史正剧，不能不令人感到遗憾的是，该剧对历史不够尊重，过于随意剪裁历史，以致造成较多的不应该或不必要的历史事实的错误。例如，清王朝统一台湾（剧中称之为"收复"，不妥，康熙元年郑成功已打败窃踞台湾的荷兰殖民者，收复台湾）为康熙二十二年，剧中却迟至康熙二十八年。历史剧不是编年史，但像统一台湾这样一个重要历史年代，是不应随意更改的。这种任意更改，在有些历史人物的塑造上也是如此，以李光地、姚启圣尤为突出。戏中的李光地曾被耿精忠关进监狱，跟公主蓝齐儿有恋情，出任福建巡抚协同姚启圣等统一台湾，因揭露索额图、明珠任人唯亲而入狱，上吊自杀未遂，以囚犯随康熙出征噶尔丹，在军营服劳役，后戴罪复职，在推倒明珠、索额图之后被贬至台湾任知府。这些随意的虚构，把李光地这个真实的人搞得面目全非。作为电视剧人物的李光地，因剧情发展的需要，不是不能虚构一些细节，但应符合其实际，不能太离谱。与其如此虚构李光地，不如不叫李光地，干脆虚有其人其事。

清宫戏、皇帝戏不是不能编，不是说编皇帝戏就是在宣扬封建专制思想，与强调民主、法制的现代社会格格不入，这未免简单化。像康熙这样一位有作为、对中国历史发展有过重要贡献的皇帝，把他搬上屏幕无可厚非。问题在于怎样编，用什么思想来编，要告诉观众什么。现在看到的康熙皇帝，创作者所要突出的是他的"帝王之道"。在通过擒鳌拜、平三藩、统一台湾这些大事中，着意显露康熙驾驭臣下的权术，无论汉臣、满臣，需要时用之，用得差不多便去之，以此来解决那些大事，成功地保住了皇帝的位置，巩固了大清王朝。作为封建皇帝，康熙当然也会玩弄权术，问题是如有一位叫山风的同志在报刊上指出的："《康熙王朝》对帝王之道的醉心和津津乐道，那种不加批判、鞭挞，似乎冷静客观的零度立场，有时甚至是欣赏、褒扬的态度，使这些作品成了形象化、艺术化的'厚黑学'。"

历史题材影视片不是历史教科书，它不承担传播历史知识的任务；但是，它又是另一种"历史教科书"，不是教科书的"教科书"。因为既然是历史剧，就离不开历史事实和历史人物，就在传播一种历史认识，传播一种历史观、价值观。电视剧的传播面很广，观众很多，观众当中特别是青少年缺少历史知识，他们一次次地看这些电视剧，自觉不自觉地会受其影响，尤其是历史观、价值观的影响，从这一意义上说，它也是一种"历史教科书"。因此，要慎重、严肃地对待历史题材影视剧，不能任意编造，不能给观众以误导。历史不是历史工作者的专利，中华民族的历史为炎黄子孙们所共有，大家都有责任，要对历史负责，对民族负责，对子孙后代负责。要编好历史题材的影视剧，有文艺观、历史知识等问题，但更根本的是要有正确历史观的指导，即唯物史观的指导。历史研究离不开它，历史剧的编创也离不开它。

（原载《中国文化报》2002年3月29日）

关于五四运动"打倒孔家店"小议

　　五四运动提出"打倒孔家店"的口号，对中国传统的彻底否定，对中国传统文化一笔抹杀。——这是长期以来人们对它的评价和指责。笔者认为上述指责并不符合历史实际。

　　实际上五四运动时并未提出"打倒孔家店"。五四运动提出了"打倒孔家店"口号的说法是对历史的误解。五四运动发生于1919年5月4日，北京学生3000多人在天安门前集会，举行爱国示威游行，反对巴黎和会关于中国山东问题等决议，提出"外争主权，内惩国贼"、"取消二十一条"等口号。6月，五四运动进入新的阶段，发展到20多个省市。显然，五四运动是反对帝国主义和北洋军阀的爱国运动，提出的口号很鲜明，没有也不可能提出"打倒孔家店"的口号。

　　五四运动是中国近代历史上大转变的时期，作为一个历史时期，当然不仅限于运动的过程本身，而有其前因后果。学术界一般认为五四时期起始于以1915年陈独秀创办的《新青年》（初名《青年杂志》）为标志，迄于1921年中国共产党成立（下限有不同意见）。

　　五四时期的起点是陈独秀创办《新青年》而掀起的一场新文化运动。新文化运动与五四运动有密切的关系，它在思想上和人才上为五四运动做了准备，五四运动又推进了新文化运动的发展。但新文化运动也没有明确提出"打倒孔家店"的口号，虽有评孔批孔的文章发表。既然当时没有提出"打倒孔家店"的口号，为什么长期来人们总是这样认为？我想原因可能有二：一是当时发表了一些评孔批孔的文章，而认为这就是"打倒孔家店"；二是1921年《吴虞文录》出版时，胡适为之作序，文中称赞吴虞是"只手'打孔家店'的老英雄"，由此而衍导出那个口号。但是，胡适称赞吴虞的"打孔家店"，是指吴虞对"孔家店"里封建的伦理纲常的批评，只是"打"，不及"打倒"。所谓"打倒孔家店"云云，并没有确实根据。

因为说五四新文化运动是"打倒孔家店"，由此而判定是对中国传统彻底否定，对中国传统文化一笔抹杀，是民族文化虚无主义，有的论者还把它和"文化大革命"联系在一起，实际上是对五四新文化运动的否定。五四新文化运动提倡什么，反对什么，这里不作全面论述，只就有关所谓"打倒孔家店"是彻底否定中国传统、一笔抹杀中国传统文化的问题谈点看法。

新文化运动的发生，是由辛亥革命后北洋政府、清朝的遗老遗少，以及康有为和孔教会等掀起的一股尊孔复古逆流而引起的。1913年，袁世凯发布《尊孔祀孔令》，陈焕章等人联名上书国会，要求定孔教为国教，编入宪法。1916年，康有为致书总统黎元洪、总理段祺瑞，要求"以孔教为大教，编入宪法"。新文化的倡导者的评孔批孔，就是针对这股尊孔逆流的。他们的论点，主要有两方面。

（一）反对定孔教为国教，编入宪法。他们指出孔子之道不适应于现代社会生活，不能定为国教，编入宪法。陈独秀认为："文明进化之社会，其学说之兴废，恒时时视其社会之生活状态为变迁。"[①]"'孔教'本失灵之偶像，过去之化石，应于民主国宪法，不生问题。"[②]李大钊也指出，社会、道德都是进化发展的，"孔子之道，施于今日之社会为不适于生存"[③]，不能将数千年前的孔子，"入于现代国民之血气精神所结晶之宪法"[④]。

当时掀起的这股尊孔逆流，是和政治上复辟帝制密切相联系的。不

---

① 陈独秀：《孔子之道与现代生活》，《新青年》第2卷，第4号。
② 陈独秀：《宪法与孔教》，《新青年》第2卷，第3号。
③ 李大钊：《自然的伦理观与孔子》，《李大钊文集》（一），人民出版社1999年，第248页。
④ 李大钊：《孔子与宪法》，《李大钊文集》（一），第245页。

仅是袁世凯利用尊孔来为其复辟造舆论，一些主要尊孔团体也纷纷赞成复辟。1915年，直隶、河南的孔社先后上书参政院，请"早定君主立宪"，"复尊君崇上之本"；孔道会会长王锡蕃等致电北洋政府拥护袁世凯称帝；孔子76世孙孔令贻也致电请袁世凯"早日登基"。陈独秀鲜明指出："盖主张尊孔，势必立君，主张立君，势必复辟，理之自然，无足怪者。"①

（二）着重批判封建伦理纲常。新文化运动的倡导者反对将孔教定为国教，必然要集中批判封建伦理纲常。他们认为孔教的核心是礼教，是别尊卑明贵贱的等级制度，是对人的束缚和压抑。陈独秀指出："儒者以纲常立教，为人子为人妻者，既失个人之独立人格，复无个人之独立财产。"②吴虞在《礼论》一文中指出："礼为人君之大柄"，"以尊卑贵贱上下之阶级为其根本"。鲁迅的《狂人日记》、《我之节烈观》，吴虞的《家族制度为专制主义根据论》、《吃人与礼教》等，都揭露了封建礼教的罪恶。

以上所述就是所谓"打倒孔家店"的主要内容。如果认为这就是彻底否定中国传统，一笔抹杀中国文化，是不符合历史实际的。其实在近代中国，批判封建伦理纲常，至晚在戊戌维新时期已开其端。辛亥革命时期进一步发展，并对孔子进行批评，即使被称为国学大师的章太炎、刘师培也反对独尊孔子和儒学，批评儒学。新文化运动的反对孔教、封建伦理纲常，是以前的继承和发展。

新文化运动的倡导者尽管对孔子、对伦理纲常进行了猛烈的抨击，但对孔子、孔学并没有完全否定。如被称为"只手'打孔家店'的老英雄"吴虞，在他致陈独秀的信中就说："不佞常谓孔子自是当时之伟人。"③陈独秀肯定了孔子的历史地位和孔学的历史价值，表示"反对孔教，并不是反对孔子个人，也不是说他在古代社会无价值"④，孔学是"当时社会之名

---

① 陈独秀：《复辟与尊孔》，《新青年》第3卷，第6号。
② 陈独秀：《孔子之道与现代生活》，《新青年》第2卷，第4号。
③ 《新青年》第2卷，第5号。
④ 陈独秀：《孔教研究》，《每周评论》第20号。

产"，"使其于当时社会无价值，当然不能发生且流传至今日"①。李大钊也认为："孔子于其生存时代之社会，确是为其社会之中枢，确是为其时代之圣哲，其说亦确是以代表其社会其时代之道德。"他明确表示："余之掊击孔子，非掊击孔子之本身，乃掊击孔子为历代君主所雕塑之偶像的权威也；非掊击孔子，乃掊击专制政治之灵魂也。"②新文化运动倡导者批孔的指向是明确的，他们并没有对孔子和孔学彻底否定，一笔抹杀。况且批孔也不等于彻底否定中国传统，一笔抹杀中国传统文化。孔子和儒学不等于全部中国传统，不等于全部中国传统文化。

事实上，新文化运动的倡导者也是继承、发扬了优秀文化传统的。如陈独秀反对定孔教为国教，批判封建伦理纲常，是为了中国的民主、富强，强烈地表现了"以天下为己任"的优秀传统。他在《我之爱国主义》一文中，提出可持续的治本的爱国主义六项意见，即：勤、俭、廉、洁、诚、信。他认为这六项，"实为救国之要道"。显而易见，陈独秀所提倡的六项意见，都源之于传统，而且与儒家思想分不开。

不可否认，在新文化运动中，有的人如陈独秀、钱玄同确实在当时特定的环境下发表过一些过激的言论。如钱玄同曾主张"欲废孔学，不可不先废汉文"；"欲废孔学，欲剿灭道教，惟有将中国书籍一概束之高阁之一法"③。单从这些带有愤激之情的言论来看，是颇像一笔抹杀中国传统文化的主张的。但这只是个别人的言论，不是主流。钱玄同自己声称他的主张不代表《新青年》的同人，《新青年》编辑部也声明钱玄同的主张只是他个人的。对于一次文化运动、一股社会文化思潮来说，在发生发展过程中，出现某种过激的言论，是常见的现象。问题在于对这些言论是在什么情况下说的要做具体分析，它在整个运动（或思潮）中居于什么地位，是不是主流，是不是起支配作用，这是我们研究问题时应当把握的。"挑选任何例子是毫不费劲的，但这没有任何意义，或者有纯粹消极的意义，因

---

① 陈独秀：《答常乃悳》（孔教），《新青年》第2卷，第4号。
② 李大钊：《自然的伦理观与孔子》，《李大钊文集》（一），第249—250页。
③ 钱玄同：《中国今后之文学问题》，《新青年》第4卷，第1号。

为问题完全在于，每一个别情况都有具体的历史环境。……如果不从整体上、不是从联系中去掌握事实，如果事实是零碎和随意挑出来的，那么它们就只能是一种儿戏，或者连儿戏也不如。"①

（原载《群言》2002年第4期）

---

①《列宁全集》第29卷，人民出版社1990年，第364页。

中国是怎样走向共和的?

金冲及　龚书铎　李文海

中国走向共和，对于生活在今天的人们来说也许显得有些遥远，但这场历史性巨变对中国的影响实在太大了，不了解它就很难了解今天中国的由来，以至人们至今依然时常回顾它，谈论它。

谈论这个问题有一个前提，那就是：一场历史性巨变的到来，一场席卷全国的革命大浪潮的到来，如果不具备客观的历史需要，没有深刻的社会背景，任何人都无法凭自己的主观意志把它制造出来。

那么，将近一个世纪前的这场历史性巨变是怎样发生的呢?

为民族生存寻求出路

上个世纪之交，中华民族正处在深重的苦难之中。

鸦片战争以后，中国丧失了独立地位，变成一个半殖民地半封建国家。中日甲午战争的失败，大大加快了这种沉沦的步伐。亡国灭种的阴影，沉重地压在几代中国人的心头。当时，中华民族面对着两大历史任务：一个是求得民族独立和人民解放；一个是实现国家繁荣富强和人民共同富裕。前一项任务为后一项任务扫清障碍，创造必要的前提。

为了民族独立和人民解放，中国人经历过艰难的求索。十九世纪后半期，封建统治阶级中的一些人，曾经打出"自强""求富"的旗号，发动

"洋务运动"，开始兴办工矿企业，修筑铁路，开办学堂，派遣留学生。这些活动，对资本主义经济因素和资产阶级社会观念在中国的催生起了一定的作用，不少人对它也有殷切的期待。但是，洋务派的社会地位和政治立场，使他们陷入无法解决的矛盾之中。中日甲午战争的失败，用事实宣告了这个运动的破产。

维新派懂得发展经济和文化，需要有一个良好的政治环境和条什。他们首先致力于政治的革新，在光绪皇帝支持下，发动了"百日维新"，力图对封建专制政治进行一些带有资本上义性质的改革。但是，他们以及他们的支持者如此软弱，以至在以慈禧为代表的判建顽固势力的残酷镇压下，顷刻瓦解，一败涂地。

在回顾这段历史的时假，不能回避对当叫掌握着最高统治权力的一些人物的历史评价。例如，对于作为清王朝最高统治者的慈禧太后应该怎么看？对于十九世纪，后期实际掌握清王朝军政外交大权的李鸿章又怎么看？不弄清楚这些人的历史地位和作用，就很难对中国走向共和的历史面貌有确切的了解。

我们不能说慈禧没有做过一点儿好事。可是，作为封建专制统治的政治代表，慈禧决不是站在历史潮流前头引导社会前进的人物。慈禧尽心竭力维护的是"大清王朝"的统治，而这个时候，"大清王朝"已经走到末日，成为历史前进的绊脚石。"国家"和"朝廷"有一致的一面，又有根本的区别。对清朝政府来说，有时为了"朝廷"的利益，可以完全不顾以至牺牲国家民族的利益。八国联军侵占北京后，慈禧为了维护"大清王朝"的统治，不仅急于签订丧权辱国的辛丑条约，而且竟在煌煌上谕中写上"量中华之物力，结与国之欢心"那样不顾脸面的话，听凭列强予取予求，使当时许多爱国者感到蒙受奇耻大辱。这哪里谈得上是追求"国富民强"？

难怪连主张君主立宪的梁启超也要指出：国家与朝廷是截然不同的两码事，"爱国必先自区分国家与朝廷始"。至于革命派的陈天华就说得更加直截了当："请看近来朝廷所做的事，那一件不是奉洋人的号令？我们分明是拒洋人，他不说我们与洋人作对，反说与现在的朝廷作对，要把我们当作谋反叛逆的杀了。""朝廷固然是不可违拒，难道说这洋人的朝廷也不该违拒吗？"既然清朝政府把自己的利益同帝国主义侵略者紧紧联结在一起，那么，民众自然也就把反对帝国主义的爱国救亡斗争同反对清朝政府紧紧联结在一起。这是完全符合逻辑的结论。

李鸿章从镇压太平天国农民运动起家，稍后成为"洋务运功"的主解，对中国现代化的最初起步作出过自己的贡献。而在对待帝国主义侵略的问题上，他始终坚守"力保和局"的宗旨，奉行"外须和戎"的外交方针。李鸿章的贪婪聚敛是有名的，当时甚至有"宰相合肥天下瘦"（李足安徽合肥人）的说法。他在"自强'旗号下一手训练起来的、用洋枪洋炮武装的淮军，腐败不堪，只能用于对内镇压，在对付日本侵略时几乎一触即溃。当列强将侵略战争强加到中国人民头上时候，他一味避战求和，甚至命令北洋舰队在黄海海战后"不得出大洋浪战，致有损失"，并多次签订损害国家利益和民族尊严的不平等条约。对此，李鸿章有若不可推卸的历史责任。把李鸿章说成是明了世界大势的"最杰出的外交家"，甚至把他描写成"忍辱负重"、有着"我不入地狱谁入地狱"高尚情操的"悲剧英雄"，是完全背离历史真实的。

至于"弱国无外交"的问题，李鸿章作为一个弱国的政治代表，他的外交活动势必受到极大的制约，我们不能要求李鸿章做他无法做到的事情。但是，即使是一个弱小的、落后的国家，也自自己的民族自尊和志气，决不是对列强种种侵略要求只能俯首帖耳，逆来顺受。否则，汪精卫之流也可以被看作"悲剧英雄"了，那还有什么是非可言，还有什么民族自尊自信可言？且不说古今中外历史，弱小的国家和民族在爱国主义和民族精神的激励下，团结抗争，以小胜大，以弱胜强的事例屡见不鲜，就是有些斗争虽然失败了，但抗争者那种宁死不屈的精神，对后来者也起到了巨大的激励作用。这些人不愧为民族的脊梁。就是在同一时期，在对外交涉中，也不乏竭力维护国家利益和民族尊严，从而在外交斗争中取得局部胜利甚至重大胜利的人。如曾纪泽、杨儒的对俄交涉，特别是左宗棠不顾李鸿章等人的反对，从外来侵略者手中收复新疆的巨大胜利等，都是很好的例子。

上世纪初出生的邓小平同志说："我是一个中国人，懂得外因侵略中国的历史。当我听到西方七国首脑会议决定要制裁中国，马上就联想到1900年八国联军侵略中国的历史。""要懂得些中国切史，这是中国发展的个精神动力。"他在同英国首相撒切尔夫人讨论香港问题时说："如果不收回，就意味着中国政府是晚清政府，中国领导人是李鸿章！"这些话，足值得我们反复玩味的。

革命是不得不作出的选择

漫漫长夜，中国的出路在哪，在19世纪后半个世纪里，中国人已经做过多种试验，但都救不了中国。当历史进入20世纪的叫候，中华民族面对的现实更加严峻。国家民族的生死存亡已处在千钧一发的关头。正如陈天华存《警世钟》中所说："要革命的，这时可以革了，过了这时没有命了！"

中国人已实在没有其他路可走，只能义无反顾地投身到近代民族民主革命中去。这是现实迫使他们作出的选择。

孙中山和革命派中的不少骨干分子，一开始也曾试图通过和平手段来促使清政府改革。1894年孙中山上书李鸿章，提出一整套改良方案，也是因为他对李鸿章还抱有希望。然而事实却很无情，孙中山的热切愿望换来的却是李鸿章冰冷的回答，连见都没见他，于是孙中山"知和平之法无可复施"，才最终坚定了革命的决心。

20世纪初所以会有越来越多的知识分子奋不顾身地走上革命道路，都是他们对清王朝进行长期观察后作出的抉择。八国联军战争结束后，清政府的腐败祸国更加暴露无遗。他们标榜实行新政，他们采取的奖励设厂和废科举、兴学堂等措施，虽然多少也起过积极作用，但始终拒绝实行任何根本的变革。人们的失望、不满和愤怒越来越强烈，最后得出一个结论：不用革命的手段推翻这个专制、腐朽的祸国政府，中国是一点希望也没有了。

再看20世纪初清王朝统治下的中国社会：百业凋敝，民不聊生。民众无法生活下去，抗捐抗税、抢米风潮、会党与农民起义等遍布全国城乡，连绵不断。据不完全统计，1902年到1911年，全国各地彼伏此起的民变多达1300余起。它削弱了清政府的统治，为辛亥革命的爆发创造了客观的社会环境和群众基础。

辛亥革命的发生，是客观形势使然。当时的清政府，正如孙中山所形容的，"可以比作一座即将倒塌的房屋，整个结构已从根本上彻底地腐朽了，难道有人只要用几根小柱子斜撑住外墙就能够使那座房屋免于倾倒吗？"革命形势已经成熟。以孙中山为代表的革命派起而推翻清政会，走向共和，正是代表广大民众的意愿，顺应历史发展的必然趋势。

推翻帝制为中国的进步打开闸门

毛泽东同志在《纪念孙中山先生》这篇文章中说："纪念他在辛亥革命时期，领导人民推翻帝制，建立共和国的丰功伟绩。"

"共和国"的建立，是中国历史上的一次巨大变化。1912年南京临时政府成立后颁布的《临时约法》，破天荒地明确宣告："中华民国之主权，属于国民全体。"普通老百姓至少在法理上从"子民"、"蚁民"一下子被承认为国家的主人，这是一个了不起的变化。

走向共和，可以说是革命民主主义同君主专制主义的对立和斗争。这是一场生死搏斗。

在严重的民族危机面前，不同阶级的代表人物所想的并不是一同事，探寻的也是不同的出路。不管慈禧是否像有些人想像的那样"慈祥"、"温馨"、有"高雅情趣"，作为封建专制主义的总代表，她只能是共和的对立物。不管把袁世凯说得怎样"开明"、"进步"，他在必要时可以抛弃清朝政府，但他追求的依然是君主专制，而不是民主共和。

在清朝统治者眼里，孙中山等革命者是大逆不道、犯上作乱的"叛贼"、"乱党"。如果以为追求共和主义的革命者和维护君主专制制度的封建统治名都住为救中国"找出路"，一道"走向共和"，岂不荒唐？！要是那样的话，革命岂不是多余的？包括秋瑾、黄花岗七十二烈士等在内的先烈们的流血牺牲岂不毫无价值？

辛亥革命的历史功绩是不可磨灭的。它带来的直接后果至少有两个：

第一，它使中国的反动统治秩序再也无法稳定下来。中国封建社会本来有个头，那就是皇帝。他是大权独揽的绝对权威，是反动统治秩序赖以保持稳定的重心。辛亥革命突然把这个头砍掉了，整个反动统治就乱了套。辛亥革命在这里所起的巨大作用是无法抹杀的，它为中国的进步打开了闸门，为中国人民革命的胜利开辟了道路。

第二，它使中国人民在思想上获得一次人解放。皇帝在过去是至高无上、神圣不可侵犯的，如今都可以打倒，那么，还有什么陈腐的东西不可以打破？思想闸门一经打开，这股汹涌澎湃的思想解放潮流就奔腾向前，不可阻挡了。尽管辛亥革命后，政治形势还十分险恶，但人们已开始大胆地寻求新的救中国的出路，不久便迎来了五四运动和马克思主义的传播，开始了中国历史的新纪元。

当然，辛亥革命取得的成功毕竟有限。帝国主义和封建势力在中国的统治实在根深蒂固，并不是一两次冲击就能推倒的。辛亥革命没有能改变中国半殖民地半封建社会的性质，孙中山期盼的"共和"受到挫折，人民的悲惨境遇依然如故。1921年以后，中国共产党继承孙中山未竟的事业，又向前迈进，领导中国人民在新民主主义的旗帜下进行了长期的不屈不挠的革命斗争，终于推翻了压在中国人民头上的三座大山，响亮地宣告"中国人从此站立起来了"，建立起中华人民共和国，这才是真正的人民共和国。

由此可见，中国走向共和，走的是一条多么艰难曲折的道路！但同时又是一条多么值得中国人自豪的道路！

（原载《光明日报》2003年8月12日）

台湾当局修改中国历史、废普通话将动摇
中华民族根基

　　语言和历史是一个民族的根，也是人们对本民族认同感的基本组成部分。如果这一部分被改动，影响将十分深远和严重。

　　不久前，台湾当局公布了《普通高级中学历史科课程纲要草案》，将明朝中叶以后包括清朝和中华民国的历史全都放进高中二年级的"世界历史"课程中。这同六年前推出的《认识台湾》是一脉相承的，都是篡改历史的行径，其目的是为了实现"台独"。

　　1997年，台湾当局在初中一年级推出新教材《认识台湾》，将台湾历史归纳出两个特点，一叫"多元文化"，一是"国际性"；对三国和隋朝时期大陆与台湾的联系只字不提，还把汉族人民从大陆移居台湾进行开发和建设，与荷兰、西班牙和日本对台湾的侵占相提并论；同时，教材还对日本在台湾的统治和掠夺歌功颂德，把日本侵占台湾时期美化为"促进"台湾现代化的时期。

　　从推出篡改历史的初中课本到现在要修改高中课本，在教育领域的"渐进式台独"非常危险，它涉及台湾同胞子孙后代对中国的认识问题。青少年是在学习本国历史过程中深化对祖国的认识，更改历史教材将会潜移默化地改变他们对自己是中国人的认同。

　　就在修改历史教科书问题引来众多反对之声时，台湾当局又宣布废止已实施数十年的"国语推行办法"，包括闽南人、客家人以及各原住民等

族群使用的十几种语言均将被列为"官方通用语言"，并在公务员考试中以闽南语发音命题。

我曾于1947年前往台湾师范学院（现台湾师范大学）史地系学习。对于台湾当局要废止普通话的政策，实在费解。闽南语仅仅是中国的一种方言，福建的泉州、厦门等地区以及广东和海南某些地方的人都会说。我是泉州人，说的就是闽南语。将方言作为"官方通用语言"，全世界没有这种先例。台湾在"光复"以后，大陆许多地方的人都前往台湾定居。他们以及他们的后代大都不会讲闽南话。这一政策本身对这些人是不公平的。

法国作家都德的《最后一课》让我记忆深刻，文章中法国老师在被占领区对法国学生进行的最后一堂法语教育课感人至深，恰恰与台湾当局现在所作所为形成鲜明对比。许多海外华侨华人经常回国寻根，在海外仍保持用中文相互沟通，他们教育子女在使用当地语言的同时学好中文。这是因为中华民族的传统文化已经深深印在他们心中，而中文这种语言正是传统文化的载体，是不可能随意改变的。

台湾当局的这些政策，短期内会造成台湾民众认知上的错乱，长期而言将为"台独"分子分裂祖国行径铺路，不利祖国统一大业的完成。

作为长期从事历史教学的教师，希望台湾史学界、教育界的同行能以对青少年负责任的态度，对中华民族前途负责任的态度，认真编写教材，尊重历史，客观、全面、真实地叙述历史，还历史本来面目，维护祖国统一。

（原载中国新闻网2003年10月）

甲申三百六十年：引以为鉴的历史教训

今年又逢甲申年。60年前的那个甲申年（1944）3月，郭沫若同志在重庆《新华日报》发表了著名的文章《甲申三百年祭》，纪念明朝崇祯十七年（甲申，1644）李自成领导的农民起义军攻入北京推翻明王朝三百年。文章阐明了李自成的农民起义军进入北京后，它的一些首领因为胜利而骄傲起来，生活腐化，进行宗派斗争，以致这次起义在1645年陷于失败，留下了深刻的历史教训。

文章发表后，立即引起了毛泽东同志的重视，把它作为整风文件印发。4月，他在延安高级干部会议上所作《学习和时局》的讲演中指出："我党历史上曾经有过几次表现了大的骄傲，都是吃了亏的。""全党同志对于这几次骄傲，几次错误，都要引为鉴戒。近日我们印了郭沫若论李自成的文章，也是叫同志们引为鉴戒，不要重犯胜利时骄傲的错误。"[①]11月，毛泽东致信郭沫若说："你的《甲申三百年祭》，我们把它当作整风文件看待。小胜即骄傲，大胜更骄傲，一次又一次吃亏，如何避免此种毛病，实在值得注意。倘能经过大手笔写一篇太平军经验，会是很有益的。"[②]

"以古为鉴，可以知兴替。"毛泽东所以如此重视《甲申三百年祭》这篇文章，也是要以李自成领导的农民起义军从胜利地推翻明王朝到终于失败的历史教训，让全党同志引为鉴戒。

---

① 《毛泽东选集》第3卷，第947—948页。
② 《毛泽东书信选集》，第241页。

李自成领导的农民军自1629年（崇祯二年）起义，到1645年失败，前后15年，虽历经挫折，但终于推翻了明王朝。它的胜利，是由于提出了"贵贱均田"、"平买平卖"、"迎闯王，不纳粮"等反映了农民以及城市居民的迫切要求的政策措施，是由于农民军军纪严明，"不杀人、不爱财、不奸淫、不抢掠、平买平卖、蠲免钱粮，且将富家银钱分赈穷民"①，也由于起义军内部有朴素的平等关系，艰苦奋战的精神，李自成"衣帽不异人"，"不好酒色，脱粟粗粝，与其下共甘苦"②，等等，因而沿途受到百姓的拥护，"远近饥民荷旗而往，应之者如流，日夜不绝，一呼百万，而其势燎原不可扑"③。明王朝在军事力量、财力物力等方面都较农民军有很大的优势，但由于它已十分腐败，失去民心，而由优势转为劣势。农民起义军在战斗中迅速取得一个又一个的胜利，占领西安后，李自成正式建国，国号大顺，年号永昌。随后，李自成率领精兵渡黄河，攻北京。农民军攻进了北京城，使得那个崇祯皇帝在惊惶中跑到煤山（景山）上吊自尽，建立了276年的朱明王朝覆灭了。

胜利是喜剧，但是胜利也可以演变成悲剧。大顺军打进北京城，推翻明王朝，巨大的胜利令人欢欣鼓舞，但它也使人昏昏然。李自成等首领在一片凯歌声中滋长了骄傲轻敌的思想。当时山海关有明朝总兵吴三桂的军队，关外有清多尔衮调集了大军准备与李自成争天下，江南还有南明政权的力量。对于这种不利的处境，李自成等首领却缺乏足够的警惕，麻痹大意，甚至认为山海关"不足当京师一角，用脚尖踢倒耳"④。基于这种骄傲轻敌思想，在招降了吴三桂之后，只派明降将唐通率兵8000镇守山海关，没有派重兵前往。"祸莫大于轻敌"（老子语）。结果吴三桂勾结清军，联合进攻大顺军。李自成得报，才亲率20万大军东征，在山海关一片石遭到清军和吴三桂的夹击而惨败，使形势发生了急剧的变化。而在李自成东征期间，在北京的一些首领终日"大轿、门棍，洒金扇上帖内阁字，玉带、

①《明季北略》卷20。
②《国寿录》卷1。
③《豫变纪略》卷4。
④《谀闻续笔》卷1。

蓝袍圆领，往来拜客，遍请同乡"[1]，结党营私，生活腐化。大顺军在北京"追赃助饷"时，自将军至战士也各有私囊，"腰缠多者千余金，少者亦不下三百、四百金，人人有富足还乡之心，无勇往赴战之气"[2]，军心涣散。加之起义军内部宗派矛盾，它的失败不可避免。李自成东征失败，返回北京，匆忙地登上帝位，即撤出北京，向陕西转移。大顺军在北京只有42天。1645年，李自成农民起义军在湖北失败。

李自成农民起义军失败的教训，值得我们记取。这就是为什么毛泽东要把郭老的《甲申三百年祭》作为整风文件印发全党，要全党同志引为鉴戒的因由。

毛泽东在致郭老信中指出，如郭老"写一篇太平军经验，会是很有益的"，大概也是出于同样的目的。

李自成领导的农民起义军失败后，过了206年，清朝道光三十年，1851年，洪秀全在广西桂平县金田村宣布起义，建号太平天国。气势磅礴的太平天国农民起义从此开始。

1853年3月，太平军攻进了南京。太平天国把南京改称天京，正式建立了与清王朝对峙的政权。在天京，太平天国颁布了《天朝田亩制度》，希望通过这样的方案，建立"有田同耕，有饭同食，有衣同穿，有钱同使，无处不均匀，无人不饱暖"的理想社会。到1856年上半年，太平天国在同清王朝的战争中取得了辉煌的胜利，控制了从武昌到镇江长江沿岸的城镇，掌握了安徽、江西、湖北东部以及江苏部分地区，京师震动。

高潮的到来，也往往伴随着低潮的开始。洪秀全的太平天国也和李自成的大顺国一样，在取得巨大胜利的时候，骄傲自大、贪图享乐、宗派矛盾、权力争夺等凸显了出来。农民阶级不是新式生产力的代表，没有科学的理论指导，他们无法克服自身固有的局限性，因而不论大顺军还是太平军都具有难以避免的弱点。

南京曾是六朝金粉繁华地，太平天国曾经试图"改造"这座城市，但

---

[1]《甲申传信录》卷6。
[2]《明季南略》卷5。

它没有能做好、做到，却被这座城市"改造"了。建都天京后，太平天国领导人的思想作风发生了变化，起义初期那种"敝衣革履，徒步相从"的思想作风多被抛弃，代之而起的则是对权力和奢侈生活的追求。太平军进入南京后，立即大兴土木，把两江总督府扩建为天王府，拆毁了大批民房，动用了成千上万的男女劳力，"半载方成，穷极壮丽"，旋因大火烧毁。随后又在原址重建，周围十余里，宫殿林苑，"金碧辉煌"，"侈丽无匹"。杨秀清东王府的修建也是"穷极工巧，骋心悦目"。至于冠履服饰、仪卫舆马等，都备极奢华。从天王洪秀全到普通战士之间，等级非常森严。诸王出行，官兵必须回避道旁，高呼万岁或千岁，否则就要受到严厉惩处。

太平天国领导人之间的关系也逐渐疏远，原来"寝食必俱，情同骨肉"变为"彼此睽隔，猜忌日生"，宗派矛盾日益明显。杨秀清、韦昌辉、石达开等各自通过家族、亲戚、部属等关系，结成自己的集团，并各自控制一部分军队。随着起义的发展和个人权力的上升，一些领导人骄傲自满严重发展起来。洪秀全僻处深宫，把许多精力用于宗教神学的著述，脱离了斗争实践。杨秀清骄傲专横严重发展，"威风张扬，不知自忌"，扩大了他与洪秀全、韦昌辉、石达开等人的矛盾。杨秀清为进一步扩大个人的权势，"逼天王到东王府封其万岁"，终于导致了领导集团的互相残杀。杨秀清、韦昌辉先后被杀，将领和战士在相互混战中大批死亡。其后石达开又离开天京，率领大批太平军独立作战。这使太平天国元气大伤，军心涣散，由盛而走向衰。虽然此后还坚持战斗多年，但于1864年被曾国藩的湘军、李鸿章的淮军联合外国侵略势力镇压而失败。李自成的大顺军推翻了明王朝而失败，洪秀全的太平军还没有来得及推翻清王朝就失败了，又一次血的教训值得我们记取。

毛泽东不愧为一位伟人，他深谋远虑，高瞻远瞩，总是在历史转折的关键时刻向全党同志提出告诫。1944年，抗日战争即将胜利的头一年，他告诫全党同志不仅要从党的历史上所犯骄傲的错误引为鉴戒，还要从历史上如李自成农民起义军所犯骄傲的错误引为鉴戒。1949年3月，在解放战争取得全国胜利很快就要到来的时候，毛泽东在西柏坡举行的中国共产党第七届中央委员会第二次全体会议上的报告中，又及时地提出告诫："务必使同志们继续地保持谦虚、谨慎、不骄、不躁的作风，务必使同志们继续地保持艰苦奋斗的作风。"这两次告诫，对于抗日战争、解放战争的胜利具有重要的意义。

　　"两个务必"不仅革命战争年代需要，在建设社会主义现代化的今天也是不能须臾忘记的。2002年，胡锦涛同志就任党的总书记之后，即带领书记处成员到西柏坡参观学习，提出要牢记"两个务必"。去年他在"七一"讲话中又一次强调要牢记"两个务必"。他指出："现在，有些党员干部思想空虚，意志衰退，抵御不住拜金主义、享乐主义、极端个人主义的诱惑；有些地方和部门存在严重的形式主义、官僚主义作风和弄虚作假、铺张浪费行为以及各种消极腐败现象。产生这些问题的原因很多，但从根本上说是一些干部放松了主观世界的改造。"他号召大家"要紧密联系自己的思想实际，坚定共产党人的理想信念，提高思想政治水平，加强道德品质修养，牢记'两个务必'，真正做到在改造客观世界的同时改造主观世界，寓改造主观世界于改造客观世界的过程中，用改造主观世界的成效来推进客观世界的改造。"这些话语重心长。在甲申三百六十年来临之际，我们要重温历史的经验教训，坚持"两个务必"的优良传统，遏止腐败现象，永葆革命朝气，始终锐意进取，避免失败危险，为建设社会主义，最终实现共产主义奋斗到底。

（原载《中华魂》2004年第4期）

严复研究的新思路新探索*

严复是近代中国著名的启蒙思想家、翻译家。他的思想在近代中国影响深远。1906年，胡汉民发表的文章中就指出："自严氏之书出，而物竞天择之理，厘然于人心，中国民气为之一变。"有的哲学家认为，《天演论》传播的进化思想，是中国哲学史上的一次革命。

由于严复在中国思想史上的重要地位，因而受到学术界的关注，自20世纪30年代即有研究专文发表。此后，研究论著不断增多，不但国人研究，海外也有学者研究。特别是20世纪80年代以来，严复研究成了一个"热点"，发表了大量论文，出版了不少著作，举办了多次学术研讨会，推进了研究的深入发展。研究的深化，表现在以下几点。

一、提出了新思路、新观点。原来颇为流行的观点，认为严复早年主张全盘西化，晚年主张反本复古；或者说早年"全盘肯定西学，完全否定中国传统文化"，晚年"全盘肯定国粹，尽弃西学"；也有用从离异到回归来概括的。近年来，一些研究者不同意上述的观点，认为严复早年"背弃儒学"、晚年"背离西学"的思想演变是不存在的，他对中西文化自始至终采取一种存菁去芜的态度。比较集中反映这种观点的，是刘桂生教授等编的《严复思想新论》一书。不仅是对严复，对于孙中山等人，也有认为是从离异到回归传统的。我不赞成这种意见。大约十年前，在杭州举行的

* 在福建"纪念严复诞辰150周年"会上的发言。

关于孙中山的一次学术研讨会上，在谈到孙中山与传统文化的关系时，说明了他在辛亥革命前没有离异传统文化，在辛亥革命后也就谈不上他对传统文化的回归。孙中山思想体系的渊源，既继承了传统文化，又吸收了西方文化。正如他自己所说的："余之谋中国革命，其所操主义，有因袭吾国固有之思想者，有规抚欧洲之学说事迹者，有吾独见而创获者。"对于严复来说，在对待中西文化上，也是如此。

国外学者关于严复的研究，以史华兹《寻求富强：严复与西方》一书的影响较大。近年来，一些研究者对他的论点也提出了质疑。如史华兹认为，严复所宣传的自由思想，并没有吸收英国19世纪个人自由主义的思想传统，而是为达到集体主义目标而仅具工具意义的一套自由观，而不是以自由作为终极目标的西方自由观念的原型。有的研究者不赞成这一论点，指出严复肯定了自由的目的性而不是史华兹所说的工具性，严复试图在个人权利与群体权利间采取平衡的观点，而非强调群体利益高于个人价值，虽与斯宾塞重视个人主义的趋向有异，但亦非背离西方自由主义的精神，晚年的严复仍然算得上是一位具有中国特色的自由主义者。

有的研究者对史华兹《寻求富强：严复与西方》一书中所说的严复是一个"彻底否定"中国文化、"坚定不移"地主张"在近代西方寻找人类未来的形象"的观点提出质疑，指出严复在《社会通诠》中确实有不少批评孔子和儒学的言论，但这些批评不能说就是否定整个儒学传统，更不等于就意味着否定整个中国文化。研究和介绍甄克思有关人类社会发展的历史，也不意味着"在近代西方寻找人类未来的形象"。

二、具体、深入的研究。严复的研究著作很多，但也存在着或人云亦云，或大而化之的问题。严复留下的著述，除他撰写的文章、书信等外，有大量的译著，要深入研究严复，阐明他的思想，离不开认真解读他的译著。严复翻译西书，有其特点，他不是严格按原著翻译，而是往往加进了自己的东西，而他译文中一些重要词汇，也不都是英文的原意。不将他的译书与原著进行认真的比照研究，只读译书，是不能弄清楚他的思想的。这方面已受到研究者的注意，如《天演论》的研究、黄克武关于《群己权界论》的研究等。这两年读了三部博士论文：王宪明的《从甄克思的 A Short History of Politics 到严复译〈社会通论〉——严复译著与清末民初政治文化思潮》、戚学民的《严复〈政治讲义〉研究：文本渊源、言说对象和理论意义》、王天根的《严复社会学思想研究》。他们都在对照严译本和原著上下了很大工夫，认真地加以研究，有所创新。例如，王宪明论文中着重研究了《社会通论》中的国家、民族、小己等关键词，如指出严复用"民族"翻译原文中的"tribe"、"clan"等词，与当时人士和后来社会上盛行的译法不同。严复所说的"民族"，实际上是一种宗法性的组织，与近代国家格格不入。不能把严复所用的"民族"等同于英文中的"nation"，将"民族主义"等同于英文中的"nationalism"，并等同于孙中山所倡导的三民主义中的"民族主义"，据此认定严复反对"民族主义"、反对革命。

三、新史料的不断发现，包括严复所写的文章、书信，等等。严复的研究要进一步深入，这就需要有甘坐冷板凳的精神。潜下心来认真读书，而不是寻章摘句式地找材料，不是用现成的模式来套。比如一般都认为严复在维新运动期间批判汉学和宋学，认为是无用无实。这是有根据的，是他的文章写的。但如果以此认为严复完全否定汉学和宋学则值得推敲。他认为汉学和宋学不是真无用无实，而是中国处于危亡之际，面临的是救弱救亡，靠汉学宋学解决不了问题，"非今日救弱救贫之切用"，只有通知外国事，学西学西文、格致。

有些问题也还需要深入研究。例如前面说到的，严复不存在早年全盘西化、晚年反本复古的问题。但是从他的文章看，维新运动时期，他一再强调"以西学为要图"，甚至说"此理不明，丧心而已。救亡之道在此，自强之道亦在此"。而在晚年则强调读经，鼓吹弘扬忠孝节义，参与发起孔教会等，而这时正值袁世凯及清朝遗老等掀起尊孔读经浪潮。这种现象是否确实存在？如果存在，又应当怎样解释？这是需要研究的。

（原载《炎黄纵横》2004年第3期）

从李叔同到弘一法师

我知道弘一法师，是在读初中的时候。1942年初，考入晋江县中（现为泉州第一中学）。每日上学，从家到学校，都要经过温陵养老院。温陵养老院原是南宋朱熹任同安主簿时来此讲学的地方，他曾种竹建亭，题名"小山丛竹"。清康熙年间，建为小山丛竹书院。1925年，泉州佛教协会于此处改为老年僧人安养院，才改称"温陵养老院"。弘一法师多次住在这里，曾为"过化亭"补题匾额，并作序："泉郡素称'海滨邹鲁'，朱文公尝于东北高阜建亭种竹，讲学其中，岁久倾圮。明嘉靖间，通判陈公重建斯亭，题曰'过化'，后亦毁于兵燹。迩者叶居士青眼欲复古迹，请书亭额补焉。余昔在俗，潜心性理，独尊程朱，今来温陵，补题过化，何莫非胜缘耶！"

1942年4月，弘一法师最后一次在这里居住。10月13日，于此圆寂。上学过往时，同学曾告诉弘一法师就住在这里，我才知道弘一法师是一位很有学问的高僧。他在泉州留下了不少字迹，我不懂书法，但看了很喜欢，觉得与他人不同，自成一体，很有特色，如他自己所说："朽人之字所示者，平淡、恬静、冲逸之致也。"

弘一法师对闽南、对泉州，可以说情有独钟，或者说是有缘分。他出家二十四年，有十四年是在闽南度过的，约自1930年以后，弘一法师年年都在泉州居住过，其中1938年曾到昭昧国学专修学校讲《佛教的源流和宗派》。昭昧国学专修学校的前身是一峰书院、清源书院、梅石出院，其后则改建为晋江县中，也就是我的母校。

弘一法师出家后，成为一代高僧、律学大师；但在1918年出家之前则是蜚声文艺界的艺术家。他从一名有影响和成名的艺术家，忽然遁入空门，不仅"当时人多诧异"（丰子恺语），即后来对他这种传奇式的人生也觉得是个谜，引起了不少人的兴趣和关注，有人曾撰文探讨。上世纪80年代，我的研究生徐跃的硕士学位论文就是研究李叔同（弘一法师出家前的字号）的，涉及出家问题。

李叔同具有艺术天赋，多才多艺，诗词、音乐、绘画、篆刻、书法、戏剧等，皆"自然有独到处"。受家庭的影响，他少时即能诗文，自称"二十文章惊海内"。1905年东渡日本，考入东京上野美术学校学油画，又入音乐学校学音乐。他还和同学曾孝谷等组织春柳社，开创话剧演出活动。

据欧阳予倩在《回忆春柳》所记，那是1907年初春，他在日本东京骏河台中国青年会一个赈灾募款的游艺会上，看到春柳社友第一次演出法国小仲马的《茶花女》，演的只是第三幕一幕，李息霜（李叔同）饰茶花女。它的上演得到日本新派演员藤泽浅二郎很多帮助。欧阳予倩还说："日本有一位老戏剧家松居松翁对李息霜的演技极为欣赏。他说他看了这个戏令他想起他在法国蒙马得尔小剧场那个女演员杜菲列所演的茶花女。"①随后，春柳社又演出《黑奴吁天录》。这是根据林纾、魏易翻译的美国斯托夫人的同名小说（原名为《汤姆叔叔的小木屋》）改编的，分为五幕，李息霜饰爱米柳夫人。这出戏富有强烈的反对民族压迫的思想。演出效果很好，观众很受感动，尤其是受到留日学生和旅日革命人士的欢迎。《黑奴吁天录》是中国正规的、完整的话剧的第一次公开演出，它标志着中国话剧的正式诞生。

李叔同在音乐方面的成就，也是为人所称道的。他主编了中国最早的音乐杂志《中国音乐小杂志》，认为音乐能够"琢磨道德，促社会之健全；

---

① 欧阳予倩：《自我演戏以来》，中国戏剧出版社1959年，第155页。

陶冶性情，感精神之粹美。效用之力，宁有极矣。"他那首《送别》，"长亭外，古道边，芳草碧连天……"，脍炙人口，至今仍在传唱。

值得称道的是，从世俗的李叔同到出家为僧的弘一法师，始终如一地怀着一腔爱国热忱。1905年他东渡日本留学，填下了《金缕曲》词留别祖国。面对着西方列强侵略的加深，清政府的腐败卖国，他在词中感慨祖国"破碎河山谁收拾"，反映出"长夜凄风眠不得"的忧患意识，表达了"度群生，那惜心肝剖，是祖国，忍孤负"的爱国情怀。李叔同回国后，正值辛亥革命，他填下了《满江红》一阕以表达心情："皎皎昆仑，山顶月，有人长啸。看囊底，宝刀如雪，恩仇多少。双手裂开鼷鼠胆，寸金铸出民权脑。算此生，不负是男儿，头颅好。

"荆轲墓，咸阳道；聂政死，尸骸暴。尽大江东去，余情还绕。魂魄化作精卫鸟，血花溅作红心草。看从今，一担好山河，英雄造。"

豪放的词风，正表达出李叔同对辛亥革命推翻君主专制的清政府，建立民主共和国的赞颂，期盼着从今以后改变山河破碎，造出大好河山的爱国热情。

李叔同出家为僧后，仍然关心国家的命运。抗日战争时期，他表示"念佛不忘救国"，指出："佛者，觉也。觉了真理，乃能誓舍身命，牺牲一切，勇猛精进，救护国家。"他还说："倘值变乱，愿以身殉。"1940年，柳亚子赠诗祝弘一法师六十寿辰，诗有"愿持铁禅杖，打杀卖国贼"句，弘一法师以《红菊》诗回答："亭亭菊一枝，高标矗晚节。云何色殷红，殉教应流血。"表明了僧人高尚的民族气节，真可谓："莫嫌老圃秋容淡，犹有黄花晚节香。"

（原载黄清源主编：《弘一大师圆寂六十二周年纪念文集》，

中华闽南文化研究会2004年）

争鸣的风度

　　新的出版的《历史学家茶座》创刊号，发表一篇王曾瑜先生《空头主编与南郭先生合作的等外品——评戴逸、龚书铎主编〈中国通史〉彩图本》，指出该书主编戴逸、龚书铎是"空头主编"，并指出该书的宋代部分"至少有七处硬伤"。7月8日，《文汇读书周报》记者为此采访了戴逸先生，戴先生表示："我们欢迎批评，有则改之，无则加勉，但这种粗暴、上纲上线的批评方式我不同意，何况王曾瑜指出的错误大部分不是错误，说这部书是学术垃圾更是不公平的。"7月29日，"周报"又发表金生叹先生的《休想封杀?》，再次指出该书是"一部平庸之作"。

　　很久没有看到这样在报刊上进行批评与反批评的文章了。当今学术方面的书籍不计其数，报刊上也有不少"书评"，但是，大都是捧场的，一片赞美声，很少有批评的声音。对于一部图书，读者有批评的权利，而被批评者有反批评的自由，这是我国学术界的优良传统。至于说《中国通史（彩图版）》是一部什么样的书，读者自有公论。

　　我曾参加过多次学术研讨会，往往觉得缺少一种争鸣的气氛，也许是碍于面子的关系吧，说是学术讨论，有的根本不争论，你好我好大家好，尤其对于名家更是大加捧场，这样的研讨会对于学术研究有多少好处？对于参加研究的学者有多少帮助？

　　学术争鸣是促进学术繁荣和发展的重要途径。不过，我以为，学术批评要注意一下风度。记得吴晗先生曾经写过一篇《争鸣的风度》，他说：

"要使学术争论健康的展开，真正做到百家争鸣，推动学术水平的提高，而又心情舒畅，知无不言，言无不尽，还得讲究一下争鸣的风度，那就是第一大家都平等，有权讲道理；第二道理要科学，能够说服人；第三共同的语言，一致的口径；第四道理要讲透，态度要正确。"吴晗先生是我们史学界的前辈。人们敬仰他，怀念他，他的争鸣的风度也是其中的一个重要方面。

（原载《江海纵横》2005年第5期）

百年同盟会

大势所趋

一百年前的8月20日，孙中山、黄兴等革命党人在日本东京成立中国同盟会。

同盟会的成立，是历史发展的趋势，是革命的需要。历史刚跨入20世纪，1901年，八国联军入侵北京后，迫使清政府签订了不平等的《辛丑条约》。清政府竟然声称要"量中华之物力，结与国之欢心"，并保证永远禁止中国官民成立任何反对外国侵略者的组织和坚决镇压中国人民的反帝斗争。清政府对外丧权辱国，沦为"洋人的朝廷"。1904年2月26日，由《俄事警闻》更名为《警钟日报》的创刊号上发表了一幅《听听警钟》的漫画，图上帝国主义列强持刀鸣枪在中国土地上进行抢掠，有人举锤奋力敲击"警钟"，而清政府统治者却在酣然入睡。清政府内外官吏一味媚外，"内而宫廷，外而疆吏，下至微员末秩，皆莫不以敬礼外人为宗旨"[1]。清政府的卖国媚外，使它愈益失去人心。

《辛丑条约》签订后，清政府为了维护统治，不得不做一些变革，对内施行"新政"。新政的施行需要经费，从而加捐加税，勒索人民。当时，"所有柴、米、纸张、杂粮、蔬菜等项、凡民间所用，几乎无物不捐"[2]；

---

[1]《论中外有不能相安之势》，《新民丛报》第20号，第110页。
[2]《江西巡抚冯汝骙奏宜春县乡民抗捐仇绅聚众攻城折》，《辛亥革命前十年间民变档案史料》上册，中华书局1985年，第355页。

"当捐之行也，一盏灯，一斤肉，一瓶酒，无不有税"[①]。各级官吏乘机从中勒索中饱，广大民众难以为生，民怨沸腾。人民群众不能照旧生活下去，于是纷纷起而反对清政府的腐败统治。抗捐抗税、抢米风潮、会党与农民起义等各种类型的反抗斗争，遍布全国城乡，连绵不断。全国各地此伏彼起的抗清斗争，社会动荡，削弱了清政府的统治，使它陷入四面楚歌的困境中。

清政府的丧权辱国、昏庸腐败，人民群众的抗清斗争遍布全国，在这种形势下，革命运动蓬勃兴起。这主要表现在民主革命思想的传播和革命团体的成立。

20世纪初，在日本东京和上海，先后创办了一批宣传革命、抨击清政府腐败卖国、呼吁救亡的报刊，如《浙江潮》、《江苏》、《童子世界》、《国民日日报》等。同时，还出版了宣传革命的书籍。在这些宣传民主革命思想的书刊中，影响最大的是章太炎的《驳康有为论革命书》、邹容的《革命军》和陈天华的《猛回头》、《警世钟》。章太炎于1903年在上海《苏报》发表了震动一时的《驳康有为论革命书》一文，批驳康有为鼓吹"保皇"、反对革命的主张，指出"公理之未明，即以革命明之；旧俗之俱在，即以革命去之"，赞颂革命为"启迪民智，除旧布新"的良药，并把康有为等保皇派所拥戴的光绪帝指斥为"载湉小丑，未辨菽麦"。邹容的《革命军》热情地讴歌民主革命，主张以革命手段"扫除数千年种种之专制政体"，推翻帝国主义的"奴隶总管清政府，建立人民享有民主权利的"中华共和国"。《革命军》出版后，先后翻印销售达数百万册，影响很大。陈天华的《猛回头》、《警世钟》则揭露帝国主义对中国的侵略，呼唤人民奋起为保卫国家独立和维护民族生存权利而斗争："改条约，复税权，完全独立；雪仇耻，驱外族，复我冠裳。"他还指出清政府"这朝廷，原是个，名存实亡；替洋人，做一个，守土官长"。为了抵抗帝国主义侵略，挽救民族危亡，必须推翻清政府这个"洋人的朝廷"。

---

①《论近日民变之多》，《东方杂志》1904年第11期。

在民主革命思想传播的同时，革命团体也纷纷成立。早在1894年，孙中山就在檀香山成立第一个革命团体兴中会。次年，孙中山又在香港成立兴中会总部，提出"驱除鞑虏，恢复中华，创立合众政府"的革命纲领。

1904年前后，许多地区成立了革命小团体，如湖北的科学补习所、安徽的岳王会、福建的汉族独立会、江苏的强国会、江西的易知社、四川的公强会等。其中重要的有华兴会、光复会。华兴会是在黄兴、宋教仁、陈天华等的策划下于1904年2月正式成立，黄兴任会长，湖南、湖北的革命知识分子参加者四五百人，计划在11月慈禧太后70岁生日那天举行起义，因事泄，清政府地方官员搜捕革命党人，黄兴逃往上海，不久转赴日本。光复会也是在1904年正式成立于上海，推举蔡元培为会长，参加者主要是浙江的革命知识分子，并广泛联系浙江的会党。

民主革命思想的传播和各地革命团体的纷纷成立，为同盟会的成立奠定了思想、组织基础。而清政府的昏庸腐败，成为"洋人的朝廷"，以及遍布全国的群众抗清斗争，则为革命的发展提供了有利的客观条件。孙中山于1904年发表的《中国问题的真解决》一文中指出：清政府就像"一座即将倒塌的房屋，整个结构已从根本上彻底地腐朽了"，"全国革命的时机，现已成熟"[1]。人们对清政府的腐败、卖国已经不能容忍，认为"欲思排外，则不得不先排满；欲排满，则不得不出以革命。革命革命，我同胞今日之事业，孰有大于此乎？"[2]由于革命形势的发展，原来各革命团体分散的活动，已经不能适应形势的需要，在孙中山的倡议下，经与黄兴、宋教仁等革命党人的协商，终于在1905年成立了同盟会。

革命转折

同盟会成立会上，推举孙中山为总理；通过了孙中山提出的"驱除

---

[1]《孙中山全集》第1卷，中华书局1981年，第254、252页。
[2] 吴樾《暗杀时代》，《辛亥革命》第2册，上海人民出版社1957年，第382页。

鞑虏，恢复中华，创立民国，平均地权"的革命纲领；设立仿"三权分立制"的执行、评议、司法三部，黄兴为执行部庶务，总理外出时庶务代行一切，评议、司法两部实际上形同虚设。同盟会除本部外，还设有河北、河南、山东、山西、江苏、安徽、湖北、湖南、广西、江西、云南、贵州、四川、陕西、福建、浙江、上海等分会。同盟会成立后创办了《民报》，作为机关刊物。

中国同盟会的成立是革命的转折，使民主革命运动进入新阶段，意义重大。

首先，有一个比较完整、明确的民主革命纲领。《中国同盟会革命方略·军政府宣言》中明确指出，这次革命于"驱除鞑虏，恢复中华之外，国体民生，尚当与民变革，虽经纬万端，要其一贯之精神，则为自由、平等、博爱"。1905年11月，孙中山在《民报》创刊号上发表《〈民报〉发刊词》，将同盟会的十六字纲领概括为民族、民权、民生三大主义，即三民主义，指出"是三大主义皆基本于民"。"驱除鞑虏，恢复中华"是民族主义，是要推翻清皇朝的统治，不是排斥满族。当时革命党人中有的片面理解"反满"，认为"反满"就是反对满族全体。孙中山批评这种说法，他指出"民族主义，并非是遇着不同族的人便要排斥他"，"我们并不是恨满洲人，是恨害汉人的满洲人。假如我们实行革命的时候，那满洲人不来阻害我们，决无寻仇之理"[1]。"创立民国"是民权主义，"由平民革命以建国民政府，凡为国民皆平等以有参政权"。孙中山指出，"中国数千年来都是君主专制政体，这种政体，不是平等自由的国民所堪受的"，必须予以推翻。"照现在这样的政治论起来，就算汉人为君主，也不能不革命"。《军政府宣言》旗帜鲜明地宣布："敢有帝制自为者，天下共击之。""平均地权"是民生主义，按《军政府宣言》所说，即"核定天下地价。其现有之地价，仍属原主所有；其革命后社会改良进步之增价，则归于国家，为国民所共享。肇造社会的国家，俾家给人足，四海之内无一夫不获其所。敢

---

[1] 孙中山：《在东京〈民报〉创刊周年庆祝大会的演说》，《孙中山全集》第1卷，中华书局1981年，第324—325页。

有垄断以制国民者，与众弃之"。

同盟会的纲领虽然还存在一些缺憾，如民族主义没有明确提出反对帝国主义的内容，民生主义也没有规定农民如何获得土地，但在当时的历史条件下，无疑是一个比较完整的民主革命纲领。这个纲领提出的推翻腐朽的清政府的统治，建立民主共和国的主张，成为革命党人共同的奋斗目标，深入人心。辛亥革命就是以此为指导思想而进行的，终于推翻了清政府，建立民国，结束了两千多年的君主专制制度。民国初年，袁世凯搞"洪宪帝制"，张勋扶溥仪出来复辟，都遭到人们的唾弃，"天下共击之"，顷刻瓦解。

其次，有了一个统一的全国性的革命组织。同盟会成立以前，一些革命团体带有明显的地域性，如兴中会主要是广东人，华兴会主要是湖南、湖北人，光复会主要是浙江人，而同盟会作为全国性的革命组织，打破了这种地域局限。同盟会具备资产阶级革命政党的规模，成为全国革命运动的中心。尽管同盟会后来也有分化，也有其他革命组织出现，但都是在同盟会影响下进行的，是以同盟会的推翻清政府、废除帝制、建立民国为指导思想的。因此，在1911年武昌起义爆发后，很快在南京成立临时政府，选举孙中山为临时大总统。

同盟会成立后，主要做了两件事，一是与改良派进行论战，一是组织多次武装起义。

孙中山的革命派和康有为、梁启超的改良派的大论战，以同盟会的《民报》和改良派的《新民丛报》为主要阵地。从1905年到1907年，论战达到高潮。论战主要围绕同盟会的十六字纲领进行，涉及的方面广泛，其中心是要不要以武力推翻清政府。改良派散布革命是杀人盈野的残酷行动，如康有为在《法国革命史》的文章中，对法国资产阶级革命大肆攻击，借此来反对同盟会推翻清政府的革命主张，其中重要的一点就是诋毁革命是"杀人流血"。康有为的这种谬论，遭到革命党人有力的驳斥。他们指出："革命不免于杀人流血固矣，然不革命则杀人流血之祸可以免乎？革命之时，杀人流血于双方争斗见之。若夫不革命之杀人流血，则一方鼓刀而屠，一方觳觫而就死耳。为国而死，则吝惜之；为野蛮异族政府所蹂躏而死，则忍受之，何死之不择也。"①他们还指出：革命可以"救人救世"，"无革命，则亦无平和，腐败而已，苦痛而已"②。革命战争杀人流血是不可避免的，革命正是要以流血换来不流血，换来广大人民群众免受反动统治者的蹂躏屠杀，免受帝国主义的蹂躏、屠杀。争论的问题还有是实现民主共和还是"开明专制"、要不要进行社会革命等。这场激烈的争论，最终是革命派得到胜利。《民报》所宣传的革命主张，即武力推翻清政府，以民主共和制度代替君主专制制度，愈益得到更多人的认同。高一涵回忆当年在《民报》影响下思想转变的情况说："我在先总喜欢读梁启超主办的《新民丛报》和《中国魂》之类的刊物的。看到《民报》后，才认识到国家不强是'政府恶劣'，而不是'国民恶劣'，应该建立共和，不应该维持专制，种族革命与政治革命必须同时进行，种族革命绝不会妨害政治革命。由此可见，《民报》对宣传革命思想，是有显著成绩的。"③

同盟会成立后做的另一件事是领导武装起义。从1907年5月到1908年4月，在孙中山直接领导下，在华南地区连续发动了六次武装起义。这六次起义是：1907年5月广东饶平县黄冈起义，6月惠州七女湖起义，9月防城起义，12月广西镇南关（今友谊关）起义，1908年3月钦州马笃山起义，4月云南河口起义。由于起义队伍人数少，有的只有200人左右，主要依靠会党的力量，脱离当地广大群众等原因，这几次起义都失败了。但是，以孙中山为首的革命派并不因此而气馁，而是继续坚持武装斗争。孙中山认为，"各党经一次失败，而多一次进步。然则失败者进步之原因也"。他们总结了失败的教训，认为会党是"乌合之众"，不可靠，于是把注意力转向争取清政府的新军。同盟会员经过在新军中的工作，于1910年2月发动了广州新军起义。广州起义失败后，孙中山与黄兴等人商定再一次在广州发动起义的计划，孙中山负责在海外筹款，黄兴负责在香港组织起义指挥

---

① 精卫：《驳革命可以生内乱说》，《民报》第9号。
② 思黄：《中国革命史论》，《民报》第1号。
③ 高一涵：《辛亥革命前后安徽青年学生思想转变的概况》，《辛亥革命回忆录》第4集，中华书局1962年，第434页。

部。1911年4月27日，黄兴率领革命志士一百多人攻打广州两广总督衙门。总督衙门虽攻下，但无所获，于是转战其他地方。起义队伍伤亡很重，黄兴逃回香港，起义失败。事后，牺牲的革命烈士72具遗骸合葬于广州黄花岗，因此，这次起义被称为"黄花岗起义"。这次起义虽又失败，但震动很大，影响很大，使清政府受到一次沉重打击，鼓舞着革命者继续奋勇前进，加快了革命的步伐。正如孙中山指出的："是役也，集各省革命党之精英，与彼虏为最后之一搏。事虽不成，而黄花岗七十二烈士轰轰烈烈之概已震动全球，而国内革命之时势实以之造成矣。"①

除同盟会直接领导的起义外，受其影响的起义还有多次，如1906年在湖南、江西交界发生的浏阳、醴陵、萍乡的大规模会党起义，1907年光复会的徐锡麟、秋瑾（又是同盟会员）发动的安徽、浙江起义，1908年光复会发动的安庆起义等。

同盟会等发动的一次又一次武装起义，表明革命不只是言论宣传，而是实际的行动，影响所及，使越来越多的人走上革命的道路。就在黄花岗起义后半年，1911年10月10日爆发了武昌起义，终于推翻了清政府，结束了二千多年的君主专制制度，建立了中华民国。孙中山成为20世纪中国三大伟人之一，而辛亥革命成为近代中国第一次历史性的巨大变化。

（原载《文史知识》2005年第9期）

---

① 孙中山：《建国方略》，《孙中山选集》，人民出版社1981年，第207页。

历史不能任意涂抹

袁伟时教授在《中国青年报·冰点周刊》上发表的《现代化与历史教科书》一文中，指责我国的中学历史教科书揭露帝国主义对中国的侵略是在引导青少年"误入歧途"，是给他们"吃狼奶"。作者以第二次鸦片战争和义和团反抗八国联军侵略战争两个历史事件为例，来阐发他的观点、主张。归纳起来，主要是这样两点：一是所谓"国际法有法律效力"，即使是不平等条约，签订了就"不得不遵守它"，清政府没有接受英、法两国修改条约的要求，才导致第二次鸦片战争的发生；一是近代中国的贫困、落后，不能去怪帝国主义的侵略，"后发展国家和地区（殖民地、半殖民地）改变不发达状况，改变被动局面的唯一道路，是向西方列强学习，实现社会生活的全面现代化。成败的关键在国内的改革"，这"也是解读这段历史的基本线索"。文章所阐发的这两个重要观点，是互相联系的，实际上是一个问题的两个方面，即是帝国主义侵略中国，还是中国自己招惹的；是进行反帝斗争，还是走那条所谓"唯一的道路"——实现全面现代化。下面就这两个观点作点评析。

一

谈论这个问题，先得弄清楚一个前提：是西方帝国主义列强一次又一次出兵中国，烧杀掠夺，还是中国军队远渡重洋去侵略这些国家？凡是有一点中国近代史常识的人，都会明白无误地回答：是帝国主义列强出兵侵略中国，把中国变成半殖民地国家，给中国人民带来了深重的灾难。作者的文章很强调要遵守国际法，那么，人们不禁要问，帝国主义一再出兵侵略中国，根据的是哪一条国际法，它们是遵守国际法，还是破坏国际法？作者不去谴责帝国主义侵略者，反而要中国人对它们"宽容"，要"反求诸己"，甚至指责中国人不遵守国际法，这是为什么？

近代中国发生的中外战争，无不是由帝国主义列强挑起的，中国政府是被动应战。即以使中国开始沦为半殖民地的鸦片战争而言，其直接原因，是英国走私、贩卖鸦片，毒害中国人的身体和精神，并赚得了大量白银，为此，清政府派林则徐为钦差大臣到广东查禁鸦片，英国资产阶级为维护其利益，悍然发动侵华战争。难道清政府查禁毒品鸦片是破坏国际法，而英国向中国贩卖鸦片、发动侵华战争倒是遵守了国际法？

1840年1月，英国国会开会辩论时，反对党议员领袖罗伯特·皮尔即"指责政府动用武力处理中国鸦片危机"。议员威廉·格拉斯顿更是尖锐地指出："他们（中国政府）警告你们放弃走私贸易，你自己不愿停止，他们便有权把你们从他们的海岸驱逐，因为你固执地坚持这种不道德的残暴的贸易……在我看来，正义在他们（中国人）那边，这些异教徒、未开化的蛮人，却站在正义的一边，而我们，开明而有教养的基督徒，却在追求与正义和宗教背道而驰的目标……这场战争从根本上说就是非正义的，这场处心积虑的战争将让这个国家蒙上永久的耻辱，这种耻辱是我不知道，也从来没有听说过的。现在，在贵族老爷（麦考雷，按当时英国陆军大臣）的庇护下，我们的国旗成了海盗的旗帜，她所保护的是可耻的鸦片贸易。"[①]当年的这位英国议员认为英国贩卖鸦片、发动侵华战争是"让这个国家蒙上永久的耻辱"，应该说比当下我们有些人更具有公正正义之心。

西方列强并不满足于从鸦片战争中攫取到的大量的侵略权益，还想进

---

① 特拉维斯·黑尼斯三世、弗兰克·萨奈罗著，周辉荣译：《鸦片战争———个帝国的沉迷和另一个帝国的堕落》，生活·读书·新知三联书店2005年，第88—90页。

一步加以扩大，于是就有了第二次鸦片战争。第二次鸦片战争爆发之前，英、法、美等国两次向清政府提出修改条约的要求。文章的作者认为，"修改有关的通商条款，本属平常外交事务，清政府也一再拖延，加深了双方的矛盾"。意思是说，英、法之所以发动这次战争，是因为清政府一再拖延其修约的要求，加深了矛盾才引起的，照此说来，战争的责任在清政府。

需要指出的是，作者所谓"修改有关通商条款，本属平常外交事务"，如果不是对修约的历史事实不知道，就是有意掩盖事实真相，用很"平常"的话语来表述。事实上，西方列强提出的修约的内容，并不是如作者所说的仅仅是"修改有关通商条款"而已。1854年，《南京条约》届满12年，英国为了扩大在中国的侵略权益，曲解中美《望厦条约》关于12年后贸易及海面条款稍可变动的规定，援引最惠国待遇条款，向清政府提出全面修改《南京条约》的要求，主要内容有中国全境开放通商、鸦片贸易合法化、进出口货物废除内地税、外国公使常驻北京等。美、法两国也分别要求修改条约。对于英国提出修约的问题，还在上个世纪50年代就有学者指出，英国的理由是不能成立的，第一，《南京条约》是政治条约，不是商约，没有修改的规定；第二，修约本身不能包括在最惠国待遇条款之内。[①]清政府对于英国等国的无理要求表示拒绝，交涉没有结果。1856年，中美《望厦条约》届满12年，美、英、法三国再次向清政府提出全面修改条约的要求。清政府仍然没有同意。此时，英、法与俄国进行的克里米亚战争已经结束，于是决定发动一场新的对华战争。

其实，这场战争是蓄谋已久的。"还在1850年—1854年，英国政府已在考虑对中国发动新的战争。1850年9月29日，巴麦尊（按时任英国外交大臣，后任首相）写道，很快就可以通过对扬子江（即长江）下游重要据点的占领以及切断大运河的交通来对中国实行'新的打击'。他写道：'中国人在对惟一能使他们信服的论据——大棒论据退却以前，就不仅应该看

---

① 丁名楠等：《帝国主义侵华史》第1卷，科学出版社1958年，第96页。

到这根大棒，而且应该感到这根大棒确实打在自己的背上。'"①1856年，英国利用"亚罗舰事件"制造战争借口，发动了侵华战争。1857年，法国以"马神甫事件"为借口，与英国共同组成侵华联军。这就是第二次鸦片战争的发生。

英国发动这次侵华战争，在英国国内就遭到谴责。"1857年2月，（上议院反对党领袖）德尔比谴责包令（按时任英国驻华公使）和巴麦尊在中国的行为，认为这是对一个独立国家的主权进行赤裸裸的非法占有和侵犯：'我支持软弱、毫无防御能力的中国，反对大不列颠的强权。我支持弱者，反对强权，支持困惑无助的蛮族文化，反对自命不凡的文明提出的傲慢要求。'"德尔比把"亚罗号"事件称为"从未有过的最可鄙的战争借口"。他的演讲赢得了全体起立鼓掌。②读过当年这位英国议员的这段话，我们不难发现，事件的是非曲直当是明白的。

文章的作者指责清政府要对第二次鸦片战争、圆明园被烧毁负责的另一个理由，是1859年英、法公使进京交换《天津条约》批准书走哪条路的问题。作者认为，"公使走哪条路进京"，只不过"纯属程序性的"问题，清政府却"节外生枝"，"招来更大灾祸"，英法联军再次入侵，北京被占，圆明园被烧。在这里，这位作者又一次蒙骗读者，为侵略者的罪恶辩护。

关于英、法公使进京换约走哪条路的问题，事实并不像这个作者所说的"纯属程序性的"，无足轻重。清政府在接到英、法公使决意要进京换约的报告后，即积极做了迎接的准备，命直隶总督恒福与英、法公使接洽，指定他们在北塘登陆，经天津去北京，随员20人，不得携带武器，并令地方官员备办供应，妥为照料。这大概不能说是什么"节外生枝"吧？但是，英、法公使断然拒绝清政府的安排，坚持以舰队经大沽口溯白河进京，并限期撤防。英舰队司令贺布声称："我们将稳操胜券，那么我们就应

---

① 那罗企尼茨基：《资本主义列强在远东的殖民战争（1860—1895）》，《第二次鸦片战争》第6册，上海人民出版社1979年，第18页。
② 特拉维斯·黑尼斯三世、弗兰克·萨奈罗著，周辉荣译：《鸦片战争——一个帝国的沉迷和另一个帝国的堕落》，第207页。

该不惜用武力来打开白河的大门，并继续向京城挺进。"①1859年6月25日，英法联军突然进攻大沽炮台。清军开炮反击，激战一昼夜，击沉、击伤多艘敌舰，登陆进攻炮台的英军多有伤亡。这就是这次英、法公使换约的概况。于此可见，制造事端、挑起战争的是英、法侵略者。

当时，马克思发表了《新的对华战争》的文章，针对英国在大沽战役失利后英国报纸"一致怒吼着要求实行大规模报复"的情况作了评论，据实予以驳斥。他说："还有一个更为重要的事实最初也为《泰晤士报》和其他帕麦斯顿（即巴麦尊）派报刊所隐瞒，但现在它们已公开承认，这个事实就是：中国当局曾经声明愿意护送英法公使进京；而且中国官员们的确在白河的一个河口等候接待他们，并且表示，只要他们同意离开他们的兵舰和军队，就给他们派一支卫队。既然《天津条约》中并无条文赋予英国人和法国人以派遣舰队上驶白河的权利，那么非常明显，破坏条约的不是中国人而是英国人，而且，英国人是蓄意要刚好在规定的交换批准书日期之前向中国寻衅。"②"就算是中国人必须接纳英国的和平公使入京，他们抵抗英国人的武装远征队也是完全有理的。中国人这样做，并不是违背条约，而是挫败入侵。"③如果要说"节外生枝"，显然"节外生枝"的不是清政府，而是英、法侵略者。而且也不是如这位作者轻描淡写地说什么走哪条路进京"纯属程序性的"，而是关乎国家主权的问题。马克思质问英国政府："难道法国公使留驻伦敦的权利就能赋予他率领一支法国武装远征队强行侵入泰晤士河的权利吗？"④看来立场不同的人，对问题的看法是截然相反的。

对于1860年英法联军扩大侵略战争，抢劫、烧毁圆明园，法国作家伯纳·布立赛在他所著的《1860年：圆明园大劫难》一书中说："必须毫不含糊地指出，1860年对华'远征'，是殖民战争，更确切地说，是帝国主义征战，与19世纪帝国主义殖民掠夺完全一脉相承。公开承认的目标，就是

①《布尔布隆致函外交大臣》，《第二次鸦片战争》第6册，上海人民出版社1979年，第191页。
②《马克思恩格斯选集》第1卷，人民出版社1995年，第743页。
③《马克思恩格斯选集》第1卷，第740页。
④《马克思恩格斯选集》第1卷，第740页。

以武力打开这个幅员辽阔的国家对西方贸易的门户。"①

　　文章作者的学风也很不严肃，随意摘取一些为己所用的史料，随心所欲地"大事化小"，掩盖重要事实，以欺骗读者。列宁曾经尖锐地批评过这种学风，他说："在社会现象领域，没有哪种方法比胡乱抽出一些个别事实和玩弄实例更普遍、更站不住脚的了。挑选任何例子是毫不费劲的，但这没有任何意义，或者有纯粹消极的意义，因为问题完全在于，每一个别情况都有具体的历史环境。……如果不是从整体上、不是从联系中去掌握事实，如果事实是零碎的和随意挑出来的，那么它就只能是一种儿戏，或者连儿戏也不如。"②

　　至于作者指责义和团反抗帝国主义侵略者，无需在这里多费笔墨。还在1997年牟安世同志就出版了内容详实、资料丰富的《义和团抵抗列强瓜分史》一书，可资参考。这里只引用该书所说的当时日本作家青柳猛和中国维新人士容闳对义和团的态度，以见一斑。青柳猛1900年写了一篇《义和团赞论》的文章，刊登于1901年2月25日发行的《女学杂志》513号上，文章认为义和团"为了防御手持凶器的强盗而拿起刀枪，决没有罪，在哪一国的法律上也应属于正当防卫，不能问罪"。"只知谴责义和团，而对那些外国传教士和耶稣教徒可鄙的行为保持沉默，这是任性胡说，也是极不公平的！""我认为义和团是值得同情的，而应该谴责的恰恰正是外国人（包括日本人）和他们卵翼下的耶稣教徒。"中国维新派中的容闳（曾留学美国），也于1901年告诉他的学生刘禺生说："予默观现时大势及中国将来情形，当竭诚以授汝，汝其阐行吾志乎？汝以义和团为乱民乎？此中国之民气也。民无气则死，民有气则动，动为生气，从此中国可免瓜分之局，纳民气于正轨，此中国少年之责也。（美国）十三州独立，杀英税吏，焚英货船，其举动何殊义和团？"③他们两人与现在这篇文章的作者对义和团的态度，截然不同。

① 伯纳·布立赛著，高发明等译：《1860：圆明园大劫难》，浙江古籍出版社2005年，第5页。
②《列宁全集》第28卷，人民出版社1990年，第364页。
③ 牟安世：《义和团抵抗列强瓜分史》，经济管理出版社1997年，第483—484页。

二

　　文章的作者既然为帝国主义侵略中国辩护，必然要反对近代中国人民的反帝反封建斗争，声称"（殖民地、半殖民地）改变被动局面的唯一道路，是向西方列强学习，实现社会生活的全面现代化。成败的关键在国内的改革"，这是"这段历史的基本线索"。也就是说，中国近代历史的唯一道路、基本线索，是向西方列强学习，实现现代化。将现代化作为中国近代史的主线，用"现代化范式"代替"革命范式"，宣称"告别革命"，是现在学术界颇为流行的观点。

　　这种否定革命的思潮，是受到国外的影响的。1990年在西班牙马德里举行的第十七届国际历史科学大会上，波兰历史学家耶日·托波尔斯基提交的题为《历史编纂学中的革命神话》的论文，否定了法国大革命、俄国十月革命等历史上所有的革命。他说："在历史编纂学中，政治含义的'革命'一词，从一开始就具有神话解释的成分。历史学家在很大程度上变成了某些社会主张和政治主张的传声筒。"前面提到的所谓以"现代化范式"代替"革命范式"的观点，美国杜克大学的德里克教授在题为《革命之后的史学：中国近代史研究中的当代危机》一文中有过详细的阐明。文章说：历经20世纪六七十年代，革命一直是美国汉学界历史解释的范式。当时，占主导地位的是对革命的"正面评价"。但是，这种看法从80年代中期便开始变了。"先前一直被描述为解放史诗的革命史，现在都变成了衰落与失败的故事。"一些著作竭力散布革命的种种弊端，说什么"革命并不意味着被压迫者对压迫阶级的胜利，而是使中国社会的不良分子得以掌握权力"。"虽然中国经历了一个世纪的战争与革命，但晚清以来的中国从未成为现代化社会。换句话说，中国革命不仅未使中国现代化，反而强化了其前现代化的状态。"德里克最后认为，用"现代化范式"代替"革命范式"，中国近代史的许多问题说不清楚。[①]

――――――――――
① 《中国社会科学季刊》（香港），1995年春季卷。

　　这种从"革命范式"转为"现代化范式"的变化并不偶然，它是与当时的国际政治形势分不开的。美国学者雷迅马在2000年出版的《作为意识形态的现代化——社会科学与美国对第三世界政策》一书中说，他写这部书是试图揭示"现代化理论不仅仅是一种社会科学上的学说。我要论证的是，现代化也是一种意识形态，一个概念框架，这个框架中融汇了美国人对美国社会的性质以及对美国改变世界的特定部分——即那些在物质和文化上都被认为有缺陷的地区——的能力的一组共同的假设"。[①]他根据研究分析，得出结论说："作为一种意识形态，现代化在20世纪60年代初期发挥了强大的影响力，在欧洲殖民主义秩序瓦解的过程中，为了对付他们所认为的共产主义威胁，社会科学家和肯尼迪政府的政策制定者把现代化作为一种用来提高自由世界的力量的手段。在这个世界里，'新兴'国家的发展将保护美国的安全。现代化不仅为美国力量的持续扩张规定了方向，而且为美国把自身界定为一个准备在世界各地对抗革命挑战的利他主义的、反殖民主义的国家。……现代化深深嵌入了社会科学话语、对外政策制度以及各种形式的文化著述中，号称能够加速世界的'进步'，而这个世界需要美国的资源及其开明的监护。"[②]所谓用"现代化范式"代替"革命范式"，就是在这种现代化的背景下推行的。

　　主张现代化作为中国近代史的主线，在中国近代史研究历程中，并不是什么新观点，而是在20世纪上半叶就已出现于蒋廷黻的《中国近代史》一书。蒋廷黻1938年出版的这部书中提出："近百年中华民族根本只有一个问题，那就是，中国人能近代化吗？能赶上西洋化吗？"也就是说，近百年中国史的基本线索，中国人的根本任务，就是学习西方，实现现代化、西洋化。其时正值全面抗日战争爆发不久，他却要中国人专注于搞现代化，而不是去抗日！如今这篇文章的作者也如是说，何其相似乃尔。

　　将现代化作为中国近代史的主线，以现代化代替革命，或者将二者对

① 雷迅马著，牛可译：《作为意识形态的现代化——社会科学与美国对第三世界政策》，中央编译出版社2003年，第8—9页。
② 雷迅马著，牛可译：《作为意识形态的现代化——社会科学与美国对第三世界政策》，第33页。

立起来，是错误的。研究中国近代史，不能离开当时的国情，要历史地看问题。近代中国是半殖民地半封建社会，民族不独立，人民遭受帝国主义和封建主义的压迫剥削，社会贫困落后。中国面临的主要问题是进行反帝反封建斗争，争取民族独立和人民解放，为实现国家富强和人民富裕扫清障碍，创造必要的前提条件。这是中国走向现代化的必由之路。不解决民族独立、人民解放，现代化是"化"不起来的。这是近代中国的历史已经证明了的。

近代中国虽然已经产生了资本主义，并有一定程度的发展，但它始终没有得到正常的充分的发展。西方列强依仗不平等条约取得的特权，不仅在中国倾销商品，而且经营了许多企业，不断扩大外资在华的势力，控制中国的经济命脉。据统计，外国在华资本在中国资本总额中的比重：1894年为60.7%，1913年为80.3%，1920年为70.4%，1936年为78.4%。[①]可以看出，外国在华资本比中国资本有明显优势。在外国资本的压迫下，中国民族资本无力与之抗衡，许多民族工业逃避不了破产或被兼并的命运。提倡"实业救国"的张謇，创办了大生企业集团，并曾经有所发展，但在帝国主义侵略加深的情况下，最终失败了。被认为是中国自己经营得最成功的开平煤矿，也在中外合办的名义下被英国资本吞并。此后，英资又挟其优势，吞并了另一家民族资本经营的滦州煤矿。轻工业中的棉纺织业是发展较迅速的，但在1918—1927年间，因欠帝国主义债务无力偿还而被拍卖、被吞并的中国纱厂就有7家。1931年，日本在天津尚无一家纱厂，到1936年已收购了华商纱厂中的4家，控制了天津纱厂纱锭的71.72%，布机的76.34%。20世纪30年代，上海棉纺织业资本家发出了呼号："究竟中国纱厂的致命伤是什么？"他们自己回答道："痛痛快快地说，中国纱厂的唯一致命伤，在于帝国主义对中国的压迫。""中国纱厂一业的复兴与繁荣，必然在现状变化以后。"[②]抗日战争、解放战争期间，中国民族工业在日、美等帝国主义势力和官僚资本的压迫下，命运更为悲惨，处于风雨飘

①吴承明：《中国资本主义的发展述略》，《中华学术论文集》，中华书局1981年，第337页。
②《申报月刊》第4卷第2期，1935年。

摇之中。据统计，中国近代工业在工农业总产值中所占的比重：1920年为4.9%，1936年为10.8%，1949年为17%。[①]这个数字表明，中国资本主义的发展是艰难的、缓慢的。在从鸦片战争到中华人民共和国成立前的109年里，我国才积累了17%的近代工业经济，而农业和手工业经济占了83%。小农经济如同汪洋大海，而近代工业经济不过是这个大海中的几个孤岛。毛泽东指出："这是帝国主义制度和封建制度压迫中国的结果，这是旧中国半殖民地和半封建社会性质在经济上的表现。"[②]

帝国主义还和中国封建主义结合起来，支持反动派作为它们统治中国的支柱。正是由于帝国主义的维护，封建土地关系、商业高利贷资本和一切前资本主义的剥削制度及上层建筑得以存在下来。帝国主义使中国沦为半殖民地，又使中国停留在半封建状态。

历史事实表明，帝国主义的入侵既没有使中国进入资本主义社会，也没有使中国实现资本主义现代化。不进行反帝反封建斗争，不革命，不改变半殖民地半封建社会，不争得民族独立和人民解放，就不能实现国家的富强和人民的富裕，就不能实现现代化。那种认为唯一的道路就是向西方列强学习，通过国内改革，就能实现现代化的说法，不啻是在说梦话。近代中国的仁人志士如戊戌维新人士、辛亥革命党人，没有不向西方学习的，然而中国依旧受帝国主义和封建势力的压迫剥削，依旧是贫穷落后。只有中国共产党领导中国人民进行新民主主义革命，才推翻了三座大山，结束了半殖民地半封建的社会制度，中国人才从此站起来了。

现代化既不能作为中国近代史的主线，以之代替革命，也不能和革命对立起来，割裂开来。革命或反帝反封建斗争是为实现国家富强和人民富裕扫清障碍，创造必要的前提。二者是统一的，不是对立的，不能割裂。毛泽东在解放前曾多次讲过革命和现代化的关系，他说："一个不是贫弱的而是富强的中国，是和一个不是殖民地半殖民地的而是独立的，不是半封建的而是自由的、民主的，不是分裂的而是统一的中国，相联结的。在

① 吴承明：《中国资本主义的发展述略》，《中华学术论文集》，第342页。
② 《毛泽东选集》第4卷，人民出版社1991年，第1430页。

一个半殖民地的、半封建的、分裂的中国里，要想发展工业，建设国防，福利人民，求得国家的富强，多少年多少人做过这种梦，但是一概幻灭了。""就整个来说，没有一个独立、自由、民主和统一的中国，不可能发展工业。"①他还说："中国人民的生产力是应该发展的，中国应该发展成为近代化的国家、丰衣足食的国家、富强的国家。这就需要解放生产力，破坏帝国主义和封建主义。正是帝国主义和封建主义束缚了中国人民的生产力，不破坏它们，中国就不能发展和进步，中国就有灭亡的危险。"②这清楚地说明了革命和现代化不是对立的，而是辩证的关系，革命是现代化的前提。

中国近代史的主线关系到对历史事件和人物的认识和评价。正是以现代化作为中国近代史的主线，以之取代革命，在一些中国近代史的论著里，洋务运动才被称为"近代中国的第一次现代化运动"，而反帝反封建斗争的事件则被贬抑、否定。它们将戊戌维新运动说成是变法派人士政治激进主义的产物；义和团运动"貌似爱国，实属误国、祸国"；辛亥革命"完全是近代中国特殊历史条件下革命志士鼓吹、争取的结果"；等等。在历史人物方面，琦善、慈禧太后、曾国藩、李鸿章、袁世凯等人被美化，而林则徐、洪秀全、谭嗣同、孙中山等人则遭贬抑或丑化。电视剧《走向共和》则是以艺术形式来反映这种错误的历史观。

归根到底，问题的实质在于中国究竟要走什么路。《现代化与历史教科书》这篇文章所谓"向西方列强学习，实现社会生活的全面现代化"，并不仅限于近代中国，实际上其最终的指向是现在，也就是要改变社会主义制度，走西方资本主义的道路。联系作者在2003年再版的《帝国落日——晚清大变局》一书中阐发的观点，就可以更清楚地了解其用意所在。他借美化清末"新政"来鼓吹"'学习西方'的主流文化（按指西方资本主义）成了无法抗拒的历史必由之路，包括清末新政在内的东方各国现代化进程的成就与失误，都来源于对这个历史必然的态度"。这里所说

---

① 《毛泽东选集》第3卷，人民出版社1991年，第1080页。
② 《毛泽东文集》第3卷，人民出版社1996年，第432页。

的"历史必由之路"不是别的，就是西方资本主义的道路。他把改革开放以来完善社会主义立法、司法而进行的改革与清末新政的法律改革相提并论，把它说成是"回归清末新政开创的新传统"。如此歪曲历史，混淆其本质区别，无非是想证明他所鼓吹的那条资本主义道路是"历史必由之路"。

（原载《高校理论战线》2006年第4期）

近代中国民族工商业者的爱国情怀

一 "实业救国"的主张和实践

1840年鸦片战争后，中国成为半殖民地半封建国家。在一百多年时间里，帝国主义和封建势力控制、统治着中国，经济、文化落后，国家积弱积贫，占绝大多数人口的劳苦大众境遇悲惨，中华民族灾难深重。

面临着民族的危亡，实业界的有识之士认为要"御侮"、"图强"，在于解决中国的经济落后，发展经济。张謇、穆藕初等人提出了"实业救国"的口号。他们认为"实业关系国家之兴替、之危亡"，[1]振兴实业，"非但是足以图本国地位之安全，亦足以消弭他国之侵略与冲突，而间接造世界之公福"。[2]民族工商业者致力于兴办棉纺、刺绣、卷烟、航运、化工等种种企业，力图振兴经济，以为救国、强国之路。其中著名的如张謇创办的大生集团公司，荣宗敬、荣德生创办的申新棉纺织集团公司和茂新、福新面粉厂，卢作孚创办的民生轮船航运公司，范旭东创办的久大精盐公司、永利制碱公司，简照南、简玉阶创办的南洋兄弟烟草公司等。

张謇创办的大生集团公司，这次论坛上已多有论述，不再重复。这里举卢作孚创办的民生轮船航运公司为例。卢作孚创办民生轮船航运公司，在于维护川江的航运权。当时，航行川江较大的外商轮船公司就有17家，

---

① 穆藕初：《实业与教育之关系》，《穆藕初文集》，北京大学出版社1995年，第147页。
② 穆藕初：《实业界对于学生之希望》，《穆藕初文集》，第155页。

如日本的日清，英商的太古、怡和，美商的捷江等公司，他们企图挟其雄厚的资本实力压垮民生公司。民生公司面对外商轮船公司的压力，没有退缩。在人民群众要求收回长江航运主权的支持下，卢作孚和民生公司积极运营，跟外商轮船公司抗衡，结果民生公司不但没有被压垮，而且逐年赢利，打击了外商轮船公司，美商捷江公司倒闭，其轮船被民生公司收买，英商太古、怡和等公司被逐出川江。到全面抗日战争爆发时，民生公司成为川江航运的主力。

卢作孚维护川江航运主权，是由于他具有强烈的爱国主义思想。还在1931年"九一八"事变时，他就主张武装抗日，公开揭露日本帝国主义侵略中国的阴谋。1933年，重庆各界举行纪念"九一八"国耻日两周年大会，卢作孚在会上痛斥日本侵华罪行，并提出"中国船不装外国货，中国人不搭外国船"的主张，并率先在民生公司实行。[①]

简照南、简玉阶创办的南洋兄弟烟草公司与外国烟草公司抗争，是民族工商业者抵御外侮、维护权益的又一个例子。南洋兄弟烟草公司是当时中国最大的民族卷烟企业，外国烟草公司为了达到独占中国烟草市场的目的，不择手段地对南洋兄弟烟草公司进行挤压打击，例如蓄意向市场购进大批南洋兄弟烟草公司的卷烟，等到发霉变质后再推销出去，以败坏南洋兄弟烟草公司的声誉。但南洋兄弟烟草公司并没有被压垮，而是在抗争中求发展，其销量不断增长。于是外国烟草公司便打算收购吞并南洋兄弟烟草公司，十年间先后四次向南洋兄弟烟草公司提议收购或合并，都被简照南坚决拒绝了。南洋兄弟烟草公司没有被外国烟草公司所压垮，而是发展成为中国民族资本中最大的烟草企业。

民族工商业者的救国、爱国思想，不仅表现在言论主张上，还表现在办实业与外商抗衡的实践上，而且也表现在投身到爱国运动的行动上。如1905年的抵制美货运动就是一个明显的例子。这次运动，实际上是反对美国虐待华工、迫害华侨的运动。1894年，美国强迫清政府订立"限制来美

---

① 关于卢作孚的事迹依据周凝华《卢作孚》，《民国人物传》第9卷，中华书局1997年，第273—279页。

华工"的条约，对赴美华工作了种种苛刻的限制。虐待华工，迫害华侨，愈演愈烈。1904年，条约期满，海外华侨、国内人民纷纷要求废除这个苛约。1905年5月，上海商务总会召开特别会议，会长曾铸提议"以两月为期，如美国不允许将苛例删除而强我续约，则我华人当合全国誓不运销美货以为抵制"，[①]获得全体一致通过。上海商务总会多次和美国驻上海领事商谈，但没有结果。7月，上海商务总会召开会议，决定采取行动。决议得到上海各行各业各界的支持，他们都卷入了抵制美货的运动。随后，全国各地几十个主要城市先后热烈响应。由民族工商业者发动的、广大群众参与的反对美国"限制来美华工"条约的斗争，迫使美国和清政府不敢签订续约。

1919年五四运动时，工商界也参与了这次爱国运动，在罢市中同外国侵略者进行斗争。上海外国租界工部局除去街上所贴的"抵制日货"、"坚持雪耻"等布告，要商店开门营业，但是"除者自除，贴者自贴"，"西人既去，门又已紧闭"。外国巡捕去后，立即又贴出标语："爱国自由，不受干涉"，"我心已决，越扯越贴"。

1937年全面抗日战争爆发后，民族工商业者积极支持抗战。如卢作孚动员民生公司的职工参加抗战，民生公司调配大批船只，两周内运送四个师两个旅川军赴抗战前线。1938年武汉失守，20余万吨待运进川的物资和十余万人员滞留宜昌，急待中转四川。卢作孚亲自坐镇宜昌指挥调度，40余日，将重要物资和人员基本运完，为抗战做出贡献。

又如范旭东创办的永利公司，1937年七七事变后，平、津沦陷，为不给日伪生产化工原料，决定津沽各厂内迁。李烛尘任永利公司内迁总负责人，他除调运物资、设备内迁外，并将公司300余名技术人员撤往武汉，自己留在天津处理善后。日本侵略者向他提出"合作"，并加以威胁，他没有屈服，坚决拒绝，于第二年春设法离津赴川，表现了中国人的骨气。

---

① 和作辑：《1905年反美爱国运动》，《近代史资料》1956年第1期。

二　实业救国理想的幻灭

近代中国是大大小小资本帝国主义国家的半殖民地。近代中国的历史，是遭受资本帝国主义侵略、压迫和剥削的历史。从1840年鸦片战争到20世纪初，西方列强发动侵略中国的战争规模大的就有鸦片战争、第二次鸦片战争、中法战争、中日甲午战争、八国联军侵略战争等五次。西方列强通过一系列不平等条约，割占中国领土，获得了大量赔款，以及领事裁判权、海关权、内河航行权、铁路管理权、商业贸易权、矿山权等特权。仅中日甲午战争和八国联军侵略战争两次赔款，即达海关银6.8亿两。清政府无力偿还赔款，只好向西方列强大举借债，并以关税、盐税等为抵押。帝国主义通过货款控制了中国政府预算一半的关税、盐税两大收入，由此扼住了中国财政的咽喉。西方列强通过所攫取的种种特权，掠夺中国的资源和财富，对中国倾销商品和输出资本。到1911年，外国在华投资总额约20亿元。中国已修成铁路里程的93.1%掌握在帝国主义手里。外资还控制着中国机器采煤的91.9%，生铁生产的100%，棉纺生产的76.6%，内外航运的84.4%。几十家外国银行及其分支机构，垄断着中国的金融事业。帝国主义控制着中国财政经济命脉，中国经济的半殖民地地位加深。

帝国主义在攫夺中国的各种特权中，对铁路利权尤为重视。1903年，日本《朝日新闻》发表文章鼓吹攫取铁路利权的重要性："铁路所布，即权力所及。凡其地之兵权、商权、矿权、交通权、左之右之，存之亡之，操纵铁路两轨，莫敢谁何！故铁道者，犹人之血管机关也，生死存亡系之。有铁路权，即有一切权；有一切权，则凡其地官吏，皆吾役使之奴，其地人民，皆我俎上之肉"，是"亡人之国"而"亡之使不知其亡"，"分人之土"而"分之使不知其分"的绝好办法。[①]这就是说，帝国主义国家在中国修筑铁路，不仅可以获得巨额利润，而且可以伸展他们的势力范围，扩大政治、经济、军事、文化等侵略权益。西方列强把中国作为他们争相宰

---

① 宓汝成：《中国近代铁路史资料》第2卷，中华书局1963年，第684页。

割的一块肥肉。

　　西方资本帝国主义的入侵，对中国社会产生了深远的影响。西方列强入侵中国，有着双重使命。它破坏中国封建社会的自然经济基础，从而促进了商品经济的发展。外国资产阶级为了倾销商品和掠夺原料，为了维护侵略权益，以及满足生活上的需要，也兴办了一批近代工业和设施。19世纪六七十年代，清政府和民间陆续兴办了一批近代企业。中国社会产生了资本主义。此后，资本主义有一定程度的发展。但是，由于帝国主义、封建主义和官僚资本主义的压迫束缚，民族资本的企业发展很艰难、缓慢，始终没有得以充分的正常的发展。西方列强还依仗不平等条约取得的特权，在中国经营了许多企业，不断扩大外资在华势力，控制中国的经济命脉。据统计，外国资本总额的比重：1894年为60.7%，1913年为80.3%，1920年为70.4%，1936年为78.4%。[①]可以看出，外国在华资本比中国资本占有明显优势。值得注意的是，外国资本多数是从中国赚得的，并不是从其本国带来的。而且在中国资本中，官僚资本逐渐压倒民族资本，民族资本在中国资本中所占比重是十分微弱的。在外国资本的压迫摧残下，中国民族资本无力与之抗衡，许多民族工业逃避不了破产或被兼并的命运。例如，被认为中国自己经营最成功的开平煤矿，1900年就在中外合资的名义下，被英国资本兼并。此后，英资又挟其优势，兼并了另一家民族资本煤矿——滦州煤矿。轻工业中的棉纺织业是发展较迅速的，但1918年至1927年间，因欠帝国主义国家债务无力偿还而被拍卖、吞并的中国纱厂就有七家。1931年，日本在天津尚无一家纱厂，到1936年已收购了华商纱厂中的四家，控制了天津纱锭的71.72%，布机的76.34%。抗日战争、解放战争期间，中国民族工业在日、美帝国主义势力和官僚资本的压迫下，命运更为悲惨，处于风雨飘摇之中。抗战胜利后，美货大量涌进中国市场，严重打击了民族资本。据记载，1945年7月，上海有大小民营工厂3419家，受美货倾销冲击，倒闭停工的竟达2597家，占76%。例如面粉方

[①] 吴承明：《中国资本主义的发展述略》，《中华学术论文集》，第337页。

面，1946年至1948年三年间，每年平均进口美国面粉444万余包，最多的1947年竟达685万包，等于当年国产面粉总量的70%，严重威胁民族面粉工业的生存。

据统计，近代工业在工农业总产值中占的比重：1920年为4.9%，1936年为10.8%，1949年为17%。①这个数字表明，中国资本主义的发展是缓慢的、艰难的。在从鸦片战争到中华人民共和国成立的109年里，我国才积累了17%的近代工业经济，而农业和手工业经济占了83%。小农经济如同汪洋大海，而近代工业只不过是这个大海中的几个孤岛。毛泽东指出："帝国主义侵略中国，反对中国独立，反对中国发展资本主义的历史，就是中国的近代史。"②他还说："这是帝国主义制度和封建制度压迫中国的结果，这是旧中国半殖民地和半封建社会性质在经济上的表现。"③

帝国主义还和中国封建主义结合起来，支持反动派作为它们统治中国的支柱。正是由于帝国主义的维护，封建土地关系、商业高利贷资本和一切前资本主义的剥削制度及上层建筑得以继续存在下来。帝国主义使中国沉沦为半殖民地、殖民地，又使中国停留在半封建状态。

历史事实表明，帝国主义的入侵，既没有使中国进入资本主义社会，也没有使中国实现资本主义现代化。不进行反帝反封建斗争，不结束帝国主义和封建主义对中国的压迫和束缚，不改变半殖民地半封建的社会地位，中国要实现现代化是不可能的，民族工商业者"实业救国"的良好愿望只能走向幻灭。中国共产党的十五大文件指出："鸦片战争后，中国成为半殖民地半封建国家，中华民族面对着两大任务：一个是要求民族独立和人民解放，一个是实现国家繁荣富强和人民共同富裕。前一个任务为后一个任务扫清障碍，创造必要的前提。"

---

① 吴承明：《中国资本主义的发展述略》，《中华学术论文集》，第324页。
② 毛泽东：《新民主主义论》，《毛泽东选集》第2卷，人民出版社1991年，第679页。
③ 毛泽东：《在中国共产党第七届中央委员会第二次全体会议上的报告》，《毛泽东选集》第4卷，第1430页。

三 从爱国主义到社会主义

近代中国的民族工商业者在他们的实践中不断地探索、追求。面对帝国主义的压迫和束缚，面临着企业经营的艰难和遭受破产、被外资兼并的命运，民族工商业者中的有识之士在反思、探索中醒悟起来。20世纪30年代，上海纱厂资本家已开始呼吁："究竟中国纱厂的致命伤是什么？"他们自己回答说："痛痛快快地说，中国纱厂的唯一致命伤，在于帝国主义对中国的压迫。""中国纱厂一业的复兴与繁荣，必然在现状改变以后。"[①]被称为"棉业大王"的穆藕初痛切地指出："通商以来，中国一切行动，皆为不平等条约所束缚，而以棉业所受之打击为最巨。"他向工商界疾呼："中国当前之大敌，为帝国主义之经济侵略，中国棉业之大敌，则为日本棉业之对华压迫。"[②]他认为，中国要进行生产建设，尚有先决条件，即对内急应铲除建设之各种障碍，对外"以解除各帝国主义对于中国之束缚是也"。[③]穆藕初的这种认识，在近代民族工商业者中是有代表性的。如在1925年五卅运动期间，全国商会联合会就曾致电巴黎万国商会联合会，愤怒指出："吾国为四千余年文明古国，夙爱和平，海通以来竭诚互市，而所得结果，若不平等条约、协定税率、侵害主权等，均足为鄙国发展之障碍，天下不平之事，孰有过于此者，目今万全急切之策，莫先于修改条约一事。"[④]

抗战胜利后，由于美货的大量倾销压得民族企业透不过气来，由于国民党政府腐败和发动内战，也由于官僚资本的垄断独占和敲诈勒索，民族工商业者对国民党政府感到失望。还在抗战后期，范旭东就对永利公司的人员说："中国的未来要靠中国共产党才有希望。"1948年，被称为"面粉大王"、"纺织巨子"的荣德生在上海遭绑架。荣家为了救他，竟被上海国民党当局敲诈了60多万美元。荣德生对国民党政府完全失望了。1948年，他制止了自己的部属将申新三厂的机器拆运到台湾的企图。无锡解放时，

①《申报月刊》第4卷第2期。
②穆藕初：《世界与中国棉业之近况》，《穆藕初文集》，第333—334页。
③穆藕初：《建设之真谛》，《穆藕初文集》，第479—480页。
④虞和平：《商会与中国早期现代化》，上海人民出版社1993年，第362页。

荣德生不仅留了下来，并积极参与新中国的建设事业。卢作孚于1949年10月广州解放时客居香港，台湾当局派人游说他去台，遭到他的拒绝。新中国成立之初，卢作孚回到北京共商国家建设大计，并将民生公司滞留在香港的20余艘轮船和物资以及2000万美元的财产，全部带返大陆，为新中国的航运事业发挥了作用。

在近代中国的民族工商业者中，怀着爱国情怀，以实业救国，为祖国奉献的不乏其人，他们当中除上述张謇、荣宗敬、荣德生、卢作孚、范旭东、简照南、简玉阶等近代史上不同时期的主要代表人物外，还有像古耕虞、胡厥文、胡子婴以及不久前去世的国家副主席荣毅仁等，可以列出一长串名单来。他们从爱国主义走向社会主义，他们所走过的道路，"代表了中国民族资产阶级爱国主义思想发展的必然趋势，这就是从'实业救国'向只有社会主义才能救中国升华的过程"。[1]他们的爱国主义思想、追求的目标和奉献祖国的精神，值得人们继承和发扬。

（原载中华爱国工程联合会编：《中华爱国工程2005高级论坛文集——张謇的爱国实践和当代民营企业发展取向》，经济日报出版社2006年）

---

[1] 黄孟复先生在全国工商联纪念古耕虞先生百年诞辰座谈会上的讲话，见《全国工商联座谈纪念古耕虞先生百年诞辰》，《人民日报》2005年8月25日。

全球化与中华文化

感谢母校的盛情，安排了这次讲座。借此机会，谨向母校百年校庆表示热烈的祝贺。

讲的题目是《全球化与中华文化》。谈三个问题。

一 当前全球化的实质

全球化，现在谈得最多的是经济全球化。经济全球化已成为世界发展的一个潮流，无论是发达国家还是发展中国家都自觉不自觉地卷入这一潮流之中。

但是，什么是经济全球化，人们按照各自的理解，对它下过许多不同的定义，众说纷纭。正是由于人们对什么是经济全球化的认识不同，因而对它所产生的作用、影响的认识和估计也很不一样。美国学者罗伯特·塞缪尔森在一篇文章中说："全球化是一把双刃剑：它是加快经济增长速度、传播新技术和提高富国和穷国的生活水平的有效途径，但也是一个侵犯国家主权、侵蚀当地文化和传统、威胁经济和社会稳定的一个有很大争议的过程。"这一论断是比较符合客观实际的。对于中国或发展中国家，更为常见的说法是，经济全球化是挑战，也是机遇，机遇和挑战并存。有的学者更进一步提出，经济全球化为发展中国家的经济提拱了空前绝好的机遇，其影响是利远大于弊。因为经济全球化不再是资产阶级和无产阶级、剥削者和被剥削者、富国和穷国的对立。也有人认为"全球化意味着一个经济大同世界的到来"。

对于各种说法，已有所分析，有的说法是不切实际的。

经济全球化无疑使全球经济更具有活力，可能使它有一个更大的繁荣与发展，对发展中国家来说可能带来机遇和利益。但是，也要看到，西方发达国家力图主导全球化，发展中国家总体上处于劣势，如果没有清醒的认识和正确的对策，就会落入更加不利的地位。有的人忽视、回避、掩盖了一个实质性的问题，即"目前的全球化是受制于美国霸权主义深刻影响下的全球化，全球政治和经济游戏规则的制定和修改，首先反映美国等发达国家的利益"。（陶大镛）美国经济学家戴维·科顿指称全球化是"全球化资本主义化"，或"新全球化资本主义"。法国学者雅克·阿达在其《经济全球化》一书中也认为，经济全球化就是资本主义经济体系对世界的主宰和控制。这就指出了经济全球化的实质所在。

事实就是如此。正是由于经济全球化是由美国等发达资本主义国家对世界的主宰和支配，因此，它决定了发达国家和发展中国家之间存在着不平等现象。西方发达国家在资本、技术、贸易、投资、金融等各方面都占有优势，而且国际经济的"游戏规则"总体上是在美国等西方发达国家主导下制定的，国际货币基金组织、世界银行、世界贸易组织这类重要经济组织必是被西方发达国家所控制。而跨国公司则成为西方发达国家推行经济全球化的主要推动力量。根据前几年联合国有关单位的统计，全球跨国公司的总数已达63000家，共有约70万家外国分公司，形成了庞大的全球生产和销售体系。这些跨国公司控制了全世界1/3的生产，掌握了全世界70%的对外投资、2/3的世界贸易以及70%以上的专利和其他技术转让。马来西亚一家杂志发表的M.科尔的文章中，对这种不平等作了阐明，他指出："全球化与发展的关系十分复杂，涉及政治、经济以及社会发展各个领域。构成这种关系的主体就是不平等：建立世界经济和国际贸易体系的方式是不平等的；贸易条件、金融、投资和技术转移是不平等的；全球化带来的利益和损失的分配也是不平等的。一句话，强国受益最多，其他国家则受益不多或根本得不到什么好处。"1999年联合国开发计划署副署长迪亚卜拉在纽约举行的新闻发布会上介绍《人类发展报告》时指出："由于市场主宰了全球化进程，因而全球化的利益和机会不是均等的，一部分国家和人口得益，而更多的则被边际化，从而形成了危险的两极分化。"也就是说，穷人更穷，富人更富。联合国开发计划署的这份报告中的统计数字揭示了这种两极分化的情况，指出：占世界人口1/5的收入最高的国家的人民，创造着86%的世界国内总产值，82%的全球出口和68%的国外直接投资，控制着全世界74%的电话线。收入最低的1/5，也就是最穷国家的人民只占每一项的1%。全世界最富有的1/5人口与最贫穷的1/5人口之间的收入差距从1960年的30∶1扩大到1997年的74∶1，现在是80∶1。全世界200名最富有的人，在1994—1998年间，财产净值增加了1倍多，达到一万亿美元。3名巨富的财产居然超过了48个不发达国家的国内生产总值之和。最近的报道，比尔·盖茨等4人的财富相当于拥有6亿人口的42个国家的国内生产总值之和。最近世界银行的报告也承认，经济全球化使穷国受到损害。经济全球化扩大了世界贫富的差距。

经济全球化活动的理论基础是新自由主义，即市场自由化、社会全面私有化和政府不干预经济。它是当代资本主义的主流意识形态，其目标是建立以发达国家为主导的全球新秩序和资本的世界积累制度。新自由主义鼓吹的自由贸易，"仅仅意味着实现强者的权利"，正如有的德国学者所说，对于发展中国家来说，"指望通过完全的市场来实现富强奇迹是天真的幻想。一个欠发达的国家如果不目标明确地促进工业发展并通过关税壁垒来保护自己，无论什么时候它试图与来自西方发达工业国的占压倒优势的竞争者较量，失败是可以预见的"。

由市场主宰的、实行利润最大化的经济全球化所带来的负面影响，它的不平等、不公正的特点，不能不引起人们的关注和忧虑。1999年联合国开发计划署发表的《人类发展报告》，就呼吁"有必要改写全球化的规则，使它们为人而不是利润服务"，以减少全球化的负面影响。

正因为如此，在全球化呼声越来越高的时候，反全球化运动风起云涌。1999年11月底12月初世界贸易组织第三届部长会议在美国西雅图召开，与此同时，世界反全球化人士约4万人云集西雅图，对全球化进行抗议，与警察发生了冲突，捣毁了被视为全球化象征的麦当劳快餐店。这拉开了世界范围的反全球化运动的序幕。现在反全球化运动在向纵深发展，抗议活动的一个主要目标是美国为了保护全球化进程而进行的军事干涉。

二 全球化趋势对民族文化的冲击

全球化，现在说得最多的是经济全球化。其实，全球化不仅是经济全球化，也包括政治的、文化的问题。

全球化是一把双刃剑，就是通常所说的机遇和挑战并行。

就文化而言，全球化可以更快地推动文化交流，有利于我们吸收世界各国人民创造的一切优秀文化，也有利于我们的优秀文化更快地走向世界。但是，必需要看到，文化的世界性交流和经济全球化在当前的趋势是一致的，尤其是美国以其很强的经济实力、军事实力、高新科技实力向世界推进文化霸权主义。美国一些人鼓吹文化全球化，其意图是很清楚的。美国杜克大学教授弗雷德里克·詹姆逊认为，文化的全球化是真正意义的全球化，是"界定全球化的真正核心，世界文化的标准化：美国的电视，美国的音乐，好莱坞的电影，正在取代世界上其他一切东西"。他还认为，"文化全球化"的后果，是美国的大众文化模式取代世界上各个民族的传统文化，而"特定种族——民族的生活方式在这种文化标准化的过程中将遭到破坏"。（《论全球化和文化》）美国文化借助商业机制和高科技手段，大举对世界各国进行渗透。目前，美国控制了世界75%的电视节目和60%以上广播节目的生产和制作，每年向国外发行的电视节目总量达30万小时，许多国家的电视节目中美国节目往往占到60%—70%，有的占到80%以上，而美国自己的电视节目中，外国节目仅占1%—2%。互联网上访问量最大的100个站点中，有94个设在美国境内。美国电影现已占据世界总放映时间的一半以上，占据世界电影市场总票房的2/3。许多发展中国家的电影市场几乎被美国电影所垄断。文化产品是美国最大的出口产品，每年的出口额达600多亿美元，甚至超过航天航空和电子产品的出口额。1997年，好莱坞影片在全世界的票房收入超过300亿美元，《泰坦尼克号》一片就独赚18亿美元以上。

美国的文化产品的输出，不仅获得了巨大的商业利益，还公开或隐蔽地推销其社会政治理念、价值观念、意识形态和生活方式，宣扬西方的社会制度，散布"西方文化中心论"。发展中国家的一些人特别是年轻人的生活方式、思维方式、行为方式、价值观念不断受到侵蚀，对本土文化、民族传统造成缓慢的然而却是重大的影响，许多民族语言、艺术品种濒临灭绝，极大地削弱了人们对民族文化的认同。

以美国为代表的西方文化和价值观念，极力渗透到世界其他国家和民族之中，建立起以美国为主导的文化，以及自己意识形态的一统天下，就像一些西方学者所说的，其实质是典型的"文化帝国主义"，或叫"文化霸权主义"。

全球化推动下的文化入侵，对本土文化和民族传统所起的极大的冲击和破坏作用，不能不引起一些发展中国家的有识之士的担忧。三四年前，马来西亚副总理巴达维认为："全球化通过全球媒体、娱乐业、旅游和贸易使人们接触到各种不同的文化，但它也导致西方文化中最肮脏、最无价值、最颓废的东西在非西方社会泛滥成灾，使本土文化岌岌可危。一些国家的本土文化很有可能消亡，或被西方文化取而代之。"

不仅是处于弱势的发展中国家对西方文化的入侵感到忧虑，即使是西方发达国家中，也有人忧虑全球化浪潮下本国文化受到的冲击，如法国即是。法国是很重视它的法语文化的独特地位的，担心自己的文化被"可口可乐殖民化"（意指以风靡全球的美国可口可乐为象征的美国文化所带来的威胁）。尽管很多法国人喜欢可口可乐、麦当劳、美国大片，但他们也深深意识到，决不能允许外来品取代本国文化，采取了措施保护法语、法国菜肴和法国艺术等不被外国文化所征服。虽然作为文化核心的价值观，法国与美国并无本质不同，但法国有着悠久、灿烂的文化传统，有其独特性和应有的地位，它不能也不应该与美国文化一体化。

全球化削弱了国家的权力和作用，在一个由市场主宰的世界里，占主导地位的肯定是美国模式、美国文化和英语。在我们国家里，中华文化也越来越受到以美国为主导的西方文化的冲击和渗透。

这种冲击，我们也许还没有反应过来，但外国人却很敏感，"旁观者清"。前年一家外国通讯社有一篇报道，认为中国传统深受西方风尚冲击。这篇报道说："从战国时代到'文化大革命'的数千年中，中国的古老传统一直得以保存，但现在它仿佛屈服于不可抗拒的西方生活方式"；"从美国那里他们模仿的，却是最糟糕的东西：洋快餐。"

美国《纽约时报》的一篇文章，题目是《别克、星巴克、肯德基，这还是中国吗?》，文章说："在过去的几年里，中国的大城市以惊人的速度冒出了美国商店和餐厅"，"欧洲人也许习惯于把麦当劳的每一个'巨无霸'汉堡全都看成是可怕的美国文化帝国主义的标志，然而中国人大多欢迎这种入侵——事实上他们已经使它成了自己的一部分。""美国人在这儿销售的不仅是产品，还有文化。"应当说，这里潜隐着深层次的是人生观、价值观。这篇文章对于本土商店"克隆"外国商店，中国人"克隆"美国生活方式的状况感到困惑，提出了"这还是中国吗?"的尖锐问题。

美国世界网每日新闻发表了一篇题为《中国的第二次文化革命》的文章，文章的作者记述了他在中国所见到的快餐店、进口小汽车、时装、化妆品、英语热等等，感到"一切都是这样变得美国化的"。他认为中国的一些年轻人正在"参加一场更合他们胃口的第二次文化革命：中国现代生活的西方化，或者说实际的美国化"。

新加坡《海峡时报》刊登过一篇题为《中国人从老到小都在学英语》，文章说："在很多大城市里，从小学一年级就开设英语课，老师甚至给每个学生都起个英文名字。""北京为申办2008年奥运会作准备，由政府发起的学英语运动从此真正开始，而且声势和范围越来越大。"

以上列举的外国作者对中国社会变化的述评，不无夸大和不准确之处，但他们所指出的以美国为主导的西方文化对中国文化的很大的冲击，尤其是对人生观、价值观和生活方式的冲击，都是值得我们关注的。事实上，这在国内也已经引起了一些人的注意。例如，最近在北京举行的"2004年文化高峰论坛"的会上，作家王蒙的发言，就指出英语对中华母语造成的前所未有的伤害，说：英语在中国的普及越来越大，使用的人越来越多，"英语是工具，多掌握一门是好事，但一味提倡说英语而淡化汉语就有失偏颇了。我经常看到一些演讲者在公众场合说话时常在汉语中夹杂英语单词，唐突而别扭；我还听说部分小学提倡学习英语而忽略汉语"。因此，他呼吁展开汉语保卫战。

人家要"化"我们，这不奇怪。奇怪的是我们在帮助人家冲击中华文化。例如，在升学、晋职、晋级、就业等领域，存在着重英语轻汉语的政策规定或心理倾向，在中学、大学要实行双语教学，报纸等媒体上汉语夹杂英语缩写越来越多，等等。

英语无疑是要学的，不仅英语，其他外语也应该学。但不是全民，不是男女老少不分青红皂白都来学。我们推行学习英语，但也应当重视母语的学习。中国人说中国话，似乎是生来就会，本能的，无须推行、提倡。其实不然。报纸上曾经报道过，有的研究生英语说得很流利，汉语却说得结结巴巴，像外国人初学汉语那样。大学生、研究生用自己的母语写作，出现的错别字不少，或文句不通，甚至不会使用标点符号。这是很不正常的，表明需要下功夫加强汉语的教育。

语言文字不仅是交流工具，它本身也是文化，也是文化的载体。母语是一种标志，是一种精神，是一种凝聚，是中华民族重要的文化载体和文化基石，是维系中华文化的血脉。中华民族的凝聚力，几千年文明史所以连续不断，其中起重要作用的因素之一是汉字，是历史文化传统。尽管中国方言很多，但因有汉字的维系，即使背井离乡，远渡重洋，过了几代人，也认同于炎黄子孙。法国作家都德的名篇《最后一课》，写的就是法语的问题，下一课将由德国教师教德语，法语退出课堂。日本侵占我国台湾、东北时，推行日语，不学或少学汉语。这些都说明语言文字的重要性。

三 维护中华文化独立地位的几点思考

经济全球化是一种不可避免的趋势，但并不意味着世界的一体化，把它等同于"一体化"是不对的。尽管美国搞"单边主义"，实际上世界是朝着多极化发展。对于文化来说，美国为主导的西方文化虽然对其他国家和地区的民族文化冲击很大，但决不意味着会形成一种全球文化，而是多元的发展。最近在上海举行的"国际文化政策论坛"部长年会通过的《上海声明》达成的四点共识："一、各民族的传统文化是各民族宝贵的精神财富，也是这个民族走向未来的出发点和智慧的源泉。在经济全球化的过程中，需要国际社会共同努力，重视保护和发展各国的传统文化，维护世界文化的多样性。"

但是，我们也不能忽视全球化冲击下民族文化所面临的挑战和冲击。对此，应有所警惕和认识。以下谈几点想法。

（一）应当把它提到维护国家文化安全的战略高度上来对待。维护国家的文化安全，维护中华文化的独立地位，这是关系到国家的整体安全的问题。只有不断发展经济、发展高新科学技术，增强军事实力，也就是说增强我们的国力，国家的文化安全、中华文化的独立地位才有维护的基础。但是，文化是综合国力的组成部分，文化不安全，就会削弱综合国力。从一定意义上说，文化不安全，中华文化不能独立，是关乎民族存亡的大问题。亨廷顿《我们是谁——美国国家特性面临的挑战》，强调要大力捍卫和发扬"盎格鲁—新教文化"，不然国家就会有分化、衰落的危险。认为"伊斯兰好斗分子"是美国"现实的敌人"，中国是"可能的潜在敌人"。

（二）要有文化主体意识。在全球化的潮流下，不可能也不应该搞自我封闭，要睁开眼睛看世界，吸收世界上一切优秀的、有益的成果来建设、发展社会主义的先进文化。任何一个民族的文化的发展，都需要吸收外来的文化，否则就会停滞、衰落。但是这种吸收是有选择的，是以我为主，为我所用，不是盲目的，不分精华、糟粕，无选择地照抄照搬。关于这个问题，中国社会科学院院长陈奎元同志在今年4月20日《人民日报》发表的《繁荣发展中国特色的哲学社会科学》的文章中指出："当前，在意识形态领域要反对两种迷信、两种教条主义。一种是空谈坚持马克思主义，不懂得随着时代的发展变化，应当根据新的实践进行理论创新，按照马克思主义本来的要求，以新的经验和新的结论丰富、发展马克思主义的理论。……另一种教条主义，是迷信西方发达国家反映资产阶级主流意识形态的思想理论，把西方某些资产阶级学派的理论甚至把发达资本主义国家的政策主张奉作教条。这种倾向在意识形态领域及经济社会变革中的影响力正在上升。当今世界处于开放的时代，各种文明成果相互借鉴，有利于人类的共同进步。我们党历来主张学习、借鉴一切有利于中国发展进步的经验和知识，把对外开放作为基本国策。我们在打破西方封锁的同时，自觉地破除自己的思想禁锢，积极地参与经济全球化，在国际交往中不以意识形态和社会制度划线，但这决不意味着在思想政治上要改弦易辙，放弃对马克思主义的信仰。如果任凭西方资产阶级的理论替代马克思主义或把马克思主义边缘化，中国共产党就将丧失维系自身团结统一的思想纽带，同时必将失去号召群众、引导群众的精神力量，自然的结局就是脱离几代共产党人选择的正确道路，滑进西人敌对势力的陷阱，使我们的国家陷入动乱、停滞和倒退，使中华民族重新沦为西方的附庸。"他的话是很中肯的、很有针对性的，值得我们注意。苏联的解体，思想文化领域、意识形态领域的混乱，是值得我们引为鉴戒的。

同样，对于继承中华传统文化，也要有主体意识，也要从建设社会主义先进文化这个现实出发，取其精华，去其糟粕，不能好坏不分地盲目继承。

（三）重视历史教育，用历史教育人民，尤其是青少年。历史是民族的记忆，它是凝聚中华民族不可缺少的力量源泉。但是，值得关注的是青少年历史知识非常薄弱。据2001年2月有关单位在对北京、上海、武汉、深圳4个城市14—28岁的1065名青少年的调查中，历史的试题25道，每道4分，以百分计算，平均分为27.69，及格率只有1.5%。其中有一道题是"谁在1860年烧毁中国的圆明园"，只有31.8%的人答是英法联军，大部分人的回答是八国联军。历史教育薄弱，后果堪忧。一个影视明星居然穿着有日本帝国主义海军军旗的服装拍照，作为刊物的封面。而日本右翼势力却在中学教科书等方面掩盖、否定甚至美化其侵略历史，制造日本虚幻的形象，欺骗世人和子孙后代。台湾的台独势力在大搞"去中国化"，例如去年以来台湾当局的废普通话、修改中国历史就是明显的事例。去年台湾当局公布了《普通高级中学历史科课程纲要草案》，将明朝中叶以后包括清朝和"中华民国"的历史全部放进高中二年级的"世界历史"课程中，把台湾史独立出来，其目的是将台湾和台湾人民从祖国分裂出去。语言和历史是一个民族的根，是人们对本民族认同感的基本组成部分，如果这一部分被改动，影响将十分深远和严重。最近台湾当局又决定公务员考试本国历史地理只考台湾，不考中国大陆。台湾当局又减少高中历史课程中"中国历史"的比重，台湾史不纳入中国史，割断两岸血脉。另一个是开设中学乡土语言课，推行台语。清代著名思想家龚自珍所说："灭人之国，必先去其史。"这是至理名言。在全球化的文化冲击下，要想维护中华文化的独立地位，对青少年进行爱国主义教育，无疑必须加强历史教育。

（四）加强中华文化走向世界的力度。中国传统文化有悠久的历史，源远流长，博大精深，有丰富的优秀文化遗产，受到世界上许多有识之士的重视。中国的国力增强，在国际上产生的影响和作用越来越大，国际地位不断提高，加之中国的市场受到国际上的关注，因此中华文化在国际上的影响力也在增强。据统计，世界上约有2500万人在学习汉语，来中国学习的外国留学生不断增多。因此，我们要加强对外文化交流，让世界各国人民更多了解中华文化。

（原载许在全主编、泉州历史研究会编：《泉州文史研究》〔第2集〕，中国社会科学出版社2006年）

儒家的宽容与不宽容

儒家讲仁爱、仁义，提倡"和为贵"，在其典籍中有不少这类的文字，是主张宽容的。但是，儒家也有不宽容的一面。春秋战国时，出现百家争鸣的局面，儒、墨两家都是显学，孔子和墨子的地位同等重要。然而，孟夫子对这种情况很不满意，认为"圣王不作，诸侯放恣，处士横议，杨朱、墨翟之言盈天下。天下之言不归杨则归墨。杨氏为我，是无君也；墨氏兼爱，是无父也。无父无君，是禽兽也"。孟子之所以对墨子等人的学说上了如此高的纲，是因为墨子主张的兼爱是对儒家爱有尊卑贵贱差等观点的反对。孟子不仅给他们扣帽子，而且还要"灭"杨、墨的学说："杨、墨之道不息，孔子之道不著，是邪说诬民，充塞仁义也。仁义充塞，则率兽食人，人转相食。"为了维护孔子之道，孟子极力排斥不同学派的杨朱、墨翟，视其学说为洪水猛兽，鼓吹"距杨、墨"，"息邪说，距诐行，放淫辞"，[①]要将百家争鸣变为一家独鸣，霸气十足，一点也不宽容。

汉武帝时，推行"罢黜百家，独尊儒术"的政策。提出这建议的，是当时的大儒董仲舒。董仲舒很讲《春秋》大一统，他的"大一统"也同孟子一样，在于辟"邪说"，维护孔子之道。他在上汉武帝的《天人三策》中说："《春秋》大一统者，天地之常经，古今之通谊也。今师异道，人异论，百家殊方，指意不同，是以上亡以持一统；法制变数，下不知所守。

---

① 《孟子·滕文公章句下》。

臣愚以为诸不在六艺之科、孔子之术者，皆绝其道，勿使并进。邪辟之说灭息，然后统纪可一而法度可明，民知所从矣。"①"诸不在六艺之科、孔子之术者，皆绝其道"，这没有一丝的宽容，也说不上"和而不同"，却透出了文化专制的气味。

唐代大儒韩愈受孟子的影响，在《原道》中排出了他的儒学道统谱系。孟子曾说："由尧、舜至于汤，五百有余岁。……由汤至于文王，五百有余岁。……由文王至孔子，五百有余岁。……由孔子而来至于今，百有余岁，去圣人之世若此其未远也。"②这是道统说的雏形。韩愈在这个基础上正式建构了他的儒学道统，推出了尧、舜、禹、汤、文、武、周公、孔子、孟子的谱系。他认为儒家的道，传到孟子就断了，"轲之死，不得其传焉"，因而"求观圣人之道者，必自孟子始"。③照此说来，汉、唐经学也就被排除出儒家道统之外了。他在《原道》中，既排斥杨、墨，也摈弃佛、老。他说："周道衰，孔子没，火于秦，黄老于汉，佛于晋、魏、梁、隋之间。其言道德仁义者，不入于杨则入于墨，不入于墨则入于老，不入于老则入于佛。入于彼，必出于此。入者主之，出者奴之；入者附之，出者汙之。噫！后之人其欲闻仁义道德之说，孰从而听之？"为了让孔孟之道能够传播，儒学道统得以维系，韩愈于是提出"不塞不流，不止不行。人其人，火其书，庐其居"，很有点秦始皇"焚书坑儒"的味道。韩愈的道统说是与君主专制的治统结合的，他在《原道》中说："君者，出令者也；……民者，出粟米麻丝，作器皿，通货财，以事其上者也。""民不出粟米麻丝，作器皿，通货财，以事其上，则诛"，④简直是杀气腾腾，难怪晚清维新思想家严复要专门撰《辟韩》予以批驳。

明代思想家李贽批评对孔子及其学说的迷信，认为"天生一人，自有一人之用，不得取舍于孔子而后足也。若必待取足于孔子，则千古以前无

---

① 袁长江主编：《董仲舒》，学苑出版社2003年，第28页。
② 《孟子·尽心章句下》。
③ 韩愈：《送王埙秀才序》，《韩愈集》，岳麓书社2000年。
④ 韩愈：《原道》，《韩愈集》。

孔子，终不得为人乎？"①他提出"不以孔子之是非为是非"，冲击了儒学的源头，否定了被封建统治者尊奉为"至圣先师"的孔子的偶像崇拜，可谓惊世骇俗之论。他的"不以孔子之是非为是非"，也是对集理学之大成的大理学家朱熹所宣扬的"天不生仲尼（孔子），万古长如夜"的批驳。

李贽对程朱理学尤其是那些言行不一、口是心非的假道学予以尖锐批评，指出当时为什么有不肯讲周（敦颐）、程（程颢、程颐）、张（载）、朱（熹）者，是"以为周、程、张、朱皆口谈道德而心存高官，志在巨富，既已得高官巨富矣，仍讲道德、说仁义自若也；又从而哓哓然语人曰：'我欲厉俗而风世。'"其实"败俗伤世者，莫甚于讲周、程、张、朱者也"。②他揭露了这些讲程朱理学者的假道学面孔：他们"皆为自己身家计虑，无一厘为人谋者。及乎开口谈学，便说尔为自己，我为他人；尔为自私，我欲利他；我怜东家之饥矣，又思西家之寒难可忍也"，"实多恶也，而专谈志仁无恶；实偏私所好也，而专谈泛爱博爱；实执定己见也，而专谈不可自是"，言行不一，"反不如市井小夫，身履是事，口便说是事，作生意者但说生意，力田者但说力田，凿凿有味，真有德之言，令人听之忘厌倦矣"。③

李贽的"异端"思想在社会上影响很大，但为宗程朱理学者和官府所不容，他们对李贽加以种种迫害、诬陷、围攻、驱逐、拆毁居所，最后是万历皇帝下令将李贽严重治罪，"其书籍已刊未刊者，令所在官司尽搜烧毁，不许存留"。是时，李贽已七十六岁，病魔缠身，被迫在狱中自刎身亡。

程朱理学的宗奉者对李贽这样"不以孔子之是非为是非"的"异端"自是不能给以宽容，对于儒学内部的不同学派同样也是排斥的。儒学历经汉、唐经学，至宋、明而发展为理学，被称为"新儒学"。清代康熙时沿承明代崇奉程朱理学为官方统治思想。一些宗程朱理学者为维护程朱理学

① 李贽：《又与焦弱侯》，《焚书》，中华书局1961年，第45—46页。
② 李贽：《答耿司寇》，《焚书》，第30、34、31页。
③ 李贽：《答耿中丞》，《焚书》，第16页。

的正统地位，纷纷撰写儒学史的著作。如对康熙帝的理学思想有影响的理学名臣熊赐履撰的《学统》，以孔子、颜子、曾子、子思、孟子、周敦颐、程颢、程颐、朱熹九人为"正统"，周、程、朱是"得孔、孟不传之学"，而朱熹则是"集诸儒之大成者"。他把理学中不同学派如心学的陆九渊、王守仁等列为"杂统"，将老子、庄子、杨朱、墨子、道、释诸家列入"异统"，作为异端思想加以排斥。熊赐履等人热衷于撰写儒学学脉著作，推出儒学道统的谱系。正如也是理学名臣的魏裔介在《圣学知统录序》中所说："亦欲存天理，遏人欲，息邪说，放淫辞，稍有助于国家化民成俗之意也。"当然这也是符合皇帝的意旨的。康熙帝和熊赐履的一段对话，是很好的说明。康熙帝对熊赐履说："朕生来不好仙佛，所以向来尔所讲辟异端，崇正学，朕一闻便信，更无摇惑。"熊赐履对曰："帝王之道以尧、舜为极。孔、孟之学，即尧、舜之道也。外此不特仙佛邪说在所必黜，即一切百家众技、支曲偏杂之论，皆当摈斥勿录，庶几大中至正，万世无弊。"①

清代宗程朱理学者大多排斥陆王心学，而被称为"本朝儒臣第一"的陆陇其尤具代表性。陆陇其极其尊崇朱熹，认为"宗朱子者为正学，不宗朱子者即非正学。……今有不宗朱子之学者，亦当绝其道，勿使并进"。②他是以朱熹的是非为是非的，因此对于与朱熹异论的阳明心学极力予以抨击，认为阳明心学败坏古先圣贤之遗说，使"学术坏而风俗随之。其弊也，至于荡轶礼法，蔑视伦常，天下之人恣睢横肆，不复自安于规矩绳墨之内，而百病交作。……故至于（天）启、（崇）祯之际，风俗愈坏，礼仪扫地，以至于不可收拾，其所从来非一日矣。故愚以为，明之天下，不亡于寇盗，不亡于朋党，而亡于学术。学术之坏，所以酿成寇盗、朋党之祸也"。③他将明朝的灭亡归之于学术，而学术的根本在于尊程朱理学，黜阳明心学，他说："考有明一代盛衰之轨，其盛也，学术一而风俗淳，则

---

①《康熙起居注》第1册，中华书局1954年，第125页。
②陆陇其：《经学》，《三鱼堂文集》卷4。
③陆陇其：《学术辩》上，《三鱼堂文集》卷2。

尊程、朱之明效也；其衰也，学术歧而风俗坏，则诋程、朱之明效也。每论启、祯丧乱之事，而追源所祸始末，未尝不叹息痛恨于姚江（王阳明）。故断然以为，今之学非尊程朱、黜阳明不可。"①尊崇程朱理学的陆陇其对阳明心学可谓恨之入骨，势不两立，非罢黜不可。董仲舒是罢黜百家、独尊儒术，到了陆陇其则是儒学内部的独尊程朱理学、罢黜陆王心学。

宗程朱理学者为维护程朱理学的独尊地位，不允许别人对程、朱有所异议。桐城文派的创始人方苞说："孔、孟以后，心与天地相似，而足称斯言者，舍程、朱谁与？若毁其道，是谓戕天地之心，其为天之所不祐决矣。故自阳明以来，凡极诋朱子者，多绝世不祀。仆所见闻，具可指数，若习斋（颜元）、西河（毛奇龄），又吾所目睹者。"②程、朱是批评不得的，谁敢对其不尊崇，就会断子绝孙。清代陆王心学衰退，程朱理学则是官方统治思想，宗陆王心学者虽有所辩护，但实际上还是被视为"异端"，难逃遭罢黜的命运。这与兴盛于乾隆、嘉庆年间的汉学情况不同。有清一代，汉学为学术主流，理学（也称宋学）虽为官方统治思想，但学理少有创新，只在阐释程、朱等人的话语，因而走向衰退。为争儒学正统、争学术地位，宗宋学者与宗汉学者互相诋讥、排斥，而有所谓"汉宋之争"。这集中表现在汉学家江藩刊刻所撰《国朝汉学师承记》，扬汉抑宋；随后宗程朱理学的方东树则著《汉学商兑》以为攻驳，扬宋抑汉。这又是儒学内部不同学派的不宽容。方东树在《汉学商兑》中点名抨击了许多著名的汉学家，而其最为不满的则是戴震。这是因为戴震的《孟子字义疏证》批驳了程朱理学的"存天理，灭人欲"的理念，认为天理存于人欲之中，"无欲无为又焉有理？"他指出，程、朱的"理欲之辨，适成忍而残杀之具"，"尊者以理责卑，长者以理责幼，贵者以理责贱，虽失，谓之顺；卑者、幼者、贱者以理争之，虽得，谓之逆。于是天下之人不能以天下之同情、天下之同欲达之于上；上以理责其下，而在下之罪，人人不胜指

---

① 陆陇其：《周云虬先生〈四书集义〉序》，《陆稼书集》卷2。
② 方苞：《与李刚主书》，《方苞集》上册，上海古籍出版社1983年，第140页。

数。人死于法，犹有怜之者；死于理，其谁怜之？呜呼！"①戴震公开指责程、朱"以理杀人"，简直是"大逆不道"，无怪乎方东树对之深为痛恨，攻击他是"拔本塞源，邪说横议，较之杨、墨、佛、老而更陋，拟之洪水猛兽而更凶"。②为维护程朱理学的绝对权威，宗程朱理学者不仅攻驳非议程、朱之说者，而且加以人身攻击。方东树的老师、桐城文派的集大成者姚鼐，将程、朱视为父师，诋诬程、朱就是"诋诬父师"，"且其人生平不能为程、朱之行，而其意乃欲与程、朱争名，安得不为天之所恶。故毛大可（奇龄）、李刚主（　）、程绵庄（延祚）、戴东原（震），率皆身灭嗣绝，此殆未可以为偶然也"。③姚鼐与其先辈方苞一样，认为戴震等人不尊程、朱之说，故"为天之所恶"，断子绝孙。在封建伦理纲常中，"不孝有三，无后为大"，人家没有后嗣已是不幸，还要加以谴责，看来儒学中人并不宽容，未免少了点同情心，不够"人性化"。

　　研究问题、阐述问题需要全面，避免片面性。历代的儒家们在其著述中的确讲了不少关于宽容之类的话语，但同时又很不宽容，不"和"。儒家文化有优秀的成分，也有不少糟粕，需要具体分析，批判地继承，取其精华，弃其糟粕。笼统地称儒学文化是优秀文化，不仅不符合实际，而且对社会现实是有害的，妨碍社会主义先进文化的建设。对于传统文化（包括"国学"），也应当是批判继承，不能不加分析地盲目提倡。

（原载《高校理论战线》2006年第12期）

---

① 戴震：《孟子字义疏证》卷上，《戴震全书》（六），黄山书社1995年，第161页。
② 方东树：《汉学商兑》，载《汉学师承记（外二种）》，生活·读书·新知三联书店1998年，第40页。
③ 姚鼐：《再复简斋书》，《惜抱轩全集》，中国书店1991年，第78页。

传统文化的继承问题

从"将汉服定为国服"想起的。

据媒体报道，4月5日，一份有关"将汉服定为国服"，"奥运会上，中国的汉族运动员应着汉服入场"的网上倡议书，有20多家网站和众多网友响应，获得数十名大学教授及文化学者联署，于是引起一场激烈的争议。提倡者说，这是体现民族精神，体现了中华文化与人为善、人与自然和谐的精神，体现了对民族文化的认同和自觉。反对者则认为是狭隘的民族主义，是"复古表演秀"。

在近些年来，这种复古思潮层出不穷，例如有人主张为全面恢复古代的"道统"、"政统"，改公元纪年为黄帝纪年，用《三字经》启蒙代替汉语拼音识字，兴建仿古式私塾，地名复古，看皇历，以致"祭祖热"越来越升温，山西洪洞大槐树的祭祖大典与陕西黄陵县公祭黄帝的典礼同一天举行，浙江要举行一场声势浩大的公祭大禹陵的典礼，而河南新郑也举行黄帝故里拜祖大典，还有的地方要祭炎帝。至于祭孔子，多年前已有了，将来可能还会有祭尧、祭舜、祭周公，等等。中国远古的"圣贤"实在太多了，祭不胜祭。看来祭祖的排场越来越大，耗费也越来越多，互相攀比。如浙江的祭大禹，近年来给绍兴市累计投资2亿元，新建了祭禹广场、水上祭台、守陵村和夏禹文化园等；而典礼则采用中国古代最高礼祭形式，分为献贡品、鸣铳、击鼓、撞钟、奏乐、献酒、恭读祭文、行礼等12项仪程。有些地方的祭祖也是穿古服、行古礼，一派古色古香的气氛。

支持者认为这有利于弘扬传统文化，意味着中国人向传统文化的回归。反对者则认为这是在复古，是将传统文化的传承庸俗化、过度商业化。看来意见是很分歧的。

就以将"汉服"定为"国服"而言，有的专家就对什么服装能够真正代表中国的服装感到困惑。前些年，曾一度出现对襟上衣的"唐装热"，现在也有不少人在穿。其实，从新中国成立前到新中国成立后，穿所谓"唐装"的人不少，只是以往不叫"唐装"而已。如果"汉服"可以定为"国服"，为什么"唐装"不可以作为"国服"，于理很难说清楚。中山装或许因为是外来服装的改造，被认为不能算国服，还不够体现民族精神。然而，旗袍都是原来满族妇女的旗装改造的，不论汉族和其他民族的妇女都穿，也被排斥，这就不大妥当了。只有古代汉族的服装可定为国服，而少数民族的服装经过改造后，不论满、汉等民族的妇女都穿，就不能作为国服，正如有人指出的，这是狭隘民族主义或大汉族主义的表现。服装之类，汉服、唐装、中山装、旗袍、西服、夹克等，谁爱穿什么就穿什么，没有必要定汉服为国服。主张定汉服为国服者自是有其理由，如可以提升对民族文化的认知，体现了一种民族文化自觉，增强民族自信心。然而一个人有没有民族自信心和自尊心，是不是爱国，并不取决于他穿的是什么服装，而是他的思想品德。在中国历史上，穿同样服装，有清官，也有贪官；有为抵抗外国侵略而壮烈殉国的，也有卖国当汉奸的，并不罕见。记得20世纪80年代提倡穿西服时，于是商店售货员都穿西服，有的售货员服务态度不好，有顾客批评说："你穿的是文明服，怎么能对待顾客不文明。"

至于兴办仿古式私塾，从小就摇头晃脑地读儒学经书，是不是弘扬传统文化就必须这样做，值得斟酌。一些对儒学颇有研究、很钟爱儒学的专家、教授，非常热心于此，而且自己也在身体力行。但是，一些从事儿童教育的工作者却有不同的看法。例如，有一位关注儿童民间文化课程的学者说："不要一想到对孩子进行传统文化教育就想到读经，传统文化中的经书确有优秀的，但它也只是传统文化的一部分，传统民间文化中的很多游戏、儿歌、童谣等也是民族传统文化的精华。""如果把优秀的民间文化放下，一味地在形式上去仿古，搞一些形式化的开私塾、穿古装、背古文，这样不仅得不到孩子们的喜爱，而且也不符合现代人的生活习惯。"还有一位从事过儿童教育的教育工作者说："我们没有选择儿童渎经这种方式。对孩子来讲，它太枯燥了，不容易产生兴趣。我们不能让孩子们今天背这一段，明天背那一段，从小就做一个机械的吸收者。"他们的说法是经历过亲身实践的感受和体会的，是有道理、值得重视的。

这里的问题是如何对待传统文化，而核心是如何对待儒学文化。所谓要回归传统文化，实际上就是回归儒学文化，有一种意见认为儒学是中国传统的优秀文化，"东亚四小龙的崛起，向世人展示了孔子儒学的生命力。四小龙都是深受孔子儒学影响的国家，突然间崛起，世人瞩目。为什么那些没有批判孔子儒学的国家和地区，经济有了突飞猛进的发展，而中国大陆猛批孔子儒学，经济却跌到崩溃的边缘？中国大陆不批孔子儒学了，经济有了明显好转，渐渐地出现了和平崛起的新气象"。这种论说，是经不住推敲的。

首先，把一个国家或地区的经济能否发展，归之于是否批判孔子儒学，这是一种文化史观，或叫文化决定论。按照马克思主义的唯物史观，社会的发展是基于物质生活的生产方式。这里不打算从理论上来阐述，只是从具体的历史事实来加以说明，自汉武帝罢黜百家、独尊儒术之后，儒学一直是中国封建王朝的官方意识形态。然而，每一个皇朝都有盛有衰，清代虽有"康乾盛世"，但自乾隆后期即走向衰落。而道光二十年(1840)英国发动侵略中国的鸦片战争，清政府战败而割地赔款，从此中国由一个独立的国家成为帝国主义列强的半殖民地。清政府不仅没有批判过儒学，而且崇奉儒学，以程朱理学为官方统治思想。如果说"康乾盛世"是因为清政府崇奉儒学的结果，那么"嘉道衰落"以至于败于英国，儒学又起什么作用呢？至于说东亚"四小龙"都是深受孔子儒学影响的国家和地区，它们没有批判孔子儒学，所以经济有了突飞猛进的发展，也是靠不住的。20世纪八九十年代，这种议论曾流行过一阵子，有人还称之为"儒学资本主义"。当年，历史学家刘大年同志曾在《人民日报》上发表《见说》

四首诗，对所谓亚洲一些国家和地区经济增长是得力于奉行孔学的结果表示存疑："到底是孔学可以指导现代化，还是要把现代化拉回到孔学思想里面去？"到了90年代后期，现实对刘大年同志的"存疑"作了事实的回答。当时亚洲发生了金融风波，经济出现衰退，这些"儒家资本主义"国家和地区都程度不同地遇到了麻烦，发生危机。于是，西方的一些媒体就大肆宣扬孔子儒学失灵了。如果孔子儒学真的可以指导现代化，以其"无边威力"是不会失灵而遭到危机的。后来危机过去了，但没有听到谁说是由孔子儒学化解的。

鸦片战争以后，中国成为半殖民地半封建社会。清政府内外交困，面临统治危机。19世纪60年代清政府中的洋务派为了维护统治，搞起了洋务运动，其指导思想就是所谓"中学为体，西学为用"。"中学"就是儒学，尤其是儒学的三纲五伦，这是根本；但仅靠儒学难以应对内忧外患，维持统治，还必须以"西学"为用，也就是学习西方的工艺技术，兴办近代企业。曾国藩、李鸿章、左宗棠、张之洞等洋务派的封疆大吏，都是崇尚儒学的，他们心中有数，要"求强"、"求富"，仅靠儒学解决不了问题，还必须学西方，兴办洋务。

有人对五四新文化运动很反感，因为它批评了孔子儒学，以至于把它和"文化大革命"的批儒评法联系在一起，等同看待，混为一谈。了解一点中国近代史的人都知道，批评孔子儒学并不是始于五四新文化运动，而在清末就已经出现了。1895年戊戌变法时张之洞出版了《劝学篇》一书，书中反对维新派的民权、平等，维护封建"君为臣纲，父为子纲，夫为妻纲"，鼓吹"三纲"是"五伦之要，百行之原，相传数千年，更无疑义。圣人所以为圣人，中国所以为中国，实在于此。故知君臣之纲，则民权之说不可行也；知父子之纲，则父子同罪免丧废祀之说不可行也；知夫妇之纲，则男女平权之说不可行也"。[①]维新派谭嗣同、严复等人都尖锐批评三纲危害。如何启、胡礼垣针对《劝学篇》指出"三纲五伦之惨祸烈

---

① 张之洞：《劝学篇·明纲》，中州古籍出版社，1998，第70页。

毒"，"官可以无罪而杀民，兄可以无罪而杀弟，长可以无罪而杀幼，勇威怯、众暴寡、贵凌贱、富欺贫，莫不从三纲之说而推，是化中国为蛮貊者，三纲之说也"。①辛亥革命时期，革命党人也对孔子儒学、对三纲提出批评。刘师培认为，"孔子之学，仅列周季学派之一耳"，不能说他是"至圣先师"。②章太炎则说："儒家之病，在以富贵利禄为心。"③署名凡人的作者在文章中指出："吾国学有渊源，非止孔贤一支，平其心，静其气，无所重轻，兼采众说，以求公理，则虽余固未能谓孔贤无可取也。惟强余以为至圣，沮人生之自由，禁学术之发达，再为第二汉武，定于一尊，则余不忍泯此良心也。"④陈君衍写了《法占》一文，更明确反对尊孔："因为孔子专门叫人忠君服从，这些话都很有益于君的。所以这些独夫民贼喜欢他的了不得，叫百姓尊敬他，称他为至圣，使百姓不敢一点儿不尊敬他，又立了诽谤圣人的刑法，使百姓不敢说他不好。""总而言之，孔子虽好，必不能合现在的时候了。我但望吾同胞做现在革命的圣贤，不要做那忠君法古的圣贤"。⑤

五四新文化运动的批判孔子儒学是对戊戌维新派、辛亥革命派批评儒学的继承和发扬，是一脉相承的。五四新文化运动中，新文化派所批判的是：反对定孔教为国教，编入宪法，指出孔子之道"不合于现代社会之生活"；批评被封建帝王捧起来的对孔子的偶像崇拜，批判封建的纲常名教等。但他们并没有完全否定传统，也没有完全否定孔子儒学。有些人往往抓住"打倒孔家店"这一句话，或者当时人某些偏激的言论，不加分析，不去弄清究竟，就断言五四新文化运动是全盘反传统，中断了传统文化，误了中国，以至于把他们高扬科学、民主两面大旗的伟大贡献也一起抹杀。其实，陈独秀、李大钊等人并不抹杀孔子儒学。陈独秀明确说，"反对孔教，并不是反对孔子个人，也不是说他在古代社会无价值"。孔

① 何启、胡礼垣：《新政真诠》，辽宁人民出版社，1994，第354页。
② 刘师培：《论孔子无改制之事》，《刘申叔先生遗书》第45册，民国23年宁武南氏校印版。
③ 《诸子学略说》，《章太炎政论选集》上册，中华书局，1997，第259页。
④ 凡人：《无圣篇》，《河南》1907年第3期。
⑤ 《童子世界》第31号。

学"是当时社会的名声","使其于当时社会无价值。当然不能发生且流传至于今日"。孔学"尚平实近乎情理",不是"一无可取"。李大钊认为,"孔子于其生存时代之社会,确为其社会之中枢,确是为其时代之圣哲,其说亦确是以代表其社会其时代之道德"。"余之掊击孔子,非掊击孔子之本身,乃掊出专制政治之灵魂也。"他们批判儒学中的糟粕,是历史的进步,而不是历史的倒退,指责他们批判了孔子儒学,使中国经济发展不了,岂不冤枉。

尊孔、崇儒、读经是不是就能使经济发展、社会进步,中国近代历史可为见证。民国初年,袁世凯为了复辟帝制,掀起了一股尊孔读经逆流,发布《尊孔祀孔令》,在《特定教育纲要》中以"尊孔尚孟"为教育宗旨,规定小学读《孟子》、《论语》,将已被南京临时政府教育部废止的小学读经科又恢复起来。袁世凯推行尊孔读经,与其复辟帝制分不开,如陈独秀所指出:"益主张尊孔,势必立君;主张立君,势必复辟。"[1]袁世凯复辟帝制失败后,北洋政府依然推行尊孔读经,各地军阀也很热衷于此。然而中国社会却陷入军阀混战、民不聊生的状态。鲁迅说:"孔夫子之在中国,是权势者们捧起来的,是那权势者或想做权势者们的圣人,和一般的民众并无什么关系。"[2]

1937年,日本帝国主义发动侵华战争的七七事变后,在沦陷区推行所谓"尊孔祭孔"、"振兴儒教"的"文化工作指导原则"。在华北,日本侵略者利用其控制的伪政权组织"新民会",宣扬所谓"以孔子学说思想为主旨"的"新民主义"。在中小学规定读经的课程,当时自华北沦陷区逃出的文化人对日伪这种教育甚感忧虑,现在中学和小学利用日文和读经来麻醉青年。初级小学念《孝经》,初中读《诗经》,高中授《孟子》。[3]日本帝国主义侵略者没有批判孔子儒学,而是利用孔子儒学来对中国人尤其是青年进行奴化教育,显然这不是要使中国社会得到发展,而是进行殖民

---

[1] 陈独秀:《复辟与尊孔》,《新青年》第3卷第6号。
[2] 鲁迅:《在现代中国的孔夫子》,《鲁迅全集》第六卷,人民文学出版社,2005,第327页。
[3] 蔡云腾:《敌人在沦陷区的奴化教育》,宋斐如主编《战时日本》第4卷第1期。

统治。

其次，对于包括孔子儒学在内的传统文化，不能笼统地称为优秀文化，不加分析地予以继承发扬。

中国传统文化，包括儒学文化，都产生于中国古代社会，是时代的产物。儒学的"君为臣纲，父为子纲，夫为妻纲"的"三纲"说，成为维护历代封建王朝的统治工具，统治人民的精神枷锁，对历史发展起着不良的影响，理所当然要受到有识者的批判。

在近代中国，人们一直在探索如何正确对待中国的传统文化和外来文化。在这过程中，既有主张完全保存以儒学为核心的传统文化，也出现了"一切为泰西是尚"的"醉心欧化"者。对于这两种偏向，辛亥革命时期就有人提出批评："闻之开新、守旧两派之言矣。开新者曰：欲造新中国，必将中国一切旧学，扫而空之，尽取泰西之学，一一施于吾国。守旧者曰：我欲强吾国，行我古代圣王之法而有余，不必外求，或但取其艺学。二家之见，所谓楚则失矣，齐亦未为得也。"他认为不论对于中国传统文化或西方文化，都不应该是一概接受或一概排斥，而要加以具体分析："对于我固有之学，不可一概拒绝，当思有以发明而光辉之。对于外国输入文学，不可一概拒绝，当思开户以欢迎之。"总的原则是"吸食与保存两主义并行"，"拾其精华，弃其糟粕"。①有的提出"融会东西之学说"，"取东西而熔为一冶"。鲁迅在当时也明确指出："外之既不后于世界之思潮，内之仍弗失固有之血脉，取今复古，别立新宗。"②也就是融合中外文化，创造新文化。孙中山也强调："发扬吾固有之文化，且吸收世界之文化光大之，以期与诸民族并驱于世界。"③他的思想学说就是"固袭"固有文化，"规抚"西方文化，加上他自己的"创获"。

对于中外文化问题，毛泽东同志在《新民主主义论》中讲得很深刻，建立民族的科学的大众的新民主主义文化。他在别处又说"中外古今法"，

① 师蛰：《学术沿革之概论》，《醒狮》1905年第1期。
② 鲁迅：《文化偏至论》，《河南》1908年第7期。
③ 孙中山：《中国革命史》，《孙中山全集》第7卷，中华书局，1986，第60页。

屁股坐在现在，一手伸向古代，一手伸向外国。

党的十五大报告的文化纲领中继承发扬了《新民主主义论》的思想，指出"以马克思主义为指导，以培育有理想、有道德、有文化、有纪律的公民为目标，发展面向现代化、面向世界、面向未来的，民族的科学的大众的社会主义文化。……建设立足中国现实、继承历史文化优秀传统、吸收外国文化有益成果的社会主义精神文明。"

文化有传承性，但一时代有一时代的文化。当前中国特色社会主义文明的建设，必须立足于社会主义现代化建设这个现实，这是源，而继承过去文化优秀传统、吸收外国有益成果，这都是流，不能源、流颠倒。

1989年，著名历史学家刘大年同志在《人民日报》发表旧体诗《见说》四首，是针对当时及此前曾经颇为流行的一种说法，即亚洲一些国家和地区经济增长，得力于奉行孔学的议论，有感而发。他不赞成认为亚洲一些国家和地区经济增长，是"得力于奉行孔学"的结果。冯至先生读了这四首诗后，在给刘大年同志的信中说："《见说》四首写得很好，我读后觉得很痛快，现在思想界的确相当混乱，不是'崇外'就是'泥古'，需要澄清。"也是在1989年，刘大年同志在《求是》杂志发表了《马克思主义与中国传统文化》一文，文中指出了"崇儒尊孔"和"全盘西化"的主张都存在于当时的思想文化论说中。他说："对于传统文化，没有想一笔抹杀孔子和孔学。""但这不等于我们认为可以搬用孔学体系来认识和处理现实生活。不去用批判态度对待孔学为代表的古代文化，除了表示倒转历史车轮，难以表示别的什么。孔学保守、封闭带来的危害，近代的中国人、外国人不知讲过多少。……他们的严厉批评，在今天仍然值得引起注意。重新认识和批判对待传统文化，才能产生新的文化。"20年后，这种"崇儒尊孔"、"泥古"的思想不仅仍然存在，而且更为泛滥。

（2009年未刊稿，收入龚书铎:《求是室文集》，

社会科学文献出版社2011年）

为汉语危机担忧

几个月前的一天下午，偶尔打开电视，恰好看到了中央电视台正在播放关于汉语的节目。一位节目女主持人邀请了一位高中生、一位大学本科生和一位国学专业的女博士研究生，让他们当场写"尴尬"二字，不料三人都写错了。主持人不由地发出了感慨：连国学专业的博士研究生都写错了，够"尴尬"的！她还说，现在国际上汉语热，可我们的母语水平却在下滑，令人担忧，如果不重视，说不定将来有一天要请外国人来教汉语了。

仅凭写错了"尴尬"二字，就认为母语水平下滑，也许有人会觉得未免小题大做，危言耸听。照我的想法，女主持人的这番感慨，不会仅凭此二字就贸然下断语，应是对现实存在的问题的真切感言。高中生、大学本科生写错了，也许情有可原（因为他们习惯于敲电脑，不常写字），作为国学专业的博士研究生也写错则不应该。国学者，研究本国之传统学问也。尤其是儒家的"四书"、"五经"，更是国学研究者所重视的。要通经，首先要认字，治小学。清初著名思想家顾炎武说："读九经自考文始，考文自知音始。"[①]他感于明中叶后王阳明心学末流"束书不观，游谈无根"，字音字义都未弄明白，却到处讲学，随意发挥经书的义理、心得。作为国学专业的博士研究生，文字的功底是不可缺的，像常说、常用的"尴尬"不

---

① 顾炎武：《答李子德》，《顾亭林诗文集》，中华书局1983年，第73页。

应该误写。

近几年来，深感在我招收的历史学博士研究生中，汉语言文字应用能力明显滑落：他们撰写的博士学位论文，存在为数不少的文理不通、逻辑不顺的病句，错别字，标点符号的混乱。为此事，我曾跟校内外的一些博士生导师交谈过，他们也有同感，可见博士研究生汉语言文字应用能力下滑不是个别的。

若说国人汉语水平下滑，有几件事例颇能说明问题。2005年发生了两件事：一件是中国翻译家协会在上海举行的一项翻译大赛，由于缺乏最好的译文，一等奖空缺，二等奖的获得者是一位土生土长的新加坡人，因为不仅他的英文水平突出，还在于他"流畅、优美的中文表达"；另一件是在复旦大学举行的汉语言文字大赛上，夺得第一名的是留学生队，而中国大学生组成的各支队伍只能往后排。再一件事发生在今年，据报道，全国报刊逻辑语言应用病例有奖征集活动，共挑出了无可争辩的语言逻辑差错14883处。以2006年7月14日出版的4份中央级报纸和24份省市级报纸的一至八版正文为例，共挑出逻辑和语言应用方面的病例1289个，平均每份报纸46个。一个语病都没有很难，但如此之多则不容忽视。

大概从本世纪开始以来，就不断有人在中央级的报纸上发表文章，指出"汉语的尴尬"，为汉语鸣不平，呼吁要重视母语、珍爱母语，甚至提出要"展开汉语保卫战"。然而，言者谆谆，听者藐藐。几年过去了，国人汉语水平未见提高，却在继续下滑。

国人汉语言文字能力滑落，原因不只一端，但"全民学英语"、"英语热"，不能不说是一个重要原因。在我国实行对外开放政策、国际地位日益提高、国际交往日益频繁的大背景下，学习英语自然非常重要。不但英语要学好，其他外语也应该学，这不会有人反对。问题在于，不能热了英语，而冷了母语。有的文章指出，英语学习热对母语学习的冲击："首先是各级考试制度的重英轻汉，一些地区的'小升初'考试，只看数学和英语成绩，语文基本不作数；中考、高考，英语和汉语平分秋色；至于事关就业和升职的英语等级考试和职称英语考试，更是许多人难以逾越的门槛。于是，中国的大学生，花在英语上的精力，远远超过了母语学习，甚至也超过了专业学习。"①2007年5月15日，《人民日报》刊登了安福秀等人的《全民英语之惑》的文章，谈到北京市在社区里为大爷大妈开设英语学习班，有不少人已年过七旬。我想在这些大爷大妈中，有的可能连汉字也不认得，却要他们去记诵英文字母和单词，未尝不是强人所难。有意思的是，在文章的下端配了一幅《奶奶树下学英语》的漫画，一位老奶奶坐在树下打开英语课本在念叨"咕叨毛拧"，看样子苦不堪言！

汉语言文字面临的问题，不仅是国人汉语水平的下滑，也存在汉语纯洁性的问题。这也是多年来人们所关注的。在报刊等媒体上，经常能够看到英语缩写词掺杂在汉语字句里，有的是中英文拼凑在一起。而在电视上，一些歌星唱的歌词里，也喜欢来几句英语，以为时髦。诸如"粉丝"、"PK"一类的词语，也很流行。至于将汉字、汉语拼音的第一个字母、英语缩写以及数字等混杂在一起的"网络语言"，更是让人读了莫名所以。难怪人们要大声疾呼清除语言"垃圾"、"维护汉语的纯洁性"。维护本国语言的纯洁性，不仅中国需要，欧洲如法、意、德、俄等国也很重视。这些国家各自的母语也受到英语的侵蚀，因而都在努力维护自己母语的纯洁性。

语言文字不仅是交流工具，是文化的载体，它本身也是文化，是民族生存之根。中华民族的凝聚力，几千年文明史所以连续不断，其中起重要作用的因素之一是汉语言文字。因为有汉语言文字的维系，即使背井离乡，远渡重洋，过了几代人，也认同于炎黄子孙。过分强调英语，不重视汉语，甚或自我贬损，它所产生的不良影响，不仅仅是年轻一代汉语言文字应用能力下滑，而且会使他们崇洋媚外，缺乏民族自尊心和自信心，疏离自己的民族文化身份。清代著名思想家龚自珍曾说："灭人之国，必先去其史。"借用他的这句名言，试改一字，也可以说："灭人之国，必先去其语。"难道事情不是这样吗？想当年日本帝国主义侵占我国台湾、东北时，

---

① 李泓冰：《让汉语在国内热起来》，《人民日报》2005年7月22日。

强制推行日语，不学或少学汉语，就是要使中国人忘掉自己的身份，忘掉自己是中华民族的子孙。可见语言文字的重要性。

前几天，教育界的专家建议大学本科开设"中国语文"课，这对于提高大学生的汉语言文字水平自有助益。不过，更为根本的，是要重视并切实抓好中小学的语文学习。基础不打好，到了大学是难以解决好的。

（原载《中华魂》2007年第8期）

关于传统文化的继承问题

一 从"国服"、"祭祖"热说起

近些年来，在提倡弘扬传统文化的潮流中，不断有新的主张和举措出现，如改公元纪年为黄帝纪年、兴建仿古式私塾、地名复古、看皇历等等。今年似乎更加热闹。4月间，一份有关"将汉服定为国服"，"奥运会上，中国的汉族运动员应着汉服入场"的网上倡议书，有20多家网站和众多网友响应，获得数十名大学教授及文化学者联署。于是引起一场激烈的争议，提倡者说这是体现民族精神，体现了对民族文化的认同和自觉；反对者则认为是狭隘的民族主义，是"复古表演秀"。

几个月来，"祭祖"热越来越升温，如山西洪洞县举办大槐树祭祖大典、陕西黄陵举办公祭黄帝典礼，而河南新郑也举行黄帝故里拜祖大典。湖北竹山县举办了女娲公祭大典；早几日，甘肃秦安县举行过第二届公祭人文始祖女娲大典；河北涉县、山西长治等地也都曾举办过祭祀女娲的活动，而陕西西安市临潼区的专家则声称骊山是女娲文化最早的发祥地，公布了12幅女娲雕塑的设计图，难怪有人感叹"补天女娲，遍地'开花'"！在这股"公祭"热中，显而易见的是对这些"人文始祖"、"圣贤"的争夺，不仅女娲遍地"开花"，伏羲也是多地抢着上，甘肃天水市要公祭，河北的新乐市和河南的淮阳县也举行祭祀，都号称自己是伏羲的故乡。至于诸葛亮，山东临沂市沂南县为其故里，举办诞辰祭祀；陕西治中市以武侯墓所在地，举行逝世公祭大典；湖北襄樊市则因其在此地出山而举办大型出山庆典。在"祭祖"热中，互相攀比之风炽盛，排场越来越大，耗费也越来越多。如浙江绍兴市为祭大禹，近年来累计投资2亿元，新建了祭禹广场、水上祭台、守陵村和夏禹文化园等；而典礼则采用中国古代最高礼祭形式，分为献贡品、鸣铳、击鼓、撞钟、奏乐、献酒、恭读祭文、行礼等12项议程。有些地方的祭典，也是穿古服、行古礼，有的专家也如是提倡，一派古色古香的气氛，令人恍如隔世。"祭祖"热引起了激烈的争议，支持者认为有利于弘扬传统文化，意味着中国人向传统文化的回归；反对者则认为这是在复古，是将传统文化的传承庸俗化，过度商业化。

不论"国服"还是"祭祖"，我都赞成后一种意见。这种种主张和举措，说白了，就如有的专家指出的，是"复古表演秀"，真正的意图在于吸引旅游、招商引资，也在为自己扬名、创"政绩"。这样做既不利于民族团结，对弘扬优秀传统文化也没有好处，且不说耗费了大量资财。

传统文化有精华也有糟粕，不能什么都继承、弘扬。传统文化很重视"敬天法祖"，重视祭祀，能不能不加批判地都来弘扬，就值得斟酌。民国年间，类此复古之事并不少见。人们所熟知的是，袁世凯任民国总统时，为了进行专制独裁统治，复辟帝制，大搞尊孔复古。1914年，袁世凯发布祭天告令，说祭天是"古训"、"古义"，牵强附会地把"古之莅民者称天而治"说成是"尤与民主精神隐然翕合"，并指责"谓尊天为帝制所从出，郊祀非民国所宜存"的人是不懂"根本"，忘了"上帝"。是年冬至，袁世凯举行祀天大典。从新华门到天坛必经的路上，黄土铺了地面。袁世凯乘汽车到天坛门外，换乘四角垂着络缨的双套马朱金轿车，至昭亨门外又改坐竹椅显轿，到天坛下轿，走石阶而上。典礼开始，袁世凯头戴爵弁，身穿十二团大礼服，下着印有干水纹的紫缎裙，屈膝下跪，叩首礼拜，演了一出复辟活动的丑剧。袁世凯穿古服，行古礼，做得很到位，很符合传统文化。但是人们并不认同，而是唾弃，传为笑柄，因为那是为复辟帝制的需要，是历史的倒退。

至于办仿古式的私塾，是不是弘扬传统文化就必须这样，也值得斟酌。一些对儒学有研究、很钟爱的专家，非常热心于此。但是，一些儿童教育工作者却有不同的看法。例如一位关注儿童民间文化课程的学者就认为，"不要一想到对孩子进行传统文化教育就想到读经"，传统民间文化中如儿歌、童谣等等也有精华，"如果把优秀的民间文化放下，一味在形式上去仿古，搞一些形式化的开私塾、穿古装、背古文，这样不仅得不到孩子们的喜爱，而且也不符合现代人的生活习惯"。他的意见是亲身实践的感受和体会，是有道理的，值得关注。

二 关于儒学文化

上述的提倡"国服"、"祭祖"热、开办仿古私塾等等，概括地说是继承传统文化的问题，而其核心是如何对待儒学文化。所谓要回归传统文化，实际上就是回归儒学文化。有一种意见认为，儒学是中国传统的优秀文化，东亚"四小龙"的崛起，向世人展示了孔子儒学的生命力。"四小龙"都是深受孔子儒学影响的国家和地区，突然间崛起，世人瞩目。有人就此提出为什么那些没有批判孔子儒学的国家和地区，经济有了突飞猛进的发展，而中国大陆猛批孔子儒学，经济却跌到崩溃的边缘？中国大陆不批孔子儒学了，经济有了明显好转，渐渐地出现了和平崛起的新气象。这种论说，是经不起推敲的。

首先，把一个国家或地区的经济能否发展，归之于是否批判孔子儒学，这是一种文化史观，或叫文化决定论。按照马克思主义唯物史观的观点，社会的发展是基于物质生活的生产方式。这里不打算从理论上来阐述，只从历史本身来加以说明。自汉武帝罢黜百家、独尊儒术之后，儒家成为中国封建王朝官方意识形态。然而，每一王朝都有兴衰，都逃避不了那个"周期率"。清代虽有"康乾盛世"，但自乾隆后期即走向衰落。道光二十年（1840年），英国发动侵略中国的鸦片战争，清政府战败而割地赔款，从此中国由一个独立国家沦为西方列强的半殖民地。清政府是崇奉儒学的，以程朱理学为官方统治思想，从未批判过儒学。如果说"康乾盛世"是因为清政府崇奉儒学的结果，那么嘉道衰落以至败于英国，儒学又起什么作用呢？这在道理上难以圆其说。

至于说东亚"四小龙"都是深受孔子儒学影响的国家和地区，它们没有批判孔子儒学，所以经济有了突飞猛进的发展，也是靠不住的。上世纪八九十年代，这种论说曾流行过一阵子，有人还称之为"儒家资本主义"。当时，著名历史学家刘大年曾在《人民日报》（1989年11月21日）发表《见说》四首诗，诗前小序说："亚洲一些国家和地区经济增长，据说得力于奉行孔学。几年前即闻此议论，近日主张者尤多。北京孔子讨论会的论文即有持此说的。到底是孔学可以指导现代化，还是要把现代生活拉回到孔学思想里面去，没有本领参加讨论，打油诗数首存疑。"其第四首是："一钱一果互相争，现代微言未许轻。泰斗为文呼祸本，青天传语又时行。新儒有道推君子，老店无缘拜圣人。我自沙滩楼下过，可怜德赛两先生。"到了1997年，现实对刘大年的"存疑"作了回答。当年亚洲发生了金融风波，经济出现危机，这些"小龙"都程度不同地遇到了麻烦。于是西方的一些媒体就大肆宣传孔子儒学失灵了。如果孔子儒学真的可以指导现代化，以其"无边威力"，是不会失灵而使这些"小龙"遭受危机的。后来危机过去了，但没有见到谁说是由孔子儒学来化解的。

鸦片战争以后，中国成为半殖民地半封建社会。清政府内外交困，面临统治危机。19世纪60年代，清政府中的洋务派为了维护统治，挽救危机，兴办了洋务，其指导思想就是所谓"中学为体，西学为用"。"中学"就是儒学，尤其是儒学的三纲五伦，这是根本。但仅靠儒学难以应对内忧外患，维护统治，还必须以"西学"为用，也就是学习西方的工艺技术，兴办近代军用、民用企业。曾国藩、李鸿章、左宗棠、张之洞等洋务派的封疆大吏，都是崇尚儒学的，但他们不像倭仁等守旧派那样愚顽，说什么"立国之道，尚礼义而不尚权谋；根本之图，在人心而不在技艺。"洋务官僚们心中有数，要"求强"、"求富"，仅靠孔子儒学解决不了问题，既要固守封建纲常伦纪这个根本，又要学习西方兴办洋务。

有论者对五四新文化运动很反感，因为它批判了孔子儒学，于是将它和"文化大革命"的"破四旧"、"评法批儒"联系在一起，等同看待，混为一谈。了解一点中国近代史的人都知道，批评孔子儒学并不是始于五四新文化运动，在清末就已经出现了。1898年戊戌变法前，张之洞出版了《劝学篇》一书，反对维新派提倡的民权、自由、平等，维护封建的"君为臣纲，父为子纲，夫为妇纲"，宣扬"三纲"是"五伦之要，百行之原，相传数千年，更无疑义。圣人所以为圣人，中国所以为中国，实在于此"。①维新派谭嗣同、严复等人都尖锐地批评三纲的危害。如何启、胡礼垣针对《劝学篇》指出，"三纲五伦之惨祸烈毒"，"君可以无罪而杀其臣"，"父可以无罪而杀其子"，"夫可以无罪而杀其妇"，"由是官可以无罪而杀民，兄可以无罪而杀其弟，长可以无罪而杀幼，勇威怯，众暴寡，贵凌贱，富欺贫，莫不从三纲之说而推，是化中国为蛮貊者，三纲之说也"②。辛亥革命时期，革命党人也对孔子儒学提出批评。刘师培认为，"孔子之学，仅列周季学派之一耳"，不能称他是"至圣先师"。③章太炎则说："儒家之病，在以富贵利禄为心。"④署名凡人的文章指出："吾国学有渊源，非止孔、孟一支，平其心，静其气，无所重轻，兼采众说，以求公理，则虽余固未能谓孔、孟无可取也。惟强余以为至圣，沮人生之自由，禁学术之发达，再为第二汉武，定于一尊，则余不忍泯此良心也。"⑤陈君衍写了《法古》一文，更明确反对尊孔，"因为孔子专门叫人忠君服从，这些话都很有益于君的。所以这些独夫民贼喜欢他的了不得，叫百姓尊敬他，称他为至圣，使百姓不敢一点儿不尊敬他，又立了诽谤圣人的刑法，使百姓不敢说他不好"。"总而言之，孔子虽好，必不能合现在的时候了。我但望吾同胞做现在革命的圣贤，不要做那忠君法古的圣贤"。⑥

五四新文化运动批判孔子儒学，是针对袁世凯等人大搞尊孔复古逆流

① 张之洞：《劝学篇》，中州古籍出版社，1998。
② 何启、胡礼垣：《〈劝学篇〉书后》，《新政真诠》，辽宁人民出版社，1994。
③ 刘师培：《论孔子无改制之事》，《刘申叔先生遗书》第45册。
④ 《章太炎政论选集》上册，中华书局，1977。
⑤ 凡人：《无圣篇》，《河南》第3期。
⑥ 《童子世界》第31号。

的现实，也是对戊戌维新派、辛亥革命派批评孔子儒学的继承和发展，是与之一脉相承的。五四新文化运动提倡科学和民主；反对定孔教为国教，编入宪法，指出孔子之道"不合于现代社会之生活"；批评被封建统治者捧起来的对孔子的偶像崇拜、盲从迷信；批判封建纲常等。但他们并没有完全否定传统文化，也没有完全否定孔子儒学。有些人往往抓住"打倒孔家店"这句话，或者个别新文化倡导者的某些偏激言论，不去弄清究竟，不加分析地断言五四新文化运动是全盘反传统，中断了传统文化，贻误了中国，甚至把新文化运动高扬科学、民主的伟大贡献也一起予以抹煞。其实，陈独秀、李大钊等人并不抹煞孔子儒学。陈独秀明确说，"反对孔教，并不是反对孔子个人，也不是说他在古代社会无价值"。[①]孔学是"当时社会之名产"，"使其于当时社会无价值，当然不能发生且流传至于今目"。[②]他承认孔学有优点，"尚平实近乎情理"，不是"一无可取"。李大钊也认为，"孔子于其生存时代之社会，确足为其社会之中枢，确足为其时代之圣哲，其说亦确足以代表其社会其时代之道德"。他还表示："余之掊击孔子，非掊击孔子之本身，乃掊击孔子为历代君主所雕塑之偶像的权威也；非掊击孔子，乃掊击专制政治之灵魂也"。[③]他们批判儒学中的糟粕，是历史的进步，而不是历史的倒退，说因为他们批判了孔子儒学，使中国经济发展不了，岂不冤枉？

尊孔、崇儒、读经是不是就能使经济发展、社会进步，中国近代历史可为见证。民国初年，袁世凯为了复辟帝制，掀起了一股尊孔读经逆流，发布《尊孔祀孔令》，在《特定教育纲要》中以"尊孔尚孟"为教育宗旨，规定小学读《孟子》、《论语》，将已被南京临时政府教育部废止的小学读经科又恢复起来。袁世凯推选尊孔读经与其复辟帝制分不开，如陈独秀所指出："盖主张尊孔，势必立君；主张立君，势必复辟。"[④]袁世凯复辟帝制失败后，北洋军阀政府依然推行尊孔读经，各地军阀也很热衷于此。然

① 陈独秀：《孔教研究》，《每周评论》第20号。
② 陈独秀：《答常乃惪》（孔教），《新青年》第3卷第2号。
③ 《李大钊文集》第1册，人民出版社，1999。
④ 陈独秀：《复辟与尊孔》，《新青年》第3卷第6号。

而，中国社会却陷于军阀混战、民不聊生的境地。鲁迅说："孔夫子之在中国，是权势者们捧起来的，是那些权势者或者想做权势者们的圣人，和一般的民众并无什么关系。"[①]

1937年，日本帝国主义发动全面侵华战争的卢沟桥事变后，在沦陷区推行所谓"尊孔祭孔"、"振兴儒教"的"文化工作指导原则"。在华北，日本侵略者利用其控制的伪组织"新民会"，宣扬所谓"以孔子学说思想为主旨"的"新民主义"。在中小学规定读经课程。当时自华北沦陷区逃出的文化人对日伪这种教育甚感忧虑："现在中学和小学利用日文和读经来麻醉青年。初级小学念《孝经》，初中读《诗经》，高中读《孟子》。"[②]日本侵略者没有批判孔子儒学，而是利用孔子儒学来对中国人尤其是青年进行奴化教育，显然这不是要使中国社会得发展，而是进行殖民统治。

论者认为，中国大陆因猛烈批判孔子儒学，经济跌到崩溃的边缘，而不批孔子儒学了，经济有了明显好转，渐渐地出现和平崛起的新气象，也不符合事实。只要不带偏见，大概不会将经济的下跌或发展归于批不批孔子儒学。事实上，从1952年到1978年，工农业总产值平均年增长率为8.2%，其中工业年均增长率11.2%，国民经济实力显著增强。这在一些外国人的著作里也是承认的。如美国学者吉尔伯特·罗兹曼主编的《中国的现代化》一书中就指出，"制造业在国内生产总值中的比重，从1952年的20%上升到1978年的40%"，"制造业代替农业成为国内生产总值的主导产业确是毋庸置疑的"。[③]至于说改革开放以来经济的发展是由于不批孔子儒学，更令人莫名所以。孔子儒学指导不了中国特色社会主义的建设，指导中国特色社会主义建设的是马克思列宁主义、毛泽东思想、邓小平理论和"三个代表"重要思想，是科学发展观，是"一个中心，两个基本点"的基本路线。以批不批孔子儒学来解释经济能否发展，只能造成思想的混乱。

①《鲁迅全集》第6卷，人民文学出版社，2005。
②蔡云腾：《敌人在沦陷区的奴化教育》，宋斐如主编《战时日本》第4卷第1期。
③吉尔伯特·罗兹曼主编：《中国的现代化》，江苏人民出版社，1998。

其次，对于包括孔子儒学在内的传统文化，不能笼统地称为优秀文化，不能不加分析地一概予以继承发扬。

中国传统文化，包括儒学文化，产生于中国古代社会，是时代的产物，既有优秀的精华，也有陈腐的糟粕。儒学"君为臣纲，父为子纲，夫为妇纲"的"三纲"说，是维护历代封建王朝的统治思想，是人们的精神枷锁，对历史发展起着阻碍的作用，理所当然要受到有识者的批判。

在近代中国，人们一直在探索如何正确对待中国传统文化和外来文化。在这过程中，既有主张完全保存以儒学为核心的传统文化，也出现了一切"唯泰西是尚"的"醉心欧化"者。对于这两种偏向，辛亥革命时期就有人提出批评："闻之开新、守旧两派之言矣。开新者曰：欲造新中国，必将中国一切旧学，扫而空之，尽取泰西之学，一一施于吾国。守旧者曰：我欲强吾国，行我古代圣王之法而有余，不必外求，或但取其艺学。二家之见，所谓楚则失矣，齐亦未为得也。"他认为，不论对于中国传统文化或西方文化，都不应该是一概接受或一概排斥，而要加以具体分析，"对于我国固有之学，不可一概拒绝，当思有以发明而光辉之。对于外国输入之学，不可一概拒绝，当思开户以欢迎之"。总的原则是"吸食与保存两主义并行"，"拾其精华，弃其糟粕"。[①]鲁迅在当时也明确指出："外之既不后于世界之思潮，内之仍弗失固有之血脉，取今复古，别立新宗。"[②]孙中山也强调："发扬吾固有之文化，且吸收世界之文化光大之，以期与诸民族并驱于世界。"[③]他的思想学说，就是"因袭"固有文化，"规抚"西方文化，加上他自己的"创获"。

对于中外文化问题，毛泽东在《新民主主义论》中批评了"全盘西化"和复古主义的错误主张，指出应采取的正确态度。他认为，"中国应该大量吸收外国的进步文化，作为自己文化食粮的原料"，"但是一切外国的东西，如同我们对于食物一样，必须经过自己的口腔咀嚼和胃肠运动，

① 师董：《学术沿革之概论》，《醒狮》第1期。
② 《鲁迅全集》第1卷，人民文学出版社，2005。
③ 《孙中山全集》第7卷，中华书局，1985。

送进唾液胃液肠液，把它分解为精华和糟粕两部分，然后排泄其糟粕，吸收其精华，才能对我们的身体有益，决不能生吞活剥地毫无批判地吸收。所谓'全盘西化'的主张，乃是一种错误的观点"。对于中国古代文化，也应当"剔除其封建性的糟粕，吸收其民主性的精华，是发展民族新文化提高民族自信心的必要条件；但是决不能无批判地兼收并蓄"。[①]他把当时中华民族的新文化概括为民族的科学的大众的文化，也就是新民主主义的文化。

中国共产党十五大报告关于文化的基本目标和基本政策，继承和发展了《新民主主义论》的思想。报告指出："建设有中国特色社会主义的文化，就是以马克思主义为指导，以培育有理想、有道德、有文化、有纪律的公民为目标，发展面向现代化、面向世界、面向未来的，民族的科学的大众的社会主义文化。""建设立足中国现实、继承历史文化优秀传统，吸取外国文化有益成果的社会主义精神文明。"

文化有继承性，但一时代有一时代的文化。当前建设中国特色社会主义的文化，必须立足于社会主义现代化建设这个现实，这是源，而继承历史文化优秀传统、吸取外国文化有益成果，这是流，不能源、流颠倒。

对于如何正确对待继承传统文化、吸收外国成果的问题，从理论原则上说是明确的，但实际的分歧仍然存在。前面提到1989年刘大年在《人民日报》发表的旧体诗《见说》四首，即是针对当时有些人夸大孔子儒学的作用而发。著名文学家冯至读了这四首诗后，致信刘大年说："《见说》四首写得很好，我读后觉得很痛快。现在思想界的确相当混乱，不是'崇外'就是'泥古'，需要澄清。"[②]也是在这一年，刘大年在《求是》杂志发表了《马克思主义与中国传统文化》一文，指出了"崇儒尊孔"和"全盘西化"的主张都存在于当时的思想文化论说中。他说："对于传统文化，没有人想一笔抹煞孔子和孔学。""但这不等于我们认为可以搬用孔学体系来认识和处理现实生活。不去用批判态度对待孔学为代表的古代文化，除了

---

① 《毛泽东选集》第2卷，人民出版社，1991。
② 《冯至来函及复函》，《刘大年来往书信选》下册，中央文献出版社，2006。

表示倒转历史车轮，难以表示别的什么。……重新认识和批判对待传统的文化，才能产生新的文化。"①过去了将近20年，这种"泥古"、"崇外"的思想并没有得到澄清，值得人们关注。

（原载《高校理论战线》2007年第7期）

---

① 《刘大年集》，中国社会科学出版社，2000。

中国共产党是抗日战争的中流砥柱

——纪念卢沟桥事变70周年

一 卢沟桥事变：日本发动全面侵华战争并不偶然

今年是日本发动全面侵华战争的卢沟桥事变70周年。

70年前的7月7日，日本帝国主义侵略军在北平卢沟桥附近进行挑衅性军事演习，随后炮轰宛平城。中国守军奋起抵抗，全国抗日战争从此开始。

日本侵略军制造卢沟桥事变，发动全面侵华战争，并不是偶然发生，而是日本帝国主义企图灭亡中国，将中国变成它的殖民地既定国策的必然结果。

还在明治维新时，日本天皇发布的《宸翰》（御笔信）即宣布"欲开拓万里波涛，布国威于四方"的对外扩张政策。六年后，1874年，日本即派陆军中将西乡从道率军入侵我国台湾。这是日本发动的第一次武力侵略中国。1894年至1895年，日本经过长期扩充军备，终于发动了一场大规模的侵略中国战争，即中日甲午战争。清政府在战争中惨败，被迫签订了丧权辱国的《马关条约》。日本通过这个不平等条约，割占了中国台湾全岛及所有附属各岛屿和澎湖列岛，勒索赔款计23150万两白银。日本用中国的巨额赔款继续扩充军备，海陆军扩充费及军需工业等费用占赔款总数的85%。日本军国主义势力在甲午战争后迅速膨胀起来，很快地挤进了帝国主义列强的行列。

1900年，日本伙同英、俄、法、德、奥、美、意等国组成八国联军入侵中国，镇压义和团运动。在这次侵略战争中，日本不论是投入军队的数量之多，还是在从攻占天津到攻占北京所起的作用，都显示出它是侵略中国、镇压义和团的主力。日本侵略军所到之处，不仅屠杀中国人民，而且大肆抢掠钱财，共抢劫白银367万余两。1901年《辛丑条约》签订，赔款45000万两。日本分赃得3479.3万余两，占赔款总数的7.73%。根据条约规定，外国军队有权在北京使馆区和北京至山海关一线包括天津、唐山等几处"留兵驻守"。日本驻屯军司令部设在天津，称为"清国驻屯军"（后改称"支那驻屯军"，习惯上被称为"华北驻屯军"）。

八国联军侵略战争后，日本提高了它在帝国主义列强中的地位，也增强了与它们争夺在中国权益的野心。1904年至1905年，为了获得在中国东北的权益，与俄国在东北进行了日俄战争。战争结果，俄国战败。日本从俄国手中攫得租自中国的旅顺口和大连湾、长春至旅顺口的铁路（南满铁路）及其他有关权益。这是日本在中国大陆占据的第一块基地，也是它进一步侵略中国的基地。日本在旅顺设置"关东都督府"，并派兵驻守上述地区及南满铁路沿线，这支军队后来被称作"关东军"，成了日本侵略中国的突击队。

1914年至1918年第一次世界大战期间，日本以对德宣战为名，出兵侵略中国山东，占领了胶济铁路，并从德军手中夺占青岛。随后，日本又利用袁世凯复辟帝制的图谋，向袁政府提出妄图灭亡中国的"二十一条"要求。

20世纪20年代，日本随着法西斯势力的崛起，侵略中国的大陆政策再度甚嚣尘上。1927年，日本首相田中义一主持召开了"东方会议"，制定了《对华政策纲要》，提出："对于满蒙，尤其是东三省地方，因与我国防及国民生存具有重大利害关系，我国必须予以特殊考虑。"除去这一公开文件外，田中义一还向天皇呈递了一份秘密奏折，这就是臭名昭著的《田中奏折》。奏折声称："惟欲征服支那，必先征服满蒙。如欲征服世界，必先征服支那。"这是赤裸裸地灭亡中国、称霸世界的计划。在这个既定政策指导下，日本政府加紧策划侵略我国东北的战争准备。于是在1931年就爆发了"九一八"事变，到1932年2月，东北全境为日本帝国主义所占领，随即成立了伪"满洲国"。日本为转移欧美列强对炮制"满洲国"的注意，在伪"满洲国"正式成立前又制造了侵略中国上海的"一·二八"事变。

"九一八"事变后，日本法西斯更加全力推行战争政策，建立了战争体制，日益加强侵略中国的活动，从关外向关内扩张。1933年1月，日军占领山海关。3月，日军占领热河全省。此后，日军又先后侵占察哈尔的多伦、河北的唐山、蓟县、密云等地，威胁平、津。

从1874年日本侵略中国台湾到卢沟桥事变，武力侵华达63年之久，其中包括中日甲午战争、八国联军战争之类大规模的侵华战争；从1931年"九一八"事变算起，到卢沟桥事变，日本武力侵华也有六年。历史说明，日本发动全面侵略中国的卢沟桥事变，是它一直妄图将中国变为它的殖民地、独霸中国的必然结果。日本帝国主义发动卢沟桥事变时，叫嚣三个月灭亡中国，狂妄嚣张之极。然而，觉醒了的中国人民坚持团结抗战，不怕流血牺牲，终于打败了日本侵略者。日本发动的卢沟桥事变，是它全面侵略中国的开始，也是它失败的开始。

二　中国共产党：抗日战争的中流砥柱

中国人民能够取得抗日战争的胜利，是和中国共产党在全民族抗战中发挥了中流砥柱的作用分不开的。中国共产党的中流砥柱作用，不仅发挥在卢沟桥事变后的全面抗战中，而且在卢沟桥事变之前就已经体现出来。

"九一八"事变发生前，东北局势已很紧张。然而，蒋介石政府却置民族利益于不顾，推行"攘外必先安内"的方针，一方面于1930年10月至1931年7月先后调集大批军队，对中国共产党南方各根据地连续发动了三次大规模的"围剿"；另一方面，蒋介石政府对日本的侵略却采取不抵抗政策，电令张学良："无论日本军队此后如何在东北挑衅，我方应予不抵抗，力避冲突。"①正是由于国民党政府的不抵抗政策，因而解除了东北军的思想武装，怂恿了日本侵略者，导致了东北军在"九一八"事变中不战自溃，使东北全境沦于日本侵略者。"九一八"事变后，蒋介石国民党政府继续顽固坚持"攘外必先安内"的方针，坚持不抵抗政策，调集重兵对革命根据地进行第四、五次"围剿"。

与蒋介石国民党政府的倒行逆施相反，中国共产党勇敢地率先举起抗日救亡的旗帜。1931年9月20日，也就是"九一八"事变的第三天，中共中央立即发表《为日本帝国主义强暴占领东三省事件宣言》。此后，日军发动"一·二八"事变，侵占山海关、进犯热河和长城各口等，中共中央又连续发表了一系列宣言和决议，强烈谴责日本帝国主义侵略中国的罪行，妄图将中国变为它的殖民地；揭露蒋介石国民党政府实行不抵抗政策，妥协退让；号召全国人民行动起来，开展抗日救亡运动，将日本帝国主义驱逐出中国。

对于抗日救国，中国共产党不仅是言者，而且是行者。尽管当时中国共产党遭到蒋介石亲自指挥的大规模军事"围剿"，以至于不得不撤离革命根据地，举行了二万五千里长征。在长征途中，又遭受国民党军队的围追堵截，损失惨重，但仍从民族大义出发，坚持抗日救亡。在卢沟桥事变之前，中国共产党在抗日救亡运动中做了以下几件事。

（一）中国共产党人以自己最富于牺牲精神的爱国主义，不怕流血牺牲的模范行动，开展抗日战争。

"九一八"事变后，满洲省委根据中共中央的指示，号召党团员到农村去，组织农民进行游击战争。经过一段时间的努力，先后在东北建立了十余支抗日游击队。以原东北军为主体的抗日义勇军在东北各地兴起。中共中央和中共满洲省委积极给予支持，派一批党团员和进步青年知识分子到各地义勇军中工作，同他们建立了合作关系。1933年下半年起，中共满洲省委根据中共中央建立反日统一战线的指示，以及东北各地抗日义勇

① 洪钫：《"九一八"事变当时的张学良》，《文史资料选辑》第6辑，中华书局1960年，第24页。

军大多被日军打败的情况，于是先后建立了东北人民革命军和东北抗日联军，以进一步加强对东北抗日游击战争的领导，使东北抗日战争进入了新阶段。

1935年5月，日本侵略军入侵察哈尔，占领了多伦等地。爱国将领冯玉祥不满蒋介石的不抵抗主义、对日妥协退让，决心"与暴日作殊死战"，筹组民众抗日同盟军。中国共产党从平、津及华北各地动员了大批共产党员和工、农、青年学生参加组建抗日同盟军的工作。抗日同盟军英勇战斗，击溃日军，最后攻克多伦，全部收复了察哈尔的失地。察哈尔抗日战争的胜利，受到全国人民和各界人士的高度赞扬。但是，蒋介石政府却对抗日同盟军加以阻挠和破坏，并调兵与日军配合，夹攻抗日同盟军。抗日同盟军最后失败。

（二）中国共产党引导和发动轰轰烈烈的抗日救亡运动。

"九一八"事变后，在中国共产党的发动下，上海、北平、天津、南京、武汉、广州等许多城市的大中学生都举行集会游行，工人罢工，市民抵制日货，抗议日本帝国主义侵略东北，谴责国民党政府的不抵抗政策，要求其停止内战，出兵抗日。"一·二八"上海抗战后，中共上海地区党组织发动上海人民组织义勇军、救护队、运输队、担架队，到前线协助十九路军抗日。

"九一八"事变后兴起的抗日救亡运动，尽管遭到蒋介石国民党政府的镇压，但从未停止过。随着日本对中国侵略的不断扩大，制造了华北事变，国民党政府却仍是妥协退让，1935年连续签订了屈辱的《何梅协定》、《秦土协定》，激起了全国人民更大的愤慨。在中国共产党的领导下，在北平爆发了震惊中外的"一二·九"爱国运动。12月9日，北平大中学校学生举行大规模的游行请愿，高呼"打倒日本帝国主义"、"反对华北五省自治"、"停止内战，一致对外"、"恢复东北失地"等口号，向国民党当局提出六项请愿要求。国民党军警对学生游行进行了残酷的镇压，激起爱国学生更大的义愤，采取了罢课斗争。12月16日，一场规模更大的示威游行再次爆发，许多市民也参加了学生的游行队伍。国民党当局再次镇压游行群众。国民党政府企图用武力镇压抗日救亡运动，然而更加激起了全国人民的激烈反抗，一场空前规模的抗日救亡运动迅速在全国展开。1936年，各界救国会和各地救国会纷纷成立。随后，在上海成立了全国各界救国联合会，呼吁停止内战，团结抗日。正如毛泽东同志在延安纪念"一二·九"运动四周年大会上讲话所指出的："'一二·九'运动，它是伟大抗日战争的准备，这同五四运动是第一次大革命的准备一样。'一二·九'推动了'七七'抗战，准备了'七七'抗战。""'一二·九'运动是动员全民族抗战的运动，它准备了抗战的思想，准备了抗战的人心，准备了抗战的干部。"①

（三）为建立抗日民族统一战线而努力。

1935年，中国共产党发表《八一宣言》，号召全国人民团结一致，结成抗日民族统一战线，以拯救民族危机。是年11月，中共中央在陕北瓦窑堡召开政治局会议，发表了《抗日救国宣言》。《宣言》提出："不论任何政治派别、任何武装队伍、任何社会团体、任何个人类别，只要他们愿意抗日反蒋者，我们不但愿意同他们订立抗日反蒋的作战协定，而且愿意更进一步同他组织抗日联军与国防政府。"12月，中共中央在陕北瓦窑堡再次召开政治局会议，通过了《关于目前政治形势与党的任务决议》。《决议》指出："党的策略路线，是在发动、团聚与组织全中国全民族一切革命力量去反对当前主要敌人：日本帝国主义与卖国贼头子蒋介石。""我们的任务，是在不但要团结一切可能的反日同盟者。""这就是党的最广泛的民族统一战线策略的总路线。"随后，毛泽东同志在瓦窑堡党的活动分子会议上作了《论反对日本帝国主义的策略》的报告，深刻、系统地阐述了中国共产党的抗日民族统一战线的理论和策略。

瓦窑堡会议后，党为了扩大抗日统一战线的影响，推进抗日救亡运动的深入发展，通过各地党组织发动学生、工人、农民、知识分子和商人等，开展多种形式的抗日救亡运动，同时也积极争取国民党上层人士和将

---

① 毛泽东：《一二九运动的伟大意义》，《毛泽东文集》第2卷，人民出版社1993年，第252—253页。

领的工作。先是与被蒋介石派往进攻陕北的张学良、杨虎城谈判，达成了停止内战、一致抗日的协议，其后又同四川的刘湘、广西的李宗仁、山西的阎锡山等国民党地方实力派合作，共同抗日。

日本侵略华北，损害了蒋介石集团的利益，加剧了日、蒋的矛盾；全国抗日救亡运动的日益高涨，加上国民党内部部分上层人士和将领对蒋介石不抵抗政策的不满，在这种形势下，蒋介石出于本身的利害关系，在1935年11月国民党第五次全国代表大会后，调整了内外政策，对日态度较为强硬，并开始派人与中共联系。进入1936年，国共两党通过各种渠道进行秘密接触和谈判。根据新的情况的出现，中国共产党决定将"反蒋抗日"的方针改为"逼蒋抗日"。8月，中共中央发表《致中国国民党书》，明确提出第二次国共合作的主张，强调中华民族处在非常危险的关头，只有国共两党重新合作才有出路。这是促使第二次国共合作采取的重要举措。

蒋介石虽然表示要抗日，也派人与中共秘密谈判，但"剿共"的立场并未根本转变。1936年12月初，他到西安逼张学良、杨虎城开赴陕甘前线进攻红军。张、杨几次苦谏，反遭蒋介石训斥。12日，张、杨被迫发动兵谏，震动中外的西安事变发生。以毛泽东同志为核心的中共中央提出了和平解决西安事变的正确方针，以周恩来同志为首的中共代表团在西安做了大量工作，在与张学良、杨虎城谈判之后，又同宋子文、宋美龄谈判，西安事变终于获得和平解决。西安事变后，蒋介石被迫停止内战，共同抗日。毛泽东同志指出："这是中国历史上的一件大事，从此建立了两党重新合作的一个必要的前提。"① "西安事变的和平解决成了时局转变的枢纽：在新形势下的国内的合作形成了，全国的抗日战争发动了。"②

为了加快抗日民族统一战线的建立，中国共产党及时将"逼蒋抗日"的方针改为"联蒋抗日"。1937年2月，中共中央致电国民党五届三中全会，就国共合作、联合抗日提出了五项要求和四项保证。这是中国共产党

① 毛泽东：《国共合作成立后的迫切任务》，《毛泽东选集》第2卷，人民出版社1991年，第363页。
② 毛泽东：《论联合政府》，《毛泽东选集》第3卷，人民出版社1991年，第1037页。

的一个重要的政治步骤，对于促成国共两党合作、共同抗日起了积极作用。这表现在国民党五届三中全会对内对外政策的转变，基本上确定了停止内战、国共合作、对日抗战的方针。至此，中国抗日民族统一战线初步形成。

卢沟桥事变发生后，日本大举入侵中国，中华民族到了生死存亡的关头。事变的第二天，中国共产党通电全国，号召"全中国同胞、政府与军队，团结起来，筑成民族统一战线的坚固长城，抵抗日寇的侵略！国共两党亲密合作，抵抗日寇的新进攻！"①周恩来同志在庐山将《中共中央为公布国共合作宣言》递交蒋介石，并举行谈判。8月，中共中央制订了《抗日救国十大纲领》。9月22日，这个《宣言》终于由国民党中央通讯社公开发表。次日，蒋介石发表了《对中国共产党宣言的谈话》，表示愿与中共"彻底更始，力谋团结，以共保国家之生命与生存"。国共合作终于实现，中国抗日民族统一战线正式建立。9月29日，毛泽东同志发表了《国共合作成立后的迫切任务》，指出："共产党的这个宣言和蒋介石氏的这个谈话，宣布了两党合作的成立，对于两党联合救国的伟大事业，建立了必要的基础。……这在中国革命史上开辟了一个新纪元。这能给予中国革命以广大的深刻的影响，将对于打倒日本帝国主义发生决定的作用。"②

三 卢沟桥事变是中国近代历史上的一个根本转折的开始

卢沟桥事变是日本全面侵华战争失败的开始，又是中国近代历史一个根本的开始。

以卢沟桥事变为起点的中国人民全面抗日战争，既是民族解放战争，又是一定意义上的民主主义革命，与抗战胜利后建立一个独立、民主、富强、统一的中国的前途分不开。毛泽东同志在1937年9月国共合作成立后

①《中共中央文件选集》第11册，中共中央党校出版社1991年，第274页。
②毛泽东：《国共合作成立后的迫切任务》，《毛泽东选集》第2卷，第363—364页。

就及时地指出："要实行历史规定的民族革命主义和民主革命主义，这是共产党提出抗日民族统一战线和统一的民主共和国的根本理由。"①因而从一开始，抗日民族统一战线中国共两党就存在着既一致又不一致的状况。说它一致，是因为国共两党共同进行抗日的民族解放战争；说它不一致，是因为国共两党阶级立场不同，阶级矛盾虽然迫居次要地位，但仍然存在，起起伏伏。

在抗日战争的初期，蒋介石国民党政府的对日作战是比较努力的，曾经取得闻名中外的台儿庄大捷。但自1938年10月武汉失守后，日本侵略者逐渐将主要军事力量转移到中国共产党领导的敌后战场，停止了向国民党正面战场的战略性进攻。于是国民党政府在政策上也开始发生了变化，从抗日逐渐转移到反共反人民，采取消极抗日、积极反共的政策。

在抗日战争中，蒋介石始终没有忘记反共，没有忘记消灭共产党。他曾经对到重庆代表中国共产党出席国民参政会议的王明、博古等人说，我的责任是将共产党合并到国民党成为一个组织，"此事乃我的生死问题，此目的如达不到，我死了也心不安，抗战胜利了也没有什么意义。所以我的这个愿望至死也不变的"。②

在抗日战争中，实际上存在着国共两党之间的两条政治路线、两个中国的命运的斗争。而其焦点是要不要在全国范围内实行民主改革。蒋介石国民党政府反对民主改革，维护大地主大资产阶级的独裁专制统治，保存半殖民地半封建的、分裂的、贫弱的旧中国。中国共产党则要求改变蒋介石国民党的专制独裁统治，建立民主的联合政府，建设一个独立、自由、民主、统一、富强的新中国。中国共产党不仅是主张民主改革，而且从一开始就在根据地实行，如三三制民主政权建设、减租减息政策等。毛泽东同志在当时就指出："在抗日战争期间，出现了所谓民族革命阶段和民主民生革命阶段的两阶段论，这是错误的。"③

① 毛泽东：《国共合作成立后的迫切任务》，《毛泽东选集》第2卷，第363页。
② 金冲及主编：《周恩来传》，人民出版社、中央文献出版社1989年，第434页。
③ 毛泽东：《论联合政府》，《毛泽东选集》第3卷，第1076页。

正是由于蒋介石国民党政府反对民主改革，尤其是反对农村关系问题上的民主改革。毛泽东同志指出："国共两党的争论，就其社会性质说来，实质上是在农村关系的问题上。我们究竟在哪一点上触怒了国民党反人民集团呢？难道不正是在这个问题上面吗？"[①]

要不要实行民主改革，这是国共两党在抗日战争中的分歧所在，矛盾斗争所在。蒋介石国民党反对民主改革，采取积极反共、消极抗日的政策就成为必然。从1939年到1943年，蒋介石国民党先后掀起了三次反共高潮，袭击共产党的军队。这也导致国民党正面战场的节节败退，以致到1944年豫湘桂战役的大溃败，丢失了大片国土。

中国共产党坚持人民战争，彻底消灭日本侵略军，主张实行民主改革，因而赢得了人心，力量不断壮大。蒋介石国民党则是积极反共、消极抗日，失去了人心，力量削弱，陷于孤立。抗日战争中这种变化，为抗战胜利后建立独立、民主、富强、统一的新中国作了准备。抗日战争成为中国近代历史根本的转折，而卢沟桥事变则是这个转折的起点。

（原载《中华魂》2007年第7期）

---

① 毛泽东：《论联合政府》，《毛泽东选集》第3卷，第1077页。

孙中山文化思想的时代价值

　　孙中山先生是近代中国民主革命的先行者，20世纪中国的伟人。"他全心全意地为了改造中国而耗费了毕生的精力，真是鞠躬尽瘁，死而后已。"他在为改造中国而奋斗的过程中，对于中国的文化问题也十分关注，发表了许多精辟的见解，阐述了他对于中国固有文化、西方文化以及创建中国新文化的思想。（他的文化思想，在今天仍有其时代价值，值得我们继承发扬。）

　　近代中国，西方文化输入传播，与中国固有文化碰撞交会。面对着文化的新变局，如何对待固有文化，如何对待西方文化，成为人们思考探究的问题。议论纷纭，归纳起来，大致有四种主张：一、固守传统文化，反对西方文化；二、中学为体，西学为用；三、醉心欧化式全盘西化；四、中西文化会通。中西文化问题，是个长期争论不休的问题，在现实生活中也还存在。因此，探讨孙中山的文化思想，他对近代中国争论不休的中西文化后起的态度不仅是历史文化研究的重要课题，也有其时代价值。

　　一、对中国固有文化说不能盲目否定，也不能泥古、崇古。

　　孙中山是一个富有民族感情的伟大的爱国主义者，他很珍视自己民族的固有文化，并且以此为骄傲。他经常称颂中国是一个数千年的文明古国，有很好的文化，为世界人类文化的发展做过重大贡献，他反对对自己民族文化妄自菲薄，批评对民族抱虚无主义的态度。"我们固有的东西，如果是好的，当然是要保存，不好的才可以放弃。"①他具体指出，中国不仅发明了指南针、印刷术和火药，而且在衣食住行方面，如茶、丝、豆腐、烹调、拱门、吊桥等，也做出了贡献。

但是，孙中山不是复古主义者，他称颂中国古代文化的成就，是为了纠正一种盲目否定民族文化传统的偏向，弘扬民族精神，增强民族自尊心和自信，而不是陶醉于过去的成就，引导人们向后看。孙中山反对那种"崇拜古人的心思"，批评"泥古而不通今"的人，认为中国文化后来是"停滞不前了"，只"把古人言行的文字，死读死记，另外来解释一次，或把古人的解释再来解释一次，你一解释过去，我一解释过来，好像炒陈饭一样，怎么能够有进步呢？"②要做到"能用古人而不为古人所惑，能役古人而不为古人所役"。③

孙中山承认中国文化停滞，目的是为了改变这种状态，使中国积极进步。因此，他反对闭关自守，主张"对欧洲文明采取开放态度"，"要去学欧美之所长"，"如果不学外国的长处，我们仍然退后"。④

二、对于西方文化要吸收，但不能全盘照搬。

怎样学习西方的文化，应该抱什么态度？对于这个问题，孙中山做了明确的回答。他认为学习外国必须保持民族的独立地位，从中国的国情出发，指出："中国几千年以来社会上的民情风土习惯，和欧洲的大不相同。中国的社会既然是和欧美的不同，所以管理社会的政治自然也是和欧美不同，不能完全仿效欧美，照样去做，像仿效欧美的机器一样。……我们能够照自己的社会情形，迎合世界潮流去做，社会才可以改良，国家才可以进步。"⑤不仅是政治，文化也不能全盘照搬，孙中山这一基本原则是很正确的。

关于对待西方文化，孙中山态度鲜明地反对两种极端：一是极端排

---

① 孙中山：《三民主义》，广东省社会科学院历史研究室、中国社会科学院近代史研究所中华民国史研究室等编：《孙中山全集》（九），中华书局1985年，第243页。
② 孙中山：《在桂林学界欢迎会的演说》，《孙中山全集》（六），中华书局1985年，第69页。
③ 孙中山：《建国方略》，《孙中山全集》（六），第224页。
④ 孙中山：《三民主义》，《孙中山全集》（九），第25页。
⑤ 孙中山：《三民主义》，《孙中山全集》（九），第320页。

外，一是极端崇拜外国。他说："中国从前是守旧，在守旧的时候总是反对外国，极端信仰中国要比外国好；后来失败，便不守旧，要去维新，反过来极端地崇拜外国，信仰外国是比中国好。因为信仰外国，所以把中国的旧东西都不要，事事都是仿效外国，只要听到外国有的东西，我们便要去学，便要拿来实行。"①显然，孙中山反对极端崇拜外国，反对全盘照搬西方，对于西方文化，要从中国国情的实际出发，有所抉择。

三、赞扬新文化，主张文化创新。一个民族、国家的文化既有传承性，又有时代性，是随着时代的发展而创新的。文化不创新，社会停滞，以至衰落。对于新文化，孙中山予以热情的称颂。五四运动刚过不久，他在《致海外国民党同志函》中指出："自北京大学学生发生五四运动以来，一般爱国青年，无不以革新思想，为将来革新事业之准备，于是蓬蓬勃勃，抒发言论。国内各界舆论，一致同倡，各种新出版物，为热心青年所举办者，纷纷应时而出。扬葩吐艳，各极其致，社会遂蒙极大之影响。虽以顽劣之伪政府，犹且不敢撄其锋。此种新文化运动，在我国今日，诚思想界空前大变动。……倘能继长增高，其将来收效之伟大且久远者，或无疑也。"孙中山不仅高度评价新文化运动"实为最有价值之事，而且从新文化运动中得到鼓舞和启发"，认为"吾党欲收革命之成功，必有赖于思想之变化"，从而提出了"激扬新文化之波澜，灌输新思想之萌蘖"。②

四、孙中山正确对待中西文化，不仅表现在论说上，而且在他的三民主义学说中体现出来。孙中山申明，他的三民主义是"集古今中外的学说，顺世界的潮流，在政治上所得的一个结晶"。如孙中山所说，三民主义的确是集合了古今中外的学说的。这也是孙中山对待中西文化和进行文化建设的态度。他曾经明确指出："发扬吾固有之文化，且吸收世界之文化而光大之，以期与诸民族并驾于世界。"③孙中山不仅提出并阐明其主张，而且也是这样体现在其学说中。正如他在《中国革命史》一文中所说的：

---

①孙中山：《三民主义》，《孙中山全集》（九），第316—317页。
②《孙中山全集》（五），中华书局1985年，第210页。
③孙中山：《中国革命史》，《孙中山全集》（七），中华书局1985年，第60页。

"余之谋中国革命，其所持主义，有因袭吾国固有之思想者，有规抚欧洲之学说事迹者，有吾独见而创获者。"①

任何一个思想体系的建构，都不可能无所依藉而凭空产生，都必须从已有的思想资料出发。这些思想资料，既有本国的传统的积累，也有外国的思想家的遗产。孙中山三民主义学说的产生，就其渊源而言，不外乎继承本国固有文化和吸收西方文化，用孙中山自己的话说，叫做"因袭"和"规抚"。

但是，任何一个思想体系的产生，都不可能只是依靠过去的思想资料，其根源在于现实社会的要求。孙中山建构三民主义，是为了解决当时中国所面临的现实问题，如他自己所说，"三民主义就是救国主义"，是为了救中国，使中国摆脱被西方列强侵略因而贫穷落后的地位，走上独立富强的道路。无疑，这是孙中山创建三民主义的立足点、出发点。现实的需要是源，已有的思想资料是流。孙中山就是从近代中国民主革命的需要出发，在传统文化和西方文化中寻找、吸收有益的东西来建构三民主义。是让传统文化和西方文化从属于近代中国的民主革命，而不是让近代中国民主革命去适应传统文化、西方文化。这就需要经过思想家本身的分析、筛选、整合和创造，也就是孙中山所说的"独见而创获"。

（原载林家有主编：《孙中山研究》〔第一辑〕，

中山大学出版社2008年）

---

① 《孙中山全集》（七），第60页。

鸦片战争与近代中国*

今年是鸦片战争爆发170周年。100多年来，人们对这场战争及其对中国影响的认识，对于鸦片战争时期的代表人物林则徐的认识和评价，既曾有过共识，又时有异议。近一段时间，一些文章大肆指责林则徐不明世界形势，采取激进和扩大化的禁烟政策，激发鸦片战争。有人甚至断言，林则徐被后世尊为民族英雄、"开眼看世界的第一人"，实际上是一种虚幻的"神话"。林则徐的"思想并未脱离当时一般士大夫的'华夷之辩'的范畴"，他对待在他眼里和怪物没有多少差别的英夷，不可能采用平等的视角，必然是将鸦片和中外贸易混为一谈，最终将矛盾不断激化，激起战争。这些指责是没有道理的。

一 鸦片战争的爆发和英军作战计划的真相

我们知道，鸦片战争的爆发是英国政府蓄谋已久的。

鸦片战争爆发的直接原因，是英国走私、贩卖鸦片，毒害中国人的身体和精神，并赚取大量白银。清政府在1839年派林则徐为钦差大臣到广东查禁鸦片，而英国政府"为保护鸦片贸易而打起来的战争"。[①]但在因为中

---

* 与邱涛合撰。

[①] 《马克思恩格斯选集》第1卷，人民出版社1995年，第719页。

国禁烟而起的战争背后，却牵涉许多错综复杂的问题。西方学者在强调近代中西冲突的文化因素的同时，亦强调鸦片战争中海军的战略决不能与外交、政治、政府、政府代表等因素分离。因此，中西之间不仅在文化上，在政治、外交、商业贸易乃至宗教信仰等方面都存在着隔膜和误解。

中西逐渐发生接触的几百年中，在文化、政治、外交、商业贸易、宗教信仰等方面都存在着误解、矛盾和冲突。东西文化之间，因为长期的不同发展，加之因海洋阻隔而缺乏接触，已深深地划上一道鸿沟。这些鸿沟、误解当然不会是鸦片战争爆发前夕才有的，至迟在明末清初欧洲人航海东来时就有了，到19世纪初，中外关系依然时生龃龉，商欠的纠纷、审判的争执、鸦片走私、白银外流等，都因为中外互不了解，无法循由外交途径作合理的解决。[1]尤其是英国，一则因其对华贸易额最大，再则其海军也最强，号称"海上霸王"，正处于其殖民扩张的鼎盛时期，对中国觊觎已久，故对中国的态度尤其不满，一再交涉均无满意结果，最后决定兵戎相见，以武力解决，就成为英国殖民霸权强权的必然逻辑。鸦片战争的直接导因虽是1839年的林则徐禁烟，但此前英国政府就为发动侵略战争作了充分准备。1832年，英国商人胡夏米、法籍传教士郭士立等70余人就受英国政府的资助，乘武装间谍船"阿美士德号"在中国北起山东南至福建的沿海地区进行了半年多的侦察活动，搜集了大量的经济、政治和军事情报，测量了一些河道、海湾，绘制了航海图，为发动战争作了大最准备。1836年，美国传教士裨治文主办的《澳门月报》载文分析了中国南大门广州的海防情况，包括炮台和大炮配置，战舰的吨位和火力、陆军的武器和作战方法以及中国军队的各种缺陷，其结论是英军可以用突袭轻而易举地攻破清军防线。显然，在1839年林则徐奉命到广州禁烟以前，英国侵略者早已在策划发动对华战争了。后来的禁烟斗争不过是英国发动战争的可耻借口。没有这个借口，他们也会找别的借口，甚至干脆制造一个借口来发动战争。

---

① Gerald S. Graham. The China Station, War and Diplomacy, 1830—1860. Oxford, 1978, Preface.

在鸦片战争中，英军没有进攻广东，是因为害怕林则徐的应战准备，还是另有作战计划？有人认为，英军并不是害怕林则徐的武备，而是英国军事行动的既定计划就是舍弃广东，撇开林则徐，北上清朝政治势力的中心地区，寻找比林则徐官职更高的官员解决争端。而一旦谈判不成，将在长江下游和北方地区继续开战。这种观点存在严重缺陷。

可以被上述观点引为依据的是1978年英国剑桥大学出版社出版的《剑桥中国晚清史》的相关论述。书中说："英国的策略是明确的：绕过广州向北行进，占领舟山岛，然后驶向天津附近的北河口，递送巴麦尊致清帝的照会。"[①]这一关于鸦片战争中英军作战命令的表述不准确，我们根据《英国外交档案》可以证明。其实，早在20世纪初出版的英国人马士所著《中华帝国对外关系史》就是根据今天收录于《英国外交档案》中的《巴麦尊子爵致奉命与中国政府交涉的全权公使（懿律海军少将和义律大佐）函》，对英军作战计划作出了相对更准确的表述，[②]并为今天能看到更为充分的英方材料的中外学者所认可，即英国政府给予英国远征军的命令是：远征军封锁中国所有的重要港口，以向中国人显示英国的力量；要求获得军费赔偿，占领舟山直到赔款全部付清，要求中国政府在白河给予答复，当然谈判可在其他地方进行。[③]英军封锁的中国所有重要港口，当然不会舍弃而是包括林则徐负责的广东各港口。而且，封锁珠江口的军事行动表明，如果有战机，不排除英军有寻机进攻广州的意图。正如巴麦尊给懿律等的信中所说，英国远征军应迅速占领便于通商和军事补给的港口，这些港口包括广州和中国其他贸易地点在内。

根据《英国外交档案》，英国作战计划具有多面性、随机性，其背后目的具有显著的复杂性。英国封锁广州海面，同时又进攻浙江舟山，其决策的情报来源是多方面的，前述战前郭士立、胡夏米等的军事侦察活动，就提出在舟山建立作战基地的建议，并为英国政府采纳。而郭士立、胡夏

---

① 费正清：《剑桥中国晚清史》，中国社会科学出版社1985年，第213页。
② 马士：《中华帝国对外关系史》，生活·读书·新知三联书店1957年，第709—711页。
③ 徐中约：《中国近代史》，世界图书出版公司2002年，第181页。

米等的建议，既有他们进行军事勘测作为基础，又有对此前广州海面和内河的中外武装冲突的借鉴。英国政府接受这一建议，原因也是多方面的，既与鸦片战争前中英在广州海面乃至深入内河的军事行动，英方均难以达到预期效果有关，又与英国迫于国内外压力，不可能在中国打长期战争，必须速战速决等复杂的战争考虑有关，加上战争爆发前夕林则徐的充分准备，也是企图速战速决的英国远征军不能不考虑的因素。①

英军的作战意图是要速战速决，避免陷于持久战争，因此，对于林则徐作了充分应战准备的、也是中英不断发生武装冲突的广州海面的作战经验极为重视。根据统计，在1840年6月下旬英国远征军开到广东海面之前的9个月，广东沿海共发生战事9起，即便以《天朝的崩溃》一书所指"至1840年6月下旬之前，中共双方运用国家武力进行的战争，仅为两起，即九龙之战和穿鼻之战"来看，无论对于战况和战果中英双方有多少一致和分歧之处，我们从该书的细节描述中，仍可明确一点，就是战前英方的战争行为并没能在广东获得预期效果，如果鸦片战争在广东打，显然很难达到英国政府作战命令的目的。②

因此，鸦片战争中英军出于速战速决的作战意图，不愿也不敢在广州陷于长时间的纠缠。没有在广州作战的计划，正显示出英国政府对在广东作出充分准备的林则徐的战略性"畏惧"。确实，我们不能肯定林则徐的准备能在短时间内战胜英国侵略军，但是，使英军陷于缠斗，不能实现速战速决的作战计划，则是完全可能的。

二 正确评价林则徐及其禁烟政策

鸦片战争时期，率先了解世界局势，坚决禁绝鸦片烟毒和抵抗英国侵

---

① British Documents On Foreign Affairs. Reports And Papers From The Foreign Office Confidential Print, Parti, Series E, Volume16.
② 茅海建：《天朝的崩溃》，生活·读书·新知三联书店1995年，第127—131页。

略的代表人物林则徐，今天却被人扣上盲目禁烟、战争的制造者、对世界形势愚昧无知的帽子。那么，我们究竟应该如何认识林则徐呢？

将鸦片战争的爆发归咎于林则徐"不了解整个世界形势"，而"断然采取的有些激进和扩大化的禁烟政策"，这是没有道理的。英国蓄意发动战争，寻找什么合适的借口，主动权在英国，怎么能算在林则徐的"激进和扩大化的禁烟政策"头上呢？有海外学者说林则徐在广州禁烟时，"他的方针是放手严惩中国的鸦片贩子、窑口主和吸食者，同时沉着坚韧地面对外国商人。他知道英国的威势，希望尽可能避免与它的冲突；但是鸦片必须禁绝，哪怕不惜一战。"①这显然是一种谨慎而又坚决的态度。

进一步说，林则徐所禁的"烟"，是鸦片，是毒品，无论是从道德判断还是价值判断来说，在英国政府将鸦片毒品走私作为其国家事业的前提下，林则徐对鸦片实行任何最为"激进"和"扩大化"的查禁政策都不为过。即便在1840年的英国，国会议员就"指责政府动用武力处理中国鸦片危机"，使"我们的国旗成了海盗的旗帜，她所保护的是可耻的鸦片贸易"。②今天，人们都在讲人性，什么是真正的人性？解读虽然可以是多样的，但保障人类的生存、健康、发展是其基本精神。将鸦片毒品输入中国，不仅使吸毒者倾家荡产，还摧残中国人的身心，相信没有人会说这些英国毒贩是有人性的，那么，在当时将鸦片走私作为国家事业的英国政府，能称得上有人性吗？马克思曾经引用当时英国人蒙哥马利·马丁的话说："'奴隶贸易'比起'鸦片贸易'来，都要算是仁慈的。我们没有毁灭非洲人的肉体，……我们没有败坏他们的品格、腐蚀他们的思想，也没有毁灭他们的灵魂。可是鸦片贩子在腐蚀、败坏和毁灭了不幸的罪人的精神存在以后，还杀害他们的肉体；……英国杀人者和中国自杀者竞相向摩洛赫的祭坛上供奉牺牲品。"③林则徐坚决地禁绝鸦片，显示出真正的人性的光芒，代表了人类禁绝毒品的历史趋势，得到了全世界的赞许和认同。

---

① 徐中约：《中国近代史》，第177页。
② 特拉维斯·黑尼斯三世、弗兰克·萨奈罗：《鸦片战争——一个帝国的沉迷和另一个帝国的堕落》，生活·读书·新知三联书店2005年，第88—90页。
③ 《马克思恩格斯选集》第1卷，第714页。

1987年6月，联合国第42届联大将林则徐虎门销烟的第二天，即6月26日，定为一年一度的"国际禁毒日"，号召全世界共同抵御毒品。在联合国总部门前大街上，矗立着林则徐的雕像。这些，都代表了世界人民对这位中国禁毒先锋的尊崇。

有人还认为，林则徐采取招致战争的"激进和扩大化的禁烟政策"，说明他的思想并未脱离传统士大夫"华夷之辨"的范畴，在林则徐的眼里，英夷和怪物没有多少差别，不可能用平等的视角，必然将鸦片和中外贸易混为一谈，最终激化矛盾，激起战争。因此林则徐并非"开眼看世界的第一人"，这位"民族英雄"只是一个虚幻的"神话"。这种观点荒诞无稽。

首先，林则徐没有将正常的中外贸易与鸦片贸易混为一谈，即便严厉禁烟时期，林则徐仍然鼓励外国商人进行正常贸易。中英贸易时生龃龉，只是因为中外长期隔阂、无法由常规途径合理解决，加之英国殖民霸权思维，导致这种矛盾不断激化。而且，在禁烟期间下令禁绝中英一切贸易（包括正常贸易）的不是林则徐，而是道光皇帝。①国际贸易争端是互动、双向的，林则徐即便有处理失当之处，也绝非他单方面的责任，与英方同样处理失当密不可分。如果这就表明林则徐不了解世界形势，仍局限在传统士大夫思想范畴，那么，是否同样可以说英国方面也不了解世界形势？如果因为英国在战争中获胜了，就说英方洞悉世界发展趋势，林则徐等主张抵抗的中国人蒙昧，那这恐怕难逃"强权"逻辑之嫌。

其次，有人说林则徐的思想并未脱离当时一般士大夫的"华夷之辨"的范畴，他对英夷的认识不过就是"夷兵除枪炮外，击刺步伐俱非所娴，而腿足裹缠，结束严紧，屈伸皆所不便，若至岸上更无能为，是其强非不可制也"。②不可否认，这确是林则徐在1839年9月1日呈道光帝的奏折中说过的话。还不止此，1840年8月7日，林则徐又在奏折中说：英军"一至岸上，则该夷无他技能，且其浑身裹缠，腰腿僵硬，一仆不复能起，不独一

---

① 中国第一历史档案馆编：《鸦片战争档案史料》第一册，天津古籍出版社1992年，第742页。
② 中山大学历史系编：《林则徐集·奏稿（中）》，中华书局1965年，第676页。

兵可手刃数夷，即乡井平民，亦尽足以制其死命。"①但是，我们必须客观看待这些今天看来很可笑的内容。需要明确的是，前一道奏折是林则徐向道光皇帝转禀"澳门文武"、"引水探报"所探知的情报，含有为道光皇帝鼓气的意义。至于说英兵"一仆不能复起"这一道奏折，更是有其特定的背景和目的，它是在定海失陷后，林则徐为了给陷于惊慌失措、畏敌情绪严重的道光皇帝打气，也是为了"献策悬赏激励军民杀敌"。②

林则徐对当时世界形势和知识的探索，是人所共知的事情。林则徐开眼看世界的途径主要有三种：一是亲自查访；二是他雇有"洋商、通事、引水二三十位"，加上官府打探人员，作为自己的情报人员；三是购买和翻译外国书报，了解西方历史、地理、法制、鸦片生产和时事知识，以及外国的科学技术、军事技术等知识。因此，称他为"近代中国开眼看世界"的第一批人的代表，是理所应当的。当然，我们并不否认林则徐对当时世界形势的了解仍存在诸多缺陷，但要苛责像林则徐这样刚刚开始了解世界，对世界真假混杂的某些具体情况认识不全面或产生错误理解的中国人，并不明智。我们尊崇林则徐，并不仅是单纯推崇他有多么渊博的世界知识，而更推崇他作为一名位高权重的大臣，在当时那种举国闭锁的环境下，不计个人名位，勇于突破思想的桎梏、勇于了解世界的精神。他这种精神和禁绝鸦片、保护中国人民的行动，说明他"民族英雄"的称号是当之无愧的。

三　近代中国反侵略战争的意义

有人认为，鸦片战争时期林则徐在广州的武器装备处于"中世纪冷兵器时代的水平"，在"沐浴着工业革命的阳光的英国人的船坚炮利"面前不堪一击，并进而涉及一个近代中国始终面临的问题：自鸦片战争以来的

①　中山大学历史系编：《林则徐集・奏稿（中）》，第861页。
②　茅海建：《天朝的崩溃》，第135页。

历次对外战争中，落后的中国面对先进、强大的西方列强的侵略，即便反抗也必然会失败。如果落后的中国不接受这一现实，还想要边抵抗、边学习，这种反抗就是"犯贱找抽"！

只看表面现象，这种说法似乎不无道理：落后、弱小的国家和民族必然挨打，反侵略战争是没有用的，因为反抗注定要失败，因此反抗不仅无益，反而有害。但仔细推敲起来，我们不仅要问一个关键问题：这种"落后必败"论究竟是客观历史规律还是一种经不起历史事实检验的主观论断？这需要我们从中外历史中去寻找真相。

近现代战争中，经济落后者对抗强大的侵略者时往往会遇到难以想象的困难，但这不意味着落后者必败，只要敢于斗争、善于斗争，完全有可能以少胜多、以弱胜强。落后的小国海地在独立战争中就战胜了当时正称雄欧洲的法国殖民者；两个超级大国，美国在越南战争、苏联在阿富汗战争中，均未能战胜比他们落后得多的对手。

这些事例说明，战争不是单纯的经济技术水平的竞赛，而是包括人力和物力、精神力和物质力在内的各种实力的综合较量。经济技术水平对实力有巨大影响，是毫无疑问的。但是，一个国家实力的大小并不单纯取决于经济技术水平，它还与国家大小、人口多少、自然资源条件、地理环境、气候条件以及国家的政治制度、财政经济制度、从统治者到平民对长期艰苦战争的精神准备等多种因素密切相关。德国著名军事理论家克劳塞维茨在其名著《战争论》中就说：战争中发挥作用的力量包括"战斗力量（军队）、国土（包括土地和居民）和盟国"等等，而不仅仅是经济技术水平或"军事力量"。他还形象地将物质的因素比作刀柄，而把精神因素比为"贵重的金属"，是"真正的锋利的刀刃"，战争的胜负并不是机械地取决于战争双方实力的对比，还在很大程度上取决于双方实力发挥得如何。而实力发挥的状况则取决于人心的向背、政治领导和军事领导是否正确和强有力等精神和物质因素。[1]当然，在近现代战争中，落后国家要打败先

---

[1] [德] 克劳塞维茨：《战争论》第1卷，商务印书馆1995年，第11、31、188页。

进的侵略者，会遇到诸多困难，需要经过长期艰苦、败而不馁的抗战。美国独立战争就打了6年，中国的抗日战争打了8年，越南的抗美战争打了9年，阿富汗抗苏战争打了10年，等等。这些国家的反侵略史就印证了上述理论概括的精辟。

近代中国反侵略战争屡遭失败，经济技术落后、武器装备的落后固然是一个重要原因，但更根本的原因还是当时中国的统治集团——清政府的腐败，多数当权者惯于妥协苟安，害怕长期面对严酷的战争，以致不能将抵抗坚持到底。典型事例就是中日甲午战争，战争刚打了几个月，清军处于不利局面，慈禧太后、李鸿章等当权者就如对中日双方都颇为了解的英国人赫德所预言的那样"稍受挫败即将屈服"，[①]拒绝主战派提出的持久抵抗的主张，匆匆对日乞和，接受屈辱和约。因此，正如毛泽东在总结近代反侵略战争失败的原因时说："其原因：一是社会制度腐败，二是经济技术落后"。[②]

那么，主张先学习西方然后再抵抗的观点有没有道理？当年李鸿章就说过："查西洋诸国，以火器为长技。欲求制驭之方，必须尽其所长，方足夺其所恃。"如果在"尽其所长"之前就急于反抗，则"即暂胜必终败"。[③]按照李鸿章的主张，在赶上西方、具备抵抗近代强国的实力之前，中国在外敌入侵时，只能妥协乞和，而把抵抗推向遥远的未来。但要"尽其所长"，赶上西方发达国家，即使在争得民族独立以后，也还需要几十年甚至上百年的努力。在近代半殖民地条件下，这无疑是"痴人说梦"，其结果只能是加速殖民地化，而决不是近代化。至于把中国长期止步不前的罪责加在林则徐等抵抗派头上，指责林则徐对敌强我弱的现实避而不谈，并坚持抵抗，给时人以误导，使中国的变革被长期延误，更是毫无道理。

抵抗的要求本应是变革图强的动力，抵抗的实践本应使人们更清楚、更具体地看到中国与西方的差距，看清楚学习西方、变革图强的必要，更

---

① 中国近代经济史资料丛刊编辑委员会：《中国海关与中日战争》，中华书局1983年，第49页。
② 华国锋1978年的《政府工作报告》中引用毛泽东1963年的讲话，见《人民日报》1978年3月7日第1—2版。
③ 李鸿章撰，吴汝纶辑：《李文忠公全集·奏稿》卷七、卷二四，光绪三十一年（1905）金陵刻本。

能看清变革的目标。近代中国只是由于腐朽的清朝当权集团并无抵抗侵略的决心，也没有发愤图强、改弦更张的愿望，而是苟且偷安、不思振作，才使抵抗失败。应当承担罪责的应是放弃抵抗论调的代表人物慈禧太后、琦善、李鸿章之流，是腐朽的清政府。林则徐等人主张边抵抗侵略，边学习西方的"长技"，这才是切实可行的。抵抗与学习并不是互相排斥的，而是互相促进的。正是通过在反侵略斗争中不断学习，不断提高，才得以改变屡战屡败的历史，赢得了国家和民族独立。

西方列强侵入中国后，的确给中国带来了近代的生产力和生产关系，带来了一些近代文明。但是，殖民国家把中国这样的半封建半殖民地拉进资本主义世界体系的目的，是要把它们当作自己的商品市场和原料供应地，为了有效地发挥它们这方面的功能，不能不使落后的殖民地半殖民地在一定程度上近代化。但殖民国家必然把它们的近代化严格限制在一个远远低于自己的水平，绝不允许它们真正近代化，成为自己的竞争对手。近代中国的历史就证明了这一点。西方殖民国家通过巨额的战争赔款，给中国人民带来极其沉重的负担，并逐步控制中国财政。西方列强根据不平等条约而取得的关税协定权，使中国成为当时世界上进口税率最低的国家。外国资本主义还掠取中国沿海和内河的航运权，垄断和控制中国的铁路运输。因此，西方国家能够大量倾销他们的商品，把中国变成他们的工业品市场，同时又使中国农业生产成为服从于他们需要的原料市场。西方列强还控制了中国的外贸和金融，在20世纪初，2300家外国商行掌握着中国的对外贸易，90家外资银行及其分支机构操纵着中国外汇，经办对中国政府贷款，投资开设工矿企业，大量发行纸币，形成对中国金融业的垄断。

在半殖民地条件下，中国的近代化虽然在侵略者推动下开始起步了，但中国的经济命脉却始终控制在西方殖民者手中，前进的步伐受到侵略者的严格控制，使中国始终与殖民国家有着巨大差距。据统计，外国在华资本占中国资本总额的比重：1894年为60.7%，1913年为80.3%，1936年为78.4%，外国在华资本占据着绝对优势。中国近代工业在工农业总产值中所占的比重，1920年为4.9%，1936年为10.8%，1949年为17%。这些数字说明，中国经济控制在殖民者手中，中国资本主义是有所发展，但发展是微弱的。它也说明，没有一个殖民地半殖民地国家在挣脱殖民统治以前，能够急起直追，发展成为比较先进的国家。正如毛泽东所说："这是帝国主义制度和封建制度压迫中国的结果，这是旧中国半殖民地半封建社会性质在经济上的表现"。[1]

落后国家必须保持自己的独立主权，才能真正走上发展的道路。新中国成立后60多年的进步，远远超过了半封建半殖民地时期100年，就证明了这个道理。今天，中国经济和社会的发展已令西方国家无法忽视，国家的综合国力和人民的生活水平大幅度提高。2009年，国内生产总值达到33.5万亿元，居世界第三位。这就像百年前一个帝国主义分子不得不清醒认识和预言的那样："公元2000年的中国将大大不同于1900年的中国！"[2]

（原载《思想理论教育导刊》2010年第10期）

[1]《毛泽东选集》第4卷，人民出版社1991年，第1368页。
[2]《"黄祸论"历史资料选译》，中国社会科学出版社1979年，第144页。

中国近代史研究中的几个问题

近些年来，中国近代史研究很有成绩，成果甚多，其中不乏优秀论著，颇有创见。但是，无庸讳言，也存在值得注意的问题，甚或是不良偏向。

一

今天的中国是历史性中国的发展，现实和历史不能割断。但是，现实和历史不能等同，二者既有联系又有区别。这是无须赘言的常识问题。似乎是很明白的问题，然而在实际研究中二者的界限却时常被混淆。我们今天以经济建设为中心，对外改革开放，引进外资等，于是有的研究者以此去反思历史，阐释历史，提出了"新"的观点。例如，认为"没有西方的殖民征服"，中国"将永远沉睡，得不到发展"。"殖民化在世界范围内推动了现代化进程"，"是鸦片战争一声炮响，给中国送来了近代文明"。鸦片战争打晚了，如果西方列强提前三百年打开中国大门，中国早就现代化了。甚而鼓吹亡国还可以得到西方的恩惠，"中国要富强康乐，先得被殖民一百五十年不为功"。这些论点，无疑是错误的，帝国主义从侵略有罪，一下子变成"侵略有理"、"侵略有功"。

出现这种种说法，原因不止一端，但其中有一点，就是将历史与现实混淆起来，将现实中搞现代化、对外开放与近代史上的外国入侵混为一谈。研究历史需要用历史观点来观察问题，"在分析任何一个社会问题时，马克思主义的绝对要求，就是要把问题提到一定的历史范围之内"。[①]如果没有这种观察社会现象的历史观点，历史研究就难以存在和发展。因此，近代史上的所谓"开放"、外国人在中国的投资设厂等与现在改革开放、引进外资不能混为一谈，必须历史地去看待它。中国近代社会是半殖民地半封建社会，西方列强通过对中国进行的侵略战争，迫使清政府签订了一系列不平等条约，取得了在华政治、经济、军事、外交等方面许多特权，操纵了中国的财政和经济命脉，操纵了中国的政治和军事的力量。而现在的社会主义现代化建设、对外改革开放、引进外资等，是在中国共产党领导中国人民推翻了帝国主义、封建主义、官僚资本主义三座大山，结束了半殖民地半封建的历史，建立新中国，进行社会主义革命和建设。中国在对外开放、引进外资等是独立自主的，不允许外国附加任何条件，外国人在中国从事经商投资等活动，必须遵守中国的法律等。有中国特色的社会主义初级阶段社会，与半殖民地半封建的近代中国社会性质根本不同，不能以现在的情况和观念硬往历史上套，将历史与现实同等看待。

这里的问题是，鸦片战争以后，西方列强侵入中国，是帮助中国实现资本主义近代化，还是使中国陷入半殖民地化、殖民地化？也就是说，西方列强究竟给中国带来了什么？西方资本帝国主义的入侵，对中国社会产生了巨大的影响。它破坏了中国封建社会的自给自足的自然经济基础，从而促进了商品经济的发展。外国资产阶级为了倾销商品和掠夺原料，为了维护侵略权益，以及生活上的需要，也兴办一些近代工业和设施。但是，不能由此而去赞颂殖民征服，证明侵略有理有功，抹煞他们的所作所为都是为了侵略和掠夺的需要。马克思在论述英国在印度的殖民统治时，曾经说过英国在印度造成的社会革命，"充当了历史的不自觉的工具"，有人即以此来作为赞颂殖民主义的依据，证明侵略有理有功。事实上，这是违背马克思的原意的。马克思对英国在印度的殖民统治，是给予严厉谴责的。

[①] 列宁：《论民族自决权》，《列宁选集》第2卷，人民出版社1995年，第512页。

他说："当我们把目光从资产阶级文明的故乡转向殖民地的时候，资产阶级文明的极端伪善和它的野蛮本性就赤裸裸地呈现在我们面前。"①马克思还明白无误地指出："他们（英国人）在印度进行统治的历史，除破坏以外很难说还有别的什么内容"，②"印度人失掉了他们的旧世界而没有获得一个新世界，这就使他们现在所遭受的灾难是有一种特殊的悲惨色彩，使不列颠统治下的印度斯坦同它的一切古老传统，同它过去的全部历史，断绝了联系"。③马克思虽然肯定英国为了掠夺的需要，在印度修筑铁路，举办工业，发展了资本主义生产，但是，他紧接着明确指出："在大不列颠本国现在的统治阶级还没有被工业无产阶级取代以前，或者在印度人自己还没有强大到能够完全摆脱英国的枷锁以前，印度人是不会收获到不列颠资产阶级在他们中间播下的新的社会因素所结的果实的"；"英国资产阶级将被迫在印度实行的一切，既不会使人民群众得到解放，也不会根本改善他们的社会状况，因为这两者不仅仅决定于生产力的发展，而且还决定于生产力是否归人民所有"。④这就是说，英国虽然在印度播下了"新的社会因素"，但更重要的是带给印度人的灾难和枷锁。英国资产阶级只能是在印度实行殖民化，不可能帮助印度实现资本主义近代化。印度的复兴只有靠印度自己，只有在摆脱了英国的殖民统治之后，只有在生产力归人民所有之后。马克思对英国统治印度论断的基本精神，同样适用于中国。

中国虽然不象印度沦为英国的殖民地，但是同样遭受帝国主义侵略，是大大小小帝国主义的半殖民地。半殖民地半封建的近代中国，是遭受帝国主义侵略、压迫、剥削、掠夺的历史。正是帝国主义的侵略和压迫掠夺，造成了中国的贫穷落后。中国虽然产生资本主义，并有一定程度的发展，但它始终没有能够得到正常的充分的发展。据统计，近代工业在工农业总产值中所占的比重，1920年为4.9%，1936年为10.8%，1949年为

①《不列颠在印度统治的未来结果》，《马克思恩格斯选集》第1卷，人民出版社1995年，第772页。
②《不列颠在印度统治的未来结果》，《马克思恩格斯选集》第1卷，第768页。
③《不列颠在印度的统治》，《马克思恩格斯选集》第1卷，第762页。
④《不列颠在印度统治的未来结果》，《马克思恩格斯选集》第1卷，第771—772页。

17%。^①这个数字表明，中国资本主义的发展是很微弱的，在从鸦片战争到中华人民共和国成立的109年里，才积累了17%的近代工业经济，而农业和手工业经济占了83%。小农经济如同汪洋大海，而近代工业只不过是这个大海中的几座孤岛。"这是帝国主义制度和封建制度压迫中国的结果，这是旧中国半殖民地半封建社会性质在经济上的表现。"^②帝国主义还和中国封建主义结合起来，支持反动派作为他们统治中国的支柱。正是由于帝国主义的维护，封建的土地关系、商业高利贷资本和一切前资本主义的剥削制度及上层建筑得以继续存在下来。帝国主义使中国沉沦为半殖民地，又使中国停留在半封建状态。中国没有进入资本主义社会，没有实现资本主义的近代化。所以，近代化不能脱离近代中国的实际，必须与半殖民地半封建社会密切联系起来，与帝国主义和封建主义的统治密切联系起来。不改变半殖民地的社会地位，不改变帝国主义在中国的压迫和掠夺，近代化就化不起来，充其量只能是半殖民地的"近代化"。

既然"没有西方的殖民侵略"，中国"将永远沉睡，得不到发展"，那么，中国人民反对帝国主义侵略的斗争不仅是多余的，而且是错误的。如有的人就认为，广州三元里抗英斗争是干了蠢事，英国是先进的资本主义国家，而清政府是个落后的封建王朝，落后不应该抵抗先进，先进可以帮助落后；有的人甚至说，如果反抗，就"让我们中华民族倒退到刀耕火种"，等等。

否定中国抵抗帝国主义侵略斗争有种种理由，这里不可能都说到，只举其中的一种为例。这种逻辑叫做要"信守条约"，不能"违约"，因为"违约"，就难怪西方列强对中国发动战争了。其实，帝国主义侵略者靠武力逼中国签订不平等条约后，可以随时违背条约，再逼签更为苛刻的新约，以扩大侵略权益。反之，被侵略和奴役的中国人民稍有不满和反抗，就会被指责为"违约"，就是以"愚昧"抗拒"文明"。1840年鸦片战争以后一系列不平等条约的签订，就是这一强盗逻辑的体现。在《南京条约》

① 吴承明：《中国资本主义的发展述略》，《中华学术论文集》，第324页。
② 《毛泽东选集》第4卷，第1368页。

签订后，清政府曾梦想信守所谓"万年和约"，但终于被英法联军的炮火将梦想打得粉碎。对于帝国主义的武力强加于中国人民头上的不平等条约，中国人民完全有权反对，有权要求废除，不存在违约不违约的问题。如果按照所谓"信守条约"的说法，中国只有永远沦为帝国主义的半殖民地、殖民地，中国人民永远遭受帝国主义的奴役不得翻身。孙中山为谋求民族独立、维护国家主权而努力奋斗。他明确指出不平等条约"就是我们的卖身契"，"一定要主张废除一切不平等条约"。直到去世之前，他一再反复强调说："我们中国人的地位，堕落到了这个地步，如果还不想振作国民的精神，同心协力，争回租界、海关和领事裁判权，废除一切不平等条约，我们中国便不是世界上的国家，我们中国人便不是世界上的国民。"[1]并且把这个主张，写进了他的遗嘱。这对今天维护国家的独立自主也仍然有启示意义的。

二

在中国近代史的研究中，另外一个值得注视的问题，是否定人民的反封建斗争，是否定革命。对太平天国农民起义、戊戌维新运动、辛亥革命、五四运动，至中国共产党领导的革命，全部给否定。太平天国起义被说成是把历史"拉向倒退"，是"破坏"，戊戌维新运动、辛亥革命、五四运动、新民主主义革命等都是"激进主义思潮"的产物。有的人提出革命不如改良，"革命容易使人发病发狂，失去理性"，"革命必将带来灾难"，"革命常常是一种情感激流，缺少各种理性准备"，认为辛亥革命"搞糟了"，"即使没有袁世凯，辛亥革命后也必然是军阀混战"，"袁世凯称帝等现象乃是革命的后遗症，是暴力革命这种方式本身带来的问题。因为革命只是一种破坏性的力量，它破坏了一种政治框架之后，并没有提供新的政

---

①《孙中山全集》第11卷，第387页。

治框架，因此，革命后一定会留下一种政治真空，而填补这种真空，除了再次专制，别无选择"。并声称"清朝的确是已经腐朽的王朝，但是这个形式存在仍有很大意义，宁可慢慢来，通过当时立宪派所主张的改良逼着它迈上现代化和救亡的道路，而一下痛快地搞掉，反而糟了，必然军阀混战"。

把一场伟大的革命简单地归之于某些人的"情绪化"、"一种情感激流"、"激进主义"思想的结果，归之于某些人头脑中的主观意愿和人为因素的结果，不能不说是唯心史观在作祟。革命不是凭少数人一时的情感、党的意志就能发生的。革命的产生除去革命阶级主观条件外，必须具有革命的客观形势。没有革命的条件，革命时机不成熟，任何人的"情感激流"也制造不出革命来。中国近代史上发生的革命，都是客观情势使然。正如列宁所说："要使革命到来，单是'下层不愿'照旧生活下去通常是不够的，还需要'上层不能'照旧生活下去。"①辛亥革命是如此，新民主主义革命也是如此。它们都是代表人民群众的意愿，顺应历史发展的必然趋势。

即以辛亥革命而言，它是民族危机严重和社会矛盾尖锐的产物，是腐朽的清政府不愿意或没有能力抵御外国侵略和领导国内变革的结果。当时的客观形势，大致可归纳为以下几点：一、遍布全国各地的群众反清斗争。20世纪初，清政府声称"量中华之物力，结与国之欢心"，沦为"洋人的朝廷"。为了维护腐朽的统治，对内实施"新政"、"预备立宪"，从而加捐增税，勒索人民。广大人民难以为生，民怨沸腾，种种因素，激起了清政府和人民大众的矛盾，抗捐抗税、抢米风潮等各种类型的抗清斗争遍布全国城乡，连绵不断。据统计，从1902年至1911年，各地民变多达1300多次。日趋尖锐的阶级斗争削弱了清政府的统治，使清政府陷于风雨飘摇之中，为辛亥革命的爆发创造了客观环境和群众基础。二、清政府一次又一次拒绝立宪派要求速开国会和成立责任内阁的请愿运动，变本加厉

---

① 《列宁选集》新版第2卷，第461页。

地加强了皇族集权，于1911年组成所谓"责任内阁"，被称为"皇族内阁"或"亲贵内阁"。清政府的倒行逆施，使越来越多的立宪派人士放弃了改良的幻想投入革命阵营，成为自己的敌对势力。所谓可以通过立宪派所主张的改良来逼着清政府走上现代化道路的说法，当年就被清政府自己所粉碎了。三、清政府内部满汉权贵之间、汉族官僚集团之间、中央与地方之间的矛盾愈演愈烈，官僚们离心离德。武昌起义爆发后，各省督抚或保持观望，或弃城逃跑，或附和革命，几乎没有人为清政府效忠卖命，与太平天国起义时期的情况大相径庭。对于一个连自身内部矛盾都无法解决、意志难以统一的政府，又怎么能够指望它去化解更为严重的外部矛盾，将社会整合在一起，从而倡导国家走上现代化的道路呢？当时的清政府，正如孙中山所形容的那样，像"一座即将倒塌的房屋，整个结构已从根本上彻底的腐朽了"①。"全国革命的时机，现已成熟"。可见辛亥革命的发生，是客观情势使然，并不是什么"激进主义思潮"的产物。

近代中国革命，可以说是被外国侵略者和本国反动统治者逼迫出来的。辛亥革命的领导人和不少骨干分子，并非从一开始就主张以革命推翻清政府，而是经历了一条从改良到革命的道路。"告别改良"，走向革命。孙中山曾经说过："可用和平手段即用和平手段，必须用强力时即以强力临之。"②事实也是如此。孙中山自己即曾上书李鸿章，试图通过清政府自上而下的改革来挽救民族危机，实现国家富强。然而事与愿违，孙中山怀着的满腔热情换来的却是李鸿章的极其冷淡。这条改良道路走不通，才使孙中山最终坚定了革命的决心。章太炎、秦力山等不少人也是在自立军起义失败后放弃改良主张，转向革命阵营。在中国共产党的创始人中，如李大钊、毛泽东等人，早年也曾想以温和、改良的方式来推进中国的发展，只是当他们感到必须以革命的方式才能解决中国的问题时，才毅然举起革命的旗帜。

革命和改良究竟哪一种好，不能抽象地论定。在一个国家内部的近代

①《中国问题的真解决》，《孙中山选集》，第67页。
②《中国问题的真解决》，《孙中山选集》，第66页。

化变革中，是采取革命的方式，还是改良的方式，不能一概而论，完全取决于这个国家的历史状况、社会政治经济状况、阶级状况等现实国情。对革命、改良的得失，必须依实事求是的具体的分析，完全抹煞革命，一味颂扬改良，是错误的。当一个国家内部需要革命，而革命条件又已具备，在这种情况下鼓吹改良，就不足取，应该给予批评。就近代中国历史而言，无论是戊戌变法运动还是立宪运动，对中国社会发展都曾起过不同程度的积极推动作用。但无论是维新派还是立宪派，以至新民主主义革命时期主张"中间路线"的人士，他们试图以改良方式来解决中国问题的尝试，均以失败而告终。只有中国共产党承续辛亥革命没有完成的任务，领导中国人民进行新民主主义革命，才推翻了帝国主义、封建主义和官僚资本主义三座大山的统治，结束了半殖民地半封建的历史，建立了新中国，进行社会主义革命和建设，在社会主义现代化道路上阔步前进。这是客观的历史事实，谁也无法抹煞的。

宣扬"告别革命"的人攻击革命的一个论点是所谓"杀人流血"，这种论点并不新鲜，当年康有为等改良派攻击辛亥革命也如是说。革命派对此作了回答，指出："革命不免于杀人流血固矣，然不革命则杀人流血之祸可以免乎？革命之时，杀人流血于双方争斗见之。若夫不革命之杀人流血，则一方鼓刀而屠，一方豰觫而就死耳。为国而死，则齐惜之；为野蛮异族政府所蹂躏而死，则忍受之：何死之不择也。"[1]他们还指出：革命可以"救人救世"，"无革命，则亦无平和，腐败而已，苦痛而已"。[2]所谓革命"杀人流血"，辛亥革命时期的革命党人已经作了有理有力的回答，无须赘言。不革命，不流血，社会永远不平和地发展当然很好，但这只能是一种"乌托邦"。"只要社会还分成阶级，只要人剥削人的现象还存在，战争是不可避免的。而要想消灭这种剥削，我们是逃脱不了战争的。战争无论何时何地总是由剥削者、统治者和压迫者阶级挑起的。"[3]被压迫阶级反

---

① 精卫：《驳革命可以生内乱说》，《民报》第9号。
② 思黄：《中国革命史论》，《民报》第1号。
③ 《革命军队和革命政府》，《列宁全集》第8卷，第531页。

对压迫阶级的国内战争是合理、进步的和必要的。不同立场和观点的人对革命的评价自是截然相反，这是丝毫也不奇怪的。对于无产阶级和人民群众来说，"革命是历史的火车头"，"革命是被压迫者和被剥削者的盛大节日"。这是历史唯物主义的评价。

认为"革命只是一种破坏性的力量，它破坏了一种政治框架之后，并没有提供新的政治框架"，是不符合历史实际、没有根据的。任何真正的革命都不仅是破坏原有的政治框架，而且提供并建立了新的政治框架。无论是孙中山和同盟会的革命，还是毛泽东和中国共产党的革命，反对"推翻什么政治制度，建立什么政治制度"，都是很明确的。辛亥革命推翻了清政府，建立了资产阶级共和国——中华民国，而新民主主义革命推翻了三座大山，建立了中华人民共和国，进行了社会主义革命和建设。至于辛亥革命后资产阶级共和国的道路仍不通，出现了帝制复辟、军阀割据和混战，不能说是辛亥革命造成的。历史不能这样任意颠倒，混淆是非。资产阶级共和国的破灭，帝制复辟，军阀割据和混战的出现，正是袁世凯和其他军阀造成的，是帝国主义和封建主义造成的，而不是辛亥革命带来的。如果要说辛亥革命的失误，那是它对原有的政治框架破坏不彻底，对旧制度的破坏不彻底，因而没有完成反帝反封建的任务，中国依然是半殖民地半封建社会。这就为袁世凯为首的北洋军阀窃取革命果实和日后的军阀割据和混战留下了隐患。

（原载当代中国研究所编：《旌勇里国史讲座（第二辑）》，

当代中国出版社2008年）

从武昌起义到南京临时政府成立

一 武昌起义

宣统三年八月十九日（1911年10月10日），武昌起义爆发，它是国内阶级矛盾日益尖锐、人民反抗斗争不断高涨的结果。

武汉素有"九省通衢"之称，是帝国主义侵略的重要据点和清皇朝的一个统治重心，也是资产阶级革命党人活动非常活跃的一个地区。自科学补习所成立之后，湖北的革命党人就把新军作为进行革命活动的主要对象。虽然革命团体多次遭到破坏，但是从日知会、湖北军队同盟会、群治学社、振武学社，直到文学社和共进会等各革命团体，始终都注意在新军和学生中进行革命宣传和组织工作，将大批青年学生和会党群众输送入伍。经过努力，在新军的基层建立起了革命组织，参加的士兵达5000多人，占全省新军人数的1/3左右，为武昌起义的发动奠定了坚实的基础。

宣统三年六月，四川省爆发了保路运动，并迅速激化，发展成武装斗争。这使湖北的革命党人深受鼓舞，文学社和共进会几经磋商，决定联合发动起义。为此，革命党人建立起统一的领导机构，推举文学社社长蒋翊武为总指挥，共进会领导人孙武任参谋长，预定在中秋节（10月6日）起义。

然而，待起义日期临近，因时间仓促，准备不够，革命党人决定将起义延期到八月二十日（10月11日）。不料，在十八日发生了孙武检测炸弹失慎爆炸事件，起义的领导机关遭到破坏，起义计划暴露。湖广总督瑞澂立即下令全城戒严，开始大肆搜捕革命党人。蒋翊武逃脱，彭楚藩等被捕牺牲。新军里的革命党人见事态紧急，决定提前起义。

八月十九日（10月10日）夜，新军工程第八营的革命党人打响了起义的第一枪，武昌起义爆发。革命军猛攻总督衙门，瑞澂等官员仓皇逃走。经过一夜的激战，革命军占领了武昌。二十一日（10月12日），又占领了汉阳、汉口，完全控制了武汉三镇。

二 各省的响应

武昌起义的胜利，迅速推动了全国各地群众革命热情的高涨。革命党人在各省积极发动新军、会党起义，农民、工人、手工业者和城市贫民也纷纷自发地起来参加斗争。

最早响应武昌起义的是湖南和陕西两省。九月初一日（10月22日），革命党人焦达峰、陈作新率新军、会党攻占长沙，建立湖南军政府，焦、陈分任正、副都督。

同一天，同盟会员笼络会党和新军在陕西发难，建立了陕西军政府，原日知会成员、新军队官张凤翙为都督。

九月初二日（10月23日），江西九江新军起义，宣布九江独立。九月初十日（10月31日），驻扎南昌的新军起义，建立江西军政府。后来，由同盟会员李烈钧任都督。

九月初八日（10月29日），山西新军中的革命党人发动起义，组成山西军政府，新军标统阎锡山任都督。

九月初九日（10月30日），云南同盟会员联合新军发动起义，次日成立云南军政府，新军协统蔡锷为都督。

九月十三日（11月3日），上海革命党人起义成功，同盟会员陈其美出任上海军政府都督。

九月十四日（11月4日），贵州新军起义，占领贵阳，成立了贵州军政府，新军教练官杨荩诚为都督。

同日，杭州新军起义。次日，成立浙江军政府，立宪派首领汤寿潜出任都督。

九月十五日（11月5日），在立宪派和绅商、官僚的劝说下，江苏巡抚程德全宣布独立，并任军政府都督。

九月十七日（11月7日），广西独立，广西巡抚沈秉堃任军政府都督。不久，原广西提督陆荣廷兵变，自任都督。

九月十八日（11月8日），在立宪派的劝说下，安徽巡抚朱家宝宣布独立，并出任军政府都督。后来，他感到形势不稳，便逃离了安徽。同盟会员孙毓筠、柏文蔚先后出任都督。

同一天，革命党人许崇智率新军在福建起义。九月二十一日（11月11日），福建军政府成立，新军统制孙道仁任都督。

九月十九日（11月9日），广东独立，同盟会会员胡汉民任都督。

至此，在武昌起义爆发后的短短一个月内，全国已有鄂、湘、陕、赣、晋、滇、浙、苏、贵、皖、桂、闽、粤等13省及全国最大的城市上海，先后宣布脱离清廷独立。在其他省的许多州县，也纷纷爆发了起义。在革命洪流的冲击下，清廷的反动统治陷于土崩瓦解的局面。

湖北的革命党人在武昌起义的第二天，即开始筹组政府。他们接受立宪派的建议，推举清新军军官黎元洪做都督，成立了湖北军政府。又推举立宪派首领汤化龙任民政部长。接着，宣布废除宣统年号，改国号为"中华民国"。

在革命形势迅速高涨的背景下，革命派也暴露出了自身的一些弱点。他们没有一个统一的坚强的领导核心，缺乏把革命推向前进的勇气和力量。他们既担心帝国主义出面干涉，又惧怕广大群众把反封建斗争深入开展下去，只是希望尽快推翻清朝统治，建立共和制度，对封建的旧势力缺少足够的警惕。另外，在革命浪潮的冲击下，许多立宪派人士也转向了革命，有的参与了起义，有的积极策动清廷官员宣布独立，这对于壮大革命声势，加速清廷的灭亡，起到了积极的作用。但是，不少立宪派人物利用革命派的妥协进入政权之后，煽动叛乱，杀害革命党人，阻碍了革命的深入。湖南省宣布脱离清廷后不久，以谘议局议长谭延闿为首的立宪派，就杀害了革命党人都督焦达峰而控制了湖南的政权。有的省只是表面独立，实质与旧政权并无区别。

江苏巡抚程德全只是在巡抚衙门挂上军政府的招牌，把巡抚改称都督，而对其余一切都无所改变。还有一些革命党人在掌权之后，革命意志衰颓，逐渐蜕化为新官僚。

三 南京临时政府的成立

武昌起义胜利后，各省纷纷独立，建立一个统一的共和国政府的问题，已提到了议事日程。围绕着中央政府的建立，各种政治势力相互斗争，重新组合，形成了湖北、江浙等地方政治集团。

宣统三年九月十九日（1911年11月9日），以黎元洪为首的湖北集团电邀各省代表到武汉商议组织中央政府。二十一日（11月11日），以江苏都督程德全、浙江都督汤寿潜、上海都督陈其美为首的江浙集团也发出通电，要求各省代表到上海开会。九月二十五日（11月15日），已光复的各省代表在上海召开了第一次会议，定名为“各省都督府代表联合会”。后在湖北集团的要求下，上海方面同意将代表联合会移往武汉。

十月十日（11月30日），各省代表在汉口租界举行会议。当时，袁世凯已向南方发出了停战议和的试探，革命阵营内部也出现了妥协倾向。十月十二日（12月2日），会议通过了《临时政府组织大纲》，并决定临时大总统一席虚位以待袁世凯“反正”归来。当天，江浙联军攻占南京。会议也移至南京继续举行。

十月二十五日（12月15日），正在南京举行会议的各省代表获悉袁世凯“赞成”共和的消息，决定暂缓选举临时总统，虚位待袁，先推举大元帅、副元帅。但又在人选问题上争执不下，临时政府陷于难产。

正在这时，孙中山于十一月初六日（12月25日）从海外回到上海。各省革命党人大都主张推举孙中山为临时大总统，立宪派和旧官僚也认为在袁世凯"反正"之前，只有孙中山堪称总统的最佳人选。十一月初十日（12月29日），各省代表会议选举孙中山为中华民国临时大总统。

1912年1月1日，孙中山在南京宣誓就职，宣布中华民国临时政府成立，改用阳历，当年称中华民国元年。接着，选举黎元洪为副总统，并在南京成立了临时参议院，作为立法机关，南京为中华民国临时政府所在地。中华民国临时政府的成立，标志着资产阶级共和国的政权建立起来了。

以孙中山为首的南京临时政府是资产阶级民主革命的产物，这个政府中虽然有立宪派和旧官僚参加，但资产阶级革命派居于领导地位。临时政府的行政首脑，由临时大总统孙中山、副总统黎元洪和九名国务员（各部总长）组成。其中，陆军总长黄兴、外交总长王宠惠、教育总长蔡元培是同盟会会员，实业总长张謇、交通总长汤寿潜为立宪派首领，内务总长程德全、司法总长伍廷芳为旧官僚，海军总长黄钟英是起义的舰长，财政总长陈锦涛是曾在清廷任职的所谓"理财专家"。按照同盟会设计的"部长取名，次长取实"的方案，由孙中山直接任命的各部次长、局长和总统府秘书长等，除海军次长外，都是同盟会的骨干。程德全、汤寿潜、张謇等没有到南京就职，各部多由次长代理。所以，革命派掌握了政府的实权。在临时参议院，40余位参议员中，有同盟会员30人，立宪派不足10人。

南京临时政府成立后，在短短的3个月内，颁布了许多有关政治、经济和社会改革的法令。根据资产阶级"自由平等"、"天赋人权"的原则，宣布人民享有选举、参政等政治权利，以及居住、信仰、集会、结社、出版、言论等自由；废除刑讯；保护华侨，禁止贩卖华工；严禁买卖人口，废除奴婢；禁止种植和吸食鸦片；奖励兴办工商业和华侨在国内投资；等等。在文化教育方面，提倡以"自由平等博爱为纲"的"公民道德"；否定忠君尊孔的封建教育，废止中小学读经；禁用清廷学部颁行的各种教科书。这些措施都有利于民主政治和发展资本主义，但它没有触动半殖民地半封建社会的基础，无法解决人民切身的基本要求，特别是广大农民的土地要求。所以，南京临时政府的群众基础是很薄弱的。

（原载高敬主编：《读点民国史》，红旗出版社2012年）

传统的继承问题

——从"将汉服定为国服"想起

"汉服"是什么样子的，我说不好，据说是从黄帝传下来的，交领右衽、上衣下裳、宽衣博带，等等。不过，小时候家乡男人都穿对襟上衣，下裤，叫做"汉装"。前些年又流行起那种对襟上衣，叫"唐装"，以别于中山装、西服。

据媒体报道，2011年4月5日，一份有关"将汉服定为国服"，"奥运会上，中国的汉族运动员穿着汉服入场"的网上倡议书，有20多个网站和众多网友响应，获得数十名大学教授及多位学者联署，于是引发了一场激烈的争议。

提倡者说这是体现民族精神，体现了中华文化与人为善、人与自然和谐的精神，体现了对民族文化的认同和自觉。反对者则认为是狭隘的民族主义，是"复古表演秀"。

近些年来，这种复古思潮层出不穷。例如，有人主张为全面恢复古代的"道统"、"政统"，改公元纪年为黄帝纪年，用《三字经》启蒙代替汉语拼音识字，兴建仿古式私塾，地名复古，看黄历，以至"祭祖热"越来越升温。山西洪洞大槐树的祭祖大典与陕西黄陵县公祭黄帝的典礼同一天举行，浙江要举行一场声势浩大的公祭大禹陵的典礼，河南新郑也举行黄帝故里拜祖大典，还有的地方要祭炎帝。至于祭孔，多年前已有了，将来还会有祭尧、祭舜、祭周公，等等。中国远古的"圣贤"实在太多了，祭不胜祭。看来祭祖的排场越来越大，耗费也越来越多，互相攀比。如浙江的祭大禹，近年来绍兴市累计投资2亿元，新建了祭禹广场、水上祭台、守陵村和夏禹文化园等。而典礼则采用中国古代最高礼祭形式，分为献贡品、鸣铳、击鼓、撞钟、奏乐、献酒、恭读祭文、行礼等12项仪程。有些地方的祭典也是穿古服、行古礼，一派古香古色的气氛。

支持者认为这有利于弘扬传统文化，意味着中国人向传统文化的回归。反对者认为这不是在复古，而是将传统文化的传承庸俗化，过度商业化。看来意见是很分歧的。

就将"汉服"定为"国服"而言，有的史家就对什么服装能够真正代表中国的服装感到困惑。前些年，曾一度出现对襟上衣的"唐装热"，现在也有不少在穿。其实，从解放前到解放后，穿所谓"唐装"的人不少，只是以往不叫"唐装"而已。如果"汉服"可以定为"国服"，为什么"唐装"不可以作为"国服"，于理很难说清楚。中山装或许因为是外来服装的改造，被认为不能是国服，还不够体现民族精神。然而旗袍却是原来满族妇女的旗装改造的，不论汉族和其他民族的妇女都穿，也被排斥，这就不大妥当。只有古代汉族的服装可定为国服，而各少数民族的服装经过改造后，即使满、汉等民族的妇女都穿，也不能作为国服，正如有人指出的，这是狭隘民族主义或大汉族主义的表现。服装之类，汉服、唐装、中山装、旗袍、西服、夹克，等等，谁爱穿什么就穿什么，没有必要定汉服为国服。说起来自是有理由的，可以提升对民族文化的认知，体现了一种民族文化自觉，增强民族自信心。一个人有没有民族自信心和自尊心，是不是爱国，并不决定于他穿什么服装，而是他的思想品德。在中国历史上，穿同样服装，有为清官，也有为贪官；有为国抵抗外国侵略而壮烈殉国，也有卖国当汉奸的，并不罕见。记得上世纪80年代提倡穿西服时，于是商店的售货员都穿西装，有的售货员态度不好，有顾客批评说："你穿的是文明服，怎么能对待顾客的态度不文明？"

至于兴办仿古式私塾，从小就摇头晃脑地读儒家经书，是不是弘扬传统文化就必须这样做，值得斟酌。一些对儒学有研究、很钟爱的专家、教授，非常热心于此，而且自己也在身体力行。

　　但是，一些从事儿童教育的工作者却有不同的看法。例如，有一位关注儿童民间文化课程的学者说："不要一想到对孩子进行传统文化教育就想到读经，传统文化中的经书确实优秀，但它也只是传统文化的一部分，传统民间文化中的很多游戏、儿歌、童谣等也是民族传统文化的精华。""如果把优秀的民间文化放下，一味地在形式上去仿古，搞一些形式化的开私塾、穿古装、背古文，这样不仅得不到孩子们的喜爱，而且不符合现代人的生活习惯。"还有一位从事过儿童教育的教育工作者说："我们没有选择儿童读经这种方式。对孩子来讲，它是太枯燥了，不容易产生兴趣。我们不能让孩子们今天背这一段，明天背那一段，从小就做一个机械的吸收者。"他们的说法是经历过亲自实践的感受和体会，是有道理的，值得重视。

　　这里的问题是如何对待传统文化，而核心问题是如何对待儒学文化。所谓要回归传统文化，实际上就是回归儒学文化。有一种意见认为，儒学是中国传统的优秀文化，"东亚'四小龙'的崛起，向世人展示孔子儒学的生命力。'四小龙'都是深受孔子儒学影响的国家（地区），突然间崛起，世人瞩目。为什么那些没有批判孔子儒学的国家和地区，经济有了突飞猛进的发展，而中国大陆猛批孔子儒学，经济却跌到崩溃的边缘？中国大陆不批孔子了，经济有了明显好转，渐渐出现了和平崛起的新气象"。这种论说是经不住推敲的。

　　首先，把一个国家或地区的经济能否发展归之于是否批判孔子儒学，这是一种文化史观，或叫文化决定论。按照马克思主义的唯物史观，社会的发展是基于物质生活的生产方式。这里不打算从理论上阐述，只是从具体的历史事实来加以说明。自汉武帝罢黜百家、独尊儒术之后，儒学一直是中国封建王朝的官方意识形态。然而，每一皇朝都有盛有衰，清代虽有"康乾盛世"，但自乾隆后期即走向衰落。而道光二十年（1840）英国发动侵略中国的鸦片战争，清政府战败后割地赔款，从此由一个独立的国家成为帝国主义列强的半殖民地。清政府不仅没有批判过儒学，而且崇奉儒学，以程朱理学为官方统治思想。如果说"康乾盛世"是因为清政府崇奉儒学的结果，那么嘉道衰落以至败于英国，儒学又起什么作用呢？至于说东亚"四小龙"都是深受孔子儒学影响的国家和地区，文化上没有批判孔子儒学，所以经济有了突飞猛进的发展，更是不靠谱。上世纪八九十年代，这种议论曾流行过一阵子，有人还称之为"儒家资本主义"。当年，历史学家刘大年曾在《人民日报》上发表《见说》四首诗，对所谓亚洲一些国家和地区经济增长是得力于奉行孔学之结果表示存疑："到底是孔学可以指导现代化，还是要把现代化生活拉回到孔学思想里面去？"到了90年代后期，现实对刘大年的"存疑"给了事实的回答。当时亚洲发生了金融风波，经济出现衰退，这些"儒学资本主义"国家和地区都程度不同地遇到了麻烦，发生了危机。于是，西方的一些媒体就大肆宣扬孔子儒学失灵了。如果孔子儒学真的可以指导现代化，以其"无边威力"是不会失灵而遇到危机。后来危机过去了，但没有听到谁说是由孔子儒学来化解的。

鸦片战争以后，中国成为半殖民地半封建社会，清政府内外交困，面临统治危机。19世纪60年代，清政府中的洋务派为了维护统治，搞起了洋务运动，其指导思想就是所谓"中学为体，西学为用"。"中学"就是儒学，尤其是儒学的三纲五伦，这是根本。但仅靠儒学难以应对内外忧患，维持统治，还必以"西学"为用，也就是学习西方的工艺技术，兴办近代企业。曾国藩、李鸿章、左宗棠、张之洞等洋务派的封疆大吏，都是崇尚儒学的，他们心中有数，要"求治"、"求强"，靠儒学解决不了问题，只有学西方，兴办洋务。

有人对五四新文化运动很反感，因为它批判了孔子儒学，以至把它和"文化大革命"批儒评法联系在一起，等同看待，混为一谈。了解一些中国近代史的人都知道，批判孔子儒学并不是始于五四新文化运动，而在清末就已经出现了。1898年"戊戌变法"时，张之洞出版了《劝学篇》一书，书中反对维新派提倡的民权、平等，维护封建"君为臣纲，父为子纲，夫为妇纲"，鼓吹"三纲"是"五伦之要，百行之原，相传数千年，更无疑义，圣人所以为圣人，中国所以为中国，实在于此"。[①]维新派谭

[①] 张之洞：《劝学篇·明纲第三》，苑书义、孙华峰、李秉新主编：《张之洞全集》第十二册，河北人民出版社1998年，第9715页。

嗣同、严复等人都尖锐地批判三纲危害。何启、胡礼垣针对《劝学篇》指出，"三纲五伦惨祸烈毒"，"官可以无罪而杀民，兄可以无罪而杀弟，长可以无罪而杀幼，勇威怯，众暴寡，贵凌贱，富欺贫，莫不从三纲之说而推，是化中国为蛮貊者，三纲之说也"。①辛亥革命时期，革命党人也对孔子儒学、对三纲提出批评。刘师培认为，"孔子之学，仅列周季学派之一耳"，不能称他是"至圣先师。"②章太炎则说："儒家之病，在以富贵利禄为心。"③署名"凡人"的在文章中指出："吾国学有渊源，非止孔孟一支，平其心，静其气，无所重轻，兼采众说，以求公理，则虽余固未能谓孔孟无可取也。惟强余以为至圣，沮人生之自由，禁学术之发达，再为第二汉武，定于一尊，则余不忍泯此良心也。"④陈君衍写了《法古》一文，更明确反对尊孔："因为孔子专门叫人忠君服从，这些话都很有益君的，所以这些独夫民贼喜欢他的了不得，叫百姓尊敬他，称他为至圣，使百姓不敢一点儿不尊敬他，又立了诽谤圣人的刑法，使百姓不敢说他不好。""总而言之，孔子虽好，必不能合现在的时候了，我但望吾同胞做现在革命的圣贤，不要做那些忠君法古的圣贤。"⑤

　　五四新文化运动的批判孔子儒学是对戊戌维新派、辛亥革命派批评儒学的继承和发扬，是一脉相承的。五四新文化运动中，新文化派所批判的是：反对定孔教为国教，编入宪法，指出孔子之道"不合于现代社会之生活"；批评被封建统治者捧起来的对孔子的偶像崇拜，批判封建的纲常名教等。但他们并没有完全否定传统，也没有完全否定孔子儒学。有些人往往抓住"打倒孔家店"这一句话，或者当时人某些偏激的言论，不加分析，不去弄清究竟，就断言五四新文化运动是全盘反传统，中断了传统文化，误了中国，以至把它们高扬科学、民主两面大旗的伟大贡献也一起抹杀了。其实，陈独秀、李大钊等人并不抹杀孔子儒学。陈独秀明确说，

①《〈劝学篇〉书后》，《新政真诠》五编。
②刘师培：《论孔子无改制之事》，《刘申叔先生遗书》第45册，宁武南氏1934年校印本，第12—15页。
③章炳麟：《诸子学略论》，《章太炎政论选集》上册，中华书局1977年，第289页。
④《无圣篇》，《河南》第3期。
⑤《童子世界》第31号。

"反对孔教，并不是反对孔子个人，也不是说他在古代社会无价值"。孔学"是当时社会之名产"，"使其于当时社会无价值，当然不能发生且流传至于今日"。孔学"尚平实近乎情理"，不是"一无可取"。李大钊认为，"孔子于其生存时代之社会，确足为其社会之中枢，确足为其时代之圣哲，其说亦确足以代表其社会其时代之道德"。"余之掊击孔子，非掊击孔子之本身，乃掊击孔子为历代君主所雕塑之偶像的权威也；非掊击孔子，乃掊击专制政治之灵魂也。"他们批判儒学中的糟粕，是历史的进步，而不是历史的倒退，说因为他们批判了孔子儒学，使中国经济发展不了，岂不冤枉。

尊孔、崇儒、读经是不是就能使经济发展、社会进步，中国近代历史可为见证。民国初年，袁世凯为了复辟帝制，掀起了一股尊孔读经逆流，发布《尊孔祀孔令》，在《特定教育纲要》中以"尊孔尚孟"为教育宗旨，规定小学读《孟子》、《论语》，将已被南京临时政府教育部废止的小学读经科又恢复起来。袁世凯推行尊孔读经，与其复辟帝制分不开。如陈独秀所指出："盖主张尊孔，势必立君；主张立君，势必复辟。"[①]袁世凯复辟帝制失败后，北洋政府依然推行尊孔读经，各地军阀也很热衷于此。然而，中国社会却陷于军阀混战、民不聊生的状态。鲁迅说："孔夫子之在中国，是权势者们捧起来的，是那些权势者或想做权势者们的圣人。"[②]

1937年，日本帝国主义发动全面侵华战争的"七七事变"后，在沦陷区推行所谓"尊孔祭孔"、"振兴儒教"的"文化工作指导原则"。在华北，日本侵略者利用其控制的伪政权组织"新民会"，宣扬所谓"以孔子学说思想为主旨"的"新民主义"。在中小学规定读经的课程，当时自华北沦陷区逃出的文化人对日伪这种教育甚感忧虑，"现在中学和小学利用日文和读经来麻醉青年。初级小学念《孝经》，初中读《诗经》，高中授《孟子》"。[③]日本侵略者没有批判孔子儒学，而是利用孔子儒学来对中国人尤

---

①《复辟与尊孔》，《新青年》第三卷第6号。
②鲁迅：《在现代中国的孔夫子》，《鲁迅全集》第六卷，人民文学出版社1981年，第316页。
③蔡云腾：《敌人在沦陷区的奴化教育》，宋斐如主编：《战时日本》1940年第4卷第1期。

其是青年进行奴化教育，显然这不是要使中国社会得到发展，而是进行殖民地统治。

其次，对于包括孔子儒学在内的传统文化，不能笼统地称为优秀文化，不加分析地笼统予以继承发扬。

中国传统文化，包括儒学文化，都产生于中国古代社会，是时代的产物。儒学的那套"君为臣纲，父为子纲，夫为妻纲"的"三纲"说，成为维护历代封建王朝的统治工具，统治人民的精神枷锁，对历史发展起着不良的影响，理所当然要受到有识者的批判。

在近代中国，人们一直在探索如何正确对待中国传统文化和外来文化。在这个过程中，既有主张完全保存以儒学为核心的传统文化，也出现了一切"以泰西是尚"的"醉心欧化"者。对于这两种偏向，辛亥革命时期就有人提出批评："闻之开新、守旧两派之言矣。开新者曰：欲造新中国，必将中国一切旧学，扫而空之，尽取泰西之学，一一施于吾国。守旧者曰：我欲强吾国，行我古代圣王之法而有余，不必外求，或但取其艺学。二家之见，所谓楚则失矣，齐亦未为得也。"他认为，不论对于中国传统文化或西方文化，都不应该一概接受或一概排斥，而要加以具体分析："对于我国固有之学，不可一概拒绝。当思有以发明而光辉之。对于外国输入之学，不可一概拒绝，当思开户以欢迎之。"总的原则是"吸食与保存两主义并行"，"拾其精华，弃其糟粕"。[①]有的提出"融会东西之学说"，"取东西而熔为一冶"。鲁迅在当时也明确指出："外之既不后于世界之思潮，内之仍弗失固有之血脉，取今复古，别立新宗。"[②]也就是融合中外文化，创造新文化。孙中山也强调："发扬吾固有之文化，且吸收世界之文化光大之，以期与诸民族并驱于世界。"[③]他的思想学说，就是"因袭"固有文化，"规抚"西方文化，加上他自己的"创获"。

对于中外文化问题，毛泽东在《新民主主义论》中讲得很深刻，要建

① 师蔁：《学术沿革之概论》，《醒狮》第 1 期。
② 《文化偏至论》，《河南》第 7 期。
③ 中山大学历史系孙中山研究室、广东省社会科学院历史研究所、中国社会科学院近代史研究所中华民国史研究室编：《孙中山全集》第七卷，中华书局1998年，第60页。

立民族的、科学的、大众的新民主主义文化。他在别的地方又说"中外古今法"，屁股坐在现在，一手伸向古代，一手伸向外国。

中共"十五大"报告的文化纲领中继承发扬了《新民主主义论》的思想，指出："以马克思主义为指导，以培育有理想、有道德、有文化、有纪律的公民为目标，发展面向现代化、面向世界、面向未来的，民族的科学的大众的社会主义文化。""建设立足中国现实、继承历史文化优秀传统、吸取外国文化有益成果的社会主义精神文明。"

文化有传承性、继承性，但一时代有一时代的文化。当前有中国特色社会主义文明的建设，必须立足于社会主义现代化建设的现实，这是源，而继承过去文化优秀性、吸收外国有益成果，这都是流，不能源、流颠倒。

（原载侯建新主编：《经济—社会史评论》2012年第6辑）

在学术价值中体现社会价值

　　史学作为一门科学，同其他学科一样，它的存在离不开它所具有的学术价值和社会价值。在研究工作中，二者应当得到同样的重视。忽视它的社会价值，或者说忽视它的社会功能、社会作用，会脱离社会，脱离群众，影响了它的生命力。如果只强调它的社会价值，不注重学术价值，会使学术研究失去独立发展，从而影响了真正的社会价值。历史的经验值得注意。鸦片战争前，乾嘉考据学因其繁琐、脱离实际，走上了穷途末路。一些有识之士起而注重经世致用，提倡经世之学。鸦片战争以后，他们又进而鼓吹向西方学习、接受西学，目的也是经世。一般说来，近代文化就是围绕着救国图强、开民智、铸国魂这个总课题发展起来，并为这个总课题服务的。应该说近代文化的发展变化是急速的，也是活跃的。但近代文化也有着明显的缺陷，由于片面强调致用，对其自身的价值不够重视，使之失去应有的独立性，因而影响了成就。这一历史情况或许对我们会有所启示。较为妥善地考虑问题，恐怕应是学术价值和社会价值二者的统一，在学术价值中体现社会价值。

　　谈到史学研究的学术价值和社会价值，我想有个时代性的问题。学术研究不能也不可能脱离时代，它要受时代的制约，具有时代的精神和特征。现在正处在新的历史时期，开放的时代，史学研究也要跟上时代的步伐，与时代节奏合拍。诚然我们史学研究的指导思想是马克思主义，但马克思主义本身在发展，在马克思主义指导下的史学研究也要发展。传统的研究方法不能轻率地否定，应当很好地继承，但传统并不是十全十美，而且还有惰性，限制人们的视野，易使人固步自封、抱残守缺，排斥新的或相异的东西。要发展就要革新（包括史学观念），要吸收不同学科的有益的思想、方法来丰富补充，鼓励多方面的探索性的研究，开展交叉、边缘的研究以建立史学的新分支学科，提倡形成不同的学派。在我们的研究工作中，千万不要用一种固定的观念、模式作为衡量的标准，不要把它框死了。今天来谈史学研究的学术价值和社会价值，必须很好考虑面向现代化、面向世界、面向未来的问题，才会有助于史学的发展。

（原载《光明日报》1985年12月25日）

和学员谈谈中国近代史的学习 *

　　以1840年的鸦片战争为标志，中国历史进入了半殖民地半封建社会时代。这个时代包括了旧民主主义革命和新民主主义革命两个时期。从1840年到1919年五四运动以前，中间包括中华民国的成立和清王朝的覆灭，是旧民主主义革命时期。五四运动以后，则是中国共产党领导的新民主主义革命时期。本文所谈的近代只限于五四运动以前的时期。

　　毛泽东曾经说过："帝国主义和中国封建主义相结合，把中国变为半殖民地和殖民地的过程，也就是中国人民反抗帝国主义及其走狗的过程。"（《中国革命和中国共产党》）又说："帝国主义侵略中国，反对中国独立，反对中国发展资本主义的历史，就是中国的近代史。"（《新民主主义论》）中国近代史不仅包括帝国主义与封建主义互相勾结把中国逐步变成半殖民地社会的过程，还包括中国各族人民以各种形式进行反帝反封建斗争的历程，又包括中国资本主义在逆境中发生、发展和衰落的进程。这三方面内容虽然不能囊括近代中国的一切方面，但是它们却反映了中国近代史发展的基本脉络。为了便于学习，根据中国近代社会形态和各种矛盾的变化所呈现出的社会发展的阶段性，可把这一时期分作四个阶段。

　　第一阶段：从1840年鸦片战争开始到1864年太平天国革命失败。以英国为首的西方列强发动了鸦片战争，用武力打开了中国闭关锁国的大门，

---

* 与史革新合撰。

迫使中国走上了半殖民地道路。外敌的入侵加剧了中国固有的社会矛盾，导致了太平天国农民革命的爆发。与此同时，西方列强发动了第二次鸦片战争，迫使清王朝进一步屈服，形成了中外反动势力共同镇压太平天国的局面。也由于农民阶级本身的局限性，使得中国历史上规模最大的农民起义在中外反动派的疯狂屠杀下悲壮地失败了。

第二阶段：从1864年太平天国失败到1901年《辛丑条约》的签订。这是中国社会发生新变化和半殖民地半封建社会形成的阶段。从十九世纪六十年代起，清王朝打出"自强"、"求富"的旗号，开始引进西方近代经济技术，兴起了洋务运动。民族资本和资产阶级也应运而生。但是，中国在甲午战争的惨败表明洋务派的改革并不能抵御外侮，挽救危亡。以康有为代表的资产阶级维新派举起"救亡图存"的旗帜，发动了维新变法运动。稍后，北方农民掀起了以反帝为主要目标的义和团运动。由于多方面的历史原因，前者被当权的封建顽固势力所扼杀，后者则湮没在八国联军和清军屠杀的血泊中。《辛丑条约》空前严重地损害了中华民族的利益，从此以后，清王朝对外敌不敢再图抵制，堕落成"洋人的朝廷"。

第三阶段：从1901年《辛丑条约》签订到1912年袁世凯窃夺革命果实。早在戊戌维新运动酝酿的初期，以孙中山为首的资产阶级革命派便开始了反清革命。《辛丑条约》以后，清王朝对民族利益的空前拍卖和帝国主义列强的鲸吞蚕食，激化了民族矛盾和阶级矛盾。资产阶级革命派组成了第一个政党——同盟会，集结力量，发动群众，在政治、军事、思想等方面展开有纲领、有目的、有组织的革命斗争，终于推翻了清王朝，结束了延续二千多年的封建帝制，建立了中华民国。至此，中国旧民主主义革命达到了高潮。但是，代表大地主大买办利益的北洋军阀袁世凯利用资产阶级革命派的软弱性窃夺了革命成果。辛亥革命并没有完成它的历史使命。

第四阶段：从1912年袁世凯上台到1919年五四运动前夕。袁世凯上台后，全国处于北洋军阀黑暗统治之下。袁世凯、张勋相继演出了复辟帝制的丑剧。军阀割据混战，人民痛苦不堪。孙中山为首的民主力量在黑暗中坚持反对军阀统治的斗争，但旋起旋灭、前途渺茫，说明资产阶级已经没有能力继续完成反帝反封建的历史任务。随着民族资本的发展，无产阶级队伍不断壮大。新文化运动和马列主义的传播给中国革命准备了新的条件。这一切都预示着旧民主主义革命的终结和新民主主义革命曙光的到来。

在漫长的历史长河中，中国近代不过是短暂的一瞬，但它以鲜明的特点构成了历史进程中的一个重要时代，具有继往开来，承上启下的独特意义。中国近代史的特点可以用三个字来概括："变"、"杂"、"新"。

所谓"变"是指这段时期社会历史发展的变化性。翻开中国近代史册，我们仿佛处于波涛汹涌的大海之中。战争一场跟着一场，革命一次紧接一次。各种不同性质的社会动乱、变革此起彼伏，纷至沓来。变化的频率之快是古代史不能相比的。变化的程度与古代也不相同。自秦汉以降的古代社会，尽管出现过多次社会变化（包括民族战争、王朝战争和农民战争），但是都没有使中国封建社会发生质变，自给自足的小农经济和封建君主专制代代相因。而近代的变化比之要深刻得多。鸦片战争以后，西方列强的入侵改变了中国历史发展的方向，中国社会从一个独立的封建社会变为半殖民地半封建社会。社会性质的变化导致了社会主要矛盾和革命性质的变化。中国各族人民不仅要继续进行反对本国封建主义的斗争，还要担负起反抗外来侵略的重任。近代中国发生的变化同样是广泛的，反映在社会的各个方面。在政治、经济、思想文化等领域都或迟或早地发生了根本性的变革，而且变化异常剧烈。在经济领域，鸦片战争以后不过二十余年中国就在军事工业中采用了机器生产；不过三十年，就出现了民族资本。在政治思想领域里，从早期改良思想到维新运动的发动不过二十余年，而资产阶级改良主张与革命思想几乎同时出现。中国近代社会的进程在短短的几年、十几年、几十年就走完了西方资本主义社会上百年的历程。这种剧烈的变化，是中国古代所未有。

所谓"杂"是指近代社会的复杂性。中国古代社会是比较单一的社会形态，而到了近代则变为多层次、多结构的复合社会形态了。在近代中国，既有古代的传统，又有近代的成分；既有本民族固有的因素，又有新颖的舶来物。古今中外各种因素汇聚在一起，呈现出新陈并杂，斑驳陆离的复杂状态。社会结构的复杂化直接影响到阶级关系和阶级矛盾的复杂化。不仅中国社会固有的阶级在新的历史条件下发生了新的分化组合，而且不断产生着新的阶级。每一个新的阶级又各有复杂的组织构成。如资产阶级有官僚资产阶级和民族资产阶级之分；民族资产阶级内部有上层和中下层之别。它们的经济地位、政治态度以及在革命中的地位作用各不相同，与其他阶级有着错综复杂的关系。危害中国的外来敌人也很复杂。近代中国与印度不同，面临着几个帝国主义的共同威胁。这些强盗虽然都把中国视作肥肉，但是，它们各自的实力、目的、利益不尽相同，彼此之间心怀异志、矛盾重重，既相勾结又相争夺，造成了中外关系的复杂局面。这些给中国人民的解放斗争带来了新问题，这就是既要反对外来侵略，争取民族独立，又要学习西方"长技"，发展本国资本主义。反帝而不排外，反封建而又能保持民族传统的精华，复杂的历史课题造成了中国革命的长期性、艰巨性和曲折性。保守狭隘的农民阶级和先天软弱的资产阶级是难于适应这种复杂性，独立领导完成反帝反封建斗争的。

所谓"新"是指中国在近代所取得的进步。有人认为：中国古代文化灿烂，成果辉煌，居世界领先地位，而近代除了落后挨打外，无成就可言，其发展进程落后于古代。其实这只说对了一半。从丧失民族独立的一面说来，近代确实不如古代，但是，用发展的眼光全面衡量则不尽然。导致中国近世落后于西方国家的重要障碍——闭关政策——是在近代被破除；对西方"长技"的学习、研究和引进近代远远超过古代，近代的先贤先哲在继承中国古代传统的基础上，又吸收了外来文化的积极因素，进行了创造性的研究和总结，在政治、思想、科技、文艺等领域创造出高于古代文化成就的新成果，使中国原来已经衰竭的传统文化有了新的契机。魏源、李善兰、徐寿、康有为、梁启超、严复、孙中山、章太炎、詹天佑等杰出人物的贡献，又哪一点逊色于古代呢？当然，近代中国虽然跨过古代社会的藩篱，取得一些新成就，但是，没有也不可能从根本上改变中国落后的状况。因为不把阻挠中国进步的帝国主义和封建主义打倒，振兴中华就是一句空话。

历史是人类从事生产实践和社会实践经验的总结，无论是社会行为，还是个人行为都离不开对历史的借鉴，从中受到启示，获得智慧。特别是中国近代史离我们今天很近，今天的许多现象都可以在近代找到它们的直接根源。学习和研究近代史对于我们了解昨天、认识今天、预见明天，促进我国的"四化"建设有着很重要的现实意义。从某种意义上讲，中国近代史是一部人民群众反抗侵略、反抗压迫的英勇悲壮的史诗，贯穿着激荡人心的爱国主义精神，林则徐的浩然正气，洪秀全的揭竿而起，康有为的侃侃陈词，戊戌"六君子"的视死如归，秋瑾的慷慨悲歌，孙中山的丰功伟业，都是今天进行革命传统教育，激发全国人民爱国主义精神的好教材。学习近代史对当前的社会主义精神文明建设大有裨益。

中国近代史虽然只有短短的八十年，但是，它的内容丰富、发展曲折、过程复杂，具有一定的学习难度。因此，掌握马克思主义的理论十分重要。马克思主义为我们提供了观察、认识和解释历史的立场、观点和方法，有助于我们透过复杂的历史现象找出深隐于其中的客观规律性。当然，我们运用的只是它的基本原理，而不是机械地套用某些个别结论。

学习近代史与学习其他历史一样，必须把握它的基本线索，牢记主要的人物事件，熟悉基本史料。在达到这些要求的基础上，应该把主要精力集中于对问题的理解和研究上。在学习的过程中，要善于发现问题、提出问题、解决问题，有意识地培养敏感性和创造性。

学习近代史不能孤立地学，要兼顾与近代有关的上、下、左、右各个方面，如中国古代史、现代史、世界近代史。因为历史现象是互相联系着的，近代的许多现象和问题都是古代社会遗留下来的。如果不了解古代的情况，就近代论近代，是难以说明问题的。也就是说学习中国近代史一定要具备比较广博的中国通史和世界通史的基础知识。

（原载《远程教育杂志》1986年第2期）

从“史学危机”想到的

近年来，“史学危机”的说法颇为流行。对于是说，赞成者有之，反对者亦有之。意见分歧，自不足为奇，而之所以存在分歧，除去对“危机”这个概念的理解不同之外，更重要的是对史学研究现状估计的差异。不过，二者之间也还是异中有同。无论主“危机”说或非“危机”说，不少同志认为史学研究存在僵化、单调的现象，影响了史学的发展，需要加以改变。这恐怕不能说是无端的夸张。建国后，特别是党的三中全会以来，史学研究确实很有成绩，但由于极“左”思潮、教条主义的影响，弱点和不足也是明显的。

史学研究中存在的问题可以从多方面去分析，不过至少有两种情况值得注意：一是方法、角度、领域的单一化，一是理论的薄弱。

关于方法、角度、领域的单一化，以中国近代史为例，长期以来是革命史的框架，八大事件的组合。研究点也集中在八大事件上面，对事件或人物做定性的评价。研究这些事件、人物自无异议，但只局限于此，而且基本上是同一方法，就未免狭隘、单调，以至锢蔽思想。广泛一点说，这里涉及研究者的知识构成问题。从高等院校历史系培养学生的课程设置来看，本身就比较单一，主要是“史”的课程，相关的人文社会科学的课程很少或者没有。这样培养出来的学生，不仅知识面不够宽广，而且也不能借鉴或吸收其他人文社会科学的方法，以开阔思路，丰富史学研究。因此，要改变这种状态，其中之一就是解决史学工作者知识构成的问题。

　　史学研究，方法固然重要，但更根本的是理论问题。长期以来史学教学和研究工作中，理论很薄弱。在高等院校中，例如中文系，一直都有文艺理论课程，而在历史系，到目前为止，开设史学理论课程的还不多，师资也欠缺。史学理论的薄弱，由于过去"左"的原因，以及史学本身的因素等，表现为冷漠感，也表现为教条化、简单化。以往有一种较流行的看法，认为历史唯物主义就是史学理论，不需要也不应另有史学理论。对于这个问题，现在有些同志提出了不同意见，认为历史唯物主义的基本原理固然对史学研究有指导意义，但它并不只限于史学研究，即就学术研究而言，对其他人文社会科学也同样有指导意义，史学和其他人文社会科学一样，也应该有自己的理论，不能把二者等同起来。

　　我是赞成这种意见的。况且就历史唯物主义本身来说，在以往的年代里即存在教条化、简单化，甚至有不正确的东西。在五十年代，或者更早一点，我们学习马列主义，学习辩证唯物主义和历史唯物主义，主要是从《联共（布）党史简明教程》的四章二节那里学的，还有是从国内外有关这方面的教科书或论著学的，很少直接认真地阅读研究马克思、恩格斯的原著。国外的教条主义影响了国内，而国内又有了发展，愈演愈烈。在中国封建社会里，"五经"、"四书"被尊为"圣经"，人们的思想言论不能离开儒家的经典，只能从里头去讨生涯，解经注经，没有创造，没有发展，结果是宋学流于空疏，汉学失之于琐屑，无实无用，儒学走上了穷途末路，在西方文化挑战的面前无能为力。我们没有能从中记取教训，却重蹈解经注经的传统弊病，甚至是根据别人的解注再去解注一番，那就更不行了。所以，问题不在于马克思主义本身，而在于对马克思主义的教条化、简单化，在于我们习以为常地把不正确当成正确的传统观念。不改变那些不准确的甚至是错误的观念，就谈不上坚持马克思主义，也谈不上发展马克思主义。只有重新学习马、恩的著作，实事求是地检查以往的理论观念是否正确，才能顺利地建立起马克思主义的史学理论。

　　要建立马克思主义的史学理论，除去解决上述的问题外，还应当注意吸收苏联和西方的史学理论，注意继承中国传统的史学理论。对于西方史学理论，由于过去的封闭，我们知之不多，现在接触到一点，不论什么都觉得新鲜，难免带有盲目性。看起来需要多做些翻译介绍的工作，有较清楚的了解，才能加以分析判断，吸收其有用的东西。对于中国传统的史学理论，也应当认真对待。我国古代留传下来的文化遗产中，文论、画论、史论都有成就。文论、画论研究的人颇多，相对而言，史论的研究则较差。封建社会的传统史论，自不同于现代西方史学理论，但也有它应有的地位，不能蔑视自己的传统，更不应弃其精华。近代，受西方文化的影响，出现了资产阶级史学和理论。随后，马克思主义传播，又被运用来指导史学和理论研究。这些，都需要加以很好的总结。我想，我们是能够建立具有自己特点的史学理论或历史哲学的。

（原载《福建论坛》1987年第1期）

《河殇》要把中国引向何处？

　　一年前，电视系列片《河殇》放映后，曾经引起观众的关注，并围绕它展开了讨论。一些评论者把它捧得很高，说什么"一部《河殇》，不仅证明一个具有独立学术意识的精英文化群体已经形成，而且展示了他们对民族命运独立思考的结果"，"自马克思主义传入中国以来，还没有人这么深刻地去分析、观察过我们民族通盘的历史"，开始了五四以来的"第二次启蒙运动"，等等。如此溢美、吹捧，实是很罕见的现象。但是，也有评论者发表了不同的意见，对完全否定中国传统文化、历史观念等一些问题提出了批评。尽管这些意见是善意的、委婉的，也是中肯的，不料却惹了麻烦，遭到了不应有的尖刻的嘲笑、挖苦，甚至被围攻，被调查来历。侈谈"民主"的"文化精英"，原来容不得半点不同意见，老虎屁股摸不得，显出了霸气十足。事实上，这场讨论并没有真正展开。

　　《河殇》是一部甚样属性的电视作品？当有评论者指出《河殇》激情多而分析少时，有人为之辩护说它的属性"更重要的是一个艺术品"。言外之意是，既然《河殇》是一部文艺作品，那就不必要也不应该去计较诸如论断、史实是否准确无误。其实，严格地说，《河殇》作为电视节目，算不上是一部文艺作品，它不过是利用电视这种现代化传播手段来表达作者的"思想"。作品的总撰稿人之一苏晓康就明白地声称："必须赋予这个题目以鲜明，强烈的时代特点，在改革的大题目下来做黄河的文章，使这一电视片的播出，成为一次对民族历史、文明、命运的全面思考"；"我们设想尝试一种从文化哲学意识上去把握黄河的电视政论片"。这清楚地说明，《河殇》是要对民族历史、文明、命运进行"全面思考"，是一部"政论片"。有的评论者径直地指出，《河殇》的意义，在于重新提出"中华民族何去何从？"、"中国向何处去？"的问题。毫无疑问，这是一个非常严肃的、根本性的问题，应该认真思考。那么，《河殇》究竟是怎样"思考"我们民族的历史、文明，命运的？究竟要把中国引向何处去？

《河殇》所"全面思考"的我们民族的历史、文明又是怎样的呢？请看《河殇》说：

> 中国封建社会，"每隔两三百年发生一次周期性的大动荡、大破坏，整个社会大瓦解"，"周而复始的历史循环"，"并不象有些理论说的那样，具有什么革命的意义"。

> "摆脱野蛮人的第一个代价，就是被牢牢地拴在土地上"。"几千年的文化，都凝聚在这黄土里"。"黄河中下游这块文明的摇篮地，偏偏又处在一种很独特的地理环境之中"。"因此，中国人既不象欧洲民族那样生活在地中海周围，也不象美国人那样住在两个大洋之间。命运就给中国人安排了这样一种生存空间"，"形成了一种隔绝机缘"。

> "战国晚期发生的楚败于秦的史诗般的战争，可以说是以小麦作食粮、用战车作战、并且受到了游牧民族和波斯文化影响的黄色文明，最终战胜了以大米作食粮、懂得利用大船和水上作战、并且受到东南亚和太平洋文化影响的蔚蓝色文明"。"蔚蓝色的隐退，埋伏下一个民族和一种文明日后衰败的命运"。

从以上摘录的这几段话，可以看出《河殇》对中国封建社会的描绘，是对历史的肆意歪曲。一、把中国封建社会归结为周期性的大动荡、大破坏，完全抽掉了地主阶级和农民的阶级斗争的基本内容。在中国封建社会，农民在地主阶级残酷的经济剥削和政治压迫下，过着极端穷苦和落后的生活。因此，农民被迫多次地举行起义，以反抗地主阶级的统治。尽管这些起义不是失败，就是被地主贵族利用作他们改朝换代的工具，但其结果打击了当时的封建统治，多少推动了社会生产力的发展。《河殇》是以贵族老爷的偏见来看待农民的，一方面责备农民群众愚昧无知、听天由命观念浓厚，另一方面又对他们反抗地主阶级的削剥压迫横加诋毁，不分青红皂白地扣上了"只表现出惊人的破坏力和残酷性"，"一次又一次把生产力的积累无情地摧毁掉"的罪名。真是岂有此理！二、把几千年来世界文明简单地绝对地硬划分成"黄色"和"蔚蓝色"两种文明，或称"内陆文明"和"海洋文明"，前者落后、封闭和保守，必然要衰败，只有后者才有生命力。而命运给中国人安排的生存空间，就决定了它只能是"黄色文明"，并且从战国晚期秦战败楚就已经注定了它的衰败。中国是世界文明发达最早的国家之一。中华民族是勤劳、勇敢、智慧的民族，是有光荣革命传统和优秀文化遗产的民族，为世界历史、文明的发展做出了伟大的贡献。然而《河殇》却宣扬中华民族的文明是"失败的文明"。这是"历史的命运"的虚无主义和悲观主义论调。

《河殇》的作者标榜这个节目为"至今仍被落后的物质文化生活束缚了眼界的中国人提供了一种新的世界观"。事实并非如此。仅从上面摘录解说词的几段话，就可以明显地看出，《河殇》给中国人提供的不是什么"新的世界观"，而是封建阶级、资产阶级各种陈腐观点的大杂烩，诸如"历史循环论"、"地理环境决定论"、"欧洲中心论"、"宿命论"，等等。从贯串《河殇》的"黄色文明"、"内陆文明"和"蔚蓝色文明"、"海洋文明"划分的这条主线，在各种观点中，决定性的是"地理环境决定论"。

把人类文明简单划分为"黄色文明"和"蔚蓝色文明"，说"黄色文明"是衰败的，"蔚蓝色文明"有生命力，不仅不科学，也不符合事实。因为海洋国家并不就意味着兴盛，不少海洋国家曾沦为资本主义国家的殖民地，独立后仍不发达。就是那些被称颂为"蔚蓝色文明"的资本主义国家，它们之间也经历着盛衰、递嬗的变化。文艺复兴产生于意大利，但其后则是西班牙、葡萄牙、荷兰等横行海上。19世纪称霸海上的是英国，到处占据殖民地，后来它的世界霸权地位却被美国取代，成为"破落大户"。

《河殇》所赞美的"海洋文明"的光辉的古希腊文明，也经历了从盛到衰，到公元前约300年实际上已经终止。说"只有古希腊文明转化成了工业文明"，纯属想当然地信口开河。有点历史常识的人都知道，近代资本主义工业文明是在被称为"黑暗时代"的西欧中世纪社会里产生发展起来的。它既是对中世纪的否定，又继承了中世纪的一些因素，包括基督教文化。它吸收了古希腊文明，但并不是直接转化。

至于把中国规定为所谓"黄色文明"、"内陆文明"，也是蓄意制造一种假象来搞乱人们的思想。谁都知道，中国并不是一个内陆国家。中国有很长的海岸线，有许多岛屿，是一个大陆性和海洋性的国家。我国古代人民对航海事业作出不可磨灭的贡献，直至明代，在造船、航海以及有关科学技术知识等方面，都居于世界先进行列。公元前2世纪，汉武帝统治时期，已有船队从徐闻、合浦出发，经过东南亚各国到达印度和锡兰，魏晋南北朝时期，中国远洋船舶已开始越过南亚，进入波斯湾，直航西亚两河流域。唐宋元时期，海外交通的繁盛，是中外闻名的。即使是人们所诟病的明朝，也还保持一定的海上力量。清初郑成功收复被荷兰殖民者占据的台湾，在海上一再大败当时这个西方强国的舰队。事实表明，中国历史和海洋有着不可分割的紧密关系，并不是象《河殇》所歪曲的那样，战国晚期秦战败楚就是"黄色文明"战胜了"蔚蓝色文明"，"蔚蓝色文明隐退"，注定了中华民族和它的文明的衰败命运；也不仅是被轻蔑和嘲笑的戚继光修筑"海岸长城"、"毫无经济目的的郑和七次下西洋"两个例子；更不是什么"在清朝以前，也就是十五世纪以前，……东南海岸线，则长期沉睡在荒寂之中"。中国封建社会在明清时期走向衰落，而当时西方资本主义工业文明在兴起，问题在哪里，需要认真加以研究。但是，这不等于不必要和不应该去发扬中华民族历史、文明中光荣伟大的一面。发扬中华民族历史、文明的优秀传统，是为了建设我们的精神文明，为了增强民族自尊心和自信心，绝不是象《河殇》所歪曲和攻击的是为了"掩饰贫弱和落后"，是"聊以自慰的安魂剂"。我们不应虚骄自大，但也不能妄自菲薄。有人吹捧《河殇》是"爱国主义的颂歌"，真是海外奇谈。难道有这样肆意丑化、糟蹋自己民族国家历史、文明的爱国主义吗？把自己民族国家的历史、文明描绘成一塌糊涂的人，虽然嘴上也说"爱国"，实际上却是崇洋媚外，甚至堕落为叛国卖国，方励之、刘晓波之流不就叫嚷要"解散中国"，当"三百年殖民地"吗？

难道不是这样吗？《河殇》所赞美的"蔚蓝色文明"，就是西方资本主义的文明。它抹煞了资本主义社会资本家对工人的剥削压迫，抹煞了资产阶级和无产阶级的阶级对立和斗争，抹煞了资本主义—帝国主义残暴的殖民主义侵略掠夺，相反，对西方资本主义列强一古脑儿顶礼膜拜，讴歌它们对殖民地的征服、掠夺是发挥了"内在活力和文明优势"，而不是一幅充满着"剑和火"的血迹斑斑的图画。这种论调其实并不新鲜，老牌殖民主义侵略者当年也就是打着"文明"的旗号去征服殖民地的，说穿了是"侵略有理"论。号称"最有思想"的"精英"们，其实还不如辛亥革命时的资产阶级革命家。后者还能够尖锐地揭露帝国主义"乃膨胀主义也，扩张版图主义也，侵略主义也"。他们才是为祖国的独立富强而奋斗的真正的爱国主义者。

近代中国是贫弱和落后了。问题在于它的贫弱和落后是怎样造成的，谁造成的。按照《河殇》的思想逻辑，显然近代中国的贫弱和落后是"黄色文明"、"内陆文明"造成的，而不是由于帝国主义侵略的结果。自从1840年鸦片战争以后，帝国主义采用了一切军事的、政治的、经济的、文化的侵略手段，并和中国封建主义相结合，把中国一步一步地变成了半殖民地和殖民地。正是由于帝国主义对中国的压迫剥削，操纵了中国的经济、财政命脉和政治、军事力量，并且先后扶植、勾结清政府、北洋政府和国民党反动派政府进行反动统治，造成了中国的贫弱和落后。《河殇》既然是要"全面反思"我们民族为什么贫弱和落后，却为什么对造成中国贫弱和落后的这些最基本的事实加以掩饰和抹煞，而把它归之于中国"文明的失败"，传统文化的"封闭性"呢？这不是由于作者的无知，而是出于宣扬他们观点的偏见和所要达到的企图的需要。

帝国主义和中国封建主义相结合，把中国变为半殖民地和殖民地，这是近代中国社会的一面。近代中国社会还有另一面，就是中国人民反抗帝国主义及其走狗的斗争。《河殇》既然掩饰、抹煞了帝国主义对中国的侵略掠夺，必然不会去展示中国人民英勇不屈的反对帝国主义的斗争。在作者的笔下，虽然也提到林则徐、魏源、丁汝昌、邓世昌，提到虎门销烟和抵制日货，但都是作为嘲笑、贬抑的对象，而不是去称赞他们反对西方列强侵略的正义性和不怕牺牲的爱国精神。甚至说："自从1840年以来，总有人用古代的荣耀和伟大，来掩饰近代的贫弱和落后。在近百年的现实痛苦中，好象总需要有一副古老而悠久的安魂剂聊以自慰。"这是对近百年历史的严重歪曲，是混淆视听的谎言。

自从鸦片战争以来，确实常有人讲古代的荣耀和伟大，不过他们不是为了"掩饰近代的贫弱和落后"，恰恰相反，他们是为了激励人们的民族自尊心和自信心，发扬爱国主义精神，以反抗帝国主义的侵略，争取民族国家的独立，改变贫弱和落后的状况。难道这有什么过错？"精英"们经过一番歪曲之后，加以嘲笑和中伤，又把自己置于何地？近百年来，中国人民为了祖国的独立和富强，不甘于贫弱和落后，同帝国主义及其走狗进行了顽强不屈的斗争。从鸦片战争、太平天国运动、第二次鸦片战争、中法战争、中日战争、义和团运动、辛亥革命到五四运动，经历了80年的旧民主主义革命。尤其是五四运动以后，中国共产党领导中国人民进行了新民主主义革命，经历了五卅运动、北伐战争、土地革命战争、抗日战争和解放战争，终于推翻了压在中国人民头上的"三座大山"，建立了中华人民共和国。中国人民从此站起来了。这是100多年来中国人民不屈不挠、再接再厉同帝国主义及其走狗进行英勇斗争，无数烈士抛头颅、洒热血的结果。然而《河殇》竟然把这些为民族解放而进行的斗争和战争，都诬蔑为"动乱"，是古代周期性社会震荡的延续，这是令人不能容忍的。

他们还搬来了一个"救亡与近代化的双重变奏"的论点，声称"救民族之危亡，势必拒寇于国门之外；但是，救文明之衰微，又必须打开国门，对外开放，迎接科学和民主的新曙光"这种极为矛盾的现象，"近百年来交替书写着中国畸形的历史"。这里，救亡和近代化（或叫"启蒙"）

被人为地对立起来，按照有的人的说法，救亡压了启蒙，把启蒙挤偏了。言外之意是，不应搞什么救亡，不应当抵抗帝国主义的侵略，应该打开国门让它们进来，才能搞近代化，否则因为救亡就会造成中国历史的"畸形"。这又是对中国近代历史的歪曲。近代中国半殖民地和殖民地的历史，是畸形的历史。但是，它的畸形是帝国主义侵略造成的，而不是救亡。救亡正是为了争取民族国家的独立，改变半殖民地和殖民地的畸形历史。"帝国主义侵略中国，反对中国独立，反对中国发展资本主义的历史，就是中国的近代史。"①不救亡，不反抗帝国主义的侵略和压迫，中国不独立，要想真正实现近代化是不可能的。救亡是近代化的前提，也是近代化的保证，二者之间，不是互相对立，互相排斥的。

近代中国人民在进行反对帝国主义和封建主义斗争的过程中，一直都在寻找真理，摸索救国的道路。"自从1840年鸦片战争失败那时起，先进的中国人，经过千辛万苦，向西方国家寻找真理。洪秀全、康有为、严复和孙中山，代表了在中国共产党出世以前向西方寻找真理的一派人物。那时，求进步的中国人，只要是西方的新道理，什么书也看。向日本、英国、美国、法国、德国派遣留学生之多，达到了惊人的程度。国内废科举，兴学校，好象雨后春笋，努力学习西方。"②所谓"黄色文明"，黄皮肤的中国人，并不是注定是封闭、保守的，没有生机和活力的。为了救亡图存、振兴中华，康有为领导了仿效日本明治维新的变法运动，孙中山领导了效法美国独立战争和法国大革命的辛亥革命。它们在推动中国历史的前进上，都程度不同地起了作用。尤其是辛亥革命，推翻了卖国的清政府，结束了两千多年的君主专制，在国内外产生了巨大的影响。可是，《河殇》可以抬出洋务运动，却不给这次资产阶级民主革命和伟大的革命先行者孙中山以任何地位，只字不提这些近代史上的光辉篇章，所谓"全面思考"民族的历史，无非是欺人之谈。

戊戌维新人士所憧憬的君主立宪还没有出台，变法运动就失败了。辛

---

① 毛泽东：《新民主主义论》，《毛泽东选集》第2卷，第640页。
② 毛泽东：《论人民民主专政》，《毛泽东选集》第4卷，第1358页。

亥革命后建立的资产阶级共和国，也如昙花一现，只存在短短的几个月。"中国人向西方学得很不少，但是行不通，理想总是不能实现。多次奋斗，包括辛亥革命那样全国规模的运动，都失败了。"①帝国主义的侵略打破了中国人学习西方的迷梦。中国人民在不屈不挠的思考、探索中继续前进。1917年俄国爆发了十月革命，创立了世界上第一个社会主义国家。十月革命揭开了人类历史新纪元，也给中国革命带来了新曙光。中国人民终于在绝望和彷徨中从俄国十月革命学到了一样新的东西，这就是马克思列宁主义。马克思列宁主义在中国，主要是通过李大钊等这样一批在初期新文化运动中起骨干作用的前驱传播开来的。五四运动以后，中国共产党成立，中国民主革命在中国共产党领导下，在马克思列宁主义指导下，进入了新的阶段。马克思列宁主义在中国传播，并不是一帆风顺，而是经历了严重的斗争和艰辛的历程。马克思列宁主义传入中国后，同时存在的还有其他种种主义，诸如资产阶级民主主义、实用主义、改良主义、无政府主义、新村主义、泛劳动主义、基尔特社会主义、国家社会主义，等等。马克思列宁主义开初只是其中的一家。但是，在中国革命的实践中，在思想理论的斗争中，其他种种主义很快销声匿迹，只有马克思列宁主义为中国人民所接受，并且成为中国革命的指导思想。在中国革命过程中，马克思列宁主义的普遍真理和中国革命的具体实践相结合，产生了毛泽东思想。在马克思列宁主义、毛泽东思想指导下，中国共产党领导的新民主主义革命在经历了1927年井冈山道路的开辟之后，又取得了抗日战争和解放战争的胜利，终于结束了110年的半殖民地半封建社会制度，于1949年10月1日建立了中华人民共和国。中国人民在中国共产党领导下继续前进，进入了社会主义革命和社会主义建设的新时期。历史证明，只有马克思列宁主义能够救中国，只有社会主义能够救中国。《河殇》要反思中国向何处去的问题，却不给中国共产党领导的新民主主义革命以任何地位，那么它要引导中国走向何处是显而易见的了。

---

① 毛泽东：《论人民民主专政》，《毛泽东选集》第4卷，第1359页。

抹煞、否定过去，是为了否定现实。《河殇》宣扬"黄色文明"衰落了、失败了，抹煞中国人民的旧民主主义革命，诬蔑中国共产党领导的新民主主义革命是"动乱"，目的都在于否定建国以来中国共产党领导的社会主义革命和社会主义建设事业，反对和取消四项基本原则。

建国以来，我们国家消灭了剥削制度，各方面都发生了很大变化，在国际上赢得了地位和声誉。《河殇》对新旧社会所发生的根本变化，以及所取得的成就，避而不谈，却单单提出了"大跃进"和"文化大革命"两件事，以此来攻击、否定中国共产党的领导和社会主义制度。而对于广大群众努力拼搏奋斗创造出来的成绩，如一些体育运动项目获得世界冠军，某些现代科技新成果，卫星上天，原子弹爆炸，等等，对于人们为他们能够做出贡献并为祖国争得荣誉而表达的敬意和兴奋，统统都加以嘲笑或否定，说什么是"盲目民族感情"，"不能根本性地赋予整个民族以一种强大的文明活力"。

这里，需要指出的是《河殇》这句话所包含的两层意思：一是中华民族在现在已经没有"文明活力"，二是要"根本性"地赋予这个民族以另外一种"文明活力"。说来说去，最终还是归到"黄色文明"和"蔚蓝色文明"这个问题上来。

关于中华民族现在已经没有"文明活力"，是《河殇》反复宣扬的一个主题。如说："在二十世纪末的今天，尽管外来冲击不再伴随着大炮和铁蹄，我们的古老文明却再也抵挡不住了。它已经衰老了"；以"内陆文化的模式来进行现代化建设"，是没有"文明活力"的；"中国封建社会是一个超稳定系统"，"永远的超稳定"；"大一统的幽灵似乎还在中国的大地上游荡"；等等。这就是说，今天的中国，还是那个"已经衰老"的"古老文明"，是那个"永远超稳定"的封建社会的系统，"政治上、经济上和人格上的封建主义积淀"。因此，他们认为"只有把传统文化的结构打破"，更新"中国的社会结构"，"中国的许多事情，似乎都必须从五四重新开始"。显然，《河殇》矛头所向不是别的，是中国共产党的领导，社会主义制度，人民民主专政，马克思列宁主义、毛泽东思想，也就是我们所要坚持的四项基本原则。

建国40年来，尽管有曲折和失误，也存在着封建主义和资本主义的影响，但是剥削制度已经消灭，社会结构已经发生根本变化，政治、经济、文化各方面也都发生了变化，在性质上不同于建国前和五四前的半殖民地半封建社会，更不同于鸦片战争以前的封建社会，这是人所共知的常识。号称"知识精英"的人不会不知道，他们无非是以歪曲、诽谤历史和现实来蛊惑人心，借反对"封建专制主义"、"新启蒙"之名，煽动人们反对党的领导，反对社会主义制度。难怪《河殇》播出后，不仅得到国内顽固坚持资产阶级自由化的人的喝彩，也得到海外反动势力的叫好，有人说《河殇》"就是二十世纪末，今天的新《国殇》"，有人觉得隐喻的语言还不过瘾，应该更大胆地"直指落后之源"。

那么，《河殇》要赋予这个民族另一种"根本性"的"文明"又是什么呢？从上面已经谈到的可以看出，很清楚就是"蔚蓝色文明"、"海洋文明"，即西方资本主义文明。《河殇》不是什么"爱国主义的颂歌"，而是地地道道的西方资本主义的颂歌。它以嘲谑调侃的口吻说，"马克思早已预言的资本主义丧钟，迟迟没有敲响"，西方资本主义"却还在困境中不断调整和更新"，有"强大的""文明活力"。这部片子的第四集叫"新纪元"，而"率先跨入历史新纪元"的是1649年英国资产阶级革命的成功。对于1917年俄国的十月革命，不仅不被认为是人类历史的新纪元，而且借普列汉诺夫的话来证明列宁领导的夺取政权"过早"了，"对社会主义的急于求成，会使经济遭到最惨重的失败"，以此来否定十月革命的必要性和苏联的社会主义道路。同时，也是否定受十月革命影响的中国共产党领导的新民主主义革命和建国后的社会主义道路。这实际上是说，"社会主义失败了"。于是《河殇》宣称必须"改革""开放"，要进行"文明嬗变"，要"打开国门"，"让世界走进中国"，"我们必须如此选择"。《河殇》要我们"选择"的，就是把所谓"黄色文明"变为"蔚蓝色文明"，即社会主义变为资本主义，让中国成为西方资本主义的附庸。

《河殇》也打着"改革"、"开放"的旗号，但是它所说的"改革"、

"开放"，同党中央和邓小平同志提出的方针根本不是一回事。我们的改革、开放，是坚持四项基本原则的改革、开放，是社会主义制度自身的调整和完善，绝不是走资本主义道路。还在1979年，邓小平同志就旗帜鲜明地提出要坚持四项基本原则，以防止改革、开放大业偏离正确方向，并指出要驳倒一些人散布的所谓社会主义不如资本主义的言论。这里需要指出，《河殇》又一次歪曲了事实，把提出改革、开放的桂冠加在赵紫阳同志的头上，而且在电视屏幕上配以"新纪元"。这是最恶劣的篡改。事实是，提出改革、开放的是邓小平同志，而不是赵紫阳。邓小平同志是改革、开放的总设计师。赵紫阳同志自任党的总书记以来，消极对待坚持四项基本原则和反对资产阶级自由化，甚至说"什么是社会主义，不清楚"。《河殇》吹捧赵紫阳是改革、开放的"提出者"，揭开了中国历史的"新纪元"，也就不足为奇了。难怪赵紫阳同志对《河殇》如此钟爱，压制发表对这部片子有不同意见的文章，却把它的录相带送给外宾，说值得一看。

有的吹捧《河殇》的文章说，这部电视片的产生不是偶然的。确实，《河殇》的产生和"《河殇》现象"的出现并不偶然。由于赵紫阳同志怂恿、支持资产阶级自由化，近两年来，资产阶级自由化大肆泛滥。顽固坚持资产阶级自由化的人有恃无恐，到处兴风作浪，散布种种反对四项基本原则的谬论，鼓吹政治上的多党制，经济上的私有化，意识形态的多元化。《河殇》就是在这种背景下制作出来的，它是资产阶级自由化的产物。一些"知识精英"正是利用电视这一大众传播媒介，通过《河殇》来宣扬资产阶级自由化，反对四项基本原则。《河殇》播出后，影响十分恶劣，为资产阶级自由化的泛滥起了推波助澜的作用。一时间，南北两地紧锣密鼓地在积极炮制比《河殇》"更有分量"的电视片。这些片子虽然由于形势的变化，没有能够播出，却值得我们注意。

（原载《中共党史研究》1989年第5期）

正确对待传统文化和西方文化

一

近几年来，在"文化热"当中出现了一股否定传统文化、鼓吹"全盘西化"的民族文化虚无主义思潮。一些人散布什么中国传统文化是"黄色文化"，"它埋伏下一个民族和一种文明衰败的命运"，"中国传统文化早该后继无人了"，"应当全方位开放，或者叫全盘西化"。就文化本身而言，这里涉及的是如何对待传统文化和西方文化的问题。

关于如何对待传统文化和西方文化，是一个老问题。可以说从1840年鸦片战争以后就开始提出来了，已经历了一个半世纪。在近代中国的一百多年里，随着西方文化的输入，中国固有文化和西方文化发生了矛盾冲突，人们不断地思考、探索如何对待中西文化的问题，并提出了种种主张，长期争论不休。这些主张，如"中体西用"论、"中国本位文化"论、"中西文化会通融合"论等，而"全盘西化"论也是在各种思潮浮沉递嬗过程中出现的一种。

还在清末，社会上就出现"醉心欧化"的思想倾向。不过明确鼓吹"全盘西化"论，则是在五四运动以后。"全盘西化"论者所主张的"全盘西化"的内容，简单地说，就是中国一切东西都要模仿欧美资本主义国家，好的坏的都要，连他们所产生的弊病也都要。他们认为，这是中国应走的道路。"全盘西化"论者之所以认为中国必须"全盘西化"，其中的一个理由是，"中国文化无论在哪一方面，都比不上西洋文化"，因此，"我们唯一的办法，是全盘接受西化"。可以看出，"全盘西化"论者一方面是否定中国的文化传统，一方面是醉心于全盘接受西方资本主义文化。这是一个问题的两个方面，主张"全盘西化"必然要否定传统文化。

这股"全盘西化"思潮，是在中国半殖民地地位逐步加深，中西文化冲突发展过程中涌现出来的。它带有深刻的时代特征和阶级烙印。西方列强在对外进行侵略扩张时，把落后国家和地区变成它们的殖民地、半殖民地。在殖民地、半殖民地国家和地区里，西方列强按照自己的面貌去改造它们，实行一种殖民化政策，例如英国在印度的"英吉利化"，法国在越南的"高卢化"，日本在中国台湾和东北伪"满洲国"的"日本化"，美国对外推行"美国化"等。语言文字是一个民族文化的基础，西方列强一般都在殖民地、半殖民地推行它们的语言文字以代替其原有的语言文字。它们也不让殖民地人民了解、学习本民族、国家的历史文化，以抹杀其传统。西方列强之所以对殖民地、半殖民地实行同化政策，目的是便于巩固它们的殖民统治，使这些地方成为它们生存发展的一部分。由此看来，在半殖民地的中国走"全盘西化"的道路，只能使中国同化于西方文化，完全沦为西方列强的附庸。显然，"全盘西化"论是适应西方殖民主义的需要的。

"全盘西化"的错误论调，理所当然地受到共产党人和马克思主义者的批评。40年代初毛泽东同志在《新民主主义论》中就明确指出："所谓'全盘西化'的主张，乃是一种错误的观点。"[①]实际上，所谓中国应走的"全盘西化"的道路，并没有也不可能在中国走通。在中国共产党领导下，中国人民进行了反帝反封建的新民主主义革命，终于推翻了帝国主义、封建主义和官僚资本主义三座大山，结束了半殖民地半封建社会，建立了中华人民共和国。中国走的是社会主义道路。

需要指出的是，在中西文化论争中，情况是复杂的，既是学术的探

①《毛泽东选集》第2卷，人民出版社1991年，第667页。

讨，又具有明显的政治性。在新民主主义革命时期，不论"全盘西化"论，还是"中国本位文化"论，都有一个共同点，就是反对、排斥马克思列宁主义，否定中国共产党领导的新民主主义革命，反对走社会主义的道路。历史的经验值得借鉴。如今搞资产阶级自由化的人也是利用中西文化问题的讨论，否定中国传统文化，鼓吹"全盘西化"，目的是反对四项基本原则，要中国走资本主义道路。

那么，就文化本身来说，究竟如何对待传统文化和西方文化？这是我们要着重探讨的。

二

中华民族有5000多年的文明史，以其智慧创造了丰富、灿烂的中国文化。中国文化虽历经盛衰，但一直延续不绝。在16世纪以前，中国文化一直处于世界领先地位。中国文化不仅是中国的，也是世界的。在人类历史发展过程中，中国文化所起的伟大作用是不可磨灭的。人所熟知的，造纸、指南针、印刷术、火药等四大发明，对于世界进步发生了巨大的影响。明清之际，欧洲耶稣会士来中国传教。同时，他们也将中国文化介绍、传播到欧洲。"介绍中国思想至欧洲者，原为耶稣会士，本在说明彼等发现一最易接受'福音'之园地，以鼓励教士前来中国，并为劝导教徒多为中国教会捐款，不意儒家经书中原理，竟为欧洲哲学家取为反对教会之资料。"[①]这里所指，就是儒家思想对欧洲十七十八世纪启蒙运动的影响。欧洲启蒙运动，尊重理性，尊重自由，反对封建专制主义和教会的神权统治。启蒙运动的主要人物，如笛卡尔、莱布尼茨、狄德罗、霍尔巴赫、伏尔泰和孟德斯鸠等，都程度不等地倾慕中国文化。莱布尼茨认为，"在实践哲学方面，欧洲人实不如中国人"。伏尔泰对中国文化更是称赞备至，

---

① 方豪：《中西交通史》下册，岳麓书社1987年，第1058页。

称"中国为世界最公正最仁爱之民族","哲学家发现一新的道德的与物质的世界",并呼吁欧洲人对中国"应赞美,惭愧,尤其应模仿!"[①]伏尔泰认为中国戏剧可与希腊戏剧诗相媲美,并将元杂剧《赵氏孤儿》改编为《中国孤儿》,以此来揭示中国的道德人生观。欧洲的启蒙思想家们从中国文化,尤其是儒家思想,吸收了养分,成为他们提倡的理性主义的思想渊源之一。可见中国文化对欧洲启蒙运动起了积极的促进作用。那个时期,欧洲曾流行中国园林建筑艺术,绘画,瓷器、漆器、丝织品及一切用具,形成了一种"中国趣味",或称"中国风"。有意思的是,中国近代以至于现在都有人在鼓吹"西化"或"全盘西化",而当时欧洲的启蒙思想家中却有人倡导"中国化"。至于日本以及亚洲等其他地区,中国文化也都产生了积极的影响,这里不想多谈。

任何一个民族、国家的文化都具有二重性,中国的传统文化也一样,有优秀的一面,也有落后陈腐的一面。列宁在批评社会党人的错误时指出:"每一种民族文化中,都有两种民族文化。有普利什凯维奇、古契柯夫和司徒卢威之流的大俄罗斯文化,但是也有以车尔尼雪夫斯基和普列汉诺夫为代表的大俄罗斯文化。乌克兰也有这样两种文化,正如德国、法国、英国和犹太人有这样两种文化一样。"[②]因为任何一个民族、国家都存在着被剥削被压迫阶级和剥削压迫阶级的对立,所以产生和形成了两种文化。这里既有民主性的优秀文化,也有腐朽的反动文化。即使是一个阶级,不论是剥削阶级还是被剥削阶级,它们创造的文化,也包含着精华和糟粕两种成分。就中国传统文化来说,优秀的一面占有主导地位。如果不是这样,试想中华民族怎么会有那么强的凝聚力和生命力,中华民族的文明史怎么可能历经5000年延续不绝?中国传统文化在长期传承和累积的过程形成了自己的民族精神、观念、感情和习惯,创造了具有民族特色的各个部门文化。传统文化所含蕴的民族精神是什么?有什么优良传统,是需要认真探讨的问题。这里只举例而言。例如自强不息、不屈不挠的奋进精神,

---

①转引自方豪《中西交通史》下册,第1060、1062页。
②《关于民族问题的批评意见》,《列宁全集》第20卷,人民出版社1959年,第15页。

以天下为己任、忧国忧民的社会责任心，反抗外来侵略的爱国主义精神，"鞠躬尽瘁，死而后已"、"舍生取义"的奉献精神，爱好和平的精神，威武不屈的骨气，"己所不欲，勿施于人"、"己欲立而立人，己欲达而达人"的社会观和道德观，勤劳、艰苦的精神……这些优良传统，都值得我们加以继承和发扬。当然传统文化也包含着不好的、落后陈腐的成分，例如重道德而轻功利，重继承而轻创新，重男轻女，封建家长制，以及命运、风水、因果报应之类的迷信陋俗，等等。这些不好的陈腐的传统，在现实生活中还在发生不同程度的影响，是需要予以批判、清除的。由于传统文化产生和形成于古代社会（主要是封建社会），因而也存在着不足和局限。如果和西方资本主义文化相比较，主要是缺少科学和民主。科学和民主，这也是鸦片战争以后先进的中国人所追求，而在五四运动明确提出的。

几千年的文化传统是在不变与变的过程中蔓延流传的。传统不是静止的东西，是动态的，它像长江东流滔滔不绝，是一个"发展流"。传统文化就是在发展变化的漫长过程中，不断地丰富和充实。笼统地说传统文化是封闭的文化，并不符合实际，也不科学。实事求是地说，传统文化历经几千年，既有开放的时候，也有封闭的时候，比较起来，开放多于封闭。更早的不必说，就说秦统一中原以后，两汉著名的"丝绸之路"，是中国和中亚、西亚一些国家来往的记录，既将中国文化传到这些国家，又将这些国家的文化输入中国。印度佛教文化在中国的传播，是中国吸收外来文化的一个高潮，对中国文化发生了深远的影响。唐代盛世，对外交往更为频繁，都城长安成为世界性的大都会。外国的政治使者、宗教人物及商人，大量地到长安来，有的还在长安定居下来。他们带来了各地的物产、各地的音乐舞蹈和杂技、各地的风气和宗教。宗教除最兴盛的佛教和本土的道教外，还有从波斯传入的祆教（又称拜火教）、摩尼教、景教（基督教的一派），从阿拉伯传入的伊斯兰教，并在长安等地建寺。各种宗教并存，在西方是不容许的，这也表现了中国文化开放和兼容并包的精神。五代宋元时期，特别在元代，中国和外国的经济文化交流，有显著的发展。亚洲的国家和地区、非洲东部和地中海沿岸各地，当时都跟中国有海上交通，进行经济贸易和文化交流。如朝鲜人的著作、日本的绘画和书法、尼泊尔的雕塑艺术等传入中国，波斯、阿拉伯的天文历法和医药在元朝受到重视，都对中国文化的发展产生了影响。这种对外关系的开放态度，在明代起了变化，曾经有过封闭。但是，在明末清初欧洲耶稣会传教士来中国传教，又出现了一次突出的中西文化交流。耶稣会士除把中国文化传入欧洲外，也带来了西方的文化。耶稣会士来华的目的是传播天主教，但也带来了西方地理学、天文历法、数学、建筑艺术等对中国文化发展有积极作用的东西。后来，清朝实行闭关政策，严格限制对外往来。鸦片战争的爆发和清政府的失败，这种局面发生了变化。先进的中国人逐渐觉醒起来，他们没有故步自封，而是对比西方文化，承认中国文化有不如之处，并从西方文化吸取有用的东西。中国文化又一次吸收、融会了外来文化。

以上只是一个非常粗略的举例式的描述。但从这样一个粗线条的历史脉络来看，中国文化的主导方面是开放型，而不是封闭型的，中国文化是一种包容力和消化力很强的文化。说中国传统文化的特征是封闭的、保守的，是不符合客观实际的。中国文化发展的历史过程中，不仅融会了国内各民族的文化，而且也融会了国外传入的文化。同时，它也对外国包括欧洲文化的发展发生了积极的影响，对世界文明的进步做出了伟大的贡献。我们没有理由不分青红皂白地完全否定传统文化，只应该否定那些阻碍社会前进的糟粕部分。

况且传统文化是社会的客观存在，不能凭谁的主观意志来对它发号施令，宣布要或者不要就能奏效的。厌恶它，咒骂它，否定它，鄙弃它，它依然存在着。一相情愿的感情用事，于事无补，只能造成思想混乱。例子不必多举，就说"文化大革命"吧。当年"四人帮"之流气势汹汹地把传统文化宣判为封建主义文化，左一个"横扫"，右一个"砸烂"。结果如何呢？传统文化并没有因为这伙人的"宣判"就被扫掉，"文革"后期一些地区封建迷信反而沉渣泛起，流行开来，而优秀传统却遭到摧残破坏。因此，对待传统文化只能是进行严肃认真地科学分析，批判继承。

三

对于外国文化（包括西方文化），我们不仅不应该予以拒绝、排斥，相反，应该大量加以吸收，作为自己文化食粮的原料。任何一个民族、国家的文化，都有它的长短优劣，有它的局限和不足。它既是历史的继承，又是时代的产物。在它发展的过程中，总是要不断地调整、补充、改善，才会有生命力，才能存在而不至于消亡。如上所述，中国文化之所以曾经长期居于世界领先地位，就是和不断吸收外来文化分不开的。欧洲启蒙运动之所以发展起来，其中一个因素是吸收了古希腊文化、中国文化等其他文化。日本文化先是吸收中国儒家文化，后来又吸收西方文化而发展的。故步自封，抱残守缺，只能使文化萎缩，甚至衰亡。

对于西方文化或其他外来文化的输入、吸收，不可避免地有一个要解决什么问题的问题。这就是说，输入西方文化需要有所分析和筛选，不能精粗不分、好坏不辨、本末不具、无选择地盲目输入。在历史上，中国人吸收西方文化是有着持冷静分析筛选态度的优良传统的。清初，著名数学家梅文鼎对耶稣会带来的西方文化，就主张"深入西法之堂奥，而规其缺漏"。[①]就是说要吸收西方文化的精华，而弥补其不足。鸦片战争以后，西方文化大量输入。先进的中国人经过不断地反思、探索，感到中国文化存在着弊病和不足，西方文化有它的长处，应加以吸收。但是如何吸收西方文化，严复、梁启超、孙中山、李大钊、陈独秀等都继承了梅文鼎对西方文化持分析筛选态度的优良传统。例如，他们反对传统文化中封建的三纲五常，提倡民权、自由、平等，主张个性解放，实现个人的独立人格。然而，他们都没有像西方那样把个人绝对化，鼓吹追求自我欲望的无限制膨胀，而是将个人和群体、社会的利益结合起来，指出个人的自由不能离开群体的自由，不能侵害群体的自由，要有社会责任心、义务心、公德心，要有合群意识。他们在向西方学习时，没有盲目崇拜西方文化，也没

———

① 《晓庵新法》序。

有盲目蔑视、鄙弃自己的传统文化，而是继承发扬了传统文化中的优秀遗产。他们对待西方文化，是经过认真、审慎的态度来加以选择，是负责任的。正是沿着这一优秀的传统，五四运动前后，陈独秀、李大钊、毛泽东和周恩来等一批先进的中国人经过了探索，从外来文化中选择了马克思列宁主义。马列主义逐渐在中国传播开来，并成为中国共产党领导中国人民进行新民主主义革命的指导思想，指引着中国人民取得反帝反封建革命的胜利，建立了新中国。

吸收西方文化也好，吸收其他外来文化也好，都必须和中国的实际相结合。即使是对普遍真理的马克思主义，也必须和中国革命的实践完全地恰当地统一起来，和民族的特点相结合，才有用处。外来文化不管多么好，只有和本国的民族特点相结合，才能在这块土壤上生根开花。如果不从本国的实际出发，盲目地照搬外来文化，不仅不会起到积极作用，反而会产生消极作用。历史上不乏这样的事例。且看法国政治思想家托克维尔在他的名著《论美国的民主》一书中谈到的一件事实。1831年托克维尔远渡重洋从法国到美国调查其民主政治实行的情况，后来写成这部书，1835年出版了上卷。书中对美国的联邦宪法发表了这样一个看法："美国的联邦宪法，好像能工巧匠创造的一件只能使发明人成名发财，而落到他人之手就变成一无用处的美丽艺术品。"为了说明这个问题，他以墨西哥的情况作为例证。他说：墨西哥人希望实行联邦制，于是把邻居美国的联邦宪法作为蓝本，并几乎全部照抄过来（指1824年墨西哥宪法）。但是，他们只抄来了宪法的条文，而无法同时把给予宪法以生命的精神移植过来。因此，各州的主权和联邦的主权总是发生冲突，他们的双重政府的车轮便时停时转。这使墨西哥陷于从无政府状态到军人专制，再从军人专制回到无政府状态的循环之中。[1]墨西哥照搬美国的联邦宪法，不仅没有使墨西哥富强，而是造成长期陷于混乱状态。这是很耐人寻味的。

不从本国的实际出发，对外来文化不加分析筛选，盲目地照搬照抄某

---

[1]《论美国的民主》上卷，商务印书馆1988年，第186页。

些东西尚且行不通，那么"全盘西化"显然是不可取的。"全盘西化"的主张，实际上是要在中国实行资本主义化，要使中国成为西方资本主义国家的附庸，让西方的文化糟粕在中国土地上大肆泛滥。台湾一位"全盘西化"狂热鼓吹者说得很明白，他认为：在文化移植上，要就得全要，不要也得全不要，"我们一方面想要人家的胡瓜、洋葱、番茄、钟表、眼镜、席梦思、预备军官制度，我们另一方面就得忍受梅毒、狐臭、酒吧、车祸、离婚、太保、（不知害臊的）大腿舞和摇滚而来的疯狂"。[①]这就是"全盘西化"论者所绘出的"全盘西化"后的社会图景。难道我们要吸收西方文化，就必须把西方资本主义制度所产生的被称为"社会病"这些丑恶的东西统统都引了进来，让它来污染和败坏我们的社会？可见"全盘西化"论不是什么"先进"的思想，而是对中国人民的犯罪。

鼓吹"全盘西化"的人，不论老的或新的，都认为文化是"完全的整体"，是不可分的，只能是好坏、优劣一股脑儿全盘照搬。这是支撑"全盘西化"论的核心论点，是它的"理论"根据。其实这种说法是经不起推敲的，在理论和事实上都说不通。前面曾经说过，每个民族、国家的文化中，都有两种文化，有民主性的、进步的文化，也有腐朽的、反动的文化。这不独本国的文化传统是如此，西方的文化也是如此，道理是很清楚的。从事实上说，在俄国十月革命以后，世界文化就存在着社会主义文化和资本主义文化的区别。单是西方世界的文化，形形色色的主义、思潮，杂驳纷呈。各国的政治体制也不尽相同，欧美国家虽然都是资本主义制度，但英国、法国、联邦德国、意大利和美国等国的文化各具不同特点，西欧文化界就极力强调西欧文化与美国文化的不同。既然情况是这么繁杂不一，"西化"什么，又如何"全盘"呢？

从许多民族、国家文化发展的历程看来，都曾经吸收外来文化以充实自己的文化。上面曾经说到，中国文化不断吸收了亚洲、欧洲许多国家和地区的文化，欧洲、亚洲的许多国家和地区的文化也从中国吸收了文化养

---

① 转引自高华《论六十年代初台湾中西文化论战中的李敖》，《社会科学辑刊》1989年第1期。

料。但是，包括中国在内的所有这些国家和地区，对于外来文化的吸收都是部分的，不存在"全盘"吸收，而且都是吸收有益于自己民族文化发展的成分。这也说明，所谓文化是整体不可分开的说法，是站不住脚的。对于外来文化，包括西方文化在内，只能是在本民族文化的基础上，吸收其有益的部分，或者说取其精华，弃其糟粕。

四

我们说对传统文化和西方文化，都应当从实际出发来继承、吸收。这个实际，在现在也就是实现社会主义现代化的现实。

中国的传统文化扎根在中国的土地上，不管人们喜欢不喜欢，它是既定的历史传统。在传统文化中，不论是精华或糟粕，都在现实社会中发生着影响，起着积极的或消极的作用。"传统"和"现代"是两个不同的相对名词，不是对立的两极，不能把它们对立起来。传统包含在现代之中，现代是传统的延续，是传统的现代。现代不过是古代到未来的历程中的一部分，因此，现代化只能在传统这个社会存在的基础上来进行，别无选择。恩格斯说："我们自己创造着我们的历史，但是第一，我们是在十分确定的前提和条件下进行创造的。其中经济的前提和条件归根到底是决定性的。但是政治等等的前提和条件，甚至那些存在于人们头脑中的传统，也起着一定的作用，虽然不是决定性的作用。"[1]问题在于如何使传统适应现代化的变革，使传统具有现代的功能。传统文化与现代如何结合，是一个复杂的需要认真探讨的问题。这个问题不仅我们国家存在，也不仅发展中国家存在，发达国家也同样存在。许多发达国家和发展中国家都在关心传统文化与现代如何结合的问题，重视发掘本民族文化传统中的优秀遗产。西方发达国家的经济虽然很发达，但却面临着许多社会问题。日本高桥进

---

[1]《致约·布洛赫（1890年9月21〔-22〕日）》，《马克思恩格斯选集》第4卷，人民出版社1995年，第477—478页。

教授在他的一篇文章中指出："现在建立在个人主义基础之上的欧美各国面临着很多问题，如社会制度的破绽、对国家的不信任、社会伦理的崩坏、人生观的变质等。"又说："从世界观点来看，在欧美产生和发展的个人主义人生观和社会观，已经走投无路。"①美国一些学者对美国社会存在的弊病深感忧虑，认为个人主义已经成为美国社会的癌症。因此，欧美国家的有识之士除去重视发掘本民族文化传统中的优秀遗产外，对中国传统思想文化抱有很大的关心。

现代西方社会所面临的问题，引起了人们的关注，并从人类过去的历史和现实的研究，来预测未来世界的趋势。英国著名史学家汤因比详尽地研究了以中国为轴心的东亚文明，并以积极的姿态来看待中国—东亚的文明。他曾经提出："以历史的观点看，'白种人优越'只是暂时的现象，不久之后中国将卷土重来，而且一定会成为世界强国。"②他还认为，"世界史的主导权，将从西方文明向非西方文明转移，……以中国为主轴的东亚文明将成为未来世界的关键"。③汤因比的见解是对国际和中国的现代与历史做了严肃认真的研究后得出的，他对未来趋向的预测是否能实现，自然留待未来的事实来验证，但他的见解却是值得注意的。在世界朝着多元化发展时，我国提出了建设有中国特色的社会主义现代化道路，力图在这纷繁复杂的世界中另辟蹊径，而不是以哪一种现成的模式亦步亦趋。无疑，这离不开中国的文化传统。由于中国的文化传统与其他国家不同，因而现代化的进程和特点也就会与别的国家有所不同。

为了进一步说明现代化不能割断历史文化传统，还可以从十四十五世纪意大利文艺复兴运动时欧洲近代文化出现的历史情况来印证。在人们的一般印象中，欧洲历史只有古希腊、罗马的黄金时代和近代的资本主义文明，中世纪是"黑暗时代"。文艺复兴运动是上承古希腊、古罗马的传统，似乎中间出现了历史断层。事实上近代的欧洲是在中世纪开始形成的，文

---

① 《中国思想在世界史上的现代意义》，《孔子研究》1986年第3期。
② 〔日〕山本新、秀村欣二编，周颂伦等译：《中国文明与世界——汤因比的中国观》，东方出版社1998年，第51页。
③ 〔日〕山本新、秀村欣二编，周颂伦等译：《中国文明与世界——汤因比的中国观》，第45页。

艺复兴也不是在一个历史断层之后突然出现的。中世纪后期，欧洲即在向近代世界过渡。公元1000年后不久，随着欧洲经济政治的发展，开始发生几个思想觉醒运动，最后发展为十二十三世纪灿烂的文化。以致有的研究者把它称为"新文明"。"虽然某些成就被后一阶段的文艺复兴所抛弃，但是许多成就被保存下来，并且至今还产生着影响。事实是中世纪后期和文艺复兴的文明比一般人所认为的有更多的共同点。"①从欧洲近代资本主义文化渊源于中世纪这个事实，能够帮助我们理解现代化不能脱离自己的文化传统。

总之，四项基本原则是立国之本，改革开放是强国之道。这是我们对待继承传统文化和吸收西方文化的基本出发点。就是说，要在党的领导下，以马列主义、毛泽东思想为指导，从有利于实现社会主义现代化的现实出发，批判地继承传统文化，批判地吸收西方和其他外来有益文化，发展社会主义新文化。

（原载中共中央宣传部教育局编：《青年思想
教育讲座》，人民出版社1990年）

---

① 〔美〕爱德华·麦克诺尔·伯恩斯等著，赵丰等译：《世界文明史》第2卷，商务印书馆1987年，第1页。

侵略"有功"还是有罪*

在近代历史上，外国殖民主义者曾发动了多次侵华战争，同时从政治上、经济上、思想文化上极力向中国渗透。虽然由于中国人民前赴后继的斗争，它们没有能够把中国变为其殖民地，但仍逐渐控制了中国的政治、经济和文化教育，使中国半殖民地化不断加深。正是由于殖民主义者的侵略、压迫和掠夺，使本来已经落伍的近代中国社会变得更加贫穷和落后。但是，有些人却对此不以为然。他们认为，鸦片战争后外国资本主义入侵中国是件好事，如果来得早一些，"我们中国就远不是如此的面貌了"。并且断言："如果没有近代西方殖民征服，人类，特别是东方各民族所有优秀的自然才能将永远沉睡，得不到发展"，"殖民化在世界范围内推动了现代化的进程"。还说什么中国要当"三百年殖民地"，等等。论者还常常引用马克思关于英国在印度统治的论述，作为自己立论的依据。

究竟应当如何看待近代殖民主义国家的征服与统治？它给东方各民族特别是近代中国社会究竟带来了什么？马克思究竟是如何看待近代殖民制度特别是英国在印度的殖民统治的？这一系列问题需要认真回答。

---

*与郭双林合撰。

一

首先，让我们来看看马克思是如何看待近代殖民制度，特别是如何看待英国在印度的殖民统治的。

马克思在自己的著作中论及近代殖民制度的地方很多，要而言之，其一贯的态度是：一方面认为近代资本主义国家的殖民活动对欧洲资本主义的发展起了很大的促进作用；同时指出，这种殖民活动是以牺牲各殖民地半殖民地国家和地区的利益为代价的，并对西方资产阶级这种损人利己的行为予以严厉谴责，对被侵略、被奴役的民族和人民寄予深切的同情。例如在《资本论》第一卷"所谓原始积累"一章中，他就明确指出："美洲金银产地的发现，土著居民的被剿灭、被奴役和被埋葬于矿井，对东印度开始进行的征服和掠夺，非洲变成商业性地猎获黑人的场所：这一切标志着资本主义生产时代的曙光。这些田园诗式的过程是原始积累的主要因素。"接着他用具体事实揭露了西方殖民主义者在世界各地的残暴行径，指出："经营殖民地的历史，'展示出一幅背信弃义、贿赂、残杀和卑鄙行为的绝妙图画'"，"他们走到哪里，哪里就变得一片荒芜，人烟稀少"，正是殖民主义者"在欧洲以外直接掠夺、奴役和杀人越货而夺得的财宝，源源流入宗主国，在这里转化为资本"。因此，"资本来到世间，从头到脚，每个毛孔都滴着血和肮脏的东西"。[①]在这里，马克思实际上在宣布：一部近代殖民制度史，也就是一部被侵略、被奴役民族和人民的灾难史。

马克思对西方资产阶级在世界各地的殖民活动的态度如此，对英国在印度的殖民统治当然也是如此。在《不列颠在印度的统治》和《不列颠在印度统治的未来结果》二文中，马克思对英国在印度的殖民统治给予了严厉的谴责，他说："当我们把自己的目光从资产阶级文明的故乡转向殖民地的时候，资产阶级文明的极端伪善和它的野蛮本性就赤裸裸地呈现在我们面前，因为它在故乡还装出一副很有体面的样子，而一到殖民地它就丝

①《马克思恩格斯选集》第2卷，人民出版社1995年，第265—266页。

毫不加掩饰了。"马克思以确凿的事实揭露了英国殖民主义者标榜的所谓"维护'财产、秩序、家族和宗教'"的真实面目。他接着指出:"英国人在印度进行统治的历史,除破坏以外恐怕就没有别的什么内容了。""印度人失掉了他们的旧世界而没有获得一个新世界,这就使他们现在所遭受的灾难具有一种特殊的悲惨色彩,使不列颠统治下的印度斯坦同它的一切古老传统,同它过去的全部历史,断绝了联系。"①马克思虽然也肯定了英国资产阶级为了降低他们工厂所需要的棉花和其他原料的价格,被迫在印度修筑一些铁路,并断言铁路在印度将真正成为现代工业的先驱。但是,他紧接着明确指出:"英国资产阶级被迫在印度实行的一切,既不会使人民群众得到解放,也不会根本改善他们的社会状况,因为这两者不仅仅决定于生产力的发展,而且还决定于生产力是否归人民所有。"也就是说,在英国工业无产阶级推翻资产阶级的统治之前,或者在印度人民自己还没有强大到能够摆脱英国的殖民枷锁以前,印度人民不仅不能收到英国资产阶级在他们中间播下的"新的社会因素所结的果实",②而且所受的殖民压迫和奴役将比以往更加惨重。因为英国在印度实行的纯粹殖民化,只是为了便利英国资产阶级对印度的掠夺,而不是帮助印度实现资本主义近代化。印度要发展,首先必须摆脱英国的殖民统治,然后才能得到复兴。

的确,马克思在《不列颠在印度的统治》一文中曾提出一个重要的观点,即英国在印度造成的社会革命"是充当了历史的不自觉的工具"。③这一观点,仅仅是指西方殖民主义入侵对印度社会变化所起的客观刺激作用,如果把马克思的这句话用来作为赞颂殖民征服、殖民统治作用的论据,来论证殖民主义侵略有理、有功,则是对马克思原意的误解甚至歪曲。

---

① 《马克思恩格斯选集》第1卷,人民出版社1995年,第762页。
② 《马克思恩格斯选集》第1卷,第771页。
③ 《马克思恩格斯选集》第1卷,第766页。

二

下面我们再来看看近代殖民侵略究竟给中国社会带来了什么。

自鸦片战争以来，外国侵略者为了征服中国，把中国完全沦为其殖民地，曾经发动了多次侵华战争。这些战争给中华民族和人民造成的深重灾难，罄竹难书，下面我们只是略举其要。

第一，屠杀中国人民。在历次侵华战争中，究竟有多少中国人民死于殖民主义者的屠刀之下，当时没有统计，今后也难有确切的数字。不过，有一点可以肯定，即数目是极为骇人的。如1894年11月21日日军进入旅顺后，就连续进行了四天的大屠杀，全城居民仅36人幸免于难，这些人之所以被留下来，并不是日本侵略者对他们特别仁慈，而是用来搬运尸体的。又如八国联军占领天津和北京后，同样进行了血腥的大屠杀。在天津，自城内鼓楼到北门外水阁，积尸数尺。在北京许多地方，尸首堆积如山。同时，沙俄军队在东北制造了血洗海兰泡、强占江东六十四屯和火烧瑷珲城等惨案。在三四十年代日本帝国主义发动的那场侵华战争中，据不完全统计，有2000多万中国人死于日军的屠刀之下。

第二，毁劫财物。第二次鸦片战争期间，仅英法联军抢劫、焚烧圆明园一项，据当时《泰晤士报》在北京的记者估计，价值已超过600万英镑，实际上有些文物的价值绝不是英镑能够衡量的。又如八国联军占领北京后，曾特许军队公开抢劫三日，其后更继以私人抢劫。有人说，经过这次洗劫，中国"自元、明以来之积蓄，上自典章文物，下至国宝奇珍，扫地遂尽"。三四十年代日本发动的那场侵华战争，更使中国损失财产达上千亿美元。

第三，割占土地。从鸦片战争到甲午战争结束，在短短50多年内，外国侵略者先后从中国割占一百数十万平方公里土地。其中包括第一次鸦片战争期间英国割去的香港，战后葡萄牙强占的澳门；第二次鸦片战争期间及战后沙俄在我国东北和西北部割占的150万平方公里土地；日本在甲午战争期间割占的我国的台湾、澎湖列岛及附属岛屿等。同时，殖民主义者还在上海、天津、汉口、九江等不少城市设立租界，使之成为"国中之国"；强租胶州湾、大连湾、威海卫和广州湾等地，在全国各地划分势力范围。在上述地区，中国虽然名义上仍有领土主权，实际上已名存实亡。

第四，勒索赔款。从《南京条约》赔款2100万元，至《马关条约》赔款二亿三千万两，再到《辛丑条约》赔款四亿五千万两，赔款的数目越来越大。从鸦片战争到八国联军入侵的60年间，清政府对外赔款连利息计算在内共约13亿两白银。当时清政府每年的财政收入在八千多万两左右。如此巨额的赔款，清政府当然难以支付。为了交付赔款，它只得一方面加强对人民的搜括，弄得民穷财尽；另一方面不得不向帝国主义侵略者借款，以关税和盐税等收入作保，从而加强了殖民主义侵略者对中国财政经济的控制。

第五，践踏主权。殖民主义侵略者还通过签订的一系列不平等条约，取得协定关税、治外法权、内地传教、外国商船和兵舰内河航行、外国军队驻扎、控制海关、投资兴办工矿企业、兴办铁路等特权，从而使中国越来越沉沦为半殖民地半封建社会。

由此可见，近代西方的殖民侵略，并没有给中华民族和人民带来福音，带来发展，而只是中国人民被屠杀，财产被毁劫，土地被割占，经济遭掠夺，主权遭践踏，是地地道道的厄运。对这种残暴的殖民侵略，无产阶级革命导师曾给予深刻的揭露和严厉的谴责。如对英国发动的第一次鸦片战争，恩格斯指出："英军此次作战自始至终大发兽性，这种兽性和引起这次战争的贩私贪欲完全相符。"[①]第二次鸦片战争期间，马克思和恩格斯密切注视着事态的发展。当英国殖民主义者借口亚罗号事件蓄意挑起战争时，马克思在《纽约每日论坛报》上发表社论指出："我们认为，每一个公正无私的人在仔细研究了香港英国当局同广州中国当局之间往来的公函以后，一定会得出这样的结论：在全部事件过程中，错误是在英国人方面。"[②]第二次鸦片战争爆发后，他斥责这次战争是场"极端不义的战争"。[③]

① 恩格斯：《英人对华的新远征》，《马克思恩格斯全集》第12卷，人民出版社1962年，第190页。
② 马克思：《英中冲突》，《马克思恩格斯全集》第12卷，第112页。
③ 马克思：《英人在华的残暴行动》，《马克思恩格斯选集》第1卷，第704页。

当八国联军发动侵华战争后，正在流亡中的列宁在《火星报》创刊号上愤怒地指出："欧洲各国政府（最先恐怕是俄国政府）已经开始瓜分中国了。不过它们在开始时不是公开瓜分，而是像贼那样偷偷摸摸进行的。它们盗窃中国，就像盗窃死人的财物一样，一旦这个假死人试图反抗，它们就像野兽一样猛扑到他身上。它们把一座座村庄烧光，把老百姓赶进黑龙江中活活淹死，枪杀和刺死手无寸铁的居民和他们的妻子儿女。"[①]

当时较为公正的资产阶级报刊和人士，也对帝国主义的野蛮侵略进行了指责，如第二次鸦片战争期间，英国《每日新闻》就说："真是奇怪，为了替一位英国官员的被激怒了的骄横气焰报仇，为了惩罚一个亚洲总督的愚蠢，我们竟滥用自己的武力去干罪恶的勾当，到安分守己的和平住户去杀人放火，使他们家破人亡，我们原来是像不速之客那样闯入他们的海岸的。且不说这次轰击广州的后果如何，无所顾忌地和毫无意义地把人命送上虚伪礼节和错误政策的祭坛，这一行为本身就是丑恶和卑鄙的。"[②]当英法联军抢劫焚烧圆明园的消息传到欧洲后，法国大文豪雨果在1861年给朋友的信中对英法联军的暴行进行了严厉谴责，他说："在地球上某个角落里有着一个人间奇迹：它叫夏宫（即圆明园——引者）"，"这是一个令人震惊、无可比拟的杰作"，"有一天，两个强盗闯进了夏宫。一个进行洗劫，另一个放火焚烧"。"我们欧洲人总是把自己看做是文明人，对于我们说起来，中国人都是野蛮人。看！文明就是这样对待野蛮的。在历史的审判台前，一个强盗将叫做法国，另一个则叫做英国。"[③]连一些亲自参加抢劫焚烧圆明园的侵略者也不得不承认："就毁坏如此许多珍奇罕有、美丽而且有价值的建筑说起来，实在是一件残酷的举动"，"这是一件不文明的行为"，并且"感觉着仿佛有点亵渎神明，摧残造物似的"。甚至曾任英国驻华公使的窦纳乐都承认，英法联军的这种野蛮行径，"均历史中之污点也"。[④]又如甲午战争中日本在旅顺屠城的消息传出后，当时就遭到世界舆论的谴

① 列宁：《对华战争》，《列宁选集》第1卷，人民出版社1995年，第279—230页。
② 转引自《马克思恩格斯全集》第12卷，第117页。
③ 齐思和、林树惠等编：《第二次鸦片战争》（六），上海人民出版社1979年，第389—390页。
④《第二次鸦片战争》（二），上海人民出版社1979年，第399、394、416、457页。

责，《世界》杂志一针见血地指出："日本是披着文明的皮而带有野兽筋骨的怪兽。日本今已摘下文明的假面具，暴露了野蛮的真面目。"①

再就殖民统治来说，鸦片战争以后，随着西方殖民主义势力的侵入，中国自给自足的自然经济基础遭到破坏，商品经济得到初步发展。西方殖民主义者为了在中国倾销商品和掠夺原料，为了维护其侵略权益，也为了生活的需要，曾在东南沿海地区的某些城市先后举办了一些近代化的工业设施。以后随着外国人侵的进一步加深，它们在内地又先后兴办了一些工矿企业，修筑了一些铁路，举办了一些医院、学校。随之，西方的自然科学和社会科学知识也逐渐传入中国。受其影响，一部分中国人将剩余资金投入近代工厂企业，从而使中国社会出现了近代民族工业和民族资产阶级。这些都是客观存在的历史事实。但是，外国侵略者和这些活动，纯粹是出于侵略和掠夺中国的需要，根本不是要帮助中国实现资本主义近代化。中国近代民族工业和民族资产阶级并不是侵略的直接产物，而是作为其对立物出现的，一开始双方就存在着矛盾和斗争。例如外国侵略者曾经借助不平等条约的保护，在华兴办了一些轮船公司，修筑了一些铁路，那是为了垄断中国沿海和内河的航运权，控制中国的铁路运输，以便大量推销廉价产品和掠夺原料。外国侵略者也的确在中国举办了一些商行和银行，那是为了控制中国的对外贸易和金融。外国侵略者在中国经营了许多工矿企业，那是为了利用中国的廉价劳动力和原料进行掠夺，为了控制中国的经济命脉。外国侵略者在中国也举办了一些医院和学校，那是为了"传播福音"，进行奴化教育。事实就是如此。据估计：至1911年，中国已修成的9600多公里的铁路中，有93.1%控制在外国侵略者手中；进出中国各通商口岸的轮船吨位，外轮占84.4%；2300多家外国商行掌握着中国的对外贸易；90多家外国银行及其分支机构操纵了中国的外汇，它们经办对清政府的贷款，投资铁路、工矿企业，大量发行纸币，形成了在中国金融系统中的垄断地位。在煤矿、造船及纺织等工矿企业中，外国资本也

---

① 转引自藤村道生著：《日清战争》，上海译文出版社1981年，第119页。

占压倒优势，民族资本根本无力与之抗衡。许多民族资本就因不堪其压迫而破产，甚至被吞并。如20世纪初人们所熟知且被认为中国经营最成功的开平煤矿，就是在中外合办的名义下被英国资本所吞并的。随后，又挟其优势，兼并了另一家民族资本煤矿——滦州煤矿。兼并后的开滦煤矿公司的资本总额，竟超过了中国当时所有民族煤矿的资本总和。又如机器制造业，英商耶松船厂的资本总额比当时中国所有的22家机器工厂的资本总和还要多，上海最早创办的民族资本企业发昌机器厂，就因竞争不过外资而被耶松船厂吞并。诸如此类的事例，举不胜举。

外国侵略者不仅直接压迫、掠夺中国，而且同中国封建统治者结合起来，共同压迫中国人民。它们先是支持腐朽不堪的清政府，作为其在华的代理人。清王朝覆灭后，它们又先后扶植了一个又一个代表官僚、买办阶级利益的封建军阀集团。正是由于它们的维护，商业高利贷资本和一切前资本主义的反动、腐朽、没落的东西才得以继续保存下来，从而使中国社会处在一种半封建的境地，严重阻碍了中国民族资本主义的发展。据统计，近代工业在工农业总产值中所占的比重，1920年为4.9%，1936年为10.8%，1949年为17%。这个数字表明，在帝国主义和封建主义的双重压迫下，中国没有能够进入资本主义社会，没有实现资本主义的近代化。事实给了"侵略有功论"者一个最有力的回答。

（原载《学习与研究》1990年第12期）

发扬爱国主义传统　热爱社会主义祖国*

一　爱国主义是我国优秀文化传统中的瑰宝

爱国主义，不仅是我国的优良文化传统，在世界各国也是如此。无论哪一个国家的人民，都把爱国主义当做伟大而崇高的思想感情尽情地讴歌和颂扬，爱国主义具有巨大的凝聚力量。

中学语文课本上有一篇课文叫《最后一课》，这是法国作家都德的作品。1870—1871年，发生普法战争，法国战败，被迫把盛产钢铁的阿尔萨斯和洛林割让给了普鲁士。小说以此为背景，描写一所学校的一堂课，表现了法国人民对国土沦丧的悲愤心情和强烈的爱国主义精神。这是最后一堂法语课，第二天就要由另外的教师来上德语课了，韩麦尔老师很痛苦，也很愤恨，学生们也怀着同样的心情。教室里显得格外安静、肃穆。小弗朗士平常贪玩，爱旷课，在这最后一堂法语课，他懊悔了！"我这些课本、语法、历史，刚才我觉得那么讨厌，带着又那么重，现在都好像是我的老朋友，舍不得跟它们分手了。"韩麦尔说："我们必须把它记在心里，永远别忘了它，亡了国，当了奴隶的人民，只要牢牢记住他们的语言，就好像拿着一把打开监狱大门的钥匙。"临下课时，他用全身的力量，拿起粉笔在黑板上写了几个大字："法兰西万岁"。这是很激动人心的。

*于1989年9月为首都高校学生所作的报告，收入国家教委马克思主义理论教育研究中心编《马克思主义理论教育参考资料》1989年第11、12期。

波兰爱国诗人密茨凯维支的诗歌写道：

> 我爱的是整个民族——我张开双臂，
> 拥抱着整个民族的过去和未来，
> 像朋友、像情人、像丈夫、像父亲，
> 把它紧紧地拥抱在怀里，
> 我希望它复兴，希望它幸福，
> 希望它受到全世界的赞美。

汉城奥运会上，当美国短跑女将乔伊纳赢得了100米短跑冠军时，她挥舞着美国国旗绕跑道跑了一圈。她不仅表达了个人胜利的喜悦，也是为她的祖国争得荣誉而骄傲。

世界各国这方面的例子很多，我们不必要也不可能去一一列举，但从这些事例，已足以说明爱国主义是世界各国人民都具有的。

在我国，爱国主义的传统源远流长。我国5000年的文明史，这是我们的先人世世代代，经历了无数的挫折和失败，付出了鲜血和生命的代价谱写下来的。

爱国主义的传统，有着丰富的内涵。大体说来，有这样几个方面：(1)为开发祖国河山辛勤劳动，同自然做斗争，创造物质财富，使中华民族生息繁衍；(2)创造精神文明；(3)维护民族团结和祖国的统一；(4)反对民族压迫和外国的侵略；(5)变革社会现实，追求祖国的进步。总括起来说，贯穿着忧国忧民、以天下为己任、奋发图强、不屈不挠、自强不息、甘于奉献的精神。这是我们爱国主义传统的基本精神，是我们优良文化传统的脊梁。

我国历史上反对民族压迫和外国的侵略，有无数可歌可泣的事实。西汉的将领霍去病为抗击匈奴对中原的侵扰，在疆场上度过一生，立下了汗马功劳。汉武帝为奖励他，专门给他修了一座豪华的府第，他不接受，对汉武帝说："匈奴未灭，何以为家。"宋朝的岳飞抗击金兵，写下了壮怀激烈的《满江红》。文天祥誓死不降元朝，写下了《正气歌》。他的《过零丁洋》诗，更有这样的名句："人生自古谁无死？留取丹心照汗青。"陆游的《示儿》诗，同样脍炙人口："死去原知万事空，但悲不见九州同。王师北定中原日，家祭无忘告乃翁。"明朝戚继光抗击倭寇，后来郑成功抗击荷兰殖民者，收复了台湾，如此等等，不胜枚举。这些，都世世代代激励着中国人民。

1840年，英国发动侵略中国的鸦片战争。此后，中国沦为半殖民地半封建社会。在帝国主义和封建主义的压迫剥削下，中国贫穷落后。中国人是怎样对待所面临的现实呢？中国人民为了改变半殖民地半封建的社会地位，为了改变祖国的贫穷落后面貌，实现独立、民主、富强，整整奋斗了一个多世纪。从鸦片战争起，经过第二次鸦片战争、太平天国运动、中法战争、中日甲午战争、戊戌变法、义和团运动、辛亥革命、五四运动、北伐战争、土地革命战争、抗日战争到解放战争，都表现了中国人民不甘屈服于帝国主义及其走狗的反抗精神。

在为改变中国半殖民地半封建社会地位的斗争中，先进的中国人不断地摸索救国救民的道路，为了振兴中华，甚至不惜牺牲生命。孙中山是学医的，他本可以成为一个名医，但他为了振兴中华，而一生奔走革命。秋瑾虽婚姻不如意，但可以过少奶奶的舒适生活，她却为了救国抛家别子，东渡日本参加革命，最后为革命献身。她在一首诗中写道："金瓯已缺总须补，为国牺牲敢惜身。"中国共产党创始人之一的李大钊同志，在五四前就呼吁："中国者，为吾四万万国民之中国，苟吾四万万国民不甘于亡者，任何强敌，亦不能亡吾中国。"他告诫国民，在此国家、民族内忧外患之际，要"勿灰心，勿短气"，要磨炼"坚忍不拔百折不挠的志气"，"誓报国仇，誓雪国恨"。正是由于他孜孜不倦地探索救国的道路，在十月革命后，很快就找到了马列主义，从而把中国人民的爱国主义运动引上新的方向。在中国共产党领导的新民主主义革命过程中，曾经有无数的先烈不怕坐牢杀头，为革命抛头颅、洒热血。他们的爱国主义精神和献身精神，一直激励着我们。方志敏烈士，中学语文课本有他的《可爱的中国》这篇文章。这是方志敏在敌人的监狱中写的。他还写了《清贫》、《死》、《狱中纪实》等充满爱国激情和表现了崇高革命气节的作品。我们看他在《死》这篇文章中是怎样说的:"我真诚地爱我阶级兄弟,爱我们的党,爱我中华民族。为着阶级和民族的解放,为着党的事业和成功,我毫不希罕那些华丽的大厦,却宁愿居住在卑陋潮湿的茅棚;不希罕美味的西餐大菜,宁愿苦嚼刺口的苞粟和菜根;不希罕舒服柔软的钢丝床,宁愿睡在猪栏狗巢似的住所;不希罕富裕,宁愿困穷!不怕饥饿,不怕寒冷,不怕危险,不怕困难、屈辱、痛苦,一切难于忍受的生活,我都能忍受下去!这些都不能丝毫动摇我的决心,相反的,是更加磨炼我的意志!我能舍弃一切,但是不能舍弃党,舍弃阶级,舍弃革命事业。我有一天生命,我就应该为他们工作一天!"从方志敏这些掷地作金石声的豪言壮语中,可以看到人们对祖国的热爱和为她献身的高尚情操,看到爱国主义精神具有多么伟大的力量。

勤劳、智慧、勇敢的中华民族,创造了光辉灿烂的文化,为人类文明的发展做出了伟大的贡献。世界著名的科技史专家李约瑟说:"中国是全世界最伟大的有编纂历史传统的国家之一。"从最早的编年史《春秋》到"二十四史"到《清史稿》,是我国一部连续不断的编年史。像这样从古至今完整系统的编年史,是世界上罕见的。同时,从《诗经》、《楚辞》、唐诗、宋词、元曲到明清小说,从音乐舞蹈、石窟艺术到绘画书法,我国的文学艺术丰富多姿;在学术思想方面,古代有儒家、墨家、道家等诸子百家争鸣;在军事艺术方面,兵书如林,曾出现了像《孙子兵法》这样至今为世界军事家所珍重的著作;在科技方面的成就,当然更加突出,我国古代不仅有造纸、指南针、印刷术、火药四大发明,而且在天文、数学、医药、工艺制造等众多方面也有出色的成就,都是举世闻名的。

这些文化科技的成就,不仅对我国而且对世界文明的发展,都产生了巨大的推动作用。汉代开辟的著名的"丝绸之路",不断延伸,沟通了中国与西亚、欧洲以至与世界各国间的文化交流。从唐朝开始,日本、朝鲜、波斯、阿拉伯、东罗马等国都有人到中国来学习和进行贸易。我国的四大发明先传到亚洲各国，然后又西传到欧洲。中国的丝绸和瓷器举世闻名，受到各国人民的喜爱。

中国文化对欧洲近代文化的发展，也起着积极的作用，产生了重大的影响。例如，18世纪欧洲的启蒙运动，尤其是法国和德国，就深受中国文化的影响。孔子一度成为欧洲思想界崇拜的偶像。法国启蒙运动的先驱伏尔泰对中国文化极为称赞。他还把元剧《赵氏孤儿》改编叫《中国孤儿》，来倡导中国的道德与人生观。这些启蒙思想家从儒家经典中吸收思想养料，来丰富充实他们的人文主义、反对教会的神权和封建专制。德国的文学家歌德、哲学家莱布尼茨，对中国文化也很赞赏。莱布尼茨的哲学，深受中国儒学的影响。德国的一位学者曾经说过，要研究莱布尼茨的世界观，就必须先研究希腊的柏拉图和中国哲学。德国的另一位哲学家叔本华也受到了中国朱子思想的影响。所以，德国的思辨哲学的发展，和中国文化的影响是分不开的。当时的欧洲，也曾出现长时期的"中国热"。中国的园林艺术、中国画、中国用具（如瓷器、漆器、丝织品、扇子等）都很流行。只是在19世纪后，西方资本主义发展很快，中国才落后的。

我们不应当盲目地骄傲自大，但也不能盲目地自卑，不能妄自菲薄。我们应该有民族的自豪感、自信心、自尊心。鲁迅曾驳斥所谓中国人失掉了自信心的说法，指出，"说中国人失掉了自信力，用以指一部分人则可，倘若加于全体，那简直是诬蔑"，"我们有并不失掉自信力的中国人在"，他们是中国的脊梁。正是因为有这种民族自信心，中国人民才能战胜一切困难，终于推翻了三座大山，建立起人民共和国。所以，一个人只有对自己的民族的生存、发展能力和光明前途存着自信，才会体会到自己民族的尊严和荣誉。

中华民族的尊严是亿万同胞努力维护的结果。近代100多年，中国人民经过浴血奋战，牺牲了无数生命，才最终驱逐帝国主义势力出中国，摆脱了屈辱的地位，维护了中华民族的尊严。中华民族的每个成员只有维护祖国荣誉和民族尊严的义务，没有损害祖国荣誉和民族尊严的权利。自觉维护中国人的人格和国格，是中华民族具有悠久历史的优良传统，是爱国主义的一个具体表现。中国人这种志气、骨气，这种表现了我们民族的英雄气概的事例，是十分感人的。清华大学教授朱自清先生"一身重病，宁可饿死，不领美国'救济粮'"的气节，就是其中突出的一个。朱先生有7个子女，由于在国民党统治下政治腐败，物价飞涨，一家人生活十分困苦，他又身患重病。但是，当北京文化界进步人士草拟了《抗议美国扶日政策并拒绝领取美国援助面粉宣言》，当他看到上面写着"为抗议美国政府扶日政策，为抗议上海美国总领事宝德和美国驻华大使司徒雷登对中国人民的诬蔑和侮辱，为表示中国人民的尊严和气节，我们断然拒绝美国具有收买灵魂性质的一切施舍物资，无论是购买的还是给予的"以后，他毫不犹豫地签了名。他在日记中写道："此事每月须损失六百万法币，影响家中甚大。但余仍决定签名，因余等反美扶日，自应直接由己身做起。"在他逝世前，还告诫他的夫人："有一件事还得记住，我是在拒绝美援面粉的文件上签过名的。"中华民族崇高的自重自尊的爱国主义精神，支持着朱先生的行动。这种民族自尊心是每一个中国公民都应具备的品质。一个民族如果没有民族自信心和自尊心，就不能自立于世界民族之林；一个人如果没有民族自信心和自尊心，就谈不上对祖国的热爱和为祖国献身，甚至还会做出有损国格、人格的丑事。在我们实行对外开放的过程中，有少数人盲目崇拜西方资本主义国家，对我们民族和祖国产生一种妄自菲薄的心理，这是错误的。我们应该发扬爱国主义精神，增强民族自豪感、民族自信心和自尊心，为祖国的发展做出贡献。

二 热爱社会主义的中华人民共和国

爱国主义在不同历史时期有不同的内容，爱国主义是一个历史范畴，它的具体内容是由一个国家和民族每一历史时期所面临的不同的历史任务所决定的。今天，对每一个中华人民共和国的公民来说，讲爱国主义就是要热爱社会主义的中华人民共和国。这是当今爱国主义的核心问题。

　　社会主义的中华人民共和国，是几千万革命先烈用鲜血换来的，是109年来先进的中国人不断探索追求的结果，是历史的选择。鸦片战争以来，我们的祖国饱受帝国主义列强的压迫和掠夺，任人欺负和宰割，山河破碎。人民饥寒交迫，流离失所，生活在水深火热之中。为了挽救祖国的危亡，为了救民于水火，无数志士仁人向西方国家寻找真理，历尽千辛万苦，但都遭受了挫折。康有为、梁启超为了救亡图存，发起了维新运动，进行变法，要实行君主立宪制，但变法只维持了103天，就失败了。孙中山先生领导了辛亥革命，从西方搬来了进化论、天赋人权说和共和国的方案作为思想武器。辛亥革命推翻了清政府，结束了帝制，建立了中华民国。于是西方国家的议会制、多党制、普选制等都被搬来了。许多人对此抱很大期望。当时作为国民党领导人之一的宋教仁，兴高采烈地发表演说："世界上的民主国家，政治的权威是集中于国会的。在国会里头，占得大多数议席的党，才是有政治权威的党，所以我们此时致力于选举运动。""我们要在国会里头，获得过半数以上的议席，进而在朝，就可以组成一党的责任内阁；退而在野，也可以严密监督政府，使它有所惮而不敢妄为，应该为的，也使它有所惮而不敢不为。那么，我们的主义和政纲，就可以求其贯彻了。"但是，宋教仁的这些想法只不过是天真的幻想，袁世凯派人把他刺杀了。在中国社会这块土壤上，硬搬来的这些西方的政治制度，全都变了样。选举，是徒具形式；多党制成了拉帮结派，争权夺利，互相攻击；议会里是一批政客在吵吵嚷嚷。国民党在国会竞选中虽取得了多数，但国民对实际利益却毫无所得。袁世凯所代表的旧势力在帝国主义支持下，搞专制独裁，帝制复辟，连那点形式上的东西也被抛弃了。袁世凯死后，北洋军阀统治，什么曹锟贿选，猪仔议员，更是闹得乌烟瘴气。所以当时有人慨叹："无量头颅无量血，可怜购得假共和。"毛泽东曾说过："资产阶级共和国，外国有过的，中国不能有，因为中国是受帝国主义压迫的国家。"

　　辛亥革命的失败，国家的情况一天一天坏，环境迫使人们反思，于是怀疑产生了，增长了，发展了。先进的中国人继续探索中国的出路。第一次世界大战震动了全世界。俄国十月革命创立了世界上第一个社会主义国家。十月革命后，中国人民找到了马克思列宁主义，并产生了中国共产党，从此，中国革命才找到了新的方向。在中国共产党的领导下，中国人民经过28年的艰苦斗争，终于推翻了三座大山，结束了受欺凌受屈辱的历史，建立了社会主义新中国。中国共产党又继续领导全国人民为建设繁荣富强的社会主义国家而艰苦奋斗。尽管经历过曲折，走过弯路，有过失误，但40年所取得的成就是不能否认的，尤其是十一届三中全会以后，制定并执行了正确的路线、方针、政策，使经济有了迅速的发展，人民生活有了明显的改善。历史证明，没有共产党就没有新中国，只有社会主义才能够救中国，只有社会主义才能发展中国。

所以，爱国，同热爱中国共产党、热爱社会主义制度是紧密联系的，不可分割的。为了加速社会主义现代化的建设，为了祖国的繁荣富强，一切爱国者都应当为实现这个任务而努力奋斗。革命老人徐特立说过："人民不仅有权爱国，而且爱国是个义务，是一种光荣。"世界上的国家都称赞自己的爱国者，绝没有称赞它本国的卖国者。正是这种神圣的爱国义务感，使得许许多多先辈们为祖国而献身，为建设社会主义祖国而奋斗。这当中有很多是知识分子，包括许多留学外国，学有专长的专家学者，他们毅然放弃国外的荣誉、地位、金钱，回到祖国，建设祖国。著名桥梁专家茅以升，23岁在美国获得工科博士学位，当时聘书纷纷向他飞来，有人劝他留在美国，说是科学无祖国。但是，茅老拒绝了，他回答说："纵然科学没有祖国，科学家却是有祖国的。我是中国人，我的祖国更需要我！"为了给社会主义新中国贡献力量，著名数学家华罗庚放弃了在美国当终身教授的职务和优厚的待遇，回到祖国。李四光教授是著名的地质学家，1952年他拒绝高薪聘用，也从英国归来，为我国的地质事业做出了重要的贡献。著名力学专家钱学森，是一位非常了不起的科学家。他1935年到美国学习，获得博士学位后留下来工作，到1955年共呆了20年，在学术上取得了辉煌的成就。1947年，36岁成为美加州理工学院最年轻的终身教授。那时，他已被世界公认为机械和流体力学研究的开路人之一，卓越的空气动力学家、现代航空科学与火箭技术先驱、工程控制论的创始人。他的优厚的生活待遇是不用说的。但是他始终眷恋着生他育他的祖国。新中国诞生后，他心中萌发了一个强烈的念头，那就是回祖国去，为新生的祖国贡献自己的智慧和力量。1950年7月，他会见主管他研究工作的美国海军次长，告诉他准备立即动身回国。这位次长大为震惊，他认为，"钱学森无论在哪里都抵得上五个师"。他说："我宁肯枪毙他，也不愿放他回中国。"钱学森买好机票即将回国，突然接到美国移民局的通知不准他离开美国。随后不久，联邦调查局非法逮捕他，在一个岛上的拘留所关押了他15天。后因老师和加州理工学院许多师生的营救，才得获释，但移民局仍不许他离开洛杉矶，并要求他每月到移民局报到一次。联邦调查局的特务也对他进行监视，时常闯入研究室和住宅捣乱，信件和电话也受检查。在长达5年的软禁生活中，钱学森随时都做好回国的准备。1955年6月，他写信给人大常委会，向祖国求援。周总理非常重视，立即指示当时驻波兰大使王炳南同志，要他在中美会谈中据理力争，设法营救钱学森回国。经过斗争，美方无言可说，才允许他回国。1956年，他主持成立了中国第一个导弹研究机构，为我国的导弹、火箭事业做出了巨大的贡献，被尊称为"中国导弹之父"。最近，他获得"小罗克维尔奖章"，由此进入"世界级科技与工程名人"之列。钱学森在获奖后讲了一段很值得我们思考的话，他说："今天给我的奖，说是第一名中国人得此奖，我说要紧的是'中国人'三个字，这个'中国人'实际上应当包括成千上万为此做出贡献的人。"从钱学森的辉煌经历到他说出"要紧的是'中国人'三个字"，正表现了中华民族的民族气节和自尊心。钱学森正是因为认识到社会主义有远大前途，所以几十年如一日，艰苦努力，为祖国空间科学事业做出了重大贡献。

最近几年，有不少年轻的留学生学成归国，报效祖国。有个哈佛博士归来时说："总不能等祖国富强了，条件好了再回来吧！到那时候，我们回不回来都没有什么大的意义了。"有一对从巴西回来的医学专家夫妇，说得也很好，他们说："祖国有句很好的成语，叫做同甘共苦。现在祖国有困难，正需要大家一起去克服这些困难。现在不回去同祖国人民共苦，将来怎么好意思同祖国人民共甘呢?"同祖国一起同甘共苦,为祖国社会主义现代化的事业出一把力,这是很纯洁真挚的爱国主义感情,是祖国的儿女把民族兴旺的担子压在自己肩上的责任感。这也是对我国"天下兴亡,匹夫有责"、"以天下为己任"、"先天下之忧而忧,后天下之乐而乐"这些优良传统的继承和发扬。我们应当担负起建设社会主义祖国的责任和尽我们的义务。清华大学的同学在前些年提出了一个很响亮的口号:"从我做起,从现在做起,从每一件事做起。"我们都应在自己的学习或工作岗位上发奋努力,脚踏实地地学习、工作。这就是爱国的具体体现。古话说,"千里之行,始于足下"。雄伟的泰山,是由无数的泥沙碎石构成的;长江、黄河是由许多细流江河汇集而成的。鲁迅说:"巨大的建筑,总是一木一石叠起来的,我们何妨做这一木一石呢? 我时常做些零碎事,就是为此。"社会主义祖国大厦,需要靠一木一石来建筑,需要我们做这一木一石的工作。

三 民族虚无主义、国家虚无主义,必然走到卖国主义

我们要发扬爱国主义传统,热爱社会主义祖国,为祖国贡献力量,就必须反对民族虚无主义、国家虚无主义的错误思想。

在改革开放的过程中,那些坚持资产阶级自由化立场的人,利用我们改革开放,大肆宣扬民族虚无主义和国家虚无主义。他们否定中华民族几千年的文明和文化,否定中华民族100多年来反抗外国侵略的英勇斗争,否定中华民族40年来在中国共产党领导下进行社会主义建设所取得的辉煌成就,否定中华民族,甚至否定中国人。总之,从历史到现实,从大地到人民,一切都否定。如此全盘否定自己的民族,是古今中外所罕见的。

他们一方面否定我们民族和国家的一切,另一方面则竭力美化西方资本主义,鼓吹"全盘西化"。他们对西方资本主义制度、文化以及生活方式,崇拜得五体投地,吹捧得天花乱坠,甚至为殖民主义唱赞歌。有人

说："西方近代对落后民族的殖民化是一种进步，殖民化在世界范围内推动了现代化的进程。"这里完全抹煞了帝国主义对落后民族、国家，对殖民地的侵略压迫和掠夺，掩盖了他们对殖民地人民残酷的屠杀，否定了殖民地人民的反抗斗争，争取民族解放和独立的运动。在20世纪的今天，竟然如此美化殖民地、鼓吹殖民主义，完全和帝国主义殖民者一鼻孔出气，就连西方国家的有识之士也不会赞成，更不用说第三世界的人民了。可见，这些"精英"们堕落到了何等地步。有人还公然说要"引进外国总理"；要中国当"三百年殖民地"；要"解散中国"，"当世界公民"。有的人在国外接受采访时说："语言如果可以过关，中国会和我根本没有关系"，"我无所谓爱国、叛国，你说我叛国，我就叛国"。有的人连鸦片战争中的抗英斗争、抗日战争都反对，说什么这是历史的"逆动"，说什么当年要是"接受侵略"，"加入大东亚共荣圈"，今天中国就富裕起来了。他们不仅这样说，也是这样做的。在那场政治风波及其之后，他们的所作所为，完全表明了他们的"叛国"行径。这也清楚地表明，他们是怎样从宣扬民族虚无主义、国家虚无主义必然导致卖国主义的。在这种卖国主义思想的影响下，一时间，鄙视祖国、崇洋媚外、妄自菲薄的东西颇为流行，连有些外国人都认为可悲。一些人丧失民族气节，向外国人摇尾乞怜，不以为耻，反以为荣。他们鼓吹资产阶级自由化，实际是附和国际资本主义对社会主义采取的"和平演变"的策略，目的是变独立民主的中国为西方资本主义大国的附庸。在我们看来，热爱祖国的大好河山，热爱几千年中华民族的文明，热爱伟大的社会主义中国，并为她的繁荣富强、兴旺发达而献身，这就是我们的爱国主义精神，是我们民族自信心和自尊心的具体体现，也是我们每一个有良知的中国人的国格和人格。

中外历史证明，一个民族如果没有民族自尊心和自信心，那么它就失去了发展的动力，也不会产生强大的凝聚力，也就必然导致民族的衰亡。有爱国之心，树立坚定的民族自尊心和自信心，我们就会有自力更生、艰苦奋斗的志气，即使有再大的困难也能克服。所以我们必须发扬爱国主义的精神，树立坚定的民族自尊心和自信心。只要坚持四项基本原则这个立国之本，走改革开放的强国之路，我们一定能够自立于世界民族之林，为全人类做出更大的贡献。

中国人民已经推翻了三座大山，今天还有两座大山等待我们去推翻，一座是贫穷，一座是落后。让我们共同努力，在中国共产党领导下，立志推翻这两座大山，振兴中华、实现四化，使我们的伟大祖国更加繁荣富强。

（"爱国主义教育丛书"序，北京师范大学出版社1990年）

社会主义精神文明与西方中心论

　　1979年9月党的十一届四中全会通过的叶剑英同志纪念国庆三十周年讲话里，第一次把社会主义精神文明建设作为社会主义现代化的一个重要目标提出来。同年10月，邓小平同志在第四届中国文艺工作者代表大会的贺词中重申，要在建设高度的社会主义物质文明的同时，建设高度的社会主义精神文明。可以看出，我们党在提出改革开放的时候，就很重视精神文明的建设。1986年9月，党的十二届六中全会通过的《中共中央关于社会主义精神文明建设指导方针的决议》（以下简称《决议》），论述了党关于社会主义精神文明建设的一系列重要问题，进一步明确了社会主义精神文明建设的指导方针。《决议》指出，社会主义精神文明建设的基本指导方针是：推动社会主义现代化建设，促进改革开放，坚持四项基本原则。《决议》还提出，社会主义精神文明建设的根本任务是："适应社会主义现代化建设的需要，培育有理想、有道德、有文化、有纪律的社会主义公民，提高整个中华民族的思想道德和科学文化素质。"《决议》还论述了物质文明和精神文明的相互关系，要两个文明一起抓。同时明确指出，搞资产阶级自由化，即否定社会主义制度、主张资本主义制度，是根本违背人民利益和历史潮流，必须坚决反对。

　　十年来，在社会主义精神文明建设过程中，斗争是很尖锐的。就是在制定《决议》的过程中，也存在着斗争。现在回顾起来，十年中最大的失误是思想政治教育的放松，社会主义精神文明建设这一手软了，没有抓紧、抓好。而搞资产阶级自由化的人却大肆反对四项基本原则，鼓吹"全盘西化"、西方中心论，散布民族虚无主义，从经济、政治、文化到生活方式都要西方化。西方中心论和社会主义精神文明建设是根本对立的，因此，社会主义精神文明建设不能放松。

怎样建设社会主义精神文明，它的思想理论原则是什么？根据《决议》的精神，可否这样来表述，即：在马克思列宁主义、毛泽东思想的指导下，从有利于推动社会主义现代化发展出发，批判继承传统文化，吸收积极的外来文化，创造社会主义新文化。下面谈三个问题。

一　进行社会主义精神文明建设必须以马克思列宁主义、毛泽东思想为指导

马克思列宁主义是指导社会主义建设的理论基础，也是指导精神文明建设的理论基础。要掌握马克思主义的立场、观点和方法。关于精神文明建设问题，思想文化问题，马克思、恩格斯、列宁、毛泽东都有许多精辟的论述。例如列宁的《青年团的任务》、毛泽东的《新民主主义论》等，对我们进行社会主义思想文化建设仍然有指导意义。但是，这些年来，"精英"仍散布诸如马克思主义"过时论"等谬论，否定和反对马克思列宁主义、毛泽东思想的指导，这是我们必须坚决反对的。

二　进行社会主义精神文明建设必须批判地继承传统文化

列宁在《青年团的任务》一文中说："应当明确地认识到，只有确切地了解全人类发展过程所创造的文化，只有对这种文化加以改造，才能建设无产阶级的文化。"列宁这段话对社会主义精神文明建设、批判继承传统文化有根本指导意义。

　　究竟怎样对待传统文化？建设社会主义精神文明能否离开传统文化？这里有几个问题需要说明。

　　第一，任何一个民族、国家的文化都具有两重性、两面性。中国的传统文化也一样，有优秀的一面，也有落后陈腐的一面；有精华，也有糟粕。世界上根本不存在只有糟粕没有精华的文化传统，也不存在只有精华没有糟粕的文化传统。就我国的传统文化来说，优秀的一面占主导地位，而不是糟粕占主导地位。如果不是这样，中国五千年文明史怎么能延续不断？中华民族怎么能有那么强的凝聚力？中国的传统文化在长期的累积中形成了自己的民族精神、感情、观念和习惯，也创造了具有民族特色的各个部门文化，如哲学、史学、文学、艺术等等。我们的传统文化所蕴含的民族精神是什么？这是需要我们认真探讨的问题。这里只是举些例子，如自强不息、不屈不挠的奋进精神；以天下为己任、忧国忧民的社会责任心；反抗外来侵略的爱国主义精神；"鞠躬尽瘁，死而后已"、"舍生取义"的奉献精神；爱好和平的精神；威武不屈的骨气和勤劳、艰苦的精神以及和谐的精神；等等。这些优良传统，都值得我们加以继承和发扬。当然传统文化中也有糟粕，也有落后陈腐的东西，如重道德轻功利；重继承轻创新；重男轻女；封建家长制；以及命运、风水、因果报应之类的迷信陋俗；等等。这些不良的、陈腐的传统，在现实生活中还在发生不同程度的影响，需要给予批判、清除。另外也必须看到，传统文化形成于古代社会，主要指封建时代，与西方文化相比较，缺少科学和民主。五四运动以来，我们所不断追求的就是科学和民主。

　　还应当注意到，传统文化不仅对中国的发展起作用，对世界文明的进步也作出过重要贡献，我们不应该妄自菲薄。人们熟知的造纸、指南针、印刷术、火药等四大发明，对于世界的进步发生了巨大的影响。从思想意识方面来说，18世纪欧洲启蒙运动，就受到中国儒家思想很大的影响。启蒙运动主要的人物如笛卡尔、莱布尼茨、伏尔泰等，都很倾慕中国的文化。莱布尼茨就认为，"在实践哲学方面，欧洲人实不如中国人"。伏尔泰对中国文化更是称赞备至，称"中国为世界最公正最仁爱之民族"。他认为"哲学家发现一新的道德的物质的世界",并呼吁欧洲人对中国应该赞美和模仿。欧洲的启蒙思想家们从中国文化,尤其是儒家思想中吸收了养分,成为他们提倡理性主义的思想渊源之一。那个时期,欧洲曾流行中国园林建筑艺术、绘画、瓷器、漆器、纺织品及一切用具,形成了一种"中国趣味",或称"中国风"。有意思的是,中国近代以至现在都有人在鼓吹"西化"或"全盘西化",而当时欧洲的启蒙思想家中却有人倡导"中国化"。至于日本以及亚洲其他地区,受中国文化的影响更是显而易见。所以,不能说中国文化只起消极作用。

第二,传统文化不等于封建文化。传统文化往往被等同于封建文化,其实这是误解。其一,中华民族有五千多年的文明史,封建社会只是其中的一段,不能说都是封建文化。其二,即使是在封建社会,也存在着被剥削被压迫阶级和剥削压迫阶级的对立,产生和形成了两种文化。这里既有民主性的优秀文化,也有腐朽的反动文化。就是一个阶级,不论是统治阶级还是被统治阶级,它们所创造的文化,也包含着精华和糟粕两种成分。

第三,传统文化不是静止的,而是动态的、变化的。这些年有一种观点,一说传统文化就认为它是静止的、不变的、封闭的。这不符合实际。社会本身是发展变化的,文化也随着发展变化。传统文化是在不变与变的过程中流传的,是在发展变化的漫长的过程中不断地丰富和充实。笼统地说传统文化是封闭的文化,并不符合实际,也不科学。传统文化历经几千年,既有开放的时候,也有封闭的时候,比较起来,开放多于封闭。如秦统一中原以后,两汉著名的"丝绸之路",促进了中国和中亚、西亚的文化交流。印度佛教文化在中国的传播,是中国吸收外来文化的一个高潮,对中国文化发生了深远的影响。唐代盛世,对外交往更为频繁,都城长安成为世界性的大都会。外国人大量到长安来,带来了各地的音乐舞蹈、杂技、宗教和风俗。就拿宗教来说,除最兴盛的佛教和本土的道教外,还有从波斯传入的祆教(又称拜火教)、摩尼教、景教(基督教的一派),从阿拉伯传入的伊斯兰教。各种宗教并存,在西方是不容许的,这也表现了中国文化开放的、兼容并包的精神。五代宋元时期,特别是在元代,中国和外国的经济文化交流有显著的发展。亚洲的国家和地区、非洲东部和地中海沿岸各地，当时都与中国进行了经济贸易和文化上的交流。

关于对外开放的态度，明末清初时，欧洲耶稣会传教士来中国传教，又出现一次突出的中西文化的交流。这次跟印度佛教传来时又有不同。欧洲已进入资本主义社会，传教士把中国文化传到了欧洲，对欧洲资本主义发展产生了影响。同时，他们也带来西方的文化。当然耶稣会传教士到中国来的目的很清楚，是为了传播天主教，但也带来了西方的地理学、天文历法、数学、建筑艺术等，对中国文化发展也起了积极作用。鸦片战争以后，中国文化又一次吸收融合了外来文化，包括一直到五四运动所追求的科学和民主。从总体来说，中国传统文化的基本特点是开放的，是兼容并包的。

第四，传统和现代不是对立的两极。把传统和现代变成对立的两极，要么只要传统，要么只要现代，二者不相容。要现代化就要扔掉传统，要保留传统就否定现代化，这也是需要我们注意的问题，也是这些年谈得比较多的，说得比较厉害的一个问题。传统和现代当然是两个不同的名词，是两个不同的相对的名词，而不是对立的两极。不能把传统与现代对立，事实上传统就包含着现代，也可以说现代是传统的延续，是传统的现代。现代只不过是古代到未来历程中的一部分，是包含在这个过程当中的，事实上我们可以清楚地看到，在现实生活中不管是好的传统还是不好的传统都存在着。实际上，传统不是静止的，它是跟河流一样流动的，有些东西在发展过程中消失了，但相当多的东西遗留、积淀下来，在现实中沉积下来了。所以，现代化只能在传统这个社会存在的基础上来进行，其他别无选择。恩格斯在给布洛赫的一封信中讲到这么一段话："我们自己创造着我们的历史，但是第一，我们是在十分确定的前提和条件下进行创造的。其中经济的前提和条件归根到底是决定性的。但是政治等等的前提和条件，甚至那些存在于人们头脑中的传统，也起着一定的作用，虽然不是决定性的作用。"[①]就是说我们在创造我们的历史，它不是凭空来的，是在十分确

---

① 《马克思恩格斯选集》第4卷，人民出版社1995年，第477—478页。

定的前提和条件下进行创造的，这包括经济条件、政治条件、文化思想条件，包括存在于人们头脑里的那些传统。所以说，现代化只能在传统这个社会存在的基础上进行。中国的现代化，只能在中国这个条件下，在中国这块土地上十分确定的前提和条件下进行，这当然包含着中国的传统文化。我们强调中国国情，这些就都是国情。问题在于怎样使传统适应现代化的变革，而不是要不要传统。要使传统具有现代的功能，传统文化和现代怎样结合，这是一个复杂的值得探讨的问题。这个问题不仅我们国家存在，发达国家也存在。所以许多发达国家和发展中国家都在关心传统文化和现代怎样结合的问题，都重视发掘本民族文化传统中的优秀遗产。日本高桥进教授在他写的一篇文章中指出："现在建立在个人主义基础之上的欧美各国面临着很多问题，如社会制度的破绽、对国家的不信任、社会伦理的崩坏、人生观的变质等。"他还说："从世界观点来看，在欧美产生和发展的个人主义人生观和社会观，已经走投无路。"美国一些学者对美国社会存在的种种弊端，也深感忧虑，有的学者甚至认为个人主义已经成为美国社会的癌症。所以欧美国家的有识之士，除了重视发掘他们本民族文化传统的优秀遗产以外，对中国的传统文化思想也抱有很大的关心程度。

第五，传统文化是社会的客观存在，不能凭谁的主观意志来对它发号施令的，也不能凭感情用事。"文化大革命"的教训是很明显的，一些好的方面包括优良品德都丢了，封建迷信、粗暴的东西、野蛮的东西出来了。所以对待传统文化，不能凭情绪，不能用粗暴的办法，要采取审慎的态度，加以分析，要批判地继承。

三　有选择地吸收一切积极的外来文化

进行社会主义精神文明建设，要批判地继承传统文化，同时还要有选择地吸收一切积极的外来文化。近年来，对外来文化流行一个观点，叫"全盘西化"，在青年学生中影响颇大。"全盘西化"不是什么新观点，也不是这些年一些所谓"精英"的首创，而是早在解放前就存在，并且争论很大。所谓"全盘西化"，简单说，就是一切都要模仿西方资本主义国家，好的坏的都要，连其所产生的弊病也都要。解放前主张"全盘西化"的人，认为中国文化无论哪一方面也比不上西洋文化，所以唯一的办法是"全盘西化"。鼓吹"全盘西化"的人，总是一方面否定中国的文化传统，一方面醉心于全盘接受西方资本主义文化。这是一个问题的两个方面。主张西方文化必然要否定中国自己的传统文化，这是必然的，也就是民族虚无主义。这种"全盘西化"的思潮，在中国半殖民地地位逐步加深的过程中，在中西文化交流和冲突的发展过程中涌现出来，所以，它有深刻的时代特征和阶级烙印。不了解民族的历史就不知道他的民族是怎么来的，所以进行爱国主义教育和历史教育是很重要的。江泽民同志一再讲，要进行爱国主义教育，要进行历史教育。进行爱国主义教育、历史教育是很重要的，不知道自己祖国的历史，他怎么会爱国呢？过去帝国主义统治殖民地和半殖民地，特别是殖民地，就不让宣传本国历史，所以说西方列强对殖民地半殖民地实行同化政策，目的是便于巩固他们的殖民统治，使这些地方成为他们生存和发展的一部分。由此可见，在半殖民地的中国走"全盘西化"的道路只能使中国同化于西方，完全沦为西方列强的附庸。"全盘西化"论这种主张是适应西方殖民主义的需要，不管它主观意识是怎么想的，实际上是适应了西方殖民主义的需要。

那么，怎样对待西方文化？首先，如前所说，西方文化与中国文化一样，既有精华，也有糟粕。需要我们注意的是，对于西方文化也应采取分析筛选的态度，按中国的老话说叫"择善而从"，不能全盘接受。在近代历史中，或比近代更早一些，中国人在吸收西方文化时，是有着冷静的分析筛选态度的优良传统的。明末清初，耶稣会传教士到中国来，带来了西方文化。当时中国的一些有识之士，在对待西方文化时，就是有筛选有选择的，他们当时就提出要吸收西方文化的精华，而弥补它的不足。鸦片战争以后，西方文化大量输入了，先进的中国人经过不断的反思探索，感觉到中国文化确实存在着不足和弊病，西方文化有它的长处，应该加以吸收。但是，怎样吸收西方文化？象严复、梁启超、孙中山一直到后来的李大钊、陈独秀，他们都是继承了中国历史上优良的传统，对西方文化采取分析筛选的态度，而不是盲目地接受，不是全盘接受。他们都反对传统文化中封建的"三纲五常"，提倡民权、自由、平等，但是他们都没有象西方那样把个人绝对化，没有象西方那样鼓吹追求自我欲望的无限制膨胀，而是把个人和群体、个人和社会的利益结合起来。他们在主张个人独立人格的同时，指出个人的自由不能离开群体的自由，不能侵害群体的自由；指出要有社会责任心、义务心和公德心，要有合群的意识。他们在向西方学习的时候，没有盲目崇拜西方文化，也没有盲目藐视摒弃自己的传统文化，而是继承发扬传统文化中的优秀遗产。也就是说，他们对待西方文化是经过认真审慎的态度来加以选择的，是负责任的。正是继承了这一优良传统，五四运动后，陈独秀、李大钊、毛泽东、周恩来等一批先进的中国人经过探索，从外来文化中选择了马克思主义。马列主义逐渐在中国传播开来，并成为中国共产党领导中国人民进行新民主主义的指导思想，指引中国人民取得反帝反封建革命的胜利，建立了新中国。这是中国人民在长期实践过程中进行的文化选择。有分析有筛选地对待外来文化（包括西方文化），这是我们的优良传统。

其次，对于外来文化、西方文化，要与中国的实际相结合。即使是对于象普遍真理的马克思主义，也必须和中国革命实践完全地恰当地统一起来，和民族的特点结合起来，才能发挥它的作用。外来文化不管怎么好，只有和本民族的特点相结合才能在这块土地上生根开花。如果不从本国实际出发，盲目去照搬外来文化，不仅不会起到积极作用，反而会起到消极作用。

最后，"全盘西化"论者有一个基本的核心的论点，就是要就得全要，不要就得全不要。这个论点，是支撑"全盘西化"论的一个核心的论点，是全盘西化的理论依据。其实这种说法是经不起推敲的，在理论上和事实上都是说不太通的。我们知道，每个国家的文化都包含两种文化，既有进步性的民主文化，也有腐朽的反动文化。既然文化是有精华有糟粕，就不是不可分的。但有些东西是不可避免的，比如对外开放接受了西方一些对我们有益的东西，而飞进两只苍蝇不可能完全避免，但不等于说你要主动全部把坏东西也吸收过来，而要有目的地进行筛选。传统文化也是同样道理，要批判地继承。它也是可分的，不是不可分的。也就是说，任何事物都要一分为二。"精英"们很讨厌一分为二的观点，这些人总是攻击一分为二的观点，其中也包括给全盘西化作根据，即不可分。那我们扫黄就无从说起了，不可分，还扫什么黄。其实西方自己也在扫黄。美国人自己也在禁止黄色东西，也感觉自己存在很多社会弊病。如果说它的文化不可分，那也就说不上它存在一些什么问题。那么为什么我们接受西方的东西就必须要把坏的东西全部接受过来呢？为什么不能除掉那些不好的东西呢？另外，在社会现实中，在国际现代文化中，本来就存在社会主义文化和资本主义文化的区别，就是西方世界的文化，也是形形色色的，各种主义，各种思潮，各种政治体制，也不完全相同。欧美国家虽然都是资本主义制度，但是英国、法国、联邦德国、意大利、美国的文化也各有不同的特点。西欧的文化界就极力强调，西欧文化与美国文化不同。既然情况这样复杂不一，那么，西化什么，这就成了问题。是化英国的，化美国的还是化联邦德国的？又怎么"全盘"呢？从许多国家文化发展的过程来看，他们都曾吸收外来文化来充实自己的文化，这是必然的，也是正常的。中国也是不断吸收欧洲、亚洲许多国家和地区的文化，而欧洲、亚洲许多国家和地区的文化也从中国文化中汲取养料，互相吸收，互相交流。这在历史上是不少见的，在现实生活中也是这样。但是包括中国在内，所有国家和地区对外来文化的吸收都是部分的，都不存在全盘吸收，而且可以说都是吸收有益于自己文化发展的成分。但并不等于说一点坏东西没带进来。从文化发展的历程本身来看，说文化不可分这个论点是站不住脚的。对于外来文化，包括西方文化在内，只能是在本民族文化的基础上，取其精华、去其糟粕。

上面我们说对传统文化和西方文化都应该是批判地继承，有选择地吸收，既要以马列主义作指导，还要从实际出发，也就是从实现社会主义现代化这个现实出发，要看有利于还是不利于推动社会主义现代化发展这个现实。作为社会主义精神文明建设继承也好，吸收也好，都是为创造社会主义新文化，所以不应仅仅停留在单纯地继承和单纯地吸收。也就是说，我们继承吸收一些东西，要经过转化，经过改造，成为社会主义的新文化。

（原载全国宣传干部培训中心等编：《马克思主义与现代西方思潮》，新华出版社1990年）

迎接九十年代

送走80年代，迎来了90年代第一春。在两个十年交替的时候，对史学研究做点回顾和瞻望，也许不是多余的。

过去十年，史学和史学史研究，同其他领域一样，发展很快，成绩显著，党的十一届三中全会以后，在解放思想、实事求是方针的指引下，史学研究冲破长期以来"左"的错误的束缚，纠正教条化、简单化的偏向，力求用完整、准确的马克思主义历史观来研究历史，认真贯彻百家争鸣的方针，学术空气日益活跃，研究逐步深入，领域不断扩展，文献整理和史实考订也多有收获。由于研究工作不断进展，研究成果如雨后春笋般地涌出，发表的论文、著作不论数量和质量都是前所未有的。即如中国史学史的研究，据不完全统计，十年来共发表论文二千数百篇，出版著作近百种，大大超过前三十年。

任何工作都不可能做到完美无缺，都会有不足或错误，学术研究也一样。这似乎是套话，却是必须正视的事实。十年来的史学研究，毋庸讳言也存在着值得注意的问题。由于资产阶级自由化的泛滥，以及对西方著作不加分析地盲目传播，在意识形态领域引起了严重混乱。这种状况，不能不对史学研究产生不良的影响。近些年流行一时的所谓"史学危机"含义和理解不尽相同，其中一种是对新中国成立以来以马克思主义为指导的史学研究所取得的成就的否定，即所谓"僵化"和"陈旧"。有的公开反对史学研究要以马克思主义为指导，有的则以某些自然科学理论或西方史学理论来代替马克思主义。在具体研究中，更提出了不少问题。例如，谁是历史创造者，什么是社会历史发展的动力，生产力和生产关系、阶级斗争的关系如何，中国封建社会是不是超稳定结构系统、周而复始的历史循环，中国农民起义是否只对社会起破坏作用，怎样看待帝国主义对中国的侵略，中国共产党在革命斗争和社会主义建设中的领导地位和作用，如何对待传统文化和西方文化，等等。上面列举的，都是具有根本性的问题，有的观点显然是错误的，有的问题则需要进一步探讨。值得注意的是，有些错误观点并不是史学界提出来的，而是界外人的插手。他们是利用史学，随意歪曲、篡改历史，以达到否定四项基本原则、宣扬自由化观点的目的。

十年来史学研究取得的成绩，或出现的问题，存在的错误，都是史学史所应当关注和探讨的。史学史研究的任务，至少应当包括两个方面。一方面是史学学科本身，即探究史学演变的历史和发展规律，以及史家、史籍、编纂等有关的各种问题。另一方面是探讨史学与社会的关系。史学既是一种文化现象，也是一种社会现象，它要受社会（包括经济、政治、军事、文化）的制约，同时又作用于社会，对社会产生积极的或消极的影响。显然，史学史研究不仅限于史家、史书，也不仅是史学本身的发展变化，而且还要研究史学和社会的关系，研究史学的社会作用。

史学的社会作用是多方面的，可以对革命运动发生作用，也能够对社会建设发生作用；而社会建设包括政治、经济、军事、思想文化各个方面，更离不开人的培养问题。史学在这些方面的作用，有的比较直接，有的是间接的，有的是经验教训的借鉴，有的是精神的潜移默化，有的是智慧的化育。史学的多方面、多层次的作用，细细推敲，可以列出不少，但有一点是不应忽视的，这就是它的认识作用，让人们认识自己社会的过去、现在和未来，认识社会的发展规律和方向。每个学科由于自身的规定性，对社会所起的作用各不相同，没有必要去互相攀比，更不要互相排斥。每个学科既然能在社会生活中产生、存在和发展，那就表明社会需要它们，表明它们有各自的存在价值。社会的关心和支持，对学科的发展无疑是重要的。我们党有重视史学的传统，党的创始人之一李大钊同志，也是首先以马克思主义研究史学的。毛泽东同志更是重视史学的作用，一再提倡研究历史、学习历史。他指出："指导一个伟大的革命运动的政党，如果没有革命理论，没有历史知识，没有对于实际运动的深刻的了解，要取得胜利是不可能的。"又说："今天的中国是历史的中国的一个发展；我们是马克思主义的历史主义者，我们不应当割断历史。从孔夫子到孙中山，我们应当给以总结，承继这一份珍贵的遗产。这对于指导当前的伟大的运动，是有重要的帮助的。"江泽民同志担任总书记后，不只一次强调要进行历史教育、爱国主义教育、民族传统教育。如何做好这项工作，需要史学工作者认真对待。

史学作为一门社会科学，除去要关心它自身的学术水平不断提高，得到持续发展外，还要关心社会现实，为社会主义精神文明建设和物质文明建设发挥应有的作用。史学如果不关心社会现实，疏远了社会现实，那么社会也会疏远史学。要社会关心、重视史学，就需要史学关心社会，对社会发挥作用。中国史学有一个传统，就是注重经世致用（虽也有局限性）。正是这种经世致用的精神，成为中国史学繁盛发达并绵延不断的原因之一。其他学术领域，也是如此。反之，就会导致学术的衰落。清代的文史考据曾经盛行一时，成为乾嘉的显学，在学术上有它的成绩和贡献。但是，它的末流流于饾饤琐碎，钻牛角尖，脱离现实，疏远社会，终于走向衰落。历史的经验教训，值得我们借鉴。这里有一个相关联的问题，是史学和群众的关系。所谓史学的社会性，从另一角度说，就是史学的群众性。史学要有生命力，就不能仅是专家之学，并且要成为群众之学，在群众中普及，为群众喜闻乐见，在群众中扎根。

史学要关心社会现实，有个立场、观点、方法问题，有个方向问题。不同立场的人，对现实的看法和态度是截然不同的。我们认为史学关心社会现实，是要它为坚持四项基本原则发挥积极作用，发扬爱国主义和革命传统的精神，有助于增强民族自信心和自尊心。有些人的所谓史学关心社会现实，则是随意歪曲历史，把中国历史描绘成一片漆黑，否定民族文化传统，否定革命传统，否定中国共产党的领导和社会主义道路，鼓吹全盘西化，其实是利用历史来达到宣扬自由化的目的。这种人往往标榜学术要远离现实，要远离政治，纯属自欺欺人，究其实却是最关心现实，最关心政治，只不过是从反对的方面来关心。学术和政治不等同，也不能混同。但是，上述的情况说明，学术和政治并不是完全绝缘，毫无关系。

要有正确的立场、观点和方法，必须掌握马克思主义，坚持以马克思主义来指导史学和史学史的研究。这些年马克思主义不那么时兴，受冷落，甚至被排斥。有些人声称"发展"马克思主义，实际上是用"发展"来否定坚持，否定马克思主义的基本原理。被搞混乱的思想，需要正本清源。有的大学历史系毕业生，一本马克思主义著作都未读过，这是很不正常的。应当提倡认真读书，即使过去读过的，也还需要再学习、再认识。

（原载《史学史研究》1990年第1期）

何物"文化整体转移"论

前些年，在"文化热"当中出现了一股全盘否定传统文化、鼓吹"全盘西化"的民族虚无主义思潮。一些自命"精英"的人说中国传统文化是一种命定落后而没有希望的"黄色文明"，"它埋伏下一个民族和一种文明衰败的命运"，"中国传统文化早该后继无人"。为了挽救这种"衰败的命运"，只有一条途径："应当全方位开放，或者叫'全盘西化'"。

"全盘西化"的鼓吹者为完全否定传统文化，制造了种种理由，而作为支撑它的核心论点，或者说它的"理论"根据的，就是所谓"整体转移"或"整体移植"论。其实这种"整体转移"论，并不是什么新发明。鼓吹"全盘西化"并不自今日始，持有此种论点的人，不论老的或新的，都认为文化是不可分的"完全的整体"。你要吸收西方的文化吗？那就只能是不问好坏、不分优劣一古脑儿全盘照搬。还在本世纪30年代，有人就说："文化本身是分开不得，所以它所表现出的各方面都有连带及密切的关系。设使因了内部或外来的势力冲动或变更任何一方面，则他方面也受其影响，它并不像一间屋子，屋顶坏了，可以购买新瓦来补好。……所以我们要格外努力去采纳西洋的文化，诚心诚意的全盘接受它，因为它自己本身是一种系统，而它的趋势，全部的，而非部分的。"60年代，台湾一位"全盘西化"的狂热鼓吹者也认为，"在文化移植上，要棣就得要珠，不愿要珠也休想要棣，……要就得全要，不要也得全不要"。到了80年代，"精英"们在那里振振有词地大谈文化只能"整体转移"，不能批判继承，不能有选择吸收。只不过是拾人牙慧而已。

显然，这种文化只能"整体转移"的论点，是把文化的整体性、系统性看成是铁板一块，或者是一台机器。从这一论点出发，一方面要吸收西方文化就必须一切全搬照拿，另一方面对于固有的传统文化则要全部否定，彻底清除。

这种"要"和"不要"的非此即彼的思维方式，把西方文化和传统文化完全对立起来，无疑是形而上学的。

不可否认，文化有其整体性、系统性，但这并不等于文化是不能分析的。和其他事物一样，文化也是可以分析的。列宁在批评社会党人的错误时曾指出："每一种民族文化中，都有两种民族文化。有普利什凯维奇、古契柯夫和司徒卢威之流的大俄罗斯文化，但是也有以车尔尼雪夫斯基和普列汉诺夫为代表的大俄罗斯文化。乌克兰也有这样两种文化，正如德国、法国、英国和犹太人有这样两种文化一样。"①这是因为任何一个民族、国家都存在着被剥削被压迫阶级和剥削压迫阶级的对立，而产生和形成了两种文化。这里既有民主性的、进步的文化，也有腐朽的、反动的文化。即使是一个阶级，不论是剥削阶级还是被剥削阶级，它们所创造的文化，也都包含着精华和糟粕两种成分。这不独本国的传统文化是如此，西方的文化也是如此。

西方资产阶级文化是资本主义政治和经济在意识形态上的反映，又对资本主义的政治和经济起着重要的作用。在它发展的过程中，既有积极的、进步的一面，又有消极的甚至反动的一面。作为一定时代、一定社会、一定阶级的文化，从来不是离开一定社会的政治和经济而孤立的存在。19世纪中叶以后，在西方资本主义社会固有矛盾的斗争中产生了马克思主义这个无产阶级革命的科学理论体系，从而打破了资产阶级在文化和意识形态领域的统治地位。而在俄国十月革命以后，随着社会主义制度的形成，世界上也就产生和形成了社会主义和资本主义两种文化体系。但是

---

① 《列宁全集》第20卷，第15页。

社会主义文化，并不是从天上掉下来的，它要吸收包括资本主义在内的人类历史上一切优秀的文化遗产和文化创造来丰富自己。而文化除了它的时代性和阶级性之外，又有它的民族性，任何一个民族的文化，都是具体的而不是抽象的。欧美国家虽然都是资本主义制度，但英国、法国、德国、意大利、美国等的文化各具不同的特点，根本没有一个欧美一体、一模一样的西方"整体文化"。从这个意义上讲，所谓"整体移植"，只是一种主观臆想。

从许多民族、国家文化发展的历史看来，都曾经吸收外来文化以充实和发展自己的文化。随着人类社会历史的发展，民族间、地区间、国家间的文化交流愈来愈频繁，在互相交流、吸收、融会中，促进了文化的不断发展。把自己封闭起来，排斥、拒绝吸收任何外来文化，只能是使自己的文化僵化、停滞、萎缩，以至于衰亡。丰富、灿烂的中华文化，是在不断吸收了亚洲、欧洲许多国家和地区的文化发展起来的，亚洲、欧洲的许多国家和地区也从中国吸收了文化养料。但是，包括中国在内的所有这些国家和地区，对于外来文化的吸收都是部分的，而不是"整体转移"。中国在两汉时期，通过著名的"丝绸之路"，输入了中亚、西亚一些国家的文化。印度佛教文化在中国传播，是中国吸收外来文化的一个高潮。盛唐时期，都城长安成为世界性的大都会。单是宗教，就有从波斯传入的拜火教、摩尼教、景教，从阿拉伯传入的伊斯兰教。宋元时，"海上丝绸之路"兴盛，泉州成为中国第一大港和繁荣的国际贸易城市，来自波斯、阿拉伯、欧洲的人们聚集在这里，带来了自己的宗教文化。明清之际，欧洲耶稣会传教士来华传播天主教，也带来西方的地理学、天文历法、数学、建筑艺术等自然科学技术。时至近代，中国的大门被迫敞开，西方文化大量传播，然而先进的中国人对西方文化也愈来愈能自觉地进行选择。为了救亡图存和独立富强，人们先是吸收了科学技术和西方资产阶级革命时期的政治理论学说。只是在屡经实验又屡次失败之后，最后才选择了马克思主义，而马克思主义也只有与中国的革命实际结合起来，才显示她的巨大力量。从中国吸收外来文化的情况可以看出，只有部分的、具体的吸收，根本不存在所谓"整体转移"。17、18世纪欧洲的启蒙运动，鼓吹尊重理性、尊重自由，反对封建专制主义和教会的神权统治。启蒙运动的主要思想家都程度不等地倾慕中国文化，并从中国文化尤其是儒家文化吸收了养分。尽管中国文化成为启蒙思想家们提倡理性主义的思想渊源之一，但启蒙运动既不是对中国文化(或儒家文化)的"整体转移"，也不是对他们自己的固有文化的"全盘否定"。近代日本学习和吸收西方文化，同样不是"整体转移"，不但没有"全盘否定"自己的文化，而且十分强调保持本国文化的特色。从这个意义上讲，"整体转移"也只是一种主观臆想。

文化不像机器那样，可以今天要就"整体转移"来，明天不要就"整体转移"去。每个民族和每个国家的文化，都是在长期传承和累积的过程中形成的，都具有本民族的特色，尤其像中国这样一个有着悠久历史文化的大国，更是如此。对于长期形成的传统文化，不应当也不可能全盘否定，彻底抛弃。传统文化的某些特点，就有形无形地存在于社会现实生活之中和每个人身上，即使是高喊全盘否定、彻底抛弃传统文化的"激进"论者，在他们身上就往往显露出"传统文化"中某些劣质。对于传统文化只能是进行严肃认真的科学的分析，加以批判继承。正像谁也没有本领把传统文化完全抛弃一样，谁也没有本领把西方文化"全盘转移"过来。对于外来文化，包括西方文化在内，只能是在本国现实社会的基础上来加以筛选、吸收。吸收西方文化也好，吸收其他外来文化也好，都必须和中国的实际相结合，使其成为中国文化的有机组成部分。

"整体转移"和"全盘西化"论者表面上说的是文化，实质上却并不限于文化。当年的"全盘西化"论者说，不仅要民主和科学，也要军国主义和金元主义。台湾的"全盘西化"论者鼓吹："我们一方面想要人家的胡瓜、洋葱、蕃茄、钟表、眼镜、席梦思、预备军官制度；我们另一方面就得忍受梅毒、狐臭、酒巴、车祸、离婚、太保、(不知害臊的)大腿舞和摇滚而来的疯狂"。而如今主张"全盘西化"的"精英"则扬言，中国的总理也得请外国人来当；因为他们"发现"中国文化的危机"与人种不无关系",要解救"危机"就要改换人种;中国要"实现一个真正的历史变革",就需要做"三百年殖民地"。这就是"整体转移"论者所描绘出的"全盘西化"后的社会图景。这幅图景显示出"全盘西化"论者恨不得自己也变成洋人的那种绝望的、疯狂的心理。

（原载《真理的追求》1991年第5期）

要用历史教育青年

在商品经济大潮的冲击下，人们变得更"实际"，变得"急功近利"，几乎一切事物都要推向市场上去衡量它的价值，通俗点说，就是看值不值钱，能值多少钱。于是"历史无用论"又一次在社会上出现。学生（也包括家长）不愿意报考历史专业，历史系的毕业生找工作难，有些高校历史系只好改招旅游专业，甚或经济管理专业，以适应市场经济的需要，有的历史系干脆停止招生。有些地区的领导人直言不讳地提出，史学如果能让本地区的经济搞上去我们就重视，否则就无法重视。史学不像自然科学中的应用技术，可以直接满足物质生产的需求，直接促进经济的发展。它不能让大白菜增产，不能让母鸡多下蛋，不能让工厂直接多盈利，也不能让学校多创收。从这个角度说，史学实在"无用"，难怪有人主张在市场竞争中让它自生自灭。

史学究竟有用无用，这在《邓小平文选》第3卷中可以找到很好的答案。这个答案是十分肯定的：有用。

邓小平同志一再强调要重视精神文明建设，物质文明的建设和精神文明的建设两手都要硬。史学是精神文明建设的组成部分，进行爱国主义教育、国情教育，培养"四有"新人等，都和史学有关。要加强精神文明建设，就离不开历史教育。

史学在培养人的世界观、人生观、价值观，在陶冶人的品德情操，提高人们的文化素质等方面，有着重要的作用。党和国家领导人一向都很重视历史教育，发挥史学的社会功能。邓小平同志强调"要用历史教育青年，教育人民"。他指出，中国近代的历史告诉我们："中国走资本主义道路不行，中国除了走社会主义道路没有别的道路可走。一旦中国抛弃社会主义，就要回到半殖民地半封建社会，不要说实现'小康'，就连温饱也没有保证。所以了解自己的历史很重要。"①他还说："要懂得些中国历史，这是中国发展的一个精神动力。"②江泽民同志就任党的总书记后，为贯彻邓小平同志这一重要思想，多次提出要在全国特别是在青少年中进行中国近代史、现代史教育。他在给国家教委负责人的信中说："要对小学生（甚至幼儿园的孩子）、中学生一直到大学生，由浅入深、坚持不懈地进行中国近代史、现代史及国情教育。""教育我们的干部和群众，特别是青少年，使他们熟悉我国的近代史、现代史和我们党的斗争史，认识今天的人民政权来之不易"，"目的是要提高中国人民特别是青少年的民族自尊心、民族自信心，防止崇洋媚外思想的抬头"。精神文明建设根本的一条就是让人们认清，为什么不能走资本主义道路，只能走社会主义道路。这就离不开对人民特别是青少年进行历史教育。

史学对国家前途的观察，对国策的制定，有着重要的作用。它是关系全局的、整体的、长远的问题，可以说是关乎国家的治乱兴亡。封建时代的有识之士对史学的作用都很重视和关注。著名思想家龚自珍说过如下的话："灭人之国，必先去其史；隳人之枋，败人之纲纪，必先去其史；绝人之材，湮塞人之教，必先去其史；夷人之祖宗，必先去其史。"③这将史学的重要性及其作用说到头了。事实就是如此。日本侵占中国台湾进行殖民统治的50年间，实行同化政策，实行所谓"皇民化运动"，教学使用日语，禁读汉文，学日本历史，不学中国历史，对学生灌输日本国体，效忠天皇观念。日本帝国主义统治下的伪"满洲国"所出的历史试题，明显地也是利用历史来进行奴化教育和反共教育。例如："满洲建国何以为历史上必然

---

①《邓小平文选》第3卷，第206页。
②《邓小平文选》第3卷，第358页。
③《古史钩沉论二》，《龚自珍全集》上册，第22页。

之事情";"试由历史上之例证论述日本国体为世界无比之国体";"试列举今世防共国及非防共国之名称";"防共协定";等等。至80年代，日本文部省在历史教科书中关于对中国侵略的问题，仍然在进行篡改、掩盖。苏联的解体，原因不止一端，但其中不可忽视的一条，是对苏联、苏共历史的歪曲和抹黑，将缺点和错误任意夸大，从而导致对70多年社会主义社会的完全否定，对马克思列宁主义的完全否定，造成思想上的极度混乱。龚自珍的话的确说得很深刻。

我们党在革命和建设的过程中，都很重视以史为鉴。毛泽东领导新民主主义革命时，就很注意借鉴历史上的经验教训。他指出："今天的中国是历史的中国的一个发展；我们是马克思主义的历史主义者，我们不应当割断历史。从孔夫子到孙中山，我们应当给以总结，承继这一份珍贵的遗产。这对于指导当前的伟大的运动，是有重要的帮助的。"[①]又说："指导一个伟大的革命运动的政党，如果没有革命理论，没有历史知识，没有对于实际运动的深刻的了解，要取得胜利是不可能的。"[②]

"史者，民族之精神，而人群之龟鉴也。"正是因为历史可以为"人群之龟鉴"，1944年，郭沫若为纪念明末李自成领导的农民起义军进入北京推翻明皇朝又从北京败退的史实，撰写了《甲申三百年祭》。毛泽东把它作为整风文件看待，以此告诫全党同志引为鉴戒。明朝的腐败，引起了大规模的农民起义，农民军攻进北京，崇祯皇帝落得个吊死在万寿山（景山）的下场。但是，李自成的农民起义军进入北京以后，它的一些首领便因为胜利而骄傲起来，生活腐化，进行宗派斗争，以致只在北京呆了42天便在清军的进攻下匆忙撤走，起义陷于失败。过了差不多210年，洪秀全领导的太平天国大规模农民起义定都南京，建立了与清政府对峙的政权。然而巨大的胜利和"六朝金粉繁华地"的南京，把太平天国英雄们搞得昏头昏脑。起义初期的朴质的思想作风多被抛弃，代之而起的则是对权力名位和奢侈生活的追求，"为繁华迷惑，养尊处优，专务声色货利"，终于

---

①《毛泽东选集》第2卷，第534页。
②《毛泽东选集》第2卷，第533页。

互相残杀，演出了内讧的悲剧，并成为由兴盛走向衰败的起点。所以毛泽东还希望郭沫若能写一篇太平军经验。今年是李自成在北京失败350周年，郭老《甲申三百年祭》发表50周年，也是太平天国失败（1864）130周年。历史昭然，足资鉴戒。党中央坚持反腐败斗争，李自成农民军进北京、太平军进南京后走向腐败并归于失败的教训，仍然值得汲取。

史学大有用处，有着不可忽视的重要性。正如邓小平同志所说的，它是"中国发展的一个精神动力"。史学工作者不必因为它不能直接促使经济发展一时受到某种冷落而失去信心，而应当有信心让史学更好地向前发展。史学要发展，要有生命力，就需要处理好提高和普及二者的关系。史学要关心社会，要为社会主义现代化建设服务，能够"要用历史教育青年，教育人民"。

（原载《高校理论战线》1994年第2期）

对史学社会功能的一点思考

20世纪80年代，史学界曾经流行"史学危机"的说法。持"危机"论者，对"危机"的含义解释也不一样。其中有因为社会上对史学不重视，认为它没什么用处，因而产生"危机"感。

进入90年代，随着经济体制的转变，在商品大潮的冲击下，史学有用、无用的问题，又一次被提了出来。

高等学校历史系报考的人数减少，成绩也不理想；而毕业时找到合适的工作较难，市场不需要。于是有的高校历史系停止招生，有的改招旅游历史文化专业或其他专业，另谋出路，以适应市场的需要。史学不可能发挥直接满足物质生产需求的作用，也就难免要受冷落了。

人们往往以中国有五千年的文明史，文化源远流长、博大精深，而引为自豪。然而在商品经济的大潮下，一切事物都被拿到市场上去衡量它的价值，以此来衡量史学，要求史学也"商品化"。

为了适应市场的需求，人们在思考如何发挥史学的作用，探寻其出路，提出了设想。例如，有认为史学应分流，分为"纯史学"和"应用史学"两类，前者为纯学术研究，后者应用于社会各方面，适应市场经济的要求。这样划分，用心虽可理解，但并不恰当，至少会让人以为在史学领域中一部分是有用的，一部分是无用的，或者说，一部分是可以应用的，一部分是不能应用的。

史学是人文科学，是基础学科。它有其应用的地位和作用，不必人为地加以夸大或缩小。史学曾经有过一段短暂的"光辉"历史，那是在"文化大革命"后期。当时，"四人帮"搞"儒法斗争"，全国"评法批儒"，史学一时成为"显学"。然而，谁都知道这是不正常的，是"四人帮"出于现实政治需要，用手中掌握的权力掀起来的。史学没有必要也不可能那么"显赫"，史学和其他学科一样，都只能是居于它所应居的地位，起它所能起的作用。史学不像应用技术科学，可以直接满足物质生产的要求，直接促使经济的发展。史学也要为经济中心服务，要为社会主义现代化建设服务，但要求它起直接的、立竿见影的作用，则是不切实际的。史学工作者也不应当以此来对待自己从事的工作，因为它做不到，达不到。达不到又非达到不可，到头来势必走入误区，反而把自己扭曲了，变形走样。

史学划分为"纯"的和"应用"的两类，"应用"二字含义模糊。如果是指直接产生的经济效益，另当别论。如果是通常所说的"功能"、"作用"，这样划分就很成问题了。这意味着纯史学是没有社会功能的，对社会没有作用，只不过是在象牙塔中的为研究而研究；反之，应用史学则似乎无须精心研究，拿来就可应用，产生它的社会功能。对于史学来说，这是不可能的。史学研究和它的社会功能是分不开的。譬如黄河史、灾荒史、地震史等的研究，是属于"纯史学"还是属于"应用史学"？恐怕很难分。对于这些课题，不经过大量的资料搜集、整理、考订，没有严肃认真的分析研究，根本不可能完成。然而，这些成果对于国计民生，对于社会经济建设，都有重要参考价值，有重大"应用"价值。

史学研究工作本身是多层次、多方面的，包括史料的搜集整理、史实的考订纠谬等。这些工作既不能笼统说都没有"应用"价值，也不是都有直接的"应用"价值，但作为史学研究却是必不可少的。从史学研究工作来说，不是将史学人为地硬分为"纯史学"和"应用史学"两块，而是包含提高和普及两方面。在提高指导下普及，在普及基础上提高。史学只有提高没有普及不行，它要面向社会，面向群众。史学要有生命力，要发展，就不能仅是专家之学，它也要成为群众之学，在群众中普及，为群众喜闻乐见，在群众中扎根。新中国建立前，吴晗的《历史的镜子》、胡绳的《二千年间》等读物，在社会上很有影响，尤其受到青年的欢迎。新中国建立后，吴晗主编的"中国历史小丛书"和"世界历史小丛书"，都起过很好的作用。史学要关心社会，要为社会主义现代化建设事业服务，脱离社会就会被遗忘。

史学的社会功能，在中国社会的传统中，向来是被关注和重视的。宋神宗给司马光编的史书赐名《资治通鉴》，鲜明准确地表明了封建史学的政治作用。被称为近代地主阶级改革派思想家的龚自珍，曾说过如下的名言："灭人之国，必先去其史；隳人之枋，败人之纲纪，必先去其史；绝人之材，湮塞人之教，必先去其史；夷人之祖宗，必先去其史。"资产阶级史学家梁启超认为，史学是"国民之明镜也，爱国心之源泉也"，它使人们"鉴既得之大例，示将来之风潮"。史学的重要性及其作用，从封建地主阶级到资产阶级的史学家、思想家们，可以说都是明确的。

史学就是如此。要说"无用"，也实在是"无用"，它不能让大白菜增产，使母鸡多下蛋，让工厂多盈利，使学校多创收，怪不得有人主张在市场竞争下让它自生自灭，自行淘汰。要说有用，确实很有用，它关乎国家的治乱兴亡。龚自珍说"灭人之国，必先去其史"，把史学的重要性及其作用已经说到头了。事实也是这样。日本侵占我国台湾，在50年殖民统治期间，实行同化政策，实行所谓"皇民化运动"，教学全部使用日语，禁读汉文，学日本历史，不让了解中国历史，对学生灌输日本国体，效忠天皇观念。台湾同胞连横深感祖国国土残破，台湾历史文化遭到浩劫，受龚自珍"灭人之国，必先去其史"的启迪，认为"国可灭，而史不可灭"，"史者，民族之精神，而人群之龟鉴也"，"身为台湾人，不可不知台湾史"，无史"将无以昭示后人"。他发奋从事台湾史的著述，历经艰难，10年而成《台湾通史》。这是一部具有强烈民族精神、充满爱国主义的历史著作。上述正反两面，鲜明地表现了史学的重要作用。时至20世纪80年代，日本文部省关于教科书中日本侵略中国的问题仍然在篡改、歪曲。苏联的解体，原因多样，但其中不可忽视的一个原因，是对苏联70多年历史的肆意歪曲，把出现的缺点和错误夸大为对社会主义的否定，对马克思列宁主义的否定。对于中华人民共和国建立后的历史，对于毛泽东的评价，也有人力图加以歪曲、否定。邓小平同志指出："对毛泽东同志晚年错误的批评不能过分，不能出格，因为否定这样一个伟大历史人物，意味着否定我们国家的一段重要历史。这就会造成思想混乱，导致政治的不稳定。""每个党、每个国家都有自己的历史，只有采取客观的实事求是的态度来分析和总结，才有好处。"①

历史可以作为施政的借鉴，所以司马光编《资治通鉴》就是要供帝王作为治理国家的借鉴的。历朝历代的修史，都是在总结前朝治乱兴亡的经验教训，以为本朝统治的参考。毛泽东领导中国新民主主义革命的过程中，很注意借鉴历史，吸收历史上的经验教训。他指出："今天的中国是历史的中国的一个发展；我们是马克思主义的历史主义者，我们不应当割断历史。从孔夫子到孙中山，我们应当给以总结，承继这一份珍贵的遗产。这对于指导当前的伟大的运动，是有重要的帮助的。"他又说："指导一个伟大的革命运动的政党，如果没有革命理论，没有历史知识，没有对于实际运动的深刻的了解，要取得胜利是不可能的。"②这都说明了解历史、掌握历史知识的必要性和重要性，说明历史知识所起的重要作用。1944年，郭沫若为纪念明末李自成领导的农民起义军进入北京推翻明皇朝300周年，撰写了《甲申三百年祭》。毛泽东把它作为整风文件看待，以此告诫全党同志引为鉴戒。他在致郭沫若的信中写道："你的《甲申三百年祭》，我们把它当作整风文献看待。小胜即骄傲，大胜更骄傲，一次又一次吃亏，如何避免此种毛病，实在值得注意。倘能经过大手笔写一篇太平军经验，会是很有益的。"历史昭然，足资鉴戒。目前中央开展反腐败斗争，李自成农民军进北京、太平军进南京后走向腐败的教训，仍然值得记取。即从建设有中国特色的社会主义，从了解国情而言，国情中很大部分就是历史。不懂得中国的今天和昨天，怎么能说是了解国情，又哪里来的中国特色？现在有些党政领导人不懂历史，也不知道共产党自己的历史，不了解中华

①《邓小平文选》第3卷，第27、272页。
②《毛泽东选集》第2卷，第534、533页。

人民共和国的历史，不能不说是个缺陷。没有历史经验的借鉴，对中外古今都茫然无知，怎么可能做好领导工作，怎么能够全面、准确地贯彻执行党的一个中心、两个基本点的基本路线，坚持社会主义的道路。

我们进行社会主义现代化建设，不仅是物质文明建设，还有精神文明建设。不重视物质文明搞不好社会主义，不重视精神文明也搞不好社会主义，物质文明建设和精神文明建设两手都要硬。"不加强精神文明的建设，物质文明的建设也要受破坏，走弯路。光靠物质条件，我们的革命和建设都不可能胜利。"①要加强精神文明建设，就离不开历史教育。历史在培养人的世界观、人生观、价值观，在陶冶人的品德情操，提高人们的文化素质等方面，都有着重要作用。

我们党和国家领导人一向都很重视历史教育，发挥史学的社会功能。邓小平同志强调"要用历史教育青年，教育人民"。他指出，中国近代的历史告诉我们："中国走资本主义道路不行，中国除了走社会主义道路没有别的道路可走。一旦中国抛弃社会主义，就要回到半殖民地半封建社会，不要说实现'小康'，就连温饱也没有保证。所以了解自己的历史很重要。"他还说："要懂得些中国历史，这是中国发展的一个精神动力。"②江泽民同志任党的总书记后，一再提出要在全国特别是青少年中进行中国近现代史教育。他说："要对小学生（甚至幼儿园的孩子）、中学生一直到大学生，由浅入深、坚持不懈地进行中国近代史、现代史及国情教育"，"以教育我们的干部和群众，特别是青少年，使他们熟悉我国的近代史、现代史和我们党的斗争史，认识今天的人民政权来之不易"；"目的是要提高中国人民特别是青少年的民族自尊心、民族自信心，防止崇洋媚外思想的抬头"。这就是说，历史教育根本的一条就是让人们认清走什么道路的问题，为什么不能走资本主义道路，只能走社会主义道路。通过历史教育激发人们的爱国主义精神，增强民族自尊心、民族自信心，增强民族凝聚力，以促进中国的发展。

---

① 《邓小平文选》第3卷，第144页。
② 《邓小平文选》第3卷，第206、358页。

历史知识可以开阔人们视野，扩展人们的思维，增益人们的智慧，陶冶人们的品德情操。历史上的民族英雄，以及其他一些人物临危不惧、见义勇为、好学不倦、以天下为己任等动人事迹都有相当积极的影响，在潜移默化中起着作用。至于革命先烈和老一辈革命家的高尚情操和优良品质，更是对青少年进行历史教育必不可少的好教材。帅孟奇同志在为《我们的父辈》丛书所作的序言中写道："对于今天的娃娃们来说，认识昨天，了解父辈，是一门必不可少的功课。是先辈们艰苦卓绝的奋斗，甚至流血牺牲，才有了历史昨日的壮烈和共和国今天的辉煌。先辈开创的伟大事业是以一代人在千锤百炼之中造就的革命精神和优良品质，是不灭的灯火，是永远的财富。这种精神和品质，必将成为一代又一代后来者的人生坐标和力量的源泉。"

史学有什么"用"，人们谈论很多。对它的功能、作用，有种种见解。但是，简明扼要地说，可以用四个字来概括，即"资治育人"。不管人们对史学是否重视，史学终归是要发展，它在社会生活中延续不断地起着"资治育人"的作用。

（原载北京师范大学史学研究所编：《历史科学与历史前途——
祝贺白寿彝教授八十五华诞》，河南人民出版社1994年）

留取丹心照汗青

——略论见义勇为、舍生取义的传统美德

"人生自古谁无死，留取丹心照汗青。"这是南宋文天祥被元兵所俘后写下的著名诗篇《过零丁洋》中的诗句。它流传了七百多年，为人们所传诵，也引起了多少仁人志士的共鸣！

见义勇为，舍生取义，是中华民族传统文化中的美德。孟子说："生，亦我所欲也；义，亦我所欲也；二者不可得兼，舍生而取义者也。"（《孟子·告子上》）义的内涵，不同时代虽有差别，但也有共同点，概括地说，就是为了民族、国家的兴衰存亡，为了社会的进步，为了大众的利益，为了追求理想、真理，英勇奋斗，不惜流血牺牲。在我国历史上，在中华民族发展历程中，曾经有过无数仁人志士用鲜血和生命谱写了一页页可歌可泣的篇章。

近代中国，在帝国主义的侵略下，沦为半殖民地半封建社会。中国人民为了祖国的独立、富强，不屈不挠，再接再厉地进行了反对帝国主义和封建主义的英勇斗争，无数先烈的鲜血洒遍了锦绣山河。

从1840年英国发动侵略中国的鸦片战争开始，清军将领如陈连陞父子、关天培、葛云飞、郑国鸿、王锡朋、陈化成、海龄等就为保卫祖国而英勇献身。英国侵略军进犯广州虎门炮台时，年已六旬的广东水师提督关天培事前已作好随时以死报国的准备，派人将脱落的数颗牙齿和几件旧衣送回江苏淮安家中，以留作纪念。在激战中，他亲自点放大炮，抗击英国侵略军几个小时之久，最后率部与敌军展开肉搏战，受伤数十处，依然挥刀拼杀，直至壮烈殉国。年近七旬的江南提督陈化成，坚守长江口吴淞炮台，亲点火药，连开数十炮，手掌震破，鲜血直流，仍坚持战斗。英国侵略军登陆后蜂拥而至，他身中七弹，英勇牺牲。他的死引起了当地民众极大的悲痛，殡葬时数万人罢市哭奠。

1894年，日本发动侵略中国的甲午战争，到今年整一百周年，一百年前，中国军民在抗击日本侵略军的战斗中，英勇奋战，许多官兵为国捐躯，为人传诵的北洋舰队"致远"舰管带邓世昌，就是其中杰出的一位。为了卫护旗舰"定远"号不受日舰"吉野"等四舰的攻击，毅然下令"开足轮机，驶出'定远'之前"，把"吉野"等舰的炮火吸引过来。在多处中弹、弹药已尽的情况下，邓世昌与全舰官兵决心与凶猛的"吉野"舰同归于尽，"鼓轮怒驶"，直向"吉野"舰冲去，不幸被其鱼雷击中，爆炸沉没。邓世昌"以阖船俱没，义不独生"，拒不接受救生圈，与爱犬一起沉入海中。"经远"舰在管带林永升指挥下，不顾四面受敌，奋勇与日舰激战。在鏖战中，林永升突然被炮弹击中，"脑裂阵亡"，"经远"舰在"船行无主"的情况下，仍奋勇抵抗，直至军舰在烈焰中沉没。邓世昌、林永升等都以自己的生命谱写出一支大义凛然、视死如归的正气歌。后人为纪念邓世昌，留下了这样激动人心的诗句："此日漫挥天下泪，有公足壮海军威。"

在中国近代历史上，舍生取义、视死如归的精神，不仅表现在为保卫祖国的独立而与侵略者血战疆场、捐躯殉国的英雄人物身上，同时也表现在那些为寻找救国救民真理致力于维新、革命事业而慷慨赴义的英雄人物身上。

1898年戊戌变法时，被慈禧太后杀害的"六君子"之一的谭嗣同，就是为维新变法事业而献出自己的生命。当慈禧太后发动政变时，一个外国使馆愿向谭嗣同提供"庇护"，但他拒绝了。在向梁启超诀别时，谭嗣同表现出他在生命的最后时刻仍然关心着国家的前途，他说："不有行者，无以图将来；不有死者，无以召后起。""各国变法无不从流血而成，今中国未闻有因变法而流血者，此国所以不昌也，有之，请自嗣同始。"谭嗣同的壮烈牺牲，无疑召唤了千千万万的后来人。

辛亥革命时，更多的志士为挽救民族危亡、推翻腐朽的清政府而献身。女革命家秋瑾写下了大量抒发救国救民的壮志豪情的诗篇，如："危局如斯敢惜身，愿将生命作牺牲。可怜大好神明胄，忍把江山付别人"；"拼将十万头颅血，须把乾坤力挽回"；"粉身碎骨寻常事，但愿牺牲保国家"。诗言志，这些诗句表达了秋瑾舍生忘死的大无畏精神，她不仅是这样写，也是这样做的。1907年，秋瑾在浙江绍兴主持大通学堂，与在安徽的徐锡麟分头准备皖、浙两省起义，徐锡麟安庆起义失败，牵连了秋瑾，清军包围大通学堂。秋瑾临危不惧，指挥学生抗击清军。她告诉劝她转移的战友："我不入地狱，谁入地狱"，"牺牲我一人，可以减少后来千百人的牺牲。"她被俘后受到酷刑，坚不吐供，慷慨就义。

1911年4月的广州黄花岗起义，更是轰轰烈烈。黄兴率领的120名先锋队员猛攻总督衙门，表现了英勇杀敌、舍己救国的崇高精神。四川留日学生喻培伦一只胳膊在试制炸弹时致残，但他却在胸前挂上满满一筐炸弹，用另一只手奋力向清军投掷，勇猛冲杀。新加坡华侨李文楷在激战中"身中数弹，犹奋力直前，血流如注，卒以伤重仆地而死"。120名先锋队员牺牲了80多人，其中72人的遗体被安葬于黄花岗，"其轰轰烈烈之慨"，"直可惊天地，泣鬼神"。烈士当中如林觉民、方声洞，都是风华正茂的二十多岁的青年，都有温馨、幸福的家庭，但他们没有忘记"外患逼迫，瓜分之祸，已在目前"，立志为革命救国而献出自己的一切。林觉民在参加起义之前给爱妻写了一封饱含深情的遗书，信中说："吾自遇汝以来，常愿天下有情人都成眷属，然遍地腥云，满街狼犬，称心快意，几家能够？""吾充爱汝之心，助天下爱其所爱，所以敢先汝而死，不顾汝也。汝体吾此心，于悲啼之余，亦以天下人为念，当亦牺牲吾身与汝身之福利，为天下人谋永福也。"人们不是常讲多一份爱心吗？"为天下人谋永福"，这就是真正的爱心。另一位烈士方声洞在给他父亲的信中，也表达了同样的思想感情。他说："夫男儿在世，不能建功立业以强祖国，使同胞享幸福，奋斗而死，亦大乐也。且为祖国而死，亦义所应尔也。"他还嘱咐他父亲："旭孙将来长成，乞善导其爱国之精神，以为将来为国报仇也。"爱国，救国，为祖国而死，是大义所在，是他们的理想和追求。这是多么高尚的人生观、价值观！

五四运动以后，在中国共产党的领导下，无数共产党员和进步人士为了祖国的独立、富强，更是英勇顽强、不屈不挠地进行反帝反封建斗争，自觉地献出自己的一切，包括宝贵的生命。正是由于有无数的先烈不怕流血牺牲，舍生取义，中国才结束了一百多年屈辱的历史。

在新中国建立后，曾经涌现了雷锋这样的英雄人物，在他的身上体现了社会主义时代的伟大时代精神。如今，在改革开放、发展社会主义市场经济的新的历史条件下，又出现了徐洪刚这样"见义勇为，不畏强暴"的英雄战士。这是在社会主义新的历史时期雷锋精神的继承和发展，也是传统美德中见义勇为、舍生取义精神的继承和发展。在社会主义现代化建设中需要的是全心全意为人民服务的精神，需要的是奉献精神，以坚决抵制拜金主义、利己主义和极端个人主义。

（原载《北京日报》1994年5月31日）

传统文化·现代化·教育

讨论传统文化与教育的问题很有必要，尤其是作为培养师资的高等学校来讨论这个问题无疑更有实际意义。

教育是社会主义现代化建设的重要组成部分，因此，谈论教育与传统文化的关系问题，实际上也是社会主义现代化与传统文化的关系问题。在传统文化与现代化二者之间的关系上，立足点、出发点是现代化。从社会主义现代化建设需要出发，去吸收传统文化中有用的、优秀的东西，而不是反过来，让社会主义现代化建设去适应传统文化。关于这个问题，毛泽东曾经作过精辟的论述。他说："我讲了一个'古今中外法'，就是：屁股坐在中国的现在，一手伸向古代，一手伸向外国。"[①]在《同音乐工作者的谈话》中又说："向古人学习是为了现在的活人，向外国人学习是为了今天的中国人"，"中国的面貌，无论是政治、经济、文化，都不应该是旧的，都应该改变，但中国的特点要保存"。[②]"屁股坐在中国的现在，一手伸向古代"，"向古人学习是为了现在的活人"，等等，说得很好。我们是历史唯物主义者，不能割断历史，必须继承、发扬优秀的文化传统，这是不能动摇的。但是，继承一切优秀传统文化，包括教育，不是引导人们向后看，更不是赞扬任何封建毒素。不把握这一点，忘记了这一点，就要出偏差，优秀的传统文化没有继承下来，而传统文化中的糟粕却大肆泛滥。现实的

---

① 引自刘汉民《毛泽东谈文说艺实录》，第250页。
② 《毛泽东著作选读》下册，第752页。

情况值得注意。且不说城市马路边强拉过往行人看手相、算命骗钱，小书摊上充斥着风水、算命、推背图之类宣扬迷信的书刊，也不论民间烧香求神、超度亡灵一类的迷信活动，以及一些地方发展封建的家族、宗族势力，就政府有关部门而言，不少地方建造阴曹地府、十八层地狱和阎罗、判官、小鬼以招徕游客，有些地区宁可挤占学校校舍去滥修庙宇，如此等等。这是令人忧虑和深思的。如果都这样去"弘扬"传统文化，社会主义现代化建设事业将受到影响和阻碍，精神文明建设又怎么能硬得起来。因此，对于传统文化，还是要坚持以历史唯物主义为指导，批判继承，取其精华，弃其糟粕。

文化有继承性，又有时代性，它是随着时代的发展变化而发展变化的。以作为文化组成部分的教育而言，封建时代的私塾、书院在晚清变而为近代的新式学堂。1905年，清政府宣布废科举、兴学堂。当时，清政府腐败卖国，干了许多坏事。但是，关于废科举、兴学堂的举措则应该肯定，无疑是历史的进步。主要有以下几点：一，原来的私塾、书院是从属于科举制的，所谓"学而优则仕"。废科举、兴学堂，使教育摆脱了从属于科举制的附庸地位，有利于教育的独立发展，有利于教育的普及和社会化；二，改变了私塾、书院培养学生应科举功名、读书做官的办学目的，学堂主要是进行职业、知识教育；三，改变了私塾、书院生徒只读儒家经书，知识结构单调、狭窄的状况，学堂教育不单是读经，还开设了数学、物理、化学、体育、音乐、美术等不少新课程，扩大了知识面，增加了许多新知识。正是在全国各地大力兴办新式学堂的情况下，中国教育才走向近代化，才逐渐走向世界。

教育的根本任务是培养什么人的问题。因此，不同的阶级、集团都从自己的利益需要出发，去制定教育宗旨，选择教育的内容。清政府虽然废科举、兴学堂，但其教育宗旨是"忠君"、"尚礼"，读经在学堂中占居首要地位。孙中山领导辛亥革命，推翻清王朝，成立南京临时政府，蔡元培任教育总长，对教育又进行了改革，禁用清政府学部颁行的教科书，新编教科书必须合乎"共和民国宗旨"，废止"有碍民国精神及非各学校应授之科目"，小学禁读经科，等等。袁世凯窃夺政权后，大搞专制独裁，复辟帝制，又掀起了尊孔读经的逆流。陈独秀、李大钊等发动的新文化运动，批判了忠、孝、节等封建纲常名教，提倡民主和科学，成为新的文化传统，推动了中国历史向前发展，五四后马克思主义在中国得到广泛传播。蒋介石国民党统治时，在学校里鼓吹"四维"（礼、义、廉、耻）、"八德"（忠、孝、仁、爱、信、义、和、平）、"三达德"（智、仁、勇），以为维护统治的需要。这就是说，不论哪个阶级或集团，对传统文化都是有所选择的。我们社会主义的教育是培养有理想、有道德、有纪律、有文化的人才，也就是《中国教育和发展纲要》所规定的："教育改革和发展的根本目的是提高民族素质，多出人才，出好人才，各级各类学校要认真贯彻'教育必须为社会主义现代化建设服务，必须与生产劳动相结合，培养德、智、体全面发展的建设者和接班人'的方针。"社会主义教育的任务是培养社会主义的建设者和接班人，培养"四有"新人，对于传统文化，吸收什么，摒弃什么，是很需要认真细致研究的。例如，我们教育学生要尊敬老人，尊敬父母，子女有赡养父母的责任，有必要也能够从传统文化中吸取其有益的、优秀的东西。但是，我们今天所倡导的子女尊敬父母，与封建时代的"孝"本质不同。封建社会的父子关系是家长制关系，是尊卑等级关系，孝道就是在这种关系下进行的；而我们倡导的子女尊敬父母，则是平等的关系。如果像有的地方把"二十四孝"都搬出来作为今天青少年学习的榜样，与时代精神未免大相径庭！

清末至民国年间的学校，从学制到课程设置等，都是从西方学来的。如前所说，有其进步性；但也存在着缺点和失误。一个重要问题是，从小学、中学到大学各级各类学校，对体现中国的民族特色不够注意，甚至是忽视或轻视。中国有5000年文明史，对人类文化发展作出了不可磨灭的巨大贡献。中国文化在长期发展历程中，形成了自己的特色，为世界上其他国家所没有或所不及。鸦片战争以后，西方殖民主义者入侵中国，中国沦为半殖民地半封建社会。中国落后了。伴随着西方殖民主义者的入侵，西方文化也在中国传播开来。西方文化的传播，启发了近代中国的有识之士，他们为了救国救民而向西方寻找真理，从中吸取了有益的东西。但是，西方文化的传播冲击了中国固有的文化。在中西文化冲突的历程中，社会上逐渐产生了"崇西轻中"以至"醉心欧化"的思想倾向，对传统文化不论精华、糟粕一概轻视、贬斥。例如，西医看不起中医，学西洋画的看不上中国画，学外国音乐不喜欢民族音乐，演话剧的轻视戏曲，……（应该说明，反过来也如此）。以学校教育而言，自有"洋学堂"以后，音乐、美术、体育等课程教的学的都是"舶来"的。学素描、水彩画、简谱、五线谱、球类、田径，无可厚非，但是，民族音乐、国画等被排斥在课堂之外，不能不说是失误。从小到成年，与自己民族传统文化几乎没有接触，又怎么可能对它产生感情，以至于爱好？那么无论怎样大力提倡弘扬传统文化，其收效是不大的。在深化教育改革的时候，应该研究如何更好融会中西，让优秀的传统文化，包括传统美德、教育思想和方法、文学艺术等等，进入学校，进入课堂。

（原载《光明日报》1994年6月20日）

发扬五四爱国主义精神

五四运动已经过了75周年，今天来纪念这个伟大节日，应该继承和发扬什么？谈起五四精神，人们很自然就想到民主和科学的精神。民主和科学，无疑是五四的重要精神。但是，五四精神的根本点，归根到底是爱国主义精神。从五四运动的整个历史过程来看，不论是5月4日北京青年学生上街游行，喊出了"外争主权，内除国贼"的口号，还是1915年开展的新文化运动，提出"民主"和"科学"的主张，都是为了拯救中华民族的危亡，都是为了改变中国半殖民地半封建的社会地位，争取国家的独立和人民的解放。今天我们纪念五四运动，首先就是要继承和发扬先辈们这种崇高的爱国主义精神。

在改革开放、发展社会主义市场经济的情况下，物质文明建设和精神文明建设两手都要硬，需要高扬爱国主义、集体主义、社会主义的主旋律。无庸讳言，今天我们的国家虽然已经独立自主，不像75年前遭受帝国主义的压迫剥削，人民要救亡图存，但是，国际间的竞争很激烈，尤其是存在着霸权主义，西方某些人总是要把他们的价值观、政治制度强加于人，干涉别国的内政，进行经济的、政治的、文化的渗透，或动不动给别的国家以制裁。对于我们建设有中国特色的社会主义，对于我们国家的振兴以臻富强，他们是不会高兴的，处心积虑地搞你。地球上并不那么平静、美好。在现实社会生活中，也还有不如人意的地方，甚至丑恶的东西，如腐败现象、不正之风、道德滑坡、崇洋媚外思想有所抬头等等。拜金主义、享乐主义、极端个人主义的流行，必然是理想、信仰的失落。更不用说资产阶级自由化思潮所起的消极作用了。国际国内的情况都说明，需要居安思危。社会主义现代化建设大业，没有人民的艰苦奋斗是难以实现的。有一部电视剧的主题歌唱道："何不游戏人间，管它虚度多少年华；何不游戏人间，看尽恩恩怨怨；何不游戏人间，管它风风波波多少年。"如果人人都去"游戏人间"，奉行玩世的人生哲学，对社会、对民族、对国家不负责任，怎么搞社会主义现代化建设。作家、艺术家是"人类灵魂的工程师"，应当像五四的先辈们那样对民族、对国家、对人民负有责任感、使命感，以高尚的精神塑造人，以优秀的作品鼓舞人。

纪念五四运动，还要继承和发扬先辈们追求真理和革命批判的精神。辛亥革命失败后，中国仍在帝国主义和反动军阀的统治下，政治上搞专制独裁、帝制复辟，思想文化方面掀起一股尊孔复古的逆流。五四先辈们为了救国救民，不懈地寻求真理，发动了新文化运动，提出了民主和科学的口号，批判"三纲"等封建旧道法，反对礼教运动。但是，五四的先进知识分子并不仅仅停留在这上面，而是继续探索、追求。十月革命后，他们受到俄国革命胜利的鼓舞，开始认真学习和传播马克思列宁主义。这样，就使1919年开始发展起来的新文化运动发生根本的变化，由一个资产阶级文化革命转为一个广泛宣传马克思列宁主义的无产阶级革命新文化运动。由于有了马克思主义的指导，中国人民在中国共产党领导下，才取得反帝反封建的民主革命的胜利。人们谈论五四新文化运动时，往往只强调民主和科学，不提马列主义的传播，这是误解，是不全面的，有些人则是出于偏见。这种追求真理的精神，革命批判的精神，今天仍然需要继承和发扬。一个中心、两个基本点的基本路线一百年不变，这里就要有坚定的马克思主义的信仰，坚定地走社会主义道路的信念，最终实现共产主义的理想。

对五四新文化运动的态度、评价，向来很不一样。就在宣传新文化当时，攻之者势甚汹汹，诬之为"覆伦常，铲孔孟"。马克思主义传播后，一些人维护孔子和儒家学说，更是从拒斥马克思主义出发的。今天在强调弘扬传统文化的情况下，如何看待五四新文化运动，又成了一个问题。有的人把弘扬传统文化和五四新文化运动对立起来，认为当时判批封建道德、孔子和儒家学说是错的，造成了传统文化的失传，才需要现在强调弘扬传统文化。这种传统显然不对。五四新文化运动的前期显然有形式主义、片面性，但主流是正确，是体现了中国历史前进的方向的。不批判旧礼教、旧道德，不"打倒孔家店"，中国就不能进步。思想文化上的反对封建礼教、反对尊孔，是和政治上的反对军阀专制统治、反对帝制复辟分不开的。先进的知识分子指出，尊孔、定"礼教"为"国教"必将导致复辟。抨击孔子并不是单纯抨击孔子本人，而是反对历代帝主们所塑造的神化了的偶像权威，是攻击"专制政治之灵魂"。这种批判是必要的，也是无可非议的。传统文化既有精华，也有封建糟粕。我们现在强调弘扬传统文化，也是弘扬其优秀的部分，取其精华，弃其糟粕．不能让那些封建迷信的东西流行于社会，毒害人民；更不是用传统文化和儒家文化取代马克思主义、毛泽东思想和邓小平同志建设有中国特色的社会主义理论。因此，五四的革命批判精神仍然是值得我们继承和发扬的。毛泽东讲得好："我讲了一个'中外古今法'，就是屁股坐在中国的现在，一手伸向古代，一手伸向外国。"弘扬传统文化是为了社会主义现代化建设，为了精神文明建设。从这个立足点出发，在马克思主义指导下，继承、吸收中国古代和外国文化优秀的东西，批判、摒弃封建主义、资本主义腐朽的毒素。

（原载《文艺理论与批评》1994年第4期）

并非孤立的现象

上海外滩公园门前有一块"华人与狗不得入内"的牌子，在旧中国确实"在国人的脑子里种下了深刻的印象"。抗日战争期间，我读初中，老师在课堂上也给我们讲过。没料想，时至今日，竟有人为之"翻案"，说什么根本不存在这块牌子，是新中国建立后，"为了配合当时的形势"所做的。对于"牌子事件"，已有不少人撰文发表了看法，笔者也无须重复。在此，只想说，翻历史的"案"，于今已是一种时髦。把"华人与狗不得入内"说成是子虚乌有，并非孤立的现象。给一些历史事件、人物翻案的言论、文章，时有所闻所见。如同翻烧饼似的，原来是肯定的，现在予以贬抑或否定；本来是否定的，现在则大肆赞颂。例如谭嗣同——这位为近代中国维新变法献出生命的志士，竟然被人指责为"过激主义"的鼻祖。孙中山是中国民主革命的先行者，受到国内外人士广泛崇敬。他所领导的辛亥革命推翻了腐败的清政府的统治，结束了二千多年的君主专制制度。然而，这位伟大人物和这一历史事件，现在也被冠以"过激主义"，不断遭到抨击。说什么清政府当然腐败，但慈禧太后在20世纪初推行"新政"，又搞了"立宪"，如果孙中山不闹革命，照这样慢慢进行下去，不仅军阀混战等局面不会出现，而且中国可以走上民主、富强之路了。有的人还断言，辛亥革命使传统文化特别是儒学"中断"了。看来辛亥革命真是罪莫大焉，而孙中山是"罪魁祸首"。是这些仁人志士、革命先烈，是革命，把中国搞坏了、搞糟了。于是乎人们得出革命不如改良的结论，赞扬改良，贬斥革命，只要改良，不许革命。

马列主义在中国传播后，研究者以唯物史观为指导，把曾经被颠倒了的历史颠倒过来。几十年过去了，颠倒过来的历史却又要被颠倒过去！洪秀全领导的太平天国起义，打击了清政府的黑暗统治，抗击了西方列强的侵略。清朝统治者把起义军诬称为"长毛贼"，由曾国藩、李鸿章等组织的湘军、淮军镇压了起义。这段已纠正了的被歪曲的历史，如今有人又把它翻了个个儿，说太平天国是反动的，曾国藩是进步的，甚至准备为之修故居，搞纪念馆。至于李鸿章，更被捧为爱国者、清官，为他的所谓"负谤"鸣不平。有的研究者还说，想找李鸿章的一点缺点，就是找不出来。如此等等，不一而足。

不可否认，历史研究确曾受到"左"的影响，对一些人物、事件的评价有简单化、片面性的倾向。党的十一届三中全会以后，史学工作者本着实事求是原则，已经注意纠正了过去存在的问题，并取得了大量新的研究成果。这是令人欣喜的。但是，我们不能从一个极端走向另一个极端，不应该倒脏水连孩子一起泼掉。史学研究在任何时候都必须采取实事求是的、严肃的、科学的态度。思想解放并不意味着可以信口开河，想说什么就说什么，而是要有一个度，这就是以事实为依据。

所以出现以翻案为时髦，原因多样，有学风问题，也有更深层的因素。有的是好做翻案文章，以翻案为"创新"，既以其"新意"而容易在报刊上发表，也许还会带来"轰动效应"，扬名一时。有些人物的翻案，是与其亲属、乡梓有关。那些名声不好或不太好的人物的子孙后代和家乡，总想让他们变成好人、伟人、民族英雄等，这样，于子孙、于乡里都有光彩。当然也还有用意更深的。不论翻案者主观意图如何，有一点值得人们注意：按照这种种言论，近代中国的历史将变成另外一幅图景，即农民起义、变法维新、革命、反帝斗争都是"过激主义"，都是阻碍社会正常发展的；帝国主义不是侵略中国而是帮助中国搞近代化，清政府和恭亲王奕䜣、曾国藩、李鸿章乃至慈禧太后、袁世凯等可以使中国实现近代化。照此说来，革命、反帝反封建斗争都成为错误和罪恶。旧民主主义革命要不得,共产党领导的新民主主义革命自然也要不得。苏联的解体,原因不止一端,但其中不可忽视的一条,是对苏联、苏共历史的歪曲,将缺点和错误任意夸大,从而导致对70多年社会主义历史的完全否定,对马克思列宁主义的完全否定,造成思想上的极度混乱。历史的教训值得注意。

（原载《中国党政干部论坛》1995年第3期）

请看如此历史"新论"

1994年，在报刊上曾发生过引人注目的所谓"牌子事件"的争论。在西方帝国主义侵华时期，上海外滩公园门前曾有一块"华人与狗不得入内"的牌子，这在旧中国"国人的脑子里种下了深刻的印象"。没料想时至今日，竟有人说什么根本不存在这块牌子，是新中国建立后，"为了配合当时的形势"而造的。这类"翻案"文字，于今已是一种时尚。对中国近代史的事件、人物，给予"翻案"的言论、文章，时有所闻所见。

稍有中国近代史知识的人都知道，以1840年英国发动侵略中国的鸦片战争为开端，中国由一个独立的封建国家逐步沦为半殖民地半封建国家，到1949年中华人民共和国建立为止的一百零九年中，西方帝国主义列强压迫剥削中国人民，横行霸道，为所欲为，给中国人民带来极大的苦难，造成中国的贫困落后。为了国家的独立、民主、富强，中国人民前赴后继、不屈不挠、英勇顽强地进行了反帝反封建斗争，终于在中国共产党的领导下推翻帝国主义、封建主义和官僚资本主义三座大山，结束了中国屈辱、苦难的历史。这是铁一般的事实。但是，现在却有那么一些人提出了所谓"新论"，说什么"如果没有近代西方的殖民征服，人类，特别是东方各民族所有优秀的自然才能将永远沉睡，得不到发展"。按照他们的逻辑，以为西方列强是先进的资本主义国家，中国是落后的国家，先进可以帮助落后，"殖民化在世界范围内推动了现代化进程"。于是就有所谓鸦片战争打晚了，如果西方列强提前三百年打开中国大门，中国早就现代化了。因此，他们说："从某种意义上来说，是鸦片战争一声炮响，给中国送来了近代文明。"有的文章认为，帝国主义在上海等一些城市的租界，不是"国中之国"，而是给中国带来西方先进文明的场地，是"封建大沙漠"中的"绿洲"。甚而鼓吹亡国还可以得到西方的恩惠，"中国要富强康乐，先得被殖民一百五十年不为功"。帝国主义侵略有罪，在他们笔下，一变而成了"侵略有理"、"侵略有功"。

既然"没有西方的殖民侵略"，中国"将永远沉睡，得不到发展"，那么，中国人民反对帝国主义侵略的斗争不仅是多余的，而且是错误的。如有的人就认为，三元里抗英是干了蠢事，英国是先进的资本主义国家，而清政府是个落后的封建王朝，落后不应当反抗先进，先进可以帮助落后。持这种论点的人把反侵略斗争说成是"排外"，并且认为这种"排外"的深层原因，是中国传统文化的落后因素所致。它抗拒西方先进的资本主义文化，是妨碍中国走向近代化的阻力。

否定中国抵抗帝国主义侵略战争者的一条理由是：中国衰弱，打不过人家，抵抗一次，失败一次，签订一次不平等条约，自食"苦果"。如有的文章说，中法战争"既无益于越南，也无裨于中国，且因沉重的军费损失而加速了中国的沉沦"；义和团反帝运动的结果，招来了八国联军和《辛丑条约》。因此，抵抗不可取，和才是明智的。有的人甚至说什么抗日战争是错误的，不如亡国，亡国可以得到帝国主义的"恩惠"，可能早就现代化了。在中国人民抗日战争胜利五十周年之际，看看这种言论，真可以说是荒谬之极！

否定中国反抗帝国主义侵略斗争还有一种逻辑，叫做要"信守条约"，不能"违约"。其实，帝国主义侵略者靠武力逼中国签订不平等条约后，可以随时违背条约，再逼签更为苛刻的新约，以扩大侵略权益。反之，被侵略和奴役的中国人民稍有不满和反抗，就会被指责为"违约"，就是以"愚昧"抗拒"文明"。1840年鸦片战争以后一系列不平等条约的签订，就是这一强盗逻辑的体现。在《南京条约》签订后，清政府曾梦想"信守"所谓"万年和约"，但终被英法联军的炮火将梦想打得粉碎。对于帝国主义以武力强加于中国人民头上的不平等条约，中国人民完全有权反对，有权要求废除，不存在违约不违约的问题。如果按照所谓"信守条约"的说法，中国只有永远沦为帝国主义的半殖民地、殖民地，中国人民永远遭受帝国主义奴役不得翻身。孙中山为谋求民族独立、维护国家主权而努力奋斗。他明确指出不平等条约"就是我们的卖身契"，"一定要主张废除一切不平等条约"。直到去世之前，他一再反复强调说："我们中国人的地位，堕落到了这个地步，如果还不想振作国民的精神，同心协力，争回租界、海关和领事裁判权，废除一切不平等条约，我们中国便不是世界上的国家，我们中国人便不是世界上的国民。"[①]并且把这个主张，写进了他的遗嘱。

现在，不仅存在着为帝国主义侵略辩护、否定反帝斗争的偏向，也存在着抹杀反封建斗争的现象。洪秀全领导的太平天国起义，打击了清政府的腐朽统治，抗击了西方列强的侵略。清朝封建统治者把起义军诬称为"长毛贼"，由曾国藩、李鸿章等组织的湘军、淮军勾结外国侵略者镇压了起义。这段颠倒了的历史早已被颠倒了过来，如今又有人企图把它再颠倒过去。如有的人说洪秀全和太平天国"不是把中国历史推向前进，而是拉向后退"；曾国藩镇压了太平天国，则是成功地阻止了中国的后退，是他的一大贡献。也有人说太平天国同清政府的战争不过是两个封建集团之间的搏斗，它们在中国最富庶的地区交战十多年，给经济造成的破坏和给人民带来的苦难都非常严重。毋庸讳言，农民起义受阶级和时代的局限，不可避免地带有封建性、落后性，而战争本身也难免会有破坏，问题在于以什么立场、观点和方法来看待农民起义。这里不必多作论述，只引用近代史上两个人的话，就可以明白。一位是"戊戌六君子"的谭嗣同，他说："洪、杨之徒，苦于君官，挺而走险，其情良足悯焉。……民而谋反，其政法之不善可知，为之君者，尤当自反。……奈何湘军乃戮民为义耶？""中国之兵，固不足以御外侮，而自屠割其民则有余。自屠割其民，

---

① 孙中山：《在神户欢迎会的演说》，《孙中山全集》第11卷，中华书局1986年，第387页。

而方受大爵，膺大赏，享大名，晌然骄居，自以为大功者，此吾所以至耻恶湘军不须臾忘也。"[1]另一位是辛亥革命领袖孙中山，他从反清革命出发，自称"洪秀全第二"，认为是继承太平天国的未竟事业，批评曾国藩等镇压太平天国是陷于清政府"以汉攻汉之策"。

太平天国农民起义被诬为"破坏"、"反动"，而戊戌维新、辛亥革命、五四新文化运动则被贬为"激进主义"。指责它们不仅中断了中国近代的正常发展，而且影响了当代中国的正常发展。以辛亥革命为例，有的文章说，清政府虽然腐败，但慈禧太后在20世纪初推行"新政"，又搞了"立宪"，如果孙中山不闹革命，照这样慢慢进行下去，不仅军阀混战等局面不会出现，而且中国可以走上民主富强的道路。辛亥革命的结果，"延缓了中国现代化的发展过程"。在他们看来，辛亥革命真是罪莫大焉，而孙中山则是"罪魁祸首"。正是这些仁人志士、革命先烈，正是革命把中国搞坏了，搞糟了。于是他们得出革命不如改良的结论，赞扬改良，贬斥革命。有的人还从"理论"上加以概括，得出了一个革命不如改良的"规律"：凡以大革命形式实现从传统社会到现代社会转变的国家，均不能保持强国的地位，在转型过程中往往动乱频仍，国无宁日；而凡通过改革转入现代化轨道的国家，则能保持稳定的发展。依照这种论调，不单是辛亥革命搞糟了，中国共产党领导的新民主主义革命不言而喻也是搞糟了。辛亥革命推翻了腐败的清政府，结束了两千多年的帝制，建立了中华民国，被说成是"搞糟了"。新民主主义革命推翻了压在中国人民头上的三座大山，建立了中华人民共和国，更被贬斥为"搞糟了"。这些人的所谓反对"激进主义"是怎么回事，于此可见。

有的人喜欢讲"宽容"，但他们对历史上的革命和革命家却很不宽容；相反，对清政府、北洋政府的统治者如慈禧太后、曾国藩、李鸿章、袁世凯等则很宽容。对前者尽量予以贬损，对后者则大加颂扬。这里不妨以袁世凯为例。有的文章说，从清末到民初，尤其是北洋政府时期，袁世凯推

---

① 谭嗣同：《仁学》，《谭嗣同全集》下册，中华书局1981年，第345—346页。

行的经济、政治、外交、文化等政策，"反映了当时社会历史发展的总趋势"。他"兴学重教，开通民智"，"对教育的重视和投入，前无古人"。袁世凯"坚决抵制和反对'二十一条'"。文章还说什么："正是由于袁氏北洋政府政治上的宽松政策，陈独秀、李大钊、胡适、鲁迅等一代新文化大师脱颖而出；蔡元培成功地改造了北京大学；邵飘萍、黄远庸两大新闻巨擘一则则'独家新闻'、一篇篇时论文章众口交传；革命的报刊如雨后春笋般涌现——言论、出版、结社自由；毛泽东、周恩来等老一代无产阶级革命家在北洋时代成长起来。这一切，同袁氏北洋政府的文化政策、社会改革及社会文化心理失去平衡不无关系。"笔者所以不厌其烦地摘录这段文字，是因为它堪称"奇文"，可供读者欣赏。有的文章还为袁世凯复辟帝制辩护，说什么在中国绝大多数人的心目中，君主是中国秩序和谐与社会稳定的保障和象征，它的功能不仅仅是有助于确定政治秩序，而且有助于社会公众理解人生和世界的整体的意义秩序。所以，面临辛亥革命后权威丧失，社会秩序大乱的局面，袁世凯尊孔读经，复辟帝制，试图以中国固有的纲常名教作为整合社会、维系人心的信仰，是"在一定程度上找到了中国问题的症结，不失为合乎中国国情的一种选择"。面对这种高论，还能说什么呢？袁世凯是个什么样的人，他复辟帝制是怎么回事，这里已无须赘言。

史学研究没有止境，需要不断认识和创新，但并不等于可以任意肯定或否定，而在任何时候都必须采取实事求是的、严肃的、科学的态度。这就必须坚持以马克思主义为指导。只有运用它的基本观点和方法去分析历史，才能够把握本质，明辨是非，使历史得到最清楚、最全面的解释。前面提到的种种怪论的出现，从历史观和方法论而言，就在于轻视甚至贬斥了马克思主义对史学研究的指导作用，而走上了认为"历史可以随意塑造"的唯心史观。

所以出现以"翻案"为时尚，原因多样，有学风问题，也有更深层的因素。有的是好做翻案文章，以翻案为"创新"，既以其"新意"而容易在某些报刊上发表，也许还会带来"轰动效应"，扬名一时。对有些历史人物的翻案，则是与其亲属、乡梓有关，那些名声不好的人物的子孙后代和家乡，总要想让他们成为"名垂青史"的伟人、民族英雄，这样，似乎于子孙、于乡里都有光彩。有的则是把现实中的一些观念硬往历史上套，将历史与现实同样看待。当然也有人为了达到某种目的，别有用心地去曲解、编造历史。不论翻案者主观意图如何，有一点值得人们注意：按照这种种言论，近代中国的历史将要变成另外一幅图景，即农民起义、变法维新、革命、反帝斗争都是"激进主义"，阻碍社会的正常发展，都要不得；帝国主义不是侵略中国，而是帮助中国推进近代化；清政府和恭亲王奕䜣、曾国藩、李鸿章乃至慈禧太后、袁世凯之流，可以使中国实现近代化。照此说来，反帝反封建斗争都成为错误和罪恶，帝国主义和反动统治阶级则是推动历史前进，对中国社会发展有功或有大贡献。一部中国近代史完全被颠倒过来！

　　苏联的解体，原因不止一端，但其中不可忽视的一条，是对苏联、苏共历史的歪曲、中伤，从而导致对70多年社会主义历史的完全否定，对马克思列宁主义的完全否定，造成思想上的极度混乱。清代著名思想家龚自珍曾说："灭人之国，必先去其史。"历史的教训是值得我们严重注意的。

（原载《真理的追求》1995年第10期）

清除殖民文化心理　挺起中华民族脊梁

　　内容提要（一）殖民文化是一种畸形文化现象。它是殖民主义国家加诸于殖民地的一种文化。在近代中国，殖民主义的侵入，殖民文化的渗透，使得一部分人产生了殖民文化心理。（二）殖民文化的理论基础主要反映在两个方面：一是强调殖民主义在中国近代历史乃至世界历史上的所谓积极作用；二是渲染中国传统文化、中华民族性格的一无是处。（三）殖民文化的沉渣泛起与对中国近代社会性质、中外文化交流、中国近代化等问题认识上的偏颇有关。（四）在改革开放的今天，我们要有强烈的民族自尊心与自豪感，同时要善于吸收世界上一切优秀文明成果，要大力加强爱国主义的教育，树立科学的价值观念。

主持人：马宝珠（本刊主编）
特邀学者：李文海（中国人民大学校长、教授）
　　　　　龚书铎（北京师范大学史学所所长、教授）
　　　　　张海鹏（中国社科院近代史所所长、研究员）
　　主持人：欢迎三位先生参加"学术话题"讨论。最近，警惕殖民文化苗头，清除殖民文化心理的问题引起广泛关注。因此，这个专栏第一期是想谈谈殖民文化问题。殖民文化是一种畸形文化现象，有其一定的历史背景和原因。请各位畅所欲言，充分讨论。

张海鹏、龚书铎：《史林》专刊组织这个话题讨论很有必要。这个问题确实是存在的。譬如说，走上街头，我们常常看到一些有殖民文化色彩的招牌，连"中国料理"这样的话也堂而皇之地冠于某些饭馆的门楣上。有的父母给孩子起名字也非要"玛丽"、"约翰"什么的，洋气十足。至于迷信洋名牌，某些企业放弃已有市场的中国名牌改用外国牌子也已经引起许多人士的忧虑。当然，这些只是表面现象，问题远不止这些。在社会科学、文学艺术等领域也存在着这种现象。

李文海：任何一种文化现象，都不是从天而降、突然发生的。鲁迅曾将文化的改革和发展比作"如长江大河的流行"。为什么一个独立了40多年的社会主义国家，"殖民文化"还有一定的市场？为什么"殖民文化"会沉渣泛起？回答这个问题，的确有必要寻一寻根。

张海鹏：所谓殖民文化，是殖民主义的文化，是殖民主义国家加诸于殖民地的文化。它往往是殖民者侵略他国所首先使用的手段。这在近代中国历史上是有许多教训的。殖民文化的渗透，使得殖民地半殖民地国家中一部分人产生了殖民文化心理。

李文海：殖民文化是一种畸形社会心态的反映。它的出现，与我国在新中国诞生以前经历了109年之久的半殖民地半封建社会的历史有关。从某种意义上说，那一个历史时期，中国是一个由于殖民主义的侵略而被打断了从封建主义向资本主义正常转化进程的畸形社会。在这种畸形社会中，一部分人自然地产生了两种畸形的社会心态，这就是排外与崇洋。

主持人：崇洋与排外是一个问题的两个方面。这个问题许多学者曾有论述。但是，一些人对此还缺乏清醒的认识。这是否与对文化交流认识上的偏颇有关？

龚书铎：可以说是原因之一吧，谈到文化交流，我们不妨展开谈一谈。鸦片战争以后，西方资本主义文化输入中国，和中国文化进行交流。但是，近代中西文化交流不是在和平环境与平等的关系中进行的，而是伴随着西方列强的大炮、商品和传教士而输入的。这种文化输入或交流，实质上是西方列强对殖民地半殖民地国家实行的文化侵略。例如英国在印度的"英吉利化"，法国在越南的"高卢化"，日本在中国台湾和东北的"日本化"，美国对外推行"美国化"等。列强用西方文化来同化半殖民地、殖民地国家的人民，以便在这些国家和地区进行殖民统治，并使这些国家和地区成为他们赖以发展的一部分。就是说，西方资产阶级要按照自己的面貌去改造世界，使东方从属于西方。西方列强对中国输入文化也是这样，他们并不是为了中国的独立、民主、富强，相反是为了配合军事、政治、经济的侵略。因此，我们谈论问题，不应忽视这个重要的前提。

李文海：这个前提确实是我们认识问题的出发点。重温中国近代史，我们可以看到：中国的国门是在西方殖民侵略者的重压下被迫打开的。由于本民族固有文化对外来文化在初始接触中极易产生矛盾和抗拒，一部分人对殖民主义侵略尚停留在表面的感性认识阶段，因此排外心理便开始形成，并发展为一种心理惯性。在排外心理的另一极，便是崇洋心理。崇洋心理的产生，一方面是殖民主义者为了征服被统治国家人民的心而着力宣扬提倡的结果；另一方面，则是与排外心理出于同一根源，即对殖民主义侵略缺乏深刻的理性认识。于是，就认为中国文化在哪一方面都比不上西洋文化。崇洋的理论表现，便是"全盘西化"论。

张海鹏：其实，崇洋心理出现的本身，也是帝国主义侵略所造成的。第一次鸦片战争，英军兵临天津、南京城下，广州被占，香港被割让、赔款2100万元。第二次鸦片战争，英法联军占领广州、天津、北京，焚毁圆明园，强迫中国割地赔款。甲午战争，我国的台湾省被日本割去，还赔款2亿3150万两白银。《辛丑条约》中国向11个侵略过中国的国家（所谓八国联军是由8国组成，但在条约上签字的西方国家却有11个）赔款4亿5000万两（利息在外）。这就意味着当时每人要承担一两白银的赔款义务。条约还规定，除惩办"首祸诸臣"外，还要在义和团反洋教的地方"停止文武各等考试五年"；在北京树立克林德牌坊；派亲贵大臣去德国、日本道歉，在北京使馆区驻军及在北京至山海关沿线驻军；"永禁或设或入与诸国仇敌之会，违者皆斩"（即永远禁止中国人的一切反帝行为）等，并规定将上述一切惩罚办法以书面形式在中国全境各府、厅、州、县张贴公布。很明显，这些规定不仅是针对中国国家的，而且是针对每一个中国老百姓的。中国社会上的崇洋、恐洋、迷洋风气，就是在这种绝对高压的形式下形成并蔓延开来的。

主持人：殖民侵略带给中国人民沉重的心理负荷。这种畸形的心态理应遭到摈弃。那么，它何以在今天又有所抬头呢？它的理论基础是什么？

李文海：殖民文化能够构成一种文化现象，必然有其理论基础。这主要反映在两个方面：一是强调殖民主义在中国近代历史乃至世界历史上的所谓积极作用，如说什么"殖民化在世界范围内推动了现代化进程"，"如果没有近代西方殖民征服，人类，特别是东方民族所有优秀的自然才能将永远沉沦，得不到发展"，歌颂殖民主义"从根本上改变了东方历史的发展过程，成为东方民族赶上现代文明的唯一的现实良机"。二是渲染中国传统文化、中华民族性格一无是处，认为应"全面否定"，主张对"传统不要以精华、糟粕来区分"，"要打破就要整体地打破"，"积淀在我们民族的血管"的"旧文明"使中华民族"走向衰落之中"。如此一褒一贬，殖民文化的泛起也就毫不奇怪了。

龚书铎：现在还有一种说法，认为过去说帝国主义是殖民侵略、是对中国人民的压迫剥削，是造成近代中国落后的原因，都是"消极的"、"情绪化的"；"世界走向中国"，"中国走向世界"，才是"中国近代史的主题"等等。这种看法必然导致崇洋媚外。

主持人：殖民文化的理论表现还涉及一个重要的问题，即中国的近代化问题。有人认为，鸦片战争提出了中国近代化的任务。因此，对帝国主义的侵略就不能反对，甚至还要欢迎。这种说法荒谬之极，但对一些人特别是青少年确有影响。

张海鹏：这与近年来研究中出现的问题也有关系。这些问题本来是很清楚的，现在似乎又成问题了。除了上述所说的，还有诸如"鸦片战争一声炮响，给中国送来了近代文明"、"只有当殖民地300年才能实现现代化"一类的言论也在影响着人们。有人说，阶级斗争、反侵略史观，"对中国社会的正常发展的确带来了很大的灾难"。按照这样的逻辑，中国人民抵抗帝国主义的侵略就是不对的。众所周知，中国近代的旧民主主义革命是以反帝反封建为标志的，新民主主义革命是以打倒列强开始的，并且制定了反帝反封建的明确的战略目标。如果不是这样，中国的主权沦丧，还谈什么近代化和现代化？

主持人：这样看来，殖民文化涉及到对中国近代社会性质、中外文化交流、中国近代化等诸多问题的认识。那么，面对近代的殖民文化现象，中国人是如何对待的呢？

龚书铎：即使在半殖民地半封建的中国，有识之士也不甘于被西方人牵着鼻子走。就说西方文化在中国的输入、传播，也不是只靠诸如传教士等外国人的赐予，而是中国人一开始就具有主体性和主动性，并且随着对西方文化认识的深化，这种主体性和主动性越来越突出。还在道光年间，有人就感慨"大江南北，莫不以洋为尚"。19世纪末20世纪初，一些人对固有文化持虚无主义态度，盲目否定，一味"醉心欧化"。孙中山曾旗帜鲜明地批判过这种思想。他说："中国人从前是守旧，在守旧的时候总是反对外国，极端信仰中国要比外国好；后来失败，便不守旧，要去维新，反过来极端的崇拜外国，信仰外国是比中国好。因为信仰外国，所以把中国的旧东西都不要，事事都是仿效外国，只要听到外国有的东西，我们便要去学，便要拿来实行。"从鸦片战争开始，中国人了解、吸收西方文化，就是为了救国。辛亥革命时期，一些报刊明确表明创办的宗旨，是"输入东西之学说，唤起国民之精神"。这表明了强烈的爱国主义精神。对一些殖民文化现象，孙中山也曾进行过尖锐的批评。譬如，他批评一些人"到了美国之后，不管中国为什么要派留学生，学成了以后，究竟对中国有什么用处，以为到了美国，只要学成美国人一样便够了。所以，他们在外国的时候，便自称什么'佐治'、'维廉'、'查理'，连中国的姓名也不要"，甚至"连中国人住的地方，都不敢去；逢人说起国籍来，总不承认是中国人"。这些批评是十分尖锐、十分深刻的。

李文海：近代中国，一些站在时代前列的中国人曾积极探索过救国救民的道路。尽管受到时代限制，认识上并非完全正确，但由于爱国主义拓宽了他们的心胸和眼光，他们往往既摈弃盲目排外，也不齿于一味崇洋。从林则徐、魏源提出"师夷长技以制夷"，把"师夷"（学习外国）同"制夷"（抵抗外国侵略）统一起来；到康有为主张"泯中西之界限，化新旧之门户"，严复主张"统新故而视其通，苞中外而计其全"；再到孙中山强调"发扬吾固有之文化，且吸收世界之文化而光大之，以期与诸民族并驱于世界"，鲁迅的中国新文化应该"外之既不后于世界文化之思潮．内之仍弗失固有之血脉"等。这一切都表现了他们既有民族的自尊自信，又不是对自己民族虚骄自大；既看到应该吸收世界的先进文明，又不对西方文化奴颜婢膝的自主而开放的精神状态。

主持人：经过几位先生的分析，我相信，人们对殖民文化问题会有某些新的认识。在新的历史条件下，我们如何克服殖民文化心理呢？

张海鹏：100年来的历史已经证明，中国的独立解放要靠中国人民自己。中国要实现现代化，仍然要靠自己的力量。现代化当然要吸收、利用外国先进的科学、文化、技术，然而，如果认为一味顺应、迎合西方就能实现现代化，那是十分幼稚的，也是不可能的。在新的历史条件下，我们应当振奋民族精神，挺起中华脊梁，以健康、积极的态度投身于现代化建设事业，使中国的现代化事业更稳步、更顺利地发展。

李文海：我们要发扬光大近代史上优秀的传统文化，加强爱国主义教育，使中国人民从历史上、理论上搞清殖民文化是怎么一回事。邓小平同志多次强调"要尊重自己的民族"，要有强烈的民族自尊心自豪感，同时，还要敢于和善于吸收世界上一切优秀文明成果。我们应当以邓小平同志的理论武装头脑，树立科学的价值观念。

（原载《光明日报》1996年2月27日）

中国近代史学习与爱国主义教育

一

中国近代是爱国主义发展、升华的重要时期，不了解近代的历史，就难以完整地领会、本质地把握爱国主义的精髓。

近代中国的爱国主义有着丰富的内涵，而其中有两个特点、一种趋势尤其值得当代青年思考和借鉴。

特点之一：与在危难中的祖国生死与共。爱国就意味着责任与奉献，爱国无需任何条件和理由，这本是爱国主义题中应有之义，但近年来竟也遭到了一些人的质疑和挑战。有一种在青年学生中颇有市场的观点认为：爱国的前提是祖国值得你爱，否则就可以"良禽择木而栖"，从而把神圣的爱国主义曲解成为讨价还价的庸俗交易。其实，爱国者的赤诚，不仅仅表现为对壮丽河山、悠久历史的赞美讴歌，以及在祖国强盛时的欢欣鼓舞，更表现在山河破碎、祖国蒙辱贫困之时的不离不弃、生死与共。在近代中国，有那么多的西方国家动用了军事、政治、经济、文化种种力量，却始终无法灭亡中国，就是因为中国有无数前赴后继为国家的生存而战斗的忠诚儿女。近代中国的历史，就是中国人民为"救亡图存"、"振兴中华"而奋斗、抗争的爱国主义运动的历史。可以说正是在祖国最危急的时刻，爱国主义迸发出了它最耀眼的光辉。当然，这期间也确实出现过拿国家利益做交易的败类，如大大小小的袁世凯、汪精卫之流，但他们无不因此而受到了历史严正的裁判。

特点之二：冷峻的批判精神与强烈的民族自豪感相统一。无条件的爱国，并不意味着无视落后与差距。近代绝大多数的爱国者在肯定中国优秀传统、灿烂文明的同时，也勇敢地承认了中国的落后，并对一切阻碍进步的事物进行了猛烈的批判。他们为了祖国的独立、富强，号召国人向西方学习。但是，他们并没有因此而对国家、民族终将再度崛起产生过怀疑，而是充满信心和自豪。伟大的爱国主义先驱孙中山就曾断言：经过创造性的学习，中国终要"驾乎欧美之上"。文化战线上的旗手鲁迅，一方面成为中国封建传统最彻底的反叛者，另一方面又在其身上凝聚了中国文化最优秀的传统。他既对"国粹"论者"爱国的自大"给予了深刻的揭露，又对帝国主义的罪行和"假洋鬼子"的丑态进行了无情的鞭挞和嘲讽。爱国而不封闭保守、抱残守缺，学习西方又不盲目崇洋、妄自菲薄，这就是近代爱国者的选择。他们一系列深刻的见解，至今仍是我们宝贵的财富。

一种趋势：走社会主义的路。为了实现强国之梦，近代中国人有过种种艰难的探索。然而，无论是地主阶级的自强运动，农民阶级的起义抗争，还是资产阶级的改良和革命，都相继在西方列强坚船利炮的打击下，在中外反动势力联合绞杀下，以失败而告终。人民的解放事业需要有科学的理论为指导，需要有先进阶级的领导。以马克思主义武装的中国共产党应运而生，肩负起拯救中国的重任，并最终结束了半殖民地半封建社会的历史。由爱国而革命，由民主主义到马列主义，由坚定的爱国者到忠诚的共产主义战士，这就是近代许多爱国者的人生历程。由旧民主主义向新民主主义过渡，由新民主主义向社会主义发展，这就是中国近代爱国主义运动的发展趋势和必然结果。

二

形象生动、情理交融的近代史教育，可以有效地激发、培育当代青年学生的爱国主义精神。

一个对自己祖国感情淡漠的人，即使能对爱国主义的理论讲得头头是道，他也不是一个真正的爱国者。因为爱国主义首先是一种对祖国深沉、炽热的情感。激发爱国主义情感，理应成为爱国主义教育的一个出发点。

情，需要以情来打动。中国近代史教育应该而且能够做到这一点。曾不止一次听到学生抱怨学历史枯燥。其实，枯燥的是讲授者的照本宣科，而不是历史本身。历史是有血有肉的，丰富的。

青年渴望创造，青年最钦慕英雄。中国近代，正是一个建功立业、英雄辈出的时代。近代以来，中国的青年一直走在爱国斗争的前列，充当着时代的先锋。每当国家危难之际，都有青年们的挺身而出；每一朵胜利之花的绽放，都有青年血泪的浇灌。"肩负起天下的兴亡"，是青年的誓言，是历史的写照！谭嗣同、邹容、陈天华、秋瑾、林觉民……那一串长长的名字已为历史所铭记。他们那短暂而辉煌的一生，带给当代青年的，除了思索与启迪之外，首先是一份深深的感动——为了他们对祖国无限的依恋，无比的忠诚。

青年珍爱独立和自由，青年希望得到承认和尊重。然而，近代中国的历史会告诉青年，一旦国家丧失了独立和主权，当它无力捍卫整个民族的尊严，它的人民也就不再拥有个体的尊严和自由。"华人与狗不得入内"、"猪仔"、"东亚病夫"：一个创造了5000年历史文明的伟大民族，在被殖民统治的时代，在殖民者的眼中，就是这般猪狗不如！这段血泪写成的历史，能够给予当代青年最直接的情感体验恐怕就是：国强我荣，国衰我辱。

当然，动之以情，还要晓之以理。因为爱国主义不仅仅是一种对祖国的深厚情感，作为一种主义，它还有着深刻的理性内容。一个人为什么应该而且必须热爱自己的民族和祖国？真正的爱国者应具备什么样的道德品质，遵守哪些行为准则？应该通过什么途径、采用何种方法去爱国、报国？等等。如果对于此类问题能有一个正确的解答，使朴素的情感植根于深沉的理性认识之中，就可以使这种感情由自发到自觉，变得更为持久、巩固。中国近代史教育在这方面能起很重要的作用，而且对于当代青年的某些思想困惑还有很强的针对性。

当代青年是热爱祖国，希望祖国富强的。但对富强之路的选择却众说不一，甚至颇感茫然。一些青年的社会主义信念发生动摇，原因是多样的。但其中有一点，恐怕还在于他们对历史，特别是对中国近代史缺少了解。现实是历史的发展，有些现实问题是可以通过历史得到解说的。

爱国不是抽象的，爱国主义与坚持社会主义道路是密切结合、互相统一的。这是基于对历史发展规律的把握，是对近代中国历史的总结。殖民主义者带给中国的是进步还是灾难，中国近代工业的发展是怎样步履维艰，新中国社会主义现代化建设是基于什么样一个起点，好好学习一下中国近代史，是不难明白的。

学习中国近代史，不仅能够激发人们的爱国心、自豪感，而且能够帮助人们明辨是非，澄清谬误，进一步坚定爱国主义信念。正因为如此，党和国家领导人都非常重视中国近现代史的教育。江泽民同志曾指出："一部中国近代史、现代史，就是一部中国人民爱国主义的斗争史、创业史"，"全国人民特别是广大青年，都要认真学习和了解祖国的历史，尤其是近代以来的历史"。

三

对广大青年的中国近代史教育亟待加强和改善。

虽然中国近代史学习对于青年爱国主义精神的培育有着重要的作用，虽然党和国家领导人曾反复强调学习中国近代史的重要意义，但仍然有一些同志对这个问题未能真正重视。历史知识的学习，爱国主义情操的培养，人生观、价值观的塑造，是一项非常重要而又必须循序渐进、常抓不懈的工作；只能陶冶，潜移默化，不能立竿见影。等问题严重了再进行历史教育，是难以奏效的。

圆明园是谁烧的？不清楚。甲午战争是怎么回事？更说不出所以然来。已有不止一项的调查表明，青年中（包括大学生在内）对中国近代史的缺少了解令人吃惊。这绝不是小事。清代著名思想家说："灭人之国，必先去其史。"如果不了解中国近百年的苦难史，不知中国为何选择了社会主义，那么当有人丑化和攻击社会主义时，又怎能引起青年的警惕；当有人公开鼓吹中国需当"三百年殖民地"时，又怎能激起他们应有的义愤！

当代青年头脑敏锐，思想解放，有许多值得肯定的长处。但是，他们也有着自身的弱点。他们身上没有旧社会留下的伤痕，感情上也没有新旧社会两重天的强烈的对比体验，相反，对于社会主义所出现的曲折和失误却有着模糊的认识和记忆。帮助他们真正了解祖国的现实，并学习祖国的历史，这本是长辈和教育工作者的职责所在。但是，这方面的工作并没有完全跟上。而与此同时，这些年在理论界又出现了许多"新论"，在影响乃至争取着青年。按照这些"新论"，帝国主义不是对中国进行殖民侵略，而是推动了中国的现代化进程，中国人民的反侵略斗争是不识时务的盲动；革命"搞糟了"，它"破坏一切"，应该"告别革命"；慈禧、曾国藩、李鸿章、袁世凯等镇压革命、出卖国家主权的封建统治者被美化成爱国者，而洪秀全、谭嗣同、孙中山、陈独秀等一批为改革、革命献身的先行者，则被指责为造成社会动荡的民族罪人。与鼓吹中国当"三百年殖民地"这类赤裸裸的口号相比，上述的观点都有着精致的"理论"包装，是以"新知"、"新论"的面貌出现的，这对于渴求新知却又涉世不深、不了解中国近代历史的青年来说，就更具迷惑力。

是非不明，必然善恶不辨。如果卖国、爱国的界限都可以随意混淆，侵略、反侵略都可以任意颠倒，那么爱国主义教育还将从何谈起？这是值得我们注意和深思的。

（原载《中国高等教育》1996年第10期）

社会主义精神文明建设要坚持马克思主义的指导

《决议》中反复强调，必须坚持马克思列宁主义、毛泽东思想和邓小平建设有中国特色社会主义理论的指导，就是说，在建设社会主义精神文明的进程中，包括思想道德和文化建设等在内，对于马列主义、毛泽东思想和邓小平建设有中国特色社会主义理论的指导作用，不仅不能有任何动摇，而且必须是坚定的、旗帜鲜明的。

近些年来，在一些报刊上不断出现淡化甚至否定马克思主义指导作用的言论，如所谓"消解主流文化的意识形态"、"解构正统意识形态"、"化解神圣化"等。他们要消解、解构、化解的，显然是马列主义、毛泽东思想和邓小平建设有中国特色社会主义理论。另有一种说法认为文史哲不是科学，只能称之为"人文学科"，因为它不能实证，也没有规律，而是由研究者出于思想感情所作出的诠释。这种说法，实际上也是对马克思主义的否定。既然哲学等不是科学，不言而喻，马列主义、毛泽东思想和邓小平建设有中国特色社会主义理论当然也就不是科学。这样一来，我们说马克思主义是科学的理论，就不能成立了。这无疑是必须分清是非的重大原则问题，不排除干扰，必然会影响《决议》的贯彻落实。近年来，哲学社会科学的研究中出现一些值得注意的观点。如中国近现代史研究就出现了称颂帝国主义侵略，贬低、抹煞中国人民的反抗斗争，赞扬封建统治者，丑化、否定农民起义和革命运动等言论，这不能不说是淡化、否定马克思主义指导的结果。要贯彻《决议》的精神，健康地繁荣发展哲学社会科学，保证其沿着正确的方向发展，就必须坚持马列主义、毛泽东思想和邓小平建设有中国特色社会主义理论的指导。

（原载《求是》1997年第1期）

以正确的历史教育人民

《中共中央关于加强社会主义精神文明建设若干重要问题的决议》对哲学社会科学明确提出，要"为党和政府决策服务，为两个文明建设服务"，这对哲学社会科学工作者来说，任务重大，责无旁贷。历史作为哲学社会科学的组成部分，无疑也应该贯彻这两个"服务"的精神，发挥其应有的作用。《决议》指出："要把现代化建设的伟大成就和宏伟目标，中国近代史现代史、中共党史和基本国情，中华民族优秀传统和革命传统，民族团结和祖国统一，国防和国家安全，作为新时期爱国主义教育的主要内容。"这也具体地要求历史所应发挥的作用。

历史不仅对国家前途的观察，对国策的制定，有着重要的作用，而且在培养人的世界观、人生观、价值观，在陶冶人的品德情操，在提高人们的文化素质等方面，都有着重要的作用。党和国家领导人一向都很重视历史教育，发挥历史的社会作用。在新民主主义革命时期，毛泽东同志就很注意借鉴历史上的经验教训，他说："今天的中国是历史的中国的一个发展，我们是马克思主义的历史主义者，我们不应当割断历史，从孔夫子到孙中山，我们应当给以总结，承继这一份珍贵的遗产。这对于指导当前的伟大的运动，是有重要的帮助的。"又说："指导一个伟大的革命运动的政党，如果没有革命的理论，没有历史知识，没有对于实际运动的深刻的了解，要取得胜利是不可能的。"在社会主义现代化建设新时期，邓小平同志强调"要用历史教育青年，教育人民"。他指出，中国近代历史告诉我们："中国走资本主义道路不行，中国除了走社会主义道路没有别的道路可走。一旦抛弃社会主义，就要回到半殖民地半封建社会，不要说实现'小康'，就连温饱也没有保证。所以了解自己的历史很重要"。他还说："要懂得些中国历史，这是中国发展的一个精神动力。"江泽民总书记就任党的总书记后，为贯彻邓小平同志这一思想，多次提出要在全国特别是青少年中进行中国近代史、现代史教育。他在给国家教委负责人的信中说："要对小学生（甚至幼儿园的孩子）、中学生一直到大学生，由浅入深，坚持不懈地进行中国近代史、现代史及国情教育"。"教育我们的干部和群众，特别是青少年，使他们熟悉我们的近代史、现代史和我们党的斗争史，认识今天的人民政权来之不易。"他还说："一个民族如果忘记了自己的历史，就不可能深刻地了解现在和正确地走向未来。"这清楚告诉我们，正确了解中国历史特别是近现代史的重要意义，它关系到培养"四有"新人，关系到中国走什么道路的根本问题。

但是，近些年来，在中国近现代史的研究中，也存在一些值得注意的观点。归纳起来，有以下四个方面：一、否定近代中国社会是半殖民地半封建社会，主张辛亥革命前是封建社会，以后为资本主义社会，或认为20世纪中国进入工业文明社会；二、称颂资本帝国主义的殖民侵略，否定中国人民的反侵略斗争；三、鼓吹"告别革命"，否定中国人民的革命斗争；四、颂扬、美化反动统治阶级的代表人物，甚至是汉奸、卖国贼，贬抑、否定进步的、革命的人物。这些观点与邓小平建设有中国特色社会主义理论，与《决议》的精神背道而驰，干扰、影响《决议》的贯彻落实。正如《决议》所指出的："对于事关政治方向事关重大原则的问题，要旗帜鲜明，分清是非，保证哲学社会科学研究沿着正确的方向发展。"

对于中国近现代史研究中存在的这些重大原则问题，分清其是非，不仅是关系哲学社会科学研究能否沿着正确的方向发展，而且是关系到中国走什么道路的根本问题。依照上面提到的那些观点，确实如有的人所主张的中国近现代史就必须重写，把已经颠倒的历史再颠倒过去。这种歪曲、篡改历史，后果是严重的，危害很大。清代著名思想家龚自珍曾说："灭人亡国，必先去其史。"这是非常深刻的。日本帝国主义当年在中国台湾和东北进行殖民统治时，实行同化政策，禁学或歪曲中国历史，灌输日本历史、国体、效忠天皇的观念。直到现在，日本的右翼势力仍然在否认侵华的历史，叫嚷修改历史教科书。苏联的解体原因不止一端，但其中不可忽视的一条，是对苏联、苏共历史的歪曲和抹黑，将缺点和错误任意夸大，从而导致对70多年社会主义社会的完全否定，对马克思列宁主义的完全否定，造成思想上的极度混乱。这表明是否正确研究和阐述历史是极为重要的。

史学研究中出现的种种错误观点，就多数情况而言，是有的人离开了马克思主义的立场、观点和方法来研究历史的结果。任何一个史学工作者，不管他是否意识到，或是否承认，其研究工作都是在一定的历史观和方法论的指导下进行的。马克思主义是科学的理论，在它的指导下，史学才真正成为一门科学。但是，我们也应该看到，在近些年，马克思主义受到了一些人有意无意的冷遇或排斥。有的公开声称马克思主义过时了，要"告别主义"。有的扬言要"消解主流文化的意识形态"，"解构正统意识形态"，"化解神圣化"。他们所要消解、解构、化解的，显然是马克思列宁主义、毛泽东思想和邓小平建设有中国特色的社会主义理论。也还有的人认为文史哲不是科学，只能叫"人文学科"。这种说法实际上也是对马克思主义的否定。既然哲学等不是科学，不言而喻，马列主义、毛泽东思想、邓小平建设有中国特色的社会主义理论当然也不是科学。这样一来，所谓马克思主义是科学理论，邓小平建设有中国特色的社会主义理论是马克思主义、毛泽东思想的继承和发展，是当代的马克思主义，也就不能成立了。《决议》多处强调必须坚持以马列主义、毛泽东思想和邓小平建设有中国特色的社会主义理论为指导，这表明它不是可有可无的，不是可以淡化的，更不是可以任意加以贬斥、否定的。要贯彻《决议》的精神，繁荣发展哲学社会科学，繁荣发展历史科学，保证其沿着正确的方向发展，首要的就是必须坚持以马列主义、毛泽东思想和邓小平建设有中国特色的社会主义理论为指导。马克思主义是迄今为止最科学、最完善的理论，只有运用它的基本观点和方法去分析历史，才能把握本质、明辨是非，使历史得到最清楚、最全面的解释。我们相信，只要坚持以马克思主义的科学世界观为指导，通过健康的百家争鸣，我们的历史研究定能取得更大的成绩。这对于用历史教育人民，特别是教育干部和青年，弘扬爱国主义、集体主义和社会主义主旋律，加强社会主义精神文明建设，必将发挥更为健康积极的作用。

（原载《北京师范大学学报〔社会科学版〕》1997年第2期）

为何不让学生正确认识台湾

读了台湾当局最近推出的初中一年级新教材《认识台湾》中的"历史篇"之后，心情难以平静。它不能不使人去思考这样一个问题：编纂者及其幕后指使者究竟如何让学生认识台湾历史？是让学生正确认识台湾历史，还是引导学生去错误地认识台湾历史？显然这部教材是在向学生灌输错误的历史知识，蓄意割裂台湾和祖国大陆的联系，宣扬分裂祖国的思想。

在教材的"导论"中，对台湾历史归纳了两个特点，一叫"多元文化"，一是"国际性"。这无疑是对台湾历史的歪曲。台湾自古以来就是中国不可分割的一部分，台湾当地的汉族和少数民族是中华民族大家庭中的一员，台湾文化是中华文化。在历史发展过程中，台湾文化不论受到什么外来文化的影响，其主体是中华文化，是中华儿女世世代代创造出来的。全书避而不提中华民族，也不提中华文化，却鼓吹什么"多元文化"，以此来欺骗青少年学子。与"多元文化"相适应的，是所谓台湾历史的"国际性"。这是教材贯穿始终的一条主线，它不是立足于台湾自古以来就是中国的一部分来编写台湾历史，而制造出台湾历史的"国际性"，是别有用心的，是蓄意为宣扬分裂祖国制造历史依据。

在这种错误指导思想的指导下，教材歪曲台湾历史。在叙述史前时代之后，一下子就跳到唐末（9世纪末），拦腰砍去一段。例如，不写三国吴孙权曾派卫温、诸葛直率军到台湾的事实，也不写隋炀帝大业年间（7世纪初），先后派朱宽、陈稜三次到过台湾的事实，掩盖历史真相，以割断台湾和祖国大陆联系的悠久历史。这种歪曲台湾历史的情况，在教材第三章中明显表现出来。这一章的时间是从唐末到明末，而这一章的标题竟称为"国际竞争时期"，把汉族人民从祖国大陆移居台湾进行开发和建设，与荷兰、西班牙和日本对台湾的侵占相提并论，甚至胡说荷兰殖民者侵占台湾提高了台湾的国际地位，明显地站到殖民侵略者一边去，简直是忘祖忘宗。当年郑成功在给侵占台湾的荷兰殖民统治者的一封公开信中明确指出：台湾和澎湖"属于中国"，应由中国政府管辖，"岛屿上的居民都是中国人，他们自古以来占有并耕种这一土地"。

教材歪曲历史的错误观点，还在郑成功、清朝治理台湾的各章中露骨地表现出来。例如，强调台湾是所谓"国际贸易据点"，胡说什么"鸦片大都来自中国大陆，印度和土耳其等国"，公然把祖国大陆作为"外国"，与印度、土耳其等国并列在一起。教材也写了清政府在台湾的建制，设台湾府，归福建省管辖，到1885年建省，既然台湾是清朝的一个府、一个省，又怎么能够把祖国大陆与印度、土耳其一样都作为"外国"呢？如此逻辑混乱，胡编乱造，说明教科书的编纂者及其幕后指使者极其不负责任，岂不误人子弟！

在叙述日本帝国主义对台湾的侵占和殖民统治时，教材贬低和否定两岸中国人民共同为台湾回归祖国进行前赴后继、浴血奋战的艰苦历程。一方面根本不写台湾人民的反对割台和抗日斗争是在祖国大陆的支持下共同进行的艰苦卓绝的斗争，另一方面则是抹掉了台湾人民在抗日斗争中所表现出来的强烈的祖国意识。台湾同胞在反抗日本帝国主义殖民统治的过程中，表现出来的祖国意识是非常鲜明、强烈的，例如有的竖起"奉清征倭"的大旗，有的提出抗日是为了"上报国家，下救生民"。1913年，同盟会员、台湾同胞罗福星受辛亥革命的影响，返回台湾准备发动起义，他在《大革命宣言书》中明确指出，光复台湾是为了"雪国家之耻，报台湾之仇"。在日本推行同化政策和皇民化运动中，台湾同胞认定要"坚持我们汉家儿女的传统精神，不被日本人同化而为日本皇民"，"一定能克服多种艰难而勇敢地苦守中华儿女的气节"。这是非常动人的事实。

然而教材不仅不用这些具有爱国思想的历史事实教育学生，反而对日本在台湾的残酷统治、野蛮掠夺歌功颂德，把日本侵占台湾时期美化为"促进"台湾现代化的时期，颠倒是非，公然赞颂日本总督府以"警察和保甲制度有效地达成社会控制，严密地防范犯罪和维持秩序，使民众不敢心存侥幸而触犯法律。同时，透过学校和社会教育灌输现代法治观念和知识，学习尊重秩序和法律，加上司法的维持公平和正义，获得社会大众的信赖。影响所及，民众养成安分守己，尊重秩序，守纪律的习惯，建立守法的观念"。在这里我们之所以把这段文字全部抄录下来，是因为它堪称"奇文"。如此美化日本的殖民统治，要台湾同胞"安分守己"地当顺民，不能反抗，如果是出自日本侵略者的手笔倒也不奇怪，然而这却是由台湾当局推出的，实在是对台湾同胞和反抗日本殖民统治斗争中的死难者的莫大侮辱，令人愤慨，发人深思！

作为一个长期从事历史教学工作的教师，希望台湾史学界、教育界的同行能以对青少年负责任的态度，对中华民族前途负责任的态度，认真编写教材，尊重历史，客观、全面、真实地叙述历史，还历史以本来面目，维护祖国的统一。

（原载《人民日报》〔海外版〕1997年10月30日）

迎香港回归　雪百年国耻

1997年7月1日，香港将重回伟大祖国的怀抱，这是一件值得纪念和庆祝的历史大事，它是对百多年来我们所蒙受的民族耻辱的再一次洗雪，是中国人民渴望国家统一这一历史宿愿的又一次实现。在这样一个时刻，让我们重温一下历史，是很有意义的。

一　蒙尘的〝明珠〞

香港是我国领土上一颗璀璨的明珠，但是在近代，当它一步步被侵略者所霸占、攫取，变成了所谓"英国皇冠上的明珠"之后，它就成为了我们民族心灵深处一份伤痛和那个屈辱时代的历史象征。

香港地区是由香港岛、九龙半岛和"新界"三部分所组成，据1995年统计，其总面积为1092平方公里。香港自古以来就是中国神圣的领土。现已发掘出来的考古材料足以证明，早在5000多年前，我国的先民就已经在这一地区捕鱼、耕作，生息繁衍。在英国侵占香港以前，这一地区的经济和文教事业都已有了一定程度的发展。如，据史料记载，当时港岛南部的赤柱已是一个相当繁荣的渔港市镇。在九龙半岛，也是铺民云集，渐成市镇，商业颇为兴盛，经济多有发展。

英国殖民者对香港的吞并是蓄谋已久的。1834年，英国驻华商务监督律劳卑要求政府派海军以武力夺取香港。1836年，在华英商的喉舌《广东记录报》也公开宣称："如果狮子（指英国）的脚爪准备攫取中国南方一块土地，那就选择香港吧。"实际上，当时英国的鸦片贩子已经把香港地区一带的中国水域，变成了进行罪恶的鸦片走私的巢穴。

　　香港是英国侵略者以武力迫使清政府签订了三个不平等条约而强行霸占的。英国对香港的一步步侵占，与近代中国向半殖民地半封建社会深渊的一次次沦落几乎是同步发展的。可以说，香港沦入侵略者之手的过程，实际上就是中国近代历史的一个缩影，它记载着清政府的腐败无能、帝国主义的贪婪与蛮横以及我们民族的耻辱。

　　近代中国在帝国主义侵略下而逐渐沦为半殖民地半封建社会，正是以英国发动鸦片战争并强占香港为开端的。1840年，英国发动了侵略中国的鸦片战争，并于1841年1月25日派兵侵占了香港岛。1842年8月，英军兵临南京城下，迫使清政府订立城下之盟，签订了中国近代史上的第一个不平等条约——中英《南京条约》。条约的内容之一，就是割让香港岛给英国。

　　英国侵略者的欲望自然不会因此而满足。1856—1860年，英、法联合发动了第二次鸦片战争，进一步加深了中国社会的半殖民地化。正是通过这次战争，英国迫使清政府签订了《北京条约》，割占了九龙半岛南部。

　　每一次都是为了满足贪婪的欲望而抢劫，每一次抢劫又都使欲望变得更加贪婪。1895年甲午战争后，日本不仅获得了大笔的赔款，而且割占了台湾全岛及所有附属岛屿和澎湖列岛。此举立即引发了列强瓜分中国的狂潮。列强争相在中国划分所谓"势力范围"，致使中国完全沦为半殖民地半封建社会。英国作为老牌的殖民主义者也不甘于人后。在甲午战争尚未结束的时候，当时的港督就已经向英国的殖民大臣提出了占领"新界"的问题。他主张利用清军在战场上的失利来趁火打劫，"应当在中国尚未来得及从失败中恢复过来以前，向它强行提出这些要求"。1898年3月，法国提出了租借广州湾等要求。英国随即以此为借口向清政府提出了拓展香港界址的问题。在英国的威逼和欺骗下，清政府被迫与之签订了《展拓香港界址专条》。英国据此强行租借了深圳河以南、界限街以北，包括大鹏湾、深圳湾以及香港岛周围235个岛屿，面积达975.1平方公里的中国领土，开租日期为1898年7月1日，租期为99年。虽然此举使香港行政区比以前扩大了11倍，租借地水域较前扩大了40多倍，但英国并没有就此满足。它不断地向清政府施加压力，最终于1899年3月签订了《香港英新租界合同》，进一步扩大了侵占范围。至此，香港地区完全处在了英国的殖民统治之下。

二 相连的血脉

国家一旦丧失了主权，就再也无力捍卫民族的尊严。在中国近代，香港同胞与祖国内地的广大人民一样，承受着列强的压迫与凌辱。在他们的心中，都同样蕴含着一份深深的悲愤和辛酸。

众所周知，旧中国的上海滩曾是所谓洋人冒险家们的乐园，那里的公园门口曾公然挂出过"华人与狗不得入内"的告示牌。而1864年港英当局颁布的公园章程第三条亦规定："中国技工和劳工不准在园内穿行。"其第四条规定则是："轿子和轿夫不得进入公园，狗若无人牵着亦不得进入公园。"那时，在殖民者的眼中，中国人就是与狗同列，甚至连狗都不如，根本就不配享有丝毫的人权。正如有关专家所指出：1877年以前，港英当局对华人实行的是赤裸裸的种族歧视政策，直到19世纪末，作为香港的主体民族，华人依然处于无权的地位，没有言论、出版、结社等自由。此后，在香港同胞的不断斗争下，加之华人经济力量的增强，港英当局虽有所收敛，但上述现象并没有得到根本、彻底的改观。时至20世纪中叶，在香港各官署或大商行中，英人总办或经理高高在上，其次为西洋人、印度人，最底层的华人则倍受歧视，这种情况还是很常见的。至于那个集行政、司法、立法权于一身的香港总督，更是自始至终地代表着英帝国的利益，行使着在香港的殖民统治。港督以维护英帝国的利益为最高宗旨，他有权颁布戒严令，并制定各种强蛮无理的法令，而无需受到限制。如，1922年，香港海员罢工并纷纷弃职回内地，港督不仅宣布戒严，而且无理规定：华人在戒严期间离开香港只能携带5元港币，余者全部没收。

然而，中华民族一向酷爱自由，具有反抗侵略的光荣传统，它从不甘心于忍受侵略者的压迫和欺辱。特别是到近代，在民族存亡的生死关头，中华民族强大的生命力和凝聚力得到了充分的体现；在血与火的考验之中，我们悠久的爱国主义传统得到了进一步的升华和发展。帝国主义侵略中国、变中国为半殖民地和半封建社会的过程，也就是中国人民反抗帝国主义及其走狗的过程。一部中国近代的历史不仅仅是一部我们民族蒙羞受辱的历史，更是一部中国人民在屈辱之中不断抗争的历史。在这一过程中，作为中华儿女的一员，香港同胞与祖国休戚与共、血脉相连。他们同内地人民团结在一起，相互支援，为了祖国的统一和民族的振兴，进行了前赴后继、可歌可泣的英勇斗争。

如，1922年1月12日至3月8日，正是在香港，首次爆发了中国工人阶级进行的直接针对帝国主义的斗争——香港海员罢工。最初，是所有从香港驶往广州、江门、梧州等内地的内河轮船，以及从外埠开到香港的英、美、法、日等国海洋轮船上的中国海员相继罢工。随后，罢工运动迅速发展，至2月底，形成了全港工人的总罢工。当时香港的邮局、银行、酒店、茶居、造船、电车、报馆、印刷局、轮渡等纷纷被迫停业，一时间，香港的交通断绝、生产停顿、商店关门，竟成为了"臭港"、"死港"。这次罢工得到了内地人民的大力支持。当时罢工的总指挥部就设在广州。当罢工海员弃职返抵广州时，广州的各界群众纷纷手执小旗、列队相迎。他们与罢工海员一起走上街头，举行示威游行，显示了团结一致与帝国主义斗争的决心和气概。与此同时，广州各工会还想方设法为罢工海员解决食宿等问题。除广州之外，内地的许多地方都相继成立了香港海员后援会，人们纷纷为之捐款，并致电声援。正是由于得到了祖国各界群众的有力支援，才最终赢得了这次罢工斗争的胜利。

祖国人民关注着香港同胞处境，香港同胞也心系着祖国的命运。1935年以来，随着日寇对华北政治、经济、军事侵略的不断扩大，民族危机日趋严重，全国抗日救亡运动更加高涨。1935年底，香港同胞成立了"香港抗日救国会"，会员很快就达到了上千人之多。他们举行集会，散发传单，宣传抗日主张，甚至把要求抗日的标语刷到了港督府的大门上。1936年，香港抗日救国会派代表参加了在上海召开的全国救国会代表大会，并在会上作了香港抗日救亡运动的报告。这份报告作为会议的正式文件存放在全国救国会的档案里。从此，香港救国会就成了全国救国会的一个组成部分。

在新中国诞生特别是中国实行了改革开放以后，香港与祖国内地的关系更加密切。一方面，祖国内地成为了香港经济发展的强大依托。长期以来，内地始终是香港的食品、建材、煤炭和饮用水的主要供应地。内地供应香港的产品不仅数量大，而且价格低廉，这对于香港工业降低产品成本、增强在国际市场上的竞争力非常有利。此外，内地还为香港产品提供了一个广阔的消费市场。从1985年起，祖国内地取代美国成为香港第一大贸易伙伴。这对于香港经济的发展，特别是在资本主义世界发生经济危机时，对于缓和香港的困难起到了重要的作用。应该说，所谓"香港奇迹"的出现和保持，是与祖国内地的有力支持密切相关的。另一方面，香港同胞也时时关注着祖国的建设和发展。他们积极地在内地投资办厂、建言献策，为民族的振兴作出了重要的贡献。特别是在祖国遇到困难的时候，他们更是想方设法为国家排忧解难。他们在华东五省遭遇严重水灾时的大笔捐款，他们对"希望工程"的慷慨解囊，无不显示了血浓于水的赤子之情。

三　再现华彩

让香港回归祖国，使明珠再现华彩，一直是百余年来每一位中国人的意愿。然而，在旧中国，由于政府的腐败和国力的孱弱，使这一愿望迟迟未能得以实现，成为一个百年的耻辱、百年的遗憾。

1919年，在巴黎和会上，以战胜国身份出席会议的中国代表提出了要求列强归还在华租借地的问题，但是这个正当要求却被列强一口拒绝。弱国无外交，所谓战胜国的身份并不能改变中国任人宰割的地位。强权对公理的再次踩踏，终于使国人从"公理战胜"的迷梦中惊醒，轰轰烈烈的五四反帝爱国运动由此席卷了全国。

在第二次世界大战期间，中国军民英勇地抗击着日军的侵略，中国成为了世界反法西斯同盟的重要成员，国际地位有所提高。1942年，中国参与签订了华盛顿26国反侵略共同宣言，中国位列"四强"之一。这时，国内民族情绪高涨，中国人民强烈要求废除不平等条约。在这种背景下，国民党政府趁机提出要与美、英举行废除不平等条约的谈判，并试图收回香港。然而英帝国根本就没有把国民党政府放在眼里，再次断然拒绝了中国的要求。英国首相丘吉尔甚至扬言：中国要收回香港除非跨过他的尸体。日军投降后，英国派兵抢先占领了香港。正忙于反共的国民党政府却是行动迟缓，对香港不予力争，致使中国又一次失去了收复香港的时机。

新中国成立后，我国政府多次庄严声明：香港是中国的固有领土，对于一切由帝国主义强加给中国的不平等条约中国不予承认；香港问题作为历史遗留问题，中国政府将在适当的时候以适当的方式加以解决，中国政府终将对香港恢复行使主权。

中国政府还一向反对把香港问题国际化。1972年，我国常驻联合国代表黄华根据我国政府指示，针对联合国将香港、澳门列入"殖民地"名单一事致函联合国非殖民地化特别委员会主席，指出："香港、澳门是属于历史上遗留下来的帝国主义强加于中国的一系列不平等条约的结果。香港和澳门是被英国和葡萄牙当局占领的中国领土的一部分，解决香港、澳门问题完全是属于中国主权范围内的问题，根本不属于所谓'殖民地'范畴。"中国的这一立场得到了国际的承认。同年6月，联合国非殖民地特别委员会通过决议，建议联合国大会从殖民地名单中删去香港和澳门。11月，第27届联合国大会通过决议，批准了这一建议。

改革开放以来，中国发展迅速、国力大为增强，解决香港问题的时机已经成熟。同时，随着1997年的日趋临近，"新界"租期的渐临期满，香港的前途也自然成为各方注意的焦点。在邓小平"一国两制"伟大构想的指引下，与英方经过艰苦谈判，终于在1984年12月19日正式签署了《中英关于香港问题的联合声明》。双方确认：中华人民共和国政府将于1997年7月1日对香港地区恢复行使主权。北洋政府和国民党政府都无力解决的香港问题，在新中国成立后，在中国共产党的领导下，至此终于得到了圆满解决。从而实现了国人的百年梦想，雪洗了国家的耻辱。同时，香港的回归也为其自身的发展提供良好的机遇。曾为香港繁荣作出巨大贡献的香港同胞，在摆脱了殖民统治之后，其聪明才智和创造精神将得到更充分的发挥；回归后的香港与内地的关系将会更加密切，内地投资香港、建设香港的热情必将日益提高。可以断言，"九七"之后，在祖国的怀抱之中，香港这颗"东方之珠"必将放射出更加亮丽的华彩！

（原载《中国高等教育》1997年第6期）

正确评价辛亥革命的历史意义

本世纪初，孙中山领导的民主革命蓬勃发展，终于在1911年爆发武昌起义，推翻了清政府的腐朽统治。辛亥革命结束了2000多年的君主专制，建立了共和国，对中国社会历史发展所起的伟大作用，不可泯灭。然而，近年来学术界出现的一种对所谓"激进主义思潮"进行反思和批判的言论，却对这场民主革命运动给予完全否定。其主要论点是：革命不如改良，"革命常常是一种情感激流，缺少各种理性准备"，是"情绪化"的，它"容易使人发疯发狂，丧失理性"，"革命必将带来灾难"。"革命只是一种破坏性的力量，它破坏了一种政治框架之后，并没有提供新的政治框架。"他们认为，辛亥革命是"激进主义思潮的结果"，"是搞糟了"，"清朝的确是已经腐朽的王朝，但是这个形式存在仍有很大意义，宁可慢慢来，通过当时立宪派所主张的改良来逼着它迈上现代化和'救亡'的道路；而一下子痛快地把它搞掉，反而糟了，必然军阀混战"。"袁世凯称帝等现象乃是革命的后遗症，是暴力革命这种方式本身带来的问题。"究竟如何正确认识革命和改良的问题，这里拟就上述观点加以辨析，以求对辛亥革命有一个实事求是、客观公正的评价，还历史以本来的真实面貌。

一 辛亥革命并非"激进主义思潮的结果"

把一场伟大的革命简单地归之于某些人"情绪化"、"激进主义"思想的产物，归之于某些人头脑中的主观意愿的结果，不能不说是唯心史观在作祟。革命不是凭少数人一时的情感冲动就能煽动起来，也不是仅凭某个阶级和政党的意愿就能发生的。革命的产生，除去革命阶级主观条件外，必须具备革命的客观形势。没有革命的条件，革命时机不成熟，任何人的"情感激流"也制造不出革命来。中国近代史上发生的革命，都是客观形势使然。正如列宁所说："要使革命到来，单是'下层不愿'照旧生活下去通常是不够的，还需要'上层不能'照旧生活下去。"①辛亥革命是如此，新民主主义革命也是如此。它们都是代表人民群众的意愿，顺应历史发展的必然趋势。

即以辛亥革命而言，它是19世纪末20世纪初民族危机严重和社会矛盾尖锐的产物，是十分腐朽的清政府不愿意或没有能力抵御外国侵略和领导国内变革的结果。一句话，是大势所趋，人心所向。

20世纪初，八国联军发动侵华战争，清政府声称"量中华之物力，结与国之欢心"，签订了丧权辱国的《辛丑条约》，沦为"洋人的朝廷"。由于它的卖国与腐朽黑暗的统治，不仅与人民大众的矛盾日益激化，而且与立宪派的矛盾以及统治集团内部的矛盾也愈演愈烈。风雨飘摇的清王朝，日益走向孤立的境地。当时的客观形势，大致可以归纳为以下几点。

一、遍布全国各地的群众反清斗争。《辛丑条约》签订后，清政府为了维护统治，不得不做一些变革，对内实施"新政"、"预备立宪"。从而加捐加税，勒索人民。当时，"所有柴、米、纸张、杂粮、蔬菜等项，凡民间所用，几乎无物不捐"；②"当捐之行也，一盏灯，一斤肉，一瓶酒，无不有税"。③各级官吏乘机从中勒索中饱，广大民众难以为生，民怨鼎沸。人民群众不能照旧生活下去，于是纷纷起而反对清政府的腐败统治。抗捐抗税、抢米风潮、会党与农民起义等各种类型的反清斗争，遍布全国城乡，连绵不断。据统计，1902年到1911年，全国各地此伏彼起的民变多达

---

① 列宁：《第二国际的破产》，《列宁选集》第2卷，人民出版社1995年，第461页。
② 《江西巡抚冯汝骙奏宜春县乡民抗捐仇绅聚众攻城折》，《辛亥革命前十年间民变档案史料》上册，中华书局1985年，第355页。
③ 《论近日民变之多》，《东方杂志》1904年第11期。

1300余起，平均每两天半发生一次。遍布全国、越来越尖锐的阶级斗争，削弱了清政府的统治，使清王朝陷入四面楚歌的困境中，为辛亥革命的爆发创造了客观的社会环境和群众基础。

二、清政府的倒行逆施，日益将主张改良的立宪派推向自己的对立面。面对严重的民族危机和革命风暴的来临，立宪派一方面发动了颇具规模的请愿运动，要求清政府速开国会和成立责任内阁，尽快转入民主立宪的轨道；一方面领导了反对清政府将铁路利权出卖给帝国主义的"保路运动"。然而，这两次运动都遭到清政府的镇压。清政府不可能接受立宪派的要求，接受了就意味着自身权力的丧失，因此，一次又一次拒绝立宪派的请愿要求。到立宪派准备进行第四次请愿时，清政府即命令禁止请愿活动，明白宣布，各省如果再有"聚众滋闹情事"，该省督抚应即"查拿严办"。尽管立宪派确实没有干犯皇室尊严的用心，然而清朝统治者却不理会他们的"忠心耿耿"，而是变本加厉地加强了皇族的集权统治。1911年，清政府组成所谓"责任内阁"，被称为"皇族内阁"或"亲贵内阁"。事实证明，清政府的"预备立宪"，实质上只是一场骗局。这使立宪派痛心疾首，梁启超在报刊上撰文痛斥清政府是"误国殃民之政府"、"妖孽之政府"。清政府的倒行逆施，将越来越多的立宪派人士推向革命阵营，成为自己的敌对势力。那种认为腐朽的清政府的存在仍有很大意义，可以通过当时立宪派所主张的改良来逼着它走上现代化道路的论断，并不符合历史实际，只不过是一厢情愿的主观臆造。

三、清政府内部满汉权贵之间、汉族官僚军阀集团之间、中央与地方之间的矛盾愈演愈烈。20世纪初，袁世凯任直隶总督兼北洋大臣，练成北洋六镇新军后，权势炙手可热，实力迅速膨胀，使得皇亲贵族集团深有猛虎鼾睡于卧榻之旁的忧虑。1908年光绪皇帝、慈禧太后相继死后，醇亲王载沣以"监国"身份将袁世凯放逐河南老家。这引起了官僚军阀的不满和怨恨，对清王朝更加离心离德。武昌起义爆发后，各省督抚几乎没有人为清政府效力卖命，或保持观望态度，或弃城逃跑，或附和革命，与太平天国起义时期的情况大相径庭。对于一个连自身内部矛盾都无法解决、意志难以统一的政府，又怎么能够指望它去化解更为严重的外部矛盾，将社会整合一起，从而领导国家走上现代化的道路呢？当时的清政府，正如孙中山所形容的那样，像"一座即将倒塌的房屋，整个结构已从根本上彻底地腐朽了"、"全国革命的时机，现已成熟"。①

由上可见，辛亥革命的发生，是客观情势使然。不仅是"'下层不愿'照旧生活下去"，同时"'上层不能'照旧生活下去"。革命形势在当时已经具备了。革命派起而推翻清政府，是代表了人民群众的意愿，顺应历史发展的必然趋势，并不是"激进主义思想的结果"。

事实上，辛亥革命的领导人和不少骨干分子，并非从一开始就主张以革命推翻清政府，而是经历了一条从改良到革命的道路。孙中山、章太炎都曾上书李鸿章，试图通过清政府自上而下的改革来挽救民族危亡，实现国家富强。然而，空前严重的民族危机和清政府的极其腐朽、专制、卖国，使他们在对清王朝的绝望中走向革命。秦力山、孙武等人也是在自立军起义失败后放弃了改良主张，投身革命阵营。20世纪初年之所以有越来越多的资产阶级、小资产阶级知识分子走上革命道路，是由于经过八国联军入侵后，清政府的腐败、卖国已彻底暴露；人们对它已经绝望，认为"欲思排外，则不得不先排满；欲先排满，则不得不出以革命。革命革命，我同胞今日之事业，孰有大于此乎？"②革命派从出现到武昌起义，不过十几年的经历，各方面都不够成熟，力量也不算强大。然而，武昌举义的枪声一响，全国各地纷纷响应，清政府顷刻土崩瓦解。显然，将这样一场震动国内外的重大历史事件归之于"激进主义思潮的结果"，是说不通的。这里的问题是，应该用什么样的历史观来研究历史。

还应该指出，用假设的方法来研究历史是不可取的。对于任何一个在人类历史上有重大影响的事件，不论是好是坏，我们所要着力研究的是它的发生、存在的原因和历史作用，而不能由研究者主观地去为已经发生了的历史进程另行设计一套方案。辛亥革命已经发生了，立宪派的立宪运动

① 孙中山：《中国问题的真解决》，《孙中山全集》第1卷，中华书局1981年，第254、252页。
② 吴樾：《暗杀时代》，《中国近代史资料丛刊·辛亥革命》第2册，上海人民出版社1957年，第382页。

已经失败了，清政府也早已垮台了，时至今日，再鼓吹什么“辛亥革命应该避免”，并假设如果避免这场革命中国就已经实现现代化，无非是研究者脑子里的主观遐想，谁也不可能再回头去改变已经发生了的历史。这种假设，毫无意义，也是对历史的不负责任，不仅无益于历史研究，而且会造成思想混乱。

二 客观、公正地评价辛亥革命的历史作用

宣扬“告别革命”的人攻击革命的一个论点是所谓“杀人流血”。他们摆出一副“仁慈”的“慈善家”的面孔，把革命描绘成十分恐怖，把革命者说成是“幼稚和疯狂”。这是很容易迷惑人的。

诋毁革命为“杀人放火”的论点并不新鲜，当年康有为等改良派攻击孙中山领导的辛亥革命就是这样说的。康有为写了一篇《法国革命史》的长文，对法国资产阶级革命大肆攻击，借此来反对辛亥革命，其中重要的一点就是诋毁革命是“杀人流血”。康有为的这种谬论，遭到了革命党人有力的驳斥。他们指出：“革命不免于杀人流血固矣，然不革命则杀人流血之祸可以免乎？革命之时，杀人流血于双方争斗见之。若夫不革命之杀人流血，则一方鼓刀而屠，一方觳觫而就死耳。为国而死，则吝惜之；为野蛮异族政府所蹂躏而死，则忍受之，何死之不择也。”[①]他们还指出：革命可以“救人救世”，“无革命，则亦无平和，腐败而已，苦痛而已”。[②]革命战争杀人流血是不可避免的。革命正是要以流血换来不流血，换来广大人民群众免受反动统治阶级的蹂躏、屠杀，免受帝国主义的蹂躏、屠杀。辛亥革命时期的革命党人，对此已经作了有理有力的辩驳。

不用暴力革命，不发生杀人流血，社会永远是平和地发展，当然很好。但这只能是一种幻想，因为中外的历史还找不出这样的事实。“只要

① 见《民报》第9号。
② 思黄：《中国革命史论》，《民报》第1号。

社会还分成阶级，只要人剥削人的现象还存在，战争是不可避免的。而要想消灭这种剥削，我们是逃脱不了战争的。战争无论何时何地总是由剥削者、统治者和压迫阶级挑起的。"[①]"革命是最尖锐、最激烈、你死我活的阶级斗争和国内战争。历史上没有任何一个伟大的革命没有经过国内战争。"[②]被压迫阶级反对压迫阶级的国内战争是合理的、进步的和必要的。不同立场、观点的人对革命的评价自是截然相反，这是丝毫也不奇怪的。对于无产阶级和人民群众来说，"革命是历史的火车头"，"革命是被压迫者和被剥削者的盛大节日"。这是唯物史观对革命的评价。

认为"革命只是一种破坏性的力量，它破坏了一种政治框架之后，并没有提供新的政治框架"，是不符合历史实际，没有根据的。任何真正的革命都不可能只是破坏原有的政治框架，而不提供并建立新的政治框架。无论是孙中山和同盟会领导的革命，还是毛泽东和中国共产党领导的革命，推翻什么政治制度，建立什么政治制度，都很明确。辛亥革命的领导人孙中山，还在1895年在香港建立兴中会总部时，就提出"驱除鞑虏，恢复中华，创立合众政府"的宗旨。1905年成立同盟会时，其纲领为"驱除鞑虏，恢复中华，建立民国，平均地权"。孙中山把它归纳为民族、民权、民生三个主义。三民主义学说成为这次革命的指导思想。1911年武昌起义爆发，推翻了清政府，结束了2000多年的君主专制，建立了资产阶级共和国。这使中国社会曾经呈现出一派新气象，民主观念广泛传播，政党、社团如"雨后春笋，蓬勃兴起"，据有的著作说，数目曾高达300多个，并称之为"政党林立时代"。从临时参议院到参议院、众议院的选举和国会的成立，表明议会制是当时人们努力争取的目标。在体制上，基本上是三权分立制。这就是说，西方国家那套资本主义政治制度都被搬来了。当时很多人对此抱很大期望，以为这就可以建设一个民主共和的国家了。但是，由于帝国主义和封建主义势力的破坏，政党政治、议会道路在半殖民地半封建的中国行不通。于是有了中国共产党领导的新民主主义革命。新民主

① 列宁：《革命军队和革命政府》，《列宁全集》第8卷，人民出版社1990年，第531页。
② 列宁：《布尔什维克能保持国家政权吗?》，《列宁选集》第3卷，第310页。

主义革命过程中，马克思列宁主义的普遍真理和中国革命的具体实践相结合，产生了毛泽东思想。在马克思列宁主义、毛泽东思想的正确指导下，才推翻了帝国主义、封建主义和官僚资本主义三座大山，取得了新民主主义革命的胜利，建立了中华人民共和国，并继续前进，进入了社会主义革命和建设的新时期。这些都表明那种认为革命只是"破坏了一种政治框架之后，并没有提供新的政治框架"的论断，是没有根据的，随心所欲地下断语。

革命无疑要有破坏，但不是"破坏一切"。任何真正的革命都不可能是"破坏一切"，在世界历史上还找不出所谓"破坏一切"的革命的例子。革命虽然会有所破坏，但它不是革命的目的，而是为了更好地建设。孙中山曾说："我们革命的目的是为众生谋幸福，因不愿少数满洲人专利，故要民族革命；不愿君主一人专利，故要政治革命；不愿少数富人专利，故要社会革命。"①对于革命来说，破坏和建设是一个问题的两个方面，密切不可分割。不破坏旧的政权和阻碍社会发展的事物，就不可能建设新的政权和推动社会向前发展。孙中山对革命的破坏和建设的关系作了很好的阐释，他说："革命之有破坏，与革命之有建设，固相因而至，相辅而行者也"；"革命之破坏与革命之建设必相辅而行，犹人之两足、鸟之双翼也"。②这是关于革命的破坏和建设关系的辩证的论述，而那种将两者完全割裂开来的说法则是形而上学的。

至于说民国初年出现的帝制复辟、军阀割据和混战的局面，是辛亥革命"搞糟了"，是它所造成的必然结果，既不符合历史事实，也是不公正的。民国年间军阀割据和混战的出现，是袁世凯和其他军阀造成的，是帝国主义和封建主义造成的，而不是辛亥革命带来的。

武昌起义后，帝国主义列强对中国抱着敌视态度，力图阻止革命的发展，不断向革命派施加干涉和压迫，加紧扶植袁世凯，鼓吹"非袁不可收拾"。立宪派害怕革命继续发展将危及自己的既得利益，希望拥有北洋武

① 孙中山：《在东京〈民报〉创刊周年庆祝大会的演说》，《孙中山全集》第1卷，第329页。
② 孙中山：《建国方略》，《孙中山全集》第6卷，中华书局1985年，第205—207页。

装又受帝国主义宠信的袁世凯来维持社会"秩序"和"治安",他们在革命内部极力散布对袁世凯的幻想,制造妥协空气。而在革命派内部,妥协思想也在发展。正是在这种形势下,辛亥革命后建立的南京临时政府只存在三个月,1912年4月1日,孙中山被迫正式解除临时大总统职务,由袁世凯取而代之。辛亥革命遭到严重的挫败。

袁世凯窃取政权后,实行专制、卖国的反动统治。他撕毁《临时约法》,取消国会,破坏民主,使"民国"只剩下一块空招牌。进而搞尊孔复古,复辟帝制,实现他做皇帝的野心。就在袁世凯实行专制独裁统治和复辟帝制的过程中,他亲手培植的两员大将段祺瑞、冯国璋效法他对清政府的态度,各自发展自己的势力,逐渐抛弃对袁世凯的忠诚。而东北的张作霖,南方的滇系、桂系也都在扩张势力。袁世凯复辟帝制失败后,北洋军阀中以段祺瑞为首的皖系和以冯国璋为首的直系的分裂表面化。皖系得到日本帝国主义的支持,直系以英、美帝国主义为靠山。张作霖的奉系在日本帝国主义的支持下,成为皖直两系以外一支举足轻重的势力。南方滇系、桂系军阀也各行其是。这就出现了军阀割据以至混战不断的局面。

以上事实说明,民国年间的军阀割据和混战,是袁世凯破坏民主共和、复辟帝制的结果,是各地大小军阀所造成的,是帝国主义和封建主义的产物。袁世凯死后,帝国主义失去了统治中国的共同工具,便都各自寻找和培养自己的走狗,扩张侵略势力。在列强激烈争夺下,出现了各派军阀割据和混战的局面。正如毛泽东同志所说:"帝国主义和国内买办豪绅阶级支持着的各派新旧军阀,从民国元年以来,相互间进行着继续不断的战争,这是半殖民地中国的特征之一。""这种现象产生的原因有两种,即地方的农业经济(不是统一的资本主义经济)和帝国主义划分势力范围的分裂剥削政策。"①

辛亥革命也有根本性的失误,但不是因为搞掉清政府,而是由于领导这次革命的资产阶级革命派没有一个坚强的领导核心,缺乏一个彻底反帝

---

① 毛泽东:《中国的红色政权为什么能够存在?》,《毛泽东选集》第1卷,人民出版社1991年,第49页。

反封建的斗争纲领。他们害怕帝国主义出面干涉，又恐惧农民群众把反封建斗争深入开展下去，掌权以后就压制工农群众的革命运动，解除群众武装，基层政权基本上没有触动。反帝反封建的任务没有完成，中国依然是半殖民地半封建社会，这就为袁世凯为首的北洋军阀窃取革命果实和日后的军阀割据和混战留下了隐患。

辛亥革命虽然失败，但它的伟大历史功绩不可磨灭。这次革命的伟大功绩，恰恰是搞掉了清政府，结束了2000余年的君主专制，建立了共和国。它带来的直接后果，至少有两点值得提出：（1）给封建主义致命的一击，使中国人民在思想上得到一次大解放，使民主观念深入人心。正如林伯渠在1956年纪念孙中山诞辰90周年大会上的讲话中所说：自辛亥革命以后，"就是民主主义成了正统。过去专制主义是正统，神圣不可侵犯，侵犯了就要杀头。现在民主主义成了正统，同样取得了神圣不可侵犯的地位，侵犯了这个神圣固然未必就要杀头，但为人民所抛弃是没有疑问的"。① （2）解放了清朝专制统治禁锢下的生产力，为民国初年资本主义经济进入较大规模发展的"黄金时代"开辟了道路。

三 正确评价历史上的革命与改良

值得注意的是，否定辛亥革命的人不仅局限于对辛亥革命的否定，而且对历史上一切革命都加以否定。有的说，现在应该把"改良"作为褒词，"革命"作为贬词，"革命"在中国不一定是好事情。有的则认为，革命不如改良，凡以大革命形式实现从传统社会向现代社会转变的国家，如法国和中国，都不能保持一等强国的地位，在转型过程中往往动乱频仍，国无宁日；而凡通过改良转入现代化轨道的国家，如英、日等国，则能保持稳定的发展。按照这种说法，不单是辛亥革命搞糟了，法国革命、美国

---

① 《人民日报》1956年11月12日。

革命、俄国十月革命、中国新民主主义革命等等都搞糟了，只有改良才是好的。这难以令人置信，因为它没有事实根据，是对历史的歪曲。

在社会历史的发展过程中，革命是社会变革的动力，在一定的条件下，改良也可以起到某种变革社会的作用。在某一国家的近代化变革中，究竟是采取革命的方式，还是采取改良的方式，完全取决于这个国家的历史状况、社会政治经济状况、阶级状况等现实国情。也就是说，一切以时间、地点、条件为转移。一个国家内部如果必须以革命的方式才能解决问题，而革命的条件又已具备，在这种情况下鼓吹改良以抵制、反对革命，就应受到贬斥。反之，如果不需要以革命的方式来解决，且又不具备革命的条件，却硬要采取革命的方式，也是不可取的。

革命和改良，既有互相矛盾的一面，又有互相依存、补充的一面。被称赞通过改良转入现代化轨道的日本和英国，其实都不是单纯靠改良的方式转入现代化轨道的。日本的明治维新虽是通过自上而下的改良来实现资本主义化，但又是以幕府末期的武装倒幕和明治初年天皇与幕府军之间的"戊辰战争"的胜利为前提和基础的。英国在确立资本主义制度的过程中，确实由于君主制和地主贵族的妥协而带有较大程度的改良色彩。然而，没有17世纪的资产阶级革命，英国要走上资本主义道路是不可能的。

对革命、改良的得失，必须作实事求是的具体分析。完全抹煞革命，一味颂扬改良，无疑是错误的。稍具历史常识的人都知道，通过革命方式实现从传统社会向现代社会转型的国家，并不是注定都要"动乱频仍，国无宁日"。例如，美国可谓当今世界"头号强国"，而它恰恰是通过1775—1785年的北美独立战争这场资产阶级革命而赢得民族独立和为资本主义发展扫清道路的。法国在当代虽非世界"头号强国"，却也属于发达资本主义国家，它的资产阶级革命是比较彻底的。至于那些被说成是通过改良而走上现代化轨道的国家（实际上并非如此），也未能始终"保持一种较为稳定的发展"。即如英国，它在近代史上曾经是世界头号强国，号称"海上霸王"，但后来却逐渐衰落，失去称霸世界的地位。

对于中国近代史上的革命与改良，也必须以历史唯物主义的观点，给予实事求是的评价。在中国近代史上，无论是戊戌维新运动，还是辛亥革命时期的立宪运动，对社会的发展都曾不同程度起过积极推进作用。但是，无论是戊戌维新运动的维新派，还是辛亥革命时期的立宪派，以至新民主主义革命时期一些主张"中间路线"的人士，都曾尝试过以改良的方式来解决中国的问题，均以失败而告终。历史证明，只有中国共产党承续辛亥革命没有完成的任务，领导中国人民进行新民主主义革命，才推翻了帝国主义、封建主义和官僚资本主义的反动统治，结束了半殖民地半封建的历史，建立了中华人民共和国，进行社会主义革命和建设，在现代化道路上阔步前进。这是铁的事实，任何人也抹煞不了的。

（原载《走什么路——关于中国近现代历史上的若干重大是非问题》，山东人民出版社1997年）

文化、社会与时代

一　文化与社会

文化既有其相对独立性，又有其自身的传承性。但是，文化并不是什么虚无缥缈的东西，它是一种社会现象。文化和社会分不开，它本身就是社会的一部分。文化是随着社会的发展变化而变化的，古往今来还没有哪一种文化能离开社会而孤立地存在和发展。文化也必须关心社会。这样它才能发挥其特有功能。如果文化疏离了社会，或者阻碍社会的发展，它就将被社会所冷淡或抛弃。文化的这种社会性，在近代中国表现得很明显。

中国近代文化的发生和发展，并不像西方那样是伴随资本主义的发展而发展起来的，而是在资本主义还没有发展就遭到外国资本主义入侵的情况下把近代文化从西方移植过来而形成的。所以这种文化是既学自西方又用来抵抗西方，即魏源所说的"师夷长技以制夷"。于是，也就出现了引进西方器物和自然科学技术的热潮。1894年爆发的中日甲午战争是中国近代史也是中国近代文化史的一个转折点。清政府在甲午战争中惨败于日本，是中国的奇耻大辱；随之而来的是亡国灭种之祸迫在眉睫。极大的社会动荡和刺激，促使人们去思考，去探索。康有为呼号"救亡图存"，孙中山揭橥"振兴中华"，成为这个时期的社会政治潮流。一定的文化是一定社会的政治和经济的反映，社会政治浪潮影响并推进了文化的发展。随着救亡图存、振兴中华的爱国主义运动的蓬勃开展，一个新的文化运动也在兴起和发展，"文学救国"、"教育救国"、"科学救国"等口号一个接一个地被人们提了出来，"诗界革命"、"文界革命"、"小说界革命"、"戏剧界革命"、"史界革命"，军国民教育思想以及白话文运动等等接踵而起，进化论和民权、平等思想成为文化各具体领域的指导思想，并用它来批判传统的儒学，批判封建伦理纲常。正是急剧变化的社会风潮和激烈的政治斗争，推动了近代文化的发展变化，因此，在旧民主主义革命时期，文化的主流始终贯穿着爱国主义的精神。

作为文化的一个领域，史学在鸦片战争后也和整个文化一起发生了变化，其主要表现在以下几个方面：一、写当代的历史，总结经验教训；二、翻译、编撰外国历史，以为鉴戒；三、究心边疆史地研究，以防外敌入侵；四、建立资产阶级新史学，批判封建旧史学。这些变化，都是和近代社会变化分不开的，都是为反帝反封建斗争服务，为中国的独立、民主、富强这个主题服务的。辛亥革命时期的史学很明显地表现出这种特点。资产阶级革命派为了振兴中华，推翻腐败的清政府的统治，建立资产阶级共和国，一方面以中国历史事件和历史人物来激励人们，如撰写《中国革命史论》、《太平天国战史》以及郑成功、史可法等人的传记；另一方面则编译外国历史，如《波兰衰亡史》、《法兰西革命史》、《美国独立战争史》等。这些对推翻清政府的统治、建立资产阶级共和国起了积极作用，在中国近代史学发展史上也占有重要的地位。

由此可见，作为整体的文化也好，或其中的具体领域如史学也好，它们和社会的关系都是密不可分的。这就是说，文化或史学需要关心社会现实。而在今天，这种关心就是要为社会主义精神文明建设和物质文明建设发挥应有的作用。史学如果不关心社会现实，疏远了社会现实，那么社会现实也会疏远史学。要社会关心和重视史学，就需要史学关心社会，对社会发挥作用。中国史学有一个传统，就是注重经世致用（虽也有局限性）。正是这种经世致用的精神，成为中国史学繁盛发达并绵延不断的原因之一。其他文化领域也是如此。如果不是这样，就会导致文化的衰落。清代的经史考据曾经盛行一时，成为乾嘉的显学，在学术上有它的成绩和贡献。但是，它的末流流于饾饤琐碎，钻牛角尖，脱离现实，疏远社会，终于走向衰落。当然也有一些文化人标榜要远离社会现实、远离政治，但不论是有意识或无意识的，事实上这是不可能的，因为研究者总有其立场，总有其主观认识。究其实，标榜学术要远离社会现实、远离政治者，往往是最关心社会现实和最关心政治之人，只不过是从不同的立场来关心而已。学术和政治不等同，也不能混同。但是，学术和政治并不是完全绝缘和毫无关系的。

二　文化与时代

与文化的社会性相关的，是文化的时代性。谈论文化和社会现实的关系，必然要涉及到文化的时代性问题。文化总是随着时代的发展变化而发展变化。每一个时代，都必然也需要产生和建构与之相适应的新文化。文化的时代性，从另一角度说，也就是它的社会现实性。这是文化的一个主要特性。对于研究中国近代文化史，这也是必须把握的。

鸦片战争以后，西方文化传播进来，与中国的传统文化发生了碰撞，这就出现了一个中西文化关系的问题。中西文化问题的论争，实际是如何对待西方文化和中国传统文化的问题。在论争中，必然涉及到文化的时代性问题。完全排斥西方文化，将封建时代文化的主体在近代社会里固守下来，显然是与时代背道而驰的。即如"中体西用"，虽然承认"西学为用"，但根本上也还是固守封建秩序和封建文化的"体"，要维护孔子和儒学的主体地位。辛亥革命后，建立民国，康有为等人仍鼓吹尊孔读经，甚至提出定孔教为国教。这都是忽视或抹煞文化的时代性。五四新文化运动时，李大钊、陈独秀、吴虞等之所以批判孔子和儒学，就是因为孔子的思想言论和后来的儒学"与社会现实背道而驰"，"不能适应中国现代的生活、现在的社会"。什么学说才能适应当时中国社会现实生活的需要？这就是民权、自由、平等。从维新派到革命派再到五四新文化运动的倡导者，都以民权、自由、平等为武器批判封建文化，建立资产阶级新文化。五四运动后，马克思列宁主义在中国传播。尽管当时各种主义、思潮纷纷涌现，但多数只是昙花一现，没有在中国社会中扎下根来，忽视或抹煞文化的时代性是不适宜的。中国也好，世界也好，没有也不可能再去"走孔子的路"。儒学中有价值的、优良的东西自然应当继承发扬，但把儒学作为整体来复兴却是不适时、不可能的。

在对待传统文化和西方文化的问题上，还有另一方面值得注意的情况，即主张"全盘西化"，否定民族文化传统。这种文化思想在清末出现，所谓"醉心欧化"者即是。入民国后，这种思潮流衍为"全盘西化"。从学理上说，"全盘西化"论的一个错误，在于忽视或抹煞文化的传承性、民族性，否定传统文化。中国的传统文化扎根在中国的土地上，不管人们喜欢不喜欢，它是既定的历史传统。几千年文化传统在变与不变的过程中漫衍不断地传承下来，形成一种文化环境、文化氛围，其中既有优秀的精华，又有陈腐的糟粕。不论精华或糟粕，都在社会中发生影响，起着积极或消极的作用。传统和现实不是两极，不能对立起来。传统不是静止的东西，而是动态的，它像长江东流滔滔不绝，是一个"发展流"。传统包容在现实之中，现实是传统的现实。今天的现实是昨天传统的发展，明天它又成为传统。在社会中生活的人，既是现实的人，又是传统的人。任何一个人从他生下来就在这个既定的文化环境中生活，受着它的陶冶和影响，自觉和不自觉地接受下来，形成习惯、性格、心理和价值观念。因此，人在选择文化时，不论有意识或无意识，终归离不开传统。这不独中国接受外来文化是如此，对于其他民族国家来说也是如此。外来文化不可能像一架机器那样整个搬过来，而是在本国文化的土壤上去吸收，经过选择、消融、改造，与本国的实际结合，才能存在并发生作用。所以否定自己的民族文化传统，鼓吹"全盘西化"，同样不仅不适宜，也是不可能实现的。

固守传统文化或完全醉心欧化都不是正确对待中国传统文化和西方文化的态度。清末就有人对这两种偏向提出了批评，认为不论对于传统文化或西方文化，都不应该一概接受或一概排斥，而要加以具体分析："拾其精华，弃其糟粕"，"融会东西之学说"。融会中西文化，目的在于创造近代新文化。应该说融合中西以创造新文化的见解是有积极意义的，是符合文化发展的轨道的。像中国这样一个落后于世界潮流的历史文化悠久的大国，要想迎头赶上，独立富强，既不能拒绝吸收西方资本主义文化，也不能否定自己的文化传统，全盘照搬西方文化，而只能根据中国的实际，对中西古今文化去粗取精，融会贯通，以创造发展民族新文化。实际上这也就是继承、吸收、筛选、改造和整合的过程。这对于今天建设社会主义新文化，仍然是应当坚持的原则。

（原载《中学历史教学》1998年第3期）

历史的经验值得注意

江泽民同志在纪念党的十一届三中全会召开20周年大会上的讲话，回顾了改革开放的历史进程，并从11个方面对20年的主要历史经验做了全面的总结，有很强的针对性和理论价值。

正如江泽民同志所指出：经过20年的奋斗，我们已经取得了辉煌的成就，各项事业都有了长足的发展，中国的社会主义制度正焕发出新的生机与活力。这期间，同其他领域一样，哲学社会科学研究也出现了空前的繁荣。以史学为例，广大史学工作者摆脱了教条主义的束缚，解放思想，积极探索，提出了诸多有价值的新说，开拓出许多新的研究领域，大批的论文、专著发表、出版，其数量之多，就连研究本专业的人也不免有目不暇接之感，难以尽读。

当然，20年的改革开放过程也并非一帆风顺，其间也有一些教训值得总结、汲取。如在精神文明建设方面，就出现了并依然存在着许多令人担忧的问题。对此，党的十四届六中全会决议曾郑重地告诫全党："在社会精神生活方面存在不少问题，有的还相当严重。一些领域道德失范，拜金主义、享乐主义、个人主义滋长；封建迷信活动和黄赌毒等丑恶现象沉渣泛起……估量精神文明的形势，决不能忽视这些问题的存在。"同样，在学术界，这些年来也不时出现一些不和谐的声音，诸如，或鼓吹淡化意识形态，或提倡全盘西化，或主张复兴儒学。说法虽然各异，目的却是相同，即要动摇乃至取代马克思主义的指导地位，或明确否定马克思主义的阶级分析方法，贬损近代中国人民的革命和反侵略斗争，美化封建主义和殖民主义统治，进而改写中国近代的历史，等等。

在改革开放过程中出现一些问题，并不奇怪，因为我们所处的国际、国内环境都是复杂的。问题的关键不在于环境的复杂，而在于能否在复杂的环境中保持清醒的头脑，能否全面、准确地掌握和运用邓小平理论，能否坚持贯彻党中央的方针、政策，随时、有效地排除各种错误思潮的干扰。这些年来出现的一些问题，其中一个重要原因，就是有些人没有完整地掌握邓小平理论，片面地总结改革开放的历史经验，抓住片言只语，为己所用，随意曲解。

鉴往知来，"既要防止和克服超越阶段的错误做法，又要防止和反对否定社会主义基本制度的错误主张"，"必须坚持物质文明与精神文明的共同进步"，"坚持基本路线一百年不动摇，包括坚持一个中心两个基本点都不能动摇"。江泽民同志对历史经验全面、科学的总结，对于统一人们的认识，坚定社会主义现代化必定实现的信心，有着很重要的意义。

（原载《高校理论战线》1999年第1期）

人治与法治的历史观察

人们常说，在中国漫长的封建社会里，只有人治没有法治，皇帝一人说了算，金口一开，没有商量和收回的余地。由于对人治的贬斥，从而对历史上的清官和历史研究中对清官的肯定也加以非议。

其实问题并不那么简单。在中国封建社会里，不是也有过如何进行统治的争论吗？是行王道，还是行霸道？西汉宣帝时，他的儿子刘奭"柔仁好儒"，不赞成他老子"所用多文法吏，以刑名绳下"。有一天，刘奭趁侍奉宣帝吃饭的机会从容进言，要他"宜用儒生"。宣帝听了很不高兴，给顶了回去，说："汉家自有制度，本以霸王道杂之，奈何纯任德教，用周政乎！且俗儒不达时宜，好是古非今，使人眩于名实，不知所守，何足委任。"（《汉书·元帝纪》）所谓霸道，是指法家的办法，以刑名绳下，"法治"；所谓王道，是指儒家的办法，以思想统治，"德治"。宣帝很注意政情吏治，除著名的宰辅魏相、丙吉外，任用了王成、黄霸、朱邑、龚遂、召信臣等一批良吏。《汉书·食货志》说："用吏多选贤良，百姓安土，岁数丰穰。"宣帝时被称为汉室中兴，这跟他"用吏多选贤良"分不开。

汉家的霸王道杂之，对后来的封建统治者影响深远，差不多都是这两手并用的。他们既以儒家思想为统治思想，又制定法律以维护统治秩序。中国封建社会里虽是"人治"，但不等于没有法制，而且法制越来越完整。不过封建社会里的法律主要是刑法，它的本质是维护皇帝至高无上的权威，巩固封建家长制，维护地主官僚的利益。在吏治腐败的情况下，官吏们贪赃枉法，制造了一个又一个的冤狱。君不见元代剧作家关汉卿的名剧《窦娥冤》中那窦娥在押赴刑场途中悲愤地责问天地，"叫声屈动地惊天"："地也，你不分好歹何为地！天也，你错勘贤愚枉做天！"社会的不公正，连天地也是如此，善恶不分，是非不明，"为善的受贫穷更命短，造恶的享富贵又寿延"。窦娥最后终于悟出了一个道理，造成她的冤狱，社会的善恶、是非颠倒，都是由"官吏每无心正法，使百姓有口难言"！可不是，俗话有云："自古衙门八字开，有理没钱莫进来。"有法不依，甚至贪赃枉法，贪官多了，冤狱多了，老百姓遭殃，社会就不会安定。而如汉宣帝能多用良吏，办利民富民的事，办案公正，平抑冤狱，"百姓安土"，社会稳定，出现了"中兴"局面。

对于像窦娥这样的平民百姓，她直接感到的是她的冤狱是坏官、贪官造成的，自然是盼望能有好官、清官为她平冤狱。窦娥没有什么文化，更没有可能像理论家那样从理论高度上来分析、检讨这种清官思想要不得，因为她想的是"人治"不是"法治"。可不管怎么说，老百姓还是想清官，厌恶贪官污吏，希望有执法公正、为民作主的清官。难怪包公、海瑞这些清官会受到人们的称颂景仰，以至编成戏曲、小说流播传颂。京剧《铡包勉》、《铡美案》一类的包公戏所以能常演不衰，不仅因为有优秀的花脸演员不断创造、锤炼，还因为剧中的主人公和它的情节感染了观众，反映了人们希望吏治清明，官员们都能像包公那样铁面无私，执法如山，即使如养他长大的嫂娘的独生子、他的亲侄子包勉犯了王法，贪污赈灾的粮款，也不徇私情把他铡了。包公号称铁面无私，但他是活人而不是一块铁，他要铡的是嫂娘所依为养老送终的，他内心当然会有情与法的矛盾斗争。不过包公毕竟是包公，终归是法战胜了情，没有徇私枉法。封建社会虽也有法制，但徒法不行，还需要有公正廉明、执法如山的清官。

在现代的"法治"社会，无疑是比封建时代的"人治"进步了。不过不能把"法"与"人"对立起来，不能把"法治"绝对化，甚至是迷信。徒法不行，有其法无其人是行不通的。前些日子从报上看到我国驻柏林记者采访前东德驻华大使罗尔夫·贝特霍尔德的报道，他的谈话中说到关于法治和干部素质问题："法治代替人治这个口号很时髦，但就其本质来看，法治也是另一种形式的人治。道理很简单：法律规定是人制定出来的，要靠人来解释，来贯彻执行，来检察。没有高素质的人才，制定不出好的法规；有了好的法规，如果解释有错误，执行有偏差，或断章取义，为我所用，好的法律也起不到应有的作用。"这话说得很好，我赞同他的意见，的确法律是人类制定的，也是由人来解释、执行的。说到底，关键是人。我们的保护森林的法规实施多年了，但乱砍滥伐林木的现象还严重存在；我们的文物法也早就颁布了，然而盗卖、走私文物依然猖獗；我们不断在打假，而假冒伪劣商品随处可见，有些地方甚至保护造假……说犯法者是因为不懂法律，法盲才使之走上犯罪的道路，不能说不存在这种情况，但也不仅是法盲的问题，知法犯法者不也有其人在。一些干部的贪污腐败，公检法部门中一些人的贪赃枉法，大概都不会是由于法盲。说白了，是由于利益驱动，为了自己要"先富"起来，于是就不顾廉耻、不择手段地向自然掠夺，向社会掠夺，向人民榨取，向国家骗钱……什么法不法的，我就是法。权大法大，钱大法大，情大法大，这些问题自然都出现了。无怪乎人们还想着包公，想着有当代的包公，想着清正廉洁、为人民服务的好干部。

近一二年来，看了几部香港摄制的电视连续剧，如《天地男儿》、《还我今生》等。这几部电视剧都暴露了法律保护的不是好人而是坏人，好人蒙冤被判刑蹲监狱，甚至家破人亡，坏人则逍遥法外，继续为非作恶。就像窦娥所发出的不平之鸣："为善的受贫穷更命短，造恶的享富贵又寿延。"被坏蛋请来辩护的大律师利用法律为其开脱罪行，实是在玩弄法律"游戏"。法律又显得苍白，无能为力了。大律师很坦率地向败诉蒙冤的亲属声称：拿人钱财，替人消灾，天经地义。这大概也是一种"法律的公正"、"法律面前人人平等"。

（原载《高校理论战线》1999年第6期）

既要"自下向上" 也要"自上向下"

　　现在史学界流行一种说法，即所谓"自下而上地看历史"，这也是从国外传来的。

　　"下"的意思也就是民间的意思。这个问题要放到一个正确的位置来看，不要对立起来，不要强调一个，排斥一个。这也是个扩展领域的问题。有些问题历史学家不重视，过去侧重研究典籍、政治制度史、精英人物史，但搞民俗学的、社会史的还是注意下层的问题的。农民问题过去也研究，搞经济史的比较重视。历史学家应该重视这方面的研究。但也不要用这个代替那个，形成所谓"范式转换"。历史研究是多层次的，有人认为只有上升到历史哲学高度的东西才是研究历史，也是太偏了。历史有许多是描述性的，不能以史代替论，也不能以论代替史。考证也是需要的，历史哲学有思辨性质，但是要建立在可靠的事实的基础上。搞"自下向上"可以，但是不要排斥"自上向下"。不要把两者对立起来。精英人物还需要继续研究，也不是研究完了。政治史也还需要研究，农民战争史也不是问题都解决了。

　　现在关于历史的主体或主线的问题没有解决，有人认为通史就应该什么都有，官僚、绅商、尼姑、和尚、道士、娼妓、土匪、流氓什么都应该有。如按这样写，中国历史就是另一个样子。这就涉及精英和群众的关系。只强调人民群众推动历史发展，排斥精英人物的作用，是片面的；但也不能"细化"到把各种人物都写进通史，要分清历史主线。

（原载《求是》2000年第11期）

五四以来的中国革命道德名言研究*

　　每一个时代都有反映这个时代的名言。换句话说，名言是一个时代传播精神文明的形式。在中国古代，从《论语》、《老子》到《朱子语类》，出现了为数不少的名言类书籍，在中国文明史上留下了很深的印记。有许多名言由于言简意赅、深入浅出，其影响传了一代又一代。中国传统的道德及意识形态通过这种形式得以传承。近代以来，尽管中国社会发生着极大的变化，原有传统的东西被改变，但是，人们仍然习惯于通过名言这种形式来传播思想和文化。在不同的历史时期，都出现过各式各样的语录体书籍，它的影响远比那些大部头的著作要大。

　　本卷主要将自五四运动开始直到本世纪90年代末这一时间跨度内，关于革命道德方面的名言加以辑录。鉴于革命道德所具有的以无产阶级世界观、人生观为核心的特点，本卷收入名言的言主亦以中国共产党人为主，包括党和国家第一、二、三代主要领导人，在党和国家机关长期担任某一部门领导工作的负责人，党的早期领导人和革命英烈。此外，还有民主革命的先驱、各民主党派主要领导人、无党派爱国人士、思想家、科学家、文学艺术家和英雄模范人物等，共计人数在200人左右。在收集的过程中参考了上述各类人物的专集170余种，从中辑录了革命道德名言1500条左右。

---

* 与耿向东合撰。

全卷按照革命道德名言的内容共分为八章三十八节。多数章和节的题目即为一句名言。八章的题目分别是：第一章"共产主义的理想是我们的精神支柱"；第二章"忠于民族，孝于国家"；第三章"全心全意为人民服务"；第四章"实事求是是我们的根本立场"；第五章"个人利益应服从民族和人民的利益"；第六章"务必使同志们继续地保持艰苦奋斗的作风"；第七章"遵循新型的人际关系准则"；第八章"要在革命的实践中修养和锻炼"。从八章的具体内容来看只能说是大体地包含了革命道德名言的基本方面。这是因为对于革命道德的内容来说，尚没有一个确定的范式。因此，我们只有根据自己的理解来进行归类和辑录。

第一章"共产主义的理想是我们的精神支柱"（邓小平语），主要反映作为共产党人及一切先进人物的崇高理想和精神境界。中国共产党自成立之日起就把实现共产主义最终理想作为自己的奋斗目标。在她的带领下中国人民经历了几十年的艰苦奋斗，走上了社会主义道路，今天正在建设和发展有中国特色的社会主义。这样一个政党如果没有革命理论的指导，要想取得成绩和胜利是不可能的。但是，实现这一理想的征途是异常的艰难。有多少革命志士为了革命毁家纾难，甚至牺牲自己的生命。他们不仅以行动表现了革命者的浩然正气，而且给后人留下了"砍头不要紧，只要主义真"的豪言壮语。本章的核心内容体现的就是共产主义的思想道德。

第二章"忠于民族，孝于国家"（陈赓语），反映的是爱国主义的主题。爱国主义长期以来是中国人民团结奋斗的一面旗帜。特别是1840年鸦片战争以来，帝国主义侵略中国，中华民族蒙受奇耻大辱。许许多多有志之士，他们为挽救民族危亡，不惜抛头颅，洒热血；他们为振兴中华、为祖国繁荣富强，无私地奉献自己的聪明才智。"我们中华民族有同自己的敌人血战到底的气概，有在自力更生的基础上光复旧物的决心，有自立于世界民族之林的能力。"毛泽东的这句名言表达了亿万炎黄子孙追求民族自尊、自信、自强的民族精神。

第三章"全心全意为人民服务"（毛泽东语），这本是中国共产党的宗旨，也是中国革命道德的核心。按照马克思主义的基本原理，人民是历史的主人。"人民，只有人民，才是创造世界历史的动力。"在新民主主义革命、社会主义革命和社会主义建设的过程中，党始终遵循这个宗旨，因而形成了大量的精辟的名言。特别需要提出的是，拒腐防变是党一贯主张的原则。腐败现象与为人民服务的宗旨和革命道德是格格不入的，这方面的名言也为数不少。此外，坚持群众路线是党的基本工作方法之一，这在本章中也有体现。

第四章"实事求是是我们的根本立场"（邓小平语），主要辑录的是关于求真务实、崇尚科学方面的名言。实事求是是无产阶级世界观的基础，是马克思主义的思想基础。革命道德规范本身应该建立在唯物主义的科学态度之上，否则，将会失去它的生命力。"共产党人必须随时准备坚持真理"、"没有调查，就没有发言权"、"活到老，学到老，改造到老"等名言已经成为人们在日常生活中所遵循的准则。

第五章"个人利益应服从民族和人民的利益"（毛泽东语），主要体现"公"与"私"的关系，就是整体与个人利益的关系。"公私"观在中国传统道德里有着比较重要的位置，先贤们提出的"贵公"、"重义"的精神对现代的人们产生一定的影响。然而，共产党人和先进人物从为人民服务的宗旨出发，更深层次地阐明了"大公无私"、"克己奉公"、"公而忘私"等道德观念所具有的新的含义，这就是个人利益服从国家利益、局部利益服从整体利益、眼前利益服从长远利益。从这个角度出发，维护团结、顾全大局和遵守法纪等内容也纳入本章范围。

第六章"务必使同志们继续地保持艰苦奋斗的作风"（毛泽东语），着重辑录的是发扬艰苦奋斗、勤俭创业精神方面的名言。伟大的创业实践，需要伟大的创业精神来支持和鼓舞。近代以来，为了民族独立、国家富强、人民幸福的宏伟事业，无数志士仁人以自己的行动来体现艰苦奋斗、励精图治、百折不挠、愈挫愈奋的精神，其留下的名言构成了革命道德的主要内容。

第七章"遵循新型的人际关系准则"，主要体现社会主义条件下新型人际关系准则。中国古代有"和为贵"的传统，但是在新民主主义革命、社会主义革命以及社会主义建设时期，这一传统所体现的是人与人之间平等的新型关系。它倡导在社会生活中人与人之间团结互助、平等友爱、诚实守信、尊老爱幼、家庭和睦、家教严格的道德风尚。在这方面，除了共产党人外，一些民主人士和思想家也有许多精辟的论述。

第八章"要在革命的实践中修养和锻炼"（刘少奇语），是将共产党人、爱国民主人士、思想家和科学家以及英雄模范人物在修身养性方面的名言加以集中而成。它包括修身自律、襟怀坦白、谦虚谨慎、言行一致、保持气节、勤奋耕耘、率先垂范等内容。许多这方面的名言在社会上广为流传，为人们所熟知，如："我们如果有缺点，就不怕别人批评指出"；"虚心使人进步，骄傲使人落后"；"心底无私天地宽"；"做老实人，说老实话，干老实事"；等等，从中我们可以感受到共产党人和先进人物的博大胸襟。

收集整理中国革命道德名言是一项非常有意义的工作。中共十四届六中全会通过的《中共中央关于加强社会主义精神文明建设若干重要问题的决议》明确提出社会主义精神文明建设总的指导思想，其中把加强思想道德建设摆到重要位置，并且专门阐述了努力提高全民族思想道德素质的问题。从上述八章的内容来看，可以说比较全面地体现了党中央对"在全社会认真提倡社会主义、共产主义思想道德"的要求。本卷对于广大干部群众，尤其是青少年进行革命传统教育，爱国主义、集体主义、社会主义教育，以及社会公德、职业道德、家庭美德方面的教育，从而牢固树立建设有中国特色社会主义的共同理想和正确的世界观、人生观、价值观，有一定的参考价值。这也是我们经过近两年的努力所要达到的目的。

（原载《高校理论战线》2000年第2期）

民族的自由和个性的解放 *

——纪念五四运动兼评改写近代史之风

　　五四运动是一次伟大的反帝反封建爱国运动，也是一次伟大的思想解放运动和新文化运动，它在中国革命史上具有划时代的伟大意义。新文化运动为五四运动的发生作了思想上的准备，而五四运动则将新文化运动推向更高的发展阶段，二者密切联系不可分割。

　　这些科学论断，早已成为我国学术界和我国人民的共识。近年却有一些人出来否定和责难。他们把资产阶级自由主义说成是五四运动的传统和五四运动的精神，指责中国共产党领导的民主革命和社会主义建设造成了这一传统的中断，还说五四运动是新文化运动的"历史断裂"。这股翻案风是对历史的歪曲，是非常错误的。

　　"五四运动的发展，分成了两个潮流。一部分人继承了五四运动的科学和民主的精神，并在马克思主义的基础上加以改造，这就是共产党人和党外若干马克思主义者所做的工作。另一部分，则走到资产阶级的道路上去，是形式主义向右的发展。"[①]历史的发展正是如此。

　　五四运动之后，先进的中国人对于民主和科学有了更深刻的理解。新文化运动高举民主和科学的旗帜，反对专制与迷信，有力地促进了我国文化的发展。五四之后，李大钊、陈独秀等中国的第一批马克思主义者并没有抛弃早期新文化运动所提倡的民主、科学的口号，而是给其注入了更丰

---

* 与宋小庆合撰。
① 毛泽东：《反对党八股》，《毛泽东选集》第3卷，人民出版社1991年，第832页。

富的内涵。他们要求的已不是抽象的个人自由和狭隘的资产阶级民主，因为他们已经懂得应该站在人民的立场上，以阶级分析的方法对民主、自由的实质予以剖析。陈独秀认为：在现今政治、经济制度下，广大的劳动阶级并无民主可言。① "资本主义时代也不过是少数人得着幸福，多数人仍然被压迫在少数人势力底下，得不着幸福与自由"，"主张多数幸福，只有社会主义的政治"。② 李大钊更进一步指出：资产阶级的民主虽然打着人民的名义，但实际上却是把无产阶级排斥在外。他强调"真正的德谟克拉西，其目的在废除统治与屈服的关系，在打破擅用他人一如器物的制度。而社会主义的目的亦是如此"。③ 马克思主义者认为，要实现这一目标，就不能满足于对民主作抽象的空谈，而必须以铁的纪律结成坚强的集体去开展阶级斗争。否则，被压迫者的自由之梦将永远无法实现！至于他们所理解的科学，则已经不再仅仅是局限于自然科学以及吸收了某些自然科学成果的唯心主义学说，而主要是指科学的世界观和方法论，即对马克思主义这一科学理论的掌握和运用，这就大大拓展了科学方法的运用范围。正如时人所言："自马克思倡其唯物的历史观以后，举凡社会的科学，皆改其面目。"④

革命绝不是以对个性的牺牲为代价的，相反，革命正是要使广大人民群众的个性得到解放。近代中国的革命既为人的真正解放创造着历史的前提，又同时使人们在革命斗争中进一步解放了个性。共产党人对此是十分重视的。1944年，毛泽东在给博古的一封信中谈及对《解放日报》一篇社论的修改时，就曾特别强调指出："我在改文中加上了解放个性，这也是民主对封建革命必然包括的。有人说我们忽视或压制个性，这是不对的。被束缚的个性如不得解放，就没有民主主义，也没有社会主义。"⑤ 中国的资产阶级之所以未能实现人的解放与重塑，不仅仅在于各种资产阶级理论的局限性，关键是因为其阶级力量的软弱——无力改变中国半殖民地半封建

---

① 陈独秀：《答柯庆施》，《新青年》第8卷第3号。
② 陈独秀：《国庆纪念底价值》，《新青年》第8卷第3号。
③ 《李大钊文集》第4卷，人民出版社1999年，第222页。
④ 《五四运动前马克思主义在中国的介绍与传播》第3辑，湖南人民出版社1986年，第360页。
⑤ 毛泽东：《给秦邦宪的信》，《毛泽东文集》第3卷，人民出版社1996年，第208页。

的社会现实，无法使中华民族摆脱被压迫、奴役的悲惨境地。马克思主义在中国的传播，不仅为人们提供了一个锐利的思想武器，更为重要的是，在马克思主义指导下，中国共产党所领导的革命从根本上动摇、推毁了旧的社会基础和政治制度，实现了全民族的自由，从而迎来了每个人的个性的解放。千百年来一直受着剥削压迫的贫苦农民，在中国共产党的领导下揭竿而起，由自发的反抗变为自觉的斗争；暴力革命摧毁着封建的族权、神权和夫权，使中国妇女看到一片新的天地。这些何尝不是更大的解放，更深刻的启蒙？中国共产党领导革命、建立新的社会制度，就是为了解除民族压迫和封建统治对人民个性的束缚！正如毛泽东在中国共产党七大上所作的口头政治报告中指出的："帝国主义与封建势力是摧残个性的，使中国人民不能发展他们的聪明才智。""中国共产党代表全国人民要求独立！中国如果没有独立就没有个性，民族解放就是解放个性，政治上要这样做，经济上要这样做，文化上也要这样做。"①

革命者以小我的牺牲换取大众的幸福，这不是个性的泯灭，而是个人高度觉悟的表现。选择了革命，也就意味着可能要流血和牺牲。革命者并非不知道生命的可贵，他们之所以义无反顾地迈出这一步，就是因为他们已经懂得，唯有如此，方能治愈祖国母亲身上那正在淌血的伤口；也唯有如此，方能给那些挣扎于死亡边缘的无数同胞一个生的希望！革命者在慷慨赴死之际，对这个世界仍有着诸多的牵挂与不舍，也有着普通人的儿女情长。他们放弃了生而选择了死，既非受了某种抽象的原则的驱使，更不是因为投身革命而变得疯狂。为何斩首示众、严刑拷打都无法摧毁革命者的意志？因为他们坚信，自己的牺牲必将换来祖国母亲的新生！正是因为有着这样一种信念，在阴暗的牢狱中，身戴镣铐的共产党人方志敏写下了《可爱的中国》，于死亡阴影的笼罩下，谱就了一曲生命的欢歌：

到那时，到处都是活跃跃的创造，到处都是日新月异的进步，欢

---

① 毛泽东：《在中国共产党第七次全国代表大会上的口头政治报告》，《毛泽东文集》第3卷，第336页。

歌将代替了悲叹，笑脸将代替了哭脸，富裕将代替了贫穷，康健将代替了疾苦，智慧将代替了愚昧，友爱将代替了仇杀，生之快乐将代替了死之悲哀，明媚的花园，将代替了凄凉的荒地！这时，我们民族就可以无愧色地站立在人类的面前，而生育我们的母亲，也会最美丽地装饰起来，与世界上各位母亲平等地携手了。

这是怎样的境界，又是何等的崇高！对此，从自由主义角度出发是无法企及和理解的；对此，我们绝不容许任何人在"躲避斗争"、"告别革命"之类的名义下加以亵渎！

这里，我们不妨以一个近年来受到许多苛责的人物为例，对此做进一步的说明。郭沫若，这位才华横溢、充满浪漫主义色彩的诗人，曾以奇特的想象和奔放的诗句，将五四一代青年重视自我、强调个性的精神风貌表现得淋漓尽致。所以，当时人们就将他的《女神》赞誉为"时代底一个骄子"，"不独喊出人人心中底热情来，而且喊出人人心中最神圣的一种热情"。然而，当郭沫若自归国开始接触社会实际，特别是在亲历了五卅爱国运动之后，他的思想开始发生了转变。他说："我从前是尊重个性、景仰自由的人，但在最近一两年间与水平线下的悲惨社会略略有所接触，觉得在大多数人完全不自主地失掉了自由，失掉了个性的时代，有少数人要来主张个性，主张自由，未免出于僭妄。……要发展个性，大家应得同样地发展个性，要生活自由，大家应得同样地享受自由。但在大众未得发展其个性，未得生活于自由之时，少数先觉者倒应该牺牲自己的个性，牺牲自己的自由，以为大众人请命，以争回大众人的个性与自由！"[1]这时，郭沫若的艺术观也随之发生了变化。从前他认为："人是追求个性的完全发展的。个性发展得比较完全的诗人，表示他的个性愈彻底，便愈能满足读者的要求。因而可以说：个性最彻底的文艺是最有普遍性的文艺，民众的文艺。"[2]但当郭沫若心中有了民众，有了那挣扎在痛苦之中的广大百姓，他

---

[1]《郭沫若全集·文学编》第15卷，人民文学出版社1990年，第146页。
[2]《中国现代诗论》上编，花城出版社1985年，第52页。

就不再满足于对自我的表现，而是要求自己"先把民众的痛苦叫喊了出来，先把革命的必要喊了出来"。①比较而言，无论是胡适的《尝试集》还是康白情的《草儿》，从精神到内容都显得那样单薄。虽然他们所代表的知识群体在近年出现的改写历史之风中被一些人看好，但我们仍不得不指出，那些诗人当时所关注的是自我的情感而非百姓疾苦，所热衷表现的是小圈子里的低吟浅唱，而不是激越跳动的时代脉搏。所以，在他们的作品中有孤独的蝴蝶和空灵的雨点，有个人主义的孤身奋斗，有离愁别绪的感伤，却唯独没有我们国家和民族的血泪故事。对此，海外学者唐德刚曾甚为遗憾地指出：

> 美国排华最高潮之时，正是胡适之、梅光迪、任叔永、陈衡哲……"长春藤盟校"之内诸位中国少爷"唱和"最乐之时——也就是中国的新文学呱呱堕地之时。他们在"赫贞江畔"，"辟克匿克"，"唱个蝴蝶儿上天"之时，他们哪里知道，遥遥在望的"赫贞江中"，爱利丝小岛（Ellis Island）之上，高墙之内，铁窗之后，还有百十个他们底血肉同胞，正在辗转呻吟！……
>
> 我们"新诗"的诞生，不诞生在"吏呼一何怒，妇啼一何苦"为民请命之中；她却降生在美丽的江边公园之内，那儿有"两个黄蝴蝶，双双飞上天。不知为什么，一个忽飞还。剩下那一个，孤单怪可怜，也无心上天，天上太孤单！"
>
> 试问诗人们，你们这时正在"名花倾国两相欢"，难解难分之际，"孤单"些什么啊？②

当全民族正在半殖民地的深渊中呻吟、被压迫者已开始勇猛反抗的时候，仍紧抓"艺术至上"的旗号不放，鼓吹描写超阶级的、永恒的人性，因此无论有多么娴熟的技巧和整饬的形式，也难以掩盖其作品内在精神的

①《郭沫若全集·文学编》第16卷，人民文学出版社1989年，第25页。
②唐德刚：《胡适杂忆》，华文出版社1990年，第127页。

迷惘与空虚。更何况有的人是口中高诵自由，却"对于真的压迫者并不说什么，因为那是真的压迫者，而对于群众，则尽多诬蔑，因为能够自由地诬蔑"。①有的人则是标榜客观、超然，实际却一次次暗施冷箭，成了"刽子手和皂隶"，为统治阶级担负起"维持治安的任务"。②相比之下，左翼作家不惧肆虐的暴力，不仅主动担负起对社会的责任，而且开始自觉地反思自己的弱点。虽然那时他们的理论和创作难免还有许多不甚周密之处，甚至是严重的缺点，但是他们的这种转变，本身就已值得充分地肯定。他们与那些坚持自由主义理念的群体之间，不仅存在着立场的不同，更有着境界的差异。历史不是不可以重写，但是如果不把握住近代中国历史的主题和文化发展的正确方向，重写的历史就难免出现失真和扭曲。

产生于五四之前的自由主义，毕竟是反对封建主义的。因此，五四运动之后，自由主义并没有因为马克思主义的传播和革命的兴起而中断。许多受自由主义影响的知识分子，继续致力于宣传资产阶级的新文化，希望通过知识的传播与教育的普及来完成对民众劣根性的改造，最终实现人的解放和社会的进步。其中一些人的真诚及其所付出的努力，是值得今人尊敬的。对此，共产党人在当时就给予了肯定。在反对文化专制主义和复古主义的斗争中，中国共产党把这批知识分子视为必须团结的对象加以争取。在大革命时期，陈独秀、毛泽东、邓中复等人都曾指出：思想上的联合战线应包括以胡适为代表的自由主义者。在抗日战争期间，中共中央曾经指示："对于文化运动的进行，应该联合一切不反共的自由资产阶级（即民族资产阶级）与广大的小资产阶级知识分子共同去做。"③一些自由主义知识分子在社会生活中屡屡碰壁之后，逐渐转变了立场，走上了革命的道路，或者成为革命的同路人。"我们中国人是有骨气的。许多曾经是自由主义者或民主个人主义者的人们，在美国帝国主义者及其走狗国民党反动派面前站起来了。"④面对特务的手枪拍案而起的闻一多，贫病交加之中拒

---

① 苏文编：《文艺自由论辩集》，上海书店出版社1982年，第272页。
② 《鲁迅全集》第4卷，人民文学出版社1981年，第159页。
③ 《六大以来》下册，人民出版社1980年，第819页。
④ 毛泽东：《别了，司徒雷登》，《毛泽东选集》第4卷，第1495页。

领美国"救济粮"的朱自清，就是他们的代表。另有一些人虽然在口头上始终没有放弃对民主的追求，但在实践中却因为惧怕和仇视日益高涨的革命浪潮，最终还是站到了独裁者的一边。因为这时他们已经把革命当成了最大的敌人，并且断言："共产主义一开始就以扑灭自由民主为意志……要保住思想自由的传统，最重要的工作是防止共产主义势力的扩张。"①胡适即是这批人的领袖。这时，他们虽然也还在谈自由、讲独立，但这已更多地成为了一块招牌——一块他们不愿也不能放下的招牌，挥舞着它不仅仅是为了自我的标榜，更主要的是要以之遮掩自身立场的"位移"。国民党当局很清楚，在反共反人民的活动中，这批自由主义者是可以利用的。蒋介石的幕僚陶希圣在与特务头子唐纵的谈话中曾经指出："转移自由分子对政府之恶感，希圣认为胡适之为最恰当之人物，可惜适之不能归。其次傅斯年对西南联大亦能影响，如果自由思想派能了解政府，则青年学生不致为共党所愚。"②胡适后来果然为此尽心尽力，不过，其效果与陶希圣的估计相去甚远。

作为一种政治思潮的自由主义，在近代中国历史上虽然存在过，但它不是历史的主流，而且在历史发展过程中已经破产，已经被淘汰。历史本身是无法改变的，但是，我们若不警惕，不坚持科学态度，对历史的认识与记述却有可能被歪曲、篡改。

中国不走五四运动所开辟的革命之路，不彻底改变中国半殖民地半封建的地位，所谓自由就只能是一种空谈；对于广大人民而言，就只能是一种被杀戮、奴役的"自由"，一种被视为"病夫"、"猪仔"的自由。这难道还需要多么高深的理论来论证吗？这难道不是简单不过的历史常识吗？！如果我们任由某些"权威"、"学者"对中国近代历史进行"解构"、"假设"，那么，本是明晰的是非也会变得混淆、颠倒，从而使人们特别是青年人感到困惑，乃至被误导。必须大力加强和完善中国的民主政治，这是毋庸置疑的。然而，以人民的利益为最高利益的中国共产党的认识一向

---

① 《胡适往来书信选》下册，河北人民出版社1998年，第359页。
② 唐纵：《在蒋介石身边的八年》，群众出版社1991年，第496页。

是清醒的：中国民主化进程的正确方向只能是沿着五四运动开辟的道路继续前进，即坚持"人民当家作主"的民主政治，而不是退回到五四之前自由主义的起点！

　　重温五四运动的历史，其意义也许正在于此！

（原载《真理的追求》2000年第4期）

关于民族精神的"病灶"与其他*

一

现实由历史而来，从历史中可以探寻现实的成因，站在现实的高度，有助于深刻地把握历史。所以，谈古论今本无可非议，由此引发不同的意见自然也实属正常。近来，看到了一篇以揭示、疗治民族精神的"病灶"为主旨的文章，对于中国近代的民族主义做了这样一个判断：

> 民族主义来源于中国近代历史受尽外敌凌辱的集体记忆，但是它有两种表现形态。一是理性的民族主义，既能严守民族气节，又能与"左倾"排外划清界限。其最佳事例，是在五卅运动那种狂飙突进的方式之后，丁文江在谈判桌上据理力争，迫使英国当局放弃上海租界的领事裁判权。沉溺于国内意识形态教育而不知反刍的部分留学生，脚在彼岸海外，心在意识形态，大半是不会知道甚至不愿了解这一类历史知识的。二是狂热的民族主义，借爱国而排外，借排外而媚上，百年内频频发作，至今没有得到清理。后者之肇祸，莫过于义和团扶清灭洋，以辛丑条约收场，民族危机跌入更深一重；此后中间一幕，是"文化革命"中火烧英国代办处，烈火熊熊，叠映出席卷世界

---

* 与宋小庆合撰。

的1968年"左倾"学生政治与扶清灭洋的荒诞联系；至本世纪末，在大陆特定政治环境中，终于出现"中国可以说不"那样的装腔作势，以及此次科索沃危机发生时部分留学生的各种亢奋表演。①

把自己所不喜欢的人和观点一概加以"左"的恶谥，再冠冕堂皇地以反"左"的名义予以封杀，这在某些人那里已成为一种时髦。这种浅薄的做法，相信作者是不屑为之的，对此我们暂且不论。这里，只想先对于所谓理性民族主义的"最佳事例"做一点检讨。

让我们来看看史实方面的问题。作者盛赞丁文江在谈判桌上的据理力争，迫使英国当局放弃了上海租界的领事裁判权，并且指责他人由于"心在意识形态"而表现出对历史的无知，其态度之严正、上纲之高，真不由得让人产生几分敬畏之意。然而，遗憾的是，这个被用来代表理性民族主义的"最佳事例"，所依据的基本史实却不够真实。显然并没有"沉溺于国内意识形态教育"的作者，在指责他人"无知"的时候，却为何自己也暴露出同样的问题，这实在是耐人寻味。实际上，丁文江当时力争并最终收回的只是上海公共租界的"会审公廨"，它与领事裁判权根本就是两个概念。对此，只要查阅一下1868年签订的《上海洋泾浜设官会审章程》便可知晓。再退一步说，即使没有看过1868年的这个章程，不懂得"会审公廨"与领事裁判权的区别，其实也并无大碍，因为只要真的读过丁文江据理力争所取得的"成果"——1926年8月31日签订的《收回上海会审公廨暂行章程》，那么，就一定会发现，它的第一条甲款即已清清楚楚地规定："江苏省政府就上海公共租界原有之会审公廨改设临时法庭，除照条约属于各国领事裁判权之案件外，凡租界内民刑案件均由临时法庭审理。"②1927年1月1日，北京政府接收上海公共租界会审公廨，改组为临时法院。由于上述所订章程依然保留了列强非法攫取的诸多特权，所以，武汉国民政府当天就发表宣言，正式予以否认，再次强调了无条件收回的原

---

① 李世涛主编：《知识分子立场——民族主义与转型期中国的命运》，时代文艺出版社2000年，第505—506页。
② 王铁崖：《中外旧约章汇编》第3册，生活·读书·新知三联书店1962年，第591页。

则。对于这一所谓"成果",当时的学术界也多有批评。比如,有学者将《上海洋泾浜设官会审章程》与《收回上海会审公廨暂行章程》逐一比较研究后,得出的结论是:后者"丧失国权更甚"。①至于英国领事裁判权的正式废除,则已是在1943年1月11日。

其次,近代以来,出于对中西国力的考量和对西方价值的幻想,确实有不少人曾经以为仅仅依靠"理性"、通过谈判,就可以废除不平等条约,挽回失去的权益。然而,事实却使绝大多数人最终认识到,这种做法无异于与虎谋皮。中国在西方的眼里是野蛮、落后的,所以被中国视为不平等的条约,实际上代表着文明和进步,中国欲改变条约,必先按照西方的模式来改变自己——这是西方列强为不平等条约进行辩护的一个基本的逻辑。中国人也曾经按照这一逻辑来思考。以领事裁判权为例,黄遵宪早在1878年就已对治外法权的危害给予了深刻揭露。但让他感到为难的是,在国力衰弱的条件下,"一旦强使就我,其势又甚难。而现行条约隐忍不改,流毒之深安有穷期?"思前想后,他提出的解决办法是:"今日之势不能强彼以就我,先当移我以就彼,举各国通行之例,译采其书,别设一词讼交涉之条。凡彼以是施我,以是报我,采彼法以治吾民,彼虽横恣,何容置喙。"黄遵宪以为如此一二年之后,即可顺利改约。至于租界中的会审公堂,黄遵宪正确地指出:那是属于"法外用法,权外纵权,为条约之所未闻,章程之所不及"。但是,他却又天真地以为这一切不过是驻华领事们的私人行为,与各国政府无关。"吾恐各国外部且不料领事纵恣如此也,莫急之务,尤亟告之公使,达之外部,扫除而更张之。"②

20世纪初开始的晚清司法制度改革,其中一个重要的考虑正是要为收回领事裁判权做准备。修订法律大臣沈家本曾上奏朝廷:"国家既有独立体统,即有独立法权,法权向随领地以为范围。……独对于我国借口司法制度未能完善,予领事以裁判之权,英规于前,德踵于后,日本更大开法院

---

① 蒯世勋等编著:《上海公共租界史稿》,上海人民出版社1980年,第173—174页。
② 林庆元等译注:《近代经世文选译》,巴蜀书社1997年,第137—138页。

于祖宗发祥之地，主权日削，后患方长。此悉于时局不能不改也。"①列强
当时在这方面也相应地做出了姿态。英国在与清廷签订的《续议通商行船
条约》第十二款就规定："中国深欲整顿本国律例，以期与各西国律例改
同一律，英国允愿尽力协助，以成此举，一俟查悉中国律例情形及其审断
办法及一切相关事宜皆臻妥善，英国即允弃其治外法权。"②随后，美、日、
葡也做了同样的承诺。这使得国人颇受鼓舞，以为只要参酌西法，同国际
接轨，便可以收回治外法权，这样就抓住了"变法自强之枢纽"，"可默收
长驾远驭之效"。③

　　然而，事与愿违。帝国主义强迫落后的国家按照它的要求进行改造，
这完全是为了满足其殖民统治和掠夺的需要，它不愿意更不允许其侵略、
压迫的对象真的摆脱落后，成为一个能够与之抗衡的先进国家。以为单
纯地依靠自我的改革和"理性"的谈判，就能够与国际"接轨"、使列强
"平等待我"，这实在是一相情愿的想法。虽然从晚清至民国，中国已对自
己的司法制度进行了很大的改革，用梁启超的话说就是："也经过了二十多
年的努力和预备了。法典虽未曾全部完成、正式公布，但确已参酌现代法
律精神，大部分编纂完竣，而且事实上早已通行适用；法庭和监狱，虽不
能如各国那么完善，但确已次第组织成立，行之多年，得有相当成绩……
中国法庭审判，绝对不会妨害到外侨利益。"而列强却迟迟不履行早就做
出的承诺，原因实际并不在于中方，而在于西方坚持以"中世纪以来传统
的骄傲思想"来对待中国。在"礼让的谈判终不见谅"的情况下，自言是
中国"最温和那一派代表"的梁启超也极有预见性地警告列强：在被逼得
无路可走之后，中国人就不免要铤而走险，选择一条俄国的"革命外交"
之路。④

　　在废除不平等条约的斗争中，同列强进行谈判上的据理力争是必需
的，但仅此还远远不够，因为从根本上说，双方所持之"理"是截然对立

①故宫博物院明清档案部编：《清末筹备立宪档案史料》下册，中华书局1979年，第846页。
②王铁崖：《中外旧约章汇编》第2册，生活·读书·新知三联书店1960年，第109页。
③丁贤俊、喻作凤编：《伍廷芳集》上册，中华书局1993年，第257页。
④梁启超：《为改约问题敬告友邦》，《饮冰室合集》第41册，中华书局1989年，第108—113页。

的。一位美国学者指出：丁文江的一个弱点就是"太热衷于中国在行政管理上、经济上的西方化了，竟识别不出英国人反对中国当局毫无理由。理性信念导致他信任英国人的善意"。与此同时，对于民众在反帝斗争中的作用，丁文江却又估计不足。①中国人为什么能够收回会审公廨？难道仅仅是因为丁文江有着比前人更大的耐心和更高超的论辩技巧？美、英为什么会在1943年放弃了早已做出许诺、却又迟迟不愿撒手的领事裁判权？难道是因为在几十年之后他们的"天良"终于发现？或是又出现了某位丁文江式的人物，以其更深沉的"理性"使之不得不再度折服？答案当然没有这么简单。要回答这个问题，就不能把眼光仅仅限制在小小的谈判桌上，就不能仅仅关注几位"精英"人物的"理性"，而必须用一种更为广阔的视野，把广大人民群众的反帝斗争——在当时被列强指责为极端排外，在今日一些人看来也不那么"理性"的民族主义——尽可能全面地纳入进来，比如那令列强胆战心惊的义和团反帝斗争，声势浩大的五四爱国运动，席卷全国的五卅反帝浪潮，以及第一次国共合作后出现的全国性废除不平等条约运动，那无数次的罢工、罢市、罢课，那动辄几万、十几万人参加的反帝示威游行；比如在人民的支持下，广东革命政府强扣粤海关"关余"、平定商团叛乱，武汉国民政府强行收回汉口、九江的英租界，艰苦卓绝的全民的抗日战争，等等。正是因为有了这一次次各阶层群众参加的狂飙突进的反帝斗争，才迫使在谈判桌前的帝国主义者开始比较认真地倾听来自中国的声音。那些曾对中国指手画脚的公使们面对这种情形，也不得不承认："还想拿二十年前对华的外交来对今日的华人，完全不对的，是办不到的。……现在中国民众与从前完全不同了。"②正如陈独秀所言：

> 事实告诉我们：英国每次口中说：准备要送中国的一些好东西，都是因为中国有了"片面的革命行动"，都不是因为有了正当的手续和友谊的精神；采用正当手续和友谊精神的和平谈判而停止革命

①〔美〕夏绿蒂·弗思：《丁文江：科学与中国新文化》，湖南科学技术出版社1987年，第158—159页。
②《李大钊文集》第5卷，人民出版社1999年，第233页。

行动，反而只有使帝国主义者收回他们口中所说准备要送我们的东西……我们并不拒绝谈判，可是停止革命行动或减少革命行动，而希望友谊的和平谈判得到点什么，便是上了帝国主义者的圈套，其结果必一无所得！必须懂得抑制民众革命行动而以和平面孔取悦于外人，本是北京军阀官僚政府的外交秘诀。①

这才是基本的历史事实！这才是得自事实的基本经验！

相反，在民众的反帝运动高涨之际，精英们对所谓理性的强调，则不仅反映了他们对民众和列强两个方面的判断都存在着失误，而且往往暴露出自身勇气的匮乏。在这方面，曾与丁文江等人在五卅运动中联合发表宣言，强调稳健、理性的梁启超，倒是有过一段不加掩饰的自白。他在强调自己的温和立场时这样说："这是代表中国最温和（或者可以说是最懦弱）那一派的人的说话。"②

行文至此，我们不妨对于领事裁判权得以废除的主要原因，做一简要的概括：首先，日本的侵略，已使英、美领事裁判权在大片的沦陷区名存实亡。正如美国参议院议员、参议院外委会委员托马斯在参院的讲演中指出的："作为一种战时措施，美、英应向中国表示，他们将放弃领事裁判权……而且，所有的领事裁判权目前在中国实际上已不复存在。我想不出为什么我们要等到和平之后，才和中国谈判一份领事裁判权条约。"③不仅如此，为了掩人耳目，并挑拨中国与英、美的关系，日本还率先同伪满洲国以及汪伪政权签订了协议，放弃了领事裁判权，从而使英、美陷于一种尴尬、被动的境地。其次，中国的反帝斗争在国际上得到了广泛的同情，不平等条约不仅为中国人民所唾弃，而且遭到了越来越多的国际友人的批评。比如，中国人民的老朋友史沫特莱女士就曾在美国各地发表演说，指出日本之所以能够在东南亚迅速取得胜利，并且在一些地方被视为救星而

---

① 《陈独秀著作选》第2卷，上海人民出版社1993年，第1196页。
② 梁启超：《饮冰室合集》第41册，中华书局1989年，第114页。
③ 关绍纪：《抗日战争时期美国对华政策》，山东大学出版社1996年，第203页。

受到欢迎，是因为："我们文明的核心里有个正在露出来的溃疡，这个溃疡就是我们自认为白种人优越，命定要统治有色人种。日本人正将这一信念打得粉碎，并将它淹没在我们自己的血泊里。他们呼吁所征服的亚洲人民抓住这一历史时机，把白种人赶出去。"她在很多次的讲演中都一再强调，对付日本挑动民族仇恨宣传的唯一有效办法，就是把中国看成一个平等的国家。①最后，也是最为重要的一点，就是中国人民以钢铁般的意志和巨大的牺牲，抗击着日本帝国主义的侵略，对世界反法西斯战争做出了极大的贡献，从而大大提高了中国在世界的地位和声望，以致英、美也不得不对于这个不可缺少的同盟国给予必要的尊重。

当然，必须指出的是，彻底废除所有不平等条约，中国半殖民地地位的真正改变，还是在新中国成立之后。国民党政府的"改订新约运动"远没有取得其所标榜的作用——改变中国在国际上的不平等的地位。这一方面表现为在旧的不平等条约废除之后，又签订了新的不平等条约，如中美《友好通商航海条约》；另一方面则表现为在所谓友好、平等的条约之下，依然存在、掩盖着大量不平等的现实。直到共产党领导人民以革命战争的形式，彻底打倒了内外压迫者，建立了新中国，这才标志着"我们的民族将再也不是一个被人侮辱的民族了，我们已经站起来了"。②

二

经历过太多的战乱，就愈发渴望和平与发展；目睹了太多的血腥，就更加企盼"让世界充满爱"，这是很自然的。但与美好的理想相比，现实往往是很残酷的。"冷战"的结束并未带给人们预想中的和平，经济全球化的潮流造成的也非平等的利益均沾。那些在历史上曾备受欺辱的国家和民族逐渐发现，他们对发展的追求，依然每每受阻于有着历史渊源的不平

① 〔美〕斯蒂芬·麦金农:《史沫特莱——一个美国激进分子的生平和时代》，中华书局1991年，第295—296页。
② 毛泽东:《中国人从此站立起来了》，《毛泽东文集》第5卷，人民出版社1996年，第344页。

等的政治、经济秩序。西方世界的领袖们则是把强化而不是改变这一秩序，当成了最高的使命。他们的战略学家曾明确表示："帝国地缘战略的三大任务是：防止附庸国家相互勾结并保持它们在安全方面对帝国的依赖性；保持称臣的国家的顺从并维持向他们提供的保护；防止野蛮民族联合起来。"①美国总统克林顿在就职演说中论及美国21世纪新战略的时候，就特别强调要保持美国强大的军事力量并继续在全球发挥领导作用。这位掌握着世界上最庞大的战争机器的领导人，曾半是炫耀、半是恫吓地宣称："相对武力而言，我们更愿意依靠外交，但在有必要保卫我们的国家利益时，我们也总是愿意使用武力。正像本世纪以来我们一直在做的那样，我们将通过我们作为榜样的力量来领导，但也准备在必要之时，通过榜样来显示我们的力量。"②

这种"榜样"的力量，世界已经屡屡并仍在继续领教：如果你也有自己的国家利益需要捍卫而不愿沦为他国的"附庸"，如果你也有自己的民族尊严必须珍视而拒绝向"领导者"顺从，那么你就将被"文明世界"当成"无赖国家"、"野蛮民族"。这时，纷至沓来的将是对你人权、民族等各种内部事务的说三道四、指手画脚，是经济制裁、武器禁运，甚至发动战争。而这一切当然是你自作自受，谁让你不自量力地指望以"野蛮"抗拒"文明"！

现实引发思考，但同样的现实却往往能够给人以不同的感受，从而得出不同甚至相反的结论：有的人坦言了自己从80年代的"崇美"到90年代的"悔悟"所经历的那一段心路历程，意在使更多的人警醒，进而能够对来自西方的霸权大声地说一声"不"！反之，也有人对此旗帜鲜明地进行了"交锋"，发出了"呼喊"。他们认为改革开放的威胁主要来自中国的民族主义，声称从"说不"的人那里看到了昔日义和团那种反西方的种族主义阴魂的复活，是一种最糟糕、最落后的种族主义，一种顽固拒斥现代文明的种族主义。当北约轰炸南联盟、袭击我使馆，造成馆毁人亡的惨剧

①〔美〕兹比格纽·布热津斯基：《大棋局——美国的首要地位及其地缘战略》，上海人民出版社1998年，第54页。
②〔美〕比尔·克林顿：《希望与历史之间——迎接21世纪对美国的挑战》，海南出版社1997年，第104页。

之后，国内爱国主义一片高涨，这时也有头脑冷静的"精英"呼吁要警惕义和团式的民族主义。有趣的是，这类对中国民族主义的批评和谴责，与近年来西方主流媒体发出的某些声音不谋而合。如1996年8月11日英国的《星期日泰晤士报》发表文章，指责《中国可以说不》是"敌视外国的偏见和新民族主义的混合物，跟30年代的日本的言论一模一样"。13日，美国的《华盛顿邮报》则有文章称该书是由官方新华社宣传的"狂热反美"之作。[1]在学术界，也有一些美国学者指责正在复兴的中国民族主义具有"强悍"的特点和"明显排外主题"，"尤其令人担心"。他们还这般点拨那些至今仍不愿忘记历史的中国人：

> 因为一个无法规避的现实是，中国的问题基本上都是中国领导人自己造成的。当然，外部世界曾经不公正地欺侮过中国，但是，今天的中国人必须跨越那个刺伤中国自尊心的不幸年代，并且认识到，这些往事虽然痛苦和不正义，但是今天人们所感受到的昔日的余痛，多半上只是一种虚幻的痛苦。[2]

无论是追溯历史以便更清晰地揭示现实的本质，还是重估过去以求更顺利地同国际"接轨"，都可以让人清楚地看到历史与现实在这里的交汇。作为一个历史上曾备受欺辱、目前以及在未来很长一个时期都仍将处于弱势的国家和民族，应该如何认识来自西方的文明？又将怎样面对仍在扩张中的西方霸权？这恐怕是值得认真思考的问题，其中某些似是而非的观点，也有必要予以澄清。

世界近代是西方资本主义迅速发展并建立起世界体系的历史，但是这种发展是以对世界广大地区的殖民为基础的，是以这些地区的停滞或扭曲的发展为代价的；西方资本主义的发展和世界体系的建立，有着历史的进步性，但同时也包含着巨大的不合理性。落后国家对这种不合理性的反

---

[1] 李希光、〔美〕刘康等：《妖魔化中国的背后》，中国社会科学出版社1996年，第356—357页。
[2] 李希光、〔美〕刘康等：《妖魔化中国的背后》，第172页。

抗，同时反映了对文明进步的追求，这同样是世界历史中一种真实、重要的存在，并非史家的虚拟可以轻易地否定或忽视的，它推动着世界历史的发展，也有着不容置疑的进步性。

就近代中国而言，中华民族与帝国主义的矛盾，争取国家独立和民族解放的历史主题，就更不是人为的主观假定。列强在晚清所发动的一次次的侵华战争，中国被割占上百万平方公里的领土，被勒索相当于国家年收入几倍乃至十几倍的赔款，林立的租界，各种利权的丧失殆尽，民国年间军阀混战背后列强时明时暗的影子，以及那场导致中国人死伤数千万、财产损失上千亿美元的日本侵华战争，等等，将中国一步步推向了绝境，同时也激起了全民族连绵不断的悲壮的反抗。这种斗争是残酷的，其间那一幕幕血与火的悲惨场面，并不是一句"文明的传播"就可轻巧地将其替换或遮掩的。1941年元旦，长沙民众召开追悼抗战殉职军民大会，有联云：

> 挥泪叙从头：抗战三四年，吾伯有死、吾叔有死、吾兄有死、吾弟有死、吾师有死、吾友有死、吾徒有死、吾侄有死，到如今五亲离散，六眷飘零，总算为国家尽忠、替民族尽孝；
> 伤心话遗裔：悲愁千万种，饥者无依、病者无依、老者无依、幼者无依、鳏者无依、寡者无依、孤者无依、独者无依，徒令我两鬓枯萧，百忧丛集，真不知何处报怨、到几时报仇？①

这真可谓一言一血，一字一泪。但它绝不是一种文学的夸张，因为中国近代的侵略与反侵略斗争之惨烈，损失之巨大，都是笔墨所难以形容的，更非本文所能道其万一。对于近代中国的历史当然需要从多种角度加以研究，但恐怕都无法回避争取民族解放这一历史主题。即以近年来颇受重视的近代化研究为例，闭口不谈外国资本的倾轧，不触及侵略者要把中国变成"日本帝国控制下的永久性或半永久性的农业国"以及"防止汉族

---

① 梁羽生：《名联趣谈》下册，上海古籍出版社1993年，第719页。

自身的资本主义化"的企图，^①又怎么能够深刻地揭示出中国近代化举步维艰的发展历程？美国的艾奇逊先生们无法懂得为什么"失去"了中国，因为帝国主义对中国的侵略也都被他们当成了"友谊"；所以，也就更不可能理解，他们曾寄予厚望的中国的自由主义者为何纷纷拍案而起，投入反帝的阵营？贫病交加的朱自清先生宁可饿死，也拒绝接受美国的"救济粮"，这又岂是文明—野蛮的分析模式所能解释了的——须知，朱自清先生本是一个不问政治、在子女眼中甚至是有几分懦弱的书生，况且又是受过良好欧美教育的。

　　既然野蛮的侵略和勇猛的反抗都是一种客观的存在，那么对于这一历史（也是现实）现象的主观审视，就不可避免的有了一个立场的问题。以为有了"世界历史"就应该放弃民族立场、国家利益的观点，这是我们所无法接受的，哪怕是因此而被指责为执着于"狭隘的民族史观"。近代中国与世界是有着越来越密切的关系，所以，懂得外国的历史、掌握世界发展的大势，确实是深化中国近代史研究所必需的。但这并不意味着研究者的立场也可以转换到一个抽象的"世界"。因为这个世界，即使是在今天全球化的呼声已响彻云霄的时候，它也不是抽象的，而是仍然以不同的国家、民族的形式存在着的，它们之间有着共同的利益，也仍有着诸多的矛盾和冲突，有着各种形式的压迫和反抗。苏联领导人戈尔巴乔夫无视这一点，提出了超越意识形态分歧和本国利益、追求全人类共同价值的"新思维"，虽然博得了一时的喝彩，但是随着苏联的解体，在一个曾令世界生畏的超级大国沦为欧美的"小伙伴"之后，已有美国的战略学家指出：所谓"新思维"不过是一相情愿、不切实际的幻想。而越来越多的俄罗斯人则干脆将其视为对本国利益的无耻叛卖。所谓的全球化必须以各国家、民族的相互平等为前提，否则它一定有失公正与合理，强调这一点对于落后的、处于不利地位的国家和民族尤为重要。在研究充斥着奴役、压迫的中国近代史时，应该鲜明地把立场置于遭受奴役压迫的中华民族的一边，难

---

① 孔凡岭：《伪满留日教育述论》，《抗日战争研究》1997年第2期。

道这也需要置疑？！

与曾对殖民主义者抱有幻想的近代资产阶级政治家不同，中国共产党人自其诞生之日起，就明确提出了反帝的主张。反帝并不意味着固守落后的传统、回到闭关的时代，共产党人并没有放弃对先进的学习和对世界潮流的追赶。他们懂得："所以学欧美正是因为要与欧美敌对，要打倒欧美加于我们的经济压迫。……我们要求与欧美争存，不能不采用欧美的生产方法，所以亦不能不酌量移植一些欧美的文化。"①共产党人的视野是开阔的，它坚定地以人类优秀文化的结晶——马克思主义为指针，但并没有因此就"忽视中国文化遗产和非马克思主义的外国思想的价值"。②所以，从一开始它就注意到必须反对"奴性或保守性的见解"；③共产党人对世界发展潮流的把握是准确的，但是它强调只有彻底解除了帝国主义和封建主义的压迫，使长期被束缚的生产力得到发展，中国人民才能对世界文化做出应有的贡献，中国才有可能在平等的基础上同各国进行大规模的合作。④事实上，新中国的发展已经对此做出有力的证明。毛泽东曾经指出：对于帝国主义者不能抱有幻想，必须彻底揭露、坚决打倒，"然后，才有希望在平等和互利的条件下和外国帝国主义国家打交道"。⑤毛泽东的这段论述，对于我们研究近代的历史，认识依然存在着严重不平等现象的国际现实，都还是很有意义的。

站在不同的立场，是会对于近代历史的侵略与反侵略得出不同判断的。从列强的角度来看，中国人民的反侵略斗争，就是"排外"，是用"野蛮"抗拒"文明"。而义和团则往往是其必举的例子，它近乎成了中国的象征——一种野蛮、落后的象征。对此，列宁早就在《对华战争》等文章中做了酣畅淋漓的批驳，关于帝国主义的侵略与义和团的爆发之间所具有的直接的因果关系，也有大量的严肃的史学著作和文章给予了深刻的

---

① 《恽代英文集》上卷，人民出版社1984年，第400页。
② 毛泽东：《同英国记者斯坦图的谈话》，《毛泽东文集》第3卷，人民出版社1996年，第191页。
③ 《恽代英文集》下卷，第827页。
④ 毛泽东：《和美国记者斯诺的谈话》，《毛泽东文集》第1卷，人民出版社1993年，第398页。
⑤ 毛泽东：《丢掉幻想，准备斗争》，《毛泽东选集》第4卷，人民出版社1991年，第1487页。

揭露和阐释，自然无须赘言。这里，我们只想再强调这样一个事实：义和团将斗争的矛头直指外国的教会势力。但是，在历史上，世界的三大宗教佛教、伊斯兰教和基督教都早就传入了中国，却并未出现群众性的排教运动。只是到了近代，才出现了连绵不断的反洋教斗争。这其中的原因是显而易见的。只要不是偏见过甚，就连义和团的敌人也可以看到这一点。义和团运动时期任日本驻北京公使馆武官的柴武郎（后升任为大将），在使馆被围期间负责指挥日军作战。对于这场战争的起因，他的分析是："近年来，支那国势不振，外国人或租借或掠夺其部分土地，并有大批传教士涌入腹地，对教民实行法外保护，教民则倚仗外国势力，为所欲为，肆无忌惮，为此，本为无害的义和团一变而为激进排外主义集团。"①

美国学者柯文指出，西方在近代中国人心中有着两种形象：一种是现代化，代表着文明、进步；另一种是帝国主义，意味着野蛮的征服。他认为正是中国人对西方形象的不同认识，造成了对义和团两种截然对立的评价。②这一分析很有道理，但并不全面。实际上，除了柯文指出的一点之外，还有一个因素也是不容忽视的，这就是如何认识和估价人民群众在反帝斗争中的地位和作用。在长期、艰巨的反帝斗争中，究竟谁是主体？是广大的人民群众，还是少数的知识精英？如果认为应该以后者为主体，那么即使看到了西方野蛮的一面，也会在精英心态的影响下，带着对下层民众的鄙夷，对人民反侵略斗争中的弱点进行挑剔、夸大，进而否定斗争本身。反之，则会在充分肯定人民斗争的前提下，对这些弱点进行实事求是的分析，并且在斗争中逐步加以纠正。

在俄国十月革命期间，曾有一些知识分子对于革命战争中的"野蛮"现象多有渲染和批评。对此，列宁指出："能够想象军队和人民群众经过多年战争而不野蛮化吗？当然不能。多年战争产生的这种后果，在若干年内，甚至在整整一代都是完全不可避免的。"但是，列宁不同意把这种野蛮化归咎于革命。因为，"其实非常清楚，这种野蛮化完全是由帝国主义

① 中国义和团研究会编：《义和团运动与近代中国社会国际学术讨论会论文集》，齐鲁书社1992年，第803页。
② 中国义和团研究会编：《义和团运动与近代中国社会国际学术讨论会论文集》，第52—53页。

战争造成的，任何一个革命，不进行长期斗争，不采取许多严厉的高压手段，便不能摆脱战争的这些后果"。列宁指出，革命不是从天上掉下来的，而是在各国间的帝国主义大厮杀中的鲜血横流的土地上诞生和成长起来的，是在被这大厮杀弄得备受折磨、痛苦不堪和野蛮化的千百万人中诞生和成长起来的。①列宁的这种分析，对于我们认识近代中国人民的反抗斗争，也是很有启发意义的。近代中国的民众文化水准不高，思想观念也不乏落后之处，但他们绝非天生劣种，而是帝国主义和封建主义的统治使然，是由落后的生产、生活方式所决定的。没有这最初的在"精英"看来是无法接受的"野蛮"的斗争，中国就将被迫永远停滞于野蛮的境地。他们就是在这种环境里和这样的一个起点上开始了反帝反封建斗争，并且在斗争中学习、提高自己的认识和水平。正如恩格斯早就指出的那样：

> 既然英国人把他们当作野蛮人对待，那么英国人就不能反对他们充分利用他们的野蛮所具有的长处。……我们不要像道貌岸然的英国报刊那样从道德方面指责中国人的可怕暴行，最好承认这是保卫社稷和家园的战争，这是保存中华民族的人民战争。虽然你可以说，这场战争充满这个民族的目空一切的偏见、愚蠢的行动、饱学的愚昧和迂腐的野蛮，但它终究是人民战争。而对于起来反抗的民族在人民战争中所采取的手段，不应当根据公认的正规作战规则或者任何别的抽象标准来衡量，而应当根据这个反抗者民族所刚刚达到的文明程度来衡量。②

反之，如果按照当初批评义和团的"文明人"的思路去做的话，那么实质上就不是逐步提高中国人民的斗争水准，而是根本取消了斗争本身。

诚然，中国人民也是经过摸索才逐渐提高了反帝斗争的水平。其间，也曾经历过初级、原始的阶段。这里，就有了一个如何看待用较为落后的思想和方式所进行的人民的反侵略斗争，比如对义和团运动的评价。

---

① 列宁：《预言》，《列宁选集》第3卷，人民出版社1995年，第554—555页。
② 恩格斯：《波斯和中国》，《马克思恩格斯选集》第1卷，人民出版社1995年，第710页。

义和团运动自其爆发至今，对于它的评价始终就存在着两种尖锐对立的意见：一种看法认为它是伟大的反帝爱国运动，另一种观点则断言它是排斥外来文明的野蛮之举。与那些否定义和团的"文明人"相反，共产党人首先高度评价了义和团大无畏的反抗精神，肯定它是"中国民族革命史上悲壮的序幕"。同时，也分析了义和团迷信、排外和对清廷本质缺乏认识，以及没有先进的阶级领导等弱点，但是认为不应该以此"非难义和团"。[①]而对于以"排外说"彻底否定义和团运动的观点，共产党人也早就给予了本质的揭露。正如瞿秋白所指出，自从《辛丑条约》签订后，帝国主义者"便在思想上征服了中国。一般'士大夫'和'文明人'从此绝口断定'拳匪'是野蛮的暴徒；帝国主义者教训中国人应当怎样服从外国人，怎样遵守所谓'国际公法'，怎样尊重外人的生命财产……中国人都伏伏贴贴的遵从；从此以后，稍有反抗侵略思想，便是'排外'、'拳匪'、'下流社会的无知愚民'；政治上、舆论上、社会上无不以外人的一言为重；直到辛亥革命，各派政党都争以保护外人生命财产为荣，未求民众的赞助之前，先求外人承认他是'适当的'、'驯伏的'代理外人管理中国的统治者。这种心理和'舆论'，便做了好几十年来帝国主义侵略中国的工具"。[②]

也许，这才真的是一个残存至今、亟待疗治的精神"病灶"！

（原载《高校理论战线》2000年第6期）

---

① 《陈独秀著作选》第2卷，第771、814页。
② 《六大以前》上册，第327页。

历史的重任

江泽民总书记在北戴河会见部分国防科技和哲学社会科学专家发表的讲话，给我的一个深刻印象，是他突出强调了哲学社会科学的重要地位和作用。他指出："哲学社会科学，是人们认识世界、改造世界的重要工具，是推动历史发展和社会进步的重要力量。哲学社会科学的研究能力和成果，也是综合国力的重要组成部分。"这三个"重要"的思想，指明了哲学社会科学在社会主义现代化建设中的重要地位和作用，高瞻远瞩，鼓舞人心。

在现实生活中，由于高科技的迅速发展，人们对于自然科学的重要作用较容易认知，而对哲学社会科学的重要性难免有所忽视。社会科学如文、史、哲在帮助人们树立正确的世界观、人生观、价值观，以及提高全民族文化素质中所起的作用，是潜移默化的，它不像自然科学技术那样，在社会经济生活中见效较快，易于被感到。因此，如何正确认识和对待哲学社会科学和自然科学的地位、作用问题，就值得人们关注。江泽民总书记提出的"哲学社会科学与自然科学同样重要"的论断，高度肯定了哲学社会科学的重要地位。对于实施科教兴国战略来说，哲学社会科学和自然科学缺一不可，不能偏废。如果哲学社会科学不能得到很好发展，科教兴国的战略是难以完善地实施的。

对于江总书记关于哲学社会科学重要地位和作用的重要论断，应当深刻领会，认真贯彻。这包括两个方面，一是有关部门负责人从思想上真正重视，并在工作中切实贯彻落实；一是哲学社会科学工作者认清肩负的重任，努力做好自己的工作，为发展哲学社会科学做出更大的成绩。

历史学是哲学社会科学的重要组成部分。人们通常说"以史为鉴"，历史学对"资治育人"有着重要的作用。清代著名思想家龚自珍说："欲知大道，必先为史"；"灭人之国，必先去其史。"事实就是如此。对于历史，不论是中国或外国，向来都很重视。世界反法西斯胜利、中国抗日战争胜利已过去50多年，日本右翼势力还妄图用掩盖、否定、美化其侵略历史的手法，制造日本虚幻的历史形象，欺骗世人和子孙后代。他们炮制电影《自尊》、漫画《战争论》也好，编造歪曲历史的中学历史教科书也好，现任日本首相及部分阁僚、国会议员公然参拜靖国神社也好，都在呼唤战犯亡灵，美化侵略历史，为军国主义张目，其现实政治图谋是显而易见的。苏联的解体，原因多样，但其中不可忽视的一个原因，是对苏联70多年历史的肆意歪曲和抹黑，把出现的缺点和错误夸大为对社会主义的否定，对苏联共产党的否定，对马克思列宁主义的否定。李登辉等人为了分裂祖国，鼓吹"台独"，不择手段地歪曲、篡改台湾历史，在有关台湾历史的教材中，蓄意割裂台湾和祖国大陆的联系，宣扬分裂祖国的思想。而近些年来，在我们的一些作品中，否定中国革命的历史，抹黑党的历史，歪曲中华人民共和国50年的历史的种种奇谈怪论，也屡见不鲜，造成思想混乱。党的三代领导人毛泽东、邓小平、江泽民同志一向重视用历史教育人民，特别是教育青少年。对于青少年的历史教育必须加强，不能削弱，更不能用错误或不科学的观点去影响他们。

作为一个历史教育和研究工作者，要始终坚持以马列主义、毛泽东思想、邓小平理论为指导，贯彻江泽民同志"三个代表"的重要思想，坚持科学的世界观和方法论，进行历史教学和研究，尽力培养出更多高水平的史学人才，撰写出有价值的研究成果。对于事关政治方向，事关重大原则的问题，要旗帜鲜明，分清是非，这是作为一个党的史学工作者的责任。

（原载《高校理论战线》2001年第9期）

历史的回答：中国近代史研究中的几个原则争论

前言

史学的进步有赖于不断的创新。历史是一个变动不居、新陈代谢的发展过程，人们对历史的认识也是逐渐深化而不可能凝固不变。后人或根据新发现的史料补正前人某一个判断，或是站在更高的起点上对某一问题予以更为全面、本质的阐释，这本是很正常的事情。正如李大钊所指出："历史不怕重作，且必要重作"，"根据新史观、新史料，把旧历史一一改作，是现代史学者的责任。"①改革开放以来，中国的史学研究特别是中国近现代史的研究，已取得很大成绩，其中不乏优秀论著，颇有创见。在以往的研究中曾有过的简单化、片面性的偏向，已逐步得到了纠正。这种创新是可喜的，它深化了中国近现代史的研究。

但是，毋庸讳言，也存在着一些值得注意的问题。一些力图"创新"的文章和专著，在若干重大是非原则问题上，提出了"新"的观点和判断。对此，大致可以归纳为以下几个方面。

——否定近代中国是半殖民地半封建社会。

半殖民地半封建社会是近代中国的基本国情，正确认识近代社会的性质，是研究中国近代史的出发点。现在有人却认为"半殖民地半封建"的

---

① 李大钊：《史观》，《李大钊文集》第3卷，人民出版社1999年，第229—230页。

提法是一个失误，必须根本否定，并试图重新构建新的理论体系，从而为中国近代史研究提供一个新的理论基点。

——美化帝国主义的侵略，贬损、否定中国人民的反侵略斗争。

有人说，"鸦片战争一声炮响，给中国送来了近代文明"；"殖民化在世界范围内推动了现代化进程"。还有人说租界是传播文明的"窗口"，是中国封建大沙漠中的"绿洲"。有文章提出，列强侵华，是因为中国"违约"，所以，对于帝国主义强加给中国的不平等条约，也应该"信守"。在一些人的研究中出现了盲目颂扬"主和"贬低抵抗的倾向。中国人民的反侵略斗争被指责为是站在落后、野蛮的立场上，抗拒外来的先进文明；把侵略的扩大以及由此给中国造成的巨大损失，归咎于中国人民对侵略的反抗。

——美化封建的、反动的统治，贬损、否定反封建斗争。

无论是农民阶级的反封建斗争，还是资产阶级的改良、革命，都遭到了严厉的指责，甚至是否定。有人说太平天国农民起义是神权主义与专制主义的结合，是要把中国拉回到黑暗的中世纪，所以，清王朝将其镇压，可谓功莫大焉。而为变法牺牲的谭嗣同则被指责为"近代激进主义的鼻祖"，孙中山领导的辛亥革命也被认为是中断了现代化进程，导致军阀混战。革命，包括中国共产党所领导的革命在内，都被说成"只是一种破坏性的力量"，主张"告别革命"。

——对近代历史人物的"重新"评价。

一个明显的趋势是，一些以往基本受到否定的近代统治者，现在对其评价是越来越高；而原本被肯定的历史人物，则不断受到批评、苛责。曾国藩镇压农民起义、对外妥协求和，袁世凯窃取革命成果，乃至复辟帝制，都有学者表示理解、肯定。与此相映衬的是，洪秀全、孙中山等则受到种种指责、贬损。甚至还有人试图为汉奸翻案。

——否定中国共产党所领导的革命和建设的历史。

有人痛惜五四运动后马克思主义的传播中断了极具价值的自由主义思潮，认为"以俄为师"偏离了世界文明发展的主流，是历史的错误。一些人采取抓住一点、不及其余的做法，把党所领导的革命和建设的历史描述成一连串错误的累积。党史研究中，也在一系列问题上出现了翻案风。

上述种种观点归纳起来，就是要彻底否定百多年来中国人民的反帝反封建斗争，就是要从根本上改写中国近现代的历史。这已不仅仅关乎学术本身的健康发展。对此，需要讨论，以分清是非。即如孟子所言："予岂好辩哉？予不得已也！"

当然，对于上述问题，本书不可能全部涉及，只能择其要者加以分析。由于我们水平的局限，书中还会存在着不少问题，有待读者的批评指正。

一　世界历史进程中的殖民化与现代化

1. 殖民扩张与宗主国的现代化

在20世纪末，随着"经济全球化"、"世界一体化"①这些时髦词汇流行于世，有些研究者于是从现在回过头去看历史，时不时发出要重新认识"殖民化"的言论，主张要从"全球化"、"世界一体化"的高度来看待殖民化的问题，认为"殖民化在世界范围内推动了现代化进程"，"如果没有西方的殖民征服，人类将永远沉睡，得不到发展"。他们衷心感谢西方殖民主义者对亚洲、拉丁美洲、非洲的征服，欢呼正是由于这种"殖民征服"，才使这些地区的人民从"沉睡"中醒来，走上了现代化的道路。这种"侵略有理"、"侵略有功"论，其实并不新鲜，当年殖民主义的鼓吹者就把殖民主义者描绘成文明的传播者、施恩赐福者。不过问题并不那么简单，这里有两个问题需要探讨：一是如何认识现实中的经济全球化，一是如何看待历史上的殖民化和现代化。

---

① 其实冷战后世界格局发展的趋势是多极化，而不是一体化。所谓"世界一体化"，实质上是美国企图建立的单极世界的霸权统治。

（1）如何认识现实中的经济全球化

既然问题是从现实引发的，那就从现实的经济全球化谈起。

经济全球化已成为世界发展的一个潮流。特别是在20世纪90年代随着冷战的结束，经济全球化席卷各地，无论发达国家还是发展中国家都自觉不自觉地融入这一潮流之中。但是什么是经济全球化，人们按照各自的理解，对它下过许多不同的定义，众说纷纭，尚无定论。正是由于人们对什么是经济全球化的定义不同，因而对它所产生的作用、影响的认识和估计也很不一样。罗伯特·塞缪尔森在《全球化的利弊——不断发展的市场提供巨大的潜力，但也有危险》一文中指出："全球化是一把双刃剑：它是加快经济增长速度、传播新技术和提高富国和穷国的生活水平的有效途径，但也是一个侵犯国家主权、侵蚀当地文化和传统、威胁经济和社会稳定的一个有很大争议的过程。"[1]这一论断是比较符合客观实际的。对于中国或发展中国家，更为常见的说法是，经济全球化是挑战，也是机遇，机遇和挑战并存。有的学者更进一步提出，经济全球化为发展中国家的经济提供了空前绝好的机遇，其影响是利远大于弊，机遇大于挑战。因为经济全球化不再是资产阶级和无产阶级、剥削者和被剥削者、富国和穷国的对立。也有人在欢呼"全球化意味着一个经济大同世界的到来"！

经济全球化无疑使全球经济更具有活力，可能使它有一个更大的繁荣与发展，对发展中国家来说可能带来机遇和利益。但是，也要看到，西方发达国家力图主导全球化，发展中国家总体上处于劣势，如果没有正确的政策就会落入更加不利的地位。有的人忽视、回避掩盖了一个实质性的问题，即"目前的全球化是受制于美国霸权主义深刻影响下的全球化，全球政治和经济游戏规则的制定和修改，首先反映着美国等发达国家的利益"。[2]美国经济学家戴维·科顿指称全球化是"全球化资本主义"，或"新全球化资本主义"。[3]法国学者雅克·阿达在其所著的《经济全球化》

---

①〔美〕《国际先驱论坛报》2000年1月14日。
②陶大镛：《对当前世界政治经济格局的一些思考》，《北京师范大学学报（社会科学版）》1999年第5期。
③〔美〕戴维·科顿：《全球化资本主义导致人类日益贫困》，日本《世界》1998年第8期。

一书中也认为，经济全球化就是资本主义经济体系对世界的主宰和控制。^①这就说出了经济全球化的实质所在。

正是由于经济全球化是全球化资本主义，是由美国等发达资本主义国家对世界的主宰和支配，因此它决定了发达国家和发展中国家之间存在着不平等现象。西方发达国家在资本、技术、贸易、投资、金融等各方面都占有优势，而且国际经济的"游戏规则"总体上是在美国等西方发达国家主导下制定的，国际货币基金组织、世界银行、世界贸易组织这类重要的经济组织也是被西方发达国家所控制。而跨国公司则成为西方发达国家推行经济全球化的主要推动力量。根据联合国《97年度投资报告》的统计，全世界已有44000家跨国公司和28万个在国外的子公司和附属企业，形成了庞大的全球生产和销售体系。这些跨国公司控制了全世界1/3的生产，掌握了全世界70%的对外直接投资、2/3的世界贸易以及70%以上的专利和其他技术转让。^②另据联合国贸发会议的最新统计，目前全球跨国公司的总数已达63000家，共有约70万家国外分公司，其产值占全球总产值25%。^③马来西亚的M.科尔在《全球化对发展政策的影响》的文章中，对这种不平等作了阐明。他认为："'全球化'与发展的关系十分复杂，涉及政治、经济以及社会发展各个领域。构成这种关系的主体就是不平等：建立世界经济和国际贸易体系的方式是不平等的；贸易条件、金融、投资和技术转移是不平等的；'全球化'带来的利益和损失的分配也是不平等的。一句话，强国受益最多，其他国家则受益不多或根本得不到什么好处。"^④

1996年联合国开发计划署公布的《人类发展报告》显示，全球化导致南北之间的差距进一步拉大。1999年7月12日，联合国开发计划署发表了1999年度《人类发展报告》。这份报告以经济全球化为主题。联合国开发计划署副署长迪亚卜拉当天在纽约举行的新闻发布会上介绍这份报告时指出："由于市场主宰了全球化的进程，因而全球化的利益和机会都不是均等

---

① 〔法〕雅克·阿达著，何竟、周晓幸译：《经济全球化》，中央编译出版社2000年，第3—4页。
② 参见李大伦：《经济全球化的两重性》，《光明日报》1998年12月27日。
③ 鲁桐：《今日跨国公司》，《人民日报》2001年2月16日。
④ 〔马来西亚〕《第三世界的复兴》杂志1996年10月。

的，一部分国家和人口得益，而更多的则被边际化，从而形成了危险的两极分化。"①也就是说，穷人更穷，富人更富。联合国开发计划署的这份报告中的统计数字揭示了这种鸿沟是何等之深。报告指出，占世界人口1/5的收入最高的国家的人民，创造着86%世界国内总产值，82%的全球出口和68%的国外直接投资，控制着全世界74%的电话线。收入最低的1/5，也就是最穷国家的人民只占每一项的1%。全世界最富有的1/5人口与最贫穷的1/5人口之间的收入差距从1960年的30∶1扩大到1997年的74∶1。全世界200名最富裕的人，在1994—1998年间，财产净值增加了1倍多，达到一万亿美元。3名巨富的财产居然超过了48个不发达国家的国内生产总值之和。最近世界银行的报告也承认，经济全球化使穷国受到损害。经济全球化加大了世界贫富的差距。

世界贫富差距的加大，是由于发展中国家与发达国家在全球化经济竞争中不平等、不平衡造成的，发展中国家与发达国家的竞争处于不利的、劣势的地位。墨西哥《每日报》即曾经指出，全球化的特征完全取决于世界上大跨国公司的需要和利益，全球75%的贸易额控制在500家最大的跨国公司手中。据拉丁美洲委员会近日公布的统计数字，这个地区4.5亿人口中有2亿继续受着贫困的煎熬，其中9000万在绝对贫困线上挣扎。饥饿仍然像幽灵一样在拉美大地上徘徊，不满4岁的儿童中，有一半以上患有营养不良症。在亚洲，据亚洲开发银行统计，目前的贫困人口为9亿，占世界贫困人口总数的70%。

非洲的状况比拉美和亚洲更为悲惨。津巴布韦的雅希·汤顿在他的《全球化与南方：剥削的逻辑》一文中指出："特别是对于非洲，全球化的结果是降低了它养活自己人口的能力，即使人口增长率为零也是如此。非洲的许多资源，土地、森林、矿藏、渔业、遗传资源等，正为跨国公司以及它们在当地的代理人所控制。非洲人手中的主要财产是土地。但是土地也面临着全球化的威胁。""非洲现在而且还将是西方国家的原料供应地，

---

① 《人民日报》1999年7月14日。

因而采掘业、运输业在那里仍然占有主导地位。"①德国学者格拉德·博克斯贝格等所著的《全球化的十大谎言》一书指出:"联合国把世界上最不发达国家定义为每年的人均收入低于320美元的国家。全球48个最不发达国家中有42个在非洲,共有5.7亿人生活在这些国家中,超过全球人口的12%。1960年,最穷的46个国家在全球贸易中所占的比例为1.4%。如果全球化对最穷的国家有利,那么它们在全球贸易中所占的比例就应该上升。但恰恰相反,90年代初,它们在全球贸易中所占的比例只有0.6%。到1995年更下降到可以忽略不计的0.4%。"②因此,作者认为鼓吹"发展中国家从全球化中受益"是一种谎言,而指出"全球化加剧了发展中国家的贫困"。经济全球化活动的理论基础是新自由主义,即市场自由化、社会全面私有化和政府不干涉经济。但是,"自由贸易仅仅意味着实现强者的权利",对于发展中国家来说,"指望通过完全的市场来实现富强奇迹是天真的幻想。一个欠发达的国家如果不目标明确地促进工业发展并通过关税壁垒来保护自己,无论什么时候它试图与来自西方发达工业国的占压倒优势的竞争者较量,失败都是可以预见的"。③西方发达国家一方面把贸易自由化强加给发展中国家,另一方面却是用各种关税和非关税壁垒来保护其贸易,实行贸易保护主义,以阻碍发展中国家出口潜力的发挥,使发展中国家的贸易逆差普遍拉大。泰国未来发展研究所所长吉恩沙·差廖翁沙指出:"如果全球自由贸易继续这样下去,而没有建立起帮助社会弱者的机制,那么上述趋势(指发达国家和发展中国家收入差距扩大——引者)在下个世纪将有增无减。经济、社会、生活质量和教育机会的不平等无疑将变得更加严重。"④

　　由市场主宰的、实行利润最大化的经济全球化所带来的负面影响,诸如大多数发展中国家贫困化加剧、贫富悬殊、贸易战、金融投机、生态环

---

①《国外理论动态》1998年第7期。

②〔德〕格拉德·博克斯贝格、哈拉德·克里门塔著,胡善君、许建东译:《全球化的十大谎言》,新华出版社2000年,第143—144页。

③〔德〕汉斯-彼得·马丁、哈拉尔特·舒曼著,张世鹏等译:《全球化陷阱:对民主和福利的进攻》,中央编译出版社1998年,第195—196页。

④《新世纪的趋势和挑战》,泰国《曼谷邮报》2000年3月12日。

境的破坏、社会福利的削弱、工人工资的降低、失业率的上升等，以及在西方发达国家中造成新的社会不公正和"新贫困"，不能不引起人们的关注和忧虑。1999年联合国开发计划署发表的《人类发展报告》即呼吁"有必要改写全球化的规则，使它们为人而不是为利润服务"，以减少全球化的负面影响。1999年就不止一次发生反全球化浪潮。一次是6月七国首脑会议期间，伦敦、纽约、东京等大城市都爆发了大示威。另一次是发生于12月西雅图世界贸易组织部长会议期间，来自世界各地的男女老少举行了示威游行，反对漫无边际的全球化。英国《金融时报》认为："抗议者对全球资本主义的抵制正获得动力与力量。抗议活动只是一种警示性信号，它表明民众对资本主义全球化力量的担忧已经达到非常令人不安的程度。"而在会议内部，发展中国家的贸易代表反对美国坚持把劳工标准和贸易制裁挂钩，反对美国压其他国家完全开放贸易和资本市场，拒绝签署背着他们达成的任何协议，使西雅图会议归于失败。在西雅图世界贸易组织部长会议惨败后，法国对外贸易国务秘书弗朗索瓦·于瓦尔指出："全球化应当是有节制的。除了平衡贸易开放和调节以外，我们别无选择。很明显的一点是，仅美国和欧洲的对话已不足以启动新的谈判回合。南北关系问题当成为首要问题。"2000年，当世界上最富的七国集团财长在华盛顿开会时，上万名群众包围了国际货币基金组织大楼，抗议经济全球化。在美国等地区，由于全球化所产生的负面影响，引起了中下层民众和知识分子的不满。20世纪90年代以来，批判"全球化"或者说"后全球化"运动开始成为北美大专院校、新闻媒体的热门话题。"后全球化"理论正在越来越多地研究新的发展构想——"全球化替代战略"。[①]2000年1月，在哈瓦那举行的、由拉美经济学家协会和古巴经济学家协会联合举办的第二次经济学家全球化国际讨论会上，许多发言者认为，面对全球化的挑战，发展中国家应当加强团结，齐心协力，打破少数发达国家对世界经济事务的垄断；要加强国家在全球化过程中的作用，如果没有一个强有力的国家在全球化

---

① 缪青：《北美兴起"后全球化"思潮》，《光明日报》1999年12月8日。

的挑战下去捍卫民族利益，去进行宏观调控，要谈发展是不可能的。这是值得人们关注的。

（2）殖民扩张与宗主国的现代化

如果我们对当今的经济全球化有清醒的认识，那么对于历史上的殖民主义当不至于糊涂了。因为，今天的全球化资本主义正是历史上"全球化"的继续和发展。拉丁美洲的学术界认为，全球化的第一个浪潮始于1492年西班牙殖民者踏上美洲大陆的时刻。有的学者把西班牙、葡萄牙、荷兰、英国的对外殖民征服称为"第一次全球化运动"。这就是说，西方殖民主义对世界进行殖民征服、资本的原始积累，就是全球化的开始或萌芽。全球化是一个历史演进的过程。马克思、恩格斯早在《共产党宣言》中即指出："美洲的发现，绕过非洲的航行，给新兴的资产阶级开辟了新天地。""资产阶级，由于开拓了世界市场，使一切国家的生产和消费都成为世界性的了。它迫使一切民族——如果它们不想灭亡的话——采用资产阶级生产方式；它迫使它们在自己那里推行所谓的文明，即变成资产者。一句话，它按自己的面貌为自己创造出一个世界。""它使未开化和半开化的国家从属于文明的国家，使农民的民族从属于资产阶级的民族，使东方从属于西方。"①这些论断精辟地阐明了资本主义"全球化"、"世界一体化"的本质。

500多年前，人类历史进入15世纪时，也就是西欧的冒险家们远涉重洋，到异国他乡进行殖民掠夺的肇始。先是葡萄牙、西班牙，到16世纪末，它们的海外的殖民扩张让位于荷兰、英国和法国。这些国家在不同时期分别掌握了世界殖民霸权，在早期资本主义史上写下了最黑暗、最可耻的一页。

殖民主义者开始为黄金所迷。"葡萄牙人在非洲海岸、印度和整个远东寻找的是黄金；黄金一词是驱使西班牙人横渡大西洋到美洲去的咒语；黄金是白人刚踏上一个新发现的海岸所要的第一件东西。"②哥伦布在给西

---

① 《马克思恩格斯选集》第1卷，人民出版社1995年，第273、276、277页。
② 恩格斯：《论封建制度的瓦解和民族国家的产生》，《马克思恩格斯全集》第21卷，人民出版社1965年，第450页。

班牙君主的信中盛赞："谁有了黄金，谁就可以在这个世界上为所欲为；有了黄金，甚至可以使灵魂升入天堂。"到18世纪末，在殖民统治的300多年间，西班牙从拉丁美洲掠夺了约250公斤的黄金和1亿公斤的白银，葡萄牙从巴西运走至少有价值6亿美元的黄金和3亿美元的金刚石。从15世纪末到16世纪末的100年间，葡萄牙殖民者从非洲掠走了黄金27.6万公斤。而西班牙较之有过之无不及。到16世纪末，世界金银总产量中有83%归西班牙所有。"原始积累在不预付一先令的情况下进行。"

　　西方殖民主义者对殖民地人民进行了残酷的奴役、征服、杀戮。正如马克思所指出："美洲金银产地的发现，土著居民的被剿灭、被奴役和被埋葬于矿井，对东印度开始进行的征服和掠夺，非洲变成商业性地猎获黑人的场所：这一切标志着资本主义生产时代的曙光。"[①]欧洲资本主义生产时代的这种"曙光"，就是以殖民主义者在美洲对土著居民进行剿杀、奴役和在非洲贩卖黑人奴隶为标志的。西方殖民者在美洲对印第安人进行了骇人听闻的血腥屠杀，连小孩、老人、妇女、产妇也不放过。他们甚至公然悬赏杀人。北美新英格兰地区殖民当局在1703年的立法议会上决定，每剥一张印第安人的头盖皮和每俘获一红种人都给奖金40镑；1720年，每张头盖皮的赏金提高到100镑。1744年马萨诸塞湾的一个部落被宣布为叛匪以后，规定了新的赏格：每剥一个12岁以上男子的头盖皮得新币100镑，每俘获一个男子得105镑，每俘获一个妇女或儿童得50镑，每剥一个妇女或儿童的头盖皮得50镑。[②]西班牙殖民者在美洲于三个世纪中灭绝了2500万人。例如海地，在1493年被西班牙占领时，有6万印第安人，到1548年只剩下500人，半个世纪左右，当地印第安人几乎全部被灭绝了。在牙买加，1503年被西班牙占领时，有印第安人5万人，到16世纪中期，也几乎全部灭绝。英国殖民者在这方面也不落后，他们对北美洲的殖民扩张中，就对当地印第安人进行了灭绝人性的大屠杀。例如1637年，英国殖民者在对贝各特部落的一次袭击中，就将400多名印第安人，包括老人、妇女和儿童，

---

①《马克思恩格斯全集》第23卷，人民出版社1972年，第819页。
② 见《马克思恩格斯全集》第23卷，第821—822页。

全部纵火烧死。殖民者用屠杀、传播瘟疫等种种残酷手段灭绝土著居民，使成百上千的部落彻底毁灭，大片大片土地荒无人烟，于是这些地方就成为他们的新种植园和新牧羊场。

西方殖民者在美洲的大肆屠杀，使劳动生产力遭到严重破坏。为了弥补劳动力的缺乏，殖民者又从非洲掠卖黑人。贩卖黑人，给非洲人民带来了极大的灾难，却为西方殖民者带来巨大的利益。据联合国教科文组织1978年召集的一个专家会议提出的报告说，从15到19世纪非洲因奴隶贸易而损失人口为21000万。这使非洲人口大量流失，生产遭到严重破坏，到处是一片废墟。被贩卖到美洲的黑人，据专家估计达800万—1200万。殖民者从奴隶贸易中牟取巨额的利润，从百分之几百到百分之一千。例如，17世纪初，每个黑人在非洲值25镑，运抵美洲可卖至150英镑，利润高达600%。1783—1793年的10年中，英国利物浦的商人由西非运出奴隶303700人，获利1200万英镑。[①]由于奴隶贸易给利物浦带来了巨额的金钱，因此用于奴隶贸易的船只不断增加，1730年15艘，1751年53艘，1760年74艘，1770年96艘，1792年132艘。马克思明确指出："利物浦是靠奴隶贸易发展起来的。"[②]欧洲殖民者在欧洲以外直接靠掠夺、奴役和杀人越货夺得的财富，源源不断地流入宗主国，并在这里化为资本。欧洲资本主义现代化就这样发展起来。

西欧资本主义国家把它们的工业品在殖民地倾销，同时又利用了当地廉价的劳动力，掠夺原料和农产品。从15世纪到19世纪末20世纪初，形成了一个全球经济体系。这个经济体系的一极是西方资本主义国家，另一极是殖民地、半殖民地。而殖民地、半殖民地是为西方资本主义国家服务的。1765年，法国外交大臣硕阿塞尔给马提尼总督登乃黎的训令清楚地说明了这一点。训令说："由欧洲列强建立的殖民地都是为宗主国的利益服务的。第一个结论是：那种认为殖民地除了和本土隔着大海之外，同法国其他省份没有区别的看法是一种令人吃惊的误会。殖民地只不过是一些商业

[①] 参见卫建林：《历史没有句号》，北京师范大学出版社1997年，第202页。
[②] 《马克思恩格斯全集》第23卷，第828页。

机构；为了弄明白这个真理，只须注意一下，在法国的行政机关只是为了法国本土的利益才去尽量攫取可供消费的资源；反之，在殖民地的机构关心殖民地，只是为了殖民地能够提供上述资源。取得这种消费资源是殖民地机构的唯一目标，如果殖民地不能再提供这种资源，那就宁愿放弃它。第二个结论是：殖民地的产品越和它们的宗主国产品不同，就越好，因为殖民地的本务就是生产不同的产品。随着殖民地本务而来的第三个结论是：保持殖民地具有提供尽可能丰富的资源的能力，同时用最严厉的法律加以限制，以便有利于宗主国。"[1]难道这还不够清楚：西方资本主义现代化的形成和发展，是和对殖民地、半殖民地的掠夺、压榨分不开的。剥削和奴役殖民地、半殖民地，是资本主义生存的必要条件。离开了殖民地、半殖民地，可以说就很难有西方资本主义的现代化。例如印度，1899年至1905年任印度总督的寇松勋爵曾说："没有印度就没有大英帝国。"这句话明显地反映了印度对英国资本主义现代化的重要性。英国在印度进行殖民侵略和统治，不论是暴力掠夺，还是把印度作为原料供应地和商品销售场所、投资场所，都从印度获取了巨大财富。英国通过投资、贸易和税收从印度榨取的财富每年究竟有多少是难以统计的。据帕姆·杜德《今日印度》书中估计，1913年至1914年度，英国从印度榨取财富总和不少于7500万英镑（相当于11.7亿卢比），其中投资利润和印度的直接贡赋占5000万英镑（7.5亿卢比）。英国一年的榨取量几乎相当印度两年的税收收入。[2]

2. 殖民化对殖民地、半殖民地国家现代化的扭曲

我们还需要考察一下殖民化与殖民地、半殖民地现代化的关系。是否西方殖民者给殖民地、半殖民地的"野蛮人"带来了"文明"，带来了"阳光雨露"，让他们"开化"起来，帮助他们跟西方一样实现资本主义现代化，跟西方一样富有、文明？这是需要弄清楚的。

---

① 转引自卫建林：《历史没有句号》，第423—424页。
② 见林承节：《印度近代史》，北京大学出版社1995年，第309页。

西方的发达是同东方的落后连在一起的，它们是同一枚硬币的两面。西方的资产阶级不是慈善者，而是食利者。马克思说得好："殖民制度宣布，赚钱是人类最终和唯一的目的。"[①]这就是西方资产阶级的本性。他们的根本动机就在于获取经济利益。他们对于殖民地、半殖民地，除了使用军事征服、杀人越货、贩卖奴隶等残酷的掠夺手段外，还垄断贸易，控制生产，从经济上进行榨取。

"殖民之宗旨，在于取得最优惠之贸易条件。"[②]长期以来，西方殖民者独揽了殖民地的贸易权利。殖民地几乎只能向宗主国出口自己的主要产品，也只能从宗主国进口自己所需要的主要产品，而商品价格和关税比率，则由宗主国片面规定，殖民地人民没有任何权利。16世纪以来西班牙殖民当局在危地马拉推行的经济政策就是明显的例子："为了防止殖民地同西班牙本身的产业互相竞争，国王禁止殖民地栽培桑树、亚麻、葡萄和橄榄树，他还不准酿酒。""为保护西班牙产业而制定的另一项措施是禁止殖民地之间通商，还禁止殖民地内部的通商，唯一的市场是宗主国。"[③]

宗主国为了避免同殖民地产业互相竞争，也为了从殖民地掠夺他们所需要的产品，以便在世界市场上牟取暴利，于是强迫实行农牧业的单一经济。如在拉丁美洲，甘蔗、烟草、棉花、可可等成为重要的农产品。在非洲、亚洲也是如此。荷兰殖民者在爪哇及其附近岛屿垄断了香料贸易。为了控制出口，规定安汶种植丁香，班达种植豆蔻，其他地区不得违令种植。香料只能卖给荷兰人，不能卖给他人。班达人因没有照办，把豆蔻卖给了爪哇人和其他欧洲人，荷兰殖民者几乎把班达岛的居民都杀光了。19世纪30年代，荷兰殖民者在爪哇实行强制种植制度，规定农民划出部分稻田种植欧洲市场需要的农作物，如甘蔗、咖啡、茶、烟草等，其结果给荷兰殖民者带来了巨大的利润。1813年至1877年，荷兰国库从爪哇得到83200万盾，占荷兰国家收入19%，而从1851年到1861年上升至占国家收

---

① 《马克思恩格斯全集》第23卷，第822页。
② 〔法〕孟德斯鸠：《论法的精神》下册，商务印书馆1963年，第69页。
③ 〔美〕艾米·伊·詹森：《危地马拉历史概况》，天津人民出版社1973年，第78页。

入的32%。①但给爪哇农村却带来严重后果，使农民处境十分悲惨。由于大量土地用于种植指定的农作物，谷物生产减少，致使饥荒连年，居民大量死亡。淡目原有居民33.6万人，1848年饥荒后减剩12万人；格罗波干原有居民89500人，1849年饥荒后只剩9000人。②

作为大英帝国殖民地的印度，对我们来说也许更有典型意义。从17世纪初英国东印度公司在印度苏格拉特设立第一个商馆开始，就处心积虑地对印度展开殖民征服活动。英国殖民者的这种征服活动，到19世纪中期吞并旁遮普终于完成了。从此，英国殖民当局直接控制了庞大的英印殖民地。

在1813年东印度公司在印度的贸易垄断权被取消以前，英国殖民者主要是通过勒索、垄断贸易、强迫生产、榨取土地税等暴力手段获得巨额财富运回英国的。据印度学者统计，仅1757年到1780年，东印度公司从孟加拉掠走的财富约3800万英镑，1757年到1815年，从印度掠走财富共达10亿英镑。这一方面加快了英国工业化的速度，另一方面则给印度农业、手工业带来极大的破坏，造成印度的贫困。

英国殖民者在印度的掠夺严重破坏了农业。仅就征收土地税一项而言，就使印度农民劳动条件的再生产、生产资料的再生产，都受到严重威胁，使他们只能得到维持肉体生存的最小限度的生活资料。土地税的掠夺造成孟加拉等地区的迅速荒芜。1770年，孟加拉发生大饥荒，居民死亡1/3，估计达1000万人。英印总督康华理在一则备忘录中承认："本公司（按指东印度公司——引者）在印度领土的三分之一，现在已是一片只有野兽居住的蛮荒之地。"③

1813年以后，东印度公司贸易垄断权被取消后，印度不仅成为英国的原料供应地，而且成为它倾销商品的市场。印度自古以来就是最大的棉织品产地，向全世界供应棉织品。但是，英国为了向印度倾销其工业棉织

①〔澳〕梅·加·李克莱弗斯：《印度尼西亚历史》，商务印书馆1993年，第172页。
②〔印尼〕萨努西·巴尼：《印度尼西亚史》，商务印书馆1972年，第479页。
③杜德：《今日印度》上册，人民出版社1951年，第108页。

品，就以宗主国的地位实行差别关税，对印度纺织品的进口采取了禁止性保护关税政策，课以高额关税：1824年定的税率为棉布按价征67.5%，细棉布37.5%，其他棉织品50%；而对英国输入印度的各类棉纺织品则享受低关税，1836年后只征收2%—3.5%，甚至免税。在这种情况下，加上机器生产成本低，英国棉纺织品对印度的出口迅速增加，而印度的棉纺织品无力与之竞争，日益萎缩。印度向英国输出的棉布，1814年是126万匹，到1835年降到30万匹。1824年到1837年，英国输往印度的棉织品却由不到100万码猛增到6400万码，增加了63倍。到19世纪中叶，印度已成为英国工业品的主要推销市场。1874年到1879年间，在印度的进口总额中，英国纺织品和铁路设备、钢铁、机器等工业品占的比重，已高达82%，使英国的棉纺织品充斥于这个纺织品的故乡。"印度本国的制品在英国不能出售，或者只是在最苛刻的条件下才允许输入英国，但英国工业品却充斥印度，关税负担很小，或者有名无实，这样就毁灭了一度十分驰名的印度棉织业。""棉纺织愈来愈成为大不列颠整个社会制度的命脉，东印度也随之愈来愈成为不列颠棉纺织业的命脉了。"[①]英国棉纺织品充斥印度市场的结果是打碎了印度的手织机，毁掉了它的手纺车，也就是严重破坏了印度的棉纺织手工业，使千百万手工业者失去了谋生的手段。昔日著名的纺织中心达卡，到19世纪40年代，人口从15万人减少到2万人。英印总督本丁克也不能不承认："这种悲惨的情况，在商业史上是无与伦比的。棉织工人的白骨使印度平原都白成一片了。"

英国资产阶级为了获取更大的利益，大约从19世纪中期掀起了在印度的投资热潮，修筑铁路，兴办工矿业。到1910年止，英国在印度的铁路投资总额估计高达22677万英镑。铁路里程，到1913年达34656英里。采矿业是另一重要投资部门，主要集中在煤、锰、石油等。英国在印度工业中的投资在轻工业部门，主要有黄麻纺织、棉纺织、丝织、制糖等。据估计，到1910年，英国对印度投资总额共约4.5亿英镑。英国资本家在印度获得

---

① 马克思：《东印度公司，它的历史与结果》，《马克思恩格斯全集》第9卷，人民出版社1961年，第174页。

了惊人的利润，每年纯受益约4000万英镑，大大超过了英国对印贸易的纯收入。从这方面也可以看出，英国在印度的投资是对印度财富无穷无尽的榨取。

马克思指出："英国的工业巨头们之所以愿意在印度修筑铁路，完全是为了要降低他们的工厂所需要的棉花和其他原料的价格。但是，你一旦把机器应用于一个有铁有煤的国家的交通运输，你就无法阻止这个国家自己去制造这些机器了。如果你想要在一个幅员广大的国家里维持一个铁路网，那你就不能不把铁路交通日常急需的各种必要的生产过程都建立起来，而这样一来，也必然要在那些与铁路没有直接关系的部门应用机器。所以，铁路系统在印度将真正成为现代工业的先驱。"[①]利益的驱动，现代工业和科学本身的需要和作用，使英国资产阶级在印度修筑了铁路，兴办了工矿业。既然如此，也就无法阻止印度民族工业的出现和民族资本的发展。到19世纪中期以后，在棉纺织、毛纺织、磨面、榨油、制糖以及钢铁等工业部门，民族资本的现代工业陆续创办。其中棉纺织业发展较快，到第一次世界大战前夕已有264家，生产能力居亚洲第一位。这是印度现代化的开始。

现代工业的出现，无疑是现代化的重要内容。但是，现代化不仅是办一些企业，不仅限于经济部门，还应当包括政治、文化等各个领域。换句话说，现代化应是社会和人的现代化。在当时所要达到的，就是实现资本主义现代化。这里就涉及两种现代化的问题。有宗主国的现代化，有殖民地、半殖民地的现代化，这两种现代化的性质是不同的。宗主国的现代化是资本主义的现代化，殖民地的现代化则是从属、受制于宗主国，是殖民地、半殖民地的现代化。不论印度和其他殖民地、半殖民地国家和地区，莫不如此。即以印度的民族工业而言，从一开始就带有明显的殖民地烙印。以纺织业为例，第一次世界大战前夕虽然增加到264家，但其中英国资本占了1/3。印度民族资本企业所需的机械全部仰赖英国，纺织生产和棉

---

① 马克思：《不列颠在印度统治的未来结果》，《马克思恩格斯选集》第1卷，第770—771页。

纱市场为英国资本占领，棉纱供应也依赖英国企业，从而受到英国资本的控制。印度民族工业举步维艰，只能在困境中缓慢发展。

近些年来，有些论著认为"殖民化在世界范围内推动了现代化进程"，"如果没有近代西方的殖民征服，人类，特别是东方各民族所有优秀的自然才能将永远沉睡，得不到发展"。在他们看来，帝国主义的侵略不是有罪，而是"有理"、"有功"。那么，西方列强侵入印度等国家和地区，究竟给它们带来了什么，是帮助它们实现现代化，还是使它们陷入殖民地化、半殖民地化？这是需要探讨的问题。

英国的入侵，对印度社会产生了巨大的影响。马克思在《不列颠在印度统治的未来结果》一文中提出了殖民主义双重历史使命的科学论断，他说："英国在印度要完成双重的使命：一个是破坏的使命，即消灭旧的亚洲式的社会；另一个是重建的使命，即在亚洲为西方式的社会奠定物质基础。"这就是说，英国在印度彻底摧毁了农业和制造业相结合的社会结构，并在废墟中修筑铁路，举办工业，发展了资本主义，"在亚洲造成了一场前所未闻的最大的、老实说也是唯一的一次社会革命"，"充当了历史的不自觉的工具"。[1]但是，马克思也旗帜鲜明地对英国在印度的殖民统治给予严厉的谴责，指出那完全是受极卑鄙的利益的驱使。他说："当我们把目光从资产阶级文明的故乡转向殖民地的时候，资产阶级文明的极端伪善和它的野蛮本性就赤裸裸地呈现在我们面前，它在故乡还装出一副体面的样子，而在殖民地就丝毫不加掩饰了。"马克思还明确指出："在大不列颠本国现在的统治阶级还没有被工业无产阶级取代以前，或者在印度人自己还没有强大到能够完全摆脱英国的枷锁以前，印度人是不会收获到不列颠资产阶级在他们中间播下的新的社会因素所结的果实的"；"英国资产阶级将被迫在印度实行的一切，既不会使人民群众得到解放，也不会根本改善他们的社会状况，因为这两者不仅仅决定于生产力的发展，而且还决定于生产力是否归人民所有"。[2]这就是说，英国虽然在印度造成"社会革命"，

---

① 《马克思恩格斯选集》第1卷，第765—766页。
② 马克思：《不列颠在印度统治的未来结果》，《马克思恩格斯选集》第1卷，第771—772页。

播下了"新的社会因素"，但更重要的是带给印度人民灾难和枷锁。英国资产阶级只能是在印度实行殖民化，不可能帮助印度实现资本主义现代化。印度的复兴和重建只有靠印度自己，只有在摆脱了英国的殖民统治之后，只有在生产力归人民所有之后。马克思对英国统治印度论断的基本精神，同样适用于其他殖民地、半殖民地。

德国《明镜》周刊在1999年发表的一篇关于殖民帝国解体的文章中说："现在世界上已经没有殖民王国了，但还有许多它们遗留下来的问题。"事情确是如此。殖民统治在两次世界大战之后虽然解体了，但殖民主义者给殖民地、半殖民地带来的灾难，造成的贫穷落后，以及战火的连绵不断等许多问题都遗留下来了。上面谈到的目前的经济全球化是由西方发达国家主宰、支配的，它们与发展中国家即当年的殖民地、半殖民地间的贸易，存在着明显的不平等、不公正，加上发展中国家原先的积贫积弱，它们无力与西方发达国家抗衡、竞争，使贫富差距越拉越大，发展困难重重。在发展中国家，非洲地区尤为贫困，整个大陆的社会总产值只占世界总产值的2%。它的婴儿死亡率在世界上最高，人口的预期寿命在世界上最低。目前在撒哈拉以南非洲42个国家中有将近1/3在进行战争。德国的《明镜》周刊1999年1月18日一期发表的《打仗的大陆》的文章中认为，非洲的贫困和战火连绵不断，殖民者瓜分非洲和任意划定边界是重要原因："欧洲人粗暴地介入了这种孤立状态，起初他们把至少1300万非洲人当作奴隶运到美洲。继而他们又肆无忌惮地瓜分这块大陆。这样，后来的许多冲突就注定要发生。""任意划定的界线对非洲的贫困负有重大的责任：自60年代独立浪潮以来，有约5000万人被赶出了家乡，有2000万人死于内战。"殖民征服不仅在当年，而且在独立后的现在，都给被征服的国家和地区造成贫困和死亡。难道我们不应当谴责殖民主义，反而要去歌颂、赞美？

3．列强的殖民侵略与中国的沉沦

在称赞殖民主义者对亚洲、拉丁美洲、非洲进行殖民征服活动的同时，一些论著对资本—帝国主义对中国的侵略也加以美化。他们赞美英国借口清政府禁烟而发动的使中国开始沦为半殖民地的侵略战争，说"鸦片战争一声炮响，给中国带来了近代文明"；鸦片战争打晚了，如果提前到明朝，"我们的中国就远不是如此的面貌了"；"中国要康乐富强，先得被殖民150年不为过"。在他们心目中，殖民侵略好得很，应当"感谢"。

近代中国虽然不像印度沦为英国的殖民地，但同样遭到帝国主义的侵略，是大大小小帝国主义国家的半殖民地。近代中国的历史，是遭受帝国主义侵略、压迫、掠夺、剥削的历史。从1840年到20世纪初，西方列强发动侵略中国的战争规模大的就有鸦片战争、第二次鸦片战争、中法战争、中日甲午战争、八国联军侵略战争等等。它们通过一系列不平等条约，割占中国领土，获得了大量赔款以及领事裁判权、海关权、内河航行权、铁路管理权、商业贸易权、矿山权等等。仅中日甲午战争和八国联军侵略战争两次战争赔款，即达海关银68000万两。清政府无力偿还赔款，只好向西方列强大举借债，并以关税、盐税为抵押。帝国主义通过借款控制了占中国财政预算一半的关税和盐税两大收入，由此扼住了中国财政的咽喉。西方列强通过所攫取的种种特权，掠夺中国的资源和财富，对中国倾销商品和输入资本。特别是1894年中日甲午战争后，帝国主义在中国划分了势力范围，取得修筑铁路、开矿设厂等特权，加紧对中国输出资本和倾销商品。到1911年，外国在华投资总额约20亿元。中国已修成的铁路里程的93.1%掌握在帝国主义手里。外资还控制着中国机器采煤的91.9%，生铁生产的100%，棉纺生产的76.6%，内外航运的84.4%。几十家外国银行及其分支机构，垄断着中国的金融事业。帝国主义控制着中国财政经济的命脉，中国经济的半殖民地地位加深。

帝国主义在攫夺中国的各种利权中，对铁路利权尤为垂涎。1903年，日本《朝日新闻》发表文章鼓吹攫取铁路利权的重要性："铁路所布，即权力所及。凡其地之兵权、商权、矿权、交通权，左之右之，存之亡之，操纵于铁路两轨，莫敢谁何！故夫铁道者，犹人之血管机关也，死生存亡系之。有铁路权，即有一切权；有一切权，则凡其地官吏，皆吾颐使之奴，其地人民，皆我俎上之肉"，是"亡人国"而"亡之使不知其亡"，"分人土"而"分之使不知其分"的绝好方法。①这就是说，帝国主义国家在中国修筑铁路不仅可以获得巨额利润，而且可以伸展它们的势力范围，扩大政治、经济、军事、文化等侵略权益。西方列强把中国作为它们争相宰割的一块肉。1883年法国议员儒勒·费里在法国下议院的报告中揭示出这种心态：太平洋上巨大的宝库——中国，引起了四面八方的贪求利润者的向往。古老神奇的中国，被各国的暗算谋取的中国，它那拥有四五亿消费者的广大市场，它那足有70万平方公里的布满地下的煤层，它那取之不尽的地下矿藏，它那在等待着工业机器、铁路设备和钢铁器材的广大省份，成了列强共同的梦寐以求的对象。在纷纷奔向这个"理想国"的欧洲竞争者中，谁能最先到达，谁就可以控制它那一块土地，它的势力范围，它的特权领域。

西方资本帝国主义的入侵，对中国社会产生了深远的影响。跟英国人入侵印度一样，西方列强入侵中国也有着双重使命。它破坏了中国封建社会的自然经济基础，从而促进了商品经济的发展。外国资产阶级为了倾销商品和掠夺原料，为了维护侵略权益，以及满足生活上的需要，也兴办了一些近代工业和设施。19世纪60—70年代，清政府和民间陆续举办了一批近代工业，中国社会产生了资本主义。此后，资本主义有一定程度的发展。但是，由于帝国主义和封建主义的压迫、束缚，它的发展艰难、缓慢，始终没有能够得到正常的充分的发展。西方列强倚仗不平等条约取得的特权，在中国经营了许多企业，不断扩大外资在华的势力，控制中国的经济命脉。据统计，外国在华资本总额的比重：1894年为60.7%，1913年为80.3%，1920年为70.4%，1936年为78.4%。②可以看出，外国在华资本比中国资本占有明显优势。而且在中国资本中，官僚资本逐渐压倒民族资本，民族资本在中国资本总额中所占比重是十分微弱的。在外国资本的压迫摧残下，中国民族资本无力与之抗衡，许多民族工业逃避不了破产或被

---

① 宓汝成编：《中国近代铁路史资料》第2卷，中华书局1963年，第684页。
② 吴承明：《中国资本主义的发展述略》，《中华学术论文集》，第337页。

兼并的命运。例如，被认为中国自己经营最成功的开平煤矿，1900年，就在中外合办的名义下，被英国资本吞并。此后，英资又挟其优势，兼并了另一家民族资本煤矿——滦州煤矿。轻工业中的棉纺织业是发展较迅速的，但1918年到1927年间，因欠帝国主义债务无力偿还而被拍卖、吞并的中国纱厂就有7家。1931年，日本在天津尚无一家纱厂。到1936年已收购了华商六家纱厂中的四家，控制了天津纱锭的71.72%，布机的76.34%。20世纪30年代，上海纱厂资本家已开始呼号："究竟中国纱厂的致命伤是什么？"他们自己回答道："痛痛快快地说，中国纱厂的唯一致命伤，在于帝国主义对中国的压迫。""中国纱厂一业的复兴与繁荣，必然在现状变化以后。"[①]抗日战争、解放战争期间，中国民族资本主义工业在日、美等帝国主义势力和官僚资本的压迫下，命运更为悲惨，处于风雨飘摇之中。据统计，近代工业在工农业总产值中所占的比重：1920年为4.9%，1936年为10.8%，1949年为17%。[②]这个数字表明，中国资本主义的发展是很缓慢、艰难的。在从鸦片战争到中华人民共和国成立的109年里，我国才积累了17%的近代工业经济，而农业和手工业经济占了83%。小农经济如同汪洋大海，而近代工业只不过是这个大海中的几个孤岛。毛泽东深刻指出："这是帝国主义制度和封建制度压迫中国的结果，这是旧中国半殖民地和半封建社会性质在经济上的表现。"[③]帝国主义还和中国封建主义结合起来，支持反动派作为他们统治中国的支柱。正是由于帝国主义的维护，封建的土地关系、商业高利贷资本和一切前资本主义的剥削制度及上层建筑得以继续存在下来。帝国主义使中国沉沦为半殖民地，又使中国停留在半封建状态。历史事实表明，帝国主义的入侵既没有使中国进入资本主义社会，也没有使中国实现资本主义现代化。不进行反帝斗争，不改变半殖民地的地位，不结束帝国主义对中国的压迫和掠夺，中国要实现现代化是不可能的。正如江泽民同志在中国共产党第十五次全国代表大会上所作的报告中

---

①《申报月刊》第4卷第2期。
②吴承明：《中国资本主义的发展述略》，《中华学术论文集》，第324页。
③《毛泽东选集》第4卷，人民出版社1991年，第1430页。

指出的：“鸦片战争后，中国成为半殖民地半封建国家。中华民族面对着两大历史任务：一个是求得民族独立和人民解放；一个是实现国家繁荣富强和人民共同富裕。前一任务是为后一任务扫清障碍，创造必要的前提。”

二　对重要历史人物的评价

历史是人的活动的累积，写历史离不开人物，不能只见事不见人，因此，描述、评论历史人物，向来受到史家的重视。早在汉代，司马迁的《史记》就开创了以人物为主的纪传体的史书编纂体裁。以后历朝继承，而成二十四史。在当代的历史研究中，仍然继承发扬这一重视历史人物研究的传统，中国近代史也不例外。

中华人民共和国建立后，对中国近代历史人物的研究做了大量工作，尤其是党的十一届三中全会以后，中国近代史研究克服了片面性、简单化的偏向，发扬马克思主义实事求是的优良学风，近代人物的研究也得到发展，取得很大成绩。一些原先颇被关注的人物，如林则徐、龚自珍、魏源、康有为、谭嗣同、孙中山、黄兴、宋教仁等，得到了更为切合实际的、深刻的评论。以往缺少研究的人物，如姚莹、郭嵩焘、薛福成、翁同龢、刘步蟾、丁汝昌等，也都有所研究，发表了一批论著。这对深化中国近代史的研究，是很有助益的。

但是，在中国近代人物的研究中，在纠正简单化、片面性的偏颇的过程中，也有人走向了另一个极端，对不该翻案的人物随意地予以翻案，可谓一时翻案成风：从林则徐、洪秀全、谭嗣同、孙中山、李大钊、鲁迅到毛泽东，都相继遭到贬损、否定；而对琦善、慈禧太后、曾国藩、李鸿章、袁世凯、胡适、周作人到蒋介石、汪精卫等人物则尽量加以美化。把已经矫正了的被颠倒的历史，现在再把它颠倒过去，造成是非的混乱。

对于中国近代人物的评价，各种各样的错误说法很多，不可能都涉及到，这里，以洪秀全、曾国藩、袁世凯为例作些评析。

1. 新论与旧说

在中国近代人物中，被贬损最多的，洪秀全当是其中之一。"文革"前洪秀全曾被"神化"，现在则被"丑化"，把他涂抹成一个罪恶的人物。某些研究者认为，洪秀全建立的是神权主义与专制主义相结合的专制统治，太平天国和清王朝不过是两个互相对峙的封建政权，消灭哪一个都一样，如果让洪秀全统一全国，那就要使中国倒退几个世纪。洪秀全的神权政治，是要把中国中世纪化、宗教化，他以国家力量推进基督教，这就起了帝国主义所不能起的作用，起了西方传教士所不能起的作用，客观上和西方的侵略起了里应外合的作用。

而在统治阶级代表人物中，最受美化、颂扬的人物莫过于曾国藩。有人这样说：曾国藩充满"救国救民"的热忱，"爱民如子"。他的一言一行代表了中华民族优秀文化精神的一部分，他在与太平天国的征战中，保卫了中华传统儒家文化。他打败了太平天国，成功阻止了中国的后退，这是一个大贡献。由于他出力平定太平天国，满清皇帝的命运得以生存。也因为他善于识拔人才，引用贤能，更时时以转变社会风气及建立廉能政治为己任，所以经由他一手拯救得生的满清皇朝，才会在同治光绪之间一度出现振衰起蔽的冲天气象。他使中国重新统一，重建社会秩序，恢复和发展社会生产力。一句话，曾国藩简直成了一代"完人"，一代"圣贤"。难怪有人鼓吹，要把《曾国藩家书》作为"一部正直、严肃地为人处世的教科书"。

在这里，对洪秀全和曾国藩的评价，形成了鲜明的对照：前者成为反动人物，后者则是伟大人物。这种观点与《清史稿》上的观点本质上是一样的，与地主阶级对他们的记载也没有什么区别。清王朝早已被推翻，已经经历了中华民国和中华人民共和国，封建地主阶级也已经被消灭了，却出现了这样的观点，显然这不是研究的深化，而是倒退。

把太平天国与清政府等同起来，视其为封建政权，是不符合实际的。洪秀全领导的太平天国是农民起义，在它打进南京，建立了与清王朝对峙的农民政权之后，虽然也受阶级和时代的限制，逐渐在向封建性转化，但到它失败为止，实事求是地说，并没有变成封建政权，与清朝统治不能相提并论。看一个政权的性质，根本的是看它代表谁的利益，为谁服务。太平天国从起义到失败，它打击地主、官绅，维护农民利益的立场是一贯的。

太平天国在金田起义后，从广西一路打到南京。太平军在胜利进军的征途中，坚决镇压和打击官僚、豪绅、地主，焚烧衙门、粮册、田契、借券，对封建统治秩序进行了扫荡；对人民群众则爱护备至，"所过之处，以攫得衣物献给贫民……谓将来概免租赋三年"。[①]这使太平军到处受到群众热烈欢迎和拥护，连反对者也不得不承认：太平军至，"争迎之，官军至皆罢市"，"乡民处处助贼打仗"。[②]因此，太平军起义能够获得迅猛的发展。

太平天国定都天京后不久，即颁布了前所未有的《天朝田亩制度》。这个制度的基本内容，是根据"凡天下田，天下人同耕"的原则，把田亩分为三等九级，然后按人口平均分配，凡16岁以上的男女每人得到一份同等数量的土地，15岁以下减半。这个平分土地的方案，是农民阶级对地主土地所有制的否定，它反映了当时广大贫苦农民强烈地反对地主阶级残酷压迫剥削的要求，以建立"有田同耕，有饭同食，有衣同穿，有钱同使，无处不均匀，无人不饱暖"的理想社会。它具有反封建的革命性。正如列宁所指出："'土地权'和'平分土地'的思想，无非是为了完全推翻地主权力和完全消灭地主土地占有制而斗争的农民追求平等的革命愿望的表现而已。"[③]

洪秀全等太平天国的领袖所绘制的平分土地的理想图案虽然未能实现，但在其占领的地区内，曾没收一部分地主豪绅和庙宇寺观的田产，对富户课以重税和减轻农民的负担。如天京附近的农民，"交长毛钱粮，不

---

① 张德坚：《贼情汇纂》，《太平天国》第3册，上海人民出版社、上海书店出版社2000年，第271页。
② 张德坚：《贼情汇纂》，《太平天国》第3册，第272、275页。
③ 列宁：《反对赫尔岑》，《列宁选集》第1卷，人民出版社1995年，第286页。

复交田主粮"。①在太平天国起义的影响下，广大农民群众纷纷自发地起来反对地主的压迫和剥削，有的占有逃亡地主豪绅的土地，有的拒绝向地主交租，有的则少纳地租。据当时一些文人的记载：江苏扬州附近，"凡佃人田者，亦思抗租不纳"；②在安徽芜湖，前江南河道总督潘锡恩所有的2000多亩土地，"自咸丰三年后，颗粒无收"。③这些事例说明，太平天国提出的平分土地的方案虽然并未实行，但是广大农民却夺回了相当数量的土地，并且由于少交或不再向地主交租，大大减轻了负担，这不仅打击了农村中的封建势力，而且对太平天国地区的农业生产的发展起了十分重要的作用。

由以上事实可知，没有理由说太平天国是和清王朝一样的封建政权。尽管它存在着这样或那样的问题，但无疑还是代表农民的利益、打击地主官绅的政权。当然有的人会说太平天国后期情况不同了，它完全变成了一个封建政权，而且朝政紊乱，社会破坏，民不聊生，比清政府的统治还糟糕，早就应该被平定了。

无庸讳言，太平天国后期是在走向衰败，但并不是如有的人所描绘的那样漆黑一片，成为同清政府一样代表地主阶级的封建政权。太平天国后期重新颁布《天朝田亩制度》，特别是颁布了《资政新篇》。后者是带有资本主义色彩的纲领，洪秀全逐条做了批示，基本上都赞成。这是不能忽视的。

太平天国后期和前期一样，仍然在打击地主官绅。李秀成部在苏南、浙江地区都坚决镇压反动地主豪绅，如常熟、昭文的豪绅地主曾仲才、丁芝亭，诸暨包村包立身为首的地主武装等。经过太平军的打击，据记载，苏浙地区，"富户百无一存"。④世家大族，"转瞬几成绝户，其间衣冠士族，在此四五年中，生计已绝"。⑤

①汪士铎：《汪悔翁乙丙日记》卷2，北平文芸阁民国25年刻本。
②臧毅：《劫余小记》，《太平天国资料》，科学出版社1959年，第84页。
③杨沂孙辑：《徽郡御寇案牍》，《太平天国史资料丛编简辑》第6册，中华书局1963年，第116—117页。
④冯桂芬：《启李宫保论减赋》，《显志堂稿》卷5，光绪二年校邠庐刻本。
⑤民国《南浔镇志》卷45，"大事记之四"。

太平天国在苏浙地区，虽然政策上允许地主照旧收租交粮，但或由于地主被杀，或由于地主逃亡，或由于农民抗租等原因，实际上许多田亩的主人已从地主转归佃农。据记载说，"各佃户认真租田当自产"；[①]"领凭后租田概作自产，农民自喜"。[②]地主遭受打击，昔日威风扫地，而农民则扬眉吐气。浙江绍兴一个曾是"官幕名家"的地主哀叹："去冬向佃户收租如乞丐状，善者给数斗，黠者不理，或有全家避去者。约食米，亦仅三月粮。而皇甫庄乡官谓余官幕名家，被逮系两次。诚知无以保家……乃着草履，易短褐，贩米于上宅，卖私盐食货于松厦、小金，复设肆小库。……无法不施，足重茧，面黧黑，身无片肉。"[③]有些地主收不上租，生活困难，只好将田产贱卖给佃户："中夜念业户两年无租，饿死不少，幸而降价鬻田佃户，十得二三，何以延命？"[④]

苏浙地区的农民负担减轻或不再遭受地主的压迫剥削，提高了生产积极性，有利于发展农业，使农村呈现出欣欣向荣的景象。据亲身在这个地区生活的人记载说："稻堆蔽场，无路可走，知水田皆成熟矣。丰年景象，未免垂涎，惜租粒不收，于我无分耳。"[⑤]他既如实地写出了丰年景象，又哀叹收不上地租。

城镇的情况，也不是如有人所说的民不聊生，而同样是景象繁荣。苏浙本为商业繁华地区，但清军败退时大肆焚掠，苏州、杭州都是铺户倒闭，一片凄凉。太平军攻克这些地区后，对商业给予扶植，贷款给商民经商，使商业重新出现兴旺的景象。如苏州，"列货云屯，流民雨集"，[⑥]成为苏南的商业中心。其他市镇也"全都繁荣兴旺，贸易发达"。[⑦]如无锡的东亭镇，"商贾往来如织，小市遂为雄镇"；[⑧]浙江的盛泽镇是丝业的集散地，

①佚名：《平贼记略》，《太平天国史料丛编简辑》第1册，中华书局1961年，第279页。
②《庚癸纪略》，《太平天国资料》，第104页。
③范城：《质言》，《近代史资料》1955年第3期。
④龚又村：《自怡日记》，《太平天国史料丛编简辑》第4册，中华书局1963年，第460页。
⑤龚又村：《自怡日记》，《太平天国史料丛编简辑》第4册，第469页。
⑥王韬：《粤逆崖略》，《弢园文录外编》，中华书局1959年，第171页。
⑦〔英〕呤唎：《太平天国革命亲历记》上册，中华书局1961年，第48页。
⑧华翼纶：《锡金团练始末记》，《太平天国资料》，第122页。

"商店鳞次栉比，……各项消费品都极为充斥"；[①]无锡的荡口镇，"人烟转盛，城市富民往来贸易，货财充斥，增设市廛，贼但抽租增税而已，初不知其乱世也"，[②]等等。

苏浙地区对外贸易也很活跃，生丝的出口就是明显的例子。据亲历太平天国地区的英国人吟唎关于生丝出口的统计，太平天国占领苏浙地区的三年中，生丝出口：1860—1861年为88754包，1861—1862年为73322包，1862—1863年为83264包。而太平天国占领苏浙前一年，生丝的出口额为69137包；太平天国撤出苏浙后一年，生丝的出口额下降了约一半，为46863包。茶叶的出口额也从1860年的66000000磅激增至1863年的119000000磅。吟唎在这些统计表下写了一条注："这些统计数字比任何历史和论据更有力证明了究竟是谁破坏了太平天国以前的土地。太平军据有并治理有价值的产丝地区的时候，丝的生产和出口数目之大为以前所未有。可是英国把这些产地化为战场，并驱走了太平军以后，丝的供应就马上跌到太平军统治时期的半数了，并且次年还更为下降。"[③]

写了以上这些事实，无非想说明太平天国一方面与清政府、官僚、豪绅、地主为敌，一方面维护农民的利益，到它失败为止，尚构不成封建政权。在它所管理的地区，确有被诛杀、有饿死，有所谓的"民不聊生"，但这个"民"不是广大农民，不是普通百姓，而是豪绅地主。即使在后期，在太平天国管理的地区，不论是乡村或城镇，仍都呈现出一派兴旺景象，而不是"社会残破"。这些史实除个别出自外国人的记载，大多属于地主文人的手笔。他们在记载中虽然显露出对太平天国的敌视，但还是说了点真话，如实地记下了一些真实的情况。至于吟唎更是直截了当地提出了究竟是谁破坏了苏浙地区的问题。然而现在有些学者却连这些史实都不敢或不愿承认，不顾事实地随意否定太平天国。这不是真正的研究。研究必须详细占有资料，从既有的事实出发，给予实事求是地分析，然后才得

---

① 〔英〕吟唎：《太平天国革命亲历记》上册，第48页。
② 沈梓：《避寇日记》，《太平天国史料丛编简辑》第4册，第191页。
③ 〔英〕吟唎：《太平天国革命亲历记》下册，第669—670页。

出结论，而不应该离开客观实际，只凭自己主观臆断来下结论。那样做的结果不仅会陷于错误，而且会比那些地主文人走得更远。

在对外关系方面，太平天国的将士们的确曾经从宗教信仰的角度出发，一度对所谓的"洋兄弟"抱有幻想。但在大是大非面前，太平天国将士坚持了原则，并且为了国家的主权和民族的尊严，不惜与侵略者刀枪相见。他们鼓励正常的中外交往，"不唯英国通商，万国皆通商"，但是通商者"务要凛遵天条"，牢记"害人之物为禁"。[1]也就是说，要遵守太平天国的法规，并且禁止鸦片输入之类的给中国人民造成危害的非法贸易。而当外国侵略者提出以平分中国土地为条件，帮助太平天国打击清王朝，当即遭到了洪秀全严正的拒绝。可是，现在的某些研究者对这些基本的事实视而不见，却把对外屡屡妥协求和、最终"借师助剿"（实为引狼入室）的曾国藩及其所维护的清王朝视为国家和民族利益的代表，这实在是不可思议。至于不敢正视深重的民族危机，却把中国人民对压迫的反抗当作"心腹之患"来倾力镇压，并且诬之为与侵略者里应外合，就更不是什么新鲜的提法。所谓"攘外必先安内"的反动政策提出，就是以此为据的。在这方面，从腐朽的清王朝到国民党政府，可谓一脉相承。

太平天国是发生于中国沦为半殖民地半封建社会后不久的农民起义，无疑会带着阶级的和时代的局限。洪秀全从基督教那里吸取了"上帝面前人人平等"的思想，结合中国农民的"均贫富"革命要求，创立了"拜上帝会"，以此来发动和组织群众参加起义。在太平天国兴起和发展之初，拜上帝会曾经起到一定积极作用。但是，拜上帝会毕竟是一种宗教迷信，不是科学的思想理论，它不仅不能正确指导革命运动，长期维系起义队伍的人心，而且给自身带来了危害。在太平天国后期，起义面临危机，洪秀全却陶醉于宗教迷信，"拿天话责人"，甚至说"天生真命主，不用兵而定太平一统"，简直是说胡话了。作为小生产者的农民，他们的代表也不可能摆脱封建的意识形态给他们的深刻的影响，诸如帝皇思想和等级尊卑的

---

[1] 杨秀清：《答英使包令告谕》，《太平天国文书汇编》，中华书局1979年，第300页。

观念。农民小生产者也存在着绝对平均主义、宗派思想、享乐思想等。这些表明，洪秀全和太平天国缺少正确的思想理论指导这场农民运动，它的失败悲剧并不偶然。过了数十年后，民主革命的先行者孙中山继承了太平天国的革命传统，他曾以"洪秀全第二"自居，矢志推翻腐朽的清政府。然而孙中山终究不是洪秀全，他所代表的是新兴的资产阶级，所以能够摆脱洪秀全所代表的农民阶级的阶级局限和历史局限。他总结了太平天国失败的教训，批判他们的"帝皇思想"。孙中山认为，太平天国失败最大的原因，"是他们那一班人到了南京之后，就互争皇帝，闭起城来自相残杀。……因为当时洪秀全、杨秀清争皇帝做，所以太平天国的洪秀全、杨秀清、韦昌辉、石达开那四部分基本军队都完全消灭，太平天国的势力由此大衰"。①这表明孙中山的追求比洪秀全前进了，他代表的不是农民阶级而是资产阶级。对此，李大钊曾作了恰当的评论："孙中山先生所指导的国民革命运动……承接了太平天国民族革命的系统，而把那个时代农业经济所反映出来的帝王思想，以及随着帝国主义进来的宗教迷信，一一淘洗净尽。"②孙中山和他的同志们能够从西方资产阶级革命时代的思想库中学来进化论、天赋人权和共和国方案等思想武器和政治理论，洪秀全和太平天国则不可能。这就是阶级和时代的差别。

这里存在着一个评价历史人物的方法问题。人们常说要历史地看问题，这是有道理的。但当具体评价某个历史人物时，却对这个道理弃而不顾。评价历史人物必须以地点、条件和时间为转移，列宁指出："分析任何一个社会问题时，马克思主义理论的绝对要求，就是要把问题提到一定的历史范围之内。"③分析任何一个社会问题时需要这样做，评价任何一个历史人物时也需要这样做，即要把人物提到一定的历史范围之内，这是马克思主义的绝对要求。评价洪秀全只能把他置于他所处的那个历史范围来考察，即鸦片战争之后的一段时间内来考察。在当时的环境里，洪秀全提出

---

① 孙中山：《三民主义》，《孙中山选集》，人民出版社1981年，第708页。
② 李大钊：《孙中山先生在中国民族革命史上之位置》，《李大钊文集》第5册，第90页。
③ 列宁：《论民族自决权》，《列宁选集》第2卷，第375页。

要把"陵夺斗杀之世"变为"公平正直之世"，要建立一个"无处不均匀，无人不饱暖"的人间"天国"的理想社会，后来又赞成洪仁玕在《资政新篇》中提出的带有资本主义色彩的社会蓝图。这是很有胆识的，也是前所未有的。"判断历史的功绩，不是根据历史活动家没有提供现代所要求的东西，而是根据他们比他们的前辈提供了新的东西。"我们不能以孙中山来要求洪秀全，更不能以现代人来要求洪秀全。洪秀全已是就他们所能达到的思想水平和实践活动，为历史作出了应有的贡献。

有的研究者对于洪秀全很是苛求，而对曾国藩则尽量加以溢美，甚至为之辩解。怎样恰当评价曾国藩，自是学者需要探讨的。但这种评价应是符合历史实际的，不能因为是"乡贤"，或别的缘由，就对他特别偏爱，于是尽量拔高，把他做过的错事、坏事都不分青红皂白地说成是好事，是对历史的贡献，把他捧为一代"完人"。

颂扬曾国藩的人，都很赞赏他平定了太平天国起义，使衰弱的清王朝获得"中兴"，功莫大焉。为了说明曾国藩的湘军镇压洪秀全的太平天国是对历史的"贡献"，有的研究者把这场斗争归结为儒学文化和基督教文化的斗争，赞美曾国藩保卫了中华传统儒家文化。这是用文化史观来取代唯物史观。这些研究者认为，曾国藩的湘军能够战胜洪秀全的太平天国，表明了儒学文化的胜利，因为"有本者昌，无本者竭"，有了儒学文化这个"本"，就可无往而不胜。而洪秀全和太平天国之所以失败，就在于信奉外来的基督教文化，失去了儒学文化这个"本"。照此说来，一场深刻的农民反对地主阶级的阶级斗争就变成了"文化斗争"，而湘军的胜利和太平天国的失败也是儒学文化和西方基督教文化斗争的结果。孔夫子打败了耶稣基督，看来不太符合历史实际。

太平天国是中国历史上最后一次大规模的农民起义，这已是历史常识。关于洪秀全和太平天国的具体事实，前面已有所论述，这里不再重复。有一个例子可以从反面来说明这个问题。曾国藩率湘军出来镇压太平天国时，发布了一篇檄文叫《讨粤匪檄》。这篇檄文写道："自唐虞三代以来，历代圣人，扶持名教，敦叙人伦，君臣父子，上下尊卑，秩然如冠履之不可倒置。粤匪窃外夷之绪，崇天主之教，自其伪君伪相，下逮兵卒贱役，皆以兄弟称之。谓唯天可以称父，此外凡民之父，皆兄弟也，凡民之母，皆姊妹也。农不能自耕以纳赋，而谓田皆天主之田；商不能自贾以取息，而谓货皆天主之货；士不能诵孔子之经，而别有所谓耶稣之说、《新约》之书。举中国数千年礼义人伦、诗书典则，一旦扫地荡尽。此岂独我大清之变，乃开辟以来名教之奇变，我孔子、孟子之所痛哭于九原。凡读书识字者，又乌可袖手安坐，不思一为之所也！"檄文对太平天国的攻击是全面的，包括经济、政治、文化等方面，它所要维护的正是封建土地制度和等级尊卑的封建秩序，而不仅仅是儒学。由此也可以说明，曾国藩镇压太平天国，并不是如所言的儒学反对基督教的文化斗争，而是维护以清王朝为代表的地主阶级的封建统治。曾国藩是程朱理学的崇奉者，毫无疑问他是要保卫儒学的。而儒学是清政府的官方统治意识形态，它的核心就是封建的纲常名教，曾国藩保卫儒学与维护清王朝统治是完全一致的。

从洪秀全和太平天国本身，或反对太平天国的曾国藩和湘军，都说明他们之间的斗争绝不是基督教文化与儒学文化的斗争，而是农民反对地主阶级的斗争。太平天国的失败也是由于清政府和外国侵略者勾结起来进行镇压，以及农民阶级固有的局限性，而不是什么儒学文化和基督教文化斗争的结果。其实洪秀全也是个熟读圣贤书的未第秀才，他的思想深受儒学的影响，既吸收了"大同"社会的理想，也接受了等级尊卑等糟粕，并不独基督教文化，这又是谁与谁斗？如果儒学文化真有那么大的威力，"有本者昌"，依靠它就能战胜所谓基督教文化的太平天国，那么同样是儒学文化的清政府，在同一时期，为什么却打不赢地道的基督教文化的英法联军？儒学是清政府的官方统治思想，可谓"有本"，然而在基督教文化的英法联军面前却"昌"不起来，而是"竭"了下去，那个咸丰皇帝只得仓皇辞庙，携带后妃、臣属狼狈逃往热河。其实早在20年前鸦片战争时，儒学在基督教文化的英国侵略军面前就败下阵来了。看来认为文化可以起决定作用，只不过是唯心的观念论罢了。至今已是20世纪末，即将跨入21世纪，却还在鼓吹有了儒学的指导就"有本者昌"，就可以无往而不胜，岂不是历史的倒退!

称颂曾国藩的另一个理由,是说他平定了太平天国,挽救了清王朝,实行了中国重新统一,重建社会秩序,恢复和发展了中国的生产力,是历史功绩。在清朝统治者的心目中,在地主阶级眼里,曾国藩无疑是"中兴"第一名臣。然而在太平天国战士们中,在被残害、杀戮的平民百姓那里,曾国藩则是一个不折不扣的罪人。曾国藩和湘军是使清朝重新统一了,是重建了社会秩序,问题在于是为谁统一,重建的是什么样的社会秩序。封建统治阶级镇压了为了求得生存权的农民起义之类的"统一",重建的是地主阶级及其政权对人民群众压迫剥削的统治秩序,难道这也值得赞美?近代中国的反动统治者是很喜欢讲"统一"的,袁世凯镇压了革命党人的"二次革命"就美其名曰"统一中国";蒋介石要消灭中国共产党也是打出"统一中国"的招牌。按照上述的逻辑,也都是要大加赞扬的?!无庸讳言,这样来谈论问题,不仅没有什么是非、正义非正义可言,而且是完全颠倒是非的。

今人迷惘,是非颠倒,然而前人却有明事理者。戊戌维新运动"六君子"之一的谭嗣同,对于洪秀全、曾国藩的看法就是非分明。谭嗣同同情太平天国,认为"洪、杨之徒,见苦于君官,铤而走险,其情良足悯焉"。这就是说,太平天国农民起义是因为清朝统治者的压迫剥削,无法生存下去,才铤而走险的,不应指责他们。谭嗣同指出:"民而谋反,其政法之不善可知,为之君者,尤当自反。借曰重刑之,则请自君始。"百姓造反,罪在君主,在于吏治腐败,"奈何湘军乃戮民为义耶?"照谭嗣同看来,曾国藩和湘军是有罪的,然而却反而有功:"中兴诸公,正孟子所谓'服上刑者',乃不以为罪,反以为功。"因此,他很耻恶曾国藩和湘军。他说:"自屠割其民,而方受大爵,膺大赏,享大名, 然骄居,自以为大功者,此吾所以至耻恶湘军不须臾忘也。"[1]

在美化曾国藩的言论中,还有一种是渲染他的"爱民如子",颂扬其

---

[1]《谭嗣同全集》(增订本)下册,中华书局1981年,第345—346页。

所谓完美的品格。一些论著从曾国藩的家书中片面摘取告诫其子弟要"爱民"之类的言辞来大加颂扬，使他几乎成为一代"完人"。可是，人们都知道曾国藩镇压农民起义时心狠手辣，不惜滥杀无辜。现在有人却为曾国藩被称为"曾剃头"、"刽子手"愤愤不平，指责是研究者强加给他的不实之词。究其实是太平天国起义时，曾国藩在湖南办团练得到的称号。他在湖南办团练，"以查办土匪为第一要务"。他所谓的"土匪"范围很广，包括"会匪"、"教匪"、"盗匪"、"痞匪"、"游匪"等；而"游匪"之中有逃兵、散勇、长夫、余丁、乞丐、游民。曾国藩一再令湖南各州县办团练的绅耆对"土匪""痛加诛戮，与草剃而禽狝之"，"严缚匪党，动与磔死"。且不说各地被杀害的会党、农民暴动的人数，仅曾国藩自己在5个月中就直接处死了137人。他的大规模屠杀，使湖南舆论大哗，其"曾剃头"的称号就是这样得来的，乃当时湖南老乡所起，不是后来的研究者强加的。叫"曾剃头"也好，叫"刽子手"也罢，并没有本质的不同，都是一样的。在家书中，曾国藩不单是告诫子弟要"爱民"，同时也向他们反复强调对敢于造朝廷之反的农民起义军应"斩尽杀绝"，"克城以多杀为妥"，"断无以多杀为悔之理"。单就曾国藩家书而言，既说了"爱民"一类的话，也说了不少"杀民"的话，研究者不应当只抓住"爱民"的话做文章，而将其"杀民"的话隐讳起来，这是不全面的。而且对曾国藩的"爱民"也要与其杀民的阶级本质联系起来考察、分析。在对这些政治人物进行全面评价时，就必须正视而不是回避这一问题。

在镇压太平天国的过程中，曾国藩这些杀民的训示被他的湘军付诸行动。湘军在攻破太平天国管辖的每一座城市后，都进行了疯狂的烧杀淫掠，无恶不作。这里仅举湘军攻进天京后的情形为例。曾国藩的幕僚、跟随曾国荃进天京的赵烈文，在他的日记中记载了不少湘军在天京烧杀淫掠的情形："官军进攻，亦四面放火，贼所焚十之三，兵所焚十之七，烟起数十道屯结空中，不散如大山，紫绛色"；"傍晚闻各军入城后，贪掠夺，颇乱伍。余又见军中各勇留营者皆去搜括，甚至各棚厮役皆去，担负相属于道"；"计城破后，精壮长毛除抗拒时被斩杀外，其余死者寥寥，大半为兵勇扛抬什物出城，或引各勇挖窖，得后即行纵放。……其老弱本地人民不能挑担，又无窖可挖者，尽皆杀死。沿街死尸十之九皆老者，其幼孩未满二三岁者亦斫戮以为戏。匍匐道上，妇女四十岁以下者，一人俱无，老者无不负伤，或十余刀，数十刀，哀号之声达于四远，其乱如此，可为发指"。①赵烈文是曾氏兄弟的心腹幕僚，连他对湘军的种种暴行，尤其是杀戮无辜的老弱、小孩、妇女，都感到"发指"，然而当代学者却在大加颂扬，这岂不是怪事。

其后，谭嗣同在他的著述中表现出对曾国藩的湘军所犯暴行的愤慨。他在《仁学》中说："乃一经湘军之所谓克复，借搜缉捕匪为名，无良莠皆膏之于锋刃，乘势淫掳焚掠，无所不至。卷东南数省之精髓，悉数入于湘军，或至逾三四十年无能恢复其元气，若金陵其尤凋惨者矣。"他在致欧阳中鹄的信中又说："顷来金陵，见满地荒凉气象。本地人言：发匪据城时并未焚杀，百姓安堵如故。终以为彼叛匪也，故日盼官军之至。不料湘军一破城，见人即杀，见屋即烧，子女玉帛扫数悉入于湘军，而金陵遂永穷矣！至今父老言之，犹深愤恨。"②

从当事见证人赵烈文和其后耳闻目睹惨象的谭嗣同的记述，可以证明，美化罪恶的湘军和他的统帅曾国藩，把太平军和湘军等同看待，甚至认为太平军比湘军更坏，完全是颠倒是非。至于有人说，太平天国源于农民，镇压太平天国的湘军士兵何尝不是源于农民。这种说法，如果不是缺少常识，就是有意制造混乱。不用说封建统治阶级的士兵主要来自农民，即使北洋军阀、蒋介石国民党的军队也是主要来自农民，能说他们不是维护反动统治、镇压人民的军队？军队是国家机器的主要成分，是统治阶级维护统治的工具，为统治阶级服务的，无疑具有阶级属性。湘军也罢，八旗、绿营也罢，都是清朝统治者用来维护封建统治、镇压人民反抗的工具，不论其成员是否农民，有多少农民，都不会改变其根本性质。湘军和太平军是不同阶级的军队，一支是要维护压迫剥削反动统治的军队，一

① 赵烈文：《能静居士日记》，《太平天国史资料丛编简辑》第3册，中华书局1962年，第379、370、376页。
②《谭嗣同全集》（增订本）下册，第345、466页。

支是反抗封建统治压迫剥削的军队，道不同不相为谋。只看其参加者的成分，不问其根本性质，这不是阶级分析，而是唯成分论。

2.　"爱而欲其扬，恶而欲其抑"

在替中国近代史上的人物翻案的言论中，袁世凯也是曾被炒得有点红火的一个。袁世凯是个什么人物，稍有点中国近代史常识的人都知道：戊戌变法时，他出卖了维新派；义和团反帝运动时，他在山东镇压了义和团；辛亥革命时，他夺得了民国大总统的宝座，进行了专制独裁统治，搞复辟帝制。然而现在有些研究者对此却大不以为然，认为是"简单化的政治评语"，"僵化陈旧"，于是写文章、出书，提出"新观点"，为其翻案。有的文章就是以"新观点"的面貌出现，把袁世凯捧上了天。这篇文章说，从清末到民初，尤其是北洋政府时期，袁世凯推行的经济、政治、外交、文化等政策，"反映了当时社会历史发展的总趋势"。他"兴学重教，开通民智"，"对教育的重视和投入，前无古人"。文章称颂袁世凯"坚决抵制和反对'二十一条'"。文章的结尾有一段总括性的话："正是由于袁氏北洋政府政治上的宽松政策，陈独秀、李大钊、胡适、鲁迅等一代新文化大师脱颖而出；蔡元培成功地改造了北京大学；邵飘萍、黄远庸两大新闻巨擘一则则'独家新闻'、一篇篇时论文章众口交传；革命的报刊如雨后春笋般涌现——言论、出版、结社自由；毛泽东、周恩来等老一代无产阶级革命家在北洋时代成长起来。这一切，同袁氏北洋政府的文化政策、社会改革及社会文化心理失去平衡不无关系。"有的研究者认为，袁世凯试图以中国固有纲常伦理整合社会、维系人心的信仰，在一定程度上接触到了中国问题的症结，不失为合乎中国国情的一种选择。还有的说，袁世凯搞帝制复辟不失为适合中国国情的选择，等等。

在有的文章中，为了抬高袁世凯，就拿孙中山作为衬托，对他大加贬抑，说孙中山领导制订的《中华民国临时约法》和确定的责任内阁制，"是造成民初社会动乱、阁潮迭起、府院之争连绵不断的一个重要原因"。

这与有的文章否定孙中山和辛亥革命如出一辙，都是把民国初年军阀混战、社会动乱归罪于孙中山和辛亥革命，说什么辛亥革命"是搞糟了"，"必然军阀混战"；辛亥革命简直罪莫大焉，而孙中山是"罪魁祸首"！孙中山是民主革命的先行者，20世纪中国三大伟人之一，他领导的辛亥革命推翻了腐朽的清王朝，结束了2000多年的君主专制，建立了民国，推动了中国历史的前进，一直受到中国人民和海外人士的景仰，不是某些人任意贬抑或否定得了的，这里不多赘言。至于袁世凯是个什么样的人，倒是有必要作一些剖析。

任何一个正面人物或反面人物，都是社会的人，历史的人，都有其复杂性、多面性。即使是圣贤、伟人，要想指出他们的缺点、错误，也并不太难；而那些巨奸大恶，也不一定桩桩件件干的都是坏事。但是，这丝毫也不能改变他们各自的基本面貌，不足以推翻已有的定论。至于凭自己的意愿任意曲解历史，想当然地虚构历史，更是不足为训。史学与文艺不同，它必须力求符合客观历史实际，再现历史的真实，而不能有任何虚构，不能编造、歪曲。上引的文章既然是以所谓"史实"来美化袁世凯，那就需要让我们看一看究竟什么是历史的真实。

论者说，袁世凯政府在政治上实行的是"宽松政策"，它的各种政策"反映了当时社会历史发展的总趋势"。显然，这是历史的颠倒，不符合事实。袁世凯政府实行的是专制独裁政策，是违反当时社会历史发展总趋势的。袁世凯于1912年3月就任临时大总统后，虽然打着"拥护共和"的旗号，但同时他就在向专制统治迈进。他把"统一"当作推行集权专制的代名词，处处强调"统一军令"、"统一行政"、"统一民国"，等等。这年8月，便在"统一民国"的幌子下，杀害了武昌起义的功臣张振武和方维。第二年，国民党在国会议员选举中获得了压倒多数的胜利，执掌党务的宋教仁强调组织"国民党内阁"。袁世凯对此大为恼火，为了排除集权专制的障碍，策划了震惊全国的血案，暗杀宋教仁。随之以武力"统一民国"，镇压了"二次革命"。此后，袁世凯便将革命派指为"乱党"、"暴民"，毫无顾忌地公开迫害革命党人，仅在北京被军政执法处杀害的即"数以千计"，监狱"大有人满之患"。袁世凯是个老奸巨猾的人，在南方以武力镇压"二次革命"，在北京却保留着国民党议员占多数的国会，目的是要国会选举他为正式大总统。在选举的那一天，他授意亲信组成"公民团"包围会场，进行胁迫，由早8时至晚10时，经3次投票，才得以当选。袁世凯当上正式大总统后，便先后下令取缔国民党、取消国会和废除《临时约法》。至此，辛亥革命建立的资产阶级民主制度，被袁世凯全部破坏掉，只剩下一块"民国"的空招牌。从1914年至1915年底，袁世凯政府为了加强专制统治，公布了一连串的法规、条例，如《报纸条例》、《出版法》、《治安警察条例》、《地方保卫团条例》、《惩办盗匪法》、《惩办国贼条例》等，主旨在于钳制人民的言论、思想，严禁政治结社、集会，镇压革命党和人民。最后就是复辟帝制，做起了"洪宪皇帝"。从这简略的袁世凯政府统治的史实，可以清楚地看出，袁世凯实行的是专制统治，不是什么"宽松政策"。所谓袁氏北洋政府政治上实行"宽松政策"，实属无稽之谈。

不错，辛亥革命后，大致是1912年3月袁世凯夺得临时大总统至1913年3月宋教仁被刺的一年时间里，社会上呈现出一派欣欣向荣的景象，经济上出现了振兴实业、提倡国货的热潮，政治上民主空气浓厚，政党、社团如"雨后春笋，蓬勃兴起"，报纸"风起云涌，蔚为大观"。但是，这种局面的出现，是辛亥革命的结果，是清朝的覆灭、帝制的废除、民国的建立所形成的，而不能归功于袁世凯。如前所述，此时的袁世凯虽然夺得了临时大总统之位，但还不是正式大总统，况且面对着的是革命带来的"自由之风，共和之气"，革命党人在南方尚拥有数省实力，还有十几万军队。为了欺骗和麻痹国民，袁世凯很会演戏，一再信誓旦旦地公开声称"忠于共和"、"忠于约法"，而实际上却在向集权专制的路上推进。镇压"二次革命"、武力"统一民国"后，就更明显了。1913年的后半年，仅北京被查封的报纸就有《日日新闻》、《民国报》、《民主报》、《亚东新闻》、《中央新闻》、《京话报》、《华报》等。在地方上同样通令报纸停刊，单是在浙江，一口气就查封了《平民报》、《天钟报》、《浙报》、《浙江民报》、《浙声》等五家报馆，天津、武汉、广州、福州等地也有不少报刊被查禁。辛亥革命后开创的民主、自由局面不断被破坏，"雨后春笋"般涌现的革命报刊一家家被查封、停刊，报人遭逮捕、枪杀，使当时国内报刊锐减300种，酿成"癸丑（1913）报灾"。可见，袁世凯政府实行的政策是专制、强暴，而不是宽松、自由。被作者当成典型的例子来赞美袁世凯"宽松政策"的新闻巨擘邵飘萍，其真实情况究竟如何？邵飘萍确实在袁世凯统治时期办了报纸，发表时论，是当时的名报人，但他的遭遇并不能用来证明袁世凯的"宽松"。1912年邵飘萍在杭州办《汉民日报》，经常揭露贪官污吏与地方豪绅的丑恶，并对袁世凯盗窃民国之名，行专制之实，也有讥讽。因此，办报还不足三年，就先后被捕三次，最后"《汉民日报》遂承袁世凯之电令而封闭"。这就是袁世凯政府所谓的"宽松政策"、"言论自由"。

要说袁世凯完全没有"宽松"，也不尽然，问题是对谁。对封建复古逆流，袁世凯是很宽松的。1912年9月，也就是他当上临时大总统半年后，就下令"尊崇伦常"，维护封建纲常名教。在这道命令的鼓舞下，社会上出现了诸如孔教会、孔社、孔道会、崇圣会等许多尊孔的小团体，它们以"力挽狂澜，扶翼圣道"为宗旨，活动频繁。其后，袁世凯鼓吹尊孔读经，搞了祀孔、祭天。鲁迅曾深刻地指出："从二十世纪的开始以来，孔夫子的运气是很坏的，但到袁世凯时代，却又被从新记得，不但恢复了祭典，还新做了古怪的祭服，使奉祀的人们穿起来。跟着这事而出现的便是帝制。"①袁世凯对封建复古逆流的宽松，就是为了复辟帝制的需要，这当然不是"反映了社会历史发展的总趋势"，而是拉历史向后退。

至于说陈独秀、李大钊、胡适、鲁迅等一代新文化大师的"脱颖而出"，毛泽东、周恩来等老一代无产阶级革命家的成长，都是袁氏北洋政府"宽松"出来的，未免荒唐得可以。不妨举例以明之。陈独秀在清朝中过秀才，1898年18岁时参加反清革命活动，被清政府追捕而逃往日本。1904年他在安徽芜湖创办《安徽俗话报》，进行反清宣传。其后参加辛亥

① 鲁迅：《在现代中国的孔夫子》，《鲁迅全集》第6卷，人民文学出版社1981年，第317页。

革命，1912年任安徽都督府秘书长，"二次革命"反袁失败后流亡日本。1915年9月回国，在上海创办《新青年》（初名《青年杂志》）。李大钊1913年毕业于北洋法政专门学校，曾发表批评袁世凯政府的文章。1914年去日本留学，继续进行反袁活动，反对"二十一条"。1916年5月底回国，再过些天袁世凯也就在国人唾骂声中死去。而胡适则是1910年到美国留学，尚是清政府统治，1917年回国时袁世凯已经死了。陈独秀、李大钊等人在《新青年》上发表文章，批判封建纲常礼教，就是针对袁世凯的尊孔复古逆流的。无论是陈独秀等人的经历，还是《新青年》上发表的文章，都得不出他们的"脱颖而出"（其实这说法本身就不妥），是"出"之于袁氏北洋政府的"宽松"政策。如果按照作者的这种逻辑，那么使陈独秀"脱颖而出"的首先应是清政府，是清政府使他能够从事反清活动，参加辛亥革命推翻清政府。这大概会被认为是"热昏的胡话"。从这些例子就可以清楚地看出，为袁世凯翻案的文章所说的不是历史的事实，是曲解或编造的，因此，没有必要一一加以辨析。

历史研究说到底有个立场、观点、方法问题。有的人之所以把一个巨奸大恶美化成有大功于中国的人物，就在于是站在相反的立场用相反的观点来看待问题。因此，本来是丑的就变成美的，本来是恶的就化为善的，黑白颠倒，是非混淆。袁世凯为了复辟帝制，在日本帝国主义压迫下，于1915年5月9日接受了严重损害中国主权的"二十一条"。日本帝国主义的侵略，袁世凯的屈服卖国，举国上下认为是奇耻大辱，群情激愤，强烈反对，5月9日被定为"国耻纪念日"。鲁迅曾说过：袁世凯"是卖国贼，不是年年纪念五七和五九么？袁世凯签订过二十一条，卖国是有真凭实据的"。[①]当然"二十一条"是日本要把中国变为它独占的殖民地，事情太大，袁世凯不敢贸然答应，故派人与日本交涉、谈判前后不下二十几次。接受"二十一条"后，他讲了一些诸如"以保全国家为任"的冠冕堂皇的话，甚至还开会庆祝"外交胜利"。但如果因此就认为他是"坚决抵制和

---

① 鲁迅：《从盛宣怀说到有理的压迫》，《鲁迅全集》第5卷，第132页。

反对'二十一条'"，不是受骗上当，就是看问题的立场、观点、方法有问题了。

袁世凯复辟帝制是历史的倒退。然而现在却有人认为，这不失为适合中国国情的选择。袁世凯的帝制复辟是历史的倒退，因此，他遭到广泛的反对，只做了83天皇帝梦就寿终正寝了。如果复辟帝制是适合中国国情的选择，他就会得到人们的赞成拥护，不至于失败。事实恰恰相反，不仅孙中山的中华革命党、欧事研究会等民主派起而组织武装讨袁，曾是追随袁世凯的梁启超为首的进步党，看到袁世凯复辟帝制已成"众矢之鹄"，"大乱即发于旦夕"，也转而反袁。就连袁世凯的亲信段祺瑞、冯国璋、徐世昌等人也感到复辟帝制造成的危机，不愿跟着他同归于尽，因而各谋出路。尽管反袁者的目的并不相同，但它表明了辛亥革命后共和国观念深入人心，民主思想广为传播，逐渐成为历史潮流，谁逆潮流而动，都不会有好下场。要说国情，这才是当时的国情。向来有不同的国情观，有保守的国情观，也有进步的国情观。在近代中国，借口国情来反对改革、革命，反对先进的思想文化，维护陈腐的、封建的东西，这并不罕见。认为搞帝制适合中国国情，或认为以中国固有纲常（按即封建的纲常礼教）作为整合社会、维系人心的信仰适合中国国情，实际上是在复活已经死亡或过时的封建统治秩序和思想规范，是倒退的历史观。

在中国近代人物的研究中，这种不顾历史事实，只凭自己的意愿去颠倒是非的事例很多。例如，有的称赞慈禧太后渴望着中国的繁荣与昌盛，她同情支持有利于中国富强与发展的改革，但认为改革必须立足于一定的原则，并且必须在政府主导下循序渐进。说什么慈禧太后的认识与主张并无大错，清政府如果能以此为共识，中国的未来与发展可能将是另外一个样子。有人赞美先为清末重臣、袁世凯的支持者，后为北洋总统的徐世昌，是坦荡无私、忠于国家；高风亮节、不为利诱、凛然自守，是推翻旧时代的先行者，是大政治活动家、教育改革家，可谓好话说尽。更有甚者，是为汉奸翻案，鼓吹"汉奸有理"论。如周作人，有说是迫不得已的，情有可原的；有说是一念之差，偶尔失足的；有说周作人即使当汉奸后，依然是一个高尚的人道主义者，而且即使他不当汉奸，也会有别人去当，与其让别人当，还不如让周作人当了，等等。①甚至大汉奸汪精卫，也有为之翻案的，说什么"汪伪政权并不代表日本人的利益，而是代表沦陷区人民的利益"。②这种为汉奸翻案的奇谈怪论，已是学术的堕落！是非不明，必然善恶不辨。如果爱国、卖国的界限都可以随意的混淆，那么爱国主义教育还将从何谈起？这是值得我们注意和深思的。

评价历史人物任何时候都必须采取实事求是的、严肃的、科学的态度。这就是必须运用马克思主义阶级观点和阶级分析的方法。人物评价之所以出现种种颠倒是非的错误言论，根本的一条就在于拒绝阶级分析的基本方法。

结语

1．坚持马克思主义指导历史研究

上述否定近代中国半殖民地半封建性质、颂扬帝国主义殖民侵略、否定中国人民的反帝反封建斗争、鼓吹告别革命、歪曲中国共产党历史以及否定革命和先进人物、美化统治阶级的代表人物等观点的出现，就多数情况而言，是有的人离开了马克思主义的立场、观点和方法来研究历史的结果。任何一个史学工作者，不管他是否意识到，或是否承认，其研究工作都是在一定的历史观和方法论的指导下进行的。有的历史研究者喜欢标榜自己的研究是"不偏不倚"、"纯然中立"，认为在历史研究中，对于同一问题站在不同的角度去考察，自然会得出不同的看法，从这边看是错的，从那边看却是对的，本无是非可言（或淡化是非），应该采取中立的态度。这不过是自欺欺人的说法，无非表明他拒绝某种理论，而信奉另外

---

① 马勇：《近代历史人物研究》，《五十年来的中国近代史研究》，上海书店出版社2000年，第682页。
② 王祥光：《汉奸情结何时了?》，《真理的追求》2000年第3期。

的理论，绝对的所谓"中立"是不存在的，实际上不能无所偏向。历史研究者不管其是否承认或意识到，都只能是在一定理论的指导下，基于一定的立场开展研究，这里的问题在于研究者主观上是否自觉，理论思维是否正确。正如列宁早就揭示的那样："客观主义者证明现有一系列事实的必然性时，总是有站到为这些事实辩护的立场上去的危险；唯物主义者则是揭露阶级矛盾，从而确定自己的立场。"[①]历史也是有是非的，站在帝国主义立场去观察，就自然会以其对近代中国的侵略为是，以中国人民的反抗为非；而从中国人民的角度出发，它的价值判断恰好相反。

马克思主义是科学的理论，是迄今为止关于人类历史发展规律最严整、最有生命力的思想理论体系，在它的指导下，史学才真正成为一门科学。但是，我们也应该看到，在近些年的中国近现代史研究中，马克思主义却受到了一些人有意无意的冷遇或排斥，有的公开声称马克思主义过时了，要"回到陈寅恪"、"回到乾嘉"。这一倾向已对中国近现代史的研究产生了不良的影响。正因为离开了马克思主义的立场、观点和方法，出现了上述种种错误的观点也就不足为奇了。历史研究任何时候都必须采取科学的、严肃的态度，实事求是的态度。这就必须坚持马克思主义的指导。

马克思主义是不是过时，还能不能指导历史研究，这是一个不能回避的尖锐问题。说马克思主义已经过时，显然是出于偏见，只要客观地正视现实，就可以看出这种说法是没有根据的。马克思主义是资本主义生产力与生产关系存在、资本主义社会制度存在的产物。第二次世界大战后，资本主义虽然发生了许多新的变化，但以生产资料私有制为基础的生产关系与生产力之间的基本矛盾无法解决，依然是当今资本主义世界根本的现实。只要这个现实存在，马克思主义就不会过时。

在声称马克思主义过时的说法中，最受贬损、否定的是阶级划分和阶级斗争的学说。不可否认，对于阶级划分和阶级斗争学说的运用，曾经有过简单化、教条化的偏颇，但这是运用者所出现的问题，而不是这个学

---

① 列宁：《民粹主义的经济内容及其在司徒卢威先生的书中受到的批评》，《列宁全集》第1卷，人民出版社1984年，第363页。

说本身。认为阶级斗争学说过时了，是不正确的。只要世界范围资本主义制度还存在，只要统治与被统治、剥削与被剥削的关系还存在，阶级斗争就客观存在，这个学说就不会过时。至于用来指导历史研究，更是不能回避的。

阶级和阶级斗争的历史观，使马克思在整个世界史观上实现了变革，即从唯心史观变为唯物史观。这是马克思的一个重要发现。恩格斯认为："现在马克思则证明，至今的全部历史都是阶级斗争的历史，在全部纷繁复杂的政治斗争中，问题的中心仅仅是社会阶级的社会的和政治的统治，即旧的阶级要保持统治，新兴的阶级要争取统治"；"至今的全部历史都是在阶级对立和阶级斗争中发展的。"[①]在《社会主义从空想到科学的发展》一书中，恩格斯说："新的事实迫使人们对以往的全部历史作一番新的研究；结果发现：以往的全部历史，除原始状态外，都是阶级斗争的历史；这些互相斗争的社会阶级在任何时候都是生产关系和交换关系的产物，一句话，都是自己时代的经济关系的产物；因为每一时代的社会经济结构形成现实基础；每一个历史时期的由法的设施和政治设施以及宗教的、哲学的和其他的观念形式所构成的全部上层建筑，归根到底都应由这个基础来说明。"[②]这是恩格斯对马克思两个伟大发现之一的唯物主义历史观作了最好的概括，而阶级斗争是其中应有之义。

说阶级斗争学说是十月革命后从苏联接受来的教条主义，这不符合实际。中国人接受马克思主义，从一开始就是从《共产党宣言》等马克思主义经典著作入手的。周恩来、蔡和森等许多留法勤工俭学的青年，在法国都如饥似渴地阅读《共产党宣言》等经典著作。1920年，还在中国共产党正式建立之前，陈望道全文翻译的《共产党宣言》中文版就在上海问世。据罗章龙回忆，当时在北京大学也有据德文《共产党宣言》翻译的中文油印本。如所周知，《共产党宣言》开宗明义就是："至今一切社会的历史都是阶级斗争的历史。"《共产党宣言》贯串的就是阶级的对立和阶级斗争。

---

① 恩格斯：《卡尔·马克思》，《马克思恩格斯选集》第3卷，第334、336页。
② 《马克思恩格斯选集》第3卷，第739页。

1883年、1888年恩格斯先后为《共产党宣言》德文、英文版所作的序言中，一再明确指出"构成《宣言》核心的基本原理"是："每一历史时代主要的经济生产方式与交换方式以及必然由此产生的社会结构，是该时代的政治的和精神的历史所赖以确立的基础，并且只有从这一基础出发，这一历史才能得到说明；因此人类的全部历史（从土地公有的原始氏族社会解体以来）都是阶级斗争的历史，即剥削阶级和被剥削阶级之间，统治阶级和被统治阶级之间的斗争的历史；这个阶级斗争的历史包括一系列发展阶段，现在已经达到这样一个阶段，即被剥削被压迫阶级（无产阶级），如果不同时使整个社会一劳永逸地摆脱一切剥削、压迫以及阶级差别和阶级斗争，就不能使自己从进行剥削和统治的那个阶级（资产阶级）的奴役下解放出来。"[①]这说明中国共产党人所接受的唯物史观和阶级斗争学说，都是马克思主义的基本原理，而不是什么苏联的教条主义，不是"左"。何况当时从苏俄接受马列主义，也不能简单地归结为"教条主义"。

列宁曾经指出："阶级斗争学说是马克思全部观点体系的重心。"[②]把阶级斗争学说和"以阶级斗争为纲"有意无意地混淆、等同起来，一提到阶级对立和阶级斗争，立刻就会被指责为"以阶级斗争为纲"，实际上这是以之否定阶级斗争的学说，从而抽掉了马克思主义的重心，抹去了马克思主义的革命本质。既然在私有制社会里，全部历史都是在阶级对立和阶级斗争中发展的，那么离开阶级对立和阶级斗争的具体事实也就没有了历史。在世界范围内，不论历史和现实，阶级对立和阶级斗争都是客观存在的，因而马克思主义的阶级斗争的学说就不会失去它的指导作用，马克思主义就不会过时。马克思主义的阶级和阶级分析的观点和方法始终是我们研究历史和观察社会主义与各种敌对势力斗争的复杂政治现象的一把钥匙。

英国当代著名历史学家杰弗里·巴勒克拉夫著的《当代史学主要趋势》中，对马克思主义在世界史学研究中所起的巨大影响和作用，给予了

[①]《马克思恩格斯选集》第1卷，第257页。
[②]《列宁全集》第1卷，第286页。

充分地肯定。他认为："今天仍然保留着生命力和内在潜力的唯一的'历史哲学'，当然是马克思主义。我们已经看到，马克思主义不仅是共产主义国家中强大的思想力量，在整个亚洲也是十分强大的思想力量。马克思主义对非共产主义国家的影响也同样很大。当代著名的历史学家，甚至包括对马克思主义的分析抱有不同见解的历史学家，无一例外地交口称赞马克思主义历史哲学对他们产生的巨大影响，启发了他们的创造力。""虽然非马克思主义者和反马克思主义者不愿意承认这一事实，但是，要否认马克思主义是有关人类社会进化的能够自圆其说的唯一理论，是很难办到的。"[①]爱丁堡大学历史学教授哈里·狄金森在为本书（《历史的回答》）所写的序言中指出："巴勒克拉夫教授相信，马克思主义在包括美国在内的绝大多数国家的历史学家中是产生了最大影响的解释历史的理论。"如果我们不心存偏见，当会正视这一客观事实。

马克思主义是否过时，我们还可从当今国际上对它的评价来得到说明。1999年9月，英国广播公司（BBC）用几周时间在国际互联网上进行民意测验，结果，马克思被评选为千年最伟大、最有影响的思想家。同一时间，路透社邀请了34名来自各国政界、商界、艺术界和学术界专家名人评选千年风云人物，马克思仅一票之差位居第二。路透社在报道评选结果时说："马克思的《共产党宣言》和《资本论》对过去一个多世纪全球的政治和经济思想产生了深刻的影响。"西方媒体所开展的评选活动和报道，应该说是客观、公允的。在西方世界的民意中，为什么马克思能够获得这样崇高的地位和赞誉，这是值得深思的。这些事实显示出了马克思主义的真理力量，说明了马克思主义仍然是当今时代的需要，它没有过时。《共产党宣言》迄今已用200多种语言出版，是全球公认的"传播最广的社会政治文献"。这是谁也否认不了的事实。

在世界范围内，马克思主义的研究热潮正在兴起。从1995年到1998年，千人以上的马克思主义国际学术研讨会开过四次。其中1996年在伦敦

[①]〔英〕杰弗里·巴勒克拉夫著，杨豫译：《当代史学主要趋势》，上海译文出版社1987年，第261页。

召开的"96年伦敦马克思大会"，参加者达6000多人，盛况空前。在世纪之交的2000年，在巴黎、纽约都将举办规模盛大的马克思主义或社会主义国际学术研讨会。对于这种热潮，法国《世界报》称之为"回归马克思"。而法国《人道报》在报道1998年巴黎召开的纪念《共产党宣言》发表150周年国际学术讨论会时写道："《宣言》对21世纪仍将发生重要影响"，"马克思主义没有死，马克思仍然活着"。①邓小平同志说过这样一段话："我坚信，世界上赞成马克思主义的人会多起来的，因为马克思主义是科学。"不要以为一些社会主义国家出现严重曲折，"马克思主义就消失了，没用了，失败了，哪有这回事！"

2．几个研究方法问题

由于对马克思主义历史唯物主义的轻视、否定，在史学研究中，就出现了对正确的理论思维的忽视，或者是热衷于琐细的研究，或者是生吞活剥地搬用西方的史学理论或模式。正如恩格斯所指出的："对一切理论思维尽可以表示那么多的轻视，可是没有理论思维，的确无法使自然界的两件事实联系起来，或者洞察二者之间既有的联系。在这里，问题只在于思维的正确不正确，而轻视理论显然是自然主义地进行思维、因而是错误地进行思维的最可靠的道路。但是，根据一个自古就为人们所熟知的辩证法规律，错误的思维贯彻到底，必然走向原出发点的反面。"②正是由于理论思维的错误，就不可避免地出现了论断的错误。用文化史观的分析代替阶级分析，就是一个明显的事例。

这里涉及到创新和求真的问题。科学的进步有赖于创新，而创新的本质则是为了进一步求真。自然科学与社会科学虽然研究对象不同，但创新、求真则一。就史学而言，创新就是要更准确、更深刻地揭示历史的真实。所以，无论是对以往谬误的纠正，还是对前人论断的完善，无论是对

---

① 参见靳辉明：《千年伟人马克思》，《真理的追求》2000年第1期。
② 恩格斯：《自然辩证法》，《马克思恩格斯选集》第4卷，第300—301页。

一人一事的细微考证，还是对天下兴衰、社会进程的历史评判，都必须以历史事实为依据，通过对史实整体、全面的把握和本质的分析，进而提出更能反映历史真实的新说。正如同自然科学研究中离开了求真的创新不免流于伪科学一样，在历史研究中，将创新与求真相割裂甚至对立，也会严重损害创新的价值与意义，往往会变成对历史的编造、歪曲。

近年来中国近现代史研究中的某些"创新"，就说明了这一点。如一些"新论"根本不顾客观历史实际，只是凭自己的意愿在那里论人评史。当然，有些作者也声称"依据历史事实"，在他们的论著中确实也依据了一些"历史事实"。问题是所依据的是什么样的"历史事实"？文献资料记载的历史事实不等于都符合历史的真实，不能随便拿来作为事实依据，而是需要加以分析、选择。有些"事实"是靠不住的，不可靠的。尤其是一些政治人物，如袁世凯、徐世昌之流的言论，更需要做具体、认真的分析，不仅听其言，更要察其行。如果不加分析，就把他们的言论即所谓的"历史事实"随意拿来作为依据，即使是大奸大恶，无疑也会成为所谓"伟大人物"。如袁世凯，暗地谋划刺杀宋教仁，却又公开表示哀悼，并电令"限期破案"；以"武力统一民国"，镇压了"二次革命"，却反诬孙中山、黄兴捣乱，说什么"受四万万人民付托之重，不能以四万万人之生命财产听人捣乱"；在以种种卑劣手段强迫国会选举他为正式大总统后，宣称"但知救国救民"；接受了日本的"二十一条"，却把卖国说成是"以保全国家为责任"的"爱国"行动；明明是背叛民国、推翻共和、复辟帝制，却声称是"国民期望"、"亿兆推戴"，是"爱国"。难道能将袁世凯的那些谎言作为可依据的"历史事实"？列宁指出："马克思主义教导我们，要从发展中观察一切现象，不要只满足于作表面的描述，不要相信漂亮的招牌，要分析各个政党的经济基础和阶级基础，要研究赖以决定这些政党的政治活动的意义和结果的客观政治环境。"①

无论是历史事件的发生、发展，还是历史人物的活动，都不是孤立进

---

① 列宁：《立宪民主党人的胜利和工人政党的任务》，《列宁全集》第10卷，第190页。

行的，而是在社会各阶级、阶层、集团的联系和矛盾斗争中进行的。将其抽象起来，孤立地去加以描述，不仅不利于揭示其本质，而且将会导致对历史的歪曲。对于这种研究方法，当年列宁曾尖锐批评说："在社会现象领域，没有哪种方法比胡乱抽出一些个别事实和玩弄实例更普遍、更站不住脚的了。挑选任何例子是毫不费劲的，但这没有任何意义，或者有纯粹消极的意义，因为问题完全在于，每一个别情况都有具体的历史环境。……如果不是从整体上、不是从联系中去掌握事实，如果事实是零碎的和随意挑出来的，那么它们就只能是一种儿戏，或者连儿戏也不如。"①这类违背历史真实的"创新"，与其说是创新，不如说是复旧，因为从十几年甚至几十年前海内外资产阶级史家的著作中，往往可以找到这类"新论"的影子或观点。

还需要提到的一种现象是，以主观臆想来代替对历史客观实际的研究。研究历史不能脱离客观实际去随心所欲地作主观的臆想和假设，而必须从客观存在的历史实际出发，对客观历史尽可能地予以准确的认识和真实的再现。恩格斯说得好："在自然界和历史的每一科学领域中，都必须从既有的事实出发。"②研究历史"必须从既有的事实出发"的原则，无疑是史学工作者所应遵循的。然而近些年来，在中国近现代史的研究中，不从既有的事实出发，而是热衷于臆想、假设的事例并不少见。

例如，有人提出革命不如改良，认为革命是"激进主义"的产物，假如通过当时立宪派所主张的改良逼着清政府改革，中国就可实现现代化。然而，辛亥革命已经发生了，立宪派的立宪运动已经失败了，清政府也早就垮台了，谁也无法再回头去改变已经发生了的历史，这种假设无非是研究者头脑里的主观臆想，是没有意义的。但在中国近代史的研究中，这并不是仅有的例子，类似的假设时常出现。如说如果按照洋务运动的路子发展下去，中国就实现现代化了；中国当时如果选择康有为、梁启超的改良主义道路会好得多；假如袁世凯在接替孙中山任总统后，能够励精图治，遵守约法，发展资本主义，中国将是另一个样子；如果孙中山不是在1925

①《列宁全集》第28卷，人民出版社1990年，第364页。
②恩格斯：《自然辩证法》，《马克思恩格斯选集》第4卷，第288页。

年去世，再活二三十年，中国又将是另一个样子，等等。

这种种假设，不仅无益于历史研究，而且会产生误导，使一些对中国近现代史不甚了解的人产生困惑，以致思想混乱。历史是昨天的现实，无论是从时间上还是从空间上看，它都是一个无法更改和逆转的客观存在。历史学正是以这一客观存在为研究对象的。史学工作者的任务是认识、解释历史，而不能编造、臆想历史，不能"戏说"。对于任何一个在人类历史上有重大影响的事件，无论是好是坏，需要着力研究的是它发生、存在、成功或失败的原因和所产生的作用，总结历史的经验教训，而不能由研究者主观地去为已经发生了的历史进程另行设计一套方案。历史没有也不可能按照后人为它设计的道路回过头去再另走一遍。

还有值得注意的一点，是把历史和现实等同起来，加以混淆。今天的中国由历史的中国发展而来，现实和历史不能割断。但是，现实和历史不能混同，二者既有联系又有区别。然而在实际研究中，二者的界限却时常被混淆。我们今天以经济建设为中心，强调社会稳定，对外开放，引进外资等，于是有的研究者就以此去反思历史、阐释历史，提出了"新"的观点。前述的美化帝国主义的殖民侵略，甚至鼓吹亡国还可以得到西方的恩惠，以及否定革命等种种说法，原因不止一端，但其中有一点，就是将历史与现实混淆起来，将现实中搞的现代化、对外开放与近代史上的外国入侵混为一谈，因现实强调社会稳定而否定历史上的阶级斗争、否定革命。研究历史需要用历史观点来观察问题，要把研究的问题提到一定的历史范围之内，如果没有这种观察社会现象的历史观点，历史研究就难以存在和发展。因此，中国近代史上的所谓"开放"，外国人在中国的投资设厂等等与现在改革开放、引进外资不能混为一谈，必须历史地去看待它。中国近代社会是半殖民地半封建社会，西方列强通过对中国进行的侵略战争，迫使清政府签订了一系列不平等条约，取得了在华政治、军事、经济、外交、文化等方面的许多特权，把持了中国的财政和经济命脉，操纵着中国的政治和军事力量。而现在的社会主义现代化建设、改革开放、引进外资等等，其历史背景是在中国共产党领导中国人民推翻了帝国主义、封建主义、官僚资本主义三座大山，结束了半殖民地半封建的历史，建立了新中国，并进行了社会主义改造和数十年的建设。中国今天的对外开放、引进外资是独立自主的，不允许外国附加任何条件，外国人在中国从事经商投资等活动，必须遵守中国的法律。有中国特色的社会主义初级阶段社会与半殖民地半封建社会的近代中国相比，其社会性质根本不同，不能以现在的情况硬往历史上套，将历史与现实同等看待。

史家总是立足当代而回首从前，现实的发展变化，常能给史家以新的启迪和灵感。然而，将历史与现实做简单的比附，结果往往是既误解了现实，又曲解了历史。中国今天的现代化事业是以反帝反封建的民主革命的胜利为历史前提，以中华人民共和国建立以来的社会主义改造和建设的积累为基础，它不是历史上畸形的"现代化"的简单翻版；帝国主义和封建主义给近代中国造成深重灾难，畸形的"现代化"没有也永远不可能实现中国人的强国之梦，在思考中国的历史与现实时，我们必须首先正视并认清这一点。

清代思想家龚自珍说过："欲知大道，必先为史。"他又说："灭人之国，必先去其史；隳人之枋，败人之纲纪，必先去其史；绝人之才，湮塞人之教，必先去其史；夷人之祖宗，必先去其史。"他从正反两个方面，说明了研究历史和正确对待历史的重要性。这些话，是历史经验的总结，是很深刻的。苏联解体的原因复杂，需要认真研究。但其中有一条，就是从歪曲、否定苏联七十多年社会主义的历史开始的。抗日战争已过去五十多年，但时至今日，日本的右翼势力还在否定那场罪恶的南京大屠杀，否定日本对中国的侵略。这些事实，说明是否正确对待历史不是无足轻重的问题。那么，有些人在扬言要改写中国近现代史，就值得人们警惕了。

历史研究任何时候都必须采取科学的、严肃的态度，实事求是的态度。这就必须坚持以马克思主义为指导。只有运用它的基本理论和方法去分析历史，才能把握本质，明辨是非，使历史得到最清楚、最全面的解释。

（是书北京师范大学出版社2001年出版）

中国历史上王朝兴衰的几点启示*

1945年7月，黄炎培先生在延安向毛泽东同志提出了历史周期率的话题。从那时起特别是执政后，如何跳出历史周期率的支配就成为中国共产党人始终致力于破解的重大课题。对中国古代王朝的兴衰作一番研究，对于我们解决这个问题有很好的借鉴作用。

（一）

一个王朝的兴衰，在很大程度上取决于统治者对民的认识。在中国古代常常把"君"和"民"的关系比作是"舟"与"水"的关系。"水能载舟，也能覆舟。"高明的统治者一般都能深明其中的内涵。以唐太宗李世民为例，他不但常以此话自勉，而且还经常教育太子，让其了解民众的重要。唐太宗常说："治天下者以人为本"，"为君之道必先存百姓。若损百姓以奉其身，犹割股以啖腹，腹饱而身毙。"（《贞观政要·君道》）正是有了"以民为本"的认识，所以才有"与民生息"的政策。汉朝初年，萧何"因民之疾秦法，顺流与之更始"。"顺流与之更始"就是根据当时的现实状况，顺应战乱之后百姓的需要，制定与民休息的政策。汉高祖刘邦采纳

＊与杨共乐合撰。

了萧何的建议，约法省禁；减轻田赋，定田租每年十五税一，招还流民，领回原有的田宅；释放战争中自卖的奴隶，恢复他们的身份。汉惠帝时，曹参代替萧何为相国，他一切遵守萧何所定的法令，实行"清静无为"的政策，鼓励人口增殖与土地开垦，免除力田人终身徭役。汉文帝则提倡农耕，免收天下农田租税十二年。汉景帝即位，收民田租三十税一。这样的治国之道使汉初凋敝的社会经济得到了快速的恢复和发展，出现了"政不出房户，天下晏然，……民务稼穑，衣食滋殖"，"吏安其官，民乐其业"（《汉书·刑法志》）的繁荣景象，保证了汉朝的勃兴。唐初，魏征向唐太宗进谏，说：善为水者，引之使平，善化人者，抚之使静。水平则无损于堤防，人静则不犯于宪章。魏征认为：对于国家来说，静则安，动则乱，欲求长治久安就要使民安静。汉之所以振兴，在于与民休息；隋之所以速亡，在于反静为动，徭役不休。现在正值大乱之后，百姓急需要一个安静的环境，以便发展生产，繁荣经济。他劝唐太宗薄赋敛，轻租税，不夺农事，少兴土木兵戈，不随意动用民力，让其安心生产。唐太宗接受了魏征的意见，并取得了很大的成功，出现了历史上有名的"贞观之治"。

相反，历史上也有一些王朝在取得一时的成功后，却忽略了民众的力量，很少考虑人民的疾苦，任意加重农民的负担，结果是加速了自己的灭亡。秦和隋的速亡就是最好的例证。公元前221年，秦王嬴政成就统一大业。然而不到20年，秦王朝就垮台了。原因固然很多，但很重要的就是秦王朝的苛政和暴政。繁重的赋税以及没完没了的徭役，终于导致了陈胜、吴广的揭竿而起。无独有偶，曾经甲兵云集、风行万里的隋朝也是如此。对于它的灭亡，魏征曾有过深刻的分析。他认为隋的速亡关键是隋炀帝的淫荒无度，屠剿忠良，滥兴土木，严刑峻法，穷兵黩武。自是海内骚然，无聊生矣。就经济上而言，则是由于沉重的劳役和兵役，加之地方官吏横征暴敛，层层盘剥，终于激起百姓群起反抗，导致隋王朝的迅速灭亡。

（二）

用人，历来为统治者所重视。《礼记·礼运篇》就提出用人要"选贤与能"。春秋战国时期，墨子强调用人"尚贤"，"尚贤"是"为政之本"。对于一个王朝来说，用人的好坏、得失直接关系到它的生存和灭亡。在古代政治中，大凡杰出的政治家都能坚持任用贤能的用人原则，使人才得到合理的使用，从而使其统治得到最大限度的巩固。

在历史上，唐太宗是一位以明于知人、善于用人著称的君主。他认为"致安之本，惟在得人"，因而对择官用人很慎重。他曾对魏征说："古人云，王者须为官择人，不可造次即用。"魏征回答道："知人之事，自古为难，故考绩黜陟，察其善恶。今欲求人，必须审访其行。若知其善，然后用之，设令此人不能济事，只是才力不及，不为大害。误用恶人，假令强干，为害极多。但乱世惟求其才，不顾其行。太平之时，必须才行兼备，始可任用。"（《贞观政要·择官》）魏征的意见很有道理，有启示意义。为官择人须"才行兼备"，才差一点，"不为大害"，如果误用德行坏的人，"为害极大"。唐太宗就是坚持"才行兼备"的用人标准，注重任用贤能，在《贞观政要·任贤》中，所用贤能大臣就有房玄龄、杜如晦、魏征、马周等八人。正是因为有这些贤能大臣的辅佐，唐太宗才得以实现"贞观盛世"。唐太宗的用人特点是"拔人物不私于党"，不问亲疏，不论贵贱，任人唯贤，即使是有怨仇的人，他也不计前隙，以才行而任用。唐太宗还主张"人不求以备，必舍其所短，取其所长"。在《帝范·审官》中，他对此曾有过精辟的阐述："明主之任人，如巧匠之制木，直者以为辕，曲者以为轮，长者以为栋梁，短者以为栱角，无曲直长短，各有所施。明主之任人，亦由是也，智者取其谋，愚者取其力，勇者取其威，怯者取其慎，无智愚怯，兼而用之。故良匠无弃材，明主无弃士。不以一恶忘其善，勿以小瑕掩其功，割政分机，尽其所有。"按照这样的原则用人，当然能使百官各得其所，人尽其才，国泰民安。清朝的雍正帝在这方面也有同样的看法。为了在政治上打开新局面，他不惜打破原有定制，用人"只论才技，从不拘限成例"。正是由于他们奋发有为，用人得当，除旧布新，所以才有政治较为清明、国力较为强盛的局面。

（三）

官吏是王朝统治的基础。一个王朝的兴衰，在很大程度上取决于吏治的好坏。吏治的优劣既表现在保民、安民和富民方面，更表现在官员的廉洁方面。凡若盛世，统治者一般都非常重视对贪官的惩治。朱元璋建明之初，就断然发文"今严法禁，但遇官吏贪污蠹毒吾民者，罪之不恕"（《明太祖实录》卷38）。仅据《大诰三编》与《大诰武臣》提供的资料统计，明初，大小官吏因贪赃等罪遭枭首、凌迟、族诛的有几千例，弃市以下的达1万多例。其中洪武年间，空印舞弊一案就处死官员数百人，罚杖戍边数千人。对于户部侍郎郭桓等勾结浙西等地方府（州）官吏侵吞税粮、贪污受贿一案，朱元璋亲自过问，下令严办，凡涉牵礼部尚书、刑部尚书、兵部侍郎、工部侍郎等要员，皆"举部伏诛，殊累天下官吏，死徙数万人"。洪武年间采取的这种严惩贪官的措施，虽然手段残酷，株连过广，但矛头直指国家的蛀虫贪官污吏，确实起到了杀一儆百的作用，贪污腐败之风有了明显的收敛，从而为明初的社会安定和经济发展奠定了基础。在封建制度之下，王朝初兴时，官场贪污腐败相对不明显，不突出，但在王朝走向衰落时，贪污腐败的风气就像溃烂的脓疮恶性发作。明中叶后官场任情贪污，营私舞弊，吏治败坏，最后导致了王朝的覆灭。

清朝康熙、雍正时，也曾注意严惩贪官污吏，吏治较为清明，有过"康乾盛世"。乾隆晚期以后，贪污之风盛行，吏治废弛。乾隆皇帝骄奢淫逸，他仿康熙之例六度南巡，而"供亿之侈，驿骚之繁，将十倍于康熙之时"。王公贵族、官僚们也竞相挥霍奢靡，与官僚们骄奢淫逸生活相伴随的，是贪污的风气盛行，贿赂公行，政以贿成。乾隆的宠臣和珅就是一个大贪官，在嘉庆时被抄家，他的家产总数据有的研究者估算：最低也有几千万两白银，最高可达到一亿两左右。各级官吏层层贪污中饱，当时有人指出：如县官想要得到千金，下面经手人就能乘机得万金；总督、巡抚想要得到万金，州县官就能乘机得到十万金。整个官场弥漫着贪赃枉法、惟利是图、阿谀奉迎的恶劣风气，过着犬马声色、骄奢淫逸的腐朽生活，置国计民生于不顾，清王朝不能不走向衰亡。

历史上的王朝盛衰兴亡，虽然早已成为过去，但它确实能给人以启迪，给人以智慧，我们从中能够悟出许多道理。当然，在封建制度之下，统治者的目的都是为了维护以皇帝为首的统治阶级的利益，所以他们始终都无法克服其自身固有的弊病，因此，它的"繁荣"和"盛世"都带有明显的阶级和时代的局限性。

（原载《党建研究》2001年第6期）

对否定我国近现代革命史错误思潮的评析

一　关于近代中国的社会性质

近代中国是半殖民地半封建社会，这是中国当时的基本国情。长期以来，史学界对此是有共识的。但是，自80年代以来，开始有人指责这个概念"似是而非"。还有人以"两种趋向"说对"半殖民地半封建"做了新的解释，认为：半殖民地和半封建分别代表了向上发展与向下沉沦的两种趋向，二者"本质上是互相排斥、互相对立的"。

这里涉及到的是中国近代史研究的一个重大原则性、方向性的问题。回顾历史可以看到，中国人对于近代中国社会性质的认识，经历了一个漫长的过程。对半殖民地半封建社会性质的认定，是中国人长期探索的结果，而不是对某一现成教条的照搬。对近代国情的这一科学认识已为实践所检验。中国共产党正是在科学判定了中国社会性质的基础上，正确地制定了一系列关于革命的方针和政策，领导人民赢得了革命的胜利。

"半殖民地半封建"是相互统一、不可分割的。历史表明，殖民主义在中国的扩张，近代中国半殖民地半封建社会的形成，对于中国而言，绝不仅仅意味着国家主权的部分沦丧，还意味着中国独立的资本主义发展道路也就此彻底阻塞。半殖民地半封建社会的发展趋向就是向殖民地的沉沦，它给中国社会（包括民族资本主义）所带来的是灭顶之灾，而非"发展"的福音。

二　关于近代历史上的侵略与反侵略斗争

近年来，在中国近现代史研究中出现了一些赞美殖民侵略、贬损中国人民反侵略斗争的观点。例如，认为殖民化推动了现代化，指责中国人民的反侵略斗争是不明智、不可取的；片面强调"落后就要挨打"，提出对不平等条约也应"信守"；主张从全球化的趋势和现代化的角度，重新审视中国近代的历史。这项成果对此进行了分析。

首先，今天的全球化资本主义正是历史上全球化即殖民化的继续和发展。宗主国的现代化与殖民地、半殖民地的现代化具有不同的性质。前者是资本主义的现代化，后者则是从属、受制于宗主国的畸形的现代化。宗主国的繁荣、发展，是以殖民地、半殖民地的停滞或畸形发展为前提的。

其次，对于马克思提出的殖民主义双重使命的科学论断，必须完整、准确地理解。以英国在印度的殖民统治"充当了历史不自觉的工具"为由，去赞美殖民侵略，是对马克思原意的曲解。

最后，历史事实表明，不进行反帝斗争，不改变半殖民地的地位，中国就不可能实现现代化。要求中国人"信守"不平等条约，把侵略的扩大归咎于对侵略的反抗，这是侵略者的逻辑。近代发生的中外战争，中国都是面对外国武装侵略被迫应战。反侵略战争的失利也不是由于主张抵抗的结果，而是腐败的统治阶级妥协求和的结果。对于帝国主义强加给中国的不平等条约，中国人民完全有权要求予以废除。

三　关于革命和改良

在中国近现代史研究中另一个值得注意的问题是，否定近代以来的中国人民进行的革命斗争，指责革命是"激进主义"思想的产物，是近代社会动荡不宁的根源，主张要"告别革命"。

这项成果认为，近代以来中国的革命是被外国侵略者和本国反动统治者逼迫出来的，是客观情势使然。对革命和改良不能作抽象地比较、论定。对革命、改良的得失应作实事求是的具体分析，完全抹煞革命，一味称颂改良是错误的。当一个国家需要革命而条件又已具备的时候，仍然鼓吹改良就是不足取的，应该批评。近现代历史上各种以改良方式解决中国问题的尝试均以失败告终，只有中国共产党领导人民赢得了革命的胜利，建立了新中国。

同样，也不应该抽象地讨论革命的代价与后果。要革命，就必然会有战争，就难免有流血和牺牲。对于战争，马克思主义要求的是以阶级分析区别、判定其性质，肯定被压迫阶级反对压迫阶级战争的合理性、进步性和必要性。辛亥革命后出现的帝制复辟、军阀混战不是革命带来的，而是帝国主义和封建主义造成的，它恰恰是革命不彻底的表现。

况且，革命并非如有人说的"只有一种破坏性力量"。任何真正的革命不仅要破坏阻碍社会发展的各种障碍，而且同时在政治、经济、文化诸方面进行着新的创新。革命和建设是相辅相成的。辛亥革命推翻了清政府，建立了资产阶级共和国；新民主主义革命推翻了三座大山，建立了中华人民共和国，进行了社会主义革命和建设。

四 关于"五四"新文化运动的评价

有两种观点颇具代表性，一是认为"五四"新文化运动是"情绪主义"的产物，是全盘反传统，造成中国传统文化的断层；二是断言"五四"运动后马克思主义的传播和新民主主义革命的兴起，中断了自由主义传统，使救亡压倒了启蒙。

这项成果指出："五四"新文化运动不是倡导者观念的产物，而是对当时社会现实的反应，也是近代历史发展的必然。在新文化运动中，有人在当时特定的环境下有一些过激的言论，但这不是新文化运动的主流，不能仅仅根据个别人的某些言论来判定新文化运动是全盘反传统。"五四"新文化运动没有也不可能造成传统文化的断层。实际上，问题的焦点在于如何看待儒学的正统地位。"五四"新文化运动确实进一步冲击并中断了儒学的正统地位，然而，这应该说是历史的进步。

在"五四"运动后，新文化运动的影响进一步扩大，它所宣扬的民主与科学精神，也由于马克思主义的传播而得到继承和发展。新的思想武器的掌握和运用又深化了先进分子对中国社会和历史文化的知识，明确了实现民族和文化复兴的历史道路。因此，在"五四"运动之后，新文化运动在深度和广度上都有了新的突破。可见，"五四"新文化运动是一个不可分割的整体，它既有一以贯之的文化精神——民主、科学与爱国主义，又随着历史的演变而不断丰富着自身的文化内涵。新文化运动在"五四"运动后的新发展，既合乎其自身的内在逻辑，又顺应了时代的潮流，是历史的进步。

五　关于历史人物的评价

现在有些文章一方面贬低和否定进步的、革命的人物，另一方面拔高、美化封建统治者和反动派，甚至试图为大汉奸翻案，这项成果指出：

第一，有的研究者不以历史事实为依据，而是凭着自己的主观意愿去论述历史人物。对于统治阶级代表人物的言论不作具体的分析，而是随意拿来当成立论的依据，使得口是心非的巨奸大恶也变成了伟大的人物。把袁世凯接受日本"二十一条"的卖国活动描绘成抵制侵略的"爱国"之举，就是如此。

第二，无论是正面的还是反面的历史人物，都有其复杂性。即使是圣贤、伟人，也会有缺点、错误；而巨奸大恶也不一定桩桩件件干的都是坏事。但是，这丝毫不能改变他们各自的基本面貌，不足以推翻已有的定论。不看主流，本质，不作全面分析，只抓住某些个别事例加以渲染、放大，任意贬损或美化，这不是严肃的学风，它将导致对历史的歪曲。比如，有的文章对曾国藩的所谓"爱民"思想大加颂扬，却很少提及他在镇压农民起义时的心狠手辣；只强调曾国藩所谓"爱民"的一面，而掩盖其"杀民"的一面，不将他所谓的"爱民"言论同其"杀民"的阶级本质联系起来分析，是不可能对这个封建王朝所谓的"中兴名臣"有一个全面、本质的认识的。

（原载《马克思主义与现实》2001年第6期）

唯物史观　文化史观随想

　　20世纪20年代以降，马克思主义唯物史观在中国传播开来，影响及于历史研究，并逐渐成为主流。在唯物史观指导下，我国的历史研究取得了很大成绩。同时，也必须承认，在唯物史观指导下研究历史的过程中，我们也出现过偏差。这需要认真对待。

　　唯物史观是马克思的两个伟大发现之一。恩格斯在两篇文章中对此曾做过具体阐述：一篇是《卡尔·马克思》，一篇是《在马克思墓前的讲话》。这是人们所熟知的。在这两篇文章中，恩格斯没有具体使用唯物史观或历史唯物主义这个词，但他在《社会主义从空想到科学的发展》中明确提出了"唯物主义的历史观"。他说："唯心主义从它的最后的避难所即历史观中被驱逐出去了，唯物主义的历史观被提出来了。"在该书的《1892年英文版导言》中，恩格斯明确指出，"本书所捍卫的是我们称之为'历史唯物主义'的东西"。他还说，不仅在英语中使用"历史唯物主义"这一名词，而且在其他许多语言中也都用它来表达这一种关于历史过程的观点。"这种观点认为一切重要历史事件的终极原因和伟大动力是社会的经济发展，是生产方式和交换方式的改变，是由此产生的社会之划分为不同的阶级，是这些阶级彼此之间的斗争。"在上述的两篇文章中，恩格斯对唯物史观还做了很好的概括，它与后来苏联出现的教条主义的东西不同，也与我国学者后来的曲解有异。

　　唯物史观从产生之日起，就一直遭到挑战。直到今天，还有一些学人认为唯物史观过时了，应当"回到乾嘉去"。其实，对于唯物史观有不同的认识是正常的，是可以开展学术论讨的。如果唯物史观"不时兴"了，当然就会有别的史观来取代，如文化史观就曾颇为流行。一个明显的例子，是关于太平天国和湘军的评论。有一种意见认为，曾国藩的湘军镇压洪秀全的太平天国起义，是儒学文化和基督教文化的斗争。前者能够战胜后者，表明儒学文化的胜利，因为"有本者昌，无本者竭"，有了儒学文化这个"本"，就可无往而不胜。而洪秀全和太平天国之所以失败，就在于他们提倡外来的基督教文化，失去了儒学文化这个"本"。照此说来，一场深刻的农民反对地主及其政权的斗争就变成了"文化斗争"，而湘军的胜利和太平天国的失败也是中国儒学文化和西方基督文化斗争的结果。孔夫子打败了耶稣基督。这真是天大的历史玩笑。

湘军的胜利、太平军的失败当然不是儒学文化战胜基督文化。如果儒学文化真的有那么大的威力，"有本者昌"，依靠它就能战胜所谓太平天国，那么同样是儒学文化的清政府，在同一时期，为什么却打不赢地道的基督教文化的英法联军？儒学是清政府的官方统治思想，可谓"有本"，然而在基督教文化的英法联军面前却"昌"不起来，而是"竭"了下去，咸丰皇帝只得仓皇移庙，携带后妃、臣属狼狈逃往热河。其实早在20年前的鸦片战争时，儒学的清政府在基督教文化的英国侵略军面前就败下阵来了。这样看来，把文化作为历史解释的中心的文化史观，并不能正确地指导历史研究，也并不能取代唯物史观。

（原载《光明日报》2002年1月29日）

一切为了人民的利益*

——"官本位"、"钱本位"批判

"官本位"、"钱本位"与"人民本位"是三个截然不同的概念，了解它们的内涵对于我们深入理解江泽民同志提出的"三个代表"有非常重要的意义。

所谓"官本位"则是指以官为本，把官作为衡量人的价值的标准。封建"官本位"的核心是官与权的结合。一个官从生理构成上看，并不比普通老百姓特殊；从学识上讲，也不一定比普通的学者高明。那么，他的权力到底来自何处？只能来自他的官职。"职者，值也"，一定的官职都有相应的权力，官与权是统一的，有此官则有此权。权又与位有密切的关系，在位则有权，不在位则无权力。所以在中国古代的历史上，也就形成了这种特有的官本位权力观。正因为官与权、权与位之间有很大的关系，而位又有一定的数量限制，因此，历史上经常出现"恋位"、"赖位"，甚至"杀人抢位"等现象。

"官本位"引发的价值观念是官至上。既然官的权力是由其位确定的，他的社会作用、个人的名誉、财富，也都取决于其官位。而且，官场上又有许多礼仪严格地按官位来规定官僚的等级以及他们相互之间的关系。久而久之，不仅在官场，而且在广大民众中，也形成了官至上的观念。一个人的地位和名誉，取决于他的官位。官员们的荣华富贵也就成了尊官、敬

---

*与杨共乐合撰。

官的价值观。官成了荣耀、权力等等的综合体现和代名词。

"官本位"是儒家"人治"思想的集中体现，与儒家倡导的尊贵等级制度有很大关系。"官本位"的特点是长官意志决定一切，在各级官职上都由该长官一人说了算。他们在其管辖的范围内，搞家长制，一言堂，惟我独尊。凭自己的意志、知识、素养和好恶来评判是非，衡量曲直，制定政策，左右国计民生。对上，察言观色，溜须拍马；对下，滥施淫威，仗势欺人。

由于以官位为本位，因而，往往造成国家机构设计的变化。"因人设位"、"因官设事"的现象经常出现。历朝历代的机构调整，有时是根据需要，有时则纯粹是为了安排某人。从而造成机构臃肿，不问实效，官僚队伍越来越庞杂。以至唐朝皇帝李世民都说出这样的话："为官择人者治，为人择官者乱。"（《新唐书·窦诞传》）但能认识到这一点的统治者毕竟很少。官本位也必然造成拉关系，结帮派，上下打点，左右平衡。某官为了保住其品位，处理政事时，往往首先考虑的，并不是此事的是非曲直，也不是国家和人民利益，而是上下左右的关系，以及处理此事对个人的影响。

"官本位"关键的一条就是官与财富的高度统一。"做官发财"、"一任（三年）清知府，十万雪花银"等这些俗语，很明确地揭示了做官的目的和"官本位"的实质。官位就是财富，升官就等于发财，而这财不仅来自俸禄，更多的是来自外财，贪污受贿是官员的主要财源。而这恰恰就是变卖权力以至出卖官职的重要原因。陈独秀曾对此作过深刻的剖析，指出："充满吾人之神经，填塞吾人之骨髓，虽尸解魂消，焚其骨，扬其灰，用显微镜点点验之，皆各有'做官发财'四大字。"[1]

在资本主义社会中，以钱为本是社会的主要价值观。金钱万能、金钱高于一切是无可争辩的事实。以金钱在美国选举中的作用为例，人们就能清楚地了解到"钱本位"的实质。在美国，政府虽然标榜，美国人拥有世

---

[1]《独秀文存》，安徽人民出版社1987年，第43页。

界上最多的民主，人人都有机会当选总统。但事实并非如此。在美国要搞政治，没有钱根本无法涉足。无论是竞选参议员、众议员，还是要竞选总统、州长，都必须以金钱开路，这在美国不仅历史悠久，而且也根本不是什么秘密。2000年的总统大选，实际上就是一场比钱的竞争，金钱的作用在这里达到了前所未有、登峰造极的地步。据一些媒体报道，本次大选总共花费了30亿美元左右，其中总统候选人小布什花费了3亿多美元，戈尔2亿多美元。不仅竞选总统代价惊人，即使竞选国会议员也费用高昂。据美国联邦选举委员会提供的报告显示，乔恩·科尔津在2000年度的国会选举中，以6200万美元的代价为自己赢得了联邦参议员的职位，它打破了1994年由迈克尔·赫芬顿创造的3000万美元的记录。①这样的数字对绝大多数人来说简直就是天文数字！不要说普通老百姓望尘莫及，就是筹款能力稍弱的政治家也只能出师未捷身先退，与小布什竞争共和党提名的著名政治家多尔夫人就是因为没有筹到足够的经费而败下阵来的。所以，什么国会议员，什么总统、州长，对老百姓来说，只能是空中楼阁而已。

中国共产党人坚决反对封建的"官本位"和资产阶级的"钱本位"思想，坚持把"全心全意为人民服务"作为党的宗旨。早在1921年我们党通过的党的纲领就明确指出："我们党定名为'中国共产党'。"它开宗明义地表明我们的党是为整个人类的彻底解放而奋斗的，是代表着绝大多数人的根本利益的。对此，毛泽东在《论联合政府》一文中有过非常深刻的分析。他说："我们共产党人区别于其他任何政党的又一个显著的标志，就是和最广大的人民群众取得最密切的联系。全心全意地为人民服务，一刻也不脱离群众；一切从人民的利益出发，而不是从个人或小集团的利益出发；向人民负责和向党的领导机关负责的一致性；这些就是我们的出发点"，"共产党人的一切言论行动，必须以合乎最广大人民群众的最大利益，为最广大人民群众所拥护为最高标准"。②我党第二代领导人、我国改革开放的总设计师邓小平也有过同样的阐述，他说："党只有紧紧地依靠群

①转引自《参考消息》2000年12月10日。
②《毛泽东选集》第三卷，第1043—1045页。

众，密切地联系群众，随时听取群众的呼声，了解群众的情绪，代表群众
的利益，才能形成强大的力量，顺利地完成自己的各项任务。"①在新世纪
到来之际，江泽民同志又对此作了非常精辟的总结，他指出："总结我们
党七十多年的历史，可以得出一个重要的结论，这就是，我们党所以赢得
人民的拥护，是因为我们党作为工人阶级的先锋队，在革命、建设、改革
的各个历史时期，总是代表着中国先进社会生产力的发展要求，代表着中
国先进文化的前进方向，代表着最广大人民的根本利益，并通过制定正确
的路线、方针、政策，为实现国家和人民的根本利益而不懈奋斗。"②"始终
代表中国先进生产力的发展要求，中国先进文化的前进方向，中国最广大
人民的根本利益，是我们立党之本，执政之基，力量之源。"③"坚持'三个
代表'的要求，最根本的就是要统一体现在不断实现人民群众的根本利益
上。要关心群众的疾苦，倾听群众的呼声，准确把握广大人民群众的思想
脉搏，诚心诚意为人民办实事。"④历史表明，代表最广大人民根本利益是
我们党一以贯之的思想，是我们党本质特征的集中体现，同时也是我们党
重要的奋斗目标。

但不应否认，封建的"官本位"和资产阶级的"钱本位"思想在现实
社会中还有一定的影响，"有些领导干部没有摆正党的领导地位和全心全
意为人民服务的关系，居功自傲，高高在上，把自己看成是人民群众的主
人。有的官僚主义、命令主义严重，侵害群众利益；有的玩忽职守，敷衍
塞责，视人民的生命财产如儿戏；有的铺张浪费，奢侈挥霍；有的欺上瞒
下，虚报浮夸；还有的吃拿卡要，乱收费、乱罚款、乱摊派，加重群众负
担，等等"，"有的把自己凌驾于组织之上，重大问题个人说了算，导致决
策失误，给党和人民造成重大经济损失；有的听不进批评意见，民主生活
会流于形式，使领导班子内部的监督制约难以奏效"。⑤更有少数干部把人

①《邓小平文选》，第301页。
②《人民日报》2000年2月26日。
③《人民日报》2000年7月17日。
④《人民日报》2000年6月22日。
⑤《人民日报》2000年6月8日。

民给予的权力看成是自己的私有物，所谓"有权不用，过期作废""一朝权到手，便把令来行"就是这一现象的具体反映，而"以权谋私""贪污腐败"，则是这种现象的具体表现。其发展的结果，必然是走向人民的对立面，受到历史应有的惩罚。胡长清、成克杰就是这方面最突出例子。

应该说，我们党对自身的建设是非常重视的，在改革开放初期，我们党就清楚地认识到"执政党的党风问题是有关党的生死存亡的问题"。党的十五大报告也非常明确地告诫全党："反对腐败是关系党和国家生死存亡的严重政治斗争"。在中纪委第四次全会上，江泽民同志特别强调："治国必先治党，治党务必从严"，"对领导干部中发生的违纪违法行为一定要严肃查处"，"该重判的坚决重判，决不手软"。胡长清、成克杰等腐败分子纷纷被送上历史的断头台本身就说明我们党能够把反腐败的斗争进行到底，同时也进一步表明我们党无论在思想上，还是在行动上都是和人民的利益相一致的，是人民最根本利益的真正代表者和保护者。

（原载《中国特色社会主义研究》2002年第5期）

创新与严谨治学

去年8月7日，江泽民同志在北戴河与国防科技和哲学社会科学专家座谈时，强调了"哲学社会科学，是人们认识世界、改造世界的重要工具，是推动历史发展和社会进步的重要力量。哲学社会科学的研究能力和成果，也是综合国力的重要组成部分"，并提出哲学社会科学与自然科学四个"同样重要"。这些论述，指明了哲学社会科学在社会主义现代化建设中的重要地位和作用。今年4月28日江泽民同志到中国人民大学考察，在与师生代表的座谈会上，发表了关于大力促进我国哲学社会科学事业发展繁荣的重要讲话，很是鼓舞人心。他指出："哲学社会科学，主要是帮助人们解决世界观、人生观、价值观，解决理论认识和科学思维，解决对社会发展、社会管理规律的认识和运用的科学。"同时还要求各级党委和政府要关心哲学社会科学的发展，对哲学社会科学工作者提出了五点希望。这进一步丰富和深化了北戴河讲话的内容。两次讲话构成了对哲学社会科学阐释的整体，扼要而精辟地指明了哲学社会科学的性质、地位和作用，以及如何促进我国哲学社会科学事业发展繁荣的问题。

在现实生活中，由于高科技的迅速发展，人们对于自然科学的重要作用比较容易认知，而对哲学社会科学的重要性难免有所忽视。事实上，正如江泽民同志指出的那样，哲学社会科学所要解决的是更具根本性的问题，它关乎民族国家的兴衰存亡。哲学社会科学在社会变革中起着先导的作用。正是由于有了将马克思主义与中国社会实践相结合的毛泽东思想、邓小平理论和"三个代表"重要思想，才使我国由革命胜利走向社会主义建设的大道，由贫弱走向繁荣富强。历史学是哲学社会科学的重要组成部分。人们通常说"以史为鉴"、"察往彰来"，历史学对于"资政育人"有着重要的作用。清代著名思想家龚自珍说："欲知大道，必先为史"；"灭人之国，必先去其史"。对于历史，不论是中国或外国，向来都很重视。世界反法西斯胜利、中国抗日战争胜利已过去50多年，日本右翼势力还妄图用掩盖、否定、美化其侵略历史的手法，制造日本虚幻的历史形象，欺骗世人和子孙后代。不管他们炮制电影《自尊》、漫画《战争论》也好，编造歪曲历史的中学历史教科书也好，现任日本首相及部分阁僚、国会议员公然参拜靖国神社也好，都是在呼唤战犯亡灵，美化侵略历史，为军国主义张目，其现实政治图谋是显而易见的。李登辉等人为了分裂祖国，鼓吹"台独"，不择手段地歪曲、篡改台湾历史，在有关台湾历史的教科书中，蓄意割裂台湾和祖国大陆的联系，宣扬分裂祖国的思想。而近些年来，在我们的一些作品中，否定中国革命的历史，宣扬历史虚无主义，种种奇谈怪论，也屡见不鲜，造成思想混乱。作为一个历史教育和研究工作者，如何按照江泽民同志讲话精神，坚持科学的历史观和方法论，进行历史教学和研究，是我们现在应肩负的历史的重任。

江泽民同志在讲话中对哲学社会科学工作者提出了五点希望，语重心长，是鼓舞，也是鞭策。这五点希望，对于哲学社会科学工作者来说，对于发展繁荣哲学社会科学来说，是一个不可分割的整体。也就是说，哲学社会科学工作者要坚持用马克思主义的立场、观点和方法来指导哲学社会科学的发展，着力研究改革开放和现代化建设实践中全局性、战略性、前瞻性的重大课题，努力继承和弘扬中华民族的优秀文化和积极学习借鉴各国人民创造的有益文化成果，而这就必须在增强创新意识的同时坚持严谨治学、实事求是、民主求实的学风。哲学社会科学的发展，需要与时俱进、不断创新。学术研究不创新，就会衰退，就没有发展。然而，学术创新不是一蹴而就的，它需要艰苦的劳动，没有什么捷径可走。正如马克思说的，在科学上没有平坦的大道，只有不畏劳苦沿着陡峭山路攀登的人，才有希望达到光辉的顶点。江泽民同志在强调哲学社会科学工作者要增强创新意识时，又明确指出要"坚持严谨治学、实事求是、民主求实的学风。要甘于寂寞，淡泊名利，力戒浮躁，潜心钻研；要认真读书，多思慎思，关注现实世界，注重学术积累；要厚积薄发，出精品，出上品"。把创新与严谨治学的学风结合起来，这是全面的、科学的要求，而且也很有现实针对性。

学风问题是关乎学术能不能真正创新和发展繁荣的重要问题。目前学术界在学风上存在的主要问题是浮躁，这是与江泽民同志所要求的严谨治学、力戒浮躁、潜心钻研的学风背道而驰的，对学术创新危害甚大。学风浮躁的表现形形色色，例如，急功近利，追求数量，拼拼凑凑，粗制滥造，搞泡沫学术；轻率否定前人的学术成果，随意贬低他人的学术成果；等等。学术是一代又一代积淀下来的，学术的创新、发展也只能建立在已有的基础上。庄逢甘院士在谈到《钱学森手稿》中体现出的创新工作的基本要求时说，第一个要求即是："对所研究的客观现象有深刻的观察和对前人的工作有深刻的了解。"[1]自然科学如此，哲学社会科学的研究也是如此。创新必须建立在扎实研究的基础上，而不是随意地"标新立异"，不是无根据地做翻案文章，也不是用一些新词汇去包装一番，内容却了无新意。学术创新，哪怕是在前人的基础上前进一小步，都要付出艰辛的劳动。学风浮躁的原因不止一端，有研究者自己的问题，有社会环境的影响，也有管理部门的政策导向，落实江泽民同志的讲话，使哲学社会科学得以健康发展，有不少工作要做，如加强学术道德建设，提倡严谨治学的学风，调整不利于哲学社会科学健康发展的政策，等等。

江泽民同志在讲话中还希望"大学的老师要做传授知识的'经师'，更要做善于育人的'人师'，以自己良好的思想和道德风范去影响和培养学生"。我们学术界向来讲道德文章，把道德放在首位，这是好的传统，

---

[1]《〈钱学森手稿〉中的科学与科学精神》，《光明日报》2001年9月24日。

应当继承发扬。没有好的人品，不可能有好的学品。教师的人品、学品，对学生影响很大，起着表率的作用。

（原载《北京师范大学学报〔社会科学版〕》2002年第3期）

文化的力量

中国作为历史悠久的文明古国，有着一个长期延续而未曾中断的文化体系。中国社会历史的发展和进步，民族的独立和振兴，民族精神的发扬和光大，都离不开文化的支持。文化的力量，深深熔铸在民族的生命力、创造力和凝聚力之中。

文化是一个民族的精神脊梁。中华民族的顽强生命力，植根于几千年延续发展的中华文化。正是民族文化的优秀传统凝结成的民族精神，使中华民族历经磨难而生生不息。在中国社会历史发展的长河中，曾遭受过各种各样大大小小的民族灾难。尤其是1840年鸦片战争以后的百年历史，中国成为好几个帝国主义国家共同支配的半殖民地半封建国家。然而中华民族有自立于世界民族之林的能力，中华文化所蕴涵的爱国主义的思想主流，激励着广大人民群众和无数仁人志士为民族的独立和人民的解放而前仆后继，进行了不屈不挠、艰苦顽强的斗争，终于在中国共产党的领导下，取得了新民主主义革命的胜利，建立了新中国。帝国主义没能灭亡中国，中国人民从此站起来了。在社会主义现代化建设的道路上，中国人民正在党的领导下，继续发扬爱国主义的传统，为实现中华民族的伟大复兴而努力奋斗。

中华文化蕴涵着很强的创造力，激励着中华民族世世代代不断去探索自然界和人类社会。人所熟知的中国古代科技的"四大发明"，文学方面的唐诗、宋词、元曲和明清小说，等等，都为人类文明的发展作出了重大贡献。更值得注意的是，中华文化之所以具有独特的创造力，是因为它具有因时变革、革故鼎新的创新精神。《周易》"穷则变，变则通，通则久"，《礼记·大学》"汤之盘铭曰：'苟日新，日日新，又日新'"，《盐铁论》"明者因时而变，知者随事而制"等，都体现出中华文化注重因时变革、不断创新的精神。一个民族的文化，如果没有这种精神，就会失去创造力，以至于衰亡。这也是文化的生命力之所在。正是由于中华文化所具有的独特的创造力，才使它得以不断丰富发展，源远流长，博大精深。五四运动以后，中国文化发生了革命性变革，逐渐探索出一条适合中国国情的创新之路。毛泽东思想的形成，就是马克思主义中国化的结晶，是中国共产党人把马克思主义基本原理与中国革命具体实践创造性结合的产物。其后，邓小平理论和"三个代表"重要思想，是中国共产党人把马克思主义基本原理与中国具体实际创造性结合的新产物，是马克思主义中国化的新结晶。

中华文化又具有很强的民族凝聚力，是维系民族团结和国家统一的精神纽带。民族的认同、民族的凝聚，离不开文化的力量。没有这种蕴藏于人们内心深处的文化精神，民族凝聚就缺少核心，民族团结就缺少力量。正是由于有着几千年绵延不断的中华文化，最广泛地维系了全国各民族人民和海外华侨华人的认同和团结。如台湾海峡两岸的文化，都是中华文化。台湾文化就主流而言，与闽南文化为同一区域文化，人们称之为"闽台文化"。台湾文化各方面，像语言文字、风俗习惯，大都是从闽南传播过去的，主要源于闽南文化。而闽台文化，又根源于中原文化。作为区域文化的闽台文化，无疑是中华文化的一部分。它一直是维系海峡两岸同胞的精神纽带，是促进祖国和平统一大业完成的重要因素。

党的十六大报告指出："民族精神是一个民族赖以生存和发展的精神支撑。一个民族，没有振奋的精神和高尚的品格，不可能自立于世界民族之林。在五千多年的发展中，中华民族形成了以爱国主义为核心的团结统一、爱好和平、勤劳勇敢、自强不息的伟大民族精神。"中华文化在五千多年的发展中，熔铸了这一伟大的民族精神。

（原载《人民日报》2003年1月7日）

坚持以马克思主义唯物史观为指导

20世纪80年代以来，史学理论的教学和研究受到人们的关注，先后出版了多种"史学概论"一类的著作，不少高等学校历史系还开设了有关课程。但是，这些著作所述内容很不一样，有的基本上等同于唯物史观，有的偏重于史学史方面，有的则着重于历史文献学。它们虽各有特点、各有侧重，却给人们提出了这样一个问题：史学概论的体系是什么，应当包含哪些基本内容？对此，学术界曾有过讨论，意见并不一致。大概有一点共识，即史学概论不能等同于唯物史观。然而，在看到史学概论与唯物史观之间的区别时，又必须认识到二者有着不可分割的联系。对于任何一个史学工作者来说，在考察社会历史过程时，都离不开以一定的历史观为指导——不是以唯物史观为指导，就必然是以这样或那样的唯心史观为指导。从总体上说，不存在没有历史观的历史著述。

高等学校历史专业开设的史学概论课程，对于学生学习其他历史专业课程具有指导意义。它担负着培养学生树立科学历史观、提高运用科学历史观分析历史现象的能力的任务。因此，撰著史学概论，必须坚持以马克思主义唯物史观为指导，阐明其基本原理和方法论原则。恩格斯在《社会主义从空想到科学的发展》1892年英文版导言中指出：历史唯物主义"这种观点认为一切重要历史事件的终极原因和伟大动力是社会的经济发展，是生产方式和交换方式的改变，是由此产生的社会之划分为不同的阶级，是这些阶级彼此之间的斗争"。如果把唯物史观仅仅作为众多学派中的一个平列学派来对待，势必动摇唯物史观在历史研究中的指导地位，使历史研究脱离唯物史观的指导而走向歧途。正如胡锦涛同志强调指出的，马克思主义是我国哲学社会科学的根本指导思想，必须坚持用马克思列宁主义、毛泽东思想、邓小平理论和"三个代表"重要思想统领我国哲学社会科学工作，保证我国哲学社会科学沿着正确的方向发展。

史学理论对于有关理论问题无疑要作出准确阐述，但也不能抽象地谈论理论，而应注意理论联系实际，有针对性地解决实际问题，包括解决历史研究和教学中存在的一些具有理论性的问题。如有人认为唯物史观过时了，要以别的史观如文化史观来代替唯物史观。一个明显的例子是关于湘军和太平天国的评论。有研究者认为，曾国藩的湘军镇压洪秀全领导的太平天国起义，是儒学文化和基督教文化的斗争，是两种宗教的斗争。前者能够战胜后者，是因为曾国藩崇奉程朱理学，表明儒学文化的胜利。因为"有本者昌，无本者竭"，有了儒学文化这个"本"，就可以无往而不胜。而洪秀全领导的太平天国运动之所以失败，就在于其信奉外国来的基督教文化，失去了儒学这个"本"。照此说来，一场深刻的农民反对地主及其政权的斗争就变成了"文化斗争"，而湘军的胜利和太平军的失败也是儒学文化和基督教文化斗争的结果，即孔夫子打败了耶稣基督。不过，这种观点经不起推敲。如果儒学文化真有那么大的威力，那么同样是以程朱理学为官方统治思想的清政府，在两次鸦片战争中为什么先后败给了地地道道基督教文化的英军和英法联军？这表明，将文化作为"历史解释中心"的文化史观，并不能正确地指导历史研究，也不能取代唯物史观。

不妨再举一个例子。近些年来，中国近代史研究中出现了以"近代化（现代化）范式"取代"革命范式"的倾向，认为中国近代史的主线是近代化，100多年来的中国近代史其实是一部近代化史。这种以"近代化范式"取代"革命范式"的观点，不仅是议论，而且已经在教材中体现出来。如有的教材就是将洋务运动、戊戌变法运动、辛亥革命、五四新文化运动都纳入"近代化起步"这个总题目之下，把不同性质的事件都用近代化"化"在一起。显然，这是不符合历史实际的。如辛亥革命，它是20

世纪中国人民在前进道路上经历的第一次历史性巨大变化，推翻了腐朽的清王朝，结束了统治中国几千年的君主专制制度，为中国的进步打开了闸门。这与清政府的洋务运动怎能相提并论？从近代化的角度研究中国近代历史，扩展了视野，不失为一个思路，但不能用"近代化"来取代"革命"，把二者对立起来，非此即彼。"近代化"与"革命"是分不开的。独立、民主、富强是近代中国的主题，反帝反封建斗争就是为了实现民族独立和人民解放，为国家繁荣富强扫清障碍、创造必要的条件。这是中国走向工业化、近代化的必由之路。不解决民族独立、人民解放的问题，近代化是"化"不起来的。近代化离不开革命，追求民主既是反帝反封建的内容，也是近代化的内容。

上述事例表明，离开唯物史观的观点和方法，不仅不能解决中国近代史上出现的诸多复杂问题，而且会使中国近代史研究走上错误的方向。这是撰写史学概论必须认真对待的问题。

（原载《人民日报》2004年12月7日）

历史虚无主义二题

历史虚无主义涉及的问题很多，这里只谈两点想法。

一 有所虚无，有所不虚无

历史虚无主义并不是对历史完全虚无，而是有所虚无，有所不虚无。历史虚无主义虚无的是中国革命的历史，是中国共产党的领导、马克思列宁主义的指导，是社会主义制度和人民民主专政，但对叛徒、汉奸、反动统治者则不虚无，而是加以美化，歌功颂德，把已被颠倒过来的历史再颠倒回去，混淆是非。

历史虚无主义并不是现在才出现的。在20世纪二三十年代就有所谓"全盘西化"论，在80年代末则有以电视政论片《河殇》为代表的鼓吹"全盘西化"、宣扬民族历史文化虚无主义的思想。这种历史虚无主义，在国外也出现过。例如，在苏联解体之前，一些人就是一方面极力否定十月革命，给苏联共产党和社会主义制度抹黑，妖魔化斯大林；一方面则是改写了罗曼诺夫王朝的全部统治史，"罗曼诺夫王朝的统治者们被说成是上帝的羊羔，他们只懂得关心人们、为人们谋幸福"[①]。丑化什么，美化什么，

_____

① 刘淑春等编：《"十月"的选择——90年代国外学者论十月革命》，中央编译出版社1997年，第314页。

这是一件事情的两面。有所爱就有所憎，有所憎也就有所爱，所谓"爱憎分明"，说到底是立场、观点问题。

丑诋革命、否定革命的思潮在国际上大致起于20世纪80年代，这与以美国为主导的西方国家加紧颠覆社会主义国家的活动紧密关联。随后不久，这种否定革命的思想传到国内，于是有人大肆鼓吹"告别革命"，于是中国近代史的研究就有所谓"范式转换"，即以"现代化范式"代替"革命范式"。在有的书中明确提出，"一百年来的中国近代史其实是一场现代化史"。有人称颂以现代化代替革命作为中国近代史的主线是适应"时代精神"的"新范式"，"是改革开放20多年来中国史学界解放思想的重要收获"。究其实，以现代化作为中国近代史的主线，并不是什么"新范式"，而是渊源有自。早在1938年蒋廷黻撰写的《中国近代史》中就已经提出："近百年的中华民族根本只有一个问题，那就是：中国人能近代化吗？能赶上西洋化吗？"也就是说，近代中国的根本任务就是实现近代化（现代化），实现"西洋化"。《中国近代史》的出版，正当抗日战争爆发后不久，"中华民族到了最危险的时候"，蒋廷黻却不要中国人民去抵抗日本帝国主义的侵略，挽救中华民族的危亡，而是宣扬搞所谓"近代化"、"西洋化"，这是值得人们深思的。

在半殖民地半封建的近代中国，离开了反帝反封建斗争，离开了民族独立和人民解放，现代化是化不起来的。近代中国虽然产生了资本主义，并有一定程度的发展，但它始终没有得到正常的充分的发展。西方资本帝国主义依仗不平等条约取得的权益，不仅在中国倾销商品，而且经营了许多企业，不断扩大在华的资本势力，控制中国的经济命脉。据统计，外国在华资本总额的比重，1894年为60.7%，到1936年为78.4%。可以看出，外国在华资本比中国资本占有明显优势。在外国资本的压迫下，中国民族资本无力与之抗衡，许多民族工业逃脱不了破产或被兼并的命运。提倡"实业救国"的状元出身的实业家张謇，创办了著名的大生企业集团，曾经有所发展，但在帝国主义侵略加深的情况下，最终失败了。被认为是中国自己经营得最成功的开平煤矿，也在中外合办的名义下，被英国资本加以吞并。此后，英资又挟其优势，吞并了另一家民族资本的滦州煤矿。轻工业中的棉纺织业是发展较迅速的，但在1918—1927年间，因欠帝国主义债务无力偿还而被拍卖、被吞并的中国纱厂就有7家。20世纪30年代，上海纱厂资本家已提出了问题："究竟中国纱厂的致命伤是什么？"他们自己作了回答："痛痛快快地说，中国纱厂的唯一致命伤，在于帝国主义对中国的压迫。""中国纱厂一业的复兴与繁荣，必然在现状变化以后。"①抗日战争、解放战争期间，中国民族资本主义工业在日、美等帝国主义势力和官僚资本的压迫下，命运更为悲惨，处于风雨飘摇之中。据统计，近代工业在工农业总产值中所占的比重，到1949年为17%。这个数字表明，在109年里，中国才积累了17%的近代工业经济，而农业和手工业经济占了83%。毛泽东同志深刻指出："这是帝国主义制度和封建制度压迫中国的结果，这是旧中国半殖民地和半封建社会性质在经济上的表现。"②帝国主义还和中国封建主义结合起来，支持反动派作为他们统治中国的支柱。正是由于帝国主义的维护，封建的土地关系、商业高利贷资本和一切前资本主义的剥削制度及上层建筑得以继续存在下来。帝国主义使中国沉沦为半殖民地、殖民地，又使中国停留在半封建状态。帝国主义的入侵既没有使中国进入资本主义社会，也没有使中国实现现代化。不进行反帝反封建斗争，不革命，不改变半殖民地半封建的社会地位，不改变帝国主义和封建主义的压迫和掠夺，要实现现代化是不可能的。

以现代化作为中国近代史的主线，用"现代化范式"代替"革命范式"，不仅是中国近代史的主线是什么的问题，也关乎对事件和人物的认识、评价。主张"现代化范式"者明确地声称："新'范式'对近代史上的一些重大事件、人物、思潮等等，都作了重新审视。"在以现代化为中国近代史的主线来重新认识百年中国之后，洋务运动成为"近代中国的第一次现代化运动"，反帝反封建斗争的事件则被贬抑、否定；戊戌维新运动成了变法派人士政治激进主义的产物；义和团运动"貌似爱国，实属误

①《申报月刊》第4卷第2期。
②《毛泽东选集》第4卷，人民出版社1991年，第1430页。

国、害国"；辛亥革命的前提条件不足以成立，"完全是近代中国特殊历史条件下革命志士鼓吹、争取的结果"，等等。"告别革命"论完全否定革命，认为清政府虽然腐败，但如果通过立宪派的改革，中国就会走上现代化道路，革命反而搞糟了，推翻清政府的结果是军阀混战。对于历史人物是拔高、美化琦善、慈禧太后、曾国藩、李鸿章、袁世凯，贬低、丑化林则徐、洪秀全、孙中山，等等。电视连续剧《走向共和》，则是以艺术的形式集中反映了这种历史观。"现代化范式"代替"革命范式"为中国近代史主线的影响所及，20世纪初使中国历史发生巨大变化的辛亥革命，它的领导人、20世纪中国三大伟人之一的孙中山，竟然在"近代化"的名义下与被推翻的腐朽的清政府、慈禧太后等"化"在一起！

虚无主义在虚无客观历史的同时，也虚无以马克思主义唯物史观为指导的史学研究，谩骂之为"伪史学"、"垃圾史学"、"国家主义史学"，等等。这正表明持此种观点者学术品格低下，表明他们对马克思主义的仇视和畏惧。

二 根本问题是中国走什么道路

所谓历史虚无主义，说到底是中国走什么道路的问题。历史虚无主义虚无中国人民选择的共产党的领导、马克思主义的指导、社会主义的制度，美化历史上已被否定、推翻的反动统治者，呼唤历史的亡灵，目的就是要把中国从社会主义道路扭转到资本主义道路上，实际上还是倒退回旧中国的半殖民地半封建社会。例如，在一本中国近代史的作品中，借美化清末"新政"来鼓吹"'学习西方'的主流文化（西方资本主义——作者注）成了无法抗拒的历史必由之路，包括清末新政在内的东方各国现代化进程的成就与失误，都来源于对这个历史必然的态度"。显然，这里所说的"历史必由之路"不是别的，就是西方资本主义的道路。作者把改革开放以来为完善社会主义立法、司法而进行的改革与清末新政的法律改革相提并论，把它说成是"回归清末新政开创的新传统"。如此蓄意歪曲历史，混淆其根本区别，无非是想证明他所鼓吹的那条资本主义道路是"历史必由之路"。中国人民既然选择了走社会主义的道路，谁想再让它退回到资本主义道路上去，既不可能也走不通。正如邓小平同志指出的："中国走资本主义道路不行，中国除了走社会主义道路没有别的道路可走。一旦中国抛弃社会主义，就要回到半殖民地半封建社会，不要说实现'小康'，就连温饱也没有保证。"[①]

在近代中国历史上，中国走什么路一直是有争论的问题。20世纪二三十年代，有现代新儒家主张中国要走孔家的路；"中国本位文化"论者则鼓吹蒋介石国民党的"三民主义"道路；而"全盘西化"论者认为中国的一切东西都要模仿欧美资本主义国家，好的坏的都要学，用现在的词汇来说，前者称为文化保守主义，后者称为自由主义。二者之间有过争论，有时还很激烈。但是，无论是保守主义者还是自由主义者，他们都反对马克思主义，反对中国走社会主义道路。1940年，毛泽东同志发表了《新民主主义论》，开宗明义就提出"中国向何处去"的问题。紧接着，他明确指出，中国共产党人多年以来为中国的政治、经济、文化革命而奋斗，其目的"在于建设一个中华民族的新社会和新国家"。实践证明，这个新国家就是中国共产党的领导、马克思主义的指导、走社会主义的道路。在文章中，毛泽东同志还批评了所谓"全盘西化"的主张，"乃是一种错误的观点"；同时指出，对于中国古代文化，要"剔除其封建性的糟粕，吸收其民主性的精华"，"决不能无批判地兼收并蓄"。

但是，值得注意的是，无论是自由主义还是文化保守主义，在今天仍然不乏其人在鼓噪。一方面是鼓吹自由主义的"新启蒙"，以"西化"中国，另一方面是宣扬以儒学代替马克思主义，"儒化"中国。二者的共同目标，都是企图改变中国社会主义的道路。

（原载《高校理论战线》2005年第5期）

---

①《邓小平文选》第3卷，人民出版社1993年，第206页。

警惕历史虚无主义思潮*

　　进入新时期，历史学研究同人文社会科学的其他学科一样，取得了显著成绩，思想活跃，研究深入，成果丰硕，人才辈出。但是也出现了一些值得注意的倾向，其中历史虚无主义就很值得警惕。一些人以"重新评价"为名，歪曲近现代中国革命的历史、党的历史和中华人民共和国的历史，在社会上造成了很不好的影响。我们对此要慎思之，明辨之。为此，本报特邀沙健孙（北京大学教授）、李文海（中国人民大学教授）、龚书铎（北京师范大学教授）、梁柱（北京大学教授）四位资深学者进行了座谈。

以"重新评价"为名歪曲历史：历史虚无主义的表现

　　记者：先请各位谈谈，在近现代史研究中，历史虚无主义思潮有哪些主要表现？

　　沙：熟悉历史的人都知道，近代以来的中国历史，就其本质和主流来说，是一代又一代仁人志士和人民群众为救亡图存而英勇奋斗、艰苦探索的历史，是全国人民在中国共产党的领导下，经过新民主主义革命赢得民族独立和自身解放的历史，是经过社会主义改造、建设和改革，把一个

＊本文系危兆盖记者的访谈录。

极度贫弱的旧中国变成一个初步繁荣昌盛、充满生机和活力的社会主义新中国的历史。这是中国五千年文明史上的光辉篇章，也是人类社会发展史上的壮丽一页。但是，近年来一些人对于近现代中国的历史采取虚无主义态度，以"重新评价"为名，肆意歪曲历史。其主要表现是：一、提出否定革命、"告别革命"的主张，认为革命只起破坏性作用，没有任何建设性意义。二、把五四以来中国选择社会主义发展方向视为离开所谓的"以英美为师"的"近代文明的主流"而误入了歧路；宣称经济文化落后的中国没有资格搞社会主义，新中国成立以后搞的不过是小资产阶级的空想社会主义。三、用攻其一点、不及其余的方法歪曲中国共产党的历史，否定或掩盖它的本质和主流，把它说成是一系列错误的延续。从学术研究角度看，这些观点并没有什么学术价值，因为它们不符合近现代中国历史的实际，是站不住脚的；从政治上看，这些观点的流行、这种思潮的泛滥会给人们的思想造成混乱，甚至导致严重后果，因此应当引起我们的高度重视。

李：在近现代史研究中，历史虚无主义的一个突出表现是贬低和否定革命，诋毁和嘲弄中国人民为争取民族独立和人民解放而进行的反帝反封建斗争，这种思潮的集中体现，就是所谓的"告别革命"论。有的文章竭力渲染革命的"弊病"，公开判定"20世纪的革命方式确实带给中国很深的灾难"，有的甚至直截了当地宣称革命的结果只是实现了"专制复辟"。按照这样的描述，从鸦片战争到中华人民共和国成立109年的历史，自然就从根本上被否定了。

龚：表现在近现代史研究中的历史虚无主义思潮，对这段历史也并不是完全的"虚无"，而是有所"虚无"，有所不"虚无"。他们"虚无"的是中国人民的革命运动、中国共产党的领导、马克思主义的指导、社会主义制度和人民民主专政；不"虚无"的则是为早已有历史定论的叛徒、汉奸、反动统治者歌功颂德。他们不是从历史发展的真实情形出发去诠释历史，而是想当然地解读历史，虚构历史，歪曲历史，否定历史，为中国近现代历史的发展寻找根本没有历史根据的另类"历史规律"和"发展道路"。

梁：在一些人那里，历史成了一个可以任人打扮的小姑娘。他们解构历史又重构历史，就是要否定近代中国革命斗争的合理性和必要性。为此，他们把站在革命对立面的人物包括袁世凯等人打扮成中国现代化的开拓者，而把一切革命斗争说成是"疯狂和幼稚"。当然，一个腐朽政权不可能自甘毁灭，它势必要作出种种努力，譬如晚清政府也搞过新政一类的举措，但从根本上说，其目的绝不是为实现中国的独立和富强开辟道路，而是为了延续处于穷途末路的反动政权；绝不是代表历史前进的方向，而是在阻挡历史进步的潮流。

以"理性思考"为名否定社会主义：历史虚无主义的谬误

记者：可是他们却宣称自己是在进行理性的思考，是要实现什么研究范式的转换，似乎这样就堂堂正正、师出有名了。事情真的是这样吗？

龚：当然不是。歪曲了历史的真实，当然也就说不上真正的理性思考。事实是，他们为了否定和贬抑革命，就拼命去美化和歌颂帝国主义和封建主义。他们把推动历史前进的革命领袖和革命群众边缘化甚至丑化，而把阻碍历史前进的反动势力、反面人物放到了历史舞台的中心位置。这不是在为历史研究提供新的范式，而是从根本上颠倒历史，歪曲历史的真相。

沙：为了否定革命，有的人声称，只有搞改良主义才是近代中国的唯一出路。我们知道，改良是在保存原有社会的政治经济基本制度的基础上对它的某些局部进行调整，但是阻碍中国走向独立和富强的，恰恰是整个半殖民地半封建社会的基本制度，而不只是它的某个局部，所以靠改良是不能解决问题的。而且，采取改良措施，必须经过统治者的同意，并自上而下地实施，而无论是晚清政府、北洋政府还是国民党政府，他们都不可能废除帝国主义在中国的特权，废除封建主义对中国人民的束缚，不可能争得民族独立和人民解放，也不可能开辟中国走向现代化的道路。

李：为了否定中国近代历史上的革命斗争，一些人还故意把革命同现代化对立起来，宣称要用"现代化史观"取代"革命史观"。而经过这样的所谓"范式"转换，近代史上的改革和革命便成了制造社会动荡、破坏经济发展、阻碍社会进步的消极力量。有的文章说，如果没有康梁的变法维新和孙中山的革命，"中国早就实现现代化了"。其实，马克思主义的中国近现代史研究也不能简单地用"革命史观"来概括。我们主张用唯物史观去研究革命，也用唯物史观去研究现代化。我们认为，革命不仅不同现代化相矛盾，恰恰是现代化最重要、最强劲的推动力量，没有革命也就不可能有现代化。早在20世纪40年代，毛泽东就在总结历史经验的基础上，讲清了革命和现代化建设之间的关系："没有独立、自由、民主和统一，不可能建设真正大规模的工业。没有工业，便没有巩固的国防，便没有人民的福利，便没有国家的富强。""一个不是贫弱的而是富强的中国，是和一个不是殖民地半殖民地的而是独立的，不是半封建的而是自由的、民主的，不是分裂的而是统一的中国，相联结的。在一个半殖民地的、半封建的、分裂的中国里，要想发展工业，建设国防，福利人民，求得国家的富强，多少年来多少人做过这种梦，但是一概幻灭了。""中国人民的生产力是应该发展的，中国应该发展成为近代化的国家、丰衣足食的国家、富强的国家。这就要解放生产力，破坏帝国主义和封建主义。正是帝国主义和封建主义束缚了中国人民的生产力，不破坏它们，中国就不能发展和进步，中国就有灭亡的危险。……革命是干什么呢？就是要冲破这个压力，解放中国人民的生产力，解放中国人民，使他们得到自由。所以，首先就应该求得国家的独立，其次是民主。没有这两个东西，中国是不能统一和不能富强的。"

记者：历史虚无主义不但割裂革命与现代化的关系，而且认为近代以来的中国革命是由少数革命家"制造出来的"。这符合历史实际吗？

李：历史的真相完全不是这样。鸦片战争后，中国逐渐沦为半殖民地半封建国家。中华民族面临着两大历史任务：一是求得民族独立和人民解放；二是实现国家富强和人民富裕。由于反动统治势力不愿自动退出历史舞台，因此前一个任务只能通过革命的手段来完成。而如果不先完成前一个任务，就不可能为完成后一个任务扫清障碍，创造前提，国家繁荣富强和人民共同富裕也就成为空中楼阁。这就是为什么近代以来的民族精英总是不惜抛家舍业，流血牺牲，把最主要的精力投入到革命事业中去的原因。中国人民选择革命，完全是为了国家的富强和民族的振兴。这才是近代以来中国历史发展的逻辑。可以这样说，现代化是近代以来中国人民魂牵梦绕的不懈追求，革命则是贯穿近现代历史的主旋律。

沙：近代中国发生的革命，不是也不可能由少数革命家"制造出来"。革命的发生，有着深刻的社会历史背景。正是因为帝国主义和中华民族的矛盾、封建主义和人民大众的矛盾及其尖锐化，才引发了近代以来日益壮大的革命运动。如果不革命，中国人民就将继续忍受深重的、没有尽头的苦难。正是有了中国人民的革命斗争，尤其是中国共产党领导的新民主主义革命，才从根本上改变了中国的面貌，改变了中国人民的命运。它不仅挽救了中华民族的危亡，而且打开了中国通向现代化的强国之路。如果说，近代以来我们的民族蒙受过深重的屈辱，我们的人民经历了无穷的灾难；那么革命胜利以后，虽然也遇到过许多困难，甚至遭受过某些暂时的、严重的挫折，但是从根本上说，我们的民族是真正在世界上站立起来而且站稳了，我们的人民终于过上了具有人的尊严的生活，我们这个文明古国重又焕发了青春的光彩。

记者：历史虚无主义主张"告别革命"，以所谓的"现代化范式"取代"革命史范式"，言外之意是近代中国应当走资本主义发展道路。

李：历史虚无主义歪曲历史，否定革命，美化和歌颂帝国主义与封建主义，丑化党的领导和社会主义，归根到底就是要按照西方的那一套在中国搞资本主义。然而，历史早已证明，这是没有出路的。邓小平曾经指出："孙中山开始就想学习西方，所谓西方即资本主义"，但并没有成功。"在帝国主义、封建主义和后来发展起来的官僚主义压迫下，中国继续贫穷下去。这个历史告诉我们，中国走资本主义道路不行，中国除了走社会主义道路没有别的道路可走。一旦中国抛弃社会主义，就要回到半殖民地半封建社会，不要说实现'小康'，就连温饱也没有保证。"讲完这段话，他特别强调："所以了解自己的历史很重要。青年人不了解这些历史，我们要用历史教育青年，教育人民。"[①]

沙：近代以来的中国历史表明，中国的先进分子也曾试图通过走资本主义道路来实现国家的独立和富强，但此路不通。众所周知，中国近代民族资本主义经济对外国垄断资本具有相当大的依赖性，并且始终未能形成一个独立的、比较完整的工业体系和国民经济体系。因此，独立以后的中国如果不搞社会主义而是走资本主义道路，它就仍然不能摆脱对于外国垄断资本的依赖，结果必然成为外国垄断资本的加工厂和单纯的廉价原料、廉价劳动力的供应地。历史虚无主义还借口中国经济文化落后，否定中国人民有选择走社会主义道路的权利。这种观点也是不能成立的。经济文化落后的国家在一定条件下可以搞社会主义，这是马克思在答复查苏利奇的信件和列宁在《论我国革命》等论著中早已阐明的思想。中国共产党领导中国人民进行社会主义改造和建设的实践，证明了马克思主义的这一理论。1977年10月，邓小平在同加拿大林达光教授夫妇谈话时指出：列宁在批判考茨基的庸俗生产力论时讲，落后的国家也可以搞社会主义革命，我们也是反对庸俗的生产力论的。"当时中国有了先进的无产阶级的政党，有了初步的资本主义经济，加上国际条件，所以在一个很不发达的中国能搞社会主义。这和列宁讲的反对庸俗的生产力论一样。"

梁：事实再清楚不过了，只有社会主义才能救中国，只有社会主义才能发展中国。新中国成立以后，我们在社会主义建设方面确确实实取得了巨大的成就。我们基本上建立起了一个独立的、比较完整的工业体系和国民经济体系，使中国在赢得了政治上的独立之后又赢得了经济上的独立。党的十一届三中全会以来进行的改革，是社会主义制度的自我完善和发展。它是在坚持社会主义基本制度的前提下进行的。改革开放以来中国取得的举世瞩目的巨大成就，进一步证明社会主义制度具有极大优越性和

①《邓小平文选》第3卷，第206页。

旺盛生命力。有的人把改革说成是对社会主义的否定和对资本主义的"补课",这是完全不符合实际的,是对改革开放以及改革开放以来的中国历史的歪曲。

龚:中国共产党是中国革命和建设事业的领导者和组织者,是全国各族人民的领导核心。中国共产党自1921年创立以来,在八十多年的时间里,为了推动中国社会的进步,领导人民做了许多事情。总起来说,就是三件大事:第一,开展反帝反封建的新民主主义革命,推翻了半殖民地半封建的旧社会制度,创建了伟大的中华人民共和国,使得近代以来受尽压迫和欺凌的中华民族和中国人民站起来了;第二,进行社会主义改造,全面确立社会主义的基本制度,为中国以后的进步和发展奠定了基础;第三,开始全面建设社会主义的经济、政治、文化,开创中国特色社会主义道路,使中国摆脱了极度贫弱的境况,而变成了一个初步繁荣昌盛、欣欣向荣的国家。这就是党的历史的本质和主流。我们要旗帜鲜明、理直气壮地宣传党的光荣历史、伟大成就和实践经验,同时也要旗帜鲜明、理直气壮地批驳各种历史虚无主义的谬误。

灭人之国,必先去其史:历史虚无主义的危害

记者:如果革命的历史被否定,那会导致什么样的后果呢?

龚:鼓吹历史虚无主义,实质上是从歪曲革命的历史、社会主义的历史和党的历史入手,达到否定党和社会主义制度的目的,其影响之坏,危害之大,不可不防。清代著名思想家龚自珍说过:"欲知大道,必先为史。"他又说过:"灭人之国,必先去其史;隳人之枋,败人之纲纪,必先去其史;绝人之材,湮塞人之教,必先去其史;夷人之祖宗,必先去其史。"这些话从正反两方面说明了研究历史和正确对待历史的重要性,说明了能否正确评价历史关乎国家治乱兴亡的道理。这是对历史经验的深刻总结,值得我们深长思之。

沙：重视历史研究，注意总结和汲取历史经验，是中国共产党的一个优良传统。我们之所以必须对历史虚无主义思潮保持警惕，是因为如果听任这种思潮泛滥，必然会把中国人民革命的历史、中国共产党的历史、中华人民共和国的历史丑化了、糟蹋了，必然会摧毁坚持人民革命的成果、坚持社会主义制度、坚持共产党的执政地位和领导作用的历史依据，由此会导致何种严重的政治后果就不言而喻了。所以，在涉及近现代革命历史、党的历史和中华人民共和国历史的重大问题上，我们要旗帜鲜明，坚持原则，决不能采取含糊敷衍的态度。

李：历史虚无主义必然导致民族虚无主义，一些人不但歪曲近代以来的中国历史，而且对中华民族的伟大民族精神、对源远流长的灿烂民族文化也一笔抹煞。在一些人的笔下，我们的民族不仅"愚昧"、"丑陋"，而且充满"奴性"、缺乏创造力、安于现状、逃避现实，如此等等。这样一些荒唐的言论，不但远离历史的真实，对于增强民族的自信心和凝聚力，也都是十分有害的。大家知道，我们中华民族之所以能在世界上屹立五千年，历经磨难，饱尝艰辛，战胜各种惊涛骇浪，创造了光辉灿烂的中华文明，就是因为我们有着优秀的民族传统和民族精神。这种民族精神，是一种巨大的精神力量，也是综合国力的重要组成部分。因此，无论从学术研究上，从文化建设上，还是从国家和民族的发展前途上考虑，我们对历史虚无主义思潮都不能听之任之。

唯心史观和社会主义"失败论"：历史虚无主义的根源

记者：历史虚无主义的根源是什么呢？

龚：历史虚无主义所鼓吹的那一套，从根子上说是历史唯心主义。就方法论而言，评价任何一个历史事件或历史人物，都要看它的主流、本质，而不能抓住支流、现象就下结论。历史虚无主义研究历史，恰恰是把支流当主流，把现象当本质，将历史上的某些失误抽象化，并加以孤立地、片面地放大、渲染，从而达到歪曲历史的目的。

沙：从思想渊源上看，历史虚无主义在学术上并没有什么新意，有的甚至是早已被马克思主义史学家乃至革命的资产阶级思想家驳倒了的论调。比如，在1905—1907年资产阶级革命派同改良派进行的论战中，革命派就把改良派借口革命要流血牺牲而鼓吹改良、否定革命的观点，批驳得体无完肤，以至改良派也不得不承认自己"气为所慑，口为所钳"。

李：历史虚无主义常常打着"解放思想"、"反对僵化"的幌子，以标榜自己"思想解放"，而指责别人是"思想僵化"。其实，他们所宣扬的那一套，不过是从某些西方汉学家那里贩卖来的，是教条主义的一种反映。美国杜克大学的德里克（Arif Dirlik）教授在一篇题为《革命之后的史学：中国近代史研究中的当代危机》的文章中，就详细介绍过欧美汉学家通过从"革命范式"转换到"现代化范式"，实现对中国近代历史上从革命的正面评价到否定革命的转变的情形。文章说："历经六七十年代，革命一直是美国汉学界历史解释的范式。"当时，占主导地位的是对革命的"正面评价"，认为"革命给中国引进了一种新型政治，使远比此前为多的人们得以参与政治，使无权言政的人们得以发言，它将人们从过去的被压迫状态中解放出来，并使他们摆脱了传统的思想奴役。革命使中国摆脱了帝国主义，并转变为一个现代主权国家。革命还清除了或由历史形成的、或由近代帝国主义导致的种种发展障碍，解决了发展问题"。但这种看法在20世纪80年代中期开始发生改变了："先前一直被描述为解放史诗的革命史，现在却变成了衰落与失败的故事"，有的甚至说"革命带来的可能并不仅仅是失败，它还可能打断了清末以前一直在进行的朝着现代化方向的发展过程"，"革命使潜存于中国文化中的恶劣习性与态度泛滥成灾"，"中国如果没有革命，其境况会较好些"。如果我们把这些西方观点同国内学术界某些人否定革命的言论相对照，就不难发现，从思想到语言，实在是亦步亦趋，如出一辙。

梁：谈到历史虚无主义思潮的根源，还应当看到，发生在20世纪80年代末、90年代初的苏东剧变及其后国际上出现的西强东弱的总体态势，使得社会主义"失败论"、马克思主义"过时论"、共产党"渺茫论"的市场有所扩大。其实,革命低潮的出现并不可怕,因为历史的进程从来就不是直线的,暂时的挫折不能改变历史所昭示的发展方向。值得警惕的是,因为低潮的出现,革命队伍里有人因此而惊慌失措,丧失信心,甚至另找出路。历史虚无主义思潮的出现,正是同社会主义处在低潮的形势紧密相关的。他们以学术研究为幌子,要求"重写历史",鼓吹"告别革命",说到底是为"另找出路"制造历史依据。

沙:历史是一部伟大的教科书。科学地研究和宣传近代以来尤其是中国共产党成立以来的中国历史,是每一个有民族自信心和历史责任感的史学工作者应尽的义务。切实做好这方面的工作,有助于我们正确地认识中国的国情,掌握中国社会发展的客观规律,弘扬民族精神,坚定我们走中国特色社会主义道路的信念。

（原载《光明日报》2005年3月15日）

美国的"民主化"战略值得警惕

警惕美国文化"西化"、"分化"中国

美国借助经济全球化,以其强势的经济实力、军事实力、高科技实力,不仅向世界推行政治霸权、经济霸权,同时也推行文化霸权。利用文化软实力,向其他国家推行其价值观、意识形态,以征服和控制人心,这是美国一贯实施的战略。布热津斯基在《大失控与大混乱》一书中就说:"削弱民族国家的主权,增强美国文化作为世界各国'榜样'的文化和意识形态力量,是美国维持霸权地位所必须实施的战略。"现在的布什政府也是极力向发展中国家推行其"全球民主"、"全球价值观",企图建立美国主导的文化以及意识形态的一统天下。就像一些西方学者所说的,其实质是典型的"文化帝国主义"、"文化霸权主义"。

美国向其他民族国家进行文化冲击和渗透的举措是多样的。在大众文化方面,美国杜克大学教授弗雷德里克·詹姆逊认为:"美国的电视、美国的音乐、好莱坞的电影正在取代世界上其他一切东西";美国流行文化等产品潜隐着美国文化、美国生活方式;美国的语言英语在互联网和软件上享有"语言霸权",将其思维方式、意识形态传输到非英语国家;美国将其学术观点、范式传输到国外,以消解其他国家的主流意识形态;等等。

由于"西化"、"分化"中国是美国的既定方针,我们国家也越来越受到美国文化的冲击和渗透。身在其中,我们也许还没有反应过来,但是有

些外国人却很敏感。例如，前两年埃菲社发表过一篇报道，认为中国传统深受西方风尚冲击。这篇报道说："从战国时代到'文化大革命'的数千年中，中国的古老传统一直得以保存，但现在仿佛屈服于不可抗拒的西方生活方式"，"他们从美国那里模仿的却是最糟糕的东西"。外国作者对中国社会变化的述评，不无夸大或不准确之处，但他们所指出的美国文化对中国的冲击和渗透，尤其是对人生观、价值观和生活方式的冲击和渗透，却是值得我们关注的。在深层次的学术领域方面，美国学术界对中国近现代史的"范式转换"，即以"现代化范式"代替"革命范式"，在国内史学界深有影响，所谓"告别革命"即是明显的表现。

面对美国文化霸权的冲击和渗透，我们应予以重视和警惕。首先，应当把它提到维护国家文化安全的战略高度上来对待，维护国家的文化安全，维护中华文化的独立地位，这是关系到国家整体安全的问题。其次，要有文化的主体意识。在全球化的潮流下，要睁开眼睛看世界，吸收世界上一切优秀的成果来建设社会主义先进文化。同时，这种吸收是有选择的，以我为主，为我所用，不是无选择地照搬照抄。再次，要重视汉语言文学和历史教育。语文和历史是一个民族的根，是维系中华文化的血脉，是一种精神，是增强中华民族凝聚力的精神力量。

（原载《国外理论动态》2005年第6期）

龚书铎教授谈中国近代史研究中的几个问题

3月24日，北京师范大学历史系龚书铎教授在当代中国研究所举办的第21次国史讲座中，就中国近代史研究中应当如何看待"革命与现代化"、"和与战"、"中西文化"等三个关系的问题作了专题报告。

关于革命与现代化的关系，龚书铎教授指出，改革开放以来出现一股思潮，认为中国近代史的主线不是革命而是现代化，这种认识是不对的。因为，第一，近代中国是半殖民地半封建社会，帝国主义同中华民族的矛盾、封建主义同人民大众的矛盾，是当时中国社会的主要矛盾，离开了反帝反封建的民族民主革命，现代化就无从谈起；第二，中国近代民族民主革命的最终目标是国家的独立、民主、统一和富强，其中已经包含有争取现代化的含义，说近代史的主线是革命并不排斥现代化；第三，不把现代化作为中国近代史的主线，不等于不研究现代化的历史进程，问题在于如果仅就现代化而谈现代化，不把现代化问题与近代中国社会性质和革命问题联系起来研究，不用阶级分析的观点和方法来研究，现代化进程中的许多问题就难以讲清楚；第四，中国近代史中究竟是以革命还是以现代化为主线的问题，涉及如何评价近代历史事件和历史人物的问题，如果以现代化代替革命作为近代史的主线，那么整个近代历史就要重写，就会引起意识形态领域的思想混乱，就会导致严重的政治后果。

在和与战的关系问题上，龚书铎教授指出，甲午战争是日本策划的有准备的战争，是执行其大陆政策的产物，并不是像有些人说的什么"中国如果不抵抗，早就会实现现代化了"那么简单。他认为，甲午战争的失败主要不是由于中国海军力量薄弱造成的，而是由于李鸿章之流忽视战备、避敌保船以及以夷制夷、一味求和等一系列错误的军事战略和外交政策的结果。其根本原因在于清政府的政治腐败，这在中法战争时期中国"不败而败"的事实中也得到了典型印证。正如当年《申报》所说："从来言和必先言战，战者和之本，能战而后能和，没有不能战而和者也"，"必能战而后能守，能战守而后能和，二策相为表里，缺一不可者也。倘不能战而退守则为怯敌，不能守而议和则为请降。"不论是和战，还是和战守，能战是根本。"断未有不修战备而主和议，而可奠疆宇于苞桑，巩河山于磐石者。"

在中西文化关系的问题上，龚书铎教授指出，鸦片战争以后，如何对待中国固有文化与西方文化，一直是人们争论不休的问题。归纳起来，大体有四种主张：固守中国传统文化，反对和排斥西方文化；中学为体，西学为用；全盘西化；汇通中西文化，认为对待中国传统之学不可一概吸收，对待外国输入之学也不能一概拒绝，只能食其精华，去其糟粕，把"古今东西"熔铸一炉，创造近代中国的新文化。其中第四种主张，是符合中国文化发展轨道的选择，也是近代中国正确对待中西文化关系问题的优良传统，后来为中国共产党和毛泽东所继承发展。

龚书铎教授最后指出，近代中国在吸收西方文化过程中，有三个特点值得肯定和弘扬：一是吸收西方文化的目的是为了救亡图存，振兴中华，爱国主义的精神非常强烈；二是吸收西方文化具有主动性，并非被动地靠外国传教士的传播；三是在吸收西方文化的过程中有所选择，不是盲目地全盘吸收，而是以我为主、为我所用。

（原载《当代中国研究》2005年第4期）

警惕美国以文化"软实力"西化、分化中国

一 美国文化对民族文化的冲击

美国对外扩张,除"硬实力"外,一直都很重视"软实力"的作用。如布热津斯基在《大失控与大混乱》一书中有明白的表露,大意是:削弱民族国家的主权,增强美国文化作为世界各国"榜样"的文化和意识形态力量,是美国维持其霸权地位所必须实施的战略。[①]

在当今经济全球化的趋势下,美国以其很强的经济实力、军事实力、高科技实力向世界推行文化霸权主义。美国一些人鼓吹文化全球化,其意图是很清楚的。美国杜克大学教授弗雷德里克·詹姆逊认为,文化的全球化是真正意义的全球化,世界上各个民族的文化,"正被美国的大众文化模式——电视演出,服装,音乐,电影,等等——逐出并取而代之。对我们许多人而言,这是界定全球化的真正核心:世界文化的标准化;美国的电视,美国的音乐,好莱坞电影,正在取代世界上其他一切东西",而"特定种族——民族的生活方式在这种文化标准化的过程中将遭到破坏"。[②]

这不仅是一些人的思想主张,在实际生活中的表现也是如此。当今世界,美国不仅是经济、军事、高新科技的超级大国,也是文化上的强势国家。美国文化借助商业机制和高科技手段,对发展中国家进行渗透。美国

---

① 参看〔美〕兹比格涅夫·布热津斯基:《大失控与大混乱》(中译本),中国社会科学出版社1995年。
② 见王宁编:《全球化与文化:西方与中国》,北京大学出版社2002年,第108页。

控制了世界75%的电视节目和60%以上广播节目的生产和制作，每年向国外发行的电视节目总量达30万小时，许多国家的电视节目中美国节目占到60%—70%，有的占到80%以上。互联网上访问量最大的100个站点中，有94个设在美国境内。美国电影占据世界总放映时间的一半以上，占据世界电影市场总票房的2/3。许多发展中国家的电影市场几乎被美国电影所垄断。文化产品是美国最大的出口产品，甚至超过航天航空和电子产品的出口额。1997年，好莱坞影片在全世界的票房收入超过300亿美元，《泰坦尼克号》一片就独赚18亿美元以上。

美国文化产品的输出在获得巨大的商业利益的同时，还公开或隐蔽地推销其社会政治理念、价值观念、意识形态和生活方式，宣扬西方的社会制度。发展中国家的一些人特别是年轻人的生活方式、思维方式、行为方式、价值观念不断受到侵蚀，对本土文化、民族传统造成缓慢的然而却是重大的影响，许多民族语言、艺术品种濒临灭绝，极大地削弱了人们对民族文化的认同。美国学者约翰·耶马在《世界的美国化》一文中说："美国的真正'武器'是好莱坞的电影业、麦迪逊大街的形象设计和马特尔公司、可口可乐公司的生产线。美国制作和美国风格的影片、服装和'侮辱性的广告'成了从布琼布拉一直到符拉迪沃斯托克的全球标准，这是使这个世界比以往任何时候都更加美国化的重要因素。"①

同时还要看到，英语不论是在国际交流的使用上，在广播、电视、网络和软件上，都具有"语言霸权"，语言不仅仅是交流的工具，还不可避免地会将美国的思维方式、意识形态等传输到非英语国家。

西方文化入侵，对本土文化和民族传统所起的极大的冲击和破坏作用，不能不引起一些发展中国家的有识之士的担忧。几年前，马来西亚副总理巴达维就说过："全球化通过全球媒体、娱乐业、旅游和贸易使人们接触到各种不同的文化，但它也导致西方文化中最肮脏、最无价值、最颓废的东西在非西方社会泛滥成灾，使本土文化岌岌可危。一些国家的本土文

---

① 转引自刘伟胜：《文化霸权概论》，河北人民出版社2002年，第57页。

化很有可能消亡，或被西方文化取而代之。"①

二　美国文化对中国的冲击

同样，我们国家也越来越受到以美国文化为主导的西方文化的渗透和冲击。这种冲击，也许我们还没有充分认识，但有些外国人却很敏感。前两年，埃菲社有一篇报道，认为中国传统深受西方文化冲击。这篇报道说："从战国时代到'文化大革命'的数千年中，中国的古老传统一直得以保存，但现在它仿佛屈服于不可抗拒的西方生活方式"；"从美国那里他们模仿的，却是最糟糕的东西：洋快餐。仅仅在北京就有50多家麦当劳餐厅。另一家快餐连锁店——肯德基，餐厅的数量也差不多，中国是它在全球的第二大市场"；"老人们担忧地看着这些变化，这些变化就像是他们头顶上的乌云，令他们担心古老的价值观念和文化传统将会消失。"

美国《纽约时报》2002年2月25日的一篇题为《别克、星巴克、肯德基，这还是中国吗?》的文章说："在过去的几年里，中国的大城市以惊人的速度冒出了美国商店和餐厅"，"欧洲人也许习惯于把麦当劳的每一个'巨无霸'汉堡包都看成是可怕的美国文化帝国主义的标志，然而中国人大多欢迎这种入侵——事实上他们已经使它成了自己的一部分。""美国人在这儿销售的不仅是产品，还有文化。"应当说，这里潜隐着深层次的人生观、价值观。这篇文章对于本土商店"克隆"外国商店，中国人"克隆"美国生活方式的状况感到困惑，提出了"这还是中国吗?"的尖锐问题。

以上列举的外国作者对中国社会变化的述评，不无夸大和不确之处，但他们所指出的以美国为主导的西方文化对中国的很大冲击，尤其是对青年的人生观、价值观和生活方式的影响，却是值得人们关注的。

---

① 《全球化：风险与前景——在吉隆坡第14届亚太圆桌会议上的演说》，《新海峡时报》2000年6月7日。

不仅是洋快餐、好莱坞影片等对中国的冲击和影响，英语对汉语的冲击也很明显。在升学、晋职、晋级、就业等方面，存在着重英语轻汉语的政策规定或心理倾向；在中学、大学实行双语教学；报纸等媒体中夹杂英语缩写的情况越来越多；开会、谈话，不管是否必需，也喜欢夹杂几句英语；等等。据说中学课程里，最重视的一门课是英语，语文教学不受重视，现在的年轻学生包括博士生，英语水平都较好，但汉语文字却下滑。中国翻译家协会去年评奖，一等奖空缺，二等奖为新加坡华人。

语言文字不仅是交流工具，它本身也是文化，是文化载体。母语是一种标志，是一种精神，是一种凝聚，是民族的命脉。中华民族的凝聚力，几千年文明所以连续不断，其中起重要作用的因素之一是汉字，是历史文化传统。尽管中国方言很多，但因有汉字的维系，许多中国人即使离乡背井，远渡重洋，过了多少代，也认同于炎黄子孙。法国作家都德的《最后一课》写的就是法语的问题，法语是最后一课，下一堂课即由德语教师教德语。作者将一堂法语课上升为向祖国告别的仪式，使顽皮学生也顿感失去母语的悲哀。日本侵占我国台湾、东北时，推行日语，不学或少学汉语，企图使人们逐渐失去中国人的意识和感情。

更为深层次的是学术上的渗透，这一点更难被人们注意到。在一些人文社会科学中，洋教条的影响很明显，其观点、模式、方法都是照搬美国等西方国家的。值得注意的是，有的不仅是学术上的倾向，而且排斥马克思主义的指导地位，甚至是政治上的需要，如"告别革命"论、新自由主义等等。

三　正确对待美国的文化渗透

经济全球化是不可避免的趋势，但并不等同于世界的"一体化"。尽管美国搞"单边主义"，实际上世界是朝着多极化发展的。对于文化来说，美国推行文化霸权，企图以美国文化主宰世界，按照美国的价值观改造世界，虽然对其他国家和地区的民族文化冲击很大，但决不意味着会形成一种全球文化。世界文化是多元的。不久前，在上海举行的"国际文化政策论坛"部长年会上通过的《上海声明》达成了四点共识，其中第一点就指出："各民族的传统文化是各民族宝贵的精神财富，也是这个民族走向未来的出发点和智慧的源泉。在经济全球化的过程中，需要国际社会共同努力，重视保护和发展各国的传统文化，维护世界文化的多样性。"

但是，我们也不能忽视美国推行文化霸权，以文化"软实力"西化、分化中国的图谋。对此应有所认识和警惕。

1. 维护中华民族文化的特性和独立地位，维护国家文化安全，这是关系到国家整体安全的问题，应当把它提到战略高度来对待。文化是综合国力的组成部分，文化是否安全，中华文化的特性能不能维护，是关乎民族存亡的问题。曾经提出"文明冲突"的塞缪尔·亨廷顿，去年又出版一本新书《我们是谁？——美国国家特性面临的挑战》，强调"美国人应当重新发扬盎格鲁—新教文化、传统和价值观……成为他们自由、团结、实力、繁荣以及作为世界上向善力量道义领导者的地位的源泉"，不然就"将使得三个世纪以来一种语言和一种核心文化——盎格鲁—新教文化——的美国变得面目全非"，国家就会有分化、衰落的危险。[1]亨廷顿强调大力捍卫和发扬"盎格鲁—新教文化"，值得我们注意。当然，亨廷顿也没有忘记对外，他提出"伊斯兰是好斗分子"，是美国"现实的敌人"，中国是"可能的潜在敌人"。

2. 要有文化的主体意识。在经济全球化的潮流下，不可能也不应该搞自我封闭，要睁开眼睛看世界，吸收世界上一切有益的成果来建设、发展社会主义的先进文化。任何一个民族文化的发展，都需要吸收外来的文化，否则就会停滞、衰落。但是，这种吸收是有选择的，是以我为主，为我所用，不是盲目的，不分精华、糟粕，无选择地照搬、照抄。同样，对于继承中华传统文化，也要有主体意识，也要从社会主义现代化建设这个

---

① 〔美〕塞缪尔·亨廷顿：《我们是谁？——美国国家特性面临的挑战》，新华出版社2005年，第3、268页。

现实出发，取其精华，弃其糟粕，批判继承，不能盲目继承。儒学文化既有优秀的成分，也有陈腐的封建性的糟粕，不宜笼统将儒学称之为"优秀文化"，全盘继承发扬。既不应"西化"中国，也不应"儒化"中国。

3. 重视汉语教育、历史教育。汉语教育下滑的情况及其重要性，前面已谈到，不再赘述。历史是民族的记忆，它是凝聚中华民族不可缺少的力量源泉。但是，值得关注的是青少年中历史知识非常薄弱。据2001年2月有关单位在北京、上海、武汉、深圳四个城市14—28岁的1065名青少年的调查中，历史方面的试题25道，每道4分，以百分计算，平均分为27.69，及格率只有1.5%。其中有一道题是"谁在1860年烧毁中国的圆明园"，只有31.8%的人答是英法联军，大部分人的回答是八国联军。历史教育薄弱，后果堪忧。而日本右翼势力却在中学历史教科书等方面掩盖、否定甚至美化日本帝国主义的侵略史，制造日本虚幻的形象，欺骗世人和子孙后代。台湾的"台独"势力在大搞"去中国化"，在其《普通高级中学历史科课程纲要草案》中，竟然将明中叶以后包括清朝和民国的历史全部放进高中二年级的"世界历史"课程中，把台湾史独立出来，其目的是将台湾和台湾人民从祖国分裂出去。清代著名思想家龚自珍说："灭人之国，必先去其史。"这是至理名言。在美国以文化西化、分化中国的情况下，要想维护中华文化的特性和独立地位，对青少年进行爱国主义教育，无疑必须加强历史教育和汉语教育。

4. 加强中华文化走向世界的力度。随着国力的增强，中国在国际上产生的影响和作用越来越大，国际地位不断提高，加以中国的市场受到国际上的关注，从而中华文化在国际上的影响力也在增强。据统计，国外约有3000万人在学习汉语，来中国学习的外国留学生不断增多。我们要利用经济全球化的有利时机，加强对外文化交流，让世界各国人民更多了解中华文化，包括传统文化和现代文化。

（原载《高校理论战线》2005年第7期）

加强青少年抗日战争史的教育

抗日战争胜利历经一甲子。60年前抗日战争的胜利，是伟大的胜利，不论在国内、国际上，意义都是巨大的。

人们在说，对于日本帝国主义侵略中国的罪行，对于中国人民长期浴血奋战，对于中国共产党在抗日战争中中流砥柱的作用，永远不能忘记。记住历史，既是对前人的纪念，也是对后人的警醒，彰往察来。然而，也有值得注意、忧虑之处。

最近看到河南的一位读者给《光明日报》的信中说："有消息说，北京有近一半的人不知道'七七'事变是哪一年，每年的'九一八'都会有一些商家大搞庆典活动，因为'九一八'就是'就要发'。"据此，这位读者的信中指出："联想到日本右翼势力对60多年前那场战争的美化和每年对供有战犯的靖国神社的参拜，在青少年中加强历史教育很有必要。如今的学校教育，过分注重对主课的学习，而放松了对包括历史在内的其他知识的学习。每年我们都有国难纪念，但一个民族如果有一半的人忘记历史，再多的纪念恐怕也是无用。"其实，中学语文、数学、外语三门主课，也不是同样被注重。几个月前看到报上刊登的一位中学语文老师写的文章，他在文章中无可奈何地说，三门主课最被注意的是英语。

前些天，在《光明日报》又看到一篇署名的短评，叫《可悲：只知木子美不知赵一曼》。短评除去提到前面说的"北京有近一半的人不知道'七七'事变是哪一年"外，还说："甚至在《我的母亲赵一曼》的首映式上，还有人问：'赵一曼是谁？'有些年轻人可以对木子美、芙蓉姐姐如数家珍，但是提到左权、赵一曼这样的抗日英雄却一脸茫然。"作者在文章中提出了一个问题："抗日战争过去仅仅60周年，就在一些人的记忆中淡忘了，我们不禁要问，为什么我们是如此地容易忘记？"短评指出："我们的教科书在不断推陈出新，就连周杰伦的R&B都可以编进书中，而我们真正应该学习和记住的民族历史却越来越少了。一个民族的崛起以及受人尊敬，是通过每个人身上体现出的民族文化气质和修养来实现的，数典忘祖的人是无论如何也不能称之为中华民族的优秀子孙的。……在经济腾飞过程中，我们已经失去了许多。我国青少年历史知识如此贫乏就是证明。从这个意义上说，纪念中国人民抗日战争暨世界反法西斯战争胜利60周年实在是十分必要的。"

前些时候，有关部门的同志在一个座谈会上说，他在抗日战争纪念馆参观"伟大的胜利"的展览现场，见到老人们在展品面前肃然沉思缅怀，而中学生却在那里嘻嘻哈哈、打打闹闹，心里很不是滋味。

这些现象，令人忧虑，也值得我们认真思考，究竟应当怎样培养我们的子孙后代？

加强青少年抗日战争史教育的必要性和重要性，不仅因为他们缺少历史知识，也不仅因为日本右翼势力否认对中国的侵略和参拜靖国神社，还因为国内一些人在歪曲抗日战争史，扬言要加以重写。他们说，"当党争和意识形态遮蔽了真相的时候，抗战史就会难以下笔"，"国民政府从来就没有所谓的消极抗日"，"在敌强我弱的格局下，有战就可能有败，只有一支躲避会战的军队才不会溃退，反而会不断壮大"；"抗战八年，中共延安整风四年半，从而逃避了牺牲，保存了实力，从而才有国共内战的胜利"。"其实抗战就是国民党打的，八路军和新四军再加上其他游击队当时只有几十万人，没有国民党在正面战场顶住，共产党在后方还打得了游击？"有人甚为汉奸翻案，说什么"汪伪政权并不代表日本人的利益，而是代表沦陷区人民的利益"；"周作人即使当汉奸，依然是一个高尚的人道主义者"。随着抗日战争胜利60周年纪念的临近，市场上出现了有关纪念抗日战争胜利的图书的热潮，有人借势推出了汉奸胡兰成、周作人、张资平等人的书，在市场上走红。仅胡兰成的书已陆续出了七八种。至于胡兰成小老婆张爱玲的小说，好多年前就已经走红，一印再印，还改编成电视剧，她在上海的故居也已作为"名人故居"挂牌开放了。

这些情况表明，对青少年进行抗日战争史教育有其复杂性，不仅要记住日本帝国主义给中国人民造成的深重灾难，中国人民浴血奋战最终取得胜利，而且要弄清楚国民党从片面抗战到消极抗战以及正面战场在抗战中的地位和作用，认识中国共产党为什么成为抗日战争的中流砥柱以及敌后战场和游击战争在抗战中的地位和作用，认清汉奸尤其是汉奸文人的面目。

对青少年进行抗战史的教育，是一项艰巨的、细水长流的工作。纪念抗战胜利50周年时出了一批有关抗战的书籍，时隔10年，又有近百种书要出版。然而其中有多少种适合青少年阅读的呢？给孩子们看的书和成年人看的不同，它需要图文并茂，有故事性、趣味性，文字生动活泼、简明扼要，少说理而多动之以情，注重潜移默化。从学校、家庭到社会，可以说并不利于对青少年进行历史教育、爱国主义教育。

（原载《党的文献》2005年第5期）

儒学答客问

有客来访，在交谈中涉及儒学，客人对此提出了几个问题要我谈点看法。下面是对客人所提问题的回答。

一 关于儒学是不是中国传统的优秀文化问题

笼统地说儒学是中国传统的优秀文化，并不妥当，不符合实际。孔子儒学产生发展于中国古代社会，是建立在小农经济基础上的血缘关系等级制度的体系，是时代的产物，不可避免地具有两重性，既有精华，也有糟粕。因此，与其他传统文化一样，儒学也不能笼统地称为优秀文化，不能不加分析地整体地予以继承发扬。

儒学有精华，这是谁也不能抹煞的。例如，儒学经典《论语》中说："修己以安百姓"；"博施于民而能济众"；"己所不欲，勿施于人"；"多闻阙疑"；"学而不思则罔，思而不学则殆"；"三人行必有吾师焉，择具善者而从之，其不善者而改之"，等等。又如《孟子》中说："民为贵，社稷次之，君为轻"；"老吾老以及人之老，幼吾幼以及人之幼"；"人有不为也，而后可以有为"；"无恻隐之心，非人也；无羞恶之心，非人也；无辞让之心，非人也；无是非之心，非人也"；"得道者多助，失道者寡助"；"民事不可缓也"；"富贵不能淫，贫贱不能移，威武不能屈"，等等。关于儒学中优秀的传统，诸如"自强不息"、"民本"思想等等，研究者多有论说，不赘述。

然而无庸讳言，儒学也有糟粕，有缺失局限。儒学主要是伦理哲学，讲天尊地卑、阳尊阴卑、男尊女卑、君尊臣卑、官尊民卑，讲名分，明贵贱，别等级。集中的表现是所谓"君为臣纲，父为子纲，夫为妇纲"的"三纲"说。"三纲"说是维护历代封建王朝的统治思想，是人们的精神枷锁，对历史发展起着阻碍作用，理所当然受到有识者的批判。晚清戊戌维新运动期间，谭嗣同等维新派就尖锐批判"三纲"说。谭嗣同指出，"三纲"之说是违背平等原理的，是君主专制统治的需要，"能制人之身"，"兼能制人之心"，其为害"惨祸烈毒"。① 何启、胡礼垣也批评说："君可以无罪而杀其臣"，"父可以无罪而杀其子"，"夫可以无罪而杀其妇"，"由是官可以无罪而杀其民，兄可以无罪而杀其弟，长可以无罪而杀其幼，勇威怯，众暴寡，贵凌贱，富欺贫，莫不从三纲之说而推，是化中国为貃者，三纲之说也"。② 辛亥革命时期，革命党人也对"三纲"说提出批评，主张"三纲革命"、"纲纪革命"。1907年《新世纪》发表《三纲革命》的文章指出，"三纲"是"臣、子、妻皆被统辖者也"，违背"科学真理"，助人道之进化，求人类之幸福，必破纲常伦纪之说"。被称为国学大师的章太炎当年撰文指出："儒学之病，在以富贵利禄为心。"③ 五四新文化运动时，新文化的倡导者举起民主和科学两面旗帜，进一步批评封建纲纪。陈独秀认为，"儒者以纲常立教，为人子为人妻者，既失个人之独立人格，复无个人之独立财产"。④

陈独秀等人还批评封建统治者独尊儒学造成对学术思想的专制，阻塞人的智慧。陈独秀指出："今效汉武之术，罢黜百家，独尊孔氏，则学术思想之专制，其湮塞人智，为祸之烈，远在政界帝王之上"。⑤ 儒家排

---

① 《谭嗣同全集》（增订本），中华书局1981年。
② 何启，胡礼垣：《新政真诠》，辽宁人民出版社1999年。
③ 章太炎：《诸子学略说》上册，中华书局1977年。
④ 陈独秀：《孔子之道与现代生活》，《新青年》第2卷第4号。
⑤ 陈独秀：《宪法与孔教》，《新青年》第2卷第3号。

斥其他学派，甚至儒学内部的不同流派也互相排斥、这是事实。春秋战国时，出现百家争鸣局面，儒、墨两家都是显学，孔子和墨子的地位同等重要。然而，孟子对这种情况很不满意，认为"圣王不作，诸侯放恣，处士横议，杨朱、墨翟之言盈天下，天下之言不归杨则归墨。杨氏为我，是无君也；墨氏兼爱，是无父也。无父无君，是禽兽也"。孟子之所以对墨子等人的学说如此不满，是因为墨子主张的兼爱是对儒家爱有尊卑贵贱差等的反对。因此，孟子不仅给他们扣帽子，而且还要"灭"杨、墨的学说。他说：杨、墨之道不息，孔子之道不著，是邪说诬民，充塞仁义也。仁义充塞，则率兽食人，人转相食。"为了维护孔子之道，排斥其他学派，孟子鼓吹"距杨、墨"、"息邪说"，"距诐行，放淫辞"，[1]要将百家争鸣变为儒一家独鸣，霸气十足。此后，儒家发扬这一传统，如汉武帝时董仲舒这位大儒就提出"独尊儒学，罢黜百家"。他向汉武帝建议说："臣愚以为诸不在六艺之科、孔子之术者，皆绝其道，勿使并进。邪辟之说更息，然后统纪可一而法度可明，民知所以从矣。"[2]这颇有文化专制的味道。唐朝大儒韩愈在其有名的《原道》一文中则不仅排斥杨、墨，也摒弃佛、老，扬言要"人其人，火其书，庐其居"，[3]很有点秦始皇焚书坑儒的味道。到了清代，儒家们对儒学内部的不同流派也不相容了，最突出的是宗程朱理学者极力排斥陆王心学，视之为"异端"。1917年，吴虞在《新青年》发表《儒家主张阶级制度之害》一文，指出儒教的专制。他说："自孔氏诛少正卯，著'侮圣言'、'非圣无法'之厉禁，孟轲继之，辟杨、墨，攻异端，自附于圣人之徒；董仲舒对策，以为诸不在六艺之科、孔氏之术者，皆绝其道，勿使并进；韩愈《原道》'人其人，火其书，庐其居'之说昌，于是儒教专制统一，中国学术扫地！"[4]

　　儒学作为建立在小农经济基础上的伦理哲学，它本身也有缺失、局限。在这方面，前人有不少论说，下面举例明之。

---

①《孟子·滕文公章句下》。
②袁长江：《董仲舒集》，学苑出版社2003年。
③《韩愈集》，岳麓书社2000年。
④吴虞：《儒家主张阶级制度之害》，《新青年》第3卷第4号。

唐代李白在《嘲鲁儒》诗中写道："鲁叟谈五经，白发死章句。问以经济策，茫如坠烟雾。"

清朝末年，国粹派刘师培在《孔学真论》文中就指出："孔子之学术，岂能尽美而无小失。"其缺点有四，即"信人事而并信天命"；"重文科面不重实科"；"有持论面无驳诘"；"执己见而排异议"。[①]

1924年，杨明斋在所著《评中西文化观》一书中说，儒学教育的缺点是，"不讲经济"；"不理俗事，羞于与农工商为伍"。

1997年，历史学家刘大年在《方法论问题》一文中认为："孔学集中讲伦理哲学，而对社会生活的基础完全缺乏认识理解。孔子反对学稼、学圃，即反对讨论社会生产问题。整个《论语》除了孔子的一个学生名字叫'商'，没有'商'字。把社会物质生产、生活排除在认识社会历史之外，这是孔学根本的弱点。"[②]这里所说的"学稼"、"学圃"，见《论语·子路第十三》："樊迟请学稼。子曰：'吾不如老农。'请学为圃。曰：'吾不如老圃。'樊迟出，子曰：'小人哉，樊须也！'"

英国李约瑟在他的名著《中国科学技术史》中说："在整个中国历史上，儒家反对对自然进行科学的探索，并反对对技术做科学的解释和推广。""对于科学的贡献几乎完全是消极的"。[③]

孔子儒学存在着缺失、弱点，并不奇怪，不必苛求前人，但也应予以实事求是地分析，不宜"为贤者讳"。明代理学家昌坤说："汉以来，儒者一件大病痛，只是是古非今，今人见识作为，大都不如古人。"[④]晚清维新思想家黄遵宪也认为"俗儒好尊古"，指出"三皇五帝礼乐不相沿袭，正不必泥古"。[⑤]历史是发展的，社会是不断进步的，要向前看，而不是向后看，更不要"造神"。1937年，宋庆龄在《儒教与现代中国》一文中说："历史告诉我们，这位老人（指孔子）是很有理性的，是鄙视迷信的，他

① 刘师培：《孔学真论》，《国粹学报》第17期。
② 《走什么路——关于中国近现代历史的若干重大是非问题》，山东人民出版社1997年。
③ 李约瑟：《中国科学技术史》第二卷，科学出版社，上海古籍出版社1990年。
④ 梁章钜：《退庵随笔》卷10。
⑤ 黄遵宪：《与日本友人冈千仞等笔谈》，《黄遵宪全集》，中华书局2005年。

的著作不曾提到过神。但是在科学昌明的今天，我们却看到有人把他当成了神。如果他知道了他的后世子孙把他奉之为神，这位老圣人在坟墓中也一定会恐惧不安的。"①

二　历来的统治者为什么要尊崇儒学

简单地说，因为儒学对统治者维护其统治秩序有用有利。

汉朝的刘邦，在他当皇帝以前很讨厌儒生，有儒生前来求见，他把这位儒生的帽子（儒冠）摘下来当尿盆撒尿。叔孙通穿儒服去见刘邦，刘邦讨厌，于是叔孙通改穿不是儒生衣服的短衣，刘邦很高兴。刘邦对儒学的经典也毫无兴趣。但是在他做了皇帝以后，对儒学的态度发生了根本性的变化。汉朝建立，废除秦的礼仪，新的没有建立，加上功臣们都来自田野，没有受过什么礼仪约束，又是与刘邦一起打天下，平常混惯了，刘邦做了皇帝，他们在朝堂上饮酒争功，喝醉了，大呼大叫，甚至拔剑击柱，一片混乱，不成体统。刘邦深感忧患。叔孙通看出刘邦有建立朝廷秩序的要求，于是向他进言："夫儒者难与进取，可与守成。臣愿征鲁诸生，与臣弟子共起朝仪。"刘邦表示同意。叔孙通便从鲁征集儒生共三十余人，加上刘邦左右的学者和自己的弟子百余人，制订了汉家的朝仪。群臣学习了一个多月。两年后，长乐宫建成，诸侯群臣朝贺，用新朝仪，"诸侍坐殿上皆伏抑首，以尊卑次起上寿"，"竟朝置酒，无敢讙哗失礼者"。这套朝仪，体现出君臣、尊卑不同的等级制度。对此，刘邦感慨说："吾乃今日知为皇帝之贵也。"②

叔孙通深切地体认了儒学"难与进取，可与守成"的特点。儒学"可与守成"，在于它"序君臣父子之礼，列夫妇长幼之别"。换句话说，即儒学讲尊卑上下，明贵贱，别等级，不能移易颠倒，这对于统治者稳定社会

①《宋庆龄选集》上册，人民出版社1992年。
②《史记·刘敬叔孙通传》。

秩序有着不可替代的作用。因此，从汉武帝独尊儒术以后，历朝历代几乎都要以儒学为官方统治思想，以维护封建统治秩序，不使尊卑上下秩序颠倒，不使犯上作乱。

孔子儒学讲礼，如"序君臣父子之礼"。荀子说："礼者，贵贱有等，长幼有差，贫富轻重皆有称者也。"[①]这表明儒家礼的核心是维护尊卑贵贱等级制度的。在《周易·系辞》则说："天尊地卑，乾坤定矣。卑高以陈，贵贱位矣。"由天尊地卑而衍为乾尊坤卑、阳尊阴卑、男尊女卑、君尊臣卑等等，与礼的上下贵贱等差是一致的。汉董仲舒把阳尊阴卑用于社会，他说："君臣、父子、夫妇之义，皆取诸阴阳之道：君为阳，臣为阴；父为阳，子为阴；夫为阳，妻为阴。"[②]并由之推出"三纲"说。儒家以礼为教，以礼定名分，讲"正名"，以名为教，礼教、名教实质上是一致的，而"三纲"是其主要内容。宋司马光说："天子之职莫大于礼，礼莫大于分，分莫大于名。何谓礼？纪纲是也。何谓分？君、臣是也。何谓名？公、侯、卿、大夫是也。夫以四海之户，兆民之众，受制于一人，虽有绝伦之力，高世之智，莫不奔走而服役者，岂非以礼为之纪纲哉！……贵以临贱，贱以承贵。上之使下犹心腹之运手足，根木之制木叶，下之事上犹手足之卫心腹，支叶之庇本根，然后能使上下相保而国家治安。故曰天子之职莫大于礼也。"[③]他还说："夫礼，辨贵贱，序亲疏，裁群物，制庶事，非名不著，非器不形；名以命之，器以别之，然后上下粲然有伦，此礼之大经也。名器既亡，则礼安得独在哉？司马光对礼、名、分的关系及其对统治者的重要性说得很清楚，即在于维护封建统治秩序。吴虞在1910年出版的《蜀报》第4期发表的《辨孟子辟杨墨之非》一文中指出："儒家则严等差，贵秩序，上天下泽之瞽说，扶阳抑阴之谬谈，束缚之，驰骤之，于霸者驭民之术最合。故霸者皆利用之，以宰制天下。"

孙中山领导的辛亥革命推翻了清政府，建立民国，结束了2000多年

---

① 《荀子集解·富国篇》。
② 《春秋繁露·五行之义》。
③ 《资治通鉴》第1册，中华书局1956年。

封建君主专制制度。南京临时政府教育部明令废止小学读经。然而袁世凯为维护专制独裁、复辟帝制的需要，却反其道而行之，掀起尊孔读经的逆流。1912年9月，袁世凯政府发布《尊崇伦常文》，宣扬"中华立国，以孝义忠信礼义廉耻为人道之大经"，要"全国人民，恪循礼法，共济时艰"。1915年，袁世凯政府颁布的《颁定教育宗旨》、《特定教育纲要》，公然否定南京临时政府的教育宗旨，恢复尊孔读经和儒学的正统地位。袁世凯复辟帝制失败后，北洋政府依然推行尊孔读经，各地军阀也热衷于此。此后，蒋介石国民党政府仍旧尊孔崇儒。鲁迅说："孔夫子之在中国，是权势者们捧起来的，是那些权势者或者想做权势者们的圣人，和一般的民众并无什么关系。"[①]

值得注意的是，日本帝国主义侵略中国时也利用尊孔崇儒以进行殖民统治。1937年，日本发动全面侵华战争的卢沟桥事变后，在沦陷区推行所谓"尊孔祭孔"、"振兴儒教"的"文化工作指导原则"。在华北，日本侵略者利用其控制的伪组织"新民会"，宣扬所谓"以孔子学说思想为主旨"的"新民主义"。在中小学校规定读经课程。当时自华北沦陷区逃出的文化人对日伪这种教育甚感忧虑："现在中学和小学利用日文和读经来麻醉青年。初级小学念《孝经》，初中读《诗经》，高中读《孟子》"。[②]

历来统治者之所以要利用儒学来进行统治，反映出儒学有其可利用之处。

三 关于"儒化中国"的问题

在"儒学热"中，有主张"儒化中国"的。"儒化中国"的主张者对如何"儒化中国"提出了一整套方案，归结起来，其主要内容是：把马克思主义贬斥为"小人文化"，而把儒学说成是"君子文化"，是人类的最高

---

① 《鲁迅全集》第6卷，人民文学出版社2005年。
② 蔡云腾：《敌人在沦陷区的奴化教育》，《战时日本》第4卷第1期。

智慧，是解决中国问题的唯一良药，从而提出要确立儒教为"国教"，将中国建成"儒教国"。而建立"儒教国"的过程就是"儒化"。"儒化的原则是'和平演变'。儒化的策略是'双管齐下'，在上层，儒化共产党，在基层，儒化社会"。

所谓"儒化共产党"，就是以儒学取代马克思主义，把共产党变成"儒士共同体"。所谓"儒化社会"，"最关键的是把儒学纳入国民教育体系。从小学到大学都设立国学课。……国学课传授的是一种价值、一种信念、一种文化的灵魂"。由此而达到不仅在思想文化领域实行"唯儒独尊"，使儒教成为中国的"文化权力中心"，而且要使"儒教成为指导国家政治生活的主导力量"。①

从上述"儒化中国"论者的思想主张，可以明白地看出，他们不是在研究儒马、评析儒学，不是要从儒学中吸取对现实有益的东西，而是把学术研究引向政治诉求，以达到其用儒学取代马克思列宁主义、毛泽东思想、邓小平理论、"三个代表"重要思想以及科学发展观，改变中国共产党领导的走中国特色社会主义道路的目的。"儒化中国"论者的意图很明确，无须多加赘述。

四　如何正确对待包括儒学在内的传统文化

中国传统文化，包括儒学文化，既有精华，也有糟粕，已如前述，需要具体分析，正确对待。在近代中国，人们一直在探索如何正确对待中国传统文化和外来文化。在这过程中，既有主张完全保存以儒学为核心的传统文化，也出现了一切"唯泰西是尚"的"醉心欧化"者。对于这两种偏向，辛亥革命时期就有人提出批评："闻之开新、守旧两派之言矣。开新者曰：欲造新中国，必将中国一切旧学，扫而空之，尽取泰西之学，一一施

---

① 参见蒋庆：《政治儒学》，三联书店2003年。

于吾国。守旧者曰：我欲强吾国，行我古代圣王之法而有余，不必外求，或但取其艺学。二家之见，所谓楚则失矣，齐亦未为得也。"他认为，不论对于中国传统文化或西方文化，都不应该一概接受或一概排斥，而要加以具体分析，"对于我国固有之学，不可一概拒绝，当思有以发明而光辉之。对于外国输入之学，不可一概拒绝，当思开户以欢迎之"。总的原则是"吸食与保存两主义并行"，"拾其精华，弃其糟粕"。①鲁迅在当时也明确指出："外之既不后于世界之思潮，内之仍弗失固有之血脉，取今复古，别立新宗。"②孙中山也强调："发扬吾固有之文化，且吸收世界之文化光大之，以期与诸民族并驱于世界。"③他的思想学说，就是"因袭"固有文化，"规抚"西方文化，加上他自己的"创获"。

对于中外文化问题，毛泽东在《新民主主义论》中批评了"全盘西化"和复古主义的错误主张，指出应该采取的正确态度。他认为，"中国应该大量吸收外国的进步文化，作为自己食粮的原料"，"但是一切外国的东西，如同我们对于食物一样，必须经过自己的口腔咀嚼和胃肠运动，送进唾液胃液肠液，把它分解为精华和糟粕两部分，然后排泄其糟粕，吸收其精华，才能对我们的身体有益，决不能生吞活剥地毫无批判地吸收。所谓'全盘西化'的主张，乃是一种错误的观点"。对于中国古代文化，也应当"剔除其封建性的糟粕，吸收其民主性的精华，是发展民族新文化提高民族自信心的必要条件；但是决不能无批判地兼收并蓄"。"我们必须尊重自己的历史，决不能割断历史。但是这种尊重，是给历史以一定的科学的地位，是尊重历史的辩证法的发展，而不是颂古非今，不是赞扬任何封建的毒素。对于人民群众和青年学生，主要地不是要引导他们向后看，而是要引导他们向前看"。④他把当时中华民族的新文化概括为民族的科学的大众的文化，也就是新民主主义文化。

江泽民在中国共产党十五大的报告中关于文化的基本目标和基本政

① 师潢：《学术沿革之概论》，《醒狮》第1期。
② 《鲁迅全集》第1卷，人民文学出版社2005年。
③ 《孙中山全集》第7卷，中华书局1985年。
④ 《毛泽东选集》第2卷，人民出版社1991年。

策，继承和发展了《新民主主义论》的思想。报告指出："建设有中国特色社会主义的文化，就是以马克思主义为指导，以培育有理想、有道德、有文化、有纪律的公民为目标，发展面向现代化、面向世界、面向未来，民族的科学的大众的社会主义文化。""建设立足中国现实、继承历史文化优秀传统、吸取外国文化有益成果的社会主义精神文明。"①

　　文化有继承性，但一时代有一时代的文化。当前建设中国特色社会主义文化，必须立足于社会主义现代化建设这个现实，在马克思主义指导下，继承历史文化优秀成果、吸取外国文化有益成果。胡锦涛总书记在中国共产党十七大的报告中指出："中华文化是中华民族生生不息、团结奋进的不竭动力。要全面认识祖国传统文化，取其精华，去其糟粕，使之与当代社会相适应、与现代文明相协调，保持民族性，体现时代性。"这是对待以儒学为核心的传统文化所应遵循的原则。

（原载《中共福建省委党校学报》2008年第2期，后附未刊稿）

附：

　　问：有人认为亚洲"四小龙"深受孔子儒学影响又没有批孔，经济腾飞，而中国大陆大批孔子儒学的时候，经济到了崩溃的边缘；改革开放以后，中国大陆不批孔子儒学了，经济也开始和平崛起，这向世人展示了孔子儒学的生命力，怎样看这个问题？

　　答：这并不是什么新问题，其实上世纪八九十年代曾经是个"热门话题"，流行过一阵子，有人还称之为"儒教资本主义"。当时，著名历史学家刘大年曾在《人民日报》（1989年11月21日）发表《见说》四首诗，诗前小序说："亚洲一些国家和地区经济增长，据说得力于奉行孔学。几年前

---

① 《江泽民文选》第2卷，人民出版社2006年。

即闻此议论，近日主张者尤多。北京孔子讨论会的论文即有持此说的。到底是孔学可以指导现代化，还是要把现代生活拉回到孔学思想里面去，没有本领参加讨论，打油诗数首存疑。"刘大年提出的问题，可谓实质所在。

在现代，一个国家或地区经济的发展和现代化，有其国际国内的条件，有经济、政治的原因，文化因素等有关系，但不起决定作用，把一个国家或地区的经济能否发展，归之于孔子儒学的精神动力，归之于是否批孔子儒学，是一种文化史观，或叫文化决定论。关于亚洲一些国家和地区经济发展的原因，有不少史著和论文作了切合实际的论析，这里不必赘述。不过从1997年发生的亚洲金融危机，却可以从另一面回答孔子儒学的精神动力、没有批判孔子儒学才使这些国家和地区经济腾飞的说法。亚洲的金融危机对这些国家和地区造成很大的破坏，究其原因，除国际游资对东亚地区产生冲击等外部因素外，而在内部则由于经济体制和政局等存在问题，应对危机的抵抗力很脆弱。如果说亚洲一些国家和地区因没有批孔子儒学而经济发展，展示了孔子儒学的生命力，那末金融危机的出现岂不说明孔子儒学失灵了。难怪当时西方的一些媒体大肆宣传孔子儒学失灵了。后来危机过去了，但没有见到谁说是由孔子儒学化解的。学术研究是严肃的，应力求实事求是，不能偏爱，不能随意拔高、溢美。

至于说中国大陆因为批了孔子儒学，经济到了崩溃边缘，改革开放后不批孔子儒学，经济就开始和平崛起，则更是无稽。"文化大革命"的严重错误，使国民经济遭受严重损失。但这不能归之于批孔子儒学，"四人帮"的"批林批孔"，在1974年，"文化大革命"已经进行了8年，其矛头是指向周恩来，目的并不在"批孔"，而且应该看到，尽管"文化大革命"使国民经济遭受严重损失，但在这时期国民经济仍然有比较快的发展。从1952年到1978年，工农业总产值平均年增长率为8.2%，其中工业平均增长率11.2%，基本建立了独立的、比较完整的工业体系和国民经济体系。改革开放以后，国民经济快速发展，取得巨大成就，是因为不批孔子儒学，这置邓小平理论、"三个代表"重要思想于何地？

问：有一种意见认为，儒学是中国传统的优秀文化，你对此有什么看法？

答：我觉得笼统地论儒学是优秀文化，并不符合实际。儒学文化，产生发展于中国古代社会，是建立在小农经济基础上的血缘关系等级制度的体系，是时代的产物，不可避免地具有两重性，既有优秀的精华，也有陈腐的糟粕。因此，与其他传统文化一样，对于儒学也不能笼统地称为优秀文化，不能不加分析地整体予以继承发扬。毛泽东在《新民主主义论》中明确指出："对于中国古代文化，应当剔除其封建性的糟粕，吸收其民主性的精华，是发展民族新文化提高民族自信心的必要条件；但是决不能无批判地兼收并蓄。必须将古代封建统治阶级的一切腐朽的东西和古代优秀的人民文化即多少带有民主性和革命性的东西区别开来，中国现时的新政治新经济是从古代的旧政治旧经济发展而来的，中国现时的新文化也是从古代的旧文化发展而来的，因此，我们必须尊重自己的历史，决不能割断历史。但是这种尊重，是给历史以一定的科学的地位，是尊重历史的辩证法的发展，而不是颂古非今，不是赞扬任何封建的毒素。对于人民群众和青年学生，主要地不是要引导他们向后看，而是要引导他们向前看。"①这应该是我们对待包括儒学在内的传统文化所应坚持的态度。

问：那么，请你具体谈谈对儒学的看法。

答：如前面所说，对于包括儒学在内的传统文化，要吸取其精华，剔除其糟粕，不能笼统地称为优秀文化，不能整体继承发扬。

儒学有优秀的精华，这是谁也不能抹煞的。比如儒学经典《论语》中说："修己以安百姓"；"博施于民而能济众"；"己所不欲，勿施于人"；"多闻阙疑"；"学而不思则罔，思而不学则殆"；"三人行必有吾师焉，择其善者而从之，其不善者而改之"；等等。又如《孟子》中说："人有不为也，而后可以有为"；"民为贵，社稷次之，君为轻"；"老吾老，以及人之老；幼吾幼，以及人之幼"；"无恻隐之心，非人也；无羞恶之心，非人也；无辞让之心，非人也；无是非之心，非人也"；"得道者多助，失道者寡助"；

①《毛泽东选集》第2卷，第707—708页。

"民事不可缓也";"富贵不能淫，贫贱不能移，威武不能屈"；等等。关于儒学中优秀的传统，如"民本"思想、"自强不息"等等，研究者论述发挥颇多，不多赘述。

但无庸讳言，儒学也有糟粕，有缺失局限。儒学主要是伦理哲学，讲天尊地卑、男尊女卑、君尊臣卑、官尊民卑，讲名分，明尊卑贵贱，别等级。集中的表现是所谓"君为臣纲，父为子纲，夫为妻纲"的"三纲"说。"三纲"说是维护历代封建王朝的统治思想，是人们的精神枷锁，对历史发展起着阻碍的作用，理所当然要受到有识者的批判。晚清戊戌维新运动期间，谭嗣同等维新派就尖锐批判"三纲"。谭嗣同指出，"三纲"之说是违背平等原理的，是君主专制统治的需要，"能制人之身"，"兼能制人之心"，其为害"惨祸烈毒"。① 何启、胡礼垣也批判说，"君可以无罪而杀其臣"，"父可以无罪而杀其子"，"夫可以无罪而杀其妇"，"由是官可以无罪而杀其民，兄可以无罪而杀其弟；长可以无罪而杀其幼。勇威怯，众暴寡，贵凌贱，富欺贫，莫不从三纲之说而推，是化中国为蛮貊者，三纲之说也"。② 辛亥革命时期，革命党人也对孔子儒学提出批评。被称为国学大师的章太炎说："儒学之病，在以富贵利禄为心。"③ 有的则提出"三纲革命"。

儒学作为建立在小农经济基础上的血缘关系等级制度的思想体系，它自身也存在着缺失。在这方面，前人有不少论说，下面举几个例子。

汉代史学家司马迁的父亲司马谈在《论六家要旨》中说："儒者博而寡要，劳而少功，是以其事难尽从。然其序君臣父子之礼，列夫妇长幼之别，不可易也。"（《史记·太史公自序》）

唐代诗人李白在《嘲鲁儒》诗中写道："鲁叟谈五经，白发死章句。问以经济策，茫如坠烟雾。"

清朝末年，刘师培在《孔子真论》（《国粹学报》第17期）中指出：

---

① 《仁学》，《谭嗣同全集》，中华书局1981年，第337、349页。
② 《〈劝学篇〉书后》，《新政真诠》，辽宁人民出版社1994年，第354页。
③ 《诸子学略说》，《章太炎选集》上册，中华书局1977年，第289页。

"孔子之学术，岂能尽美而无小失"，其缺失有四，即"信人事而并信天命"；"重文科而不重实科"；"有持论而无驳诘"；"执己见而排异议"。

1924年杨明斋在其所著的《评中西文化观》（中华书局1924年）一书中指出儒学教育的缺点是："不讲经济"；"不理俗事，羞于与农工商为伍"。

英国李约瑟在他的名著《中国科学技术史》中说："在整个中国历史上，儒家反对对自然进行科学的探索，并反对对技术做科学的解释和推广。""对于科学的贡献几乎完全是消极的。"儒学"重伦理，轻技艺"，[①]刘大年在《方法论问题》一文中说："孔学集中讲伦理哲学，而对社会生活的基础完全缺乏认识理解。孔子反对学稼、学圃，即反对讨论社会生产问题。整个《论语》除了孔子的一个学生名字叫'商'，没有'商'字。把社会物质生产、生活排除在认识社会历史之外，这是孔学根本的弱点。"[②]按：这里所说的学稼、学圃，见《论语·子路第十三》："樊迟请学稼。子曰：'吾不如老农。'请学为圃。曰：'吾不如老圃。'樊迟出，子曰：'小人哉，樊须也！'"

孔子儒学存在着缺失、弱点，并不奇怪，不必苛求前人，但也应予实事求是的分析，不宜"为贤者讳"。明代哲学家吕坤说："汉以来，儒者一件大病痛，只是是古非今，今人见识作为，大都不如古人。"[③]晚清维新思想家黄遵宪也认为"俗儒好尊古"，指出"三皇五帝礼乐的相沿袭，正不必泥古"。[④]历史是发展的，社会是不断进步的，要向前看，而不是向后看，更不要造"神"。1937年，宋庆龄在《儒教与现代中国》一文中说："历史告诉我们，这位老人（指孔子）是很有理性的，是鄙视迷信的，他的著作不曾提到过神。但是在科学昌明的今天，我们却看到有人把他当成了神。如果他知道了他的后世子孙把他奉之为神，这位老圣人在坟墓中也一定会恐惧不安的。"[⑤]

---

① 《中国科学技术史》第2卷，科学出版社、上海古籍出版社1990年，第8、1页。
② 《走什么路：关于中国近现代历史上的若干重大是非问题》，山东人民出版社1997年，第4页。
③ 见梁章钜：《退庵随笔》卷10。
④ 《与冈千仞笔谈》，《黄遵宪全集》，中华书局2005年，第793页。
⑤ 《宋庆龄选集》上册，人民出版社1992年，第175页。

问：为什么统治者要利用儒学？

答：简单地说，因为儒学对统治者有用有利。

汉朝的刘邦，在他当上皇帝以前很讨厌儒生，有儒生前来求见，他把这位儒生的帽子摘下来当尿盆撒尿，对儒学的经典也毫无兴趣。叔孙通穿儒服去见刘邦，刘邦很讨厌，于是叔孙通改穿不是儒生衣服的短衣，再去见刘邦，刘邦很高兴。但是，在做了皇帝以后对儒的态度发生了根本的变化。汉朝建立，废除秦礼仪，新的没有建立，加上功臣们大都来自田野，没有受过什么礼仪约束，又是与刘邦一起打天下，平常混惯了，刘邦做了皇帝，他们在朝堂上饮酒争功，喝醉了大呼大叫，甚至拔剑击柱，一片混乱，不成体统。刘邦深感忧患。叔孙通看出刘邦有建立朝廷秩序的要求，于是向他进言："夫儒者难与进取，可与守成。臣愿征鲁诸生，与臣弟子共起朝仪。"刘邦表示同意。叔孙通便从鲁征集儒生三十余人，加上刘邦左右的学者和自己的弟子百余人，采择百礼，制定了汉家的朝仪。群臣学习了一个多月。两年后长乐宫建成，诸侯群臣朝贺，用新朝仪，"诸侍坐殿上皆伏抑首，以尊卑次起上寿"，"竟朝置酒，无敢讙哗失礼者"。这套朝仪，体现出尊卑不同的等级制度。对此，刘邦感慨说："吾乃今日知为皇帝之贵也。"（《史记·刘敬叔孙通传》）

孔子儒学的特点，如前引司马谈《论六家要旨》所说，"序君臣父子之礼，列夫妇长幼之别，不可易也"。也就是说，儒学讲尊卑上下，明贵贱，别等级，尊卑上下秩序不能颠倒，对于统治者稳定社会秩序有着不可替代的巨大作用。因此，从汉武帝独尊儒术以后，历朝历代都要以儒学为官方统治思想，以维护封建统治秩序，不使上下尊卑秩序颠倒，不能犯上作乱。孔子儒学讲礼。荀子说："礼者，贵贱有等，长幼有差，贫富轻重皆有称者也。"（《荀子集解·富国篇》）这表明儒家礼的核心是维护尊卑贵贱等级制度的。这在《周易·系辞》也说得很明白："天尊地卑，乾坤定矣。卑高以陈，贵贱位矣。"由天尊地卑而衍为乾尊坤卑、阳尊阴卑、男尊女卑、君尊臣卑、官尊民卑等等，与礼的上下贵贱等差是一致的，都是在于强调等级制度。汉董仲舒把阳尊阴卑用于社会，他说："君臣、父子、夫妇之义，皆取诸阴阳之道：君为阳，臣为阴；父为阳，子为阴；夫为阳，妻为阴。"（《春秋繁露·五行之义》）并由之推出"三纲"说，即《礼纬·含文嘉》所说："君为臣纲，父为子纲，夫为妇纲。"儒家以礼为教，以礼定名分，讲"正名"，以名为教，礼教、名教实质上是一致的，而"三纲"就是其主要内容。宋司马光说："天子之职莫大于礼，礼莫大于分，分莫大于名。何谓礼？纪纲是也。何谓分？君、臣是也。何谓名？公、侯、卿、大夫是也。夫以四海之广，兆民之众，受制于一人，虽有绝伦之力，高世之智，莫不奔走而服役者，岂非以礼为之纪纲哉！……贵以临贱，贱以承贵。上之使下犹心腹之运手足，根本之制支叶，下之事上犹手足之卫心腹，支叶之庇本根，然后能使上下相保而国家治安。故曰天子之职莫大于礼也。"他还说："夫礼，辨贵贱，序亲疏，裁群物，制庶事，非名不著，非器不形；名以命之，器以别之，然后上下粲然有伦，此礼之大经也。名器既亡，则礼安得独在哉！"[1]司马光对礼、名、分的关系及其对统治者的重要性说得很清楚，都在于维护封建统治秩序。吴虞在1910年出版的《蜀报》第4期上发表的《辨孟子辟杨、墨之非》一文中指出："儒家则严等差，贵秩序，上天下泽之瞽说，扶阳抑阴之谬谈，束缚之，驰骤之，于霸者驭民之术最合。故霸者皆利用之，以宰制天下。"

孙中山领导的辛亥革命推翻了清政府，建立民国，结束了二千多年的封建君主专制制度，南京临时政府教育部明令废止小学读经。然而袁世凯政府为维护专制独裁、复辟帝制的需要，却反其道而行之，掀起了尊孔读经的逆流。1912年9月，发表《尊崇伦常文》，宣扬"中华立国，以孝义忠信礼义廉耻为人道之大经"，要"全国人民，恪循礼法，共济时艰"。1913年10月，袁世凯政府的《天坛宪法草案》中规定："国民教育，要以孔子之道为修身大本。"1915年，袁世凯政府颁布的《颁定教育要旨》、《特定教育纲要》，公然否定南京临时政府的教育宗旨，恢复尊孔读经和儒学的正统地位。袁世凯复辟帝制失败后，北洋政府依然推行尊孔读经，各地军

---

[1]《资治通鉴》第1册，中华书局1956年，第2—4页。

阀也热衷于此。此后，蒋介石国民党政府仍旧是尊孔崇儒。鲁迅说："孔夫子之在中国，是权势者们捧起来的，是那些权势者或者想做权势者们的圣人，和一般的民众并无什么关系。"①

值得注意的是，日本帝国主义侵略中国时，也利用尊孔崇儒以进行殖民统治。1937年，日本帝国主义发动全面侵华战争的卢沟桥事变后，在沦陷区推行所谓"尊孔祭孔"、"振兴儒教"的"文化工作指导原则"。在华北，日本侵略者利用其控制的伪组织"新民会"，宣扬所谓"以孔子学说思想为主旨"的"新民主义"。在中小学校规定读经课程。当时自华北沦陷区逃出的文化人对日伪的这种教育甚感忧虑："现在中学和小学利用日文和读经来麻醉青年。初级小学念《孝经》，初中读《诗经》，高中读《孟子》。"②

问：有人主张"儒化中国"，应该怎样认识？

答：先谈所谓"儒化中国"的主要内容。"儒化中国"的主张者把马克思主义贬斥为"小人文化"，而把儒学说成是人类的最高智慧，是"君子文化"，是解决中国问题的唯一良药，从而提出要确立"儒教"为"国教"，将中国建成"儒教国"。建立"儒教国"的过程就是"儒化"。"儒化的原则是'和平演变'。儒化的策略是'双管齐下'，在上层，儒化共产党，在基层，儒化社会。"

所谓"儒化共产党"，就是以儒学取代马列主义，把共产党变成"儒士共同体"。所谓"儒化社会"，"最关键的是把儒学纳入国民教育体系。从小学到大学都设立国学课。……国学课传授的是一种价值、一种信念、一种文化的灵魂"。

从上面介绍的"儒化中国"论者的思想主张，可以明白地看出，他们不是在研究儒学、评论儒学，不是要从儒学中吸取对现实有益的东西，而是把学术研究引向政治活动，以达到其用儒学取代马克思主义、改变共产党领导的走中国特色社会主义道路的目的。

---

① 《鲁迅全集》第6卷，人民文学出版社2005年，第327页。
② 蔡云腾：《敌人在沦陷区的奴化教育》，宋斐如主编《战时日本》第4卷第1期。

问：那么对儒学应采取什么态度？

答：对于包括儒学在内的传统文化，不能笼统地称为优秀文化，不能不分精华糟粕地一概予以继承发扬。

（未刊稿）

告别了革命就能实现现代化吗？ *

——龚书铎教授谈为什么中国通过革命走上社会主义道路

今年是新中国成立60周年。60年前，我们党带领人民取得新民主主义革命胜利，向世界庄严宣告：中国人从此站立起来了！此后，我们党又带领人民开始进行社会主义革命和建设，踏上实现现代化的新征程。经过60年艰苦奋斗，一个繁荣发展、民主进步、文明开放的社会主义中国正巍然屹立在世界东方。然而，对于我们党带领全国各族人民所取得的伟大成就，有的人却视而不见。在他们看来，革命是破坏性的，是某些人情绪化的"激进主义"思想的产物，近代中国不应该革命，如果"告别革命"，当上几百年殖民地，中国早就现代化了。这些观点，归根结底就是认为中国不应该通过革命走上社会主义道路，而应该依附于西方国家，走资本主义道路。那么，告别了革命，中国就能实现现代化吗？带着这一问题，记者采访了北京师范大学教授龚书铎。

龚书铎认为，一些人否定革命、鼓吹"告别革命"，并不是孤立现象，而是一种带有国际性的思潮。这种思潮大致起于20世纪80年代，是与以美国为主导的西方国家颠覆社会主义国家的活动紧密关联的。还在苏联解体前，苏联就有人极力否定十月革命，给苏联共产党和社会主义抹黑。随后不久，这种否定革命的思潮传到我国，国内有人开始鼓吹"告别革命"。

龚书铎说，鼓吹"告别革命"的人认为，革命不是必然要发生的，而

---

*本文为"六个为什么"系列访谈之"为什么中国通过革命走上社会主义道路"。采访者系《人民日报》记者叶帆、朱佩娴同志。

是某些人情绪化的"激进主义"思想的产物。这样的观点根本站不住脚。把一场伟大革命简单归之于某些人头脑中的主观意愿，显然不符合历史实际，是唯心史观。革命不可能只凭少数人的情感冲动就能发动起来，也不是只凭某个阶级和政党的意志就能发生的。革命的发生，除了革命阶级主观的条件，还必须具有革命的形势、革命的社会需要。没有革命的条件，革命时机不成熟，任何人的"情感激流"都制造不出革命来。中国近代史上的革命，都是客观形势的要求，是历史的必然。辛亥革命如此，新民主主义革命也是如此。它们都代表了人民群众意愿，顺应了历史发展趋势。

龚书铎说，鼓吹"告别革命"的人还认为，革命是破坏性的，必将带来灾难甚至是大量人流血。因此，近代中国不应该革命。这样的观点同样站不住脚。不用暴力革命，社会永远和平发展，当然很好。但这只是一种幻想，在中外历史上还找不出这样的事实。进行革命，流血不可避免，但革命正是要以流血换来不流血，换来免受反动统治阶级和帝国主义的蹂躏。革命无疑会有破坏，但不是破坏一切。革命的目的是为了建设，破坏与建设是一个问题的两个方面。不破坏旧的政权和阻碍社会发展的旧事物，就不可能建设新的政权和推动社会向前发展。孙中山先生说得好：革命之有破坏，与革命之有建设，固相因而至，相辅而行者也；革命之破坏与革命之建设必相辅相行，犹人之两足、鸟之两翼也。

龚书铎指出，那种认为依靠帝国主义就能实现现代化的说法，不啻是在说梦话。近代中国虽然产生了资本主义，并有一定程度发展，但始终没有得到正常的充分发展。帝国主义依靠不平等条约，不仅在中国倾销商品，而且经营许多企业，不断扩大在华的资本势力，控制中国经济命脉。在外国资本压迫下，中国民族资本无力与之抗衡，许多民族工业逃脱不了破产或被兼并的命运。抗日战争、解放战争期间，中国民族资本主义工业在日、美等帝国主义势力和官僚资本的压迫下，命运更为悲惨，处于风雨飘摇之中。据统计，中国近代工业经过109年发展，到1949年在工农业总产值中所占的比重仅为17%，而农业和手工业经济占了83%。这充分说明，帝国主义的入侵既没有使中国进入资本主义，也没有使中国实现现代化。

不进行反帝反封建的革命，不改变半殖民地半封建的社会地位，不改变帝国主义和封建主义的压迫掠夺，现代化是"化"不起来的。

龚书铎最后强调，不能把现代化和革命对立起来、割裂开来。革命为实现国家富强和人民富裕扫清障碍，创造必要的前提。毛泽东同志曾多次讲过革命和现代化的关系："一个不是贫弱的而是富强的中国，是和一个不是殖民地半殖民地的而是独立的，不是半封建的而是自由的、民主的，不是分裂的而是统一的中国，相联结的。在一个半殖民地的、半封建的、分裂的中国里，要想发展工业，建设国防，福利人民，求得国家的富强，多少年来多少人做过这种梦，但是一概幻灭了。"这清楚地说明，革命和现代化不是对立的，而是统一的，革命是现代化的前提。今天，如果还有人沉迷于不革命就实现现代化这样的旧梦，显然是荒唐可笑的。

（原载《人民日报》2009年7月27日）

发扬五四精神　不断解放思想

　　发生在90年前的五四运动，是一场彻底的反帝反封建的爱国革命运动，也是一场伟大的思想解放运动和新文化运动。五四运动高举爱国主义旗帜，高扬民主与科学精神，极大地促进了马克思主义在中国的传播，为中国共产党的成立在思想上和干部上作了必要的准备，开辟了中国新民主主义革命的伟大道路。实践表明，五四运动及其光荣传统，对中国的政治、文化、思想和社会生活都产生了极为深远的影响。

一　五四运动高举爱国主义旗帜

　　爱国主义是五四运动最鲜明的旗帜，也是五四运动最本质的内涵。江泽民同志指出："在五四运动中，一大批先进知识分子站在前头，同帝国主义和封建势力进行了彻底的不妥协的斗争，发挥了先锋和桥梁作用。他们所表现出来的爱国主义精神，与历史上的爱国主义相比较，具有本质的进步和鲜明的时代特征。"[1]这种伟大的爱国主义精神，具体地表现为中国的先进分子为争取国家独立、维护国家主权和领土完整、反对帝国主义的殖民侵略和封建军阀的反动统治、实现民族解放和社会进步而艰苦求索、顽

---

[1]《江泽民文选》第1卷，人民出版社2006年，第120页。

强斗争。

五四运动的目的，是为了挽救民族危亡，维护国家主权。鸦片战争以来，由于西方列强的野蛮入侵和中国封建统治者的腐败无能，中国一步步沦为半殖民地半封建社会，中华民族面临一场前所未有的危机。救亡图存、振兴中华，不屈不挠的中国人民进行了一次又一次的顽强反抗和英勇卓绝的革命斗争。五四运动既是近代以来中国人民反帝反封建斗争的继续和发展，也为争取国家独立、实现民族解放这一时代主题注入了新的历史内涵。1918年第一次世界大战结束。为处理战后的国际问题，1919年1月在英、法、美、日等帝国主义列强的操纵下举行了"巴黎和会"。北洋政府作为协约国一方派代表团出席了这次和会，并提出废除袁世凯政府同日本签订的"二十一条"以及取消列强在中国的领事裁判权等正当要求。但"巴黎和会"的实质不过是列强的分赃会议，他们根本无视中国代表团提出的维护民族权益的合理要求，竟然决定把战败国德国在山东和中国其他地方攫取的一切特权无条件转让给日本。给予中国的，只是归还八国联军入侵北京时被德国劫走的天文仪器。北洋政府为了获得西方列强支持，居然准备在这样的和约上签字。西方列强无耻的侵略行径和北洋政府的软弱无能，深深伤害了中国人民的民族自尊，极大地激怒了中国人民，激发了各阶层人民强烈的爱国情感。1919年5月4日，北京十几所学校3000多名学生迅速行动，在天安门前集会，举行游行示威，以学生运动为先锋的五四爱国运动如火山般爆发。

五四运动的旗帜，是伟大的爱国主义。五四运动表现出来的彻底的反帝反封建性，是近代中国人民爱国主义精神最集中最鲜明的体现。在爱国主义这面具有强大号召力和凝聚力的旗帜下，先进的知识分子、工人阶级、小资产阶级和民族资产阶级等社会各阶层空前团结，使运动以星火燎原之势迅速发展成为一场全国范围的革命运动。五四运动的先锋是进步的青年学生。他们敏锐地看清了帝国主义的侵略本质，看清了北洋政府软弱无能、媚外求荣的卑劣行径。他们不顾个人安危，不怕反动政府的威胁和镇压，不受反动政府的利诱，将斗争的矛头直接指向帝国主义和封建主义。这些先进的青年知识分子高呼"外争国权，内惩国贼"，"取消二十一条"，"还我青岛"，"保我主权"，"诛卖国贼曹汝霖、章宗祥、陆宗舆"等标语口号，举行游行示威和总罢课，开展抵制日货、提倡国货的宣传活动。五四运动的主力是工人阶级。首次以独立姿态登上历史舞台的工人阶级在斗争中发挥了决定性的作用，表现了高度自觉的爱国主义精神。工人们在罢工斗争中开展各种形式的爱国活动，发文告、散传单、举行声势浩大的游行示威，还捐献出自己的血汗钱。他们反抗日、英、美等帝国主义侵略者的英勇斗争，不仅表现了革命的坚定性和彻底性，还表现了工人阶级的强大力量。五四运动中，商人也表现出进步的一面。他们积极抵制日货、提倡国货，实行罢市，同外国侵略者和封建军阀进行斗争。

在人民群众强大的力量面前，在全国范围和各阶层轰轰烈烈的斗争中，北洋政府不得不于6月7日释放被捕学生，6月10日宣布罢免曹汝霖、章宗祥、陆宗舆的职务，中国政府代表也没有出席"巴黎和约"的签字仪式。五四运动的直接目标得到了实现，这场席卷全国的爱国运动取得了胜利。

二　五四运动孕育了以民主与科学为核心的五四精神

五四运动是一场伟大的群众爱国运动，也是一场促进思想空前解放的新文化运动。以1915年《青年》杂志（1916年9月改名《新青年》）创刊为标志的新文化运动，大力宣传民主与科学思想，以彻底的批判精神从思想上动摇了封建主义的腐朽统治，在全社会形成了思想解放的氛围，为五四爱国运动的发展奠定了坚实的思想基础。

提倡民主、反对专制，提倡科学、反对迷信。中国几千年的封建统治和鸦片战争以来将近80年的半殖民地半封建社会，形成了极为顽固僵化的封建专制制度，迷信盛行，旧文化、旧思想根深蒂固，成为束缚思想解放的枷锁、阻碍社会前进的绊脚石。五四新文化运动高举民主与科学的旗帜，以坚决而彻底的姿态，向专制和迷信这两个大敌宣战。《新青年》明确提出了两大口号，一是民主，二是科学，即"德先生"（Democracy）和"赛先生"（Science）。1919年，陈独秀在《新青年》发表《本志罪恶之答辩书》，表示"要拥护那德先生，便不得不反对孔教、礼法、贞节、旧伦理、旧政治；要拥护那赛先生，便不得不反对旧艺术，旧宗教；要拥护德先生又要拥护赛先生，便不得不反对国粹和旧文学"。他明确宣告："我们现在认定只有这两位先生，可以救治中国政治上、道德上、学术上、思想上的一切的黑暗。"主张自由平等、个性解放的民主精神和反对愚昧落后、迷信盲从的科学精神，成为五四时期反对封建主义旧思想、旧文化、旧礼教最有力的武器。可以说，五四新文化运动对封建旧文化批判的尖锐性和彻底性达到了前所未有的程度。鲁迅在《狂人日记》中以决绝的姿态揭露了封建礼教的本质，"我翻开历史一查，这历史没有年代，歪歪斜斜的每叶上都写着'仁义道德'几个字。我横竖睡不着，仔细看了半夜，才从字缝里看出字来，满本都写着两个字'吃人'！"，由此作者进一步向旧制度发出了"从来如此，便对么？"的强烈质疑。正如毛泽东同志指出的，"五四运动所进行的文化革命则是彻底地反对封建文化的运动，自有中国历史以来，还没有过这样伟大而彻底的文化革命。当时以反对旧道德提倡新道德、反对旧文学提倡新文学为文化革命的两大旗帜，立下了伟大的功劳"。①

更为可贵的是，在运动中，爱国志士们将爱国主义情感与民主、科学精神紧紧联系起来，为爱国主义情感注入民主与科学的新内涵，并把这一强烈的情感与理性思考付诸实践，转化为改造社会，打碎旧制度、旧思想枷锁的巨大力量。他们在传播民主与科学过程中，表现出奋不顾身、大无畏的革命气概。运动中，不少师生、工人遭到军阀监禁，陈独秀因散发《北京市民宣言》被捕，李大钊后来惨遭杀害、英勇就义。这种为多数人的幸福而献身的革命精神，是中华民族伟大的爱国主义传统和宝贵的思想

---

① 《毛泽东选集》第2卷，人民出版社1991年，第700页。

财富，时至今日仍然激励着一代又一代人勇往直前、拼搏进取。

从资产阶级民主主义走向马克思主义。五四运动的深入发展，引发了一场轰轰烈烈的思想大解放潮流。五四运动前，接受和宣传新思想新文化的仅限于北京、上海等地的少数知识分子，1919年5月以后，民主思想成为不可抗拒的时代潮流，接受的人越来越多。显而易见，这场爱国政治运动对传播新思潮、新观念起到了巨大的推进作用。随着俄国十月革命的胜利，社会主义思潮在中国大地上蓬勃兴起，先进的知识分子开始接触并很快接受了马克思主义。民主与科学这一五四精神的核心，也被时代赋予了新的内容、新的意义，在更深更高更广的层次上得到了进一步发扬。五四运动初期所说的民主，主要是指人权平等、人格独立、思想自由等资产阶级民主观念以及法、美等国的民主制度；五四运动后期，陈独秀、李大钊等人接受了马克思主义，主张学习俄国，强调劳动阶级的民主，即以广大劳动群众为主体的民主。五四运动初期所说的科学，主要是指自然科学以及詹姆士、柏格森、杜威等人的社会科学学说；五四运动后期，李大钊、陈独秀等人认定，只有马克思主义才是指导中国人民改变受奴役、受压迫地位的科学理论。历史反复表明，资产阶级的民主共和之路在中国走不通，真正继承五四优秀传统、不断发扬民主与科学精神的，是中国的马克思主义者，是中国共产党及其领导下的广大人民群众。

三　五四运动是伟大的历史转折

五四运动最丰硕的成果，在于促进了马克思主义在中国广泛传播，促成了马克思主义与中国工人运动相结合，为中国共产党的成立作了思想上和干部上的准备。正是从五四运动开始，中国的先进人物作出了以马克思列宁主义为指导，从中国国情出发，促进知识分子与工农群众相结合，组织和领导工人运动，走社会主义道路的历史抉择，建立了中国共产党，最终领导全国人民赢得了民族独立和人民解放。

　　五四运动实现了从资产阶级领导的旧民主主义革命到无产阶级领导的新民主主义革命的历史转折。这一伟大转折，是中国先进分子大胆解放思想、不断探索、反复实践的必然结果，是历史发展的必然。近代以来，中国人民在探寻救国救民的道路上，学习西方、追求进步的努力屡屡失败，民族危机越陷越深，社会状况越来越糟。孙中山领导的辛亥革命推翻了统治中国两千多年的君主专制制度，却未能改变旧中国半殖民地半封建的社会性质，未能改变人民的困苦处境。以袁世凯为代表的北洋军阀窃取辛亥革命果实以后，中国的社会状况照旧一天天地坏下去，中华民族的危机也照旧一天天地加深。1914年至1918年的第一次世界大战、"巴黎和约"以及山东主权的丧失，无情地戳穿了"公理战胜强权"的假象，使中国人民从对西方资本主义制度的幻想中猛然惊醒，对西方资本主义民主产生了进一步的怀疑。人们清醒地认识到，资产阶级共和国方案不是拯救中华民族的良药，资本主义道路在中国根本走不通。李大钊明确指出："原来这回战争的真因，乃在资本主义的发展。"陈独秀起草的《新青年》宣言则大声宣告："我们相信世界上的军国主义和金力主义，已经造了无穷罪恶，现在是应该抛弃的了。"

　　第一次世界大战造成的巨大灾难，彻底暴露了资本主义制度无可救药的内在矛盾，深刻地教育了中国人民。1917年俄国十月社会主义革命的胜利开辟了马克思列宁主义传播的广阔道路，仿佛一声春雷，使处于彷徨和苦闷中的中国人民的精神面貌为之一新。从遥远的北方，中国人民看到了一个崭新的社会图景。中国人民的眼界一下子豁然敞亮了，彻底认清了帝国主义的侵略本质，认识到决定人类命运的不是资产阶级，而是无产阶级，不是资本主义，而是社会主义。李大钊在1918年发表《庶民的胜利》和《布尔什维主义的胜利》等文，响亮地喊出："试看将来的环球，必是赤旗的世界！"陈独秀、蔡和森、毛泽东等人也先后转变为马克思主义者，积极传播马克思列宁主义，从实践上有力地促进了它同中国工人运动的结合。老同盟会会员吴玉章这时也认识到，辛亥革命的老办法非改变不可："通过十月革命和五四运动的教育，必须依靠下层人民，必须走俄国人的道路，这种思想在我头脑中日益强烈、日益明确了。"①经过长期的摸索、认真的研究、激烈的争论、反复的比较和实践的选择，中国的先进分子终于在马克思主义旗帜下聚集起来。在这个伟大的历史进程中，俄国十月社会主义革命和五四运动无疑起到了重要的推动作用。

五四运动促进了马克思主义的传播，推动了先进知识分子与广大工农群众的结合。新文化运动初期，其倡导者虽然意识到了启迪民智、改造国民性的意义，但对广大人民群众的主体地位和历史作用还缺乏充分认识。俄国十月革命的爆发、马克思主义的传播，使他们的思想认识发生了剧烈变化。李大钊接受了人民群众是历史创造者的观点，寄希望于新兴的无产阶级和广大人民群众，号召知识分子走与工农群众相结合的革命道路，共同创造历史。

五四运动中，中国工人阶级以辛亥革命时期不曾有的姿态，独立地登上了政治舞台。当五四运动发展到"六三"时，就不再局限于知识分子，而是有广大的无产阶级、小资产阶级和民族资产阶级卷入这一浩荡的洪流当中。五四运动的学生领袖许德珩说，五四运动发展到了六月三日，就"已经形成了一个全国性的政治运动，已是一个革命运动了。六三以后，知识分子的学生运动，便与工人阶级结合起来了，这一结合，五四运动的意义就与以前不同了，它指示了政治运动的路线，增加了运动的力量，同时也使工人阶级觉悟了。以前，反帝爱国运动只限于知识分子群的学生，现在扩大到了工人、商人、学生中，成为各阶层共同的任务，结成各阶层的统一战线了。所以五四运动到了六三罢市，接着工人罢工以后，军阀统治阶级就不能不接受惩办卖国贼的要求，来罢免曹汝霖、章宗祥、陆宗舆的职务了。强盗分赃的巴黎和会的和约，在这样情形之下，中国的代表也不敢签字……五四运动到了此时，形式上是发展到最高阶段，走上结束之途，而实质上就导入了以工人阶级为领导的新的革命阶段"。②中国的早期马克思主义者就是这样，经过反复的摸索、实践，从工农群众中找到了可

①《吴玉章回忆录》，中国青年出版社1978年，第112页。
②《五四运动回忆录》，中国社会科学出版社1979年，第216—217页。

以依赖的革命力量。五四运动后，在李大钊等人的倡导下，一批批先进的知识分子深入工农群众，投身实践斗争，到农村去、到工厂去，把马克思主义理论与中国工农运动实践相结合，开辟了一条成功的中国革命道路。正如胡锦涛同志在《李大钊文集》出版暨纪念李大钊同志诞辰110周年座谈会上的讲话指出的那样，李大钊同志是一个无畏的播火者，又是一个勇敢的探索者。在中国共产党成立后，他进一步以探索的精神把马克思主义应用于中国革命的具体实践之中。从《李大钊文集》中可以看到，他在实践中提出的中国的民主革命必须由无产阶级领导、必须依靠农民、必须建立民主的联合战线、必须通过武装斗争达到革命目标等思想，对于党的新民主主义革命理论的形成作出了最早的宝贵贡献。

五四运动从文化运动走向政治运动，从单一的思想启蒙走向全面的社会改造，从追求西方民主政治转向社会主义，是一个不断解放思想、艰苦探索的历史过程，标志着中国民主革命从此进入了一个全新的阶段。五四运动以来的90年，是中国共产党将马克思主义与中国实际紧密结合的90年，是继承和发扬五四爱国、进步、民主、科学精神，与时俱进，不断创造革命、建设和改革开放辉煌成就的90年。今天，我们纪念五四运动，就要在历史的新起点上进一步发扬五四精神，不断解放思想，努力把中国特色社会主义伟大事业不断推向前进。

（原载《求是》2009年第9期）

五四先贤为何批评尊孔读经

今年是五四运动90周年。五四运动既是一场伟大的爱国运动，也是一次伟大的思想解放，一场意义深远的新文化运动。如何认识、评价它，人们的意见并不一致。比如，怎样看待五四新文化运动对尊孔读经的批评，就始终存在着分歧。

新文化运动的倡导者反对尊孔读经，是反抗文化专制的集中体现，其论述主要是从以下三个方面展开。

抨击独尊儒术，反对将孔教编入宪法。反孔教的提出，是由于袁世凯和北洋军阀大搞尊孔复辟，由于康有为及孔教会等要求北洋政府"以孔子为大教，编入宪法"而引起的。新文化运动的倡导者们认为社会是进化发展的，孔子之道已不能适应现代社会生活，维护封建专制、强调尊卑等级的礼教，与近代中国的发展趋势和民主、平等的思想潮流相违背，不能定为国教并编入宪法。正如陈独秀在《宪法与孔教》一文中所言：欲求国家之生存，"不可不输入西洋式社会国家之基础，所谓平等人权之信仰，对于与此新社会新国家新信仰不可相容之孔教，不可不有彻底之觉悟，猛勇之决心；否则不塞不流，不止不行"①。他的《孔子之道与现代生活》和李大钊的《孔子与宪法》、《自然的伦理观与孔子》等文章，都集中地讨论了这个问题。

---

① 《新青年》第2卷第3号，1916年11月。

批判封建的纲常名教，提倡健全、独立的人格。新文化运动的倡导者认为孔教的核心是礼教，是别尊卑、明贵贱的等级制度，是对人的束缚和压抑。他们揭露三纲之说剥夺了人的主体地位，使之丧失了独立人格，使天下之人"为臣、为子、为妻，而不见有一独立自主之人者"①。吴虞在《礼论》一文中指出："礼为人君之大柄"，"以尊卑贵贱上下之阶级为其根本"②。鲁迅1918年在《新青年》发表了著名的白话小说《狂人日记》，猛烈抨击吃人的礼教。吴虞随后发表了《吃人与礼教》一文予以赞扬。他说："我觉得他这日记，把吃人的内容和仁义道德的表面看得清清楚楚，那些戴着礼教假面具吃人的滑头伎俩，都被他把黑幕揭破了。"他呼吁："到了如今，我们应该觉悟：我们不是为君主而生的！不是为圣贤而生的！也不是为纲常礼教而生的！什么'文节公'呀，'忠烈公'呀，都是那些吃人的人设的圈套来诳骗我们的！我们如今应该明白了！吃人的就是讲礼教的，讲礼教的就是吃人的呀。"③当时，陈独秀、李大钊、鲁迅、吴虞等，都曾从不同角度对儒家伦理进行了批判，其文章始终贯穿或是包含着一个主题，这就是揭露封建伦理对人性的扭曲。当然，他们对旧传统的批判，目的还是新文化的建设。如陈独秀在其著名的《敬告青年》一文中所提出的六点希望中，首先就是希望青年能够养成独立人格。

反对独尊儒学，鼓吹学术、思想自由。陈独秀等人批评封建统治者独尊儒学造成对学术思想的专制，阻塞人的智慧。陈独秀指出："今效汉武之术，罢黜百家，独尊孔氏，则学术思想之专制，其湮塞人智，为祸之烈，远在政界帝王之上。"④李大钊认为："豪强者出，乘时崛兴，取之以盗术，胁之以淫威，绳之以往圣前贤之经训，迟之以宗国先君之制度。锢蔽其聪明，夭阏其思想，销沉其志气，桎梏其灵能，示以株守之途，绝其迈进之路，而吾之群遂陵替。"⑤吴虞在《儒家主张阶级制度之害》一文中也说：

---

① 陈独秀：《一九一六年》，《新青年》第1卷第5号。
② 《新青年》第3卷第3号，1917年5月。
③ 《新青年》第6卷第6号，1919年6月。
④ 陈独秀：《宪法与孔教》，载《新青年》第2卷第3号，1916年11月。
⑤ 李大钊：《民彝与政治》，《李大钊文集》第1卷，人民出版社1999年，第154页。

"自孔氏诛少正卯，著'侮圣言'、'非圣无法'之厉禁，孟轲继之，辟杨、墨，攻异端，自附于圣人之徒；董仲舒对策，以为诸不在六艺之科、孔氏之术者，皆绝其道，勿使并进；韩愈《原道》'人其人，火其书，庐其居'之说昌，于是儒教专制统一，中国学术扫地。"他疾呼："儒教不革命，儒学不转轮，吾国遂无新思想、新学说，何以造新国民？悠悠万事，惟此为大已吁！"①

事实就是如此，"独尊孔氏"、"绳以往圣前贤之经训"的结果，必然是思想的僵化，学术文化的衰败，死气沉沉，毫无生机。迷信"圣贤"及其经训，就会造成"膜拜释、耶、孔子而外，不复知尚有国民之新使命也；风经诂典而外，不复知尚有国民之新理想也。……斯民彝之明，悉慑伏于圣智之下，典章之前，而罔敢自显，遂以荒于用而绌于能耳"②。正是基于这种认识，新文化运动的提倡者极力反对"言必称尧、舜、禹、汤、文、武、周、孔，义必取诗、礼、春秋"的风习，提出要在"学术上破除迷信，思想自由"③，要破除偶像的权威。陈独秀说："吾人信仰，当以真实的合理的为标准；宗教上政治上道德上自古相传的虚荣欺人不合理的信仰，都算是偶像，都应该破坏。此等虚伪的偶像倘不破坏，宇宙间实在的真理和吾人心坎儿里彻底的信仰永远不能合一。"④

可见，反对对封建"偶像"权威及其经书的迷信崇拜，反对"尊圣"、"尊古"，就是要使国民觉醒，解放个性，成为一个独立自主的人，以显示其聪明才智，发挥其创造新文化的能力。

在回顾新文化运动历史时，我们应该看到，颠覆儒学正统地位，反对尊孔读经，是近代历史发展的必然。戊戌运动期间，谭嗣同等维新派就尖锐批判"三纲"说。谭嗣同指出，"三纲"说违背平等原理，是君主专制统治的需要，"能制人之身"，"兼能制人之心"，为害"惨祸烈毒"⑤。辛亥

---

① 《新青年》第3卷第4号，1917年6月。
② 《李大钊选集》，第42—43页。
③ 《新青年》第2卷第4号，1916年12月。
④ 《新青年》第2卷第4号，1916年12月。
⑤ 《谭嗣同全集》（增订本），中华书局1981年，第337、349页。

革命时期，革命党人也对"三纲"说提出批评，主张"三纲革命"、"纲纪革命"。有人更将矛头直指孔子本人——"孔丘砌专制政府之基，以荼毒吾同胞者，二千余年矣"，断言"欲世界进于幸福，必先破迷信；欲支那人进于幸福，必先以孔丘之革命。"①辛亥革命后，废止了小学读经，颁定了新的教育宗旨，剔除了"忠君"、"尊孔"两项内容。至此，儒学在中国社会所居的正统地位正式宣告终结。五四新文化运动反对尊孔读经，不过顺应了历史的进步潮流，给企图恢复儒学正统地位的逆流而动者致命一击。

同时，正是因为新文化运动倡导者批判与建设并重，才为思想、学术的进一步发展拓展了空间。首先，提高了非儒学正统的传统文化的地位，小说、戏曲、民间文学、民俗学等，都受到了社会前所未有的重视。比如，提出了"文学革命"的口号，并对传统文学做了重要评价。他们抨击汉赋、骈体文是雕琢阿谀、铺张空泛的"贵族古典文学"，目明代前后七子等为"妖魔"，斥"桐城谬种，选学妖孽"，而对于被封建统治阶级视为不登大雅之堂，并一再遭毁禁的戏曲、小说，则极力推崇，称之为"文学之正宗"。他们还主张打破"崇拜旧时文体之迷信"，反对文言文，提倡白话文，申明"白话文为文学之正宗"，成为思想变革、思想解放的一个重大突破。其次，为传统文化资源的研究、挖掘和整理，创造了条件。随着近代社会的发展，中国古代学术的内容和结构会相应地出现增减和变迁，其中某些部分（如经学）逐渐从原有的中心位置淡出，日益边缘化。这也是传统学术走向近代化的一种表现。新文化运动顺应并推动了这一进程。当然，学术的近代化并不是简单地以"新学"否定、取代"旧学"，因为二者除了有对立、斗争的一面，也同时还存在着相互汲取、借鉴，共同存在、发展的一面。一些传统学科也正是以两者为基础，在新文化运动之后开创出了新的局面。

最后，应本着科学的态度，对于包括儒学在内的中国传统文化进行具

---

① 《辛亥革命前十年间时论选集》第3卷，第208页。

体分析，去其糟粕，取其精华。儒学有精华，这是谁也不能抹杀的。关于儒学中的优秀传统，诸如"自强不息"、"民本"思想等等，研究者多有论说，不赘述。即便是新文化运动的倡导者，在对儒家的纲常名教、尊孔读经进行猛烈批评的时候，也没有对孔子、孔学完全否定。被称为"只手打'孔家店'老英雄"的吴虞，在致陈独秀的信中就说："不佞常谓孔子自是当时之伟人。"① 陈独秀也肯定了孔子的历史地位和孔学的历史价值，表示"反对孔教，并不是反对孔子个人，也不是说他在古代社会无价值"②，孔学是"当时社会之名产"，"使其于当时社会无价值，当然不能发生且流传至于今日"③。他们只是深刻地揭示出，孔子儒学产生发展于中国古代社会，是建立在小农经济基础上的血缘关系等级制度的体系，是时代的产物，不可避免地具有两重性，既有精华，也有糟粕，理应有所鉴别和取舍。当年，那些新文化运动的反对者，笼统地说儒学是中国传统的优秀文化，不允许批评、分析，而欲整体地继承发扬，是不妥当的，不符合实际。今天，有些人仍在老调重弹，甚至提出所谓"儒化中国"、"儒化共产党"之说，不仅在学术上是不可取的，在政治上也是极其有害的。对此，应予以足够的注意。

（原载《中华魂》2009年第6期）

---

① 《新青年》第2卷第5号，1917年1月。
② 《孔教研究》，载《每周评论》第20号，1919年5月。
③ 《新青年》第3卷第2号，1917年4月。

关于"中国人从此站立起来了"

《人民日报》今年10月23日"人民论坛"的一篇文章说:"新中国成立,伟人一声'中国人民从此站起来了'。"国庆六十周年游行队伍中抬的标语也是"中国人民从此站起来了"。在一些报刊的文章中也是这样写的,如《中华魂》2009年第10期一篇文章的标题就是《中国人民站起来了》,文章中说:"60年前,在中华人民共和国成立的前夜,毛泽东主席在中国人民政治协商会议第一届全体会议上发表了题为《中国人民站起来了》的开幕词。"其他不多列举。

究其实,这并不准确。人民出版社1996年出版的《毛泽东文集》第5卷第342页该文的题目即是《中国人从此站立起来了(一九四九年九月二十一日)》,该文注释说:"这是毛泽东在中国人民政治协商会议第一届全体会议上的开幕词。"新中国的成立,推翻了帝国主义、封建主义和官僚资本主义的统治,结束了109年半殖民地半封建社会,也结束了中国人屈辱的地位。站立起来的不仅是中国人民,也包括国内外各阶级阶层的中国人。"中国人","中国人民",涵义是不同的,前者较后者为广泛,毛泽东同志说"中国人从此站立起来了",而不是"中国人民从此站立起来了",自有其深意,这是不宜随便更改的。

（原载《中华魂》2010年第2期）

评当前思想文化领域中的历史虚无主义

历史虚无主义并不是现在才出现的。20世纪二三十年代，就有人宣扬"全盘西化"论，认为中国文化不论哪一方面都比不上西洋文化，因而对西洋文化要"诚心诚意的全盘接受它"。80年代起则又有人宣扬历史文化虚无主义的观点，说只有以"蓝色文明"的雨水来"滋润这片干旱的黄土地"，才有可能使它"重新获得生机"，实际上是要"西化"中国。此后，历史虚无主义思潮时伏时起，时至今日，其表现广泛、原因复杂、危害深远。

当前思想文化领域中历史虚无主义现象的主要表现

表现之一，贬损中华民族的历史，把五千年文明描绘成漆黑一团，对农民战争更是一笔抹煞。在有些人的笔下，中华民族"几千年的历史中，占据主导地位的是流氓价值观"。"中国大一统的特点"，是"从经济到政治、思想，都不给一点自由发展的空间：从统一意志，统一思想，舆论一律，做到腹诽罪、思想犯、文字狱"。有些人在其论著里美化封建统治者，否定农民战争，将其视为"寇乱"，认为"中国历史上几十次大规模的农民战争血流成河，多少次把全国人口减了一半，甚至一大半，换来了什么社会进步？……最后还不是一穷二白吗？"因此，他们认为对历史上的农民战争应该"结论"为:"实际是为草菅人命的恶劣传统泛滥推波助澜。"有的书里说:"毛泽东认为农民革命才是社会发展的动力,不对。实际每次农民革命,都造成对社会生产大规模的破坏,推动历史进步的倒是掌握经济的剥削阶级,从原始社会到奴隶制度到封建制度到资本主义制度,起推动作用的不是奴隶革命、农民革命,而是努力发展经济的奴隶主阶级、地主阶级和资本家。"

表现之二,歪曲中国近代史,否定革命。有人提出,对20世纪首先要反省的"就是革命和政治压倒一切、排斥一切、渗透一切,甚至主宰一切",犯了"革命崇拜症"。"20世纪的革命方式确实带给中国很深的灾难",革命是"令人叹息的百年疯狂与幼稚",革命"搞糟了",因此要"告别革命"。

在否定革命的思潮影响下,中国近代史的研究中有一种"时尚",即以"现代化范式"(或"现代化史观")代替"革命范式"(或"革命史观"),提出"100年的中国近代史其实是一场现代化史"。这种所谓的"范式转换",不仅涉及中国近代史的主线是什么的问题,而且涉及对一系列重大事件、人物的评价问题。于是翻案成了"时尚"。在一些人笔下,洋务运动成为"近代中国的第一次现代化运动";戊戌维新运动成了变法派人士政治激进主义的产物;义和团运动"貌似爱国,实属误国、害国";辛亥革命的前提条件不足以成立,"完全是近代中国特殊历史条件下革命志士鼓吹、争取的结果";等等。他们评价历史人物时,说慈禧太后是"优秀的政治家","真诚地主张进步与革新","如果以此为共识,中国的未来发展可能将是另外一个样子";袁世凯的政治主张"反映了当时社会历史发展趋势";"汪伪政权并不代表日本人的利益,而是代表沦陷区人民的利益";"周作人即使当汉奸,依然是一个高尚的人道主义者",如此等等。把已被颠倒过来的历史再"颠倒"回去,混淆是非。

表现之三,把以马克思主义唯物史观为指导的历史研究,称之为"伪史学"、"垃圾史学"。有人说郭沫若、范文澜等马克思主义史学家是"帝国史学"、"皇家史学",是"奉旨考证";有人说"夏商周断代工程"是

"用以证明一个被预设的政治目标，那就是汉族中心论"，"是皇家史学的又一新杰作"，"史官们在一如既往地编织着'皇帝的新衣'"。

从历史虚无主义的几种主要表现来看，他们并不是对历史（现实）完全虚无，而是有所虚无，有所不虚无。他们在贬损中国几千年文明史、贬斥农民战争、否定革命、丑化党的领袖人物的同时，却美化那些叛徒、汉奸和反动统治者。历史虚无主义思潮的政治实质，是要否定中国共产党的领导、马克思主义的指导、社会主义制度和人民民主专政。

历史虚无主义泛起的根源

历史虚无主义可以说是一种带有国际性的思潮。还在苏联解体之前，一些人就是一方面极力否定十月革命，给苏联共产党和社会主义制度抹黑，妖魔化斯大林；一方面则是改写了罗曼诺夫王朝的全部统治史，罗曼诺夫王朝的统治者们被说成是"上帝的羊羔"，说"他们只懂得关心人们，为人们谋幸福"。1990年在西班牙马德里举行的第十七届国际历史科学大会上，波兰历史学家耶日·托波尔斯基提交的题为《历史编纂学中的革命神话》的论文中否定了法国大革命、十月革命等历史上所有的革命。他说："在历史编纂学中，政治含义的'革命'一词，从一开始就具有神话解释的成分。历史学家在很大的程度上变成了某些社会主张与政治主张的传声筒。"

这种否定革命的国际思潮，影响到了国内的学术界。前面提到的所谓以"现代化范式"代替"革命范式"的观点，美国杜克大学的德里克教授在题为《革命之后的史学：中国近代史研究中的当代危机》的一文中有过详细阐明。文章说：历经六七十年代，革命一直是美国汉学界历史解释的范式，当时，占主导地位的是对革命的"正面评价"。但是，这种看法从上个世纪80年代中期便开始变了。"先前一直被描述为解放史诗的革命史，现在都变成了衰落与失败的故事。"一些著作竭力散布革命的种种弊端，说什么"革命并不意味着被压迫者对压迫阶级的胜利，而是使中国社会的不良分子得以掌握权力"，"革命使潜存于中国文化中的恶劣习性与态度泛滥成灾"。"虽然中国经历了一个世纪的战争与革命，但晚清以来的中国从未成为现代社会。换句话说，中国革命不仅未使中国现代化，反而强化了其前现代的状态。"有的则更进一步强调："革命带来的可能并不仅仅是失败，它可能还打断了清末以前一直在进行的朝着现代化方向的发展过程"，"中国如果没有革命，其境况会较好些"。这些观点同国内否定革命的言论如出一辙。

宣扬历史虚无主义是美国等西方国家图谋西化、分化中国在学术上的表现。国内一些散布历史虚无主义的人，目的是要企图把中国从社会主义扭转到资本主义的道路上去。在一本描写中国近代史的作品中，借美化清末新政来鼓吹"'学习西方'的主流文化（西方资本主义）成了无法抗拒的必由之路，包括清末新政在内的东方各国现代化进程的成就与失误，都来源于对这个历史必然的态度"。显然，这里所说的"历史必由之路"，不是别的，就是指西方资本主义的道路。有些人说得更为直白："自由主义坚守自由的正义原则、拥有宪政和法治这些制度化架构以及适合当代民族国家范围的代议制度选举制度，不管我们对其有多少批评，我们依然不得不接受它，作为我们民主化内容的基本框架。""宽容、民主和自由主义，一定是不可动摇的精神基石。一切理性的思想者，都应该加入维护这一基石的行列中。"他们甚至宣称：在21世纪前半叶，中国思想界长期的任务是"反对军国主义和法西斯主义"。他们要反对的"军国主义和法西斯主义"，矛头所指，不言自明。

从历史观和方法论上说，历史虚无主义的鼓吹者否定的是马克思主义的唯物史观和方法论，遵循的是唯心史观和主观主义的方法。他们所宣扬的思想观点，不是在全面、系统地掌握有关材料的基础上经过科学的分析得出来的，而主要是在表达自己的某种倾向、某种情绪，带有极大的主观随意性。他们攻其一点，不及其余，抓住支流、现象下结论，用这种方法去剪裁历史，编排历史，把好的说成坏的，把坏的变成好的，从而达到歪曲历史的目的。对这种方法，列宁当年曾尖锐地批评说："在社会现象领域，没有哪种方法比胡乱抽出一些个别事实和玩弄实例更普遍、更站不住脚的了。挑选任何例子是毫不费劲的，但这没有任何意义，或者有消极的意义，因为问题完全在于，每一个别情况都有具体的历史环境。……如果不是从整体上、从联系中去掌握事实，如果事实是零碎的和随意挑出来的，那么它们就只能是一种儿戏，或者连儿戏都不如。"

历史虚无主义的危害

历史虚无主义所宣扬的思想，往往是通过学术研究来表现，带有一定的隐蔽性，容易被人们作为学术问题而忽视。前面所说的关于中国历史上所谓"流氓价值观"、"大一统思想"以及抹煞农民战争，用"现代化范式"代替"革命范式"，等等，其指向是否定近代以来中国整个革命进程包括农民革命、旧民主主义革命、新民主主义革命、社会主义革命的历史，当然最终必然要否定我们坚持的四项基本原则。其所反映的不只是历史文化问题，更根本的是政治问题、是对待党和国家现实的态度问题。

历史虚无主义这股思潮所散布的一些错误观点，不仅流行于史学界，而且在青少年中、在社会上也产生了不可忽视的影响。这在我们的初中《历史课程标准》和教科书中已反映了出来。例如，农民战争没有其历史地位，推翻明王朝的李自成起义连提也不提，与清政府抗争14年的太平天国则只被置于反抗列强侵略斗争之下。又如，受"现代化范式"代替"革命范式"的影响，将洋务运动、戊戌变法运动、辛亥革命、五四新文化运动纳入"近代化起步"这一单元之下，把不同性质的事件都用近代化"化"在一起。显然，这是不符合历史实际的。辛亥革命是20世纪中国人民在前进道路上经历的第一次历史性巨大变化，结束了2000多年的封建帝制，为中国的进步打开了闸门。将辛亥革命与清政府的洋务运动相提并论，都归之为近代化，无疑是贬损了辛亥革命，对中学生的历史教育是有害的。

否定革命、"告别革命"之类的观点，在影视作品中也表现出来，一些电视剧以艺术的形式集中反映了这种历史观。例如有的电视剧极力将慈禧太后、李鸿章、袁世凯这些封建统治者也描绘成是"走向共和"的"悲剧英雄"，占据了电视剧的中心地位，而孙中山则被边缘化，被矮化、丑化，严重歪曲历史。这种对革命发展历程的歪曲，在人们中引起思想混乱，影响了一些人对现实社会制度的看法，发展下去甚至会动摇坚持马克思主义的指导地位。

历史虚无主义对革命历史的否定，对中国共产党历史、中华人民共和国历史的歪曲和攻击，其政治后果是严重的。苏联解体的教训，提供了现实的借鉴。苏联解体的一个重要舆论准备，就是对苏联70多年历史的歪曲，把出现的错误夸大为对苏联共产党和社会主义制度的否定，对马克思列宁主义的否定。十月革命被说成是"使国家误入历史的歧途"，苏联社会主义社会被说成是"地狱"，只干坏事，什么好事也没干。既然如此，苏联的解体岂不是顺理成章的了？国内泛起的这股历史虚无主义思潮如出一辙，其目的也是贬损党的历史、中华人民共和国的历史。清代著名思想家龚自珍说过："欲知大道，必先为史。"他又说："灭人之国，必先去其史；隳人之枋，败人之纲纪，必先去其史；绝人之才，湮塞人之教，必先去其史；夷人之祖宗，必先去其史。"这些话，从正反两方面说明了研究历史和正确对待历史的重要性，说明了正确评价历史是关系国家发展的前途命运的大事。这是对历史经验的深刻总结，值得我们深长思之。

（原载于沛主编：《马克思主义史学理论论丛》第一辑，中国社会科学出版社2010年）